Beaumarchais

DU MÊME AUTEUR

La Fiction narrative en prose au XVIIᵉ siècle. Répertoire bibliographique du genre romanesque en France (1600-1700). Paris, Éd. du CNRS, 1976.

Le Monde à l'envers (en collaboration avec Frédérick Tristan). Paris, Hachette-Massin, 1980.

Élise. Roman inédit du XVIIᵉ siècle. Édition critique. Paris, Éd. du CNRS, 1981.

Le Sceptre et la Marotte. Histoire des fous de cour. Paris, Fayard, 1983 – Hachette, Collection «Pluriel», 1985 (ouvrage couronné par l'Académie française).

Pierre de Marbeuf, *Le Miracle d'amour.* Introduction, édition du texte. Paris, Obsidiane, 1983.

Les Bûchers de Sodome. Histoire des «infâmes». Paris, Fayard, 1985.

«La conquête du silence. Histoire du mime» dans: *Le Théâtre du geste* (ouvrage collectif), Paris, Bordas, 1987.

Isadora. Paris, Presses de la Renaissance, 1987 – Le Livre de Poche, 1988.

Donatien Alphonse François, marquis de Sade. Paris, Fayard, 1991 (Grand Prix de la ville de Paris).

Bibliothèque Sade. Papiers de famille. T. I: *Le Règne du père (1721-1760).* Paris, Fayard, 1993. T. II: *Le Marquis de Sade et les siens (1761-1815),* Fayard, 1995.

Canards sanglants. Naissance du fait divers. Paris, Fayard, 1993.

Sade, *Le Voyage d'Italie,* édition établie et présentée par Maurice Lever. Paris, Fayard, 1995, 2 vol.

Romanciers du Grand Siècle. Paris, Fayard, 1996.

Sade et la Révolution. Paris, Bartillat, 1998.

Maurice Lever

Pierre-Augustin Caron de Beaumarchais

Tome premier

L'irrésistible ascension
(1732-1774)

Fayard

À Évelyne

« Si le temps se mesure par les événements qui le remplissent, j'ai vécu deux cents ans. »

BEAUMARCHAIS.

« C'était un homme tissé d'éclairs. Éclairs de génie, de canaillerie, de grandeur, de petitesse, de courage, de mythomanie, de maquereautage et de générosité, faquin sublime et parvenu altier, requin et anguille, toute une époque, toute une Europe. C'était un être en caoutchouc, mais inébranlable, mélange de Rastignac, de Manon Lescaut, d'Aragon, de Casanova et de Cagliostro, qui fait du bonhomme une des grandes créations littéraires de la vie. »

Romain GARY.

Remerciements

Ce livre se voudrait d'abord un hommage à Mme Jacques de Beaumarchais et à son fils, Jean-Pierre de Beaumarchais, qui s'attachent depuis longtemps à servir la mémoire de leur illustre aïeul. Je ne suis pas près d'oublier l'intérêt qu'ils ont bien voulu prendre à mes travaux, ni l'accueil charmant qu'ils m'ont réservé, ni la générosité avec laquelle ils m'ont ouvert leurs archives. Je les prie de trouver ici l'expression de ma profonde gratitude.

Mme Anne Vassal m'a très libéralement communiqué les lettres de son lointain parent Nicolas Ruault, qui fut l'éditeur, l'ami et le confident de Beaumarchais. Qu'elle soit assurée de ma vive reconnaissance. Mes amis Donald Spinelli, professeur à Wayne State University (Detroit, États-Unis), dont on connaît les publications, Thierry Bodin, expert en autographes et conseiller avisé, Chantal Thomas, éminente spécialiste des Lumières, Pierre Assouline enfin, ont tous contribué au progrès de cette entreprise par leurs informations, leurs avis et leurs encouragements. Je les remercie du fond du cœur. Sans oublier François Bessire, professeur à l'université de Rouen.

M. L.

L'enfant de la Halle

> « Un petit animal folâtre ; un jeune homme
> ardent au plaisir, ayant tous les goûts pour jouir. »
> (*Le Mariage de Figaro*)

« Paris est la seule ville au monde où pouvait naître pareil homme ! » s'exclamait un jour le prince de Conti. Il est vrai que le monde se réduisait alors aux frontières de l'Europe. Mais c'est bien à Paris que Pierre-Augustin Caron vit le jour. Non dans le noble faubourg Saint-Germain, aux frontons armoriés, comme ceux qui se donnent seulement « la peine de naître », mais au cœur du Paris populaire, en pleine rue Saint-Denis, où son père tenait échoppe d'horloger, presque à l'angle de la rue de la Ferronnerie, à deux pas des Halles. Cette voie s'appelait alors « grande rue Saint-Denis », non tant à cause de sa longueur que de son animation et du grouillant commerce dont elle était le cœur. Avec son dédale de ruelles sombres et croisées, encombrées d'artisans divers, l'ensemble du quartier formait l'un des faubourgs les plus actifs de la capitale.

C'est donc à cet emplacement (aujourd'hui vers le 30, rue Saint-Denis), que le « maître orlogeur » André-Charles Caron vint s'établir vers 1725, après avoir tenu boutique sur la paroisse de Saint-André-des-Arcs. Né le 26 avril 1698 près de Meaux, à Lizy-sur-Ourcq, petit bourg fortement entaché d'hérésie calviniste, André-Charles était fils de Daniel Caron, lui-même horloger à Lizy, et de Marie Fortin, tous deux protestants[1]. On sait que depuis la révocation de l'édit de Nantes, en 1685, les mariages entre huguenots, de même que les enfants qui naissaient de ces unions, étaient tenus pour illégitimes. Or l'une des rares Églises réformées qui résistèrent à cette oppression fut précisément celle de la Brie. En dépit de la farouche opposition de l'évêque de Meaux, Bossuet, qui les combattait de toute son éloquence, les calvinistes briards continuèrent de faire bénir leurs mariages « au désert », c'est-à-dire en secret, à l'écart du village, au fond d'un bois, par le ministère de quelque pasteur clandestin. C'est ainsi, sans doute, que furent mariés en 1694 les grands-parents de Beaumarchais. L'historien Louis de Loménie, à qui nous devons ces renseignements, affirme avoir eu sous les yeux un petit cahier grossier, recouvert de parchemin (sorte de livret de famille), qui débute par ce pieux exorde : « Nostre Ayde et commencement soit au nom de Dieu qui a fait toutes choses. Amen. » On peut y lire ensuite la liste des quatorze enfants nés de cette union. Plusieurs moururent en bas âge ; André-Charles était le quatrième. À la mort de Daniel Caron, en juin 1708, sa veuve quitta Lizy pour Paris avec les enfants qui lui restaient. Une de ses filles, Marie, épousa le 30 septembre 1720 André Gary, marchand chandelier du faubourg Saint-Denis, paroisse de Saint-Laurent [2]. Un autre de ses fils, Caron de Boisgarnier, mourut capitaine de grenadiers au régiment de Blésois, décoré de la croix de Saint-Louis. À la deuxième génération, on trouve un directeur de la Compagnie des Indes et un secrétaire du roi. Ce n'est donc pas à tort que Beaumarchais pouvait revendiquer plus tard cette parentèle plus relevée que la sienne. Quant à son père, André-Charles, il s'engagea très jeune dans le régiment des dragons de Rochepierre, sous le nom de Caron d'Ailly, y demeura fort peu de temps, puis obtint un congé définitif le 5 février 1721. On ignore les raisons qui lui firent abandonner les armes, mais on le retrouve à Paris dès cette époque. Un mois après son arrivée, le 7 mars 1721, André-Charles Caron, « instruit par les soins et la charité du cardinal de Noailles », prononçait son abjuration à « l'hérésie de Calvin » dans la communauté des Nouvelles Catholiques, instituée un siècle plus tôt rue Sainte-Anne, sous le nom d'Exaltation de la Sainte Croix. Son retour à la foi traditionnelle se fit apparemment d'un cœur sincère. C'est du moins ce que paraît marquer la ferveur avec laquelle il en accomplit dès lors tous les devoirs [3].

Quoique né catholique, Beaumarchais ne renia jamais ses origines et milita tant qu'il put en faveur des protestants. En 1777, il écrivait ainsi au ministre Maurepas : « Je n'aurai pas un jour de vrai bonheur si votre administration s'écoule sans avoir accompli les trois plus grands projets qui puissent l'illustrer : l'abaissement des Anglais dans l'union de l'Amérique et de la France, le rétablissement des finances selon le plan de Sully, que j'ai mis plusieurs fois à vos pieds, et l'existence civile rendue aux protestants du royaume par une loi qui, sans avoir l'air de s'occuper d'eux et loin de les distinguer, les confondra légalement avec tous les sujets du roi[4]. » On trouve d'ailleurs des traces de protestantisme dans le comportement même de Beaumarchais : son appétit de liberté, son indépendance de pensée et plus encore, peut-être, son rapport à l'argent et une conception pragmatique très moderne du commerce et de l'industrie.

*
* *

Pour ouvrir boutique dans Paris, les horlogers devaient obligatoirement obtenir la maîtrise après huit ans d'apprentissage. Leur nombre étant limité à soixante-douze, il fallait attendre une vacance et surtout ne pas se trouver en concurrence avec le fils d'un maître parisien, celui-ci ayant toujours l'avantage sur les autres. André-Charles, qui avait reçu les premiers rudiments du métier dans l'atelier de son père, n'avait assurément pas besoin d'une formation aussi longue. Aussi adressa-t-il, dès l'année qui suivit son abjuration, une requête particulière au roi, afin d'obtenir un droit à la maîtrise le mettant « en état de gagner sa vie en rendant service au public ». À l'appui de sa demande, il fit valoir sa qualité de catholique, qui était exigée dans toutes les corporations d'artisans, et mit en avant « ses dispositions heureuses pour l'horlogerie ». Le 28 février 1722, un arrêt du Conseil d'État lui conférait le titre de maître horloger à Paris[5]. Cinq mois plus tard, le 13 juillet 1722, André-Charles Caron, qui venait de s'établir sur la paroisse de Saint-André-des-Arcs, épousait une fille de son voisinage, Marie-Louise Pichon, dont le père, Jean Pichon, est qualifié, sur l'acte de mariage, de « bourgeois de Paris ».

Excellente ménagère, cœur tendre et indulgent, mais surtout épouse d'une rare fécondité, Marie-Louise ne donna pas moins de dix enfants à son mari, en l'espace de douze années[6] ! Pierre-Augustin arriva le septième, après trois garçons et trois filles, le 24 janvier 1732. Le lendemain de sa naissance, il recevait le baptême en l'église Saint-Jacques-de-la-Boucherie[7]. Il fut suivi de trois autres filles, ses cadettes : Madeleine-Françoise, Marie-Julie et Jeanne-Marguerite. De cette nombreuse progéniture, la mortalité infantile, dont on connaît les ravages à cette époque, ne laissa subsister qu'un garçon, Pierre-Augustin, et cinq filles : Marie-Josèphe, son aînée de sept ans, dite *dame Guilbert* (du nom de son époux) ; Marie-Louise, dite *Lisette*, future héroïne de l'affaire Clavijo ; Madeleine-Françoise, dite *Fanchon*, Marie-Julie, dite *Bécasse*, qui fut aussi l'âme sœur de Pierre-Augustin et qui devait prendre son nom de Beaumarchais, enfin Jeanne-Marguerite, dite *Mlle Tonton*, diminutif de Jeanneton.

L'HORLOGER DE SAINT-DENIS

Les premières années s'écoulent joyeusement, parmi les jeux et les babillages ; les parents ne sont point grondeurs et la plus grande liberté règne au foyer. La gravité paternelle ne se fait sentir qu'à l'occasion de la messe à l'église du Sépulcre ; le calviniste repenti ne transige pas sur la pratique religieuse ; il assiste régulièrement aux offices et entend que sa progéniture les suive avec la même exactitude, usant même pour cela des méthodes les moins orthodoxes. « Mon père, se souviendra Beaumarchais, nous menait tous impitoyablement à la grand-messe, et quand j'arrivais après l'Épître, douze sous m'étaient retranchés sur mes quatre livres de menus plaisirs par mois ; après l'Évangile, vingt-quatre sous ; après l'Élévation, les quatre livres ; de sorte que j'avais fort souvent un déficit de six ou huit livres dans mes finances. »

Mesurer le temps relève de la philosophie autant que de la science. C'est pour cette raison sans doute que la petite tribu Caron s'élève culturellement bien au-dessus de sa condition sociale. André-Charles n'est pas un artisan comme les autres : l'horlogerie, art mécanique, exige des aptitudes qui dépassent la simple habileté manuelle ; il y faut à la fois des connaissances en astronomie, du goût, et l'esprit de justesse. Faut-il rappeler que l'Académie des sciences ouvrira bientôt ses portes à Julien Le Roy, que Jean Romilly fut collaborateur de l'*Encyclopédie* et qu'un autre horloger, le sieur Hugo, accompagnera La Condamine au Pérou pour mesurer sous l'équateur un degré du méridien [8] ? Ingénieur et artiste, M. Caron père possède en outre une curiosité d'esprit et un amour des belles-lettres qui le font classer parmi les tout premiers de sa profession. Cet esprit inventif avait imaginé, dès 1729, un système propre à faire progresser la science hydraulique grâce à une « nouvelle machine à remonter les bateaux ». Violemment pris à partie dans un factum par un autre inventeur, François Tavernier de Boullongne, qui l'accusa de contrefaçon et lui reprocha de se prévaloir de sa conversion récente pour obtenir de hautes protections, Caron riposta dans un mémoire plein de verve où l'on reconnaît déjà le style incisif de son fils : « Je sais qu'après avoir débité tout ce qui vous venait dans l'esprit pour prouver ma perfidie et ma mauvaise foi, vous ajoutez d'un ton bas et mystérieux : *c'est un homme qui a changé de religion*. Ne dirait-on pas, à entendre ces paroles dans ces circonstances et sans autre explication, que je me suis fait Turc [9] ? » Sa bonne foi sera néanmoins reconnue, puisque, en 1746, le gouverneur de Madrid, qui est son ami, le consultera sur l'emploi de diverses machines destinées au dragage des ports et des rivières.

Commerce d'art et de luxe, l'horlogerie exige également, outre de sérieuses compétences techniques, un vrai talent de créateur, un sens artistique, un goût délicat, toutes qualités qui supposent une intime familiarité avec la société qui les cultive. La clientèle se recrutant pour l'essentiel dans les classes privilégiées, le petit-bourgeois de la rue Saint-Denis ne pouvait en ignorer ni les usages, ni les idées, ni les jugements. S'il ne fit jamais fortune dans son métier (il y perdit plutôt de l'argent), le père Caron y acquit du moins une instruction générale et une curiosité intellectuelle peu communes, qu'il sut transmettre à ses enfants : ce fut même le seul bien que son dénuement lui permit de léguer. Comme le père genevois de Jean-Jacques Rousseau, également horloger (et protestant), André-Charles dévorait la littérature romanesque. Tandis que le premier se plongeait avec délices dans *L'Astrée* que le petit Jean-Jacques lui lisait à haute voix, jusqu'à une heure avancée de la nuit, le second trouvait dans *Grandisson* le remède à ses douleurs et le héros modèle de son cher fils : « J'ai été cinq jours et quatre nuits sans manger ni dormir, écrira-t-il plus tard à Pierre-Augustin, et sans cesser de crier. Dans les intervalles où je souffrais moins, je lisais *Grandisson*, et en combien de choses n'ai-je pas trouvé un juste et noble rapport entre Grandisson et mon fils ! Père de tes sœurs, ami et bienfaiteur de ton père, si l'Angleterre, me disais-je, a son Grandisson, la France a son Beaumarchais. Avec cette différence que le Grandisson anglais n'est qu'une fiction d'un aimable écrivain, et que le Beaumarchais français existe réellement pour la consolation de mes jours. Si un fils s'honore en louant un père homme de bien, pourquoi ne me serait-il pas permis de me louer de mon cher fils en lui rendant justice ? Oui, j'en fais ma gloire, et je ne cesserai jamais de le faire en toutes occasions [10]. »

Les lettres d'André-Charles Caron à son fils se signalent toutes par ce ton de père noble et greuzien que ne rebute pas même une certaine emphase. On y trouve à la pelle de ces expressions outrées, de ces traits de sensiblerie, de ces trémolos larmoyants qui caractérisent le goût de l'époque : « Les larmes de tendresse qui coulent de mes yeux [...]. Les qualités de ton excellent cœur, la force et la grandeur de ton âme. [...] Honneur de mes cheveux gris, mon cher fils ! Je bénis le ciel avec attendrissement de retrouver dans ma vieillesse un fils d'un si excellent naturel [...] », etc. En multipliant les effets mélodramatiques, le vieux Caron ne fait qu'imiter le roman à la mode, notamment le roman anglais : *Grandisson*, qu'il admire, mais aussi *Clarisse Harlowe*, dont il aime avec passion le personnage de Miss Howe [11]. Cette fréquentation habituelle du livre, cette pratique aisée de l'écriture, par lesquelles il fait siennes les idées et la sensibilité des autres, n'auront pas peu contribué à son intégration dans la culture des Lumières.

Pour autant, Caron père ne dédaigne pas le théâtre ; il suit régulièrement les spectacles de la Comédie-Française, dîne avec le comédien Préville, un ami de la famille, celui-là même qui créera le personnage de Figaro, lit Regnard, cite des vers de Destouches, discute le mérite des pièces nouvelles... Rien d'exceptionnel à cela : depuis le début du siècle le théâtre n'a cessé de voir son public s'accroître et se diversifier. Si l'on y rencontre encore la noblesse et la bourgeoisie aisée, les talents et les professions libérales y côtoient de plus en plus de commerçants et de maîtres artisans. Comme le note Daniel Roche, « le théâtre est un *melting-pot* culturel qui spatialise sa hiérarchie du balcon au parterre [12] ».

« LISETTE », « FANCHON », « TONTON », « BÉCASSE »…

Pour être complet, il faudrait ajouter « dame Guilbert ». Mais, ayant précédé Pierre-Augustin de sept ans, on la suppose trop grande fille pour se mêler aux jeux de ses sœurs ; elle serait plutôt d'âge à se marier. Nous la retrouverons un peu plus tard à Madrid. De Lisette aussi nous reparlerons puisqu'elle deviendra la fiancée du fameux Clavijo. Pour l'heure, que sait-on d'elle ? Peu de chose. On nous la dépeint comme spirituelle et jolie, ce qui n'est déjà pas si mal. La troisième, Madeleine-Françoise, dite Fanchon, épousera en 1756 Jean-Antoine Lépine, horloger du roi [13], d'abord établi à Ferney, aux frais de Voltaire, puis agent du philosophe à Paris [14]. Jeanne-Marguerite, surnommée Tonton, non moins jolie que Lisette, nous dit-on, est assurément la plus artiste de la maisonnée ; elle joue divinement de la harpe, possède une voix charmante, écrit des vers comme sa sœur Julie (Bécasse). Spirituelle, vive, d'humeur mutine, elle se produit avec succès dans les salons. Est-ce à cause d'un certain air de noblesse ? Devenu homme de cour, Beaumarchais ne l'appellera plus que Mlle de Boisgarnier, du nom de cet oncle capitaine mentionné plus haut. Et ce n'est pas sans fierté que le père Caron accompagnera sa fille au bal : « Rien de plus beau, écrit-il à Pierre-Augustin, que la fête de Beaufort, un concert d'instruments admirable. Boisgarnier et Pauline [15] y ont brillé à l'ordinaire. On y a dansé, après le concert et le souper, jusqu'à deux heures ; il n'y manquait que mon ami Beaumarchais [16]. »

Coquette, moqueuse, fine mouche, aimant à plaire et point mécontente de sa petite personne : telle nous apparaît Mlle Tonton à dix-huit ou dix-neuf ans. Un jour qu'elle accompagne son papa aux eaux de Pougues en faisant étape à Nevers, elle se rend au théâtre et découvre avec stupeur tous les ridicules de la province : ceux de la scène comme ceux de la salle. La petite Parisienne promène sur tout ce beau monde un regard amusé ; puis, une fois rentrée chez elle, rédige un rapport circonstancié de ce qu'elle a vu pour sa sœur Julie. Non seulement Mlle Tonton y trace d'elle-même un portrait des plus piquants — et des plus flatteurs —, mais elle y révèle un sens de l'observation, une vision cocasse de la vie, une gouaille enfin, qu'on ne s'étonnerait pas de trouver sous la plume de son illustre frère. « Bonjour, petite sœur, commence-t-elle. Je suis, ma foi, lasse comme un chien. Nous sommes restés trois

jours à Nevers, et nous arrivons mouillés, crottés, éreintés, essouf-
flés, que c'est une vraie pitié… Encore, si j'avais vu de belles
choses ! Mais je n'ai aperçu, dans l'examen que j'ai fait de Nevers,
qu'une vilaine ville très mal bâtie, indignement pavée, une mauvaise comédie, et la stupidité personnifiée. Une bagatelle met en
rumeur les habitants. Figurez-vous que mon petit chapeau a fixé
l'attention générale. Sans doute, ils n'en ont jamais vu de pareil :
en vérité, j'en suis bien en colère ; j'ai été remarquée et suivie
comme une bête rare, sans pouvoir définir la sensation que je pro-
duisais. Moi qui rougis d'un rien, je n'ai pas trouvé plaisant d'être
assaillie de mille regards curieux. Au spectacle, j'ai occupé toute la
salle jusqu'à l'instant de sortir. Lasse enfin de cela, j'ai tout d'un
coup pris mon parti, et comme cette coiffure me sied bien, j'ai joui
de l'avantage qu'elle me donnait sur madame la baillive, madame
l'élue et autres, qui honoraient de leur présence le pitoyable spectacle qu'elles sont, par parenthèse, trop heureuses d'avoir. J'avoue
que les tréteaux de nos boulevards n'ont jamais rien produit
d'aussi mauvais. Le pauvre Monsigny serait mort sur la place si,
comme moi hier, il avait entendu déchirer, écorcher sa musique. »

Suit la description du spectacle : « Une comédie jouée à faire horreur par des demoiselles à voix enrouée, longs bras, gros corsages, et
des messieurs faits tout d'une pièce, en habits teints et retournés. »
Puis, c'est au tour du ballet : « Ah ! quel ballet ! Les pas des danseurs
eussent étouffé le bruit du sabbat. La demoiselle danseuse, avec un
pied d'une aune, allait se donnant des airs penchés et vous arrondis-
sait deux bras que la nature, chez elle ingrate, n'a jamais faits pour
cela. Son corps, modelé pour porter des fardeaux, n'avait pas le
temps de s'ennuyer en l'air. Rien ne secondait en elle l'extrême
désir qu'elle avait de briller. Son cher danseur, à courte taille et
grosses jambes, n'était pas plus engageant. Tout cela, d'honneur !
m'a fort déplu, et je promets bien de n'y pas retourner[17]. »

*
* *

Nous avons réservé pour la fin Marie-Julie, dite Julie, dite
Bécasse, parce que de toutes les sœurs de Beaumarchais, c'est
assurément celle qui joua le plus grand rôle dans son existence. De
trois ans sa cadette, elle se consacra tout entière à sa gloire et à ses
intérêts. Parler de passion entre le frère et la sœur n'est pas exa-

géré, tant ils vécurent en symbiose intellectuelle et affective. Julie sacrifia toute vie personnelle, renonça même au mariage et à la maternité pour mieux se dévouer au bonheur de son frère adoré. De son côté, *Pierrot* ne connut peut-être jamais d'amour plus véritable que celui qu'il portait à sa petite sœur. Symboliquement, le fait de lui donner son nom de Beaumarchais, comme à une épouse, nous introduit au plus intime de ce couple où l'inconscient au conscient se mêle pour former l'une des unions les plus parfaites qui se puisse imaginer entre un frère et une sœur.

On nous vante sa jolie tournure, sa physionomie piquante, ses yeux charmants, mais on précise que sa beauté n'était point régulière. Elle avait, croit-on savoir, le nez un peu trop long, et persiflait elle-même ce léger défaut, mais ses yeux, assure-t-on, inspirèrent maints poètes. L'un d'eux aurait composé ce couplet en leur honneur, sur l'air *De tous les Capucins du monde* :

> Quels yeux vous a faits la nature,
> Julie ! On voit dans leur structure
> Le contraste le plus flatteur ;
> Car ils ont par double fortune
> De la blonde l'air de langueur
> Et le feu brillant de la brune [18].

Moins musicienne que Tonton, elle joue néanmoins de la harpe et du violoncelle, improvise des airs et des chansons, taquine joliment la muse, dévore les romans de Richardson, joue la comédie, parle l'italien et l'espagnol. Bref, une vraie petite Caron, avec tout ce que suppose l'appartenance au clan, décidément unique, de la rue Saint-Denis : vivacité, intelligence, appétit de savoir et surtout inaltérable joie de vivre. Les lettres de sa main nous renvoient le reflet de tous ces dons réunis, avec en prime un indéniable talent d'écrivain.

En dépit de son goût pour le roman sensible, Julie se méfie des passions extrêmes et des aspirations funestes. Ayant pris un peu d'âge, elle mettra en garde une correspondante plus jeune qu'elle contre les atteintes du spleen et tâchera de l'arracher à ses noirs desseins :

« Ô, mon amie ! quels sentiments vous me faites entrevoir ! Quelle fantaisie lugubre ! Quels accents ! Quelle âme sublime que la vôtre ! Quel mépris de la vie ! Quel funeste abandon de toutes

vos facultés ! Vous voulez tout fuir, tout quitter ! Non, non, jamais !
Mon âme s'y refuse ! Puissances du ciel, secourez-la, ôtez-lui cette
idée, la plus funeste des idées ; qu'elle vive encore pour l'amitié,
pour la tendresse, pour l'amour, pour tout ce qu'elle inspire et partage si bien ; que son âme déjà plongée dans le néant se relève et
s'anime ; que tout pour elle dans la nature se pare, se dégèle et se
reproduise ; que sa beauté, ses grâces, ses attraits, ne diminuent
jamais, puisqu'ils ne peuvent augmenter ; que ses amants lui soient
fidèles, que ses amis lui soient constants, et qu'elle n'aille point au
monument, *et cætera, punctum cum virgula.* Tu vois, ma chère
amie, mon profond sentiment, l'énergie de mon âme : eh bien ! j'en
cache la moitié ! Toutes mes idées sont *puce* en ce moment ; mais
je ne veux pas te rembrunir. Voilà ma profession de foi : je crois à
ta beauté, à ton esprit, à tes agréments, mais nullement à tes beaux
sentiments. Tu aimes comme j'aime quand on s'est peu connu.
Nous n'avons vu de nous que l'écorce de l'arbre ; la tienne est
fraîche et bien unie, la mienne est sèche et raboteuse, ce n'est pas
un grand mal ; mais tu me fais pouffer de rire par tes élégiaques
pensées : moi qui suis dans le secret de ta gaieté, de ton insouciance morale, tu veux me faire pleurer ? Étourdie que tu es ! Tu ne
te souviens donc plus que tu m'as tout confié ? Tu m'as dit que les
larmes nuisaient à la beauté, qu'elles la flétrissaient, la perdaient :
voilà pourquoi je ne pleure plus ; ainsi toi, ne pleure pas davantage.
Te voilà dans le monde : écris-moi des nouvelles, théâtre, anecdotes, bons mots. J'ai besoin de me rajeunir ; mon tempérament est
un sot, et mon imagination une folle ; dégourdir l'un et fixer l'autre
est l'ouvrage de ton esprit. Va toujours comme tu fais et laisse ta
mort de côté. Quelle diable d'idée de te présenter décharnée quand
je te veux couleur de rose [19] ! »

D'autres lettres, aussi primesautières que celle-là, nous appren-
nent que Julie faisait partie de la petite troupe théâtrale des jeunes
Caron ; ensemble, ils jouaient Molière, Regnard, Voltaire ; elle
chantait du Pergolèse ; Préville mettait en scène, guidait les jeunes
comédiens. Ces spectacles les occupaient jour et nuit :

« Nous jouons la comédie et nous faisons l'amour ; vois si l'on
peut dormir avec toutes ces idées ! Nous avons joué mardi *Nanine*
avec *Les Folies amoureuses*. J'avais une assemblée de quarante-
cinq personnes, et ta Julie a plu généralement dans tous ses rôles ;

chacun l'a déclarée une des meilleures actrices. Ce que je dis ici n'est pas pour la vanter, car on sait comme elle est modeste ; mais c'est uniquement pour caresser ton faible et justifier ton choix que j'en parle si haut.

«Le lendemain de la Quasimodo, nous donnons *Le Tartuffe* et *La Servante maîtresse*. Le chevalier fera le rôle de Tartuffe, et moi Dorine, la suivante. Nous préparons d'ailleurs une autre fête agréable pour le retour de Beaumarchais. Je te dirai toutes ces choses [20].»

Julie griffonne ses lettres à la va-vite, comme ça vient, suivant l'humeur du moment ; elle écrit tout ce qui lui passe par la tête sans se soucier de syntaxe ni de bienséance, accumulant les pieds de nez, les jongleries, les galipettes, jetant pêle-mêle sur le papier tournures précieuses et parler populaire. D'où leur allure débridée, qui fait irrésistiblement penser à celles de son frère.

Reproche-t-elle à Tonton sa paresse à écrire ? Elle détourne sur le mode comique tel épisode des Évangiles, et poursuit sur de burlesques métaphores : «Quel mauvais riche je te vois ! Avec tant d'esprit pour donner, un si beau sentiment pour exprimer, une fécondité si heureuse et si noble, tu me fais demander à moi, pauvre Lazare ! Il faut que je gratte à la porte de ton cœur, que je m'empresse autour de ton esprit, que je réveille tous tes valets *les bons propos*, que je paie ta femme de chambre la *mémoire*, pour mettre sur pied ton suisse le *bon rapport*, et tes gens-sucre les *bonnes idées*. Va, je crois bien que tu seras damnée pour avoir tant d'esprit et si peu de bonté [21].» À son amie Hélène (Lhénon), elle décline l'alphabet, sur le même ton à la fois tendre et plaisant : «J'aime toujours ma Lhénon par A, parce qu'elle est affable ; je la désire par B, parce qu'elle est bonne ; je l'envoie promener par C, parce qu'elle est capricieuse ; je la reprends par D, parce qu'elle est douce ; je la rends par F, parce qu'elle est folle, et ainsi du reste [22].» Dans le registre de la périphrase burlesque, citons encore cette pirouette adressée à sa sœur : «Pour finir comme Arlequin et dans ton genre, je te salue, belle fleur de pêcher, cher antimoine de mes inquiétudes, doux lénitif de mes pensées ; je vais faire infuser dans la terrine de mon souvenir tous les gracieux talents dont la nature t'a richement pourvue [23].»

Bien que Loménie évoque furtivement une déception de cœur, sur laquelle il ne donne d'ailleurs aucun détail, on ne connaît à Julie aucune aventure amoureuse, hormis celle qui l'attache à son frère – pour autant que l'on puisse (ou que l'on ose) la qualifier ainsi. Apparemment, elle n'en éprouve nul regret. Pas la moindre trace d'aigreur, ou de jalousie, vis-à-vis de ses sœurs plus favorisées qu'elle sous ce rapport; mais au contraire, des trésors de tendresse. S'interdirait-elle d'aimer ailleurs pour réserver au seul «Pierrot» les feux d'une passion sans partage? Rien n'est impossible dans ce domaine. Comme son père, elle voit en lui la pure incarnation de Grandisson («homme divin!»), mais elle l'exprime avec plus de lyrisme:

«Grandisson, quel modèle! Comme ce livre me plaît, comme il m'intéresse! Est-ce par les rapports que j'y vois, les circonstances qui s'y trouvent et qui reviennent à ce frère que j'aime? Je ne sais; mais si les choses ont droit de nous toucher en proportion des convenances, quel livre peut faire plus d'impression sur moi?

«En combinant la chaîne des événements, en rapprochant chaque chose à son vrai point, tous mes esprits s'échauffent. Je vois dans Beaumarchais un autre Grandisson: c'est son génie, c'est sa bonté, c'est une âme noble et supérieure, également douce et honnête. Jamais un sentiment amer pour des ennemis sans nombre n'approcha de son cœur. Il est l'ami des hommes; Grandisson est la gloire de tout ce qui l'entoure, et Beaumarchais en est le bonheur.

«Vertueux Grandisson, modèle de ton sexe, cher, cher, aimable frère, tu ne verras jamais ces expressions secrètes d'une sensibilité qui fait le charme de ma vie. Je l'entretiens ici pour moi, pour mon plaisir, pour soulager mon cœur d'une profusion de sentiments que je veux pénétrer. C'est le journal de mes pensées que je veux faire, et d'aujourd'hui je le commence[24].»

Une telle déclaration mériterait de s'inscrire à jamais dans les annales de la littérature amoureuse. Jamais l'amour fraternel n'avait trouvé d'accents aussi purs ni d'élan plus passionné; les mots eux-mêmes, dans leur simplicité, ont je ne sais quoi d'incantatoire; comme s'il suffisait de les prononcer tout bas pour que surgisse aussitôt la vivante réalité qu'ils représentent. C'est un véritable cri d'amour que Julie adresse, du fond de son silence, à l'être si proche et pourtant inaccessible sans lequel sa vie perdrait tout son sens. C'est aussi un acte de foi derrière lequel se laisse aisément mesurer l'étendue de son innocence et de son désarroi. C'est enfin le désir fou d'une impossible fusion qui s'épuise en lui-même, et se nourrit de sa propre frustration.

*
* *

Il y a chez Julie, nous l'avons dit, l'étoffe d'un véritable écrivain. Maintes pages recopiées par le bon Loménie en témoignent, que nous ne pouvons toutes reproduire ici. Peut-être faudra-t-il quelque jour constituer un recueil à part de ses écrits, lettres et jugements littéraires, tel celui qu'elle porte sur *Le Paysan perverti* de Restif de La Bretonne (publié en 1776), qu'elle n'a pas aimé. On ne saurait manier la critique plus rudement, ni sur un ton plus jovial. Qu'on en juge :

« Je te renvoie, ma jolie petite causeuse, ce paysan si tant vanté, si recherché, si dégradé, si mutilé qu'il fait pitié. Il y a sans doute d'excellentes choses dans cet ouvrage, mais le but moral paraissant être absolument manqué par l'invraisemblance des événements, le gigantesque des personnages et la boursouflure du style, je ne vois pas d'autre moralité à en tirer pour nous, qui l'avons déjà lu, que de ne pas l'acheter. Je te fais mes remerciements pourtant de me l'avoir prêté ; il m'a nourri tous ces jours gras ; je l'ai mangé, ou plutôt dévoré, et je n'en suis pas moins étique. Voilà le propre des aliments sans consistance : ils ne portent avec eux ni suc ni vigueur ; mais ta bonne amitié, je crois, est bien d'une autre sorte[25]. »

En 1784, l'année même du *Mariage de Figaro*, Beaumarchais imprimera sous l'anonymat, dans le fort de Kehl, où se réalisait sa célèbre édition de Voltaire, un petit écrit de sa sœur intitulé *L'Existence réfléchie, ou Coup d'œil moral sur le prix de la vie*. Ce recueil de pensées tirées de divers auteurs, notamment de Young, entremêlées de réflexions venant de Julie elle-même, marque l'évolution de la gentille Bécasse vers la foi religieuse. Loménie, qui a tenu en main le manuscrit, accompagné du visa de censure, assure qu'à la suite du recueil proprement dit se trouvait une série de prières, ainsi qu'une paraphrase du *Miserere*, qui confirment, s'il en était besoin, la réalité de cette conversion. Au reste, l'avertissement placé en tête de l'ouvrage n'en fait nullement mystère ; on peut y lire ceci, qui en dit assez sur les sentiments chrétiens de Julie à cette époque :

« Si cet extrait produit un peu de bien, s'il peut éveiller dans les âmes sensibles, mais quelquefois trop dissipées, le sentiment intime et consolant d'un Dieu qui préside à tout et qui nous aime, je n'aurai point à regretter d'avoir fait un travail ingrat, sans ressource pour l'amour-propre, et où je n'ai d'autre mérite que d'avoir réduit en un très petit volume toute la moralité qu'on peut tirer des situations de la vie et présenté la seule manière noble et touchante d'en bien user pour le bonheur. À présent, je peux dire comme Young : "Lassée des longues erreurs du monde et de ses bruyantes folies, détrompée de mes vaines espérances, au bout de ma carrière, je me suis enfin retirée dans la solitude. J'ai banni de mon âme les vains désirs qui l'ont tourmentée, je me suis promis de ne plus quitter ma retraite, et attendant en paix l'heure de mon repos, je charme le soir de ma vie par des ouvrages utiles et sérieux." »

Un tel préambule n'annonce guère une imagination aussi délurée que dans les lettres de jeunesse. Aussi bien l'opuscule est-il rien moins que divertissant ; il endort son lecteur avec la meilleure conscience du monde. Mais toute à sa ferveur chrétienne, la dévote Julie continua dans le genre soporifique avec un nouvel ouvrage, demeuré fort heureusement dans ses tiroirs et intitulé *L'Âme élevée à Dieu*. Tout un programme !

« MA JEUNESSE SI GAIE, SI FOLLE, SI HEUREUSE ! »

On devine aisément que les premières années de Pierre-Augustin, seul garçon élevé au milieu de cinq filles, ne furent point malheureuses, loin de là ! Câliné, mignoté, chouchouté, dorloté, bouchonné, dûment empanaché de fierté virile, buvant à longs traits les coquetteries de ses donzelles de sœurs, cherchant leurs caresses, humant leur parfum, épiant leurs secrets, il fit très tôt l'apprentissage de la volupté.

Le logis des Caron est une ruche bourdonnante ; l'air ne désemplit pas de pépiements et de rires : du matin au soir, c'est un incessant remue-ménage où se mêlent confusément le babillage des caillettes, les espiègleries du garçon, les coups de gueule de la servante Margot et les taloches volant ici et là, histoire de mettre un peu d'ordre et de faire taire le vacarme. Dans tous les coins du foyer, à l'atelier comme à l'office, dans la salle commune et dans l'arrière-boutique, résonnent roulades et vocalises, répliques de Molière, épigrammes de Piron, badinages de Voltaire ; on déclame, on fait des vers, on compose des ariettes, on joue de la viole, de la flûte, du clavecin et même de la harpe à pédales, récemment importée d'Allemagne[26]. Bref, ce n'est plus un logis d'artisan, mais une académie d'arrière-boutique : petits concerts, théâtre de société... Le spectacle est permanent, et Pierre-Augustin y tient honorablement sa partie ; il commence par pincer les cordes d'une guitare, se met ensuite à la viole, en vient à la flûte, puis à la harpe, pour laquelle il éprouve un réel engouement ; ses brillants arpèges, sa sonorité pénétrante et aérienne l'enchantent. Son père le trouve si doué pour la musique qu'il lui fait donner des leçons d'harmonie par un flûtiste de l'Opéra. Bientôt il improvise de petits airs que Julie transcrit pieusement sur un cahier spécial. S'il se lance avec fougue dans la chanson, c'est que celle-ci connaît alors son âge d'or. On pourrait faire un recueil plus volumineux que celui de Maurepas de tous les couplets et refrains qui nous ont été conservés. L'avocat Barbier à lui seul nous en a transmis des centaines. On chansonnait tout le monde, sous le règne de Louis XV : le duc d'Orléans, les roués, les ministres, Law, d'Argenson, le Parlement, les miracles du diacre Pâris, les jansénistes, les jésuites, les filles d'Opéra, le cardinal de Fleury[27]...Tout cela sur des airs populaires : *Margot la ravaudeuse*, *Barbari mon ami*, *Et vite, et vite, apportez du coco ! C'est M. Dudicourt qui n'a pas le nez court*, *La Béquille du père Barnabas*, et bien d'autres encore. Presque toujours la satire était poussée jusqu'à la licence, et la hardiesse jusqu'à la grivoiserie ; on se murmurait ces couplets à l'oreille, dans les salons et les cafés, on les colportait sous le manteau, mais on se gardait bien de les chanter en public.

*

* *

L'enfance de Beaumarchais, c'est aussi la rue Saint-Denis, si vivante et si gaie, avec ses boutiques et ses marchands. Sous les enseignes parlantes, depuis l'*Autruche*, qui pend au coin de la rue du Petit-Hurleur, jusqu'au *Chien noir*, qui garde l'entrée de la rue Troussevache, sous les *Gros Raisins*, la *Gibecière*, la *Barbe d'or*, le *Singe vert* et le *Renard rouge*, défile une foule bigarrée, où se mêlent et se pressent, dans un incessant va-et-vient, des gens de toutes conditions : gentilshommes en habit à larges basques, coiffés du tricorne galonné, maîtres des requêtes et conseillers en robe noire, sortant du Palais tout proche, riches bourgeoises aux décolletés généreux, exhibant leurs mouches et leurs « paniers », Enfants-Bleus en rang par deux, allant rendre hommage à quelque défunt de bonne maison. Sans oublier, bien sûr, le charivari des petits métiers de Paris et leurs cris discordants : le décrotteur sur sa sellette, la ravaudeuse dans son tonneau, le savetier sifflant sa linotte, le commissionnaire appelant la pratique, l'afficheur avec son échelle, le porteur d'eau, le marchand d'oublies, son « coffin » sur le dos (« La joie ! la joie ! voilà des oublies ! »), le marchand de lanternes et de soufflets, le colporteur criant les gazettes, les mercières, épinglières, bouquetières, bonnetières en mode, poudrières-pommadières, gaufrières, vendeuses de fruits. Sans compter la vielleuse savoyarde, le tambourinaire provençal, le marionnettiste catalan, les mendiants et les tire-laine, les « anquilleuses » et les raccrocheuses. Par intervalles, dans un grand fracas d'essieux et de vitres branlantes, déboule en trombe un carrosse brinquebalant qui fait le vide sur son passage.

Tel est le paysage quotidien du jeune apprenti. C'est dans la rue qu'il a fait ses classes ; c'est là qu'il a tout appris, les hommes et la vie ; c'est le pavé de Paris qui a fait de lui ce gamin frondeur qu'il ne cessera jamais d'être. Avec son effronterie et sa gouaille, sa mauvaise tête et son grand cœur, c'est bien sûr à Gavroche qu'il nous fait penser. Et c'est ainsi que nous l'aimons, le « friponneau » : les cheveux en bataille, débraillé, « fait comme un diable », vadrouillant dans le quartier à la tête de sa bande de vauriens, poussant jusqu'aux piliers des Halles, excitant la fureur des harengères, terrorisant les paisibles badauds, hurlant dans le silence des premiers sommeils, avant de se ruer, la nuit tombée, dans la cuisine de la brave Margot bien décidée à défendre ses chaudrons contre la petite troupe affamée.

La rue, c'est la liberté, le jeu, l'aventure, la tentation. Le jeu surtout, avec les galopins du voisinage. Là, le génie inventif du petit Caron fait merveille pour organiser chaque jour de nouveaux divertissements. Ce qu'il aime par-dessus tout, c'est jouer au tribunal. Et le déguisement qu'il préfère est celui de juge. Qu'on se peigne le futur magistrat de la Varenne du Louvre, coiffé d'une perruque, drapé dans la cape de son père, affublé d'un rabat, et prenant la mine grave d'un procureur, sous les rires de l'assistance ! Laissons Julie évoquer ce souvenir loufoque – et prémonitoire :

> Là, dans un fauteuil peu commode,
> Caron, en forme de pagode,
> Représentait un magistrat
> Par la perruque et le rabat.
> Chacun plaidait à perdre tête
> Devant ce juge malhonnête
> Que rien ne pouvait émouvoir,
> Que le plaisir de faire pleuvoir
> Sur tous ses clients une grêle
> De coups de poings, de coups de pelle,
> Et l'audience ne finissait
> Qu'après s'être arraché perruques et bonnet[28].

*
* *

Comme Pierre-Augustin atteignait sa dixième année, il fallut penser sérieusement à ses études. Le père Caron, qui avait perdu trois fils, songeait-il à l'établissement du survivant et voulait-il en faire un horloger ? Probablement, car il ne l'envoya ni chez les Jésuites ni chez les Oratoriens, pourtant considérés alors comme les meilleurs éducateurs de France. «Aristophane, Plaute, Térence auraient enflammé son imagination, note Gudin de La Brenellerie. La gloire des lettres lui eût paru la plus belle ; sa vie eût été différente.» Faut-il le regretter ? Une éducation classique eût certainement fait de Beaumarchais un homme de lettres comme les autres ; c'est sa vie aventureuse qui lui a donné cette fougue d'imagination et cette science de l'intrigue qui font l'originalité de ses œuvres.

Ce fut donc dans une école de campagne, à Alfort, dont on ne sait pratiquement rien, que l'enfant reçut l'essentiel de son éducation. Il y acquit des éléments de latin, mêlés d'autres connaissances, et y apprit sûrement plus de choses qu'on ne pouvait lui en enseigner.

Comme son père veillait aussi de très près à son éducation religieuse, Pierre-Augustin s'échappait souvent de son collège pour courir à travers champs jusqu'au couvent des Minimes de Vincennes, afin de préparer sa première communion sous la direction d'un religieux. C'est ce qu'il racontera lui-même dans une lettre à Mirabeau du 18 septembre 1790. «À l'âge de douze ans, prêt à faire ma première communion (vous riez?), je fus conduit chez ces Minimes. Un grand tableau du *Jugement dernier* qui était dans leur sacristie me frappa tellement l'esprit que j'y retournais très souvent[29]. Un vieux moine fort spirituel entreprit sur cela de m'arracher au monde; il me prêchait toutes les fois sur le texte du grand tableau, en accompagnant son sermon d'un goûter. J'avais pris fort en gré sa retraite et sa morale, et j'y courais tous les jours de congé[30].» Il oublie de préciser ce qui l'attirait davantage en ce saint lieu, du goûter ou du sermon!

Il avait tout juste treize ans, lorsque son père, jugeant qu'il en savait assez, le retira d'Alfort et le mit en apprentissage dans son atelier. C'est sans doute en songeant à ses études bâclées, qu'il fera dire à Figaro plus tard: «Pour gagner du bien, le savoir-faire vaut mieux que le savoir.»

«LE FRÈRE CHARMANT»

C'est ainsi que l'appellent ses sœurs. Et c'est vrai qu'il est charmant leur «Pierrot», d'une telle vivacité d'esprit, d'un tel enjouement, et avec cela si spontané, si drôle, si folâtre et de plus si joli à regarder... Elles en sont toutes folles, et c'est avec une admirative tendresse que Julie se souviendra plus tard du frère chéri, dans ces vers de mirliton:

> À l'instant qu'il naquit
> Il montra tant d'esprit,
> Un si grand savoir-faire,
> Que ses parents charmés
> Disaient: «C'est un Voltaire
> Dont nous somm's accouchés.»
>
> Un jour qu'il grandissait,
> Sa mère le voyait
> Et dit par parenthèse:
> «Ah! mon fils, mon cher fils!

Que tu feras bien aise
Les femmes de Paris !»

À peine avait douze ans,
Faisait des vers charmants
À ses jeunes maîtresses ;
Il était d'un tel prix
Que pour lui les tigresses
Devenaient des brebis.

Mais malgré les appâts,
Il ne négligeait pas
L'étude et la musique,
Si bien qu'en l'entendant,
On disait : « C'est unique,
Il sera président[31]. »

Ce ne fut pourtant point
Sous ce benoît pourpoint
Qu'il parut dans le monde ;
Il vint à tous les sots
Dont cette ville abonde,
Attacher des grelots.

Treize ans… l'âge de Chérubin ! Beaumarchais n'aura pas à chercher bien loin pour inventer son personnage : il lui suffira de fouiller dans sa mémoire et de se peindre lui-même. Ce jouvenceau précoce et plein de feu qui en conte à Suzanne, à Fanchette et même à la vieille Marceline, parce qu'« elle est femme », n'est-ce pas là notre Pierrot tout craché, avec ses embardées fantasques parmi ses sœurs et ses « jeunes maîtresses » qui virevoltent autour de lui, le caressent, le cajolent, lui tournent la cervelle de mille agaceries ? Froissements de jupes, rubans volés, tendres œillades, baisers furtifs et doux serments : ces jeux de l'amour, tout innocents qu'ils soient, échauffent la tête et fouettent les sens. Combien de fois lui arrivera-t-il de s'écrier, comme Chérubin : « Je ne sais plus ce que je suis, mais depuis quelque temps je sens ma poitrine agitée, mon cœur palpite au seul aspect d'une femme, les mots *amour* et *volupté* le font tressaillir et le troublent. Enfin, le besoin de dire à quelqu'un *Je vous aime* est devenu pour moi si pressant, que je le dis tout seul, en courant dans le parc, à ta maîtresse, à toi, aux arbres, aux nuages, au vent qui les emporte avec mes paroles perdues. […] Une fille ! Une femme ! Ah ! que ces noms sont doux ! qu'ils sont intéressants ! »

L'idée de la femme le grise, comme elle grise le petit page du comte Almaviva ; il s'y plonge avec délices. Fait significatif : le premier écrit sorti de sa plume ne sera qu'une douce et sensuelle rêverie sur le cotillon qu'il aimerait serrer contre lui. Retrouvé par son auteur un demi-siècle plus tard (à l'âge de soixante-six ans), il le commente ainsi :

« Premier, mauvais et littéraire écrit, par un polisson de treize ans sortant du collège, à ses deux sœurs qui venaient de passer en Espagne. Suivant l'usage des collèges, on m'avait plus occupé de vers latins que des règles de la versification française. Il a toujours fallu refaire son éducation en sortant des mains des pédants. Ceci fut copié par ma pauvre sœur Julie, qui avait entre onze et douze ans, et dans les papiers de laquelle je le retrouve après plus de cinquante ans.

« Prairial an VI [mai 1798]. »

On ne peut qu'être frappé, en lisant cette lettre en vers et en prose, par l'étonnante précocité des sentiments et des sens[32] :

« Les nouvelles que j'ai reçues de vous commencent à jeter un peu de clair dans ma misanthropie ; en m'égayant l'esprit, le style aisé et amusant de Lisette change mon humeur noire insensiblement en douce langueur ; de sorte que, sans perdre l'idée de ma retraite, il me semble qu'un compagnon de sexe différent ne laisserait pas de répandre des charmes dans ma vie privée.

> À ce projet l'esprit se monte,
> Le cœur y trouve aussi son compte,
> Et dans ses châteaux en Espagne,
> Voudrait avoir gente compagne
> Qui joignît à mille agréments
> De l'esprit et des traits charmants :
> Beau corsage à couleur d'ivoire,
> De ces yeux sûrs de leur victoire,
> Tels qu'on en voit en toi, Guilbert.
> Je lui voudrais cet air ouvert,
> Cette taille fine et bien faite

Qu'on remarque dans la Lisette ;
Je lui voudrais de plus la fraîcheur de Fanchon,
Car comme bien savez, quand on prend du galon…

« Cependant, de crainte que vous ne me reprochiez d'avoir le goût trop charnel et de négliger pour des beautés passagères les agréments solides, j'ajouterai que

Je voudrais qu'avec tant de grâce
Elle eût l'esprit de la Bécasse.
Un certain goût pour la paresse
Qu'on reproche à Tonton sans cesse
À mon Iris siérait assez,
Dans mon réduit où, jamais occupés,
Nous passerions le jour à ne rien faire,
La nuit à nous aimer, voilà notre ordinaire.

« Mais quelle folie à moi de vous entretenir de mes rêveries ! Je ne sais si c'est à cause qu'elles font fortune chez vous que l'idée m'en est venue, et encore de rêveries qui regardent le sexe ! Moi qui devrais détester tout ce qui porte cotillon ou cornette, pour tous les maux que l'espèce m'a faits ! Mais patience, me voici hors de leurs pattes ; le meilleur est de n'y jamais rentrer [33]. »

Annotant ce dernier passage, Beaumarchais l'explique ainsi : « J'avais eu une folle amie qui, se moquant de ma vive jeunesse, venait de se marier. J'avais voulu me tuer. » Heureusement, il n'en fit rien. Loin de céder à cet accès de désespoir, Chérubin ne pensait qu'à l'amante idéale, à cette belle *Iris* qu'il nous peint avec volupté, empruntant chacun de ses traits à l'une de ses sœurs : les yeux de dame *Guilbert*, la taille fine et bien faite de *Lisette*, la fraîcheur de *Fanchon*, l'esprit de *Bécasse*, la paresse de *Tonton* [34].

Le reste de l'épître, nous assure Loménie, n'est pas d'un goût très délicat : certains passages seraient même difficiles à citer ; il ne les citera donc pas. Maudite pruderie ! Ainsi, l'on n'en saura pas davantage sur la sexualité de l'adolescent ! Dommage. Mais, en dépit de nos frustrations, nous aurons tout de même appris qu'il donnait une issue littéraire à ses désirs – sans préjudice, sans doute, de plaisirs moins innocents…

LE FILS PERDU ET RETROUVÉ

Parvenu à l'âge de seize ans, Pierre-Augustin ne se comporte ni comme un bon fils, ni comme un apprenti modèle ; c'est le moins qu'on puisse dire. Non content de négliger l'établi pour la harpe (une de ses passions), l'adolescent commet de menus larcins dans la caisse et vend pour son compte des montres à réparer, ce qui constitue un délit autrement plus grave. Si l'on ajoute à cela les propos insolents, les manières trop libres, les mauvaises fréquentations, les fugues répétées, les dettes accumulées, les tapages nocturnes, les matinées trop grasses, les «cotillons et cornettes» que le libertin en herbe recherche avec passion, on comprendra que le père Caron ait fini par se lasser. Cet ancien calviniste, ex-dragon de surcroît, ne plaisante pas avec l'honneur et la probité. Comme les réprimandes ne servent à rien, et que le chenapan paraît sourd à toutes les menaces, le maître horloger, poussé à bout, décide un beau jour de le chasser de chez lui et le met effectivement à la porte. Certes, le châtiment est rude, mais Pierre-Augustin n'a rien fait pour l'éviter ; son attitude relève autant de la provocation que de la légèreté. Sûr de lui, arrogant, peu enclin à céder : tel il nous apparaît dans cette circonstance, et tel il demeurera au fil des ans. Nous en verrons maints autres traits dans les pages qui suivent.

Voici donc le malheureux brutalement arraché à la douceur du nid familial, jeté à la rue, sans un sol et sans abri. Mais que les âmes sensibles se rassurent, car des parents et relations, secrètement alertés par son père, ne tardent pas à lui venir en aide. L'un d'eux, M. Paignon, lui accorde le gîte et le couvert, tandis qu'un autre s'offre en médiateur. Plus tard, des pamphlets accuseront Beaumarchais d'avoir survécu à la misère en faisant des tours de passe-passe au coin des rues : bonneteau, gobelets, escamotages divers. Pure calomnie (encore qu'il en fût bien capable). Même s'il connaît alors des jours difficiles, il se garderait de compromettre son retour en grâce par de basses friponneries. Car s'il y a une chose dont il souffre réellement, c'est d'être éloigné des siens. Aussi adresse-t-il à son père des lettres suppliantes, par lesquelles il promet de se réformer, proteste de son repentir, de sa tendresse filiale. Dans le même temps, sa mère, ses sœurs, ses parents, ses amis intercèdent en faveur du réprouvé, harcelant M. Caron de prières, afin de lui arracher son pardon. Celui-ci se veut d'abord inflexible et résiste à toutes les suppliques, bien résolu à infliger à son rejeton une leçon dont il se souviendra. Au bout d'une quinzaine de jours, il finit pourtant par se laisser fléchir, et consent à reprendre Pierre-Augustin sous son toit. Mais non sans conditions. Il connaît trop la nature impétueuse et rebelle de son fils pour se contenter de paroles en l'air ; il lui faut des assurances écrites. Il exige donc du repenti qu'il signe une lettre-contrat en six points, par laquelle il s'engage solennellement à changer de conduite. Nous reproduisons ce document *in extenso*, car il témoigne de la force que conservent au XVIIIe siècle, et notamment dans les classes moyennes, l'autorité du *pater familias* et la dignité de l'artisan.

« J'ai lu et relu votre dernière lettre. M. Cottin[35] m'a aussi fait voir celle que vous lui avez écrite. Je les ai trouvées sages et raisonnables ; les sentiments que vous y peignez seraient infiniment de mon goût, s'il était en mon pouvoir de les croire durables, parce que je leur suppose un degré de sincérité actuelle dont je me contenterais. Mais votre grand malheur consiste à avoir perdu si entièrement ma confiance que ces lettres et cent autres encore plus fortes ne me persuaderaient pas votre changement.

« Vous employez tous les moyens possibles pour rentrer chez moi ; je ne vous en blâme pas. Vous avez eu l'art d'intéresser mes meilleurs amis dans votre cause. Vous avez fait plus : vous avez gagné votre mère que vous avez bien raison d'appeler *bonne* et *très chère*. Cependant, vous le dirai-je ? vous ne tarderez pas à lui manquer[36].

« La lettre de douze pages que je vous écrivis au mois de février a dû vous prouver solidement les raisons de ma répugnance à vous reprendre ; je la croyais invincible. Cependant, l'amitié, l'estime que j'ai pour les trois respectables amis que vous avez employés, la reconnaissance que je leur dois de tant de bontés pour vous, arrachent mon consentement malgré moi, et malgré que je suis persuadé qu'il y a quatre contre un à parier que vous ne remplirez pas vos promesses. Et de là, vous le sentez, quel tort irrémédiable pour votre réputation, si vous me forcez encore à vous chasser !

« Comprenez donc bien les conditions que je mets à votre rentrée. Je veux de votre part un respect marqué, de paroles, d'actions et de contenance devant moi, qui puisse réparer le scandale de vos propos, de vos façons libres et indécentes. Et souvenez-vous bien que si vous n'employez pas autant d'art à me plaire que vous en avez mis à gagner mes amis, vous ne tenez rien, absolument rien !

Vous avez seulement travaillé contre vous. Non seulement je veux être obéi, respecté, mais je veux encore être prévenu par tout ce que vous imaginerez pouvoir me plaire.

« À l'égard de votre mère, qui s'est vingt fois mise à la brèche depuis quinze jours pour me forcer à vous reprendre, je remets à une conversation particulière à vous faire bien comprendre tout ce que vous lui devez d'amour et de prévenance. Voici pour un an les conditions de votre rentrée :

« 1° Vous ne ferez, ne vendrez, ne ferez rien faire ni vendre, directement ou indirectement, qui ne soit pour mon compte, et vous ne succomberez plus à la tentation de vous approprier chez moi rien, absolument rien au-delà de ce que je vous donne ; et vous ne recevrez aucune montre de rhabillage ou autres ouvrages, sous quelque prétexte et pour quelque ami que ce soit, sans m'en avertir ; vous n'y toucherez jamais sans ma permission expresse, vous ne vendrez même pas une vieille clef de montre sans m'en rendre compte. Cet article est si capital et je suis si jaloux de sa pleine exécution, que je vous préviens qu'à la plus mince infraction, dans quelque état que vous soyez, à quelque heure que cela arrive, je vous chasse sur-le-champ, sans espérance de jamais pouvoir entrer chez moi de mon vivant.

« 2° Vous vous lèverez dans l'été à six heures, et dans l'hiver à sept ; vous travaillerez jusqu'au souper sans répugnance à tout ce que je vous donnerai à faire. J'entends que vous n'emploierez les talents que Dieu vous a donnés qu'à devenir célèbre dans votre profession. Souvenez-vous qu'il est honteux et déshonorant pour vous d'y ramper, et que si vous ne devenez pas le premier, vous ne méritez aucune considération. L'amour d'une si belle profession doit vous pénétrer le cœur et occuper uniquement votre esprit.

« 3° Vous ne souperez plus en ville, ni ne sortirez plus les soirs : les soupers et les sorties vous sont trop dangereux. Mais je consens que vous alliez dîner chez vos amis les dimanches et fêtes, à condition que je saurai toujours chez qui vous irez, et que vous serez toujours rentré absolument avant neuf heures. Dès à présent, je vous exhorte même à ne jamais demander de permission contraire à cet article, et je ne vous conseillerais pas de la prendre de vous-même.

« 4° Vous abandonnerez totalement votre malheureuse musique, et surtout la fréquentation des jeunes gens ; je n'en souffrirai aucun. L'une et l'autre vous ont perdu. Cependant, par égard à votre faiblesse, je vous permets la viole et la flûte, mais à la condition expresse que vous n'en userez jamais que les après-soupers des jours ouvrables, et nullement dans la journée, et que ce sera sans interrompre le repos des voisins, ni le mien.

« 5° Je vous éviterai le plus qu'il me sera possible les sorties, mais, le cas arrivant où j'y serais obligé pour mes affaires, souvenez-vous bien surtout que je ne recevrai plus de mauvaises excuses sur les retards : vous savez d'avance combien cet article me révolte.

« 6° Je vous donnerai ma table et 18 livres par mois qui serviront à votre entretien, à celui des menues dépenses des petits outils, comme vous savez que j'ai déjà fait et dans lesquelles je ne veux nullement entrer, et enfin pour acquitter petit à petit vos dettes. Il serait trop dangereux à votre caractère et très indécent à moi que je vous fisse payer pension, et que je comptasse avec vous des prix d'ouvrages. Si vous vous livrez, comme vous le devez, au plus grand bien de mes affaires et que, par vos talents, vous en procuriez quelqu'une, je vous donnerai le quart du bénéfice de tout ce qui viendra par votre canal. Vous connaissez ma façon de penser, vous avez l'expérience que je ne me laisse pas vaincre en générosité. Méritez donc que je vous fasse plus de bien que je ne vous en promets. Mais souvenez-vous que je ne donnerai rien aux paroles ; je ne connais plus que les actions.

« Si mes conditions vous conviennent, si vous vous sentez assez fort pour les exécuter de bonne foi, acceptez-les, et signez-en votre acceptation au bas de cette lettre que vous me renverrez ; et dans ce cas, assurez M. Paignon [37] de toute mon estime et de ma reconnaissance. Dites-lui que j'aurai l'honneur de lui aller demander demain à dîner, et disposez-vous à revenir avec moi reprendre une place que j'étais bien éloigné de croire que vous occuperiez si tôt, et peut-être jamais [38]. »

Pierre-Augustin ne se contente pas d'apposer sa signature sur l'acte d'abdication ; il la fait précéder de ces quelques mots qui laissent passer son dépit face aux règles imposées. Quoique vexé de se voir traité en petit garçon – à l'âge de seize ans ! –, il fait sa soumission et la place, non sans une pointe d'ironie, sous l'invocation du Seigneur :

« Monsieur très honoré père,
« Je signe toutes vos conditions dans la ferme volonté de les exécuter avec le secours du Seigneur. Mais que tout cela

me rappelle douloureusement un temps où toutes ces cérémonies et ces lois étaient nécessaires pour m'engager à faire
mon devoir ! Il est juste que je souffre l'humiliation que j'ai
vraiment méritée, et si tout cela, joint à ma bonne conduite
d'ailleurs, me peut procurer et mériter entièrement le retour
de vos bonnes grâces et de votre amitié, je serai trop heureux. En foi de quoi, je signe tout ce qui est contenu dans
cette lettre.

« A. CARON fils [39]. »

Retour de l'enfant prodigue. On imagine la scène : le fils à
genoux, la mine contrite, le regard éperdu de reconnaissance
devant son géniteur qui lui tend les bras ; la mère, les yeux tournés
vers le ciel, dans une action de grâce, les filles pleurant de joie
autour du frère enfin retrouvé. Un vrai tableau de Greuze ! Ou,
mieux encore, un de ces dénouements attendris comme on les aime
dans les romans à la mode.

On ne sait si le Seigneur eut quelque part à sa conversion, ni
même s'il y eut conversion (on peut en douter), mais Pierre-Augustin semble dès lors renoncer à ses fredaines. – au moins pendant un
an : durée fixée par son père à leur convention ! En tout cas, on n'entendit plus parler de drames dans l'échoppe de la rue Saint-Denis, où
le bonheur et l'harmonie régnèrent de nouveau sans partage.

Si conventionnel et ridicule qu'il nous paraisse aujourd'hui, cet
épisode traduit pourtant avec fidélité le prix que les hommes des
Lumières attachaient au sentiment familial. Bien que la famille soit
devenue pour nous l'emblème du conservatisme, souvenons-nous
pourtant que l'auteur de l'*Encyclopédie* l'a chantée dans ses
œuvres, et que Beaumarchais y voyait, comme Diderot, le nœud
vital de l'existence collective. Irons-nous jusqu'à dire qu'elle
constituait un ferment de subversion ? Peut-être pas. Mais n'oublions pas que la révolution des idées a germé d'abord au sein des
maisons bourgeoises, au cours des longs après-dîners, dans l'esprit
de jeunes gens qui jouaient de la musique, composaient des chansons, récitaient du Regnard et rêvaient sur Richardson.

*
* *

Tandis que l'apprenti horloger jouait au fils prodigue, une autre rupture se préparait, beaucoup plus longue, celle-là, et de plus de conséquence. Le 27 novembre 1748, la fille aînée des Caron, Marie-Josèphe, épousait à vingt-trois ans un maître maçon nommé Louis Guilbert. Peu de temps après la cérémonie, le père Caron reçut la visite d'un riche marchand espagnol qui était en relations d'affaires avec lui. Ce vieux célibataire rêvait d'un foyer, ou tout au moins d'une agréable compagnie, afin d'égayer sa solitude. Il lui semblait que de jeunes Françaises ouvrant un magasin de frivolités à Madrid y attireraient à coup sûr les élégantes, éprises de la mode de Paris. Il suffirait qu'on leur expédiât régulièrement les articles de saison. M. Caron jugea l'idée séduisante, pensa que sa fille mariée trouverait dans cette activité un emploi lucratif, et lui permit d'emmener pour l'aider sa cadette Lisette, qui atteignait ses dix-huit ans et à laquelle on fit miroiter un mariage avantageux dans la capitale ibérique. Il se chargerait de leur envoyer la marchandise. Au surplus, le négociant providentiel promettait de leur laisser sa fortune.

Leur départ causait un grand vide dans la maison, où ne restaient plus que Pierre-Augustin et ses trois plus jeunes sœurs, la fraîche Fanchon, Tonton la paresseuse et la vive Julie.

CHAPITRE II

Premières armes

« J'ai inventé quelques bonnes machines, mais
je n'étais pas du corps des mécaniciens ; l'on y
disait du mal de moi. Je faisais des vers, des chansons ; mais qui m'eût reconnu pour poète ? J'étais
le fils d'un horloger. »

Beaumarchais

« ENTRE QUATRE VITRAGES »

Rentré dans le droit chemin, le jeune Caron ne quitte plus l'atelier. Il faut donc l'imaginer devant son établi, entre les quatre
parois de verre de sa logette, la loupe vissée sur le coin de l'œil,
maniant la lime et les brucelles. Par ordonnance, et sous peine de
fermeture, les horlogers avaient obligation de travailler à la vue
des passants, dans une sorte de cage vitrée. Cette servitude leur
était imposée par la corporation des orfèvres, afin qu'ils n'utilisent
pas de métaux précieux. Notre apprenti n'eût certes pas songé à
s'en plaindre, car il lui suffisait de lever les yeux pour jouir de la
rue et de son mouvement ininterrompu. Gageons qu'il les tenait
levés plus souvent que permis.

*
* *

Dès le milieu du XVIᵉ siècle, les montres affectaient les formes
les plus diverses ; on leur donnait l'apparence d'une coquille,
d'une étoile, d'un livre, d'une olive, d'un cœur, d'une fleur de lys,
d'un gland, d'une poire, d'une tulipe, d'une tête de mort, d'une

croix de Malte ou d'une croix latine. Pendant longtemps, on les tint cachées au fond de sa poche, et les élégants de la Régence pouvaient encore se donner des airs de petit-maître à peu de frais, en étalant sur le gilet le cordon ou la chaîne retenus dans le gousset par un objet quelconque. Mais bientôt naquit l'usage d'exposer ces bijoux à la vue de chacun. Mieux encore : il fallut désormais avoir deux montres, l'une en or, l'autre en argent, ornées chacune de bruyantes breloques qui pendaient à découvert à droite et à gauche, sur le devant de la culotte ou de la jupe : une aubaine pour les voleurs ! Puis on convint de n'en porter qu'une seule qu'on dissimula dès lors avec discrétion. Mais les premières femmes à suivre une réforme pourtant si sage « scandalisèrent autant que si elles eussent fait une indécence » : c'est Mme de Genlis qui nous l'apprend[1].

C'est sous le règne de Louis XV que l'horlogerie connut son plus haut degré de raffinement. Pour orner le boîtier, ciseleurs et peintres rivalisaient. Les premiers faisaient jaillir du métal des scènes héroïques, empruntées à Homère ou Virgile ; on y voyait l'enfant Astyanax jouant avec le casque d'Hector, le pieux Énée débarquant sur la rive latine, ou les suivantes de Calypso s'empressant autour d'Ulysse. Les autres, d'un pinceau effilé, représentaient sur l'émail cette belle Romaine qui, du lait de son sein, nourrit un père prisonnier, ou copiaient le charmant visage d'une contemporaine aux yeux aussi grands que la bouche. Parfois les joailliers entouraient le médaillon de beaux zircons bien sertis, à peine plus jaunes que des diamants.

Il ne fallait cependant pas exiger de ces précieuses œuvres d'art qu'elles vous donnent l'heure exacte. Toutes les montres avançaient plus ou moins – souvent d'une demi-heure par jour, quand ce n'était pas davantage. Et cela, pour une raison simple : le rouage étant mû par un ressort, et celui-ci agissant librement, sans interruption et toujours dans le même sens, il imprimait fatalement audit rouage un mouvement accéléré. Il fallait donc inventer un frein qui retînt les roues sans les arrêter, et les empêchât de tourner trop vite sans les condamner à la lenteur. C'est ce dispositif régularisant la détente du ressort qu'on appelle échappement.

« LES TALENTS QUE DIEU VOUS A DONNÉS »

Lorsque Pierre-Augustin commence à réfléchir sur ce problème, au printemps de 1751 (il vient d'avoir dix-neuf ans), il existe déjà un système d'échappement, encore très rudimentaire, mais dont tous les horlogers se servent, et qu'on connaît sous le nom d'« échappement à roue de rencontre ». L'axe du balancier rencontrait en effet une roue dentée qui le ramenait en arrière, l'y retenait un instant, puis le laissait échapper, pour le ramener à nouveau. Malheureusement, ce mouvement discontinu ne s'opérait pas avec rigueur, car on ne parvenait pas à mesurer précisément l'oscillation du balancier pour qu'elle ne dépassât pas une seconde. De là des avances ou des retards qu'on ne parvenait pas à corriger.

Mettant en œuvre les talents que son père avait devinés en lui, Caron junior se résolut à trouver un échappement qui ne chasserait pas brutalement le balancier en arrière, comme faisait la roue de rencontre, mais agirait sur le rouage pour l'immobiliser à intervalles égaux, et lui imposerait un *repos*. L'idée n'était pas nouvelle. Dès la fin du XVIIe siècle, un horloger anglais, du nom de Thompson, avait songé à l'échappement à repos. Il en réalisa même un exemplaire qu'il offrit au Grand Dauphin. Mais l'objet se révéla vite inutilisable et fut relégué dans une vitrine de Versailles, parmi d'autres curiosités. Son élève Graham reprit les travaux de son maître, et perfectionna son invention en utilisant une *ancre*, petite pièce ayant la forme d'une ancre de marine (d'où son nom), dont le balancement, engrenant une roue dentée, donnait à chaque va-et-vient le repos cherché. Hélas ! si le système donnait d'excellents résultats sur les régulateurs verticaux et les pendules fixes, il ne pouvait s'appliquer aux montres portatives à boîtier plat.

C'est alors qu'apparaît l'échappement à cylindre, où la régulation est obtenue au moyen d'une roue munie de chevilles engrenant successivement l'axe moteur, l'effort produisant un temps de repos. Système ingénieux, mais très coûteux et que l'on ne réussit pas à mettre au point.

*
* *

Tel est, succinctement résumé, en tâchant de ne pas nous égarer dans les arcanes de la technologie horlogère, le point de départ à partir duquel Pierre-Augustin va progressivement améliorer le système d'échappement, jusqu'à la découverte qui le fera connaître du public. Renonçant définitivement à la roue de rencontre, jugée trop grossière, il étudia la possibilité d'une synthèse entre l'ancre imaginée par Graham et le cylindre essayé sans grand succès sur les montres plates. Cette recherche allait durer deux longues années, au cours desquelles il remit plus de cent fois ses rouages sur le métier. Mais qu'importe le temps passé à l'établi : Pierre-Augustin ne manquait ni de patience, ni d'obstination, ni surtout de confiance en sa propre valeur. Il finirait par réussir ; il en était sûr.

Certains jours, penché sur son ouvrage, il apercevait un homme d'une quarantaine d'années, d'apparence cossue, qui s'arrêtait à la devanture et lui faisait un petit signe d'amitié avant de pousser la porte. Les Caron père et fils s'empressaient autour du visiteur, avec toutes les prévenances dues à un hôte de marque. C'est que le sieur Lepaute, horloger du roi, était reconnu dans toute la France comme l'un de leurs plus illustres confrères. La plupart des horloges ornant les palais royaux et les riches hôtels de la capitale portaient sa signature, et quand il se rendait à Versailles pour les remonter ou les contrôler, Louis XV ne dédaignait pas de faire un brin de causette avec lui. Les souverains étrangers eux-mêmes lui adressaient des commandes ; il servait les cours de Naples, de Parme et d'Espagne. Son épouse, Nicole de La Brière, passait pour l'une des femmes les plus savantes que l'on pût rencontrer, et lui-même travaillait à son grand *Traité d'horlogerie* qui fera date dans l'histoire de cet art [2]. À l'époque dont nous parlons, il était logé au palais du Luxembourg, où Lalande avait son observatoire, et une solide amitié unissait les deux hommes. On murmurait pourtant que l'astronome n'était pas insensible aux charmes de Mme Lepaute.

En dépit de sa renommée, Jean-André Lepaute avait su conserver beaucoup de simplicité envers ceux de sa corporation. Il traitait l'artisan de la rue Saint-Denis de la plus flatteuse manière, comme un égal, et même comme un ami, quoiqu'il eût moins bien réussi, ne manifestant jamais à son endroit ni mépris ni supériorité. Le père Caron s'honorait grandement de cette relation. Quant au fils, également touché par l'affectueux intérêt que le grand homme portait à l'avancement de ses travaux, il le tenait régulièrement au courant de ses progrès.

Après de longs mois de tâtonnements, Pierre-Augustin finit par réaliser un échappement à peu près satisfaisant qu'il plaça dans une montre. Celle-ci marcha, peut-être pas avec une régularité parfaite, mais tout de même supérieure à ce que l'on obtenait jusqu'alors. Une étape décisive venait d'être franchie : la roue de rencontre était remplacée par une ancre qui, par pincements successifs, immobilisait la dernière roue du mouvement, et ne la laissait repartir qu'après un repos. Mais les dents, qu'il avait fallu rendre très fines, se brisaient par le frottement. Il fallait donc trouver une solution. Justement fier de ce premier succès, le jeune inventeur s'empressa d'en faire part à M. Lepaute, lequel se montra tellement enthousiaste qu'il parla de la trouvaille à deux de ses confrères, MM. Godefroy et Berthoud, auxquels il vanta le nouvel échappement du fils Caron, le proclamant supérieur à tous ceux que l'on avait imaginés jusqu'ici, même à celui de Graham.

Restait à perfectionner le mécanisme. Pierre-Augustin eut d'abord l'idée de remplacer la roue aux dents cassantes par une roue plate, sans denture, hérissée sur un côté de chevilles d'or très fines et très dures, dont il avait relevé le dessin dans le traité d'horlogerie d'Antoine Thiout[3]. Alors, la montre commença de marcher avec une justesse assez soutenue. L'excellent M. Lepaute le félicita de son ingéniosité.

On arrivait au mois de mai 1752, et cela faisait déjà plus d'un an qu'il s'obstinait sur son ouvrage. Mais assuré maintenant qu'il touchait au but, il travaillait avec d'autant plus d'ardeur, modifiant le mécanisme pièce à pièce. L'ancre lui paraissant mal placée, il la fixa entre les deux pivots du balancier. Il lui fallut pour cela la reconstruire et fabriquer une verge spéciale composée de huit pièces ajustées. Mais il s'aperçut très vite de la difficulté, voire de l'impossibilité de leur conserver une rondeur parfaite. Il substitua donc à tous ces canons une verge coulée d'une seule pièce, mais celle-ci se mit à vibrer si fort qu'elle frappait la circonférence de la roue. Il tenta de remédier à cet inconvénient en fendant la roue dans l'intervalle des chevilles, mais ne réussit qu'à créer ainsi des espèces de dents, dans lesquelles la verge venait se coincer. Patiemment, il fit une autre verge et une autre roue ; une fois les pièces montées, la montre refusa de se mettre en marche. Tout était à recommencer. On saisira mieux la tension nerveuse et la virtuosité manuelle qu'exige une telle besogne, en se souvenant que

Beaumarchais travaillait sur des pièces microscopiques, de deux à trois millimètres, pendant des journées entières.

Vers la fin de l'année 1752, il avait trouvé la solution ; il suffisait de disposer les chevilles sur les deux côtés de la roue, et non pas sur un seul, et de donner plus de largeur aux cylindres. Les principes de sa découverte lui apparaissant clairement à l'esprit, il ne restait plus maintenant qu'à les réaliser sur un prototype. Certaines difficultés subsistaient, qu'il faudrait bien surmonter, mais la structure générale était au point. Comme d'habitude, il informa son ami M. Lepaute des derniers développements de sa recherche, lui demanda son avis sur les problèmes qui se posaient encore, et surtout lui confessa l'inquiétude qui le rongeait depuis un certain temps. Pierre-Augustin craignait en effet qu'on ne lui dérobât son invention. L'horloger du roi trouva cette crainte justifiée, lui conseilla de prendre date à l'Académie des sciences, avant même qu'il eût achevé son œuvre, et s'offrit même de l'accompagner chez l'astronome Grandjean de Fouchy, secrétaire perpétuel de l'Académie royale des sciences, en ajoutant : « Vous pourrez faire, après cette démarche, tous les changements que vous croirez favorables à la disposition, pourvu que vous ne changiez pas le principe, et personne ne pourra vous enlever la gloire de la découverte. » Le jeune homme reçut cette proposition avec reconnaissance et, quelques semaines plus tard, M. Lepaute présentait son protégé à M. de Fouchy comme l'auteur d'un nouvel échappement à repos qui allait révolutionner l'art de l'horlogerie. Pierre-Augustin remit au secrétaire perpétuel un mémoire par lequel il annonçait sa découverte, et lui fit voir une montre conçue selon cette nouvelle technique, en précisant cependant qu'il ne la présentait pas encore à l'Académie, parce qu'il était actuellement occupé à la perfectionner et à la rendre plus digne de son approbation.

*
* *

Le 23 juillet 1753, quand M. Lepaute entre dans la boutique de M. Caron, Pierre-Augustin ne tient plus en place. Il entraîne aussitôt son bienfaiteur vers l'établi, lui met son échappement sous les yeux et son microscope dans la main. Après tant d'espoirs et d'échecs alternés, ça y est enfin ! Il a triomphé des derniers obstacles et achevé son chef-d'œuvre. M. Lepaute, l'œil collé au microscope, ne se lasse pas d'examiner l'étincelante mécanique, mi-admiratif, mi-circonspect. Puis, se tournant vers le jeune homme, lui avoue benoîtement qu'il n'y comprend rien. Pierre-Augustin prend alors un crayon, du papier, dessine les pièces et démontre les principes de son système. Lepaute hoche la tête, approuve, s'émerveille de tant d'ingéniosité et finit par demander à son jeune confrère la permission d'appliquer son invention sur une pendule que lui a commandée M. de Jullienne pour l'Académie de peinture. L'autre y consent avec joie, car il y voit un formidable coup de publicité.

À vingt et un ans, le voilà devenu l'égal des plus grands ; il relève le défi lancé naguère par son père, car une chose est sûre désormais : il ne « rampera » jamais dans la profession. Ayant exécuté un modèle grandi de sa mécanique pour la présenter à l'Académie des sciences, il grave sur le cuivre, non sans une bouffée d'orgueil : CARON FILIUS ÆTATIS XXI ANNORUM INVENIT ET FECIT.

UN « AMI DE CŒUR »

Le mois d'août se déroule sans incident, dans la torpeur de l'été parisien. Sans doute Pierre-Augustin prend-il un repos bien mérité, avec la bénédiction paternelle, en attendant la rentrée de l'Académie, qui doit consacrer son génie devant un parterre de savants rassemblés. Il lui faudra pour cela patienter près de trois mois encore, car l'auguste aréopage ne reprend ses travaux qu'à partir du 11 novembre.

Mais voici que, dans les premiers jours de septembre, quelqu'un l'avertit que le sieur Lepaute annonce, dans *Le Mercure*, la création d'un nouvel échappement qu'il aurait présenté au roi ces jours derniers. Un soupçon lui traverse l'esprit ; il court acheter *Le Mercure de France*, le parcourt fébrilement, et tombe en arrêt devant la page 153 où figure la fameuse annonce dans laquelle Lepaute parle de cette invention comme étant la sienne, et décrit exactement son échappement : celui-là même qu'il vient de mettre au point et qu'il expliquait à l'illustre maître, il y a tout juste un mois, dans la boutique de son père. N'en croyant d'abord pas ses yeux, il relit l'article, et se rend à l'évidence : le bon M. Lepaute l'a dépouillé de son bien. Cela s'appelle du plagiat, pur et simple. La rage lui monte au cœur, et cela se conçoit. Mais, s'il pouvait lire dans l'avenir, il remercierait plutôt le ciel d'une si heureuse fortune.

Le premier moment de stupeur passé, il s'empresse de répandre la nouvelle autour de lui. À sa grande surprise, les amis auxquels il confie son malheur s'étonnent eux-mêmes de sa naïveté : « Comment ! lui dit l'un, vous ignoriez donc son procédé avec Le Roy fils aîné, après les obligations qu'il lui avait, de lui avoir donné la construction de la pendule à une roue ? » Non, il ne savait pas. Il apprend alors que le fils aîné du célèbre horloger avait inventé une pendule à roue que Lepaute avait exécutée. Un contrat les liait pour le partage des bénéfices, mais Lepaute avait présenté cette pendule à Louis XV, sans en avertir son associé[4]. « Comment ! lui rétorque un autre, ne saviez-vous pas qu'il a osé demander à l'un de ces messieurs de l'Académie des sciences, qui le lui a refusé, un certificat en son nom comme auteur du remontoir à vent inventé par M. Le Plat, et qu'il voulait le placer dans la pendule que M. de Jullienne lui a commandée pour l'Académie de peinture, en s'en disant l'inventeur[5] ? » Non, il ne le savait pas non plus. Et tous ses confrères, à tour de rôle, de lui raconter les escroqueries du sieur Lepaute, dont il ignorait absolument tout.

Il arrivera plus d'une fois à Beaumarchais de se faire duper en affaires ; l'âge et l'expérience n'y changeront rien. Il sera souvent victime de sa confiance excessive ou mal placée, voire d'une espèce de candeur qui ne laisse pas d'étonner chez un homme par ailleurs si au fait de ses intérêts, et qui s'entend si bien à les servir. Mais quoi, la méfiance n'est pas son fort. Au demeurant, c'est dans ces occasions-là que se révèle sa vraie nature. C'est face à l'adversaire de mauvaise foi – Lepaute aujourd'hui, Goëzman demain – qu'il donne la pleine mesure de son tempérament. Car s'il lui arrive d'être trompé, il ne le reste jamais bien longtemps. Il réagit avec une rapidité foudroyante, lutte pied à pied, argumente sans relâche, usant de ses armes habituelles, qui sont la verve et l'ironie, et ne lâche prise qu'une fois son ennemi à terre. « Ma vie est un combat », aime-t-il à dire. Et il met dans ce combat, une ténacité, une énergie farouche, qui trouvent leur expression dans le souffle vengeur du pamphlet.

L'affaire Lepaute, telle que nous pouvons la suivre aujourd'hui, apparaît comme la répétition générale de tous les procès qui jalonneront son existence. On y trouve en germe les grands thèmes et les principales stratégies qui seront mis en œuvre dans les luttes à venir.

« Le mal est fait, à quoi bon se lamenter sur mon imprudence ? Cherchons plutôt le moyen de me défendre. » Ainsi raisonne le jeune Caron. Tout d'abord il faut des juges, une tribune – ils sont tout trouvés : l'Académie et *Le Mercure* – et agir de toute urgence ; sans quoi, on le soupçonnerait d'avoir préparé ses preuves. Dès le 11 septembre, il dépose au secrétariat de l'Académie un *Mémoire* décrivant son échappement et une boîte cachetée contenant toutes les pièces sur lesquelles il a travaillé, et qui retracent les étapes successives de sa recherche : la roue aux dents brisées, la roue à chevilles sur un seul côté, la verge d'une seule pièce et celle à huit pièces, la roue fendue et mise au rebut, etc. Cette précaution prise, il se rend du même pas chez le comte de Saint-Florentin, ministre de la Maison du roi, qui honore de ses bontés M. Lepaute, lui demande une audience, lui représente le tort que l'éminent horloger du roi lui veut faire et le supplie de bien vouloir les entendre contradictoirement. Le ministre acquiesce, tout en renvoyant la décision devant l'Académie : la confrontation est prévue pour le 18 septembre. Ce jour-là, lorsque le jeune Caron, accompagné de son père, est introduit dans le bureau du ministre, il apprend que M. Lepaute, qui était encore là une heure auparavant, vient de s'en aller. Il ignorait, paraît-il, l'objet de cette convocation, et lorsque le comte de Saint-Florentin l'en eut informé, ajoutant qu'il souhaitait faire la lumière sur cette histoire d'échappement, il lui répondit à peu près ceci : « Il n'y a plus aucune difficulté là-dessus. M. Caron père est venu me trouver hier ; il a examiné ma montre et reconnu que j'étais le véritable auteur de cette invention ; il m'a même proposé d'en témoigner par écrit, si nécessaire. » Il s'était défilé lâchement, aussitôt après, bien que le ministre l'eût instamment prié d'attendre les Caron. Ceux-ci jurèrent alors que tout cela était faux, qu'ils n'étaient jamais allés chez Lepaute, que celui-ci mentait effrontément[6]. En conséquence, ils prièrent Saint-Florentin de les renvoyer devant une personnalité de son choix afin d'être entendus. Saint-Florentin y consentit, nomma M. Berthelin, officier des maréchaussées, chargea celui-ci de convoquer Lepaute, et de procéder à l'audition des parties, séparément, puis contradictoirement, en présence de M. Gentil, garde général des meubles de la Couronne, de l'intendant et du secrétaire du ministre, de manière à faire éclater la vérité au grand jour, puis de lui rendre compte. Entre-temps, le 25 septembre exactement, Pierre-Augustin fait imprimer et répandre dans Paris une *Lettre* [...] *au sujet d'une découverte que veut lui ravir le sieur Lepaute*[7]. Puis, au jour fixé pour la comparution, tout le monde se trouva réuni dans le cabinet de M. Berthelin. Tout le monde... sauf M. Lepaute. On l'attendit en vain : le fourbe s'était dérobé pour la seconde fois.

Laissons Beaumarchais poursuivre :

« Il fallut donc renoncer aux espérances que j'avais conçues d'arracher la vérité du sieur Lepaute, dans ces premiers moments où je supposais que le calus n'était pas encore formé dans son cœur, et où je me flattais que, n'ayant pas effacé toutes les traces des amitiés et même, je le puis dire, des services qu'il a reçus de mon père et de la confiance que j'avais eue en lui, il ne pourrait soutenir notre présence.

« Il me sera sans doute plus difficile maintenant de convaincre le sieur Lepaute. Il aura eu le temps d'imaginer sa défense et de mendier ses preuves. Mais la vérité est trop forte pour que je désespère de le confondre.

« *Si je prouve* que mon dernier échappement est la suite du premier, par le compte que je rendrai de la route que j'ai suivie pour l'amener au point où il est à présent, il me semble qu'il sera bien constant que je suis le véritable auteur de l'échappement.

« Or la multiplicité et la filiation suivie des pièces incluses dans la boîte que j'ai remise à M. de Fouchy forment la plus parfaite conviction de cette vérité. Ainsi, le sieur Lepaute ne réussira pas à m'enlever ma découverte. Les faits dont j'ai rendu compte et dont le sieur Lepaute ne pourra disconvenir prouvent invinciblement qu'au mois de janvier dernier j'avais trouvé un échappement ; les diverses montres auxquelles je l'ai appliqué, celle que j'ai montrée à M. de Fouchy et le premier mémoire que je lui ai remis, conduit par M. Lepaute, ne laissent aucun doute à ce sujet. »

Suit la description détaillée des pièces contenues dans la boîte cachetée, dans l'ordre exact où il les a placées. « Depuis l'instant où j'ai abandonné la roue de rencontre pour me livrer à mes recherches, explique Pierre-Augustin, je n'ai égaré aucune de mes pièces qui ne m'ont pas servi. »

Le 13 novembre 1753, soit deux jours seulement après la rentrée de l'Académie des sciences, Pierre-Augustin rédige à l'attention de ladite Académie un mémoire circonstancié sur les faits qui l'opposent au sieur Lepaute, d'où nous avons extrait les lignes qui précèdent. Comme il s'agit du premier mémoire justificatif du futur Beaumarchais, et que celui-ci s'illustrera particulièrement dans ce genre juridico-littéraire, nous ne résistons pas au plaisir d'en citer cet autre passage[8] :

À MESSIEURS DE L'ACADÉMIE ROYALE DES SCIENCES
    « Messieurs,

    « Je viens réclamer devant vous l'invention et la propriété d'un échappement à repos, dont le sieur Lepaute vous a déjà présenté le dessein [sic] comme auteur, et qu'il a même *fait voir au roi*, si l'on en croit son annonce au *Mercure* de septembre dernier. [...]

    « Instruit dès l'âge de treize ans par mon père dans l'art de l'horlogerie, et animé par son exemple et ses conseils à m'occuper sérieusement de la perfection de cet art, on ne sera point surpris que, dès l'âge de dix-neuf ans seulement, je me sois occupé à m'y distinguer et à tâcher de mériter l'estime publique. Les échappements furent les premiers objets de mes réflexions. Retrancher tous leurs défauts, les simplifier et les perfectionner fut l'aiguillon qui excita mon émulation.

    « Mon entreprise était sans doute téméraire ; tant de grands hommes que l'application de toute ma vie ne me rendra peut-être jamais capable d'égaler y ont travaillé sans être parvenus au point de perfection tant désiré, que je ne devais point me flatter d'y réussir. Mais la jeunesse est présomptueuse, et ne serais-je pas excusable, Messieurs, si votre jugement couronne mon courage ? Mais quelle douleur, si le sieur Lepaute réussissait à m'enlever la gloire de la découverte d'un ouvrage que vous auriez couronné ! [...]

    « Pour lors, le sieur Lepaute était en liaison avec mon père. Prévenus en sa faveur, nous lui supposions la candeur et la probité qui constituent l'honnête homme. Mon père le voyait souvent. Le sieur Lepaute n'ignorait pas que je cherchais un nouvel échappement. Je lui fis voir ma montre ; il parut très flatté de ma confiance et fort content de ma découverte. Je ne lui cachais cependant pas que je ne croyais pas avoir atteint le but. [...]

    « Le sieur Lepaute, comme ami de cœur, fut toujours confident de mes progrès et le témoin oculaire de la construction de plusieurs montres de mon premier échappement que je fis et livrai à divers particuliers. »

Nous abrégeons, car les épisodes qui suivent recoupent notre propre récit : comment Lepaute présenta Pierre-Augustin à Grandjean de Fouchy, les étapes successives de la recherche, la séance du 23 juillet chez les Caron, la commande de M. de Jullienne, l'annonce dans le *Mercure* de septembre, les rendez-vous manqués chez MM. de Saint-Florentin et Berthelin, etc. Arrivons tout de suite à la conclusion, car elle témoigne du climat de haine dont Lepaute avait enveloppé l'affaire :

« Je ne parle pas des injures que le sieur Lepaute écrit et répand contre mon père et moi ; elles annoncent généralement une cause désespérée, et je sais qu'elles couvrent toujours de confusion leur auteur. Il me suffira pour le présent que votre jugement, Messieurs, m'assure la gloire que mon adversaire veut me ravir, ce que j'espère de votre équité et de vos lumières.
« À Paris, le 13 novembre 1753.

« CARON fils [9]. »

Dès ce premier *Mémoire*, le fils Caron atteint d'emblée à cette perfection littéraire, qui tient à l'absence de tout pathos. À vingt et un ans, il possède déjà cette netteté d'expression qui caractérisera ses écrits futurs. Son exposé ne vise ni à démontrer, ni à plaider, mais à narrer le plus sobrement et le plus clairement possible. Le récit s'en tient aux faits, et c'est ce qui lui confère son incomparable pouvoir de conviction. La conclusion paraît s'imposer d'elle-même, sans vaine déclamation, ni effets de manches : Lepaute est un voleur.

Deux jours plus tard, Pierre-Augustin envoyait au *Mercure de France* une réponse à l'avis paru en septembre. Pour la première fois, il prenait le public à témoin. Ce procédé, qu'il saura si bien exploiter par la suite, avait le double avantage de mettre l'opinion de son côté, tout en faisant pression sur ses juges, à savoir l'Académie, et d'attirer l'attention sur sa personne, ce qui ne pouvait qu'enchanter un jeune garçon épris de réclame. Au reste, il ne négligea rien pour gagner la sympathie de ce public si « judicieux », dont il connaissait « l'équité » et la « protection qu'il donne aux arts ». Belle leçon de *captatio benevolentiæ* !

« J'ai lu, Monsieur, avec le dernier étonnement, dans votre numéro de septembre 1753, que le sieur Lepaute, horloger au

Luxembourg, y annonce comme de son invention un nouvel échappement de montres et de pendules qu'il dit avoir eu l'honneur de présenter au roi et à l'Académie.

« Il m'importe trop, pour l'intérêt de la vérité et celui de ma réputation, de revendiquer l'invention de cette mécanique, pour garder le silence sur une telle infidélité. [...]

« Je ne veux point surprendre le public, et mon intention n'est pas de le ranger de mon parti sur mon simple exposé. Mais je le supplie instamment de ne pas accorder plus de créance au sieur Lepaute, jusqu'à ce que l'Académie ait prononcé entre nous deux, en décidant lequel est l'auteur du nouvel échappement. Le sieur Lepaute semble vouloir éluder tout éclaircissement en déclarant que son échappement, que je n'ai pas vu, ne ressemble en rien au mien. Mais sur l'annonce qu'il en fait, je juge qu'il est en tout conforme pour le principe, et si les commissaires que l'Académie nommera pour nous entendre contradictoirement y trouvent des différences, elles ne viendront que de quelques vices de construction qui aideront à déceler le plagiaire.

« Je ne mets au jour aucune de mes preuves; il faut que nos commissaires les reçoivent dans leur première force. Ainsi, quoi que dise ou écrive contre moi le sieur Lepaute, je garderai un profond silence jusqu'à ce que l'Académie soit éclaircie et qu'elle ait prononcé.

« Le public judicieux voudra bien attendre ce moment; j'espère cette grâce de son équité, et de la protection qu'il donne aux arts. J'ose me flatter, Monsieur, que vous voudrez bien insérer cette lettre dans votre prochain journal.

« CARON fils, horloger rue Saint-Denis
près Sainte-Catherine.
« À Paris, le 15 novembre 1753 [10]. »

Beaumarchais a compris, dès cette époque-là, que l'opinion publique, quoique invisible et silencieuse, est une puissance avec laquelle il faut compter. C'est sans doute, avec l'échappement à repos, la découverte majeure qu'il fit dans ses années d'apprentissage.

Lepaute, cependant, n'en resta pas là. Furieux de se voir défié par ce jeune malappris, et fort embarrassé dans sa défense, il répliqua maladroitement, et sa réponse eut pour seul résultat de le faire passer pour un « mandarin » vaniteux, méprisant ses disciples, mais n'hésitant pas à s'attribuer leurs mérites. Bref, un genre d'escroc assez commun, à toutes les époques! En place d'arguments techniques, Lepaute étale complaisamment ses talents, ses hautes relations, ses nombreuses commandes, tâche, en un mot, d'écraser de sa supériorité l'obscur petit apprenti de la rue Saint-Denis[11]. Et pour achever le tableau, il appelle à la rescousse trois jésuites du collège Louis-le-Grand, qui attestent par écrit qu'il leur avait parlé de son invention dès le mois de mai. Le chevalier de La Morlière, que Lepaute n'eut sûrement aucun mal à circonvenir, moyennant de bonnes raisons sonnantes et trébuchantes, emboîte le pas des bons pères[12], et il n'est pas jusqu'à l'archevêque de Sens, Paul d'Albert de Luynes, qui ne se porte caution pour l'imposteur[13]. Mieux encore: un fort habile horloger du nom de Malivoire, affirme avoir vu de ses yeux, chez M. Lepaute, l'échappement contesté, et un autre confrère, M. Biesta, chez qui le jeune Caron avait travaillé vers la fin de l'année 1752, accuse ce dernier de l'avoir copié lui-même.

Nouvelle réponse de Pierre-Augustin, datée du 22 janvier, dans laquelle il souligne les contradictions de son adversaire, et demande une fois encore au «public judicieux, la grâce de suspendre son jugement jusqu'à ce que l'Académie ait prononcé sur notre différend[14]».

LE «TRIOMPHE ACADÉMIQUE»

Tandis que la querelle faisait rage par gazettes interposées, l'Académie des sciences désignait deux commissaires, MM. Camus et de Montigny, chargés de rendre leur jugement. Ils ouvrirent la boîte cachetée, examinèrent les pièces d'horlogerie, prirent connaissance des mémoires, entendirent les témoins[15], puis rédigèrent un long rapport dont ils donnèrent lecture lors de l'assemblée du samedi 16 février 1754[16]. Leurs conclusions accordaient un total gain de cause au jeune Caron[17]. Jugement approuvé à l'unanimité des voix, et confirmé par l'Académie les 20 et 23 février[18]. Bien que les séances de la docte assemblée fussent secrètes, Pierre-Augustin obtint par faveur copie de ce rapport. Mieux encore: les commissaires eux-mêmes prièrent le secrétaire perpétuel d'établir en sa faveur un certificat dans lequel serait mentionné le jugement de l'Académie[19]. Signalons, pour l'anecdote, que ce certificat fut rédigé de la main même de M. Caron père, le 3 mars 1754 après déjeuner. Pierre-Augustin avait une telle hâte d'en avoir possession que son père proposa à M. de Fouchy de remplacer son secrétaire absent ce jour-là (c'était un dimanche) et d'écrire sous sa dictée[20]. Saurait-on rien refuser à ce digne fils, qui marchait si glorieusement sur les traces de son papa ?

Son parchemin en poche, notre Chérubin aux dents de loup sut l'exploiter à merveille, et le faire fructifier au centuple. En voici la teneur :

« MM. Camus et de Montigny, qui avaient été nommés commissaires dans la contestation mue entre les sieurs Caron et Lepaute, au sujet d'un échappement dont ils se prétendaient tous deux inventeurs, et dont la décision a été renvoyée à l'Académie par M. le comte de Saint-Florentin, en ayant fait leur rapport, l'Académie a jugé, le 16 février, que le sieur Caron doit être regardé comme le véritable auteur du nouvel échappement de montres, et que le sieur Lepaute n'a fait qu'imiter cette invention ; que l'échappement de pendule présenté à l'Académie le 4 août par le sieur Lepaute est une suite naturelle de l'échappement de montres du sieur Caron ; que, dans l'application aux pendules, cet échappement est inférieur à celui de Graham, mais qu'il est, dans les montres, le plus parfait qu'on y ait encore adapté, quoiqu'il soit, en même temps, le plus difficile à exécuter.

« L'Académie a confirmé ce jugement dans ses assemblées des 20 et 23 février. En foi de quoi, j'ai délivré au sieur Caron le présent certificat, avec la copie du rapport, conformément à la délibération du 2 mars.

« À Paris, ce 4 mars 1754.

« Signé : Grand-Jean de Fouchy,
secrétaire perpétuel de
l'Académie royale des sciences[21]. »

L'*Encyclopédie* de Diderot et d'Alembert n'allait pas tarder à enregistrer (avec satisfaction, semble-t-il), la victoire du jeune Caron sur M. Lepaute. Dès 1755, moins de deux ans après le verdict de l'Académie des sciences, l'horloger Le Roy, auteur de l'article « Échappement », consacrait une longue notice à l'invention du jeune Caron. Après l'explication technique de son mécanisme et le récit de sa controverse avec Lepaute, on pouvait lire, sous la plume du judicieux Le Roy, ces réflexions quelque peu digressives mais combien prémonitoires : « C'est, je crois, le premier jugement de cette espèce que l'Académie ait prononcé. Cependant, il serait fort à souhaiter qu'elle décidât plus souvent de pareilles disputes, ou qu'il y eût dans la République des lettres un tribunal semblable qui, en mettant un frein à l'envie qu'ont les plagiaires de s'approprier les inventions des autres, encouragerait les génies véritablement capables d'inventer, en leur assurant la propriété de leurs découvertes. » Ce « tribunal » que l'illustre horloger appelait de ses vœux deviendra réalité lorsque Beaumarchais fondera, vingt ans plus tard, la Société des auteurs dramatiques, pour défendre ses droits et ceux de ses confrères contre la Comédie-Française. Cette mention plutôt flatteuse de l'*Encyclopédie* témoignait, outre cela, d'une étroite conformité de vue entre ses rédacteurs et le jeune Caron, au moins quant à la propriété intellectuelle. Sa propre lutte pour opposer la compétence à la faveur rejoignait leur souci d'asseoir l'estime et le bonheur de l'individu sur son seul mérite. Son triomphe était aussi celui de leurs idées.

*
* *

Même si l'heureux dénouement de cette querelle contrariait ses préventions en faveur de Lepaute, M. de Saint-Florentin se devait de faire bonne figure ; il ne pouvait d'ailleurs oublier que c'était lui qui avait requis l'Académie, et se crut donc obligé de lui exprimer sa satisfaction : « Je suis fort aise, lui déclara-t-il, que cette affaire ait été mûrement discutée et que l'on ait rendu justice au véritable inventeur. Ce procès n'intéresserait pas le public, mais il est cependant essentiel de ne pas confondre les plagiaires avec les véritables auteurs et inventeurs, parce qu'ils seraient rebutés s'ils perdaient un honneur que veulent lui dérober leurs imitateurs [22]. »

Ne pas intéresser le public ? Quelle erreur ! Cela l'intéresse tellement, au contraire, que *Le Mercure* n'hésite pas à consacrer quarante pages de son numéro d'avril 1754 au rapport des commissaires et au certificat du nouvel Archimède ! Et quand bien même le public serait resté indifférent à cette histoire d'échappement (bien technique, à la vérité, pour les abonnés du *Mercure*),

Caron se fût bien chargé d'attirer son attention. Enivré de son «triomphe académique», pour reprendre le mot de Gudin de La Brenellerie, Pierre-Augustin ne songe plus désormais qu'à en tirer tout le parti qu'il pourra. Il faut proclamer à la face du monde que sa découverte est bien née dans sa tête, comme Minerve dans celle de Jupiter! Déjà la victoire obtenue à l'Académie a fait parler de lui en haut lieu, et son exploit s'est répandu jusqu'à Versailles. Il n'est pas si fréquent, au sein de cette société bloquée de l'Ancien Régime, de voir un blanc-bec de vingt et un ans tenir tête à un homme puissant, considéré, couvert d'honneurs, familier de tous les princes d'Europe, et le réduire à la plus honteuse déroute. «Il eût été perdu s'il n'eût pas triomphé», commente le bon Gudin, qui ajoute: «Son destin s'annonçait déjà.»

S'il y a une chose dont Pierre-Augustin a pleinement conscience, c'est que les réputations durent peu. Rien de plus capricieux que le public, rien de plus éphémère que la mode. S'il veut rentabiliser sa notoriété, mieux vaut donc s'y prendre dès maintenant. Dans quelques semaines, on ne connaîtra même plus son nom. Dès le mois de mai, sous un prétexte futile, il adresse donc un nouveau courrier au *Mercure* pour corriger de menues erreurs qui s'étaient glissées dans l'impression du rapport. Personne, à vrai dire, ne s'en était aperçu, mais l'occasion est trop belle de se rappeler au bon souvenir des lecteurs. Estimant, d'autre part, que les provinces ne pouvaient demeurer plus longtemps dans l'ignorance de ses succès, il fait copier des circulaires qu'il expédie à toutes les académies du royaume. Non sans y joindre le fameux rapport [23]. À l'étranger aussi, on se doit de célébrer l'invention de M. Caron; il ne néglige certainement rien pour cela, car l'un de ses correspondants lui écrit de La Haye, le 18 juin 1754:

«J'ai eu le plaisir, Monsieur, de voir applaudir votre montre par tous ceux à qui je l'ai fait voir, mais principalement à Bruxelles, où le prince Charles en a été enchanté, et toute la cour, par conséquent. On y savait votre histoire, ainsi qu'à La Haye, où j'ai trouvé quelqu'un qui avait une montre de la façon de Lepaute, et on y a jugé pièces sur table en votre faveur. M. le marquis de Bonac [24] m'a beaucoup fait de questions à ce sujet, mais tout aboutit de sa part et des autres à dire qu'elle est fort chère à cause de la nouveauté et que, dans quelques années, ces montres devront être meilleur marché que les autres, puisqu'il y a moins d'ouvrage. Mme de Pompadour avait déjà dit la même chose avec aussi peu de réflexion, car dans une invention pareille, ce n'est pas là, je crois, ce que l'on doit remarquer.

« Raymond de SAINT-SAUVEUR [25]. »

« HORLOGER DU ROI »

Le résultat le plus éclatant de toute cette affaire et de la campagne de presse que Pierre-Augustin a su orchestrer autour d'elle, c'est évidemment son entrée à Versailles comme fournisseur du roi, de Mme de Pompadour et de Mesdames. De ce moment (l'été de 1754 environ) date le début de sa fortune : il exécute une montre à gousset pour Louis XV, une autre miniaturisée en chaton de bague pour Mme de Pompadour, et une petite pendule pour Madame Victoire. C'est la consécration. Du jour au lendemain, tous les seigneurs de la Cour lui passent commande. Il peut désormais faire suivre sa signature du titre prestigieux et tant envié d'« horloger du roi ».

Il y aurait de quoi monter à la tête d'un garçon de vingt-deux ans ! Mais Pierre-Augustin ne se laisse pas facilement griser. Il sait que ce début de réussite, si prometteur qu'il soit, ne représente qu'une étape dans sa carrière. Et s'il ignore encore à quoi ressemblera cette carrière, il sait qu'après le pas de géant qu'il vient d'accomplir toutes les ambitions lui sont permises. Il nous reste un charmant témoignage de cette époque : il s'agit d'une lettre à l'un de ses cousins, à la fois si juvénile et si spontanée que nous n'hésitons pas à la reproduire intégralement :

« 31 juillet 1754
        « Monsieur et très cher cousin,
    « L'embarras d'une quantité d'affaires qui se sont succédé sans interruption depuis votre départ m'ont empêché de donner la dernière perfection à la montre que je dois vous envoyer. Elle est prête et en très bon état. Quelque empressement que j'aie à vous prouver mon zèle, je n'ai pu reculer la montre du roi et celle de Mme la marquise de Pompadour qui m'ont extrêmement occupé jusqu'à ce jour. J'ai enfin livré la montre au roi, de qui j'ai eu le bonheur d'être reconnu d'abord, et qui s'est souvenu de mon nom.

Sa Majesté m'a ordonné de la monter et de l'expliquer à tous les seigneurs qui étaient au lever, et jamais Sa Majesté n'a reçu aucun artiste avec tant de bonté ; elle a voulu entrer dans le plus grand détail de ma machine. C'est là que j'ai lieu de vous rendre beaucoup d'actions de grâces du présent de votre loupe, que tout le monde a trouvée admirable. Le roi s'en est servi surtout pour examiner la montre de bague de Mme de Pompadour, qui n'a que quatre lignes de diamètre [26], et qu'on a fort admirée, quoiqu'elle ne fût pas encore achevée. Le roi m'a demandé une répétition dans le même genre que je lui fais actuellement. Tous les seigneurs suivent l'exemple du roi, et chacun voudrait être servi le premier. J'ai fait aussi pour Madame Victoire une petite pendule curieuse dans le goût de mes montres, dont le roi a voulu lui faire présent : elle a deux cadrans, et de quelque côté qu'on se tourne on voit l'heure qu'il est.

> « CARON fils, horloger du roi.
> « À Monsieur de Bussière, in Burlington
> [siège de la *Royal Society*]
> « Burlington Gardens. London [27]. »

Ainsi, cinq mois seulement après son succès à l'Académie, Pierre-Augustin est connu de toute la famille royale. Il rêve à présent d'entrer à la *Royal Society* de Londres, et prie son cousin Bussière d'intervenir en sa faveur, mais sans négliger pour autant les relations que lui a gagnées l'affaire Lepaute, en particulier le secrétaire perpétuel de l'Académie des sciences, M. Grandjean de Fouchy, avec lequel il a noué des liens d'amitié. Comme ses travaux scientifiques ne lui ont pas fait passer son goût pour la musique, notamment pour la harpe, dont le mécanisme le séduit autant que les arpèges, et qu'il cultive toujours avec délices, il offre à Fouchy de l'accompagner à l'un des concerts de M. de La Pouplinière, au cours duquel on jouera de son instrument préféré [28]. Il voudrait même présenter le virtuose [29] à son nouvel ami, afin, lui dit-il, de « m'acquitter, par ce faible endroit, d'une partie des bontés que vous avez eues pour moi ». Mais comme ce musicien ne quitte guère la demeure champêtre de M. de La Pouplinière à Passy, « il m'a promis solennellement, ajoute Caron, que le premier dimanche où il serait à Paris, je disposerais de lui à ma volonté [30] ».

Cette sollicitude, étendue d'ailleurs à Mme de Fouchy, qu'il assure de son « profond respect », n'est pas tout à fait désintéressée.

Il se trouve en effet que Caron fils vient d'inventer un système de répétition, et voudrait éviter que ne se renouvelle sa mésaventure de l'année dernière. Aussi, dans sa lettre au « perpétuel » du 30 juillet 1754, prend-il soin d'ajouter ce paragraphe : « Je joins ici une lettre par laquelle je vous prie de m'accorder date de la nouvelle répétition dont j'eus l'honneur de vous parler le jour que vous eûtes la politesse de me ramener de chez Mgr le comte de Saint-Florentin, afin qu'elle puisse servir contre quiconque songerait à me dérober le fruit de cette seconde découverte[31]. »

Lui a-t-il fait part des perfectionnements auxquels il travaille sur la harpe à pédales ? Nous n'en avons aucune preuve, mais l'intérêt qu'il porte à cet instrument, et qu'il a su faire partager à M. de Fouchy, rend la chose vraisemblable. Il serait bien étrange, en effet, qu'au cours de leurs entretiens sur les concerts de La Pouplinière, ou avec le harpiste mentionné plus haut, il n'ait rien dit de sa nouvelle invention, même si elle n'est pas encore au point.

*
* *

De l'été de 1754 à l'été de 1755, Pierre-Augustin ne prend guère le temps de souffler ; les commandes affluent, lui-même se partage entre l'atelier de la rue Saint-Denis et sa prestigieuse clientèle ; on l'aperçoit de plus en plus souvent dans les galeries de Versailles, où il a maintenant ses entrées comme fournisseur du roi, des princes et des princesses. Bref, c'est un jeune homme occupé, dont toute l'ambition se borne, pour l'instant, à vendre le plus de montres possible. Il est horloger, et rien de plus. S'il déploie dans ce métier un esprit d'entreprise et un goût de la publicité qui ne se rencontrent guère dans les professions artisanales, il ne nourrit pourtant point d'autre rêve que celui de réussir pleinement dans son métier, de parvenir au sommet de son art, et de gagner beaucoup d'argent, car les biens matériels ne lui sont pas indifférents.

Saisissant toutes les occasions de faire parler de lui, il se garde bien de laisser échapper celle qui se présente en juin 1755. De quoi s'agit-il ? Un an après l'affaire Lepaute, Pierre-Augustin améliorait encore son système, tandis qu'un horloger de Genève, nommé Romilly, parvenait exactement au même résultat, sans qu'ils se fussent concertés. Romilly déposa son travail à l'Académie en décembre 1754[32]. Prévenu aussitôt par Le Roy, Pierre-Augustin présenta le sien le lendemain même. Une commission composée de Mairan, Montigny et Le Roy examina les deux ouvrages et M. Grandjean de Fouchy prononça le 11 juin 1755 un jugement qui confirmait Caron dans sa qualité d'auteur et attribuait le perfectionnement à l'un comme à l'autre, en précisant toutefois que Romilly avait fait son dépôt un jour plus tôt[33]. Sans perdre de temps, Pierre-Augustin adresse une épître au *Mercure*, qui n'est rien d'autre, en fait, qu'un message publicitaire dont on appréciera l'habileté, sous la feinte modestie :

« Monsieur, je suis un jeune artiste qui n'ai l'honneur d'être connu du public que par l'invention d'un nouvel échappement à repos pour les montres, que l'Académie a honoré de son approbation, et dont les journaux ont fait mention l'année passée. Ce succès me fixe à l'état d'horloger, et je borne toute mon ambition à acquérir la science de mon art. Je n'ai jamais porté un œil d'envie sur les productions de mes confrères (cette lettre le prouve), mais j'ai le malheur de souffrir fort impatiemment qu'on veuille m'enlever le peu de terrain que l'étude et le travail m'ont fait défricher. C'est cette chaleur de sang dont je crains bien que l'âge ne me corrige pas, qui m'a fait défendre avec tant d'ardeur les justes prétentions que j'avais sur l'invention de mon échappement, lorsqu'elle fut contestée il y a environ dix-huit mois. »

Évoquant la coïncidence de ses travaux avec ceux de Romilly, Caron joue cette fois la probité du chercheur capable de rendre un hommage loyal, et même amical, à son collègue genevois : « M. de Romilly, qui a jugé mon échappement digne de ses recherches, est un très galant homme, et que j'estime véritablement ; d'ailleurs, je serais fâché que cette petite concurrence entre lui et moi pût être envisagée comme une dispute semblable à la première : l'émulation qui anime les honnêtes gens mérite un nom plus honorable. » Avec un sens inné de l'« image », Pierre-Augustin sait ce qui plaît au public ; il compte bien que son attitude généreuse envers son collègue effacera l'âpreté de sa controverse avec Lepaute et le révélera sous son meilleur jour. Après avoir prouvé sa bonne foi, il s'agit de montrer sa belle âme.

Suit enfin cette page publicitaire où le jeune entrepreneur vante le luxe exceptionnel de ses montres, leur fabrication soignée, leurs hautes performances techniques; il met surtout l'accent sur ses modèles miniatures qui sont de vrais bijoux, telle cette montre sertie dans une bague destinée à la marquise de Pompadour, qui ne mesure pas plus d'un centimètre de diamètre et se remonte par un anneau central que l'on fait tourner autour du cadran. En citant le roi et la favorite parmi ses principaux clients, il sous-entend que ces petites merveilles sont réservées à l'élite: il n'appartient pas à n'importe qui de s'offrir une montre signée «Caron»; c'est un privilège, une marque de distinction:

«Par ce moyen, je fais des montres aussi plates qu'on le juge à propos, plus plates qu'on en ait encore fait, sans que cette commodité diminue en rien leur bonté. La première de ces montres simplifiées est entre les mains du roi; Sa Majesté la porte depuis un an et en est très contente. […] J'ai eu l'honneur de présenter à Mme de Pompadour, ces jours passés, une montre dans une bague, de cette nouvelle construction simplifiée, la plus petite qui ait encore été faite: elle n'a que quatre lignes et demie de diamètre et une ligne moins un tiers de hauteur entre les platines. Pour rendre cette bague plus commode, j'ai imaginé en place de clef un cercle autour du cadran, portant un petit crochet saillant; en tirant ce crochet avec l'ongle environ les deux tiers du tour du cadran, la bague est remontée, et elle va trente heures. Avant que de la porter à Mme de Pompadour, j'ai vu cette bague suivre exactement, pendant cinq jours, ma pendule à secondes. Ainsi, en se servant de mon échappement et de ma construction, on peut faire d'excellentes montres, aussi plates et aussi petites qu'on le jugera à propos[34]. »

«Ce succès me fixe à l'état d'horloger, et je borne toute mon ambition à acquérir la science de mon art. » Le pense-t-il vraiment? Plus tout à fait, nous semble-t-il, au moment où il écrit cette phrase. Il a goûté à la gloire et à la vie de cour, il s'est frotté au luxe et à la richesse. Faudra-t-il s'exclure si tôt de ce monde enchanté? donner du plaisir sans le partager? créer de la beauté en s'abstenant d'en jouir? Il a trop vu, trop appris au cours de ces derniers mois, sur les autres, et surtout sur lui-même pour retourner à sa vie d'artisan! S'il affirme borner là son ambition, c'est qu'il rêve déjà d'en sortir. Il sait qu'il en a les moyens: la nature l'a doté d'un caractère forgé tout exprès pour relever les défis.

Et puis, voilà des mois qu'il scrute les hommes comme il scrute ses mécaniques, du même regard pénétrant ; il en a démonté les rouages ; il en a compris le fonctionnement ; il sait aujourd'hui comment on manipule ces vils petits ressorts qui se nomment égoïsme, vanité, intérêt. Sa grande force, il la tire de ce scepticisme même, aussi profond que précoce, qui lui procure l'enivrant instinct de pouvoir. Ne croyant en rien, il peut désormais aspirer à tout.

CHAPITRE III

Le maître de musique

FIGARO : « J'étais né pour être courtisan. »
SUZANNE: « On dit que c'est un métier difficile ! »
FIGARO : « Recevoir, prendre et demander, voilà le
secret en trois mots. »
(*Le Mariage de Figaro*, acte II, sc. 2)

UNE MONTRE, UN CŒUR, UN NOM

« Dès que Beaumarchais parut à Versailles, les femmes furent frappées de sa haute stature, de sa taille svelte et bien prise, de la régularité de ses traits, de son teint vif et animé, de son regard assuré, de cet air dominant qui semblait l'élever au-dessus de tout ce qui l'environnait et de cette ardeur involontaire qui s'allumait en lui à leur aspect [1]. »

En traçant ce portrait, Gudin de La Brenellerie n'avait guère besoin de flatter son modèle. C'est bien ainsi que l'a peint Nattier à vingt-trois ans, dans son gilet brodé d'or et son bel habit rouge. Oui, sans contredit, c'est un charmant jeune homme. Si le visage conserve encore le moelleux arrondi de l'enfance, le regard, au contraire, en impose par son aplomb. On y voit une lueur d'arrogance narquoise, qui enjôle ou déconcerte, ou les deux à la fois, mais qui ne laisse pas indifférent. Surtout pas les dames, auprès desquelles il exerce un irrésistible ascendant. De toute évidence, Pierre-Augustin appartient à la race des séducteurs. Il le sait, il en joue, il en jouit.

Est-il besoin de dire que l'attitude des hommes à son égard se manifeste en raison inverse de son pouvoir de séduction sur les femmes. Dès ses premières apparitions à la Cour, il s'acquiert une réputation de fatuité, qu'il prendra toujours un malin plaisir à ne point démériter. Sa vanité, son insolence, ses mots d'esprit, sa façon bien à lui de mettre les rieurs de son côté : tout chez lui exaspère, tout le rend insupportable. Cette autosuffisance qui revêt si souvent l'apparence du mépris, et dont il ne parviendra jamais à se défaire, lui vaudra des haines tenaces, ou pis encore : d'odieuses calomnies. N'ira-t-on pas jusqu'à lui imputer la mort de sa première, puis de sa seconde épouse ? Comme si une haute idée de soi-même conduisait nécessairement au crime ! C'est contre ces outrances qu'il tentera de se justifier, dans ses *Mémoires contre Goëzman* : « Comment donc arrive-t-il qu'avec une vie et des intentions toujours honorables, un citoyen se voie aussi violemment déchiré ? qu'un homme gai, sociable hors de chez lui, solide et bienfaisant dans ses foyers, se trouve en butte à mille traits envenimés ? C'est le problème de ma vie ; je voudrais en vain le résoudre. [...] Peut-être, un juste ressentiment augmentant ma fierté naturelle, ai-je été dur et tranchant dans la dispute, quand je croyais n'être que nerveux et concis. En société, quand je pensais être libre et disert, peut-être avait-on le droit de me trouver avantageux. Tout ce qu'il vous plaira, messieurs. Mais si j'étais un fat, s'ensuit-il que j'étais un ogre ? Et quand je me serais enrubanné de la tête aux pieds ; quand je me serais affublé, bardé de tous les ridicules ensemble, faut-il pour cela me supposer la voracité d'un vampire ? Eh, mes chers ennemis, vous entendez mal votre affaire. Passez-moi ce léger avis : si vous voulez me nuire absolument, faites au moins qu'on puisse vous croire[2]. »

*
* *

Vers cette époque (le printemps de 1755, environ), le jeune Caron, soucieux avant tout de fournir le plus de montres possible à sa clientèle, ne pouvait encore se poser en rival des beaux messieurs de la Cour. Si sa bonne mine opérait sur les belles, il n'était pas encore dans le cas de faire ombrage aux maris ou aux amants. Mais cela n'allait pas tarder.

Un jour qu'il travaillait à l'atelier de son père, il vit entrer une femme d'une trentaine d'années, fort belle encore, qui lui présenta en rougissant une montre à réparer. Ce n'était qu'un prétexte. Depuis qu'elle l'avait remarqué à Versailles, elle rêvait de faire sa connaissance, et n'avait trouvé que ce moyen pour l'approcher. Pierre-Augustin ne fut pas dupe ; il examina la montre et brigua l'honneur d'aller la reporter lui-même dès qu'elle serait réparée. La visiteuse n'en attendait pas tant ; elle remercia le galant jeune homme et s'en retourna, ravie de son stratagème. C'est le début d'une aventure qui va bouleverser la vie du jeune Caron.

Madeleine-Catherine Aubertin (c'était le nom de la dame) était l'épouse de Pierre-Augustin Franquet, contrôleur de la bouche du roi, ou, plus exactement, contrôleur clerc d'office de la Maison du roi et de l'Extraordinaire des guerres, qui demeurait rue des Bourdonnais[3]. Comme elle vivait seule rue de Vaugirard, on peut supposer qu'elle prenait déjà quelques libertés avec ses devoirs conjugaux. Mme Franquet avait quinze ans de moins que son époux, mais dix de plus que Pierre-Augustin. La charge du mari, assez modeste en vérité, était l'un de ces mille offices de cour que l'on créait à volonté, qui ne recouvraient rien, et que l'on vendait fort cher lorsque le roi avait besoin d'argent. Ils se transmettaient ensuite aux héritiers ou à d'autres acheteurs, avec l'agrément du prince. Ces charges ne comportaient, le plus souvent, qu'une fonction symbolique ou dérisoire, en tout cas parfaitement inutile : il y avait ainsi la charge de *cravatier ordinaire du roi*, ou de *capitaine des levrettes de la chambre*, ou des *petits chiens de la chambre du roi*, dont le titulaire devait faire livrer tous les jours aux nobles toutous les biscuits confectionnés tout exprès par le pâtissier de Sa Majesté.

À en croire Gudin de La Brenellerie, M. Franquet était un « vieillard [...] presque incapable par son âge et ses infirmités » de remplir les fonctions de sa charge qui pourtant ne devaient pas être bien lourdes. Or nous savons aujourd'hui qu'il n'avait pas plus de quarante-neuf ans. Sans doute vieillit-on plus vite au XVIIIe siècle que de nos jours, mais tout de même... À moins de sénilité précoce, un quadragénaire, fût-il avancé, ne saurait passer pour un « vieillard », à quelque époque que ce soit. En tout cas, et quel que fût son âge, M. Franquet désirait se défaire de son office et pensait qu'il ne pourrait trouver plus digne successeur que le sémillant ami de sa femme. Était-il vraiment si fatigué de servir le rôt à la table du roi, comme le lui enjoignait sa fonction ? Ou son épouse l'aurait-elle poussé à prendre une retraite anticipée, afin de céder sa place à son jeune amant ? C'est possible, et même probable. L'affaire, en tout cas, ne traîna guère. Pierre-Augustin prit l'engagement de verser à M. Franquet une rente viagère garantie par son père ;

moyennant quoi, il reçut officiellement la charge de contrôleur clerc d'office, par brevet du roi daté du 9 novembre 1755, et prêta serment entre les mains du grand maître[4].

De ce jour, Caron fils renonça définitivement à la profession d'horloger, dans laquelle il avait fait pourtant des débuts si prometteurs, pour endosser la livrée de son office. Si l'amour était le principal artisan de cette conversion, l'ambition y avait également sa part.

Plus honorifique que réelle, cette charge (à la différence de plusieurs autres) comportait néanmoins quelques servitudes. Placés sous la direction du contrôleur ordinaire de la bouche, se trouvaient seize contrôleurs clercs d'office qui servaient par quartier : quatre par trimestre. Leurs attributions étaient ainsi définies dans l'*État de la France pour 1749* : «Les contrôleurs clercs d'office font les écroues ordinaires et cahiers extraordinaires de la dépense de la Maison du roi, et ont voix et séance au bureau[5]. Ils ont 600 livres de gages, dont ils ne touchent que 450, et des livrées en nature, environ 1 500 livres. […] Les contrôleurs sont du corps du bureau dans les repas et festins extraordinaires où le bâton n'est pas porté ; ils servent la table du roi l'épée au côté, et mettent eux-mêmes les plats sur la table. Par subordination aux maîtres d'hôtel et aux autres officiers supérieurs, ils ont commandement sur les sept offices de la maison, dont les officiers doivent leur obéir pour ce qui regarde leur charge. Ils ont leur *bouche à cour* à la table des maîtres d'hôtel ou à celle de l'ancien grand maître. Un de ceux qui servent chez le roi peut aussi venir manger à la table des aumôniers.» Dans le règlement de 1681, institué par Louis XIV pour sa maison et maintenu par ses successeurs, on peut lire également ceci : «La viande de Sa Majesté sera portée en cet ordre : deux des gardes marcheront les premiers, ensuite l'huissier de salle, le maître d'hôtel avec son bâton, le gentilhomme servant panetier, le contrôleur général, le contrôleur clerc d'office, et ceux qui porteront la viande, l'écuyer de cuisine, le garde-vaisselle», etc.

On voit d'ici notre officier frais émoulu, bien droit dans sa livrée toute neuve, l'épée au côté, portant le civet royal en procession, à travers les salons de Versailles, avant de le déposer délicatement sous les augustes narines de Louis XV.

Deux mois seulement après l'entrée en fonction du jeune homme, le 3 janvier 1756, M. Franquet prenait discrètement congé de cette vallée de larmes. Disparition fort opportune, car elle faisait gagner du temps à la jeune veuve, pressée de légitimer sa liaison, et acquittait le nouveau contrôleur de la bouche de la première échéance de la rente viagère. Pierre-Augustin entre donc en possession de l'emploi, et Madeleine-Catherine recouvre sa liberté. Cependant, la coutume et la décence leur interdisent de se marier avant le délai d'une année. En attendant, Mme Franquet va vivre chez sa mère, rue de Braque, dans le Marais⁶, tandis que Pierre-Augustin, qui se partageait jusqu'alors entre Versailles et un logis loué rue de Tournon, s'installe dans une chambre garnie, à deux pas de sa belle, chez un cordonnier nommé Velon, et s'occupe à démêler les comptes de la succession Franquet, déployant un zèle pour le moins équivoque à défendre les intérêts de la veuve contre les autres héritiers. À voir la dextérité avec laquelle il décortique les contrats, quittances, minutes et paperasses diverses, on croirait qu'il n'a fait que cela toute sa vie.

Or voici qu'en dépouillant les revenus du défunt il découvre que l'administration des Guerres reste lui devoir la somme de 900 livres, représentant le « produit secret » de sa charge, à savoir des indemnités de voyages fictifs, mais inscrits sur le compte des dépenses. Il conseille alors à sa maîtresse d'aller réclamer cette somme au contrôleur général Joly de Fleury, coutumier de ces jeux d'écriture. Mais celui-ci joue l'indignation, la conscience morale, se dit choqué par une telle démarche et renvoie la solliciteuse. Pierre-Augustin prend aussitôt l'affaire en main, dresse des plans, prépare la réplique. C'est fou ce qu'il a pu apprendre en si peu de temps, en matière de finance ! Sa combativité dans ce domaine ne le cède en rien à celle qu'il déployait, il y a quelques mois à peine, devant l'Académie des sciences. Seul le chantage, pense-t-il, aura raison des soi-disant scrupules de M. Joly. Il rédige donc une lettre dénonçant à Mme Franquet toutes les malversations et prévarications du personnage, signe ses accusations du nom de l'abbé d'Arpajon de Sainte-Foix, inventé de toutes pièces, et l'expédie à sa bonne amie avec ses recommandations : « Vois Joly et montre-lui ma lettre telle qu'elle est. [...] Lis-la devant sa femme, afin qu'il n'y ait plus de bégueuleries de part ni d'autre. Étudie-la même devant chez toi, afin de la lire très couramment et très distinctement en leur présence et parle-leur très ferme, dis-leur que tu sais aussi bien qu'eux de quelle importance est le secret dans cette affaire, et quel tort tu leur ferais en jasant. [...] S'il paraît intrigué et curieux de savoir quel est l'étranger qui t'écrit et qui est si bien au fait, *sans hésiter* dis-lui que, ne voulant compromettre ni les intérêts des contrôleurs ni les tiens, *tu as chargé ton confesseur, homme d'esprit, de faire le voyage pour toi, et que tu as révélé le secret de l'affaire sous le sceau de la confession.* [...] Il n'en sera pas la dupe, mais il verra que *tu sais aussi bien que lui te tirer d'affaire avec ta conscience.* Prends garde, ma chère amie, de ne pas mollir avec Joly ; agis là comme un homme prudent que tous *les raisonnements n'effraient ni n'embarrassent*[7]. »

Bien joué. Fort bien joué, même ! Mais inutilement, hélas ! car M. Joly, flairant le piège, refuse d'écouter la lettre du prétendu abbé. Ce dernier, *alias* notre ami Caron, se fâche alors tout de bon et met en demeure le contrôleur général de régler sa dette, toujours, bien entendu, sous la signature d'Arpajon de Sainte-Foix.

« Une lettre que je viens de recevoir de M[adame] Franquet me force à vous écrire, Monsieur, pour vous remontrer non seulement l'injustice de votre procédé à son égard, mais encore le tort que votre humeur vous causera nécessairement. J'apprends par sa lettre que ni les prières ni les raisons n'ont pu vous déterminer à me rendre un dépôt que vous n'avez aucun droit ni aucun titre pour y retenir. Je ne veux point entrer avec vous dans la discussion de *l'iniquité* qui a frustré M. Franquet de 900 livres par chaque service, depuis dix-huit ans qu'il vous a laissé le soin de faire ses recouvrements sur sa charge ; il est des choses sur lesquelles il faut passer l'éponge sans rien dire, dans la crainte de *mésestimer* quelqu'un avec qui on voudrait traiter à l'amiable. Mais lorsqu'on oublie des torts aussi graves que ceux-là, je ne sens pas trop en vertu de quels privilèges vous voulez les continuer. »

Lorsqu'il s'agit de voler au secours d'une « *honnête femme* que son mari laisse dans la détresse », un galant homme, fût-il d'Église, ne recule devant aucun moyen. Si M. Joly ne se rend pas à ses bonnes raisons, monsieur l'abbé Caron-d'Arpajon se dit prêt à le dénoncer auprès de ses hautes relations : « Je suis assez connu de M. d'Argenson pour qu'il ait quelque égard à ma prière ; prenez bien garde à ce que vous faites aujourd'hui. » Ou encore : « Je connais un autre seigneur, mon parent, qui sera bien charmé d'avoir cette occasion d'humilier votre corps ; c'est le maréchal de Noailles[8]. » On ne sait si la lettre parvint à son destinataire (Beaumarchais affirme que non), mais deux jours plus tard, M. Joly, effrayé, accordait les 900 livres[9].

Un beau mariage

Éblouie par son jeune amant, et plus que jamais amoureuse de lui après ce coup de maître, la veuve Franquet ne veut plus différer davantage leur union. Au bout de dix mois de deuil, rompant le délai fixé par les convenances, Madeleine-Catherine Aubertin, veuve Franquet, âgée de trente-quatre ans, prenait pour époux Pierre-Augustin Caron, qui n'en avait que vingt-quatre. Les parents du jeune homme avaient tout fait pour le détourner de ce mariage, alléguant les mœurs légères de la future et leur différence d'âge. Mais Pierre-Augustin tint bon, plaida la passion, et finit par leur arracher un consentement devant notaire. Ils le signèrent, mais en déclarant qu'ils n'assisteraient pas à la bénédiction nuptiale. Ils furent inflexibles, et Mme Franquet triomphait. Le contrat fut signé devant Me Vanin le 22 novembre 1756[10], et la cérémonie religieuse se déroula cinq jours plus tard, le 27 novembre, en l'église Saint-Nicolas-des-Champs[11]. Le ménage vint s'établir chez la mère de la mariée, rue de Braque.

C'est alors que Caron jeune, fils, petit-fils et arrière petit-fils de Caron, troqua ce nom, décidément trop plébéien, contre celui de Beaumarchais, tellement plus seyant, il est vrai, qu'il étrenna dès le début de l'année 1757[12]. Ce nouveau patronyme lui venait de sa femme. D'après Gudin, la terre de Beaumarchais n'était qu'un «très petit fief» appartenant à Madeleine-Catherine Aubertin. Il ne s'agissait naturellement ni d'un fief servant ni d'un fief de haubert, mais d'un fief de fantaisie. Nous connaissons aujourd'hui son origine exacte. Deux ans après son mariage, M. Franquet avait acheté à Vert-le-Grand, alors Valgrand (Essonne), au bailliage d'Arpajon, une maison de campagne qui conserva le nom de son précédent propriétaire, nommé Beaumarchet ou Beaumarchais, selon les actes[13]. Cette explication met définitivement fin aux diverses hypothèses hasardées sur ce nom. Ainsi, Goëzman n'aura-t-il pas tout à fait tort de s'exclamer, quelque vingt ans plus tard : « Le sieur Caron emprunta d'une de ses femmes le nom de Beaumarchais, qu'il a prêté à l'une de ses sœurs. »

Mais qu'est-ce qu'un nom sans armoiries ? Aussitôt après son mariage, le jeune contrôleur de la Maison du roi se fait graver un sceau à ses armes, «de gueules à un lion d'or et une bande de vair brochant sur le tout», mais ne devient pas gentilhomme pour autant ;

son modeste office ne vaut pas assez cher pour conférer la noblesse. Ce n'est que cinq ans plus tard, en 1761, lorsqu'il fera l'acquisition de la charge de secrétaire du roi, qu'il pourra porter légalement le nom de son «fief». En attendant, il jouit d'autres avantages; son train de vie s'élève sensiblement: il dispose de deux laquais à son service et commande ses habits chez les meilleurs faiseurs. Le maître tailleur Dufour lui confectionne, entre autres, un «habit de velours noir», un autre « de couleur noisette », une «robe de chambre et veste de damas», un «habit et veste brodé en argent», etc. Sans compter les fournitures livrées à ses domestiques [14].

C'est à cette époque, en 1755 exactement, qu'il fait exécuter son fameux portrait par Jean-Marc Nattier, peintre attitré de Mesdames, surnommé «l'élève des Grâces», dans l'atelier duquel viennent poser les plus hauts personnages de la Cour [15]. La prestance, le jabot, la coiffure, l'air d'assurance qui rayonne sur le visage: tout dans sa personne respire le contentement de soi, tout donne l'image du parfait gentilhomme. Mais observez les mains; elles disent encore plus et mieux que le reste: fines, soignées, avec de longs doigts élégants et déliés, on les devine expertes aux choses délicates. L'une s'appuie négligemment sur un volume, tandis que l'autre tient un rouleau de musique. Mains d'artiste, au toucher précis, aux mouvements arrondis et fluides lorsqu'elles voltigent autour d'une harpe ou se posent sur l'ivoire du clavecin.

«CET AIR DOMINANT»

Pierre-Augustin n'a pas seulement changé de nom; il a aussi changé d'attitude – et pas toujours dans le bon sens. Depuis sa récente ascension, il affecte à l'égard des petites gens une arrogance qui sent son parvenu à dix lieues. Sans doute a-t-il l'excuse de la jeunesse. Mais est-il rien de plus insupportable que cet «air dominant» dont parle Gudin, et qu'il se donne aujourd'hui à tout propos envers ses inférieurs? Sa hauteur, son humeur emportée l'entraînent souvent à de méchantes querelles, qui s'achèvent invariablement devant le commissaire au Châtelet. Ainsi, le 1er décembre 1757, c'est un certain Antoine Laisné, «cocher de place conduisant une voiture n° 14 lettre F», qui, attendant d'être payé de sa précédente course, a refusé de conduire Beaumarchais et a reçu de lui une si grande quantité de coups de canne qu'il en a le corps et les bras tout meurtris. « Ledit particulier amena le comparant en notre hôtel en continuant ses fureurs et cherchant à en imposer à nos commissaires, disant qu'il était un homme de condition, et que lorsqu'un fiacre ne faisait pas ce qu'il voulait, il était homme à lui f[outre] cent coups de canne. »

L'incident est à peine clos qu'un autre surgit, dont le principal acteur n'est autre que le chien de notre héros, un magnifique lévrier anglais, auquel il tient beaucoup. Sortant de chez son maître, rue Basse-du-Rempart, le noble quadrupède est agressé par un vulgaire bâtard appartenant à un ouvrier du chantier voisin. Une furieuse bataille s'engage entre les adversaires, tous crocs dehors. Le propriétaire du corniaud assène alors un violent coup de serpe sur le chien de Beaumarchais afin de l'éloigner. Le maître survient, voit son compagnon à moitié estropié, bondit sur le chantier, cherche le coupable, le trouve, l'apostrophe sans aménité. L'homme, un certain Claude Lasnier, réplique sèchement qu'il n'a fait que séparer les fauves. Le ton monte, les injures pleuvent de part et d'autre. Enfin, comme le manant se jette sur lui et le prend au collet, Beaumarchais tire son épée. L'autre prend la fuite. On envoie chercher la maréchaussée. Le sergent Lefebvre, de poste au boulevard de la porte Saint-Honoré, réussit à mettre la main sur le fugitif, et les deux contradicteurs sont conduits devant le sieur Thiérion, commissaire au Châtelet, où « ledit Lasnier ayant fait des excuses audit sieur de Beaumarchais, dont il s'est contenté, à sa réquisition il a été relaxé[16] ».

Le gamin de la rue Saint-Denis est décidément bien loin ! À moins que lui-même ne se sente encore trop proche des Lasnier. Comme il l'observera justement lui-même, quelques années plus tard : « Moins il y a de distance entre les hommes, plus ils sont pointilleux pour la faire remarquer[17]. »

« QUE LES TEMPS SONT CHANGÉS ! »

Inconstant par nature, frivole par caprice, M. de Beaumarchais ne sera jamais amant ni mari fidèle. Sûr en amitié, secourable envers les siens, mais volage en amour : tel il se peint lui-même, sans complaisance aucune. Amateur de femmes, mais amateur raffiné, comme on l'est de grands crus ou de mets succulents, il les aime «passionnément» (c'est lui qui le dit), mais en gourmet délicat. Non en affamé se jetant sur sa proie, mais en homme de goût, qui savoure avec délices. Rien, chez lui, du héros sadien, tortionnaire et obsédé. La volupté la plus authentique, il la recherche dans le commerce des femmes sans que les sens y prennent forcément part. Depuis l'époque où il passait pour le plus joli garçon du quartier, grisé par ses conquêtes précoces et les cajoleries de ses sœurs, il connaît le secret de leur plaire sans l'avoir jamais appris. Nul ne met plus de naturel à les charmer, à les courtiser, à les distraire, à les admirer, à leur écrire des billets tendres ou enflammés; son instinct l'y porte, autant que le plaisir. Mais ce lovelace n'est pas un corrupteur; s'il s'amuse à séduire, son jeu n'est jamais cruel. Car il ne se contente pas d'aimer les femmes: il les estime. Toute femme aura toujours plus d'esprit qu'un homme de lettres, pense-t-il. Sincère ou de simple galanterie, l'hommage sera cent fois répété, dans sa vie comme dans son œuvre. Bien sûr, c'est un libertin, avec tout ce que cela suppose de fantasmes érotiques et d'appétits de jouissance. Nous en verrons maints témoignages dans les pages qui suivent. Mais le corps peut obéir aux désirs les plus impétueux, sans pour autant que la pensée s'avilisse. Beaumarchais se fait une trop haute idée de sa personne pour la livrer aux actes qui dégradent. Il y a chez lui trop de santé morale, de générosité, de respect de l'autre, pour donner dans les fureurs et les perversions. Ni grand seigneur ni méchant homme, il ne sera jamais Don Juan.

Tel qu'il est, cependant, fort épris du beau sexe, et ne sachant lui résister bien que réputé lui-même irrésistible, il ne possède aucune des vertus qui composent un mari idéal. Doté d'un esprit de clan particulièrement fort (toute sa famille finira par vivre à ses crochets), il méprisera toujours les joies du foyer conjugal. À peine son union fut-elle scellée avec la veuve Franquet qu'il se montra moins tendre et moins empressé. Très vite la nouvelle épousée eut à se plaindre de son inconstance. Tourmentée par la jalousie, elle s'aigrit, devint autoritaire, irritable: «Que les temps sont changés! se lamente-t-elle. Quelle froideur est la vôtre!» Plutôt que de l'apaiser par des excuses ou des promesses, il saisit la balle au bond: «Ah! vous le dites trop justement: que les temps sont changés! Tout nous interdisait autrefois l'amour que nous avions l'un pour l'autre. Qu'il était vif alors et que mon état était bien préférable à celui dont je jouis actuellement ! Ce que vous appelez ma froideur n'est souvent qu'une retenue de sentiments dont je cache la trace, crainte de donner trop de prise sur moi à une femme qui a changé son amour en domination impérieuse. Cette Julie qu'un tendre regard faisait expirer de plaisir dans le temps d'ivresse et d'illusion n'est plus qu'une femme ordinaire à qui des difficultés d'arrangement font à la fin penser qu'elle pourrait bien vivre sans l'homme que son cœur avait préféré à toute la terre [18]. »

Hélas ! la pauvre Madeleine-Catherine n'aura pas longtemps à souffrir. Atteinte d'une « fièvre putride », elle expira le vendredi 29 septembre 1757, moins d'un an après son mariage. Pierre-Augustin avait fait appel aux meilleurs médecins, Bouvard, Pousse, Renard, qui la visitèrent régulièrement pendant sa maladie. Le matin du 30, il griffonna ce mot à son ami, le procureur Bardin :

« Monsieur Bardin me fera un plaisir sensible de se transporter chez moi sur-le-champ. J'ai perdu ma femme cette nuit après huit jours de maladie d'une fièvre maligne.

« CARON DE BEAUMARCHAIS [19]. »

Sitôt la nouvelle connue, les scellés furent posés à leur domicile, jusqu'à l'inventaire après décès qui eut lieu le mardi 4 octobre. Ne pouvant continuer de loger chez sa belle-mère, rue de Braque, Pierre-Augustin partit s'installer dans un appartement situé au deuxième étage du 17, rue Basse-du-Rempart (en contrebas de l'actuel boulevard des Capucines), quartier neuf et plutôt élégant à l'époque. Il y resta jusqu'en 1763, année où il fera l'acquisition d'un hôtel, rue de Condé.

*

* *

Le contrat de mariage des époux reposait sur la base de la communauté et stipulait la donation de tous les biens au dernier vivant. Mais Madeleine-Catherine et Pierre-Augustin, trop jeunes pour penser à la mort, et ne songeant qu'à leur bonheur, avaient négligé de faire enregistrer l'acte au Châtelet de Paris. Oubli fatal, car la donation perdait ainsi toute validité. C'est pourquoi, le jour même de l'enterrement de sa femme à Saint-Nicolas-des-Champs, le 30 septembre 1757, Beaumarchais faisait signer à sa belle-mère,

Catherine Frion, veuve Aubertin, un acte par lequel elle reconnaissait la donation au survivant, stipulée dans le contrat, « quand bien même il y manquerait la formalité d'insinuation[20] ». Le 11 octobre suivant, il insinua le contrat et la déclaration au greffe du Châtelet. Mais, dès le 4 octobre, soit trois jours seulement après avoir signé la reconnaissance du contrat de mariage, Catherine Frion s'était reprise : l'acte n'avait aucune valeur, prétendit-elle, car son gendre le lui avait fait signer alors qu'elle était éperdue de douleur, « hors d'état de réfléchir[21] ». Le Châtelet lui donna raison et l'insinuation tardive de Beaumarchais fut déclarée nulle et non avenue. Tout laisse penser que la bonne dame Frion avait été manipulée par les héritiers Aubertin, furieux de voir les biens de leur parente passer en des mains étrangères. En tout cas, c'est en toute bonne foi que Beaumarchais pourra répondre, au moment de l'affaire Goëzman, à ceux qui l'accusaient d'avoir capté l'héritage de sa femme : « Faute d'avoir fait insinuer mon contrat de mariage, la mort de la première [de mes femmes] me laissa nu, dans la rigueur du terme, accablé de dettes, avec des prétentions dont je n'ai voulu suivre aucune, pour éviter de plaider contre ses parents, de qui je n'avais eu qu'à me louer. »

« LE COURAGE DE SE ROMPRE »

Beaumarchais ne mentait pas. Il était bien vrai que la mort de sa femme l'avait plongé dans de graves difficultés financières. Incapable de soutenir son train de vie, il accumulait les dettes, se débattait avec les huissiers. Moins d'un an plus tard, il subissait un nouveau deuil, non moins cruel que le premier : le 17 août 1758, il perdait sa mère.

Curieusement, il ne manifesta pas la moindre émotion lorsque survinrent ces deux décès, qui le touchaient pourtant de si près. Certains s'en étonnèrent, le soupçonnant de manquer de cœur. C'était mal le connaître ! Si Beaumarchais répugne à s'apitoyer sur son sort, ce n'est assurément pas par sécheresse (tous ses amis vantent au contraire sa générosité), mais par mépris de la sensiblerie, par volonté de se raidir devant la douleur : « Une des choses que j'ai le plus constamment étudiées est de maîtriser mon âme dans

les occasions fortes, confessera-t-il plus tard. Le courage de se
rompre ainsi m'a toujours paru l'un des plus nobles efforts dont un
homme de sens pût se glorifier à ses yeux[22].» On n'est guère éloigné des théories d'un Crébillon fils, enseignant à l'apprenti libertin
l'art de déguiser ses vraies façons de penser, d'affecter la froideur
des sentiments, et surtout de ne laisser jamais paraître ses blessures
profondes aux regards d'autrui. Tel est en effet l'idéal du libertinage philosophique. À ce degré d'impassibilité, il rejoint le stoï-
cisme du dandy.

Est-ce par une coquetterie inverse que Beaumarchais s'étend si
complaisamment sur son impécuniosité? Sans doute, l'exagère-t-il
un peu par snobisme, parce qu'il est de bon ton d'avoir des dettes:
cela prouve qu'on ne rogne pas sur son train de vie, et que l'on
traite l'argent avec désinvolture, en grand seigneur, souscrivant des
billets pour payer ses fournisseurs, sans se soucier des échéances.
Il n'est pas moins vrai qu'après la mort de sa femme il ne lui restait pour toute ressource que les maigres revenus de sa charge de
contrôleur-clerc; ils suffisaient à peine à le faire vivre, mais lui
permettaient au moins d'avoir un pied à la Cour, dans l'espoir de
jours meilleurs. Ceux-ci n'allaient heureusement pas tarder à venir.

« TOUT EST AU MIEUX », OU *L'OPTIMISME*

En attendant, il occupe les moments de liberté que lui consent
sa charge à parfaire son éducation, dont il connaît les lacunes. Il se
plonge dans les livres, dévore Montaigne qu'il annote et Rabelais
qui l'inspire, Clément Marot qu'il pastiche, Molière et Lesage
qu'il envie, La Fontaine qu'il aime avec tendresse, Pascal, Corneille, Racine, Montesquieu, Rousseau, Voltaire qu'il vénère et
Diderot qu'il imite. Il avoue un faible pour le roman et ne rougit
pas de s'attendrir avec Richardson; il est vrai que celui-là fait les
délices de la famille Caron. Quant à La Bruyère, il s'enflamme en
lisant ces lignes: «Quelle horrible peine a un homme qui est sans
prôneurs et sans cabale, qui n'est engagé dans aucun corps, mais
qui est seul, et qui n'a que beaucoup de mérite pour toute recommandation, de se faire jour à travers l'obscurité où il se trouve, et
de venir au niveau d'un fat qui est en crédit.» Le goût des

Modernes ne lui fait cependant pas négliger les Anciens, qu'ils soient poètes, moralistes ou philosophes. Les masses de notes qu'il rassemble au cours de ses lectures abondent en citations de Tibulle et de Lucrèce, d'Ovide, de Sénèque, de Catulle et surtout d'Horace, avec lequel il se sent le plus d'affinités et qu'il saura mettre au pillage avec une rare virtuosité. En même temps, il se perfectionne en latin, étudie la grammaire, l'histoire, la géographie, approfondit ses connaissances en mathématiques, non sans jeter pêle-mêle sur le papier ses propres réflexions, commentaires et bribes diverses, mettant à ce nouvel apprentissage la même ardeur que naguère à son établi d'horloger.

Il ne saurait cependant rivaliser avec les maîtres, et son style hésite encore entre la recherche affectée de la concision et une emphase déclamatoire. Bien que modérément doué pour la rime, il noircit des pages entières de vers de sa façon. La lecture de ces premiers essais ne laisse guère de doute sur ses vraies aptitudes : sa plume évolue avec infiniment plus d'aisance dans les couplets de vaudeville que dans les pièces de longue haleine. Cela n'empêche pas (hélas !) que l'une ses premières œuvres connues soit justement un immense poème de trois cents vers sur deux rimes redoublées, intitulé *L'Optimisme*, thème fort à la mode depuis *Candide* que Voltaire avait donné en 1759 comme « traduit de l'allemand de M. le docteur Ralph ». À l'imitation de son devancier, le titre doit s'entendre ironiquement, de même que le refrain « tout est bien » ou « tout est au mieux », qui fait écho au leitmotiv voltairien[23]. Chez l'un comme chez l'autre, l'optimisme n'est que « la rage de soutenir que tout est bien quand on est mal »…

De ce fastidieux poème, que l'on peut lire dans sa quasi-intégralité dans l'ouvrage de Louis de Loménie[24], nous tirons deux strophes qui caractérisent assez bien la position de Beaumarchais lors de ses tout premiers débuts, dans les débats philosophiques et esthétiques de l'époque.

Si la référence implicite à *Candide* témoigne de l'évidente admiration du jeune auteur pour son grand aîné, l'extrait qui va suivre nous révèle un Beaumarchais défenseur des encyclopédistes et passablement frotté d'anticléricalisme, ce qui ne saurait surprendre :

> « Quand je vois l'*Encyclopédie*,
> Cette œuvre immortelle, hardie,
> Des Diderot, des d'Alembert,

Et d'autres hommes de génie,
Livrée à la misanthropie,
À l'esprit louche et de travers
D'un convulsionnaire impie,
Puis dénoncée à l'ineptie
De ces juges, conseillers, clercs,
Qui font à la théologie
Décider si la maladie
Qui bouillonne au-dessus des chairs
Peut être insérée et guérie :
Tout est-il bien dans l'Univers ? »

La strophe suivante fait allusion à la fameuse querelle des Bouffons (1752) qui dressa les philosophes Grimm, Diderot, d'Holbach et surtout Rousseau, admirateurs de l'opéra italien, contre les partisans de la tragédie lyrique à la française, au nombre desquels se rangeaient Mme de Pompadour, Cazotte et Rameau. Cette fois-ci, Pierre-Augustin prend le contre-pied des philosophes et vole au secours du camp adverse. Gageons que le souci de plaire à la favorite ne fut pas tout à fait étranger à sa prise de position. La seconde partie est un hommage direct à Voltaire, auteur des deux tragédies citées : *Alzire ou les Américains* (1736) et *Olympie* (1763) :

« Rameau, père de l'harmonie,
Quand j'entends traiter tes beaux airs
De raboteuse mélodie
Par des histrions d'Italie
Dignes de nos derniers concerts ;
Et toi, l'honneur de ma patrie,
Auteur d'*Alzire* et d'*Olympie*,
Et de mille ouvrages divers,
Charmants, pleins de philosophie ;
Quand je vois tes sublimes vers
En butte au jugement pervers
D'un hebdomadaire en furie,
Faut-il qu'insensé je m'écrie :
Tout est au mieux dans l'Univers ? »

On jugera ces vers avec indulgence ; ce sont les premiers balbutiements d'un écrivain qui ne s'est pas encore trouvé. On sait déjà que le genre noble ou épique n'est pas son fort; le tragique non plus, la satire en vers encore moins (on vient de le voir!). Mais patience. Car, à force de lire obstinément, d'écrire inlassablement, de tâtonner, de se chercher, d'imiter l'un, puis l'autre, de s'essayer à tous les modes, à tous les langages, à tous les tons, il finira par découvrir que c'est en y pensant le moins qu'il réussit le mieux, que le vrai style consiste à n'en avoir aucun, à laisser courir sa plume au gré de son caprice ou de son humeur, en s'amusant de ses mots d'esprit. «Mon style, Monsieur? Si par malheur j'en avais un, je m'efforcerais de l'oublier», déclare-t-il dans la préface du *Mariage de Figaro*. Beaumarchais ne peut écrire qu'en pleine indépendance, en dilettante, sans autre dessein que d'être lui-même. Or il ne l'est jamais que dans le trait vif et mordant, la boutade, le persiflage, la gouaille. Quoi qu'il fasse, l'homme d'esprit l'emportera toujours sur l'homme de plume. Pour son bonheur – et pour le nôtre.

QUATUOR AVEC HARPE

Enfin, la providence consentit à lui adresser un signe aimable. Elle prit en sa faveur l'aspect le plus gracieux qui fût: celui d'une harpe, l'instrument qu'il aimait le plus au monde et dont il jouait le mieux, à la grande joie de ses sœurs et au désespoir de son père. Non seulement il n'en abandonna jamais l'étude, mais il en perfectionna sans cesse le mécanisme. Cet instrument avait fait son apparition en France depuis assez peu de temps. Venu d'Allemagne, après que le luthier bavarois Christian Hochbrücker eut mis au point le chromatisme à pédales, il fut introduit à Paris en 1749, dans l'orchestre du fermier général Le Riche de La Pouplinière par le virtuose Goepffert. Au Salon de peinture de 1759, Greuze exposa le portrait de La Live de Jully, introducteur des ambassadeurs, jouant du nouvel instrument. En mai 1760, la harpe était présentée au public du Concert-Spirituel où Hochbrücker exécuta ses propres compositions. Le 2 août 1760, Diderot écrivait à Sophie Volland:

«Je ne vins point hier, parce que j'avais été invité la semaine passée par le comte d'Oginski à l'entendre jouer de la harpe; ce qui se fit hier en secret. Nous n'étions que Mme d'Épinay, le comte et moi.

Je ne connaissais point cet instrument. C'est un des premiers que les hommes aient dû inventer. Rien n'est plus simple que des cordes tendues entre trois morceaux de bois. Le comte en joue d'une légèreté étonnante. Il ne laisse pas imaginer, par l'extrême facilité qu'il a, qu'il exécute les choses les plus difficiles. La harpe me plaît ; elle est harmonieuse, forte, gaie dans les dessus ; triste et mélancolique dans les bas ; noble partout, du moins sous les doigts du comte, mais moins pathétique que la mandore [25]. »

Dès que la harpe commença de meubler les salons de Paris, toute la noblesse voulut en posséder une et apprendre à en jouer. Les femmes surtout raffolaient de son élégante silhouette, qu'ornaient des sculptures et des peintures « à l'antique », « façon de la Chine », ou florales ; comme d'autres instruments de la même époque, tels que le clavecin ou la guitare, c'était aussi une œuvre d'art. Mais surtout l'objet possédait le don merveilleux de mettre leur beauté en valeur ; le corps, le port de tête, les bras, se trouvaient exaltés par la position même de l'artiste. « L'attitude qu'elle exige prête un jour favorable au développement de toutes les grâces, écrit Louis-Sébastien Mercier. La tête d'une belle femme prend alors l'air du transport et du ravissement ; ses doigts délicats et dociles voltigent sur les cordes ; les sons semblent descendre des cieux ; un bras arrondi se déploie, un pied mignon s'avance et semble attirer tous les yeux [26]. »

Quel perfectionnement Pierre-Augustin a-t-il apporté à la harpe chromatique ? Il est difficile de le savoir avec précision, car Gudin de La Brenellerie, à qui l'on doit ce renseignement, ne fournit aucun détail. Il écrit simplement ceci, qu'il faut prendre avec circonspection, car le cher homme a toujours tendance à magnifier son héros : « La harpe passait pour un instrument ingrat, on le dédaignait. Mais quand Beaumarchais y eut appliqué les connaissances qu'il avait en mécanique, il le perfectionna, le mit en vogue par la grâce qu'il lui prêtait en accompagnant des sons mélodieux de cet instrument les chansons ou les scènes qu'il composait, et qui respiraient la vie et la volupté [27]. » Prétendre que la harpe ne devint à la mode qu'après que Beaumarchais l'eut améliorée n'a aucun sens. Nous savons qu'elle ne l'a point attendu pour pénétrer à la Cour et chez les grands. Cependant, le bruit se répandit à Versailles que M. de Beaumarchais n'était pas seulement habile horloger, mais musicien averti, qu'il composait des airs, jouait de la harpe à merveille, était parfaitement en mesure de montrer cet instrument à qui le lui demanderait, et ne se ferait certainement pas prier pour cela. Surtout si les élèves étaient de naissance illustre et payaient bien ses leçons. Il fut exaucé sur l'instant. Et de quelle manière! Sur le chapitre de la naissance, il ne pouvait rêver mieux, puisqu'il s'agissait des propres filles du roi, celles-là même qu'on appelait Mesdames. Quant à l'argent... c'est une autre affaire.

*

* *

Quatre filles seulement restaient à Louis XV et Marie Leszczyńska; Madame Henriette était morte en 1752, à l'âge de vingt-cinq ans, et sa sœur jumelle, Louise-Élisabeth, résidait dans son duché de Parme. L'aînée de ce quatuor princier, Madame Adélaïde, avait alors vingt-cinq ans, Madame Victoire vingt-quatre, Madame Sophie vingt-trois, et Madame Louise vingt. Les trois premières resteront vieilles filles et Madame Louise entrera au Carmel.

Madame Adélaïde ne possédait ni grâce ni beauté. Son caractère impérieux et déterminé, ses gestes brusques, sa voix de baryton s'accordaient parfaitement avec son allure masculine et les traits virils de son visage. Ne disait-elle pas, avant la naissance du second fils de Louis XV (elle avait alors onze ans): «Je ne sais pas pourquoi on désire un duc d'Anjou; il n'y a qu'à me prendre pour duc d'Anjou, je ne demande pas mieux [28].» Outre une conscience très jalouse de son rang, elle éprouvait le besoin de diriger et de mener tous les siens, depuis le roi jusqu'à la dauphine. En fait, elle n'en imposa jamais qu'à ses sœurs. Esprit curieux, au demeurant, imagination vive et en constante ébullition, elle ne se fixait jamais à rien. Non sans raison, la reine l'appelait la *ridicule* Adélaïde. Sa nature ardente la prédisposait à de grandes passions qu'elle ne connut jamais. Pas plus que le mariage. Il fut bien question un moment du prince de Conti, dont on vantait la physionomie agréable et spirituelle, puis du prince Xavier, frère de la dauphine, que l'on destinait au trône de Pologne, puis du prince Albert, frère de ce dernier, d'autres encore moins sérieux. Mais rien ne se fit. Était-ce l'exemple de Madame Infante, notoirement mal mariée, ou le manque de candidats catholiques dignes d'entrer dans la famille de France, ou encore que le roi, en dépit de sa tendresse pour elles, n'eut jamais le souci d'établir ses filles (pour éviter de les doter, disent les mauvaises langues)? Toujours est-il que Louise-Élisabeth fut la seule fille de France à convoler, sacrifiant d'ailleurs ses grandes ambitions pour se contenter du maigre duché de Parme.

Nous ne reviendrons pas ici sur les rumeurs d'inceste qui coururent sur le compte du roi et de Victoire, du dauphin et d'Adélaïde, des couches clandestines de cette dernière qui aurait donné le jour au comte de Narbonne. On retrouve des traces de ces calomnies jusque dans la *Correspondance de Marie-Thérèse et Mercy-Argenteau*, lequel répondit à l'impératrice, en manière de conclusion:

« Parmi une nation aussi légère, il ne m'a pas manqué de moyens d'approfondir de pareils faits, et je puis dire que mes recherches ne m'ont pas procuré d'indices qui donnassent la moindre lueur de probabilité à ces affreux propos. Quoique le caractère des Français ne soit pas porté à la méchanceté, leur légèreté et leur indiscrétion les rendent très sujets aux plus horribles noirceurs. [...] On est inondé de lettres anonymes, des délations les plus absurdes. Il est vrai que cela ne fait aucun effet, et ce qui a été dit un jour tombe le lendemain dans le plus parfait oubli [29]. »

Grande, bien faite quoiqu'un peu grasse, de magnifiques yeux noirs hérités de son père, un teint de brune, fort enjouée, Madame Victoire, qui faillit un moment devenir reine d'Espagne, avait, dit-on, un caractère charmant; elle montrait beaucoup de douceur et de gaieté avec son entourage, mais supportait mal la contradiction. À défaut d'aventures amoureuses, elle cultivait l'amitié: ses lettres à la comtesse de Chastellux nous la montrent affectueuse autant qu'on peut l'être. Peu faite pour la vie de cour, elle n'en possédait ni le ton ni les manières, se tenait mal, marchait sans grâce, ignorait l'art de la révérence. On la savait aussi gourmande et nonchalante. En dépit de ces légers défauts, elle était sans contredit la fille préférée de Louis XV, ce qui donna naissance aux ragots malveillants dont nous venons de parler.

Que dire de Madame Sophie? C'était une créature timide, effacée, craintive, d'une extrême nervosité, dont l'histoire tiendrait en peu de lignes. Mme Campan, lectrice de Mesdames, la dit d'une « rare laideur » mais, selon le duc de Luynes, elle était «plus grande que Madame Adélaïde [...], fort blanche, l'air de beauté». «Le haut du visage a la forme de celui du roi; elle a fort bonne grâce», ajoute-t-il [30]. Tout cela est fidèlement rendu par le pinceau de Nattier qui a visiblement pris plaisir à fixer la candide expression du modèle. Mme Campan est la seule mémorialiste qui ait laissé un témoignage intéressant sur cette princesse : « Je n'ai jamais vu personne avoir l'air si effarouché, raconte-t-elle. Elle marchait d'une vitesse extrême et, pour reconnaître, sans les regarder, les gens qui se rangeaient sur son passage, elle avait pris l'habitude de voir de côté, à la manière des lièvres. Cette princesse était d'une si grande timidité qu'il était possible de la voir tous les jours, pendant des années, sans l'entendre prononcer un seul mot. On assurait cependant qu'elle montrait de l'esprit, et même de l'amabilité, dans la société de quelques dames préférées ; elle s'instruisait beaucoup, mais elle lisait seule ; la présence d'une lectrice l'eût beaucoup gênée. Il y avait pourtant des occasions où cette princesse, si sauvage, devenait tout à coup affable, gracieuse, et montrait la bonté la plus communicative : c'était lorsqu'il faisait de l'orage ; elle en avait peur, et tel était son effroi qu'alors elle s'approchait des personnes les moins considérables ; elle leur faisait mille questions obligeantes. Voyait-elle un éclair, elle leur serrait la main ; pour un coup de tonnerre, elle les eût embrassées. Mais le beau temps revenu, la princesse reprenait sa roideur, son silence, son air farouche, passait devant tout le monde sans faire attention à personne, jusqu'à ce qu'un nouvel orage vînt lui ramener sa peur et son affabilité[31]. » Sophie a traversé l'Histoire comme une ombre, dans le silence et l'humilité.

Quant à Madame Dernière, Louise, la plus jeune, fort petite, légèrement bossue, la tête un peu grosse pour sa taille, vive et rieuse, mais de santé médiocre, elle dissimulait sous de chétives apparences une nature de feu et une âme fortement trempée. Animée toute jeune d'une foi ardente, elle fut durablement impressionnée, à seize ans, par l'entrée chez les Carmélites de Mme de Rupelmonde, née Gramont. C'est alors que se dessina sa vocation religieuse. « Pendant la cérémonie, raconte-t-elle, et avant de sortir de l'église, je pris la résolution de demander tous les jours à Dieu qu'Il me donnât les moyens de briser les liens qui me retenaient. [...] Je n'oublierai jamais ce que je dois à ma sœur Thaïs [c'est ainsi qu'elle appelait Mme de Rupelmonde], car sans son exemple je n'aurais jamais pensé à me consacrer à Dieu. J'étais moi-même, quoique encore fort jeune, portée à aimer le monde[32]. » Elle finira par convaincre le roi, jusqu'alors sceptique, du bien-fondé de ses aspirations, et prendra l'habit chez les Carmélites de Saint-Denis, le 10 septembre 1770.

Étrangement, les chroniqueurs de l'époque ont presque tous tendance à considérer les quatre sœurs comme une seule et même personne. Sous le vocable de «Mesdames», elles ne forment qu'un corps et un esprit : une hydre tétracéphale, en quelque sorte, car le rôle qu'on leur fait jouer n'est guère plus enviable que celui du dragon de Lerne. Mesdames sont jalouses, Mesdames intriguent, Mesdames exercent trop d'influence, et même un peu de despotisme sur la famille, notamment sur la dauphine. Mesdames n'ont jamais eu le talent de se conduire convenablement aux circonstances. Mesdames se permettent souvent des propos pour le moins indiscrets, quelquefois même trop gais. Et ainsi de suite. À force de les voir toujours ensemble dans les cérémonies officielles ou lors des déplacements de la Cour à Marly, Choisy ou Fontainebleau, on a pris la fâcheuse habitude de les traiter comme un être collectif. C'est d'autant plus injuste que les travers de Mesdames sont surtout imputables à l'une d'elles, Madame Adélaïde. Et encore ! Car si sa personnalité tranchait nettement sur celle des autres – sa volonté, son énergie, même une certaine violence –, elle n'était assurément pas coupable de toutes les nuisances dont on accusait Mesdames. En fait, ces infortunées ont surtout souffert de leur condition de femmes seules et sevrées d'amour, d'abord jeunes, puis de moins en moins jeunes, avant de devenir franchement mûres, si bien que le qualificatif de «vieilles filles» leur fut très vite appliqué, avec toutes les tares que l'on suppose malignement aux âmes délaissées : l'égoïsme, la méchanceté, la médisance.

L'unique passion qui régna jamais sur le cœur déserté de Mesdames était celle qu'elles portaient à leur père. Passion si exclusive et si absolue qu'elle ne laissait place à aucune autre, et les remplaçait toutes. Elles l'aimaient comme un monarque, avec une vénération mêlée d'effroi ; elles l'aimaient comme un père ; elles l'aimaient enfin comme un amant. Comment ne pas voir en effet que leur admiration béate, leur fierté en sa présence, leur soumission à tous ses désirs dissimulaient en fait un profond sentiment amoureux ? Si refoulé qu'il fût dans les mystères de leur inconscient, cet amour n'en était ni moins réel ni moins puissant. Louis XV, de son côté, répondait à leur affection par une tendresse qu'il exprimait à sa façon, cavalière et bourrue. Les surnoms dont il les affubla, si ridicules qu'ils nous paraissent aujourd'hui, marquaient à leur égard une sorte de bonhomie familière qui donne le ton de leurs relations. Dans ce jargon jovial et tout intime, Madame

Louise, la plus coquette, la plus affolée de toilettes nouvelles, de nœuds et de rubans, s'appelle *Chiffe*. Madame Sophie, la plus craintive, devient *Graille* (nom vulgaire de la corneille). Madame Adélaïde jouit de deux surnoms pareillement évocateurs : *Loque* et *Torche* ; elle préfère le second et signe plaisamment ses lettres à sa dame d'honneur *La Grande Princesse Madame Torchon*. Quant à Madame Victoire, son embonpoint lui vaut celui de *Coche*[33].

Louis XV descendait tous les matins chez Madame Adélaïde par un escalier dérobé. Souvent il y apportait son café qu'il avait préparé lui-même. Madame tirait aussitôt un cordon de sonnette qui avertissait Victoire, laquelle, en se levant pour accourir chez sa sœur, sonnait Sophie qui, à son tour, sonnait Madame Louise. Cette dernière logeait dans l'appartement le plus reculé, et sa petite taille ne lui permettait pas de faire de grands pas ; elle avait beau trotter de toutes ses jambes, elle arrivait juste à temps pour embrasser son père qui partait pour la chasse. Mais, tous les soirs à six heures, Louis XV voyait Mesdames en public pour la cérémonie du débotté. Les princesses passaient alors à toute vitesse un énorme panier qui soutenait une jupe chamarrée d'or ou de broderies, attachaient autour de leur taille une longue queue, et cachaient le négligé de leur habillement sous un grand mantelet de taffetas noir qui les enveloppait jusque sous le menton. Les chevaliers d'honneur, les dames, les pages, les écuyers, les huissiers portant de lourds flambeaux les escortaient chez le roi. En un instant, tout le palais, jusque-là solitaire, se remplissait de monde. Le roi baisait chaque princesse sur le front – et voilà tout. Au bout d'un quart d'heure, Mesdames rentraient chez elles, dénouaient les cordons de leur jupe et de leur queue, reprenaient leur tapisserie, tandis que Mme Campan poursuivait sa lecture interrompue.

Il est une chose que Mesdames aimaient avec passion et dont elles pouvaient difficilement se passer ; c'était la musique. Elles avaient reçu les premiers rudiments de cet art à l'abbaye de Fontevrault, où elles passèrent leur enfance, à l'exception de Madame Adélaïde, qui attendrit si bien son père qu'elle obtint de rester à Versailles. Leur premier maître, François-Joseph de Caix, symphoniste au service de la Chapelle et de la Chambre de Louis XV, leur avait enseigné la viole, tandis que son fils, Barthélemy aîné, initiait Madame Sophie au pardessus de viole, instrument plus petit et accordé une octave plus haut, qui permettait aux dames de la noblesse d'aborder sans déroger le répertoire du violon, réservé « à ceux qui en vivent par leur labeur[34] ». Si l'on ajoute à M. de Caix un maître de danse, dont on ignore le nom, l'éducation musicale des filles de Louis XV s'arrêtait là. Mais, une fois revenues à Versailles, elles ne tardèrent pas à rattraper leur retard, dans ce domaine comme dans bien d'autres, car l'enseignement prodigué chez les bonnes dames de Fontevrault se réduisait au strict minimum. L'émulation musicale allait donc bon train entre les quatre sœurs, auxquelles se joignait fréquemment leur frère, le dauphin. D'un naturel apathique, instable dans ses goûts, le jeune prince fuyait les divertissements, détestait les spectacles, s'ennuyait à la chasse et ne lisait que des ouvrages de piété. Il n'éprouvait de réel plaisir que dans la musique, jouait du violon, de l'orgue, du clavecin, et chantait fort joliment.

Madame Adélaïde, dont on connaît l'admirable portrait par Nattier en grande robe bleue, un livre de musique à la main, avait appris le violon avec le célèbre Jean-Pierre Guignon, d'origine italienne, celui-là même qui avait grossièrement évincé Mondonville de cette même fonction auprès du dauphin. Elle touchait également de l'orgue, de la guitare, de la vielle, et se serait essayée, dit-on, au cor et à la guimbarde. Mais le violon restait son instrument favori. On crut même un temps que Mozart lui avait dédié le concerto *Adélaïde*, mais celui-ci s'est révélé un faux très habile dû à Henri Casadesus. En revanche, il est parfaitement avéré que c'est sur le violon de Madame Adélaïde, exécuté vers 1740 par le célèbre luthier napolitain Nicola Gagliano et décoré de fleurs de lys, que joua l'enfant Mozart, âgé de dix ans, lors de son passage à Versailles en 1766. Aussi mélomane que ses sœurs, Madame Victoire se sentait plus de dispositions pour le clavier; elle jouait de l'épinette et surtout du clavecin. Sophie et Louise complétaient harmonieusement le quatuor.

*
* *

Lorsque Beaumarchais prend ses fonctions chez Mesdames, en qualité de maître de harpe, il n'est pas tout à fait un inconnu pour elles. On se souvient qu'il avait exécuté une petite pendule pour Madame Victoire, et ses talents d'horloger, puis de musicien, l'avaient doté d'une manière de notoriété à la Cour. Les femmes parlaient de lui en termes si flatteurs, elles vantaient si vivement son esprit, son goût, ses chansons, ses talents de harpiste que les filles de

Louis XV eurent le désir de l'entendre, et bientôt celui d'apprendre à toucher cet instrument qui devenait à la mode, et pour lequel il n'y avait encore aucun maître célèbre[35]. Cédant à son naturel entreprenant, Beaumarchais ne se contenta pas de disposer les doigts augustes sur les cordes, ni de leur dévoiler les secrets des pédales. Très vite, il déborda de son affectation première pour se muer en intendant de la musique de Mesdames. Il organisait avec elles, toutes les semaines, des concerts de musique de chambre donnés devant le roi, la reine, le dauphin, la dauphine, et quelques familiers. Lui-même tenait sa partie, soit à la flûte, soit à la harpe. On interprétait tantôt les musiciens en vogue, tantôt des pièces de sa composition. On y jouait les dernières sonates de Francesco Chabran «à violon seul et basse continue», ou encore les chansons de Jean-Benjamin de Laborde, «avec accompagnement de harpe[36]». Ces séances se déroulaient fort simplement, à l'abri des regards, en l'absence de toute étiquette. La famille royale se réunissait là dans le seul dessein de se distraire sans cérémonie, pour le plaisir de se retrouver entre soi. Gudin rapporte qu'un soir, au moment où le concert allait commencer, on s'aperçut qu'il manquait un siège pour Beaumarchais. Pressé de l'écouter, le roi ne voulut déranger personne, poussa vers lui son propre fauteuil et le força de s'y asseoir, en dépit de ses protestations.

Concerts et leçons de harpe ne représentaient cependant qu'une mince partie de ses activités auprès de ses royales élèves. Très vite, en effet, il avait su se rendre indispensable par la multitude de petits services qu'il leur rendait, et les diverses courses qu'il effectuait pour elles dans Paris. N'oublions pas que Versailles n'était pour les jeunes princesses qu'une prison de plus après celle de Fontevrault où elles avaient passé leur enfance. Ici, pas plus que dans leur abbaye, elles n'avaient le droit de sortir en liberté. Prison dorée, dira-t-on, mais prison tout de même. «Il n'y a point d'austérités pareilles à celles auxquelles l'étiquette assujettit les grands», observait Mme de Maintenon qui avait connu tous les états de la vie avant de subir à son tour cet enfermement. Aussi Pierre-Augustin jouait-il auprès de Mesdames le rôle de commissionnaire; il achetait leurs instruments de musique et leurs partitions, qu'il payait de sa poche et se faisait ensuite rembourser – non sans mal. Un jour, il s'agit d'une harpe, d'une «flûte complète d'ébène garnie d'ivoire», d'un «tambourin de noyer verni». Une autre fois, il note pour Madame Victoire: «J'ai acheté deux boîtes de cordes complètes pour la harpe, blanches, rouges et bleues, le tout m'a coûté [...] 15 louis. Il y en a juste la moitié de levé pour Madame, le reste est livré à Madame Victoire, ce qui fait la somme de [...] 7 louis 1/2 [37].»

Comme toutes les femmes, *a fortiori* lorsqu'elles sont princesses, Mesdames étaient sujettes à des caprices qu'il fallait se hâter de satisfaire : chacun sait qu'en ces matières la célérité fait au moins la moitié du plaisir. Voici, par exemple, la missive qu'il reçoit un jour de la première femme de chambre de Madame Victoire :

«Madame Victoire a pris goût, Monsieur, de jouer aujourd'hui du tambourin, et me charge de vous écrire dans l'instant de lui en faire avoir un le plus tôt qu'il vous sera possible. Je souhaite, Monsieur, que votre rhume soit dissipé et que vous puissiez promptement faire la commission de Madame. J'ai l'honneur d'être très parfaitement, Monsieur, votre très humble servante.

«DE BOUCHEMAN COUSTILLIER.»

Enrhumé ou pas, qu'il pleuve ou qu'il vente, voilà M. de Beaumarchais courant les rues à la recherche d'un tambourin. Dépêchez-vous, jeune homme ! Une princesse de France n'attend pas. Le lendemain, c'était une flûte, le surlendemain, un livre, une vielle, un cor de chasse, que sais-je ! Et, pour chacun de ces achats, il lui fallait payer de sa maigre bourse, en attendant des remboursements qui tardaient souvent à venir. Il arrivait même qu'ils ne vinssent pas, ce qui le mettait dans une situation d'autant plus embarrassante que ses revenus étaient fort minces, comme on sait, qu'il ne disposait point de fonds personnels et que son emploi chez Mesdames n'était même pas rémunéré. Que de fois se vit-il dans l'obligation d'envoyer à Mme d'Hoppen, intendante des princesses, des mémoires ainsi libellés :

«Je vous prie, Madame, de vouloir bien faire attention que je suis engagé pour le paiement des 844 livres restantes, n'ayant pu les avancer, parce que j'ai donné tout l'argent que j'avais, et je vous prie de ne pas oublier que je suis, en conséquence, absolument sans le sol.

«Outre les	1 852 livres	
« Madame Victoire me redoit, d'un reste		15
« Plus d'un livre de maroquin à ses armes et doré : . .		36
« Et pour le copiste de musique dudit livre :		36
	Total général	1 939 liv. 10 s.

« Ce qui fait en somme 80 louis et 19 liv. 10 s.

« Je ne compte point toutes les voitures qu'il m'en a coûté pour courir chez les différents ouvriers, qui demeurent presque tous dans les faubourgs, non plus que les messages que cela a occasionnés, parce que je ne l'ai point écrit et que je ne suis pas dans l'usage de compter à Mesdames. N'oubliez pas aussi, je vous prie, que Madame Sophie me doit cinq louis. Dans un temps de misère, on ramasse les plus petites parties. Vous connaissez mon respect et mon attachement pour vous, je n'en dirai pas un mot de plus [38]. »

Trop adroit pour importuner l'intendante par de pressants rappels, lorsque Mesdames tardent à s'acquitter, il se contente de leur rafraîchir la mémoire par de plaisants quatrains :

> « Job, mon patron, semblable est notre histoire :
> J'avais des biens, je n'ai plus un denier ;
> Et comme toi, je chante ici la gloire
> Du Roi des Rois, assis sur mon fumier.
>
> Jusqu'à ce point la copie est parfaite.
> Reste à montrer le diable et ses agents
> Me tourmentant et pillant ma retraite
> Puis faire voir les anges bienfaisants. »

Il lui arrive quelquefois de ne pas pouvoir payer un objet particulièrement coûteux acquis pour une princesse. Ainsi, deux mois après avoir acheté chez le luthier François Vaillant une harpe « peinte en rouge et sculptée » d'une valeur de soixante-douze livres, sur laquelle il n'a versé que six livres, il se voit assigné au Châtelet. Probablement insolvable de la différence, il se contente de faire renvoyer l'instrument par un « gagne-denier » rencontré sur le Pont-Neuf, ce qui lui vaut une nouvelle assignation du maître luthier [39].

Servir les grands n'est pas toujours une sinécure, comme on voit. Surtout lorsque l'argent s'en mêle. Peu accoutumés à compter, ignorant la vie des gens ordinaires et ne cherchant pas à la connaître, car leur esprit ne saurait s'abaisser jusque-là, les grands sont toujours les plus mauvais payeurs du monde. Et plus la créance est faible, moins on a de chance de la recouvrer. Si M. de Beaumarchais en doutait jusqu'ici, du moins en a-t-il acquis la certitude.

Mais loin de s'en fâcher, et tout en réclamant son dû (le contraire paraîtrait suspect), il a trop d'ambition pour s'arrêter à si peu de chose. Car le bien dont il jouit aujourd'hui, à savoir sa situation auprès de Mesdames, vaut largement tous les sacrifices. Ne contient-il pas en puissance les promesses de la plus haute fortune ? La difficulté consiste, pour le moment, à s'assurer le quotidien sans compromettre l'avenir. L'orgueil d'ailleurs le commande autant que l'habileté. Aussi est-ce à bon droit qu'il se réservera le droit d'écrire plus tard : «J'ai passé quatre ans à mériter la bienveillance de Mesdames par les soins les plus assidus et *les plus désintéressés* sur divers objets de leur amusement.» Mais n'est-ce pas là ce qu'on appelle investir ? Et qu'importe si les impayés s'accumulent, si les créanciers se font plus pressants, si le papier timbré s'amoncelle sur sa table, du moment qu'il est sûr de son avenir et de ses atouts.

Qu'on y songe, en effet : quel sort plus enviable – et plus envié – que le sien ? Admis d'abord comme horloger dans les salons de Versailles, il a maintenant ses entrées dans les appartements royaux dont il devient un familier. Mieux encore : le voilà dans l'intimité de Mesdames dont il a su gagner la confiance et l'estime, dont il connaît par cœur les goûts, les humeurs, les fantaisies. Mais quel peut être son rôle, au milieu de ces filles qui ont à peu près son âge ? Celui de professeur de harpe et de maître de musique ? Sans doute. Mais pas seulement. Car enfin rien n'interdit de penser que ces quatre sœurs qui ne se quittent pas, qui ne sortent jamais de leur palais où elles se languissent, qui ne savent rien de cette capitale à la fois si proche et si lointaine, objet de leur curiosité et de leur défiance, recherchent autre chose que de savoir convenablement pincer les cordes d'une harpe. Probablement se fussent-elles limitées à cela avec un autre maître comme il y en avait tant, qui se fût contenté de veiller à la position des mains, à la justesse des notes. Mais voilà... Leur maître s'appelle Beaumarchais. Et cela change tout, car avec cet homme-là «les conversations deviennent plus intéressantes et plus véritablement instructives», comme le note benoîtement le bon Gudin. Ô combien !

Singulière position, en vérité, que celle de Pierre-Augustin. Ni domestique, ni gentilhomme, ni «mercenaire», mais un peu de tout cela à la fois, il semble débarqué d'une autre planète, au moins aux yeux de ces demoiselles. Ce fils du peuple, ou peu s'en faut, fraîchement sorti de son échoppe, dissimule en fait un arrivisme forcené sous les plus charmeuses apparences. Mieux que personne, il sait se plier aux circonstances, adapter ses manières et son langage à ceux dont il brigue la conquête, distillant la flatterie ou la franchise selon le goût de chacun, mais toujours avec mesure. Point de ces louanges excessives qui trahissent le courtisan, point de ces sorties intempestives qui font sentir son rustre, mais un éloge bien senti pour celui-ci, un franc-parler de bon aloi pour tel autre. « C'est le seul homme qui me parle avec vérité », disait de lui le dauphin, ce qui prouve que même à la Cour la loyauté trouve des adeptes, à condition d'en user avec discernement. Avec Mesdames, la communication est plus facile encore, parce que moins étudiée. Beaumarchais a toujours préféré la compagnie des femmes ; dès son enfance, parmi ses sœurs, il a pris l'habitude de ne jamais se contraindre avec elles. Et puis, il est tellement sûr de leur plaire ! Outre sa belle prestance, il possède tous les talents dont elles raffolent, et d'abord une conversation animée, mêlée d'idées fortes, de plaisanteries vives et jamais amères, de reparties inattendues, de traits spirituels. Pour ces malheureuses cloîtrées dans leurs appartements, cet enchanteur est doué d'une vertu rare : il les amuse. Nul ne sait comme lui piquer leur curiosité, fixer leur attention, provoquer leur surprise ou leur gaieté, lorsqu'il rapporte les derniers potins de Paris. Quoi de plus divertissant que sa gazette ?

PROVOCATIONS

On se doute bien qu'une si grande familiarité avec le roi, le dauphin, Mesdames suscitait force jalousies parmi les courtisans. Blessés dans leur vanité, déçus dans leurs prétentions, ceux-ci ne pouvaient assister sans rancœur au triomphe de leur rival. Quoi, ce petit horloger, ce blanc-bec sorti de rien, ce m'as-tu-vu qui venait, il y a peu, livrer ses montres à la Cour, voilà maintenant qu'il narguait les plus en faveur d'entre eux ? Il est vrai que le sort avait compensé la bassesse de sa naissance par les dons les plus susceptibles de plaire : l'esprit, le talent, la jolie figure, le charme, la séduction… bref de quoi coaliser contre lui l'armée entière des aigris et des envieux. Et Dieu sait si Versailles n'en manquait pas ! Mais ils le détestaient d'autant plus que celui-ci, de son côté, ne faisait rien pour les amadouer, bien au contraire : il les toisait et faisait sous leur nez parade de ses succès. La modestie n'a jamais été son fort. Souple et respectueux envers ceux dont il recherchait le soutien, il affectait de grands airs avec les autres. Nul doute qu'il contribua lui-même, par son incorrigible fatuité, à s'attirer ces haines secrètes et féroces qui ne visaient à rien de moins qu'à le perdre. Il allait en éprouver chaque jour les cruels effets, car on n'épargna rien pour le rabaisser : ni les affronts, ni les humiliations, ni les malveillances, ni les tracasseries en tout genre. Il les supportait d'un cœur léger, au moins en apparence, et répondait à la provocation avec sang-froid et présence d'esprit. Tout ce qui semblait concerté pour lui nuire tournait à son avantage. On connaît l'histoire de la montre.

L'un de ces importants, qui s'était vanté de déconcerter le protégé de Mesdames, l'aborde au milieu d'un groupe nombreux alors qu'il sort de chez les princesses et, lui présentant une fort belle montre : «Monsieur, lui dit-il, vous qui vous connaissez en horlogerie, veuillez, je vous prie, examiner ma montre; elle est déréglée. – Monsieur, lui répond calmement Beaumarchais, depuis que j'ai cessé de m'occuper de cet art, je suis devenu bien maladroit. – Ah! Monsieur, ne me refusez pas cette faveur. – Soit, mais je vous avertis cependant que je suis maladroit.» Alors, prenant la montre, il l'ouvre, l'élève en l'air et, feignant de l'examiner, la laisse échapper et choir sur le plancher où elle se brise en mille morceaux. Puis, avec une profonde révérence : «Je vous avais prévenu, Monsieur, de mon extrême maladresse.» Là-dessus, il tourne les talons et laisse l'autre interdit, ramassant les débris de sa montre, au milieu des éclats de rire.

Un autre jour, dans la matinée, alors qu'il se présentait pour entrer chez Mesdames, une de leurs femmes accourt au-devant de lui :

«Ah! mon cher ami, vous êtes perdu. On vient de persuader Mesdames que votre père vous a chassé de chez lui et qu'il ne veut plus vous voir, à cause de tous les mauvais tours que vous lui avez joués [resucée de ce qui s'était réellement passé quelques années auparavant]. Elles sont très mal disposées à votre égard.

– Ce n'est que cela? répond-il. Ne vous inquiétez pas pour si peu.»

Il vole vers Paris à bride abattue, se précipite chez son père :

«Vous avez toujours souhaité visiter le château de Versailles, lui dit-il. J'ai l'occasion de vous le montrer en détail aujourd'hui même. Venez avec moi.»

Il entraîne son père, file avec lui au château, où ils arrivent juste à temps pour la messe de Mesdames. Pierre-Augustin les salue bien bas, puis, toujours accompagné de M. Caron, se montre partout avec lui sur le passage des princesses : à leur dîner, à leur promenade, etc. Le soir venu, il laisse son père dans une chambre, et entre dans leur appartement. Il les trouve froides, embarrassées, ne disant mot, le regardant à peine, bref de fort méchante humeur. Puis, au bout d'un moment, la plus énervée l'agresse d'un ton d'impatience :

« Avec qui étiez-vous donc toute la journée ?

– Mais avec mon père, répond-il en souriant.

– Son père ! Son père ! Adélaïde, l'entendez-vous ? Son père ! Mais c'est impossible, Monsieur, tout le monde sait que vous êtes brouillé avec lui !

– Moi ? répond-il, feignant la plus grande surprise. Mais je passe ma vie avec lui. D'ailleurs, il m'attend dans une chambre à-côté. Si vous désirez le voir, il vous dira lui-même tout le respect que je lui porte, et l'attachement que je n'ai jamais cessé d'avoir pour lui. J'attends vos ordres. »

Les femmes de Mesdames étaient si désireuses de le voir que ces princesses crurent devoir céder à leur curiosité. Introduit auprès d'elles, M. Caron, qui ne s'attendait certes pas à tant d'intérêt pour sa personne, répondit à tout avec ingénuité. Dès lors on comprit que le rapport du matin même n'était qu'une basse vengeance tramée par quelque courtisan, et l'on ne fit plus qu'en rire.

On raconte que Beaumarchais aurait à nouveau encouru la disgrâce de Mesdames, mais cette fois pour un mot qui relevait plutôt de la sottise que de la fatuité, ce qui déjà fait douter de sa véracité : on le sait capable de vanité, non de maladresse. Devant un portrait en pied de Madame Adélaïde jouant de la harpe, il aurait dit, devant la princesse : « Il ne manque à ce tableau qu'une chose essentielle, le portrait du maître. » En fait, ce propos absurde n'est que la version volontairement déformée d'une autre anecdote, bien réelle celle-là, que rapporte Gudin de La Brenellerie :

Un jour, chacune des quatre sœurs reçut un éventail sur lequel était peinte, avec une précision extrême, une petite scène de la vie de cour telle que le débotté du roi au retour de la chasse, où l'on reconnaissait parfaitement toutes les personnes présentes. Or, dans le petit tableau qui représentait le concert de Mesdames, les musi-

ciens et les assistants étaient tous représentés à leur place et dans
leur posture habituelle. Tous, à l'exception d'un seul : celui-là
même qui organisait les concerts, dont on jouait la musique, et qui
charmait l'auditoire des sons de sa harpe. On avait oublié M. de
Beaumarchais ! Oubli malintentionné, est-il besoin de le dire, dont
Mesdames ne furent point dupes. Elles font venir l'intéressé, lui
montrent l'éventail ; il le regarde et le leur rend avec un sourire.
Elles protestent alors qu'elles ne veulent à aucun prix garder ces
peintures d'où l'on a chassé celui qui leur apprend si bien la
musique. Gudin affirme même qu'elles dirent leur *maître*, car ce
mot fut partout répété, commenté, envenimé, et attribué au favori
des princesses. Il va de soi qu'il ne l'aurait jamais prononcé : c'eût
été se ravaler lui-même au rang de maître de musique – et il se
voulait très au-dessus de cela.

Encore une provocation manquée ! Mais loin de les décourager,
ces échecs répétés ne faisaient qu'irriter le dépit de ses adversaires.
Ils se dirent alors qu'il était temps de frapper un grand coup, si l'on
voulait abattre définitivement l'usurpateur. Une affaire d'honneur,
par exemple, serait fort bien venue. L'honneur, c'est ce qu'un roturier entend le moins bien, fût-il homme d'esprit. C'est ici qu'entre
en scène un noble personnage, « homme véritablement brave et
rempli d'honneur » selon Gudin, qui ne le désigne que sous l'initiale de son nom : « le chevalier des C*** ». Nous ne connaîtrons
jamais son identité.

Ce chevalier des C*** donc, fort en colère contre M. de Beaumarchais à cause de tout le mal qu'on lui en avait dit, mais sans
vraie raison de lui en vouloir, sans raison personnelle en tout cas,
prit le parti de le provoquer. Ce qu'il fit dans les règles, sans
témoins, et s'adressant directement à lui, par des propos qui le
mettaient en demeure soit de s'éloigner de la Cour, soit de hasarder
sa vie. Il ne balança guère avant de choisir la seconde solution.

« Ils montèrent à cheval, rapporte Gudin, se rendirent sous les
murs du parc de Meudon et se battirent. Beaumarchais eut le triste
privilège de plonger son épée dans le sein de son adversaire ; mais
lorsque, en la retirant, il vit le sang sortir à gros bouillons et son
ennemi tomber à terre, il fut saisi de douleur et ne songea qu'à le
secourir. Il prit son propre mouchoir et l'attacha comme il put sur
la plaie, pour arrêter le sang et prévenir l'évanouissement. "Sauvez-vous ! lui disait celui qu'il cherchait à rappeler à la vie, sau-

vez-vous, Monsieur ; vous êtes perdu si l'on vous voit, si l'on apprend que vous m'avez ôté la vie. – Il vous faut du secours et je vais vous en chercher." Il remonte à cheval, court au village de Meudon, demande un chirurgien, lui indique le lieu où gît le blessé, le conduit vers le chemin, s'éloigne au grand galop et revient à Paris examiner ce qu'il doit faire.

« Son premier soin fut de s'informer si le chevalier des C*** vivait encore. On l'avait transporté à Paris, mais on désespérait de sa vie. Il sut que le malade refusait de nommer celui qui l'avait blessé si grièvement : "J'ai ce que je mérite, disait-il ; j'ai provoqué, pour complaire à des gens que je n'estime point, un honnête homme qui ne m'avait fait aucune offense." Ses parents et ses amis n'en purent tirer aucune autre réponse pendant huit jours qu'il vécut encore. Il emporta au tombeau le secret de celui qui le privait du jour, et lui laissa le regret éternel d'avoir ôté la vie à un homme assez généreux pour avoir craint de le compromettre par le plus léger indice.

« "Ah ! jeune homme, me dit-il, un jour que je plaisantais devant lui de je ne sais quel duel dont on parlait alors, vous ignorez quel désespoir on éprouve quand on voit la garde de son épée sur le sein de son ennemi !" Et il me conta cette aventure qui l'affligeait encore, quoiqu'elle se fût passée depuis plusieurs années. Il n'en parlait qu'avec chagrin, et je ne l'aurais vraisemblablement jamais apprise s'il n'eût pas cru nécessaire de me faire sentir combien il peut être dangereux de plaisanter sur des événements aussi funestes, et que la légèreté multiplie beaucoup plus que la bravoure.

« Avant que le chevalier fût mort, lorsqu'il était encore incertain s'il ne laisserait pas échapper le secret qu'il voulait garder, et si sa famille n'en demanderait pas vengeance, Beaumarchais réclama la protection de Mesdames, qu'il instruisit de toutes les circonstances de ce malheureux événement. Elles en prévinrent le roi ; sa bonté paternelle lui fit répondre : "Faites en sorte, mes enfants, qu'on ne m'en parle pas." Ces augustes princesses prirent toutes les précautions que la générosité du mort rendit inutiles[40]. »

Les conjurés en furent donc à nouveau pour leurs frais, mais cette fois leur machination avait coûté la vie d'un homme de qualité, qui était aussi homme de cœur, ce qui n'est pas si fréquent. À quelque temps de là survint une autre affaire, qui n'avait point d'instigateur, mais qui aurait pu tourner tout aussi mal ; nous la rapportons ici parce qu'elle traduit bien l'arrogance avec laquelle certains gentils-hommes traitaient ce roturier considéré comme un intrus.

Un soir du mois de janvier 1763, Beaumarchais se trouvait chez un ami, M. de Laumur, où l'on tenait tables de jeux, lorsqu'un gentilhomme nommé M. de Sablières, qu'il ne connaissait pas, lui emprunta trente-cinq louis. Trois semaines plus tard, ne voyant pas revenir son argent, il le réclame au noble inconnu, lequel s'empresse de lui répondre qu'il le lui rendra le lendemain ou le surlendemain. Trois autres semaines se passent : toujours rien. Beaumarchais lui adresse un nouveau rappel : pas de réponse. Il perd alors patience et lui envoie une troisième lettre, nettement plus à cheval :

« 29 mars 1763 »

« Après que vous avez manqué à la parole écrite que j'ai reçue de vous, Monsieur, j'aurais tort de m'étonner de ce que vous vous dispensez de répondre à ma dernière lettre : l'une est une suite naturelle de l'autre. Cet oubli de vous-même ne m'autorise pas sans doute à vous faire des reproches. Vous ne me devez aucune politesse, ni aucun égard. N'ayant pas l'honneur d'être de vos amis, quel droit aurais-je d'en attendre de celui qui manque à des devoirs plus essentiels ? Cette lettre n'est donc faite que pour vous rappeler encore une fois une dette de trente-cinq louis que vous avez contractée envers moi chez un ami commun, sans autre titre exigé que l'honneur du débiteur, et ce qui était dû de part et d'autre à la maison qui nous rassemblait. Une autre considération qui n'est pas de moindre poids, c'est que l'argent que vous me devez ne vous a pas été enlevé par moi sur la chance d'une carte ; mais je vous l'ai prêté de ma poche, et me suis peut-être privé par là d'un avantage qu'il m'était permis d'espérer, si j'eusse voulu jouer au lieu de vous obliger.

« Si je ne suis pas assez heureux pour que cette lettre fasse sur vous l'effet qu'elle produirait sur moi à votre place, ne trouvez pas mauvais que je mette entre nous deux un tiers respectable, qui est le juge naturel de ces sortes de cas.

« J'attendrai votre réponse jusqu'après-demain. Je suis bien aise que vous jugiez, par la modération de ma conduite, de la parfaite considération avec laquelle j'ai l'honneur d'être,

« Monsieur, votre, etc.

« DE BEAUMARCHAIS [41]. »

M. de Sablières le prit fort mal. Eh ! quoi, des menaces de ce fre-luquet ? Un homme de sa condition devant les tribunaux ? Voilà certes un manant qui a besoin d'une bonne correction ; ces outrages se règlent sur le pré ! Malheureusement, une bonne naissance ne garantit pas forcément contre les impuretés de langage. Sur ce cha-pitre, M. de Sablières aurait eu de grands progrès à faire, à en juger par sa réponse, que nous reproduisons ci-dessous, dans sa syntaxe et son orthographe originelles – et pour le moins originales :

« Je sçois que je suis assés malheureux que de vous devoirs trente-cinq louis, j'ignore que cela puisse me desonorés quand on a la bonne volontés de les rendre, ma fasson de pensés, Monsieur, est connu, et lorsque je ne serés plus votre débiteur je me fairés connitre à vous par des terme qui seront différent des votre. Samedy matin, je vous demanderés un rendevous pour m'acquiter des trente-cinq louis et vous remercier des choses honnettes que vous avez la bontés de vous servir dans votre letre ; je fairés en sorte dy repondre le mieux qu'il me sera possible, et je me flatte que dicy à ce tems vous voudrés bien avoir une idée moins desa-vantageuse. Soyés convincu que cest deux fois vints quatre heure vont me paroitre bien longue ; quand au respectable tiers que vous me menassés, je le respecte, mais je fais on ne peut pas moins de cas des menasse, et je sçois encore moins de gré de la modération. Samedy, vous aurés vos trente-cinq louis je vous en donne ma parolle, j'ignore si à mon tours je serés assez heureux pour repondre de ma modération. En attendans de metre acquittes de tout ce que je vous dois, je suis, Monsieur, comme vous le desire-rez, votre très humble, etc.

« SABLIÈRES [42]. »

Comme cette menaçante missive lui parvint peu de jours seule-ment après qu'il eut tué le malheureux chevalier des C***, Pierre-Augustin n'avait nulle envie de se mettre une nouvelle affaire sur les bras : dans le meilleur des cas, il envoyait son adversaire *ad patres*, et encourait les foudres de la justice ; au pis, c'est lui qui restait à terre. Pris entre ces deux éventualités, aussi funestes l'une que l'autre, il jugea qu'il valait mieux tenter une conciliation avec le butor, et lui écrivit pour se défendre de toute pensée blessante à l'endroit de son honneur. Il terminait ainsi :

« Ma lettre une fois expliquée, j'ai l'honneur de vous prévenir que j'attendrai chez moi samedi toute la matinée, l'effet de votre troisième promesse. Vous ignorez, dites-vous, si vous serez assez heureux pour répondre de votre modération. Sur l'emportement de votre style, on peut déjà juger que vous n'en êtes pas trop le maître par écrit; mais je vous réponds que je n'aggraverai pas un mal dont je ne suis pas l'auteur, en sortant de la mienne, si je puis l'éviter. D'après ces assurances, si votre projet est de passer en présence les bornes d'une explication honnête et de pousser les choses à outrance, ce que je ne veux pourtant pas présumer de votre première chaleur, vous me trouverez, Monsieur, aussi ferme à repousser l'insulte que je tâche d'être en garde contre les mouvements qui la font naître. Je ne crains donc pas de vous assurer de nouveau que j'ai l'honneur d'être, avec toute la considération possible, Monsieur,

« Votre très humble, etc.

« DE BEAUMARCHAIS

« P.S. Je garde une copie de cette lettre, ainsi que de la première, afin que la pureté de mes intentions serve à me justifier en cas de malheur. Mais j'espère vous convaincre samedi que, loin de chercher des affaires, personne ne doit faire aujourd'hui d'aussi grands efforts que moi pour les éviter.

« Je ne puis m'expliquer par écrit.

« 31 mars 1763. »

Sur la copie de cette même lettre, toujours de la main de Beaumarchais, on peut lire les lignes suivantes :

« Ceci m'arriva huit ou dix jours après ma malheureuse affaire avec le chevalier des C***, qui paya son imprudence de sa vie, laquelle affaire m'aurait perdu sans la bonté de Mesdames, qui parlèrent au roi. M. de Sablières se fit expliquer l'apostille de ma lettre par Laumur, chez qui je lui avais prêté ces trente-cinq louis, et ce qu'il y a de plaisant, c'est que cela le dégoûta de m'apporter lui-même mon argent[43]. »

On ne saurait évoquer ces provocations montées de toutes pièces sans faire état du bruit qui courut dans Paris, selon lequel M. de Saint-Florentin, ministre de la Maison du roi, aurait écarté Beaumarchais de chez Mesdames, en lui intimant l'ordre de quitter Versailles. Le motif en paraît à peine croyable : ce petit monsieur aurait, dit-on, poussé l'audace jusqu'à rendre Madame Adélaïde amoureuse de lui. Et les mauvaises langues d'ajouter qu'il n'avait pas l'intention d'en rester là ! Comme on lui demandait la raison de sa disgrâce, il aurait répondu textuellement « qu'il n'était pas étonnant que, jeune comme il était, point mal de figure, et partagé de nombre de petits talents qui sont les délices des femmes, l'on n'eût craint que tout cela *ne montât au bonnet de Madame Adélaïde* [44] » ! Absurde ! Il n'y eut jamais ni scandale de cette nature ni sanction d'aucune sorte. Il eût fallu que le malheureux fût devenu fou pour commettre un tel faux pas. Il n'était assurément pas homme à sacrifier son ambition sur l'autel de sa vanité, si insatiable fût-elle.

*

* *

Beaumarchais n'oubliera rien de ce qu'il a subi de la part des grands : ni les humiliations, ni le mépris, ni la condescendance, encore plus mortifiante que les mauvais procédés. Mais s'il en garde le souvenir, ce n'est assurément pas dans un esprit de vengeance, trop contraire à sa nature. Loin de l'abattre ou de l'aigrir, ces offenses n'ont fait que tremper son caractère et fouetter son ambition. Il ne cherchera donc pas à châtier cette noblesse arrogante, mais à la supplanter sur son propre terrain. Beaumarchais appartient à cette génération montante où se recrutent les nouvelles élites. Il représente à la perfection l'homme à talents, qui ne doit rien à sa naissance et tout à son génie. Depuis Louis XIV, l'antiquité de la race ne suffit plus à garantir la prééminence sociale. D'autres critères entrent progressivement en jeu – richesse, culture, accès à la faveur royale – dont la possession permet à des nobles récents de se hisser aux plus hautes charges. Non content d'abaisser la noblesse en réduisant le pouvoir des seigneurs, l'État monarchique a constitué massivement une nouvelle noblesse en conférant des titres à des serviteurs venus de la roture. Le ci-devant Caron a très vite compris que l'homme nouveau, plus en phase avec les réalités économiques, et qu'il incarne aujourd'hui mieux que personne, ferait bientôt partie de la classe dominante. Aussi met-il en action tous les ressorts de son énergie dans un dessein unique : posséder la richesse, sans laquelle il n'y a plus désormais ni rang, ni prestige, ni pouvoir. Ce sera sa revanche sur les sots.

CHAPITRE IV

« Noblesse, fortune, un rang, des places... »

> « Quand on n'a rien, on veut de l'argent. Dès qu'on est riche, on brigue les honneurs. Ainsi va le monde ! »
>
> (*Lettre à son père*).

GALANTS INTERMÈDES

Veuf à vingt-cinq ans, Pierre-Augustin ne demeura pas long-temps inconsolable. Eût-il d'ailleurs éprouvé la plus vive aversion pour le libertinage que son ascension à la Cour lui en faisait une obligation : on ne saurait passer pour homme de qualité si l'on n'est pas libertin. Monsieur Jourdain l'avait fort bien compris, qui s'appliquait au dévergondage afin de contrefaire le gentilhomme, avec le succès que l'on sait. « L'amour est l'affaire de ceux qui n'en ont point, écrit Duclos ; le désœuvrement est donc la source des égarements où l'amour jette les femmes. Cette passion se fait peu remarquer chez les femmes du peuple aussi occupées que les hommes par des travaux pénibles[1]. » Ce qu'il dit ici des femmes est encore plus vrai de la société des hommes. Par opposition, les bourgeois sont trop occupés de leur négoce et nullement pressés de dilapider dans le plaisir le produit de leur travail ; ils passent communément pour gens vertueux : « C'est la seule classe de la société, note encore Duclos, où la décence des mœurs subsiste ou subsistait encore[2]. » Le libertinage demeure l'ultime apanage d'une noblesse oisive, réduite à la figuration, qui compense la perte de son pouvoir politique par la domination sur le sentiment et sur le sexe. Pornographe et féodal, le marquis de Sade refuse au roturier nécessiteux le droit de se mêler de libertinage; écrire des romans libertins est une prérogative de grand seigneur fortuné : « La luxure, fille de l'opulence et de la supériorité, ne peut être traitée que par des gens d'une certaine trempe... que par des individus, enfin, qui, caressés d'abord par la nature, le soient assez bien ensuite par la fortune pour avoir eux-mêmes essayé ce que nous trace leur pinceau luxurieux[3]. »

L'ascension sociale de Beaumarchais lui imposait donc une inconduite qui, par bonheur, correspondait à ses goûts. Entre ses courses chez les fournisseurs de Mesdames, les concerts hebdomadaires, les relations mondaines, de plus en plus nombreuses, il trouvait le temps de fréquenter les filles d'opéra. Celles-ci appartenaient alors au gratin de la galanterie parisienne; elles représentaient la fine fleur d'une profession subtilement hiérarchisée. Richement entretenues pour la plupart, elles passaient d'un protecteur à l'autre, suivant l'évolution de leur cote, la fortune de leur soupirant, le caprice ou les nécessités du moment. La police des mœurs surveillait étroitement ces trafics d'alcôve, et Louis XV se faisait lire avec délices les rapports des inspecteurs. Le plus connu d'entre eux, Louis Marais, appelé le « contrôleur de Cythère », parce qu'il n'ignorait rien des scandales de coulisses, notait dans son Journal : « Je pourrais ne pas tarir sur les filles, car il ne tient qu'à moi, en les suivant sur tous les théâtres où elles ont joué, de donner leur histoire jour par jour, heure par heure. Je dirais ce qu'elles étaient, ce qu'elles ont été, ce qu'elles sont. Mais comme elles ne sont jamais seules et qu'elles changent d'hommes comme de domicile, il faudrait, pour soutenir mon caractère franc, faire connaître tous ceux qui se les passent de lit en lit, de mains en mains. Je serais forcé de décliner plus de noms qu'il n'y en a dans l'*Almanach royal*, dans celui de Paris et dans celui de Versailles réunis. »

C'est grâce à ces rapports de police que nous connaissons aujourd'hui certaines aventures galantes de Beaumarchais. Les inspecteurs signalent trois d'entre elles, que nous citons par ordre d'entrée en scène, mais tout laisse penser qu'il y en eut bien davantage.

Sur la demoiselle Lacroix, figurante dans les ballets de la Comédie-Italienne, puis à l'Opéra, on peut lire ces lignes, à la date du 18 décembre 1761 : « Le prince de Belosinski est parti depuis quelques jours pour aller en Angleterre. Malgré toutes les promesses qu'il avait faites à la princesse son épouse de ne plus voir la demoiselle Lacroix, de l'Opéra, il lui rendait encore souvent des visites ; mais je crois qu'à son retour il ne la verra plus, parce qu'il a découvert que M. de Beaumarchais, officier chez le roi, jeune homme fort aimable, fils de M. Caron, horloger du roi, la fréquente souvent, et que M. de Bussy, mousquetaire, la guerluchonnait depuis qu'il a quitté la demoiselle Laforest[4]. »

Le 26 mars 1762, l'inspecteur note sur son carnet : « La demoiselle Lacour de l'Opéra, ayant perdu toute espérance de retrouver ses diamants qui lui ont été volés par le nommé Daviel, se remue tant qu'elle peut pour réparer cette perte. On compte aujourd'hui au nombre de ses fermiers le prince de Belosinski, M. le duc de La Vallière, qui pour elle a fait banqueroute à Brissault ; M. de La Châtaigneraie ; M. de Beaumarchais ; M. de Chabrillant, mousquetaire, guerluchon en faveur, et M. Lalive de La Briche, en instance pour entretenir, mais à qui, comme il n'est pas fort aimable, elle tient la dragée très haute. Cependant, on compte que l'affaire se fera, car il a dit lui-même que le marché ne tenait plus qu'à un diamant de 3 000 livres[5]. »

Non sans humour, l'un de ces inspecteurs traduit en langage mathématique les ébats de Pierre-Augustin avec sa dernière conquête : « M. de Beaumarchais fait un cours de physique expérimentale avec la fille de la fameuse Deschamps. Elle entend déjà très bien les sections coniques, les lignes droites, les lois du mouvement, les principes de la superposition et tout le système de l'attraction[6]. »

Mais ce ne sont là que bagatelles auxquelles Beaumarchais n'attache pas plus d'importance qu'elles n'en méritent. Il regarde la débauche comme un luxe de grand seigneur, non comme un principe de vie, et encore moins comme une fin en soi. À la différence d'une certaine noblesse, qui épuise sa raison d'être dans le boudoir des filles, il n'y abandonne qu'une part infime de lui-même. À la nostalgie féodale qui entraîne un marquis de Sade à toutes les perversions, il oppose la vision lucide et hardie de l'aventurier des temps nouveaux. S'il pactise avec ce monde en décrépitude, c'est afin de mieux le dominer plus tard. M. de Beaumarchais, ex-Caron, pourrait reprendre à son compte la fameuse réplique de Voltaire à Rohan-Chabot : « Monsieur, je commence mon nom, et vous, vous finissez le vôtre. »

« À GENOUX, VIEILLE DUCAILLE ! »

À propos des diamants volés à la demoiselle Lacour, nous ne résistons pas au plaisir de rapporter cette anecdote de Chamfort : «Le duc de La Vallière, voyant à l'Opéra la petite Lacour sans diamants, s'approcha d'elle et lui demanda comment cela se fait. "C'est, lui dit-elle, que les diamants sont la croix de Saint-Louis de notre état." Sur ce mot, il devint amoureux fou d'elle. Il a vécu avec elle longtemps ; elle le subjuguait par les mêmes moyens qui réussirent à Mme du Barry près de Louis XV. Elle lui ôtait son cordon bleu, le mettait à terre, et lui disait : "Mets-toi à genoux là-dessus, vieille ducaille !" »

Mlle Lacour, nous l'avons dit, rentra peu après en possession de tous ses bijoux. Mais de l'enquête qui fut menée, il sembla résulter que sa sœur, qui se faisait appeler Mlle de La Bouchardière, était complice du voleur et entretenait avec lui des relations intimes.

Quelques mois plus tard, la même demoiselle Lacour, née Jeanne Taillefert, tenta de vendre une partie desdits diamants et choisit Beaumarchais, son « guerluchon » du moment, pour les négocier au meilleur prix. Celui-ci les offrit au marquis de Meslé pour la somme de 10 500 livres. Mais, une fois le marché conclu, l'acheteur réussit à se procurer les diamants sans en payer le prix et s'empressa de les revendre à un marchand bijoutier nommé Tiron, lequel établit un billet à l'ordre de Beaumarchais pour la somme de 8 400 livres seulement. Furieux d'avoir été joué, le mandataire de Mlle Lacour écrivit une longue lettre à l'indélicat marquis, dans laquelle il le menaçait de rendre l'affaire publique, et qui se terminait par ces mots :

« Cette lettre est donc pour vous seul et ne sera vue de personne, quoique j'en garde une copie. Elle n'aurait pas été à beaucoup près si longue, ne devant y dire que des choses que vous savez aussi bien que moi, si mon dessein n'était pas de vous prévenir que, dans le cas où vos discours ou vos démarches me forceraient à sortir de la discrétion que je m'impose, cette lettre sera la seule chose que je publierai. Et alors, parents, amis, protecteurs, juges, connaissances, public même seront dans la confidence. Mais j'espère qu'un peu de retour sur vous-même vous fera sentir l'importance de ce que je vous écris, car je serais au désespoir si vous me forciez de désavouer ce que je me fais encore un plaisir de vous dire, à savoir que je suis, Monsieur, votre très humble serviteur.

«DE BEAUMARCHAIS[7].»

L'affaire n'en resta pas là. Quelques jours plus tard, raconte Beaumarchais, «M. de Meslé m'ayant rencontré à la Comédie, me parla légèrement des lettres ci-jointes. Je l'entraînai sur-le-champ contre la fontaine, rue de l'Enfer. Et, après bien des difficultés, je le forçai de dégainer. Il m'objectait son épée de deuil, et moi je n'avais que ma petite épée d'or. Après lui avoir fait une éraflure à la poitrine, il me cria que j'abusais de mes avantages, et que s'il avait sa bonne épée, il ne reculerait pas ainsi. Il me donna parole pour onze heures du soir à recommencer. J'y consentis. Je fus souper chez la demoiselle aux diamants, où La Briche, l'introducteur des ambassadeurs, m'offrit de prendre mon épée et de me prêter pour ce soir-là sa fameuse flamberge. Je fus à l'hôtel de Meslé où le cher marquis, tapi dans ses draps, me fit dire qu'il avait la colique et qu'il me verrait le lendemain. Il vint en effet, me fit des excuses que je le forçai sur-le-champ à venir réitérer chez le prince de Belosinski, notre ami commun, ce qu'il fit. Et en renvoyant l'épée à M. de La Briche, je lui écrivis la plaisanterie suivante :

"À M. DE LA BRICHE QUI M'AVAIT PRÊTÉ SON ÉPÉE POUR UNE SOIRÉE

> Je vous renvoie la gondrille
> Et personne n'a gondrillé,
> Parce que j'ai trouvé mon drille
> Dans son lit tout recoquillé.
> La partie est, dit-on, remise.
> Mais je connais un vieux refrain
> Disant : 'Qui remet à demain
> L'instant proposé de la crise,
> Fait toujours soupçonner qu'il craint
> D'être fichu du vent de bise.'
> Moi qui ne suis pas bretailleur,
> De ce répit je me console.
> Et j'aurais, foi de rimailleur,
> Entre nous deux troqué le rôle,
> Le vôtre me semblant le meilleur.
> Car, tandis que pour sa querelle,

Je mourais comme un farfadet,
Je suppose qu'en la ruelle,
Le corps en rut comme un baudet,
Vous dégoisiez à la belle
Et que, se trouvant bien près d'elle,
Votre gaillard s'échafaudait
Pour lui mieux tourner la cervelle,
Puis en faisiez à la donzelle
De toutes façons petit duvet.
À l'instant même la fougasse
Vient de se changer en bonnasse.
Le marquis, doux comme un mouton,
À mon lit me jure, foi d'homme,
Qu'il n'a point vu de champion
Plus brave de Paris à Rome.
C'est, ma foi, très bon à savoir.
La gondrille n'ayant ce soir
Rien fait que d'enfiler des perles,
Je vous la rends jusqu'au revoir.
Adieu, le plus gentil des merles[8]." »

« NOT'BEN-AIMÉ CHARLOT »

En même temps que les filles d'opéra, Pierre-Augustin s'attache à cultiver les amitiés utiles, grâce auxquelles il portera aussi haut et aussi loin que possible ce nom de Beaumarchais, aussi neuf aujourd'hui que l'était celui de Voltaire trente ans plus tôt. Et comme il se persuade que la fortune, et elle seule, permet d'égaler voire de supplanter l'aristocrate (l'argent vaudra bientôt tous les quartiers de noblesse, pense-t-il, non sans raison), il fréquente surtout le milieu des financiers et des hommes d'affaires. Vers 1757-1758, on ne sait par quel intermédiaire, il fait la connaissance de Charles Guillaume Borromée Le Normant, époux infortuné de Mme de Pompadour et de quinze ans plus âgé que lui (il était né en 1717), qui possédait à moins d'une lieue de Corbeil le magnifique château d'Étiolles. Homme d'esprit, d'un naturel facile et enjoué, peu scrupuleux en amour, mais fidèle en amitié, Charles Le Normant avait de nombreux points communs avec Beaumarchais. Outre ceux que nous venons de citer, ils partageaient le même amour de l'argent, le même goût des affaires, une même joie de vivre et une égale générosité. Aussi leur entente fut-elle aussi sincère que durable. Le seigneur d'Étiolles jouissait d'une fortune immense et de brillantes relations. Grâce à son esprit et à sa beauté, son ancienne épouse avait attiré chez lui les hommes les plus brillants du siècle : Voltaire, Montesquieu, Fontenelle, Maupertuis, sans compter de nombreux diplomates étrangers. Avant leur séparation, elle jouait la comédie pour ses hôtes de marque sur le théâtre du château, « aussi beau que celui de l'Opéra », au dire du président Hénault, avec « des machines et des changements[9] ».

C'est sur cette scène que Beaumarchais fit ses débuts d'auteur dramatique, avec des parades composées tout exprès pour le maître de maison. Au sens le plus général du terme, la parade désignait à l'origine une courte scène que l'on jouait sur les boulevards, à l'entrée des baraques, pour arrêter les badauds et les inciter à entrer. Dans les années 1730, elle devint une petite comédie en un acte, très prisée des théâtres de société. Le comte de Maurepas ne dédaignait pas d'en écrire ; des auteurs comme Sallé, Fagan, Collé, Gueullette s'en firent une spécialité. Ce dernier réunit les siennes en 1756, dans les trois volumes de son *Théâtre des boulevards*. Largement inspirée de la *commedia dell'arte*, la parade met en scène les mêmes personnages que les Italiens, mais plus ou moins francisés : Cassandre, le père noble, ses filles Isabelle et Colombine, Léandre, le prétendant, et les valets Gilles et Arlequin. Mais c'est surtout le langage qui fait l'originalité du genre. Ces farces poussent le comique jusqu'à la bouffonnerie, s'autorisent les plus grasses plaisanteries, les dialogues pimentés d'allusions obscènes ou scatologiques et les jeux de scène suggestifs. Le tout dans un parler pseudo-populaire, mâtiné de patois, de prononciation vicieuse, de liaisons insolites, de lazzi, de calembours faussement naïfs, d'équivoques ridicules, de cuirs, etc., « tous procédés qui permettent, lorsque l'auteur est aussi adroit que Beaumarchais, de proférer les pires énormités en feignant d'exprimer autre chose[10] ».

En dépit (ou peut-être à cause) de son caractère graveleux, la parade faisait fureur dans les théâtres de société. Quoi de plus émoustillant, pour des acteurs improvisés, que de débiter sur les planches des horreurs que la bienséance leur interdit dans le quotidien ! Lancés sur cette voie, les gens du monde les plus policés ne se contiennent plus, et poussent l'audace au-delà de ce que supporterait la populace de la foire. On a pu dire, à bon droit, de certaines parades qu'elles étaient «trop libres pour être représentées ailleurs qu'en société». Il suffit de lire celles de notre auteur, comme *Jean-Bête à la foire*, et surtout *Colin et Colette*. Cette dernière, composée dans le style poissard, fait littéralement déborder le ruisseau des Halles. Quant aux jeux de scènes, parfois d'un goût douteux, ils accentuent encore l'impudeur des répliques et des situations. Mais les salons raffolent de ces paillardises, et les femmes s'y sont accoutumées. Les grands seigneurs s'amusent à parler entre eux le bas langage des harengères, et l'on dit que le roi lui-même s'y exerce, en prenant modèle sur les contes poissards de Vadé. Mme de Pompadour, qui n'est certes pas étrangère à cette mode, appelle le duc de Chaulnes «mon cochon» et Mme d'Amblimont «mon torchon», sorte de tutoiement populaire qui vaudra aux filles de Louis XV les petits noms dont les affublera leur père. On ne peut s'empêcher de penser aussi aux leçons particulières que donnèrent un jour les dames de la Halle à Marie-Antoinette. On se doute bien que de si graves entorses (au moins verbales) aux bonnes mœurs ne pouvaient se tolérer que dans le huis clos d'une société choisie; les parades se jouent entre soi, à la campagne, au cours de représentations confidentielles; elles se savourent en secret, comme un fruit défendu réservé au plaisir de *happy few* en humeur de les entendre. D'une de ses œuvres de jeunesse, «qui ne manquait pas d'effets agréables», Beaumarchais dira plus tard: «Elle était haute en couleurs, [...] les jolies femmes la soutenaient fort bien, dans le demi-jour d'un salon peu éclairé, le soir après-souper. Elles disaient seulement que j'étais bien fou.» Il se repentira pourtant de ces «folies», et se gardera bien de les donner au public, auquel d'ailleurs elles n'étaient pas destinées; elles furent retrouvées dans ses archives longtemps après sa mort et publiées pour la première fois par Édouard Fournier en 1876. «L'esprit solide et la vraie politesse, écrira-t-il en se souvenant de ces turlupinades, ont toujours un grand avantage sur d'impertinentes bouffonneries et d'obscènes équivoques, dont le sens cause tant de honte à ceux qui les emploient qu'ils n'osent le dévoiler qu'à demi[11].»

La parade intitulée *Jean-Bête à la foire* fut représentée pour la première fois en l'honneur de Charles Le Normant, au château d'Étiolles, à l'occasion de sa fête, le jour de la Saint-Charles (4 novembre). La distribution nous est connue; trois sociétaires de la Comédie-Française y participaient: Dugazon, Feulie et Préville, vieil ami de la famille Caron. Non sans risques pour eux, car les statuts de la troupe royale interdisaient aux comédiens de « cachetonner » à l'extérieur, sous peine d'une amende de cent écus : autre raison pour laquelle ces divertissements étaient relativement discrets. Les autres rôles étaient tenus par Beaumarchais lui-même, l'une de ses sœurs, Mme de Miron (Tonton), et la comtesse de Turpin, dont nous savons qu'elle excellait dans les parades. L'auteur avait habilement glissé un compliment à l'adresse de leur hôte dans la réplique suivante, qui donne bien le ton de ce théâtre :

« ISABELLE : Mon cher z'amant, je crois que vous m'en contez t'un peu. Et ce n'est pas bien à vous, ni à mon ch'père. Ousqu'il y a t'un saint dans ce monde-ci, qui ne soit pas depuis ben longtemps dans l'autre ? Moi, je n'en ai jamais vu que dans la châsse Saint-Ovide et dans l'almonac.

« JEAN-BÊTE : Je vais, ma charmante, vous expliquer ça tout aussi clair que six et six font quinze. C'est qu'ils disent comme ça qu'ils chôment à la fois deux saints du même nom : le Charles qui z'est mort et que personne ne connaît et le Charles qui est vivant et que tout le monde z'aime ; l'ancien qu'est bon (dit M. le Curé), pour l'autre monde, et le nouveau que nous savons tous qu'est ben pus meilleur pour celui-ci ; s't'ilà qu'on z'écorche en latin au lutrin et s't'ici qui mérite ben qu'on le caresse en bon français ; enfin le saint Charles de Rome qui ne nous vient z'en passade une fois par an que pour user not'encens t'et nos cierges ; et le saint Charles d'Étiolles que chacun de nous retrouve à tout moment dans ses besoins pressants. Pour moi, je suis de leur avis. J'honore beaucoup les bourgeois du calendrier, mais les saints que je fête le plus volontiers sont les gens qui font du bien [12] ! »

Lors d'une seconde représentation de *Jean-Bête à la foire*, une dizaine d'années plus tard et dans les mêmes circonstances, Beaumarchais ajouta sept couplets en l'honneur de Le Normant, dont il composa probablement la musique, et qu'il mit dans la bouche du paysan Lucas [13]. Le premier de ces couplets commence ainsi :

> « Mes cher amis, pourriez-vous m'enseigner
> Zun bon seigneur dont q'chacun parle ?
> Je n'sais pas trop comment vous le désigner ;
> C'pendant zon dit qu'il a nom Charles. »

La suite n'est qu'une joyeuse guirlande tressée à «not'ben-aimé Charlot», dont on célèbre le «bon cœur» et les «bienfaits»; ses paysans «sont comme ses enfants», et il n'a d'autre souci que de «rendre heureux le pauvre monde». Beaumarchais n'a garde d'oublier la maîtresse de maison, Marie-Anne Matha, dame de Baillon, que Charles Le Normant avait épousée en secondes noces, après que la mort de la marquise de Pompadour, en 1764, lui eut rendu sa liberté[14]. On la reconnaît ici sous le nom charmant de *Manon la blonde*:

> Mais pour Charles et Manon la blonde,
> Comme nous les requiendrons (pargué)
> Pour nos deux bons patrons (morgué)!
> V'là les saints qu'i'faut au pauv'monde!

En tout, Beaumarchais composa six parades en un acte pour le théâtre d'Étiolles. Outre *Jean-Bête à la foire*, on peut citer *Colin et Colette*, également jouée pour la Saint-Charles, de même que *Les Députés de la Halle et du Gros-Caillou*, comédie poissarde par ses personnages, «des femmes de la lie du peuple et de la Halle», et par son style qui «imite le langage et les mœurs du plus bas peuple» dont le jeune Caron a bien connu les modèles, dans le quartier Saint-Denis. *Les Bottes de sept lieues*, autre hommage à Le Normant, et *Léandre, marchand d'agnus, médecin et bouquetière*, sorte de première version de *Jean-Bête*, «avec chants et symphonie par Beaumarchais», sans doute destinée au même, furent composés dans les années 1760-1763. Quant à *Zizabelle mannequin*, «comédie-parade mêlée d'ariettes», la dernière qu'il ait écrite, elle ne compte pas moins de quatorze pièces chantées, dont la musique, selon toute vraisemblance, doit être attribuée à Beaumarchais[15].

Il ne faut point trop chercher l'originalité dans ces œuvres de jeunesse; l'auteur y emprunte beaucoup à ses devanciers, notamment à Gueullette, dont il reprend telles quelles des répliques entières, ou aux farces de Molière, *L'Amour médecin* et *Le Médecin malgré lui*. Mais Molière lui-même n'en avait-il pas pillé d'autres? Ces peccadilles ne valaient pas alors condamnation; le génie dramatique avait les moyens de se montrer généreux… Devenu auteur de drames, Beaumarchais affectera de mépriser les parades qui marquèrent ses débuts; il les jugera avec la dernière rigueur. Non plus dans des notes éparses comme celle que nous avons citée plus haut, mais très officiellement, en tant qu'auteur sérieux d'un drame sérieux, intitulé *Eugénie*, qui tomba le plus sérieusement du monde. Ce ne sont pas seulement les parades, mais le genre comique tout entier que Monsieur l'Auteur devenu sérieux enverra au diable, dans son *Essai sur le genre dramatique sérieux*, qui sert de préface à *Eugénie* : « Si la gaieté des scènes a pu m'entraîner un moment, confessera-t-il, bientôt humilié de m'être laissé prendre au piège des bons mots ou du jeu théâtral, je me retire mécontent de l'auteur, de l'ouvrage et de moi-même [16]. » Quelque vingt années plus tard, ayant acquis la gloire sur la scène du Théâtre-Français, il rejettera plus impitoyablement encore la « partie si frivole et si agréable de [ses] anciennes oisivetés » et dirigera cette fois ses attaques contre le Boulevard, « ce ramas infect de tréteaux élevés à notre honte, où la décente liberté, bannie du théâtre français, se change en une licence effrénée, où la jeunesse va se nourrir de grossières inepties et perdre, avec ses mœurs, le goût de la décence et des chefs-d'œuvre de nos maîtres [17] ». Voilà, nous semble-t-il, des propos exagérément sévères et de plus passablement ingrats, lorsqu'on sait – de savants commentateurs nous l'ont appris – tout ce que les deux grandes comédies de Beaumarchais, *Le Barbier de Séville* en tête, mais aussi *Le Mariage de Figaro*, doivent aux farces de ses débuts [18]. En vérité, ni l'une ni l'autre ne seraient ce qu'elles sont si leur auteur n'avait d'abord écrit des parades. Cela ne veut pas dire, bien entendu, que celles-ci leur aient servi de canevas, ni même qu'il se soit inspiré directement de l'une d'elles pour écrire *Le Barbier*, comme on l'a prétendu naguère [19]. Pour autant, on ne saurait nier qu'il existe d'étroites relations entre les parades de jeunesse et les œuvres de la maturité. En dépit des nombreux amendements que l'auteur fit subir à son texte en vue de sa représentation sur la première scène nationale, il y subsiste un ton, un style, un vocabulaire, des tours syntaxiques, de même qu'une certaine franchise dans la gouaille et un laisser-aller dans la plaisanterie qui rappellent ses premières œuvres. L'étude des variantes est des plus instructives à cet égard ; elle nous révèle tout le travail de corrections que l'auteur dut s'imposer (à contrecœur souvent) pour plaire au public de la Comédie-Française, car « tel qui, dans une loge de la foire Saint-Laurent, applaudissait les plaisanteries les plus osées, s'effarouchait le soir, au Théâtre-Français, du moindre mot un peu audacieux [20] ». Il lui fallut donc décrasser sa prose, la purger des expressions triviales, des facéties grossières, la rendre digne enfin des personnages qui la débitent. Par chance, tous ces efforts ne parvinrent pas à chasser complètement le naturel et la spontanéité des origines, et l'on ne peut que souscrire sans réserve à ce qu'écrit Pierre Larthomas dans son Introduction aux *Parades* de Beaumarchais : « Certes, Beaumarchais aurait pu rester un auteur de théâtre de société, un amuseur de grands seigneurs et de femmes du monde. Sa gloire serait peut-être celle d'un Gueullette ou d'un Collé, c'est-à-dire mince. Nous pensons que les gênes qu'imposaient la tradition de la Comédie-Française et son public lui ont été finalement salutaires ; desséchantes pour d'autres, elles lui ont appris la rigueur, à dompter un tempérament trop généreux, et ont fait de ses œuvres des chefs-d'œuvre. Figaro, sans doute, ne serait pas si admirable s'il n'avait eu comme frères aînés Léandre et Jean-Bête[21]. »

« LE GÉNÉRAL DES FARINES »

De naissance obscure (on les disait fils d'un aubergiste de Moirans, dans l'Isère[22]), les quatre frères Pâris avaient réussi en peu d'années, grâce à leur génie des affaires, à se constituer des fortunes colossales dans la fourniture des armées. Le troisième et le plus connu, Joseph Pâris, dit Pâris-Duverney, avait déjà plus de soixante-quinze ans lorsque Beaumarchais fit sa connaissance. Directeur général des vivres destinés aux troupes pendant la guerre de 1741, il avait gagné des sommes immenses et offert à Voltaire de substantiels intérêts sur cette opération. Placé dans le commerce et habilement géré, ce capital finit par produire 130 000 livres de rentes, ce qui explique les sentiments de reconnaissance et d'admiration que le philosophe ne cessa de témoigner à son bienfaiteur. N'allait-il pas jusqu'à déclarer : « Je le regarde comme un des meilleurs et des plus utiles citoyens que la France ait jamais eus[23] » ? Homme de tête, sans beaucoup d'étendue, il avait un de ces caractères dont on peut dire, avec une égale vérité, beaucoup de bien et beaucoup de mal. Outre une véritable passion de la finance et une capacité de travail hors du commun, Pâris-Duverney bénéficia de très hautes protections, notamment auprès des favorites. Mme de Prie, maîtresse du Régent, lui portait une véritable vénération, la duchesse de Châteauroux lui demandait aide et conseil (c'est dans sa propriété de Plaisance qu'elle eut en 1742 sa première entrevue avec Louis XV), enfin Mme de Pompadour, qui l'appelait familièrement « mon grand nigaud », le traitait comme un ami et un confident ; leur étroite connivence constituait, au sein même de l'État, un centre de décision avec lequel il fallait compter. Leurs initiatives n'allaient d'ailleurs pas toujours dans le bon sens, et certaines d'entre elles, en matière militaire surtout, se révélèrent particulièrement désastreuses : « M. Duverney était l'homme de confiance de Madame pour ce qui concernait la guerre, à laquelle on dit qu'il s'entendait parfaitement bien, quoique n'étant pas militaire, écrit Mme du Hausset. Le vieux maréchal de Noailles l'appelait, avec mépris, le *général des farines* ; et le maréchal de Saxe dit un jour à Madame que Duverney en savait plus que ce vieux maréchal. Duverney vint un jour chez Madame, où se trouvaient le roi, le ministre de la Guerre et deux maréchaux ; il donna un plan de campagne qui fut généralement applaudi. Ce fut lui qui fit nommer M. de Richelieu pour commander l'armée à la place du maréchal d'Estrées [24]. » Choix malheureux, car Richelieu ne se signala que par ses rapines dans le Hanovre et assombrit la fin de cette campagne si brillamment commencée par la victoire du maréchal d'Estrées à Hastenbeck. Un an plus tôt déjà, la « sultane » avait conspiré avec le financier pour faire donner le commandement d'une armée au fameux Soubise, qui sera le vaincu de Rossbach. « Au commencement de la guerre de 1756, il s'était entêté d'un fusil tirant je ne sais combien de coups par minute ; il voyait le salut de la France au bout de son fusil, et, ma foi, il y est resté [25]. » On ne saurait oublier enfin qu'il contribua largement à jeter la France dans la guerre de Sept Ans, dont on connaît l'issue déplorable.

« MON CHER NIGAUD... »

Heureusement pour sa mémoire, Duverney fut souvent mieux inspiré. C'est ainsi qu'après la paix de 1748 il conçut le projet de fonder une École royale militaire où cinq cents jeunes gentilshommes français âgés de huit à onze ans, dont les pères servaient encore ou étaient tombés sur les champs de bataille, recevraient gratuitement le logement, la nourriture et l'instruction. Après quatre ans d'études, les élèves obtiendraient un brevet de sous-lieutenant ou de cornette. Il soumit son projet à Mme de Pompadour, qui l'adopta d'emblée ; elle s'y dévoua tout entière et mit à le réaliser une ferveur et un enthousiasme à la mesure de ses ambitions. Jamais on ne lui vit plus de feu, ni plus d'âme à une affaire personnelle. Pendant des mois, elle complote avec son «grand nigaud». Ensemble, ils font exécuter des plans et des devis, étudient l'organisation de Saint-Cyr dont ils veulent s'inspirer, cherchent le terrain le plus propice à la construction du bâtiment ; le tout dans le plus grand secret. Le roi seul est dans la confidence : «J'ai été dans l'enchantement de voir le roi entrer dans le détail tantôt, écrit Mme de Pompadour le 10 novembre 1750 ; je brûle de voir la chose publique, parce qu'après il ne sera plus possible de la rompre. Je compte sur votre éloquence pour séduire M. de Machault [26], quoique je le croie trop attaché au roi pour s'opposer à sa gloire. Enfin, mon cher Duverney, je compte sur votre vigilance pour que l'univers en soit bientôt instruit. Vous viendrez me voir jeudi, à ce que j'espère ; je n'ai pas besoin de vous dire que j'en serais ravie et que je vous aime de tout mon cœur [27]. » Quelques semaines plus tard, le 22 janvier 1751, paraissait l'édit royal instituant l'établissement.

Mme de Pompadour se prendrait-elle pour Mme de Maintenon ? En tout cas, elle eut certainement une pensée pour son illustre devancière lorsqu'elle se rendit à la maison de Saint-Cyr qui allait devenir le modèle de l'École militaire. Deux jours plus tard, encore tout émue de sa visite, elle écrivait à Duverney : «Nous avons été avant-hier à Saint-Cyr. Je ne peux vous dire combien j'ai été attendrie de cet établissement, ainsi que tout ce qui était. Ils sont tous venus me dire qu'il faudrait en faire un pareil pour les hommes. Cela m'a donné envie de rire, car ils croiront, quand notre affaire sera sue, que c'est eux qui ont donné l'idée [28]. »

Si Mme de Pompadour ne veut voir dans cette entreprise que la gloire de son amant et les bienfaits de son influence personnelle sur le souverain, Duverney la considère d'un regard plus politique : «La visite que vous avez faite à Saint-Cyr a attendri votre cœur, répond-il à la maîtresse royale. Si vous pouviez, par comparaison, réunir dans une parfaite connaissance en quoi consiste, à tous égards, la différence de la proposition que j'ai faite, je me persuade que vous accorderiez une protection éclatante à un établissement qui, en honorant notre monarque, produirait dans les cœurs en général ce que le vôtre a ressenti dans la seule visite d'un couvent, puisque l'utilité d'un pareil objet peut devenir un des plus sûrs moyens de maintenir la tranquillité, ou de soutenir tous les efforts que l'on pourrait faire pour diminuer la gloire de notre grand roi[29].» Autrement dit, l'École militaire devait contribuer à faire remonter la cote de popularité de Louis XV, qui était tombée au plus bas.

Les travaux commencèrent vers le mois de mai 1751. Pour subvenir aux frais, on institua un impôt sur les cartes à jouer, et le comte d'Argenson contracta un emprunt de deux millions. Le célèbre architecte Gabriel fut chargé de la construction de l'hôtel, qui devait s'élever sur un vaste terrain situé près de la Seine, entre le Gros-Caillou et Grenelle, à l'emplacement où l'on peut encore le voir aujourd'hui.

Pendant les années qui suivent, l'activité du financier et de la favorite ne se ralentit pas. L'argent vient-il à manquer ? On vend les chevaux et les charrettes qui ont servi à voiturer les pierres ; il est même question un moment de vendre les pierres elles-mêmes. Duverney avance des capitaux, mais cela ne suffit pas, le gouffre paraît sans fond ; en 1755, le chantier menace de fermer, faute de moyens, au grand désespoir de Mme de Pompadour qui ne se résigne pas à voir s'évanouir ce rêve pour lequel elle s'est si longtemps battue. Au besoin, elle se dit prête à le financer sur ses propres fonds : « Non, assurément, mon cher Nigaud, écrit-elle à son compère, je ne laisserai pas périr au port un établissement qui doit immortaliser le roi, rendre heureuse sa noblesse, et faire connaître à la postérité mon attachement pour l'État et pour la personne de S. M. J'ai dit à Gabriel aujourd'hui de s'arranger pour remettre à Grenelle les ouvriers nécessaires pour finir la besogne. Mon revenu de cette année ne m'est pas encore rentré, je l'emploierai en entier pour payer les quinzaines des journaliers. J'ignore si je trouverai mes sûretés pour le paiement, mais je sais très bien que je risquerai, avec grande satisfaction, cent mille livres pour le bonheur de ces pauvres enfants[30]. »

Le 18 juillet 1756, bien que la construction ne fût point achevée, le comte d'Argenson, secrétaire d'État à la Guerre, installait les premiers pensionnaires dans les bâtiments prêts à les accueillir, et Pâris-Duverney était nommé intendant de l'École. Mais les prodigalités de Mme de Pompadour vinrent une fois de plus mettre en péril sa chère fondation. Cela ne pouvait tomber plus mal, car la guerre qui venait de commencer exigeait de lourds sacrifices de la part de tous les Français, sans distinction, même et surtout des plus nantis. Bientôt un édit royal leva dans toutes les villes du royaume un «don gratuit extraordinaire», Louis XV lui-même se dessaisit de sa vaisselle personnelle (1 300 kg d'argent!) et invita fermement ses sujets à l'imiter. Impossible, dans ces conditions, de satisfaire la ruineuse folie de la favorite sans faire aussitôt crier à l'indécence, voire à la provocation. D'autant que Mme de Pompadour passait pour l'inspiratrice de la politique qui conduisait la France à de cuisants revers sur les champs de bataille, que sa domination sur les sens de son royal amant avait cessé depuis longtemps et que l'École militaire, considérée comme son ouvrage, était fort mal vue par la famille royale, notamment par la reine, les princesses, le dauphin, qui la détes-taient, et par les ministres eux-mêmes. Allait-elle donc renoncer en attendant des jours meilleurs?

CASANOVA OU LE MESSIE

C'eût été mal la connaître, et mésestimer surtout la force de caractère du vieux Duverney. Loin de se laisser aller au découra-gement, nos deux promoteurs continuaient de chercher avec obs-tination les moyens de financer l'entreprise, lorsque leur apparut un homme providentiel qui s'engageait à trouver l'argent néces-saire, sans que la nation eût rien à débourser. De belle allure, avec des yeux de braise et un délicieux accent étranger, ce séduc-teur accompli que l'on eût pris pour un messager du Ciel sortait tout droit de prison. Ce n'était autre, en effet, que le signor Gia-como Casanova, qui venait de s'évader des Plombs et débarquait à Paris aux premiers jours de janvier 1757. Introduit auprès de Pâris-Duverney grâce à l'abbé de Bernis (point encore cardinal), son fidèle compagnon de débauche, il était aussitôt mis dans la confidence.

«J'ai besoin de vingt millions pour l'École militaire, lui déclare d'emblée le financier. Il s'agit de les trouver sans charger l'État, ni incommoder le trésor royal, ajoute-t-il.

– Il n'y a qu'un dieu, Monsieur, répond Casanova, qui ait la vertu créatrice.

– Je ne suis pas Dieu, reprend Duverney, et cependant, j'ai quelquefois créé. Mais tout a changé de face.

– Tout est devenu plus difficile, je le sais. Mais, malgré ça, j'ai en tête une opération qui produirait au roi l'intérêt de cent millions.

– Combien coûterait au roi ce produit ?

– Rien que les frais de perception.

– C'est donc la nation qui devrait fournir le revenu ?

– Oui, mais volontairement.

– Je sais à quoi vous pensez.

– J'admirerais, Monsieur, car je n'ai communiqué mon idée à personne. »

Et pour cause ! Car cette idée n'a même pas commencé de germer dans son cerveau ; il compte sur son génie inventif pour la lui souffler à temps. Dans la nuit, l'étincelle surgit en effet, et, le lendemain, il expose à Duverney le projet d'instituer une loterie sur le modèle du *lotto genovese*, alors inconnu en France, en lui fournissant tous les détails de l'opération, sans rien laisser au hasard, fixant le gain « à vingt au-dessus de chaque mise [31] ». Tout bien calculé, cela permettra de trouver les vingt millions qui manquent, sans rien prélever sur les deniers publics. Quelques jours plus tard, le conseil de l'École militaire adopte son plan. Le 15 octobre de la même année, le gouvernement accorde à la loterie un monopole d'État et nomme Casanova receveur de six bureaux de jeu, avec une pension de quatre mille francs [32].

Aussitôt, les fonds affluent, comme l'a prévu le Vénitien, mais point assez cependant pour sauver le projet. Trois ans plus tard, on se retrouve à peu près au même point : des travaux qui traînent et surtout une évidente mauvaise volonté de la part des autorités de tutelle. Le vieux Duverney, qui considère son École comme le plus admirable legs qu'il puisse offrir à la nation, épuise ses dernières forces en démarches harassantes, court les ministères, se fait ballotter d'un cabinet à l'autre, expédie supplique sur supplique, passe des journées entières sur la route entre Paris et Versailles, sollicite, plaide, argumente, justifie, implore. En vain. Dès qu'il commence à parler de l'École militaire, les visages se ferment et l'entretien tourne court. Au mieux, on l'écoute poliment, puis on l'éconduit avec de vagues promesses.

« SON CŒUR, SES SECOURS ET SON CRÉDIT »

Le roi seul, à présent, serait en mesure de mettre un terme à la cabale. Il suffirait qu'il consente, ne fût-ce qu'une fois, à visiter les lieux. Sa présence leur donnerait sur-le-champ la consécration officielle qui leur manque pour débloquer la situation. Mais Louis XV ne s'intéresse aucunement à cette pépinière d'officiers. D'ailleurs, trop de gens s'y opposent parce qu'ils y voient l'œuvre de Mme de Pompadour. Depuis neuf ans, Duverney a tout essayé pour engager la famille royale à visiter son établissement. En vain. Aussi commence-t-il à désespérer, lorsqu'il entend parler de ce Beaumarchais, fort introduit auprès de Mesdames, lesquelles s'intéressent beaucoup, paraît-il, à l'avancement de sa fortune. Il n'en faut pas davantage au financier, qui manifeste aussitôt le désir de le connaître.

La rencontre a lieu chez Charles Le Normant, au printemps de 1760. Ébloui par l'intelligence du jeune homme, séduit par son esprit, éberlué de son aplomb, il voit tout le parti qu'il peut tirer du protégé de Mesdames, tout en devinant en lui des dons exceptionnels pour les affaires[33]. En quelques entretiens, son opinion est faite : ce garçon-là ira loin, à condition de lui mettre le pied à l'étrier. Il lui offre donc « son cœur, ses secours et son crédit s'[il] avai[t] celui de faire réussir ce que tout le monde avait en vain essayé depuis neuf ans ». De son côté, Pierre-Augustin voit en un éclair la formidable chance qui s'offre à lui et la saisit au bond. Qui l'eût dit ? Lui, Pierre-Augustin Caron, l'enfant de la Halle, sollicité par l'un des hommes les plus riches et les plus puissants du royaume ! Qui plus est, veuf et sans enfant ! Il lui promet d'intervenir sur-le-champ, et se fait fort d'obtenir cette faveur royale.

Les journées suivantes, il les consacre à persuader Mesdames, avec le secret espoir qu'elles sauront exciter la curiosité de leur auguste père. Il plaide donc devant elles le dessein grandiose, vante son utilité, sa vocation généreuse, non sans mettre en avant son propre intérêt à servir un homme qui peut faire sa fortune. Trop heureuses de s'évader pour une journée de leur cage dorée, les princesses acceptent l'invitation en battant des mains, et, le jour fixé, accompagnées du dauphin et de la dauphine, sans oublier leur charmant maître de musique, elles traversent en carrosse la plaine de Grenelle, en direction du lieu-dit le Gros-Caillou, et s'arrêtent devant la majestueuse façade de Gabriel, où Pâris-Duverney les accueille en grande pompe. Elles assistent à une parade d'élèves officiers, participent à une somptueuse collation. Duverney leur fait ensuite visiter un à un les admirables bâtiments en leur prodiguant des explications sur chacun d'eux. «Et lorsque, satisfaites de tout ce qu'elles venaient de voir, les princesses se retirèrent, elles recommandèrent à ce sage vieillard d'avoir soin de la fortune de ce jeune homme qu'elles protégeaient. Pour témoigner encore plus ostensiblement l'intérêt qu'elles lui portaient, Madame Victoire s'appuya sur son bras en remontant en carrosse [34].» À quelque temps de là, le 12 août 1760, Louis XV, charmé par le récit de ses filles, surmonta sa répugnance et consentit à venir en personne inaugurer ces bâtiments dont on parlait déjà dans l'Europe entière [35]. Duverney voyait enfin se réaliser son vœu le plus cher, et Beaumarchais s'engageait résolument sur le chemin de la fortune.

ENCLUME OU MARTEAU

Dès le début de leurs relations, le vieillard prend son jeune ami en affection. Tout en lui le séduit: l'audace, le goût du risque, l'esprit d'entreprise, l'intelligence politique, le sens des relations humaines, une inébranlable confiance en soi, et par-dessus tout un appétit de richesse qu'il ne cherche même pas à dissimuler. Loin de partager le préjugé des grands, Beaumarchais ne voit rien d'infamant au projet de s'enrichir. Il n'aspire d'ailleurs à la noblesse qu'afin d'y parvenir plus facilement, car un nom de fief ouvre bien des portes qui sans cela resteraient closes. Quant au négoce, communément méprisé par la gentilhommerie, Beaumarchais le considère non seulement comme une activité parfaitement licite et même respectable, mais comme l'un des fondements essentiels de la paix dans le monde: «Le militaire, le clergé, la robe, la terrible finance et même la classe utile des laboureurs tirent leur subsistance ou leur fortune de l'intérieur du royaume: tous vivent à ses dépens. Le négociant seul, pour en augmenter les richesses et les jouissances, met à contribution les quatre parties du monde et vous débarrassant utilement d'un superflu inutile, il va l'échanger au loin et vous enrichit en retour des dépouilles de l'univers entier. Lui seul est le lien qui rapproche et réunit les peuples, que la différence des

mœurs, des cultes et des gouvernements tend à isoler ou à mettre
en guerre[36].» À cette époque, son ambition d'homme de lettres
paraît encore incertaine, en tout cas moins pressante à satisfaire
que sa passion de la fortune ; il préférerait un carrosse à six chevaux, un hôtel magnifique, une maîtresse ruineuse aux encens
délectables, certes, mais peu gratifiants de la renommée littéraire.
Le prodige, c'est qu'il parviendra dans peu à les posséder tous à la
fois. Pour l'heure, il serait assez de l'avis de Voltaire qui disait :
«J'avais vu tant de gens de lettres pauvres et méprisés que j'en
avais conclu dès longtemps que je ne devais pas en augmenter le
nombre. Il faut être en France enclume ou marteau. J'étais né
enclume...» Grâce à Pâris-Duverney, la destinée de Pierre-Augustin
sera plutôt celle du marteau...

Ses dons naturels sont ceux-là mêmes que Duverney eût rêvé de
voir dans le fils qu'il n'a pas eu ; il peut d'ailleurs sans peine se
reconnaître en lui au même âge. Parti de presque rien, habité par le
démon de la réussite, prêt à tout pour assouvir ses ambitions... oui,
vraiment, ils appartiennent bien tous deux à la même race
d'hommes. Hommes d'avenir, en termes de destin personnel. Mais
aussi hommes de demain, en cette période de profonde mutation
des hiérarchies sociales. Aussi le traite-t-il désormais sur le pied
d'un collaborateur de confiance auquel on peut tout dire et livrer
ses pensées les plus secrètes, sans craindre de se voir trahi, et lui
promet-il de bâtir sa fortune : «Je vous aimais bien, mon enfant, lui
dit-il ; désormais je vous regarderai comme mon fils. Ou je rempli-
rai l'engagement que je viens de prendre, ou la mort m'en ôtera les
moyens.»

Pour commencer, il lui constitue 6 000 livres de rentes viagères
par an[37] ; puis il l'associe de plus en plus à ses spéculations financières. «M'ayant reconnu de la probité, de la discrétion, quelque
élévation dans le caractère et beaucoup de tendresse pour lui, il me
fit entrer dans sa plus secrète confiance et m'employa dans des
affaires personnelles importantes, où j'eus le bonheur de lui être
infiniment utile[38].» De son côté, l'affairiste en herbe écoute les
conseils de son mentor avec une déférente avidité, buvant ses
paroles, s'attachant à ses pas, posant mille questions, se mêlant de
tout, et témoignant à son maître le plus tendre dévouement. Il
n'oubliera jamais tout ce qu'il lui doit, et conservera jusqu'à la fin
de sa vie une immense vénération pour sa mémoire. «Il m'initia
dans les affaires de finances où tout le monde sait qu'il était

consommé, se souviendra-t-il. Je travaillai à ma fortune sous sa direction, je fis par ses avis plusieurs entreprises. Dans quelques-unes, il m'aida de ses fonds ou de son crédit; dans toutes de ses conseils [39]. »

Dans le jardin de la demeure qu'il se fera construire faubourg Saint-Antoine à la fin de sa vie, Beaumarchais fera dresser une stèle à la mémoire de Duverney, sur laquelle sera gravé ce simple vers:

C'est par lui que je vaux, si je vaux quelque chose.

« J'EN AI LA QUITTANCE ! »

Sachant qu'il ne pourrait se pousser plus avant dans le monde – ni dans la finance – s'il n'accédait à la noblesse (sa petite charge de contrôleur-clerc ne l'accordant pas d'office), Beaumarchais réso-lut d'acheter un brevet de secrétaire du roi, office parfaitement inutile, qu'on appelait « savonnette à vilain » et qui consistait à signer les lettres destinées aux grandes et petites chancelleries, et à les poser devant le chauffe-cire pour les sceller. En réalité, c'était un titre sans fonction qui n'exigeait aucune compétence particulière, sinon de savoir écrire, mais abondamment pourvu de privilèges et pour cela très recherché. L'office de secrétaire du roi procurait la noblesse au premier degré, transmissible aux héritiers, à condition de l'avoir assumé pendant vingt ans ou d'être mort en exercice.

Sa situation matérielle étant assurée, Beaumarchais pensait trouver aisément les fonds nécessaires, grâce au généreux Duver-ney. Un obstacle pourtant se présentait, et non des moindres. Qu'auraient dit les envieux, si l'on octroyait la noblesse, fût-ce la noblesse résultant d'un office, à un homme dont le père tenait échoppe d'horlogerie, sous l'enseigne de Caron ? Nul doute que ses ennemis (et l'on sait qu'il n'en manquait pas) eussent tout fait pour empêcher le succès de l'entreprise. Ne pouvant répudier le nom de son père, Pierre-Augustin pensa que celui-ci pourrait renoncer à son état. Profitant des vœux de nouvel an, il écrit au vieil artisan le 2 janvier 1761, un peu gêné tout de même de le faire renoncer à son métier pour qu'il pût se parer du titre de gentilhomme.

« Monsieur et très honoré père,

« [...] S'il m'était libre de choisir les étrennes que je désire recevoir de vous, je souhaiterais par-dessus tout que vous voulussiez bien vous souvenir d'une promesse tant différée de changer l'énonciation de votre plafond[40]. Une affaire que je vais terminer n'éprouvera peut-être que cette seule difficulté que vous faites le commerce, puisque vous en instruisez le public par une inscription sans réplique. Je n'ai pas encore pu penser que votre dessein ait été de me refuser constamment une chose qui vous est de tout point égale, et qui met une grande différence dans mon sort, par la manière imbécile dont on envisage les choses dans ce pays. Ne pouvant changer le préjugé, il faut bien que je m'y soumette, puisque je n'ai pas d'autre voie ouverte à l'avancement que je désire pour notre bonheur commun et celui de toute ma famille.

« J'ai l'honneur d'être, avec un très profond respect, Monsieur et très honoré père, votre très humble et très obéissant serviteur[41]. »

Comme on voit, Pierre-Augustin n'a pas lésiné sur les précautions oratoires pour éviter de blesser le vieil horloger, tout en justifiant sa démarche : allusion aux préjugés imbéciles de la Cour, aux intérêts de la famille Caron tout entière, etc. Il ne se fait d'ailleurs aucune illusion sur la valeur morale de sa promotion : il traite cela comme une pure et simple formalité dont il doit s'acquitter pour avancer dans sa carrière. Il entre dans la noblesse comme on pose sa candidature à un cercle mondain : pour s'y faire des relations utiles. Mais était-il nécessaire de demander ce service comme des « étrennes » ?

Gageons que le père Caron ne fut pas dupe de ces matoiseries. Mais il adorait Pierre-Augustin et se dit qu'après tout il allait sur ses soixante-trois ans, que son gendre Lépine, devenu l'un des meilleurs horlogers de la capitale, était hautement qualifié pour prendre sa suite rue Saint-Denis, et qu'après plus de quarante ans d'exercice il avait bien mérité une paisible retraite. Il décida donc de renoncer à l'horlogerie, pour ne pas entraver l'avenir de son fils. Il fallut cependant plusieurs mois de négociations juridiques pour transmettre le fonds à sa fille et à son gendre sans léser ses autres enfants. Quant à son fils unique et seul héritier présomptif, il renonça d'autant plus facilement à ses droits qu'il souhaitait faire oublier au plus vite ses débuts d'artisan. Ce n'est donc que le 3 décembre 1761, soit près d'un an après la requête de l'aspirant gentilhomme, qu'André-Charles Caron signait l'acte de résiliation de son commerce d'horloger. On n'attendait apparemment que cette formalité, car un mois plus tard, le 7 janvier 1762, Beaumarchais achetait à Marie-Marguerite Lescardé, veuve de Denis Janot, et à ses deux fils, Jean-Baptiste Octave Janot de Miron (son futur beau-frère) et Denis Janot de Lessart, la charge de « conseiller-secrétaire du roi, maison et couronne de France, contrôleur en la chancellerie près le parlement de Paris », pour la somme de soixante-cinq mille livres, dont cinquante-six mille trois cents lui furent avancées en trois versements par Pâris-Duverney [42]. Son beau brevet entre les mains, bien scellé de cire jaune et portant la signature de Louis XV, M. de Beaumarchais pouvait assurer qu'il était noble selon les règles, et légalement en droit de porter son nom [43]. De surcroît, ce titre lui permettait enfin de postuler une grande charge.

Beaumarchais se prévaudra de cette noblesse de fraîche date avec le même orgueil que si elle avait mille ans. Peut-être davantage encore, car il sait ne la devoir qu'à son seul mérite. Comme tant d'autres philosophes de son temps, il pense que la condition des hommes n'est pas fixée de toute éternité, qu'on peut parier à vingt contre un qu'un gentilhomme descend d'un fripon et que la roture est comme attachée à la nature humaine, alors que la noblesse n'est qu'une « qualité d'accident [44] ». Le noble naît couvert d'honneurs sans y avoir contribué en rien. La roture, au contraire, est le corps le plus nécessaire à l'État : elle invente les techniques, stimule la circulation des biens et des personnes, aiguillonne l'activité commerciale ; bref, c'est le parti du mouvement, de l'initiative et de la modernité. Qu'on se souvienne de la fameuse réplique de Figaro, de l'audace avec laquelle il y rabaisse la naissance pour faire triompher les talents : « Parce que vous êtes un grand seigneur, vous vous croyez un grand génie !... Noblesse, fortune, un rang, des places... Tout cela rend si fier ! Qu'avez-vous fait pour tant de biens ? Vous vous êtes donné la peine de naître, et rien de plus. Du reste, homme assez ordinaire ! Tandis que moi, morbleu ! Perdu dans la foule obscure, il m'a fallu déployer plus de science et de calculs pour subsister seulement qu'on n'en a mis depuis cent ans à gouverner toutes les Espagnes ! »

S'il tient pourtant à se voir décoré lui-même de ce titre de gentil-homme qu'il récuse avec tant de mépris chez ceux qui le reçoivent de naissance, c'est qu'il entend l'inscrire dans une hiérarchie encore inédite, fondée sur de nouvelles valeurs. Ce qu'il critique, ce n'est pas la noblesse en soi, car elle est utile, voire nécessaire

pour distinguer les hommes de mérite, mais sa transmission héréditaire. Quant à la sienne, il estime l'avoir largement méritée par
son génie et ses services. Et malheur à quiconque viendra la lui
disputer, au motif qu'elle n'est pas ancienne. Rappelons ici la mordante repartie que s'attira en 1773 le conseiller Goëzman, lui-
même gentilhomme de la veille, qui lui reprochait sa roture : « Je
me réserve de consulter pour savoir si je ne dois pas m'offenser de
vous voir ainsi fouiller dans les archives de ma famille et me rappeler à mon antique origine, qu'on avait presque oubliée. Savez-
vous bien que je prouve déjà près de vingt ans de noblesse [45], que
cette noblesse est bien à moi, en bon parchemin scellé du grand
sceau de cire jaune ; qu'elle n'est pas, comme celle de beaucoup de
gens, incertaine et sur parole, et que personne n'oserait me la disputer, car j'en ai la quittance ! »

J'en ai la quittance ! Voilà qui en dit plus long que tous les savants
traités sur l'avilissement du principe aristocratique en France.

UN JEUNE HOMME PRESSÉ

Son parchemin en poche, il pouvait désormais se mettre en
quête d'une charge plus lucrative que la sienne. Sa prétention n'allait pas à moins qu'à décrocher celle de grand maître des Eaux et
Forêts. Il n'en existait que dix-huit sur toute l'étendue du royaume,
toutes extrêmement coûteuses [46]. L'une d'elles vint à vaquer par la
mort du titulaire ; on en demandait 560 000 livres : une fortune !
Mais Duverney était prêt à tous les sacrifices pour son « cher
enfant » ! Il avança la somme, qui fut déposée chez un notaire, en
promettant à son obligé qu'il lui fournirait bientôt les moyens de le
rembourser, grâce à des opérations sur les vivres de l'armée, particulièrement juteuses en temps de guerre. Sa nouvelle charge lui
rapporterait d'ailleurs assez de revenus pour s'acquitter de sa dette
par annuités.

On n'attendait plus que l'agrément du roi pour entériner sa
nomination. Mesdames de France, qui veillaient au sort de leur
protégé, reçurent l'assurance de M. Bertin, contrôleur général des
Finances, que l'assentiment royal était acquis. Mais là encore,
c'était compter sans l'acharnement des envieux. Plusieurs grands

maîtres des Eaux et Forêts s'étant émus de ce qu'un ancien horloger prétendît devenir leur collègue, ameutèrent leurs collègues et
rédigèrent avec eux une pétition collective qu'ils firent porter au
contrôleur général. Ils menaçaient de donner leur démission si l'on
admettait ce roturier dans leur corps. Une fois encore, Mesdames
volèrent au secours de leur musicien favori et adressèrent en son
nom une supplique au roi, qui fournit tout le détail de l'affaire,
moyennant un pieux mensonge sur l'« ancienneté » de sa noblesse,
afin de donner plus de sérieux à sa requête.

AU ROI

« Beaumarchais, petit-fils d'un ingénieur – neveu du côté paternel d'un capitaine de grenadiers mort chevalier de Saint-Louis –,
depuis sept ans contrôleur de la Maison du roi, demande l'agrément d'une charge de grand maître des Eaux et Forêts, qu'il a
achetée 500 000 francs sur la promesse de M. le contrôleur général, faite à Mesdames, de lui donner cet agrément, lorsque lui ou
son père se serait fait recevoir secrétaire du roi. Il s'est fait recevoir; il est prêt de faire recevoir son père en sa place, si on l'exige.
On ne trouve à lui faire aucun reproche personnel; mais on lui
objecte le commerce de l'horlogerie exercé par son père, lequel l'a
quitté absolument depuis six ans[47]. On dit de plus qu'il n'a pu être
reçu maître d'hôtel du roi. À cela, Beaumarchais répond que plusieurs grands maîtres actuels et plusieurs anciens ont une extraction moins relevée que la sienne. Il se présente secrétaire du roi,
par conséquent noble. S'il n'a pas été admis maître d'hôtel du roi,
c'est qu'il y a un règlement nouveau qui exige la noblesse dans les
aspirants, et il n'était pas encore secrétaire du roi.

« L'opposition de quelques grands maîtres, qui parlent comme
au nom du corps (ses ennemis ou ses envieux), doit céder à la promesse donnée par M. le contrôleur général, à la protection de Mesdames, et à la considération qu'un refus déshonore et ruine un
honnête homme[48]. »

Comme deux interventions valent mieux qu'une, M. de La Châtaigneraie, écuyer de Mesdames[49], écrit de leur part à Pâris-Duverney
pour l'inciter à agir de son côté auprès du contrôleur général. La
réponse du financier, directement adressée aux filles du roi, sous
forme de bulletin, donne une idée des efforts déployés autour du
jeune candidat pour faire aboutir sa demande.

Bulletin du vendredi 8 janvier 1762, pour Mesdames de France

« Du Verney n'a pu voir M. Bertin, qui est allé à Versailles aujourd'hui, sans donner réponse à l'invitation qui lui avait été faite de le voir, mais il a vu M. de Beaumont[50] et lui a dit les choses les plus fortes sur l'injustice horrible qu'on veut faire à M. de Beaumarchais. Il l'a convaincu qu'on ne pouvait se dispenser de recevoir le jeune homme. M. de Beaumarchais lui a dit qu'il avait laissé M. Bertin dans l'intention d'en parler au roi, n'étant décidé ni pour ni contre le jeune homme. Du Verney pense que, si M. Bertin prévient le roi contre l'acceptation, il sera difficile de parer ce coup ; il croit demander de deux choses l'une : ou qu'il expose l'affaire au roi avantageusement, de manière qu'il se fasse ordonner par le roi de passer outre, nonobstant l'injuste objection des grands maîtres, ou bien qu'il n'en parle pas encore à ce travail, pour que Du Verney ait le temps d'avoir avec lui, à son retour, la même conversation qu'il a eue avec M. de Beaumont.

« Cependant, si Mesdames ont donné le mémoire au roi et l'ont prévenu qu'elles prenaient intérêt à la réussite, et que tous les honnêtes gens espèrent que le malheureux jeune homme ne sera pas la victime de l'envie et de la calomnie, Du Verney pense que le contrôleur général n'a pas de raison de détruire M. de Beaumarchais, et en a mille pour le servir, puisque Mesdames l'honorent de leur protection. Du Verney supplie Mesdames de vouloir bien lui faire dire ce qui aura été fait, afin qu'il agisse en conséquence[51]. »

Parallèlement, Duverney adresse à Bertin, qu'on appelait le « petit ministre », ce portrait flatteur de son protégé : « Depuis que je le connais et qu'il est de ma petite société, tout m'a convaincu que c'est un garçon droit, dont l'âme honnête, le cœur excellent et l'esprit cultivé méritent l'amour et l'estime de tous les honnêtes gens. Éprouvé par le malheur, instruit par les contradictions, il ne devra son avancement, s'il y parvient, qu'à ses bonnes qualités[52]. » Nul n'ignorait à la Cour la profonde affection que ce vieillard de soixante-dix-huit ans portait au sémillant jeune homme de vingt-huit, auquel il donnait devant témoins le nom de « fils ». Enfin, Beaumarchais adressa lui-même une supplique au contrôleur général : « Ne suis-je pas la créature la plus malheureuse, lui disait-il, qu'avec tant de protections, famille royale et ministres ne puissent me faire obtenir justice d'une opposition reconnue mal fondée par ceux-mêmes qui la font[53] ? » Toutes ces actions furent menées en pure perte ; la réponse du roi n'arrivait toujours pas, et l'espoir d'un consentement diminuait de jour en jour.

Ayant épuisé en vain toutes le ressources et les protections dont il disposait, Beaumarchais se résolut à frapper un grand coup. Puisqu'il ne parvenait pas à prouver qu'il était noble, il prouverait que ses adversaires ne l'étaient pas. Et le voilà lancé dans une longue plaidoirie en forme de diatribe qu'il faut reproduire ici dans son intégralité. En dépit du procédé assez déplaisant, qui repose entièrement sur la délation, quoiqu'il s'en défende, c'est de l'excellent Beaumarchais : on y reconnaît l'esprit frondeur, la verve, l'arrogance et la plume des meilleurs jours.

« Mon goût, écrit-il au ministre, mon état, ni mes principes ne me permettent de jouer le rôle odieux de délateur, encore moins de chercher à avilir les gens dont je veux être le confrère. Mais je crois pouvoir, sans blesser la délicatesse, repousser sur mon adversaire l'arme dont il prétend m'accabler.

« Les grands maîtres n'ont jamais permis que leurs mémoires ne fussent communiqués, ce qui n'est pas de bonne guerre et montre la crainte de m'y voir répondre efficacement. Mais on dit qu'ils m'objectent que mon père a été artiste et que, quelque célèbre qu'on puisse être dans un art, cet état est incompatible avec les honneurs attachés à la grande maîtrise.

« Ma réponse est de passer en revue la famille et l'état précédent de plusieurs grands maîtres, sur lesquels on m'a fourni des mémoires très fidèles.

« 1° M. d'Arbonnes, grand maître d'Orléans et un de mes plus chauds antagonistes, s'appelle *Hervé*, et est fils d'Hervé, *perruquier*. Je puis citer dix personnes vivantes à qui cet Hervé a vendu et mis des perruques sur la tête. Ces messieurs répondent qu'Hervé était marchand de cheveux. Quelle distinction ! Elle est ridicule dans le droit et fausse dans le fait, parce qu'on ne peut vendre des cheveux à Paris sans être reçu perruquier, ou l'on n'est qu'un vendeur furtif ; mais il était perruquier. Cependant, Hervé d'Arbonnes a été reçu grand maître *sans opposition*, quoiqu'il eût peut-être suivi dans sa jeunesse les errements de son père pour le même état.

« 2° M. de Marizy, reçu grand maître de Bourgogne depuis cinq ou six ans, s'appelle Legrand, et est fils de Legrand, *apprêteur, cardeur de laine* au faubourg Saint-Marceau, qui leva ensuite une petite boutique de couvertures près la foire Saint-Laurent, et y a gagné quelques biens. Son fils a épousé la fille de Lafontaine-Sellier, a pris le nom de Marizy et a été reçu grand maître *sans opposition*.

« 3° M. Tellès, grand maître de Châlons, est fils d'un juif nommé *Tellès Dacosta*, d'abord bijoutier-brocanteur, et que MM. Pâris ont ensuite porté à la fortune. Il a été reçu *sans opposition*, et ensuite exclu, dit-on, des assemblées, parce qu'il a été taxé de reprendre l'état de son père, ce que j'ignore.

« 4° M. Duvaucel, grand maître de Paris, est fils d'un Duvaucel, fils d'un boutonnier, ensuite garçon chez son frère établi dans la petite rue aux Fers, puis associé à son commerce, et enfin maître de la boutique. M. Duvaucel n'a rencontré *nul obstacle à sa réception*[54]. »

On écrit ces choses-là lorsqu'on n'a plus rien à perdre. Beaumarchais ne pouvait ignorer que sa lettre-pamphlet se répandrait du jour au lendemain chez tous ceux qu'il épinglait si cruellement. Il n'eût jamais commis pareille impudence (et imprudence), s'il avait conservé quelque espoir, si mince fût-il. Hélas ! Malgré tous ses efforts et ceux de ses partisans, malgré l'intervention de Mesdames, l'appui de Pâris-Duverney et la neutralité bienveillante de Louis XV, il ne parvint pas à vaincre l'opposition des grands maîtres, ni surtout celle de Saint-Florentin, ministre de la Maison du roi. Très hostile à sa candidature, celui-ci avait prévenu le souverain qu'il ne contresignerait jamais cette nomination. Comme d'habitude, Louis XV s'était rangé à l'avis de son ministre et l'office fut attribué à un autre. Mais pourquoi un refus aussi catégorique ? Sans doute cette haute charge exigeait-elle des officiers suffisamment et depuis assez longtemps titrés ; les quelques cas dénoncés par Beaumarchais ne constituaient que des exceptions, jugées déjà trop nombreuses en haut lieu. Encore peut-on se demander s'il n'avait pas exagéré leur roture pour les besoins de la cause. Il y a fort à parier que ces messieurs d'Arbonnes, de Marizy, Tellès et Duvaucel occupaient, avant la grande maîtrise des Eaux et Forêts, des charges un peu plus reluisantes que celle de secrétaire du roi, et qu'ils les exerçaient depuis plus longtemps que Pierre-Augustin. Peut-être même leur noblesse remontait-elle à une ou deux générations. Chacun sait que le fils d'un simple secrétaire du roi sera toujours plus noble que son père et deviendra la tige d'une famille de gentilshommes. Quant aux petits-enfants, ils seront bardés de titres et n'auront rien de commun avec la souche originelle.

Il fallait une incroyable légèreté ou une folle outrecuidance pour oser solliciter la grande maîtrise des Eaux et Forêts, un an seulement après son accession à la noblesse. Beaumarchais allait trop vite; il le savait, mais il pensait que ses hautes protections lui épargneraient les délais d'usage et lui feraient pardonner son impatience. M. de Saint-Florentin ne l'entendait pas ainsi: la charge lui parut trop importante pour un novice qui n'avait pas encore fait ses preuves ni mérité son titre. Tel est le vrai motif de son intransigeance. En sus, il ne lui déplaisait certainement pas d'infliger une leçon de modestie à ce m'as-tu-vu un peu trop gourmand, infatué de sa personne et persuadé que tout lui était acquis d'avance sur sa jolie figure. « Point si vite, mon garçon... point si vite: il faut savoir attendre », semblait-on lui dire. *Attendre* !... un mot dont Beaumarchais a toujours eu horreur !

« LE TRIOMPHE DE BRID'OISON »

Sa déception fut de courte durée, et d'autant moins vive qu'il ne se faisait guère d'illusion sur le succès de l'entreprise; il l'avait engagée sur un coup de dés, sans y croire tout à fait. À défaut de patience (vertu qui lui fera toujours défaut), cet échec lui apprit du moins à ne jamais rien attendre de ceux qui sortaient comme lui de la roture. Non seulement ils ne lui témoigneraient aucune solidarité particulière, mais ils feraient tout, au contraire, pour l'empêcher de s'élever dans la hiérarchie sociale, le tenant plutôt pour un concurrent que pour un des leurs. Nul n'est plus entêté de sa noblesse qu'un anobli de la veille. Tel qui aura grandi dans l'atelier d'un plumassier ou la cuisine d'un aubergiste toisera de haut le fils d'un ancien confrère briguant la même charge. Beaumarchais trouvera toujours plus d'appuis chez les princes que chez les nobliaux de contrebande.

Loin de se décourager, il mit donc deux fois plus d'ardeur à retrouver une charge qui fût à la mesure de ses ambitions. Elle ne tarda pas à se présenter. Moins lucrative que la précédente, mais plus prestigieuse, elle l'investissait de fonctions judiciaires et lui donnait la préséance sur des personnages de la plus haute naissance. Le 12 août 1763, après avoir satisfait à l'« information de

vie, mœurs, religion catholique, apostolique et romaine», exigée
de tout candidat, il achetait la charge de «lieutenant général des
chasses aux bailliages et capitainerie de la varenne du Louvre».
Une dizaine de jours plus tard (23 août), il tenait en main son brevet signé par Louis XV et contresigné de Saint-Florentin[55]. Sa
nomination avait été soumise à l'agrément du roi par le duc de
La Vallière[56], capitaine général des chasses, dont il devenait le premier officier, avec préséance sur MM. de Bourgogne, de Courbe-
ton, de Villiers et sur le comte de Rochechouart, simples
lieutenants de chasse. Beaumarchais exercera sa charge pendant
vingt-six ans, de 1763 jusqu'en octobre 1789, date à laquelle cette
juridiction fut abolie[57].

Comme toutes les capitaineries des circonscriptions territo-
riales où le droit de chasse était exclusivement réservé au roi, le
tribunal de la varenne du Louvre, dit aussi «tribunal conservateur
des plaisirs du roi[58]», assignait devant lui et condamnait, sur le
rapport des officiers et des agents-voyers, tout particulier ayant
contrevenu aux ordonnances destinées à garantir le monopole
royal de la chasse sur toute l'étendue de la capitainerie[59]. L'appel
des sentences se portait au Conseil du roi. La varenne du Louvre
avait autorité sur un rayon de douze à quinze lieues autour
de Paris, de Fontainebleau à Saint-Germain, de Rambouillet à
Compiègne[60].

Les audiences se tenaient deux fois par mois, le mardi, au
palais du Louvre, dans un prétoire aménagé tout exprès entre le
cabinet de la Marine et les salles de l'Académie des sciences. En
principe, il était présidé par le duc de La Vallière, mais celui-ci
apparaissait rarement au tribunal, et se faisait remplacer par son
suppléant légal, qui n'était autre que son lieutenant général, à
savoir Pierre-Augustin Caron de Beaumarchais lui-même, qu'il
faut donc se représenter, affublé de la robe longue et coiffé de la
vaste perruque, son mortier de velours à la main, descendant de
son carrosse, dont un valet de pied ouvre la portière fraîchement
peinte à ses armes. La démarche grave, la mine sévère, il se dirige
vers le siège présidentiel sous le dais bleu parsemé de fleurs de
lys, dans le même décor à peu près qu'à l'acte III du *Mariage de
Figaro*. Et Brid'oison de se rengorger, dans son accoutrement «en
forme de pagode», comme le chansonnait jadis la railleuse
Bécasse, lorsqu'il vient,

> « Séant au Louvre en ce royal domaine
> Grave Minos de la varenne
> Consacrer d'ennuyeux matins
> À juger les pâles lapins
> Et les maraudeurs de la plaine. »

Beaumarchais donc préside avec toute la gravité requise, assisté de deux lieutenants des chasses, le comte de Rochechouart et le comte de Marcouville, d'un lieutenant de robe courte, d'un procureur du roi, de ses deux substituts, d'un greffier en chef, d'un garde-scel, d'un receveur des amendes et d'exempts, plus les officiers commissionnés par le roi ou le capitaine, soit en tout une cinquantaine de personnes [61]. La plupart des causes portent sur des délits mineurs : braconnage, rébellion envers les gardes, vagabondage de chiens, mauvais entretien des clôtures, constructions non autorisées, ouverture illicite de carrières, chasse au cerf, à la biche ou au chevreuil interdite sur tout le royaume, etc. Le plus difficile pour notre magistrat est de garder son sérieux lorsque comparaît un pauvre diable pour quelques poules d'eau et trois faisans. Une fois rendue, la sentence est portée sur le grand registre du greffe, suivie de la formule solennelle au bas de laquelle il appose son paraphe : « Fait et donné par *Messire* Pierre-Augustin Caron de Beaumarchais, écuyer, conseiller du roi, lieutenant général au bailliage et capitainerie des chasses de la varenne du Louvre, Grande Vénerie et Fauconnerie de France, y tenant le siège en la chambre d'audience d'icelle, sise au château du Louvre, le... », etc. Les sentences rendues par le lieutenant général sont aussitôt imprimées et affichées dans toute la circonscription de la capitainerie. Ces placards lui serviront souvent de pièces d'identité, lors de son voyage en Espagne, « où toutes sortes de gens le tourmentaient sur ses qualités [62] ».

La première audience présidée par le nouveau magistrat se déroula le mardi 11 octobre 1763 ; il écouta doctement les doléances des plaignants : un troupeau de moutons s'était repu de luzerne interdite, un charroi avait coupé à travers champs, et autres peccadilles de même farine. Il admonesta les contrevenants : braconniers récidivistes... et séminaristes insolents. Un jour de septembre, en effet, une quarantaine de saint-sulpiciens avaient pris leurs ébats dans la plaine de Grenelle et s'étaient amusés à rabattre des lièvres. Formant un cercle, les uns leur jetaient des pierres, tandis que les autres les faisaient fuir avec leur mouchoir. Réprimandés par le garde, un certain Naudin, les jeunes clercs se mirent à l'invectiver; l'un d'eux le traita même d'«as de pique» (!). Interpellé par ledit garde, leur supérieur, le sieur Galbaret, répondit effrontément qu'il ne commettait «aucun désordre». Naudin l'avait donc assigné à comparaître. Ayant délibéré, le lieutenant général de la varenne prononça l'avertissement que voici, dans les formes rituelles:

«Nous faisons au sieur Galbaret très expresse inhibition et défenses de plus à l'avenir souffrir les séminaristes aller dans la plaine, sous les peines portées par les ordonnances, ce qui sera exécuté.

«CARON DE BEAUMARCHAIS [63].»

Les registres d'audience et pièces de procédure conservés aux Archives nationales [64] attestent que Beaumarchais se montra très assidu aux séances de la varenne du Louvre. C'est à bon droit qu'il pourra se prévaloir, en avril 1773, lors de sa détention au For-l'Évêque, de son «exactitude» et de son zèle à remplir les fonctions de sa charge.

*
* *

Une fâcheuse affaire survint un jour, qui faillit entraîner de graves conséquences pour Beaumarchais, car elle l'opposait à une Altesse royale, Louis François de Bourbon, prince de Conti. La cause était minime: le prince avait fait abattre le mur d'un voisin, sans autorisation, sous prétexte qu'il gênait ses équipages. Indifférent à la qualité du prévenu, Beaumarchais condamna Conti à reconstruire le mur, ce que celui-ci prit pour une grave offense à sa personne. Mais voici la suite de l'histoire, telle que la rapporte Gudin de La Brenellerie:

«Le prince était fort irrité. M. de Beaumarchais monte à cheval, va le trouver au milieu d'une chasse et lui dit qu'il vient lui rendre compte de sa conduite. La discussion s'engage; ce prince avait beaucoup d'esprit, et ce qui peut-être est plus rare dans un homme de ce rang et d'un caractère assez absolu, il avait des idées libérales.

"Certainement, lui dit Beaumarchais, Votre Altesse obtiendra tout ce qu'elle voudra; son rang, sa puissance…

– Non, lui repartit le prince, c'est comme avocat que je prétends avoir raison.

– Si telle est votre volonté, je demande à Votre Altesse d'être l'avocat de sa partie adverse et de plaider devant elle. Je la prends pour juge."

« Il exposa l'affaire avec tant de clarté, de précision, d'éloquence, d'énergie et d'égards que le prince avoua ses torts, et prit dès ce moment Beaumarchais dans la plus grande affection[65]. »

Nous aurons à revenir à maintes reprises sur le prince de Conti, car, malgré ce début malencontreux, son amitié pour Beaumarchais ne se démentira jamais jusqu'à sa mort, en 1776[66].

En dépit de leur caractère dérisoire, du moins pour la plupart d'entre eux, ces jugements étaient fort impopulaires dans le royaume : ils sanctionnaient des infractions commises sur des propriétés privées, ce qui paraissait inutilement vexatoire, et les amendes étaient trop souvent disproportionnées à la faute[67]. On condamnait même certains malheureux à la prison, aux galères ou au bannissement, pour des bagatelles. Enfin, les dispenses ou autorisations permettant d'échapper aux poursuites étaient délivrées de la manière la plus arbitraire, souvent contre des pots-de-vin versés aux capitaines des chasses. Aussi l'institution des Chasses royales figure-t-elle parmi les toutes premières victimes de la Révolution ; sa suppression par la Constituante, dès le mois d'août 1789, mit fin à des abus scandaleux et à de perpétuels conflits[68].

Un an après qu'il se fut dépouillé de sa robe de juge (ou plutôt qu'elle l'eut abandonné...), Beaumarchais, redevenu simple citoyen, reçut un jour une lettre furieuse de la part d'un ancien justiciable contre lequel naguère il avait pris un arrêt. Sa réponse ne manque pas de sel, car elle évoque en toute liberté la manière dont il envisageait sa fonction. Point si mécontent, à l'en croire, d'en être débarrassé :

« Ce 4 septembre 1790
« J'ai reçu la lettre *tout aimable* d'un monsieur qui signe *Germain* ou *Saint-Germain* et qui se dit avocat d'un sieur Merle, ce dont je félicite son client. Quand j'étais lieutenant général du tribunal conservateur des plaisirs du roi, j'étais condamné à écouter tout ce qui plaisait aux plaideurs attaqués ou attaquants, et je me

conduisais suivant mon équité, mes lumières et le texte des ordonnances que j'adoucissais de mon mieux. Mais aujourd'hui qu'il n'y
a plus, *Dieu merci*, de chasse à conserver, ni de tribunal pour cette
conservation, je n'ai plus l'ennui de recevoir des requêtes et d'y
répondre. Je prie donc M. l'avocat Germain ou Saint-Germain de
diriger ses louables leçons sur des objets dont ma *jeunesse* puisse
encore profiter. Je ne suis plus le juge du *fin merle* qui l'a choisi
pour avocat.

« CARON-BEAUMARCHAIS[69]. »

CHAPITRE V

La « pétaudière d'amants »

> « Une perruque, un gilet, des galoches ne doi-
> vent faire chasser personne, quand le cœur est
> excellent et l'esprit de mise. »
>
> (*Lettre à son père*).

Ainsi pourvu d'un office qui lui permet de vivre à son aise, Beaumarchais achète, pour la somme de 44 000 livres, une grande et belle maison, sise 26, rue de Condé, dans laquelle il installe son père et ses deux jeunes sœurs non mariées, Julie et Tonton. L'acte d'acquisition, en billets payables à deux ans, est signé par les soins de Julie, chez le notaire Boulard, le 31 janvier 1763. Construit vers le milieu du XVIIᵉ siècle pour Charles Testu, chevalier du Guet, cet hôtel passa ensuite aux mains de ses héritiers, puis en 1710 au conseiller Augé. Avec ses trois étages, ses quatre fenêtres de façade, son petit corps de logis en aile pour les domestiques, sa remise pour le carrosse, ses écuries où logeaient deux paires de chevaux offerts par Pâris-Duverney, l'immeuble avait fière allure. Par une sorte de prédestination, les balcons de fer forgé portaient en monogramme deux initiales enlacées : A.C. Elles ne désignaient pas Augustin Caron, comme on l'a d'abord pensé (ce patronyme était trop roturier pour lui désormais), mais sans doute l'un des précédents propriétaires (peut-être le conseiller Augé). Beaumarchais occupait le premier étage, composé de deux vastes salons et d'un cabinet à double issue, pour être plus libre de ses mouvements ; il avait attribué les deux étages supérieurs à son père et à ses sœurs [1]. Le rez-de-chaussée comprenait une salle à manger, luxe encore assez rare à l'époque, et de larges cuisines. Les fenêtres principales donnaient sur la rue; les autres sur les magnifiques jardins de l'hôtel de Condé[2].

Lorsqu'il avait proposé à son père de venir loger chez lui, le vieil homme avait longuement hésité. Souffrant d'une maladie de reins, point remis de son veuvage, réduit à l'inaction depuis qu'il avait renoncé à son commerce et vivant en tiers dans le ménage de son gendre Lépine, il avait connu de surcroît de sérieux ennuis financiers dans ses dernières années d'activité. Par l'intermédiaire de son autre gendre Guilbert, établi à Madrid, il avait en effet vendu de nombreux articles à des clients espagnols qui avaient omis de régler leurs factures, mettant ainsi sa trésorerie en péril. Il lui fallait trouver cinquante mille livres d'urgence sous peine de faillite. Sa situation était si désespérée qu'il songea un moment au suicide. Au comble de l'angoisse, Julie avait discrètement prévenu son frère qui était accouru aussitôt, avec la somme exigée. L'honneur du vieillard était sauf, ses proches rassurés, mais ces jours pénibles avaient tellement aigri son caractère qu'il avait scrupule à le faire endurer à ses enfants en leur infligeant sa présence. Heureusement, l'esprit de famille veillait; il régnait chez les Caron plus que nulle part ailleurs. L'image de l'aïeul entouré des siens fait irrésistiblement penser à ces touchants tableaux, à la manière de Greuze, où s'épanche une douce émotion qui plaît aux âmes sensibles. Qu'on ne voie surtout pas là je ne sais quelle concession à la mode. Rien n'est plus fort, au contraire, ni plus réel, ni plus profond que la solidarité qui unit entre eux les membres du petit clan, qu'ils soient proches ou lointains. Et lorsque Pierre-Augustin réussit finalement à décider son père, c'est dans le style d'un roman de Richardson que celui-ci lui fait sa réponse:

«5 février 1763
«Je dois essayer de tranquilliser un fils si honnête et si respectueux, en l'assurant qu'il n'a rien à attendre que de la douceur, de l'aménité et la plus tendre amitié de son père; je dirais même la plus vive reconnaissance, si je ne craignais de blesser sa délicatesse. Il est vrai que la maladie dont je relève par degrés a été si cruelle, si longue et si peu méritée qu'il n'est pas étonnant que mon caractère en ait un peu souffert. J'ai eu de l'humeur bien ou mal fondée, même des atteintes de désespoir dont mes principes à peine ont pu me garantir[3]; mais, mon cher ami, serait-ce une raison de conjecturer que, dans la jouissance d'une vie aussi douce

que celle que votre amour filial me prépare, je voulusse troubler la tranquillité et la douceur de la vôtre, que j'ai tant de raisons de chérir ? À un cœur qui n'est pas naturellement méchant, il faut des motifs pour le devenir, et où les prendre, à moins d'être fou, avec des enfants qui sont toute ma joie ? Je bénis le ciel avec attendrissement de retrouver dans ma vieillesse un fils d'un si excellent naturel, et loin d'être abaissé de ma situation présente, mon âme s'élève et s'échauffe à la touchante idée de ne devoir, après Dieu, mon bien-être qu'à lui seul. Votre conduite me rappelle souvent ces beaux vers que le père du *Philosophe marié* dit à son frère en parlant de son digne fils[4]. »

« VOILÀ LE DIABLE ! »

Sitôt « enveloppés » sous le même toit, les Caron ressuscitent l'atmosphère de jadis, rue Saint-Denis. « L'union, la joie, la reconnaissance étaient la récompense continuelle des sacrifices que cet entour exigeait », se souviendra plus tard Beaumarchais. Les rires renaissent ; vers, chansons, musique, vaudevilles jaillissent comme autrefois, tandis que se tisse à nouveau, entre Pierre-Augustin et ses sœurs, cette vieille complicité de jeux, demeurée intacte en dépit des années. Julie a définitivement adopté le nom de son frère et se fait appeler Mlle de Beaumarchais, tandis que Tonton, pour ne pas être en reste, ne répond plus désormais qu'au nom de Mlle de Boisgarnier, emprunté à l'un de ses oncles capitaine. Le père seul a conservé le patronyme familial. Ces changements d'état civil correspondent mieux, pensent-ils, non sans raison, à leur nouveau style de vie, mi-noble, mi-bourgeois. Outre l'obligation de se meubler richement, de se vêtir à la dernière mode, de veiller à la qualité de la table et de la cave, la charge officielle de Pierre-Augustin leur impose de recevoir la meilleure société, de rendre les visites, d'entretenir des relations mondaines, bref de se montrer dignes en tout point de son rang et de sa situation. Comme dans les meilleures maisons du faubourg Saint-Germain, enclos sacro-saint des salons aristocratiques, les Beaumarchais ont leur jour. Tous les vendredis, on reçoit, devant une table bien garnie. Certes, on n'y croise point de marquis ni de duchesses, mais plutôt la bonne bourgeoisie parisienne, mêlée de quelques nouveaux anoblis, qui aime à se retrouver là dans un cadre familial, libéré de toute contrainte, où l'on peut deviser entre soi et sans façons. Parmi les habitués, citons une Mme Gaschet, qui chaperonne sa nièce, fort jolie créole née à Saint-Domingue et nommée Pauline Le Breton, qui semble ne pas laisser indifférent Pierre-Augustin (lointain cousin de la jeune fille par sa mère), une Mme Gruel, surnommée finement Mme Panta par le père Caron, à laquelle, visiblement, le même Pierre-Augustin est loin de déplaire («En aimant mon fils, elle aime toute la famille et moi aussi par surcroît», observe le vieil homme, tout en la jugeant «le meilleur cœur de femme que Dieu ait créé»), une Mme Henry, veuve depuis 1758 d'un consul des marchands et vieille amie de la famille, qui vient en voisine (elle habite chez les Filles du Précieux-Sang, rue de Vaugirard), et pour laquelle M. Caron père déploie des trésors d'amabilités[5]. Du côté des hommes, les convives les plus assidus s'appellent : M. Janot de Miron, qui n'a d'yeux que pour Mlle Tonton, le chevalier de Séguiran, petit magistrat, autre cousin de Pauline Le Breton, originaire comme elle de Saint-Domingue, et fort empressé auprès de Julie, M. de La Châtaigneraie, écuyer de la reine, vieil ami de la famille, et rival de Beaumarchais dans les faveurs de Mlle Lacour, danseuse à l'Opéra, bien que frôlant la soixantaine[6]... Entre les jeunes gens, les œillades s'échangent, les intrigues se nouent, les projets s'esquissent, tandis que les propos vont leur train, mêlant le léger, le grave, le futile et le galant, sous l'œil amusé du maître de maison. Le comédien Préville, intime des Caron depuis toujours, se joint quelquefois au groupe, de même que le «petit» Poinsinet, célèbre pour sa comédie du *Cercle*. Bonne chère, conversation à bâtons rompus, traits d'esprit, tout cela s'entremêle dans la plus chaleureuse et franche bonne humeur.

À en croire Julie-Bécasse, c'est surtout d'amour qu'il est question, aux vendredis de la rue de Condé :

«Notre maison, écrit-elle, est une pétaudière d'amants qui vivent d'amour et d'espérance. Moi, j'en vis mieux qu'une autre, parce que je suis moins amoureuse. Beaumarchais est un drôle de corps qui, par sa légèreté, mine Pauline et la désole[7]. Boisgarnier et Miron raisonnent à perdre haleine le sentiment et s'échauffent avec ordre jusqu'à l'instant d'un beau désordre. Le chevalier et moi, c'est pis que tout cela; il est amoureux comme un ange, ardent comme un archange et brûlant comme un séraphin[8]. Moi, je suis gaie comme un pinson, belle comme un cupidon, et malicieuse comme un démon. L'amour ne fait point lon-lon-la comme aux autres. Et pourtant, malgré ma folie, je ne pourrai me sauver d'en tâter : voilà le diable[9] ! »

« La félicité de mon père »

Est-ce le parfum de jeunesse qui emplit la maison du haut en bas ? Sont-ce les chansons et les rires ? ou les amourettes qui fleurissent derrière chaque porte ? ou les plaisirs de la compagnie ? ou la bonne chère ? ou le vin de Champagne qui coule à flots ? ou la sollicitude de ses enfants ? ou la réussite de son fils chéri ? ou les prévenances et le respect qui l'entourent ? ou tout cela à la fois ? Toujours est-il que M. Caron père paraît avoir remisé définitivement ses idées noires et retrouvé goût à la vie. Mieux encore : on le dirait rajeuni, revigoré, tout prêt à vivre un nouveau printemps. C'est que M. Caron, âgé de soixante-cinq ans, vient de redécouvrir l'amour, grâce à la dame Henry, née Jeanne Guichon, laquelle va sur ses soixante. Toute la maison a remarqué leurs interminables tête-à-tête, à commencer par Pierre-Augustin. Et comme ce bon fils désire plus que tout le bonheur de son cher papa, il le pousse à se remarier avec cette veuve encore fraîche, d'un naturel jovial et pourvue de quelques biens, que les Caron connaissent depuis de longues années. De Madrid, où il se rendra bientôt, il lui écrira :

« Je ne suis point étonné de votre attachement pour elle : c'est la gaieté la plus honnête et un des meilleurs cœurs que je connaisse. Je voudrais que vous eussiez été assez heureux pour lui inspirer un retour plus vif. Elle ferait votre bonheur, et vous lui feriez sûrement faire l'agréable essai d'une union fondée sur une tendresse réciproque et sur une estime de vingt-cinq ans. Elle a été mariée, mais je mettrais ma main au feu qu'elle n'a pas encore bien connu ni joui de son cœur. Si j'étais de vous, je sais bien comment je m'y prendrais ; et si j'étais d'elle, je sais bien aussi comment j'y répondrais. Mais je ne suis l'un ni l'autre, et ce n'est pas à moi à dévider cette fusée ; j'ai bien assez des miennes[10]. »

Peu disposé, du moins pour l'heure, à «dévider» ladite «fusée», le père Caron glissera néanmoins dans sa réponse un sensible éloge de sa vieille amie et l'aveu sans détour de son attachement pour elle. Coup de foudre du «troisième âge» ou tardive conséquence d'une passion jusqu'alors interdite? Qui le dira jamais? En attendant, noble preuve de constance envers une «conscience pure» et une «belle âme»!

«Nous avons soupé hier chez ma bonne et chère amie, qui a bien ri en voyant l'article de votre lettre, de la manière dont elle se doute que vous vous y prendriez à ma place. Aussi dit-elle qu'elle ne s'y fierait que de bonne sorte, et qu'elle ne vous embrasse de tout son cœur que parce que vous êtes à trois cents lieues d'elle....

«En vérité, elle est charmante et embellit tous les jours. Je pense comme vous et lui ai dit bien des fois qu'elle n'a jamais connu ni joui de son cœur; sa gaieté est le fait d'une conscience pure et exempte d'aucuns remords; sa vie remplie de bonnes œuvres de toutes espèces fait jouir son corps de toute la tranquillité de sa belle âme. Pour moi, je l'aime à la folie et c'est tout ce qui m'en revient.

«J'attends aujourd'hui des lettres de vous avec l'impatience et le trouble d'un cœur qui t'aime bien tendrement et t'embrasse de même.

«CARON[11].»

Plus d'une fois, Beaumarchais revient à la charge pour engager son père à reprendre femme. «Mme Henry est une belle planche après le naufrage de la jeunesse et de la santé», lui écrit-il un jour[12]. Et comme M. Caron ne paraît toujours pas convaincu, il vante à nouveau les avantages d'un tel hymen :

«Un homme de votre âge ne doit pas être seul; *il faut tenir à quelque chose en ce monde*, et la société de votre fils et de vos filles ne peut être sacrifiée qu'à une autre beaucoup plus douce, mais que vous ne paraissez pas au point d'acquérir. Je devance ainsi mon arrivée par un tableau de ce qui doit se faire, afin que vous ayez le temps de vous déterminer pendant mon absence qui ne sera pas encore bien longue. Ce ne sont plus ici des motifs frivoles; il s'agit, entre vous et votre amie d'une union ou d'une séparation éternelle. [...] La séparation de votre aimable amie peut vous coûter extrêmement. Mais j'espère que vous réfléchirez qu'il ne vous reste plus qu'une option convenable entre le mariage et le départ. Mes respects très humbles, je vous prie, à cette dame. Elle me trouvera peut-être ainsi que vous un peu sévère, mais je ne suis que raisonnable [13]. »

Après avoir longuement tergiversé, le vieil homme finira par épouser sa « bonne et chère amie » en secondes noces, le 15 janvier 1766, à l'âge de soixante-sept ans.

JANOT ET JEANNETTE

Il y avait beau temps que Jeanne-Marguerite, dite Tonton, dite encore Mlle de Boisgarnier, faisait souffrir un brave garçon du nom d'Octave Janot, fort épris d'elle, et qui rêvait de l'épouser. Il était fils d'un secrétaire du roi qui se faisait appeler Janot de Miron. Peu après, il supprima le *Janot*, jugé trop roturier, pour M. de Miron tout court. Le jeune homme, qualifié d'abord d'avocat au Parlement, et qui deviendra par la suite intendant des Dames de Saint-Cyr, vivait dans l'intimité de la famille Caron. Pierre-Augustin, jamais en reste pour le railler, lui reconnaissait cependant des mérites, et lui témoignait une réelle estime. C'est à la veuve de son père qu'il avait acheté sa charge de secrétaire du roi.

Avec son air godiche, ses discours sentencieux et son éternel prêchi-prêcha, le jeune Miron passait pour un insupportable raseur auprès de la joyeuse tribu de la rue de Condé, qui l'avait surnommé le Pédagogue chrétien [14]. Sa balourdise faisait un curieux contraste avec l'humeur primesautière de Pierre-Augustin, dont il était d'ailleurs terriblement jaloux : « Il ne peut se défendre de la jalousie qu'il a contre vous, écrivait le bonhomme Caron à son fils, et prétend au moins à une égalité de talent et de mérite qui selon moi (et sans prévention) le laisse bien loin derrière vous [15]. » Pourtant, à lire le *Bouquet à Jeannette* qu'il fit parvenir un jour à sa belle, on s'aperçoit qu'il était loin d'être sot, et qu'il ne manquait pas même d'un certain talent pour le badinage en vers. Mais allez donc faire le bel esprit devant une délurée, toujours prête à railler !

Pour saisir le sens de cette épître, il faut se souvenir que Tonton avait en horreur son prénom de Jeanne et ne voulait plus qu'on la fêtât le jour de la Saint-Jean.

BOUQUET À JEANNETTE

Eh quoi ! tu veux, chère Tonton,
Faire injure à ton patron !
Serait-ce caprice, inconstance,
Ou ne crois-tu pouvoir avec décence
Porter encore ce joli petit nom
Qu'on te donna dans ton enfance ?
Quant tu dis oui, je ne dis jamais non…
Cherchons donc…

Puis, après avoir passé en revue tous les noms poétiques, Miron conclut ainsi :

Je sais que tu tiendrais pour le nom de Corinne,
Et j'adopterais bien ton choix,
Pour célébrer cette grâce enfantine,
Ces charmes ingénus de ta gentille mine,
Spirituelle autant que fine,
Ces traits saillants et naïfs à la fois
De ton humeur vive et badine,
Ces sons harmonieux d'une harpe divine,
Qui semble être sensible aux accents de ta voix,
Et tour à tour sous tes doigts,
Nous ravit et nous lutine…
Mais pourquoi te débaptiser ?
C'est un peu tard pour s'en aviser ;
Et puis, au bon saint Jean faire quitter la place,
Ce serait, surtout en ce jour,
Lui jouer un fort vilain tour…
J'ai quelque droit pour te demander grâce :
Mes pères m'ont transmis le nom d'un farfadet,
Une espèce de sobriquet
Sorti de l'antichambre ou plutôt du village ;
Enfin, pour tout dire en un mot,
Le vrai nom d'un petit marmot [16].
Eh bien ! je crois, en homme sage,
Devoir braver le persiflage
Et me contenter de mon lot.
Je serais volontiers Pierrot

> Si tu voulais être Pierrette,
> Et toujours je serai Janot
> Si tu veux être ma Jeannette [17].

Non, non et non ! Tonton ne sera pas Jeannette – et surtout pas la Jeannette de monsieur Janot ! Est-ce le patronyme qui lui paraît ridicule, ou le personnage qui la rebute, avec ses sermons empesés, ses talons trop hauts, sa perruque de travers et sa voix de fausset ? Toujours est-il qu'elle ne veut pas de ce prétendant, et ne le lui envoie pas dire ; sa petite « âme droite » ne sait pas dissimuler. Pourtant, Pierre-Augustin, qu'elle consulte comme un oracle, paraît plutôt bien disposé à son égard. Jusqu'au jour où l'idée lui vient d'un parti plus avantageux pour Mlle Tonton, un certain Durand, qui vit en Espagne où il a des vues sur Lisette. Épouser Lisette ? Pas question, riposte Beaumarchais, qui entend savoir mieux que ses sœurs le mari qui leur convient : Durand épousera Tonton, et Lisette épousera le señor Clavijo, l'affaire est entendue. Sur ce, Janot prend la mouche et proteste énergiquement contre ce mariage forcé avec un inconnu, alors que la principale intéressée n'a pas été consultée ; il accuse Beaumarchais d'exercer sur ses sœurs un pouvoir despotique. Ce dernier riposte en termes cinglants par une lettre de sept grandes pages :

« Je m'étonne fort, lui écrit-il, comment *mes Sapho de sœurs* ne vous ont pas empêché de mettre de pareilles impertinences à la poste, outre que vous n'étiez nullement fait pour la plaisanterie, mais bien pour les choses sérieuses ; qu'avec le ridicule d'échouer dans le genre léger qui peut plaire dans le petit chien de La Fontaine, mais qui me *dégoûte dans les animaux plus solides*, vos idées sont appuyées sur un fond si mal ou si louchement interprété, que vous m'en faites pitié. [...] Maintenant, pour mettre chacun à sa place, tant mes amis de Paris avec leur ton dogmatique et pesant que mes connaissances de Madrid avec leur air romanesque et langoureux, je vous dirai que ce n'est point sur ces choses-là que je juge les hommes. Je vais vous dire tout mon secret. *Dans la société, je pardonne aux hommes leurs ridicules afin qu'ils me passent les miens. Dans les affaires, je cherche deux choses : leur consistance personnelle et le rapport qu'ils ont à mes intérêts.* Or, m'étant arrogé (comme vous le pensez fort bien) le droit d'être le tyran de celle dont je devais être le second père, il faut bien que, dans les choses qui les regardent, j'use à ma manière de ce droit de tyran. [...] Au reste, comme *je suis assez grand pour me conduire moi-même, je prends la liberté de vous prier de garder avec moi le seul ton que je puisse approuver, qui est celui de l'amitié. Je n'ai besoin ni de précepteur qui prétende fouiller dans les motifs qui me déterminent, ni de pédagogue qui s'arroge sans aucun titre le droit de prendre des tons avec moi. [...] Si j'ai un orgueil au monde, c'est celui de me croire les idées saines et nettes, et je ne puis souffrir que celui que je n'ai établi mon oracle sur rien, traite mes projets de billevesées et mes idées de baroques* [18].»

Le ton monte, la querelle s'envenime, au point que Janot peut se croire à tout jamais évincé. Mais Pierre-Augustin, persuadé que Tonton éprouve malgré tout une certaine inclination pour son *pédagogue*, oublie bientôt sa rancœur et revient à de meilleurs sentiments. Comme il le dit lui-même : «Chez les bons cœurs, la colère n'est qu'un besoin pressant de pardonner.» «Raison et estime à part, écrit-il à son père, je crois fort que ma jeune sœur aime notre ami [Miron], et malgré que je lui aie assez vertement dit mon avis sur l'erreur où il était depuis longtemps touchant la bonté de mon cœur, je n'en suis pas moins d'avis qu'il fera le bonheur de ma sœur, et que je n'aurais jamais mieux choisi qu'ils l'ont fait l'un et l'autre [19].» Apprenant un mois plus tard qu'elle se refuse aux vœux du soupirant, il plaide avec une conviction pour le moins inattendue en faveur de ce mariage :

«Loin que j'apprenne avec plaisir que nos amis se conviennent peu, j'en ressens une espèce de chagrin, car le Miron ne manque d'aucune des qualités solides qui doivent faire le bonheur d'une honnête femme ; et si ma Boisgarnier était moins touchée de cela que rebutée par le défaut de quelques frivoles agréments, qui même ne lui manquent pas à tout considérer, je dirais que Boisgarnier est une enfant qui n'a pas encore acquis l'expérience qui fait préférer le bonheur au plaisir ; et pour dire au vrai ce que je pense, je crois qu'il a raison de se préférer à moi sur bien des choses sur lesquelles je ne me sens ni sa vertu, ni sa constance, et ces choses-là sont d'un grand prix quand il s'agit d'une union pour la vie. Ainsi, j'invite ma Boisgarnier à n'envisager notre ami que sur ce qu'il a d'infiniment estimable, et bientôt l'affaire se civilisera. J'ai été furieux contre lui pendant vingt-quatre heures ; cependant, état à part, il n'y a pas un homme que je lui préférasse pour être mon associé ou mon beau-frère. J'entends bien ce que Boisgarnier peut dire. Oui, il joue de la vielle, c'est vrai ; ses talons sont trop hauts d'un demi-pouce, il frise le ton quand il chante, il mange des pommes crues le soir, il prend des lavements aussi crus le matin, il est froid et didactique quand il jase, il a une certaine gauche de méthode à tout qui, à la vérité, peut faire donner du pied au cul à un amant par une coquette du Palais-Royal. Mais les bonnes gens de la rue Condé se gouvernent par d'autres principes : une perruque, un gilet, des galoches ne doivent faire chasser personne, quand le cœur est excellent et l'esprit de mise. Adieu, Boisgarnier, voilà un long article pour toi [20]. »

Résumons. Comme joli cœur, M. Janot de Miron ne mérite qu'un coup de pied au cul. Comme époux, il n'ignore aucune des valeurs morales propres à rendre une femme heureuse. À défaut de séduction, Pierre-Augustin lui reconnaît de la « vertu », de la « constance », un « cœur excellent » et « l'esprit de mise ». De quoi combler d'aise une ménagère bourgeoise, et mettre en fuite la demoiselle Tonton, qui raffole d'imprévu et de romanesque ! Nullement pressée d'ailleurs de lier son destin à celui de ce bonnet de nuit, mais soucieuse, malgré tout, de ne pas l'éloigner définitivement et de le garder en réserve (on ne sait jamais !), suivant en cela les avis fraternels, la petite futée parvient à le tenir en haleine sans lui rien promettre. Elle finira par céder à la voix de la raison et à la dot que lui offrira son frère. Mais le pauvre Janot devra languir encore plus de deux longues années, avant de goûter aux joies de l'hymen. Le mariage sera célébré vers le 20 juin 1767 à la paroisse de Boissy-Saint-Léger [21].

La pauvre Tonton ne vécut pas longtemps ; elle s'éteignit en 1773, âgée de moins de quarante ans, laissant une fille à laquelle elle avait légué ses dons pour la poésie et les chansons. Sa famille l'appelait la Muse d'Orléans, car elle s'était établie dans cette ville où l'oncle Beaumarchais, toujours secourable envers sa famille, se chargera de la marier et de la doter.

L'AMOUR UN JOUR SUR DEUX

Le marivaudage sentimental qui règne rue de Condé n'épargne personne, pas même la farouche Bécasse, qui reçoit sans déplaisir les hommages d'un blanc-bec nommé Le Vaigneur, frère de sa meilleure amie, Hélène dite Lhénon[22]. Elle se joue effrontément de lui, et n'hésite pas à s'en divertir avec la propre sœur du jeune homme :

« Il faut que tu saches sur quel ton de folie j'en suis avec ton frère. Son air d'intérêt pour moi, dont je t'ai parlé il y a un mois, n'a fait que croître et embellir, singulièrement depuis le départ de nos amies pour la campagne. Il venait presque tous les soirs souper avec nous, et de là promener jusqu'à minuit ou une heure. Là, ma chère Lhénon, il m'en contait d'une façon assez gothique à la vérité, mais qui n'était pas mal plaisante, et moi de riposter sur le même ton, avec l'air de folie que tu m'as toujours connu. Mais au milieu de ces plaisanteries, j'ai trouvé quelquefois des tournures assez heureuses pour le persuader sérieusement que je ne l'aimais pas, et je l'en crois convaincu, quoique je ne lui aie jamais dit tant de douceurs que je le fais à présent, au moyen d'une convention que nous avons faite de nous aimer deux jours de la semaine ; il a choisi le lundi et le samedi, moi j'ai pris le jeudi et le dimanche. Dame ! ces jours-là, nous nous disons des choses bien tendres, quoique nous soyons convenus qu'il y en aurait toujours un de farouche quand l'autre l'aimerait[23]. »

À ce jeu-là, il lui reste encore trois jours de la semaine pour faire la méchante. Gageons qu'elle ne s'en prive pas ! Sans laisser pourtant de rassurer son amie sur la santé de sa victime : tout transi qu'il soit, le jeune substitut se porte le mieux du monde !

« Ma dernière t'a rendu ton frère dans le meilleur état. Que veux-tu que je te donne encore ? Puis-je te faire un présent plus honnête ? Il est dans un embonpoint qui te ferait désirer de le manger à la croque-au-sel, si tu ne savais comme moi qu'un avocat est peut-être de tous les mets le plus coriace et le plus indigeste[24]. »

Les choses n'iront guère plus loin et M. Le Vaigneur sera bientôt remplacé par le chevalier de Séguiran. Né à Saint-Domingue, comme il a été dit plus haut, ce jeune avocat, qualifié de « substitut du procureur général du roi au conseil souverain du Cap », possède pour toute fortune son joli nom et quelque espoir de carrière. Beaumarchais, qui l'a pris en sympathie et accueilli rue de Condé, ne voit pas d'un mauvais œil les soins assidus qu'il rend à sa sœur préférée.

L'héritière

Et Pierre-Augustin ? Reste-t-il seul au bord du rivage, alors que toute la maisonnée s'embarque pour Cythère ? On l'imagine mal dans le rôle de spectateur, observant de loin la *furia amorosa* qui s'est emparée de la famille Caron, sans se lancer à son tour dans quelque nouvelle idylle. Ou, pour mieux dire, dans quelque idylle tout court, car on ne saurait nommer ainsi les liaisons qu'il entretient avec des filles d'opéra : créatures divines, certes, mais fugaces, dont les faveurs se louent au plus offrant ; amours passagères dont la brièveté fait tout le charme, et la volupté tout le prix. Jusque-là, les femmes n'ont servi qu'à satisfaire ses désirs, en le distrayant de ses occupations. « Je me délasse des affaires, écrit-il quelque part, avec les belles-lettres, la belle musique, et quelquefois les belles femmes. »

Fatigué des beautés à l'encan, Beaumarchais rêve d'autre chose depuis qu'il a rencontré Pauline Le Breton. Non qu'il aspire à l'amour passion, assoiffé d'absolu et d'éternité : il appartient trop à son temps pour se livrer à de tels excès. Rien de bêtement sentimental chez lui ; point de mièvrerie, nul débordement : il aime Richardson, mais il appartient à la race des Crébillon et des Laclos. L'amour, selon lui, ne se distingue pas de l'amour-propre :

« Qui dit amour-propre, dit aussi l'amour, car ce dernier n'est qu'une extension de l'autre vers un objet qu'on croit digne de soi. On s'aime dans sa maîtresse, dans le choix judicieux qui justifie notre bon goût. On s'aime dans la tendresse qu'on lui prodigue et qui intéresse son cœur pour nous, dans les caresses qu'on lui fait et qui nous en produisent d'aussi flatteuses quand le retour est sincère. Enfin, on s'aime dans le plaisir si vif et si délicat d'en inspirer, d'en donner à sa bien-aimée : tout le bonheur ou le malheur de la vie n'a qu'une véritable manière d'être envisagé, c'est relativement à nous. Sans cet amour de nous-mêmes, aucune passion n'a l'entrée de notre âme[25]. »

Belle profession d'égotisme libertin ! Il n'empêche que cette jeune fille de dix-sept ans éveille en lui une foule de désirs, non toujours désintéressés, comme celui d'un établissement stable. Six ans après la mort de sa femme, il soupire après un foyer qui puisse conforter sa situation présente et le soutenir dans ses ambitions à venir, tout en assurant la pérennité d'un nom qu'il aura porté le premier, et dont il peut déjà s'enorgueillir. Sans oublier naturellement la soif de richesses, qu'il ne parvint jamais à dissocier de ses inclinations amoureuses.

Or Mlle Le Breton correspond point par point à ce qu'il recherche. On la dépeint fort jolie, excellente musicienne ; on parle de son « air tendre, enfantin, délicat » et de sa voix « enchanteresse ». Née à l'île de Saint-Domingue, alors colonie française, cette jeune créole, déjà orpheline de mère, venait de perdre son père ; elle était élevée par sa tante, Mme Gaschet, qui était veuve, et par un oncle, également veuf, riche et sans enfants, fort bien nommé M. Le Rat. Les relations entre la famille Caron et la dame Gaschet remontaient au début des années 1760. Existait-il entre elles un lien de parenté, comme on l'a prétendu ? Nous n'en savons rien. Le titre de « cousine » que Beaumarchais attribue à la demoiselle n'est peut-être rien de plus qu'un de ces petits noms affectueux que l'on se donne, à l'époque, entre amis très proches. Héritière de ses parents, la jeune fille possédait au Cap-Français un domaine considérable, estimé à deux millions de livres, mais que l'on disait grevé d'hypothèques. M. Le Breton père avait été victime d'aigrefins, et sa fille mineure n'avait pu se défendre contre les grugeurs de tout poil qui achevaient de dilapider son bien. Toujours accompagnée de sa tante, Pauline rendait de fréquentes visites à la « pétaudière d'amants » de la rue de Condé, où Pierre-Augustin lui faisait une cour assidue. Visiblement, elle lui plaisait fort ; sa douceur, son ingénuité, sa spontanéité, sa fraîcheur avaient su le toucher. Il s'en inspirera plus tard pour ses amoureuses de théâtre : la Pauline des *Deux Amis* et la Rosine du *Barbier* (appelée primitivement Pauline), emprunteront plus d'un trait à la jolie créole. Toutes ces charmantes qualités lui attiraient nombre d'hommages, auxquels elle se gardait de répondre. Réservée, pudique, et de plus étroitement surveillée par sa tante, elle laissait peu d'espoir à ses soupirants. Aussi Beaumarchais n'eut-il aucun mal à les supplanter dans le cœur de la belle.

Bientôt l'idée de mariage s'imposa d'elle-même à l'esprit de Pauline, comme la suite naturelle de son idylle. Pierre-Augustin s'en ouvrit auprès de la tante, qui n'y vit aucun empêchement, bien au contraire : le parti était des plus flatteurs et le jeune homme promis à un brillant avenir. On ne tarda donc pas à les tenir pour fiancés, en attendant leur union prochaine. Une question toutefois taraudait secrètement le futur époux et le retenait de s'engager trop vite : la fortune de la jeune personne était-elle aussi délabrée qu'on l'avait dit ? Que restait-il aujourd'hui de ce faramineux héritage ? Pour en avoir le cœur net, il lui proposa de prendre ses affaires en main, de démêler ses comptes passablement embrouillés et d'en dresser un état aussi clair que possible. Ne voyant dans tout cela que la complaisance d'un amant sincère, veillant aux intérêts de sa bien-aimée, Pauline accueillit son offre avec empressement. Pouvait-elle espérer mentor plus habile en affaires, plus généreux, qui lui inspirât plus de confiance ? N'étaient-ils pas destinés à tout partager ? Ne devaient-ils pas être de moitié dans tout ce qu'il entreprendrait ? Que Beaumarchais, de son côté, fût réellement amoureux de sa pupille ne saurait être mis en doute. Qu'il eût la véritable intention de l'épouser non plus. Mais comme l'amour ne lui fit jamais perdre la tête au point de négliger ses avantages matériels, il résolut de s'informer des véritables espérances de sa maîtresse avant d'aller plus avant. En quelques jours, il prépara ses plans et ouvrit son enquête.

« UNE SEULE CHOSE M'ARRÊTE. »

Ayant connu naguère à Versailles un certain M. de Clugny, intendant de Saint-Domingue, il obtint de Mesdames qu'elles lui recommandent personnellement Mlle Le Breton[26]. Naturellement, il leur avait d'abord présenté la jeune fille, qu'elles eurent le bon goût de trouver charmante et de prendre sous leur tutelle. Par l'intermédiaire de Pâris-Duverney, il fit ensuite envoyer à l'intendant la somme de 80 000 livres pour la remise en valeur de la propriété. Démarche imprudente, en vérité, car la somme était énorme et l'on savait M. de Clugny expert en friponnerie. Sans se soucier de cela, Beaumarchais s'adressa directement à lui, dans les formes requises, afin d'en savoir davantage sur la situation de sa future épouse. Sa lettre est un pur modèle de tartuferie :

« Monsieur,
« Toutes les lettres de Saint-Domingue nous ont instruit de l'intérêt que vous preniez aux affaires de Mlle Le Breton, cette jeune orpheline que Mesdames vous ont recommandée. Vous seul avez gardé jusqu'à ce jour le plus profond silence, et je n'ai jamais pu rendre compte aux Princesses du succès de vos bons offices, parce qu'aucun détail circonstancié de l'état des choses ne m'est encore parvenu. J'ai seulement eu l'honneur de leur faire part du peu que j'ai appris par la voie publique[27]. Est-ce votre modestie, Monsieur, qui vous empêche de parler vous-même des choses que vous avez faites pour cette malheureuse orpheline ? Vous voyez bien que vous ne gagnez rien à votre silence, puisque, sans que vous y ayez part, le bruit en est venu jusqu'à Mesdames, qui vous savent le plus grand gré de concourir aux vues de leur bienfaisance et de leur charité, en faisant rendre justice à une enfant sans parents et sans autre appui que celui qu'elle doit aux bontés particulières de Mesdames.
« Je suis donc chargé, et Madame Victoire m'a très expressément ordonné de vous en écrire et de vous mander qu'elle désire beaucoup apprendre directement en quel état est la fortune de cette enfant qui manque presque de pain à Paris. Nous savons tous que la justice est lente dans le pays où vous êtes, et plus chargée de formalités, qui en rendent l'exercice pénible, que partout ailleurs. Cependant, lorsque équité, autorité, protection, malheur et bon droit se joignent pour favoriser une cause, on ne doute nullement qu'elle ne soit enfin gagnée. La jeune personne a demandé à Mesdames la permission de joindre sous ce même paquet tant les remerciements et instances qu'elle vous fait, que quelques copies instructives de lettres, par elles écrites à Saint-Domingue. Mesdames l'ont trouvé bon. Le tout vous parvient en conséquence par le bureau de la marine. L'intérêt de Mlle Le Breton qui excite ces nouvelles bontés de Mesdames est trop pressant pour que j'ose y confondre ici celui de mon attachement, qui se plaint tout bas que

le passage du tropique ait totalement effacé de votre mémoire un homme que vous avez laissé à Versailles plein de votre mérite et pénétré des regrets que votre état et votre devoir vous éloignassent du pays qu'il habite. Cette lettre, en me rappelant à votre idée, me fait espérer que dans le premier paquet que vous m'adresserez pour instruire Mesdames de ce qu'elles vous font demander, vous voudrez bien par un mot particulier m'apprendre que vous agréez les assurances de la parfaite estime et de tous les sentiments avec lesquels j'ai l'honneur d'être, Monsieur,

« Votre très humble et très obéissant serviteur.

« DE BEAUMARCHAIS
Secrétaire du Roi et contrôleur de sa maison
au grand commun de Versailles [28]. »

N'ayant qu'une confiance limitée dans les rapports de M. de Clugny, Beaumarchais jugea nécessaire de dépêcher à Saint-Domingue son propre agent, un certain Pichon de Villeneuve, cousin de sa mère, vieux garçon honnête et dévoué, auquel il remit 10 000 livres et une cargaison de matériel agricole, avec mission d'évaluer exactement les avoirs de Mlle Le Breton et de voir le parti qu'on pourrait tirer de l'exploitation. En attendant, il joue le rôle difficile du soupirant passionné qui n'est pas trop pressé de conclure. Sitôt après le départ de son émissaire, s'engage entre les fiancés une abondante correspondance, dont nous détacherons les passages les plus significatifs. On y voit Beaumarchais oscillant sans cesse entre l'élan amoureux et le souci de ses intérêts : tendresse et calcul s'y partagent son cœur, quoique fort inégalement. On le voit ainsi s'attaquer à deux cibles à la fois : le domaine de Saint-Domingue et l'héritage de l'oncle veuf et sans descendance. Si le premier se révèle décevant, il pourra toujours se rabattre sur le second. Avec un peu de chance, il pourrait même obtenir les deux !

En dépit de ses artifices oratoires, le cynisme se dissimule assez maladroitement derrière les protestations d'amour :

« Vous n'avez pu douter, ma chère Pauline, qu'un attachement sincère et durable ne fût la véritable cause de tout ce que j'ai fait pour vous. Quoique j'aie eu la discrétion de ne pas établir ouvertement une recherche de mariage, avant que d'être en état de vous faire une situation, toute ma conduite a dû vous prouver que j'avais des intentions sur vous et qu'elles étaient honnêtes. Aujourd'hui que

voilà mes promesses effectuées et mes fond engagés pour le rétablissement de vos affaires, je cherche à recueillir le plus doux fruit
de mes soins. J'en dis même hier quelque chose à votre oncle, qui
me parut disposé favorablement pour moi. Je dois même vous
avouer que je me suis flatté devant lui que votre consentement ne
me serait pas refusé, lorsque j'expliquerai clairement mes intentions. Pardon, ma chère Pauline, c'est sans présomption que je me
suis porté à lui faire cet aveu. J'ai cru trouver dans votre constante
amitié le sûr garant de ce que j'avançais. M'en désavouerez-vous ?

« Une seule chose m'arrête, mon aimable Pauline. Avec de l'arrangement et une honnête économie, je trouve bien, dans l'état
actuel de mes affaires, de quoi vous créer un sort agréable, et c'est
le seul vœu de mon cœur. Mais si, par un malheur affreux, tout
l'argent que j'envoie à Saint-Domingue allait s'engloutir dans le
délabrement d'une affaire que nous ne connaissons encore que sur
le témoignage d'autrui, ces fonds retranchés de ma fortune ne me
permettraient plus de soutenir l'état que je vous aurais donné ; et
quel serait mon chagrin alors ! J'encourrais la censure publique, et
ma Pauline verrait déchoir son état. Cette inquiétude est donc la
seule raison qui me force à retarder la demande de votre main,
après laquelle je soupire tout bas depuis longtemps. [...]

« Cependant, ma chère Pauline, pour passer des jours heureux,
il faut être sans inquiétude sur le bien-être à venir, et je ne vous
aurais pas plus tôt dans mes bras que je tremblerais qu'un malheur
ne nous fît perdre les fonds envoyés en Amérique, car je n'ai pas
moins mis que 80 000 francs à part pour cet objet. Voilà, ma chère
Pauline, la cause d'un silence qui peut vous paraître bizarre après
ce que j'ai fait. Il y a deux partis convenables, si vous acceptez ma
recherche : le premier, de patienter jusqu'à ce que l'entier succès
de mes soins et de mes avances me permette de vous offrir un état
invariable ; le second, que vous engagiez votre tante Gaschet, si
mes vues lui sont agréables, à sonder les dispositions de Monsieur
votre oncle à votre égard. Loin de désirer pourtant qu'il diminuât
son bien-être pour augmenter le vôtre, je suis tout prêt à faire des
sacrifices sur le mien pour rendre sa vieillesse plus aisée, si l'état
actuel de ses affaires le tient à l'étroit. Vous me connaissez assez
pour compter sur de pareilles avances. Mais si sa tendresse pour
vous le portait à vous avantager, mon intention n'est jamais de
vous faire succéder aux possessions qu'il vous abandonnera que
dans le cas où, par sa mort, il ne pourrait plus en jouir lui-même.

Et puisque, au décès, ce qu'on donne va bientôt cesser d'être à nous, de façon ou d'autre, je ne crois pas qu'il soit malhonnête de solliciter de pareils bienfaits auprès d'un oncle qui doit vous servir de père en vous mariant, et qui doit attendre de vos attentions et de vos soins une vieillesse agréable. Avec des assurances de ce côté, nous pouvons conclure notre heureux mariage, ma chère Pauline, et regarder l'argent envoyé comme une pierre d'attente jetée sur l'avenir pour le rendre meilleur, s'il est possible, mais dont les futurs bienfaits de votre oncle seront le dédommagement en cas de perte. Réfléchissez mûrement à tout ce que je vous écris. Donnez-moi votre avis en réponse. Ma tendresse pour vous aura toujours le pas sur tout, même sur ma prudence. Mon sort est entre vos mains ; le vôtre est dans celles de votre oncle[29]. »

En clair : Je ne vous épouserai que lorsque je serai fixé sur la valeur de vos biens à Saint-Domingue, ou que votre oncle s'engagera à vous léguer sa fortune !

Quelque peu déconcertée par cet entortillage spéculatif et amoureux, la chère enfant répond avec l'ingénuité d'un jeune cœur vraiment épris :

« Votre lettre, Monsieur mon bon ami, m'a jetée dans un trouble extrême ; je ne me suis pas trouvée assez forte pour y répondre toute seule ; je n'ai pas cru non plus devoir la communiquer à ma tante : sa tendresse pour moi, la chose dont je fais le plus de cas en elle, ne m'eût été d'aucun secours. Vous allez sans doute être fort étonné du parti intrépide que j'ai pris ; l'instant était favorable, votre lettre était pressante : mon embarras m'a inspiré mieux que n'eût peut-être fait le plus prudent conseil. Je suis partie et j'ai été me jeter dans les bras de mon oncle lui-même. Le premier pas une fois franchi, je lui ai ouvert mon cœur sans réserve. J'ai imploré ses lumières et sa tendresse ; enfin, j'ai osé lui remettre votre lettre sans votre aveu, mon bon ami. Tout ceci est un coup de ma tête ; mais que je suis contente d'avoir surmonté ma timidité et ma folle rougeur pour lui faire lire dans mon âme ! Il m'a semblé que ma confiance en lui augmentait sa bienveillance pour moi. En vérité, mon bon ami, j'ai très bien fait de l'aller voir de mon chef. J'ai acquis, en raisonnant avec lui, la certitude de son attachement, et ce qui me flatte encore plus, c'est que je l'ai trouvé plein d'estime pour vous, et vous rendant toute la justice que vos amis s'empressent à vous rendre. Je l'en aime mille fois davantage. À l'égard des réponses aux articles intéressants de votre lettre, il veut en conférer avec vous-même. Je me tirerais trop mal de ce détail pour oser l'entreprendre. Il désire vous voir à cet effet.

« Vous m'avez écrit que votre sort est entre mes mains, et que le mien est dans celles de mon oncle. Je vous remets à mon tour mes intérêts. Si vous m'aimez, comme je le crois, faites passer un peu de cette aimable chaleur dans l'âme de mon oncle : il se plaint de s'être lié d'avance [30]. Mon bon ami, c'est dans cette conversation qu'il faut que votre cœur et votre esprit travaillent en même temps ; rien ne vous résiste quand vous le voulez bien. Donnez-moi cette preuve de votre tendresse ; je regarderai les effets et la réussite comme la marque la plus convaincante de l'empressement que vous avez pour ce que vous appelez si joliment votre bonheur, et que votre folle Pauline n'a pas lu sans un battement de cœur effroyable.

« Adieu, mon bon ami ; j'espère que votre première visite, en revenant de Versailles, sera celle de mon oncle. Songez à tout le respect que vous lui devez. S'il allait devenir le vôtre ?

« Je finis, car je me sens extravaguer de tout mon pouvoir. Bonsoir, méchant [31] ! »

« TU NE VEUX QUE TE SATISFAIRE... »

En douterait-on ? Des deux amants, Pauline est la plus éprise. Tournée entièrement vers son beau prince, ne pensant qu'à lui, ne vivant que pour lui, elle lui livre son cœur avec l'abandon de ses dix-huit ans. Sans doute connaît-elle alors son premier amour, avec tout ce que cela suppose de candeur et d'innocence. Il en jouit certes, et se flatte avec raison de posséder pour lui seul cet être charmant que tous les hommes lui envient et qui demain, peut-être, fera sa fortune. Ah ! si seulement l'exploitation de Saint-Domingue se révélait fructueuse ! Quels jours délicieux il y coulerait, entre les bras de son adorée, servi par ses esclaves ! Peut-on imaginer sort plus heureux que celui de planteur aux Caraïbes ? Il en rêve jour et nuit, où qu'il se trouve, dans le boudoir de Mlle Lacroix, qu'il vient d'enlever à son ami le prince Belosinski, comme chez Mlle

Lacour, dont les rimes galantes de certain *Hommage du matin* semblent avoir reconnu les complaisances, ou sur la couche de la demoiselle Lecocq, dite la baronne de Burman, ou bien encore chez la toute mignonne Fanny, avec laquelle il entretient quelques jours une correspondance à propos d'un portrait offert, repris, rendu. Car ses fiançailles avec la douce Pauline ne lui font pas oublier ses «Cythéréennes», compagnes dont les folies l'amusent et qui lui offrent les avantages de «l'amour tout fait».

Concurrence bien déloyale, on en conviendra, face à l'ingénue amoureuse, réduite à ses maigres ressources pour se défendre contre les assauts (au moins épistolaires) de son trop fougueux galant, même lorsqu'il trempe sa plume dans l'encrier marotique :

«D'abord, je me porte bien et je t'aime. Ensuite, il est certain, ma douce bachelette, que j'ai beaucoup pensé à toi pendant toute ma nuitée. D'autres disent que, quand on est énamouré, on ne peut seulement fermer l'huis de ses yeux. Ils en ont menti décourtoisement. Moi, j'ai dormi

> Dedans mon lit
> Toute la nuit.

«Ainsi, un songe qu'avais regret qui fût tant mensongier, m'a fait tôt baisser, tôt hausser le cœur, pendant tout le repos que prenais pour la réconfortance de mon pauvre chétif corps. N'était semblant que tâtonnais tes deux petites menottes rondelettes, que baisais tes deux tant vermeilles lèvres rosées qui n'ont mie leurs pareilles, que suçotais les deux fraises joliettes que plaisir planta sur ta gorgerette mignonne, et puis il est advenu... Je te dirai le demourant[32].»

Est-ce à l'impudique missive ou à quelqu'une de même encre qu'elle répond ce lundi matin, 24 novembre ? Sous la prudente réserve, comme on y sent frémir la secrète envie de se brûler à la flamme ! Et quel étrange artifice pour justifier sa vertu !

«Cher ami, je vous réponds du séjour de la tranquillité, mais le cœur et l'âme dans un trouble que je ne puis contenir. Quelle charmante lettre que la vôtre : qu'elle est tendre, et pourtant, qu'elle est dangereuse ! Que les hommes sont injustes ! Ai-je plus de vertu,

plus de force que toi, qui ne saurais te contenir ? Je suis contente
que tu m'aimes ; je ne veux pas d'autre bien que je n'y sois autorisée. Pourquoi m'exciter en vain ? Tu ne veux que te satisfaire...
Quand j'ai reçu comme cela des preuves de ton affection, je ne te
vois plus que comme un ravisseur qui cherche à s'emparer d'un
bien contre le droit des gens... Je ne sais pas quelle douce impression le plaisir fera sur moi, mais je ne l'ai vu encore qu'outragé de
mille peines. Si par la suite je l'aperçois couleur de rose, je le devrai
sûrement à l'économie que j'en fais à présent ; c'est un bien que je
place pour en avoir la rente. N'y touchons point. On dit que mon
ami paie bien, qu'il est exact : je le désire [33]. »

Oh, cette virginité comparée à un fructueux agiotage ! Pensait-
elle s'attacher son fiancé grâce à cette métaphore boursière, ou se
moquait-elle de son sens du profit ? Toujours est-il que son « économie » ne dura pas longtemps et qu'elle voulut bientôt en perce-
voir les intérêts. Ou pour mieux dire, Pierre-Augustin préleva une
petite avance sur son mariage. Le billet suivant laisse peu de
doutes à cet égard :

« Voilà, mon bon cher ami, la chemise que j'avais à vous et que
je vous renvoie. Il y a dans le paquet un mouchoir à moi dont je
vous prie de vous servir pour me renvoyer celui que j'avais oublié
chez vous hier. Vous ne devez pas douter du chagrin que j'aurais
s'il était vu de vos sœurs...

« Adieu, mon cher bon ami. Je t'attends pour te donner le baiser
le plus tendre et serai sûrement, je le sais, pour la vie, ta fidèle

« PAULINE [34]. »

Cette petite victoire suffirait au « cher bon ami » ; son amour-
propre en tirerait satisfaction, et l'on sait que le contentement de
soi se confond chez lui avec le sentiment amoureux. Sincèrement
épris de Pauline au début de leur liaison, sans jamais pour autant
négliger ses intérêts, il semble que ceux-là seuls comptent aujour-
d'hui ; le badinage sentimental alterne désormais avec les accents
du cœur, dans un jeu de bascule entre l'engagement et le retrait. Il
s'agit d'entretenir sa fiancée dans l'illusion, sans toutefois se laisser entraîner trop loin, par un subtil dosage de lyrisme et de légèreté, de serments et de dérobades, de promesses différées,
renouvelées, oubliées à nouveau... en attendant des nouvelles de

Saint-Domingue qui n'arrivent pas, et un oncle qui n'en finit pas de se décider. Poussé vers l'autel par la promise et sa mère, il freine des quatre fers, tout en se déclarant impatient de s'unir à celle qu'il aime. Position intenable. L'hymen sans garantie ou la rupture sans espérance : tel est le dilemme qu'on le presse de trancher. Une fois de plus, Beaumarchais compte sur sa bonne étoile pour le sortir d'embarras.

Nul doute qu'elle veille sur lui, car entre temps se produit un de ces coups de théâtre comme il en connaîtra beaucoup tout au long de sa vie. En quelques heures, il lui faut préparer ses bagages et filer en Espagne ; il y va de l'honneur de sa famille : il n'a pas une seconde à perdre !

Le mariage ? On verra plus tard, à son retour.

CHAPITRE VI

L'affaire Clavijo

> « On dira que l'amour des lettres, des plaisirs,
> n'exclut point une juste sensibilité dans tout ce
> qui regarde à l'honneur. Oui, mon ami, il est bon
> de faire voir à certaines gens que le même homme
> qui eut le bonheur d'amuser par ses ouvrages, par
> ses talents, sait aussi, quand cela est nécessaire,
> repousser une offense, et s'il faut même la punir. »
> (MARSOLLIER, *Norac et Javolci*).

UN FIANCÉ RÉCALCITRANT

On se souvient qu'en 1748 les deux sœurs aînées de Pierre-Augustin, Marie-Josèphe, épouse de Louis Guilbert, ancien maître maçon promu architecte du roi d'Espagne, et Marie-Louise, dite Lisette, avaient quitté la boutique paternelle pour Madrid, sur l'invitation d'un correspondant du père Caron, vieux garçon riche et sans famille [1]. Elles « feront le bonheur de ses vieux jours » et hériteront de sa fortune, avait promis ce dernier. Situation passablement équivoque, on en conviendra. Non point tant pour la dame Guilbert qui est mariée, que pour la jeune Lisette, alors âgée de dix-huit ans. Les deux sœurs, bientôt surnommées « las Caronas » ouvrent un magasin de frivolités *calle de la Montera*, l'une des artères les plus élégantes de Madrid [2]. Deux ans plus tard, le vieux négociant madrilène étant mort sans rien leur laisser, Lisette songe à se trouver un mari aussi différent que possible de son beau-frère Louis Guilbert, incapable, alcoolique et brutal, qui trompe sa femme, la bat comme plâtre, vit d'expédients et n'hésite pas à encaisser les factures impayées du père Caron en gardant l'argent pour lui. Un parti se présente en la personne de José Clavijo y Fajardo, natif des Canaries, de deux ans son aîné, plumitif besogneux et naturaliste raté, modeste commis au ministère de la Guerre et à l'avenir plus qu'incertain. Au physique, il rappelle Sancho Pança : petit, court sur pattes, ventru, le visage rubicond. Mais l'homme ne manque ni d'instruction, ni d'esprit, ni d'ambition. Sans se laisser rebuter par les disgrâces de son anatomie et la médiocrité de son état, Lisette lui accorde sa main. On convient toutefois de ne rien conclure avant que le futur n'ait acquis une position assurée. Six années se passent, au cours desquelles Clavijo se pousse de son mieux ; il publie un ouvrage sur l'armée espagnole, puis lance en 1762 une feuille littéraire et philosophique, pompeusement baptisée *El Pensador*, qui lui vaut d'obtenir la garde des archives de la Couronne. Le moment est donc venu de tenir sa promesse. Mais il hésite à s'engager, ne trouvant plus Lisette assez fraîche à son goût et se disant que son ascension sociale mérite un plus brillant parti. Sans même songer que, pendant cette longue attente, elle lui a sacrifié plusieurs prétendants avantageux. *Mutatis mutandis*, il se trouve à peu près dans la même situation vis-à-vis de Lisette que Beaumarchais lui-même vis-à-vis de Pauline. Il rompt une première fois ses engagements, puis revient, rompt de nouveau, tergiverse, de plus en plus embarrassé sur la conduite à tenir. Naturellement, ces fiançailles indéfiniment reportées finissent par mettre en péril la réputation de Mlle Caron ; on émet des doutes sur sa vertu, on s'interroge sur ses relations avec son prétendant. Par veulerie, Clavijo laisse enfin publier les bans, mais disparaît la veille de la cérémonie. Blessée, humiliée, la pauvre fille en tombe malade. À peine remise, elle présente une requête à l'ambassade de France pour rupture de promesse matrimoniale. Le scandale est sur le point d'éclater, Clavijo prend peur, se précipite chez elle, obtient son pardon, laisse publier de nouveaux bans... et se dérobe à nouveau. Trois jours avant la noce, il s'éclipse, déclarant cette fois qu'il ne veut plus entendre parler de ce mariage et proférant des menaces : si les Françaises continuent de le harceler, qu'elles prennent garde à leur tour, car il peut les perdre définitivement dans ce pays où elles n'ont aucun appui. Lisette se remet au lit, mais pas pour bien longtemps...

« Partez et soyez sage »

Quelques jours plus tard (nous sommes en février 1764), Beaumarchais voit accourir à Versailles son père en larmes, une lettre à
la main : « Voyez, mon fils, ce que vous pouvez faire pour ces deux
infortunées ; elles ne sont pas moins vos sœurs que les autres. »
Il s'agit d'un appel au secours de Marie-Josèphe Guilbert :

« Ma sœur vient d'être outragée par un homme aussi accrédité
que dangereux. Deux fois, à l'instant de l'épouser, il a manqué de
parole, et s'est brusquement retiré sans daigner même excuser sa
conduite ; la sensibilité de ma sœur offensée l'a jetée dans un état
de mort dont il y a beaucoup d'apparence que nous ne la sauverons
pas ; tous ses nerfs se sont retirés, et depuis six jours elle ne parle
plus. Le déshonneur que cet événement verse sur elle nous a plon-
gées dans une retraite profonde où je pleure nuit et jour, en prodiguant à cette infortunée des consolations que je ne suis pas en état
de prendre pour moi-même. Tout Madrid sait que ma sœur n'a rien
à se reprocher. Si mon frère avait assez de crédit pour nous faire
recommander à l'ambassadeur de France, Son Excellence mettrait
à nous protéger une bonté de prédilection qui arrêterait tout le mal
qu'un perfide nous fait, et par sa conduite et par ses menaces », etc.

Ému par le sort de Lisette, Beaumarchais répond aussitôt :
« Hélas ! mon père, quelle espèce de recommandation puis-je obtenir
pour elles ? qu'irai-je demander ? qui sait si elles n'ont pas donné
lieu, par quelques fautes qu'elles nous cachent, à la honte qui les
couvre aujourd'hui ? »
Ces soupçons s'expliquent : Beaumarchais n'avait que quinze
ans lorsque ses deux sœurs aînées avaient quitté la France ; il les
connaissait donc à peine, n'ayant gardé d'elles « qu'un souvenir
faible et doux, quelquefois ranimé par leur correspondance ». Son
père le rassura : « J'oubliais de vous montrer plusieurs lettres de
notre ambassadeur, le marquis d'Ossun, à votre sœur aînée, qui
annoncent la plus haute estime pour l'une et pour l'autre. »
Les ayant lues, Beaumarchais reprit : « Cessez de pleurer, mon
père. Je prends un parti qui pourra vous étonner, mais qui me
paraît le plus sage. Mme Guilbert signale plusieurs personnes respectables à Paris, prêtes à témoigner de la bonne conduite et de la

vertu de Lisette. Je tiens à les voir. Si leur jugement confirme celui de notre ambassadeur, je prends un congé, je pars pour l'Espagne, je les venge de ce traître ou je les ramène à Paris, où elles partageront avec vous ma modique fortune. »

Édifié sans peine sur la moralité de ses sœurs, le protégé de Mesdames se précipite à Versailles pour leur demander son congé. Étonnées d'un départ aussi brusque, elles lui en demandent la raison. Il leur montre alors la lettre de sa sœur aînée. « Partez et soyez sage, lui répondent les princesses en souriant. Ce que vous entreprenez est bien, et vous ne manquerez pas d'appui en Espagne, si votre conduite est raisonnable. »

« Mes apprêts furent bientôt faits, racontera-t-il plus tard. Je craignais de ne pas arriver assez tôt pour sauver la vie à ma pauvre sœur. Les plus fortes recommandations auprès de notre ambassadeur me furent prodiguées et devinrent l'inestimable prix de quatre ans de soins employés à l'amusement de Mesdames.

« À l'instant de mon départ, je reçois la commission de négocier en Espagne une affaire très intéressante au commerce de France[3]. M. Duverney, touché du motif de mon voyage, m'embrasse et me dit : "Allez, mon fils, sauvez la vie à votre sœur. Quant à l'affaire dont vous êtes chargé, quelque intérêt que vous y preniez, souvenez-vous que je suis votre appui : je l'ai promis publiquement à la famille royale, et je ne manquerai jamais un engagement aussi sacré. Je m'en rapporte à vos lumières ; voilà pour deux cent mille francs de billets au porteur que je vous remets pour augmenter votre consistance personnelle par un crédit de cette étendue sur moi."

« Je pars et vais nuit et jour de Paris à Madrid. Un négociant français[4] feignant d'avoir affaire à Bayonne, mais engagé secrètement par ma famille de m'accompagner et de veiller à ma sûreté, m'avait demandé une place dans ma chaise[5]." »

LISETTE ET CLAVIJO : DRAME BOURGEOIS

Un père noble ! Une victime innocente ! Un traître scélérat ! Un héros justicier volant au secours de sa sœur infortunée ! Un récit à faire pâmer les âmes sensibles ! Des larmes, des serments, des éclats ! de la fureur, du pathétique ! Ah, le beau drame pour le Théâtre-Français !

Car c'est à quoi fait irrésistiblement penser ce récit, tel que nous venons de l'exposer. Il est tiré du quatrième et dernier *Mémoire* contre Goëzman, composé par Beaumarchais en 1774[6]. Si son auteur dramatise avec complaisance cet épisode de sa vie vieux d'une dizaine d'années, c'est assurément pour s'attribuer le beau rôle contre les calomnies de ses adversaires, mais aussi par déformation professionnelle, l'homme de lettres prenant ici le pas sur le mémorialiste. On ne saurait pour autant considérer sa relation comme du roman, car il l'a rédigée à partir d'un journal qu'il tenait pendant son séjour en Espagne (1764-1765), et dans lequel il rapportait fidèlement, avec force détails, les principaux événements de son voyage. Ce journal n'a jamais été retrouvé, mais son existence est attestée maintes fois dans la correspondance de ses proches, et notamment dans ce billet de l'abbé de Malespine, ami de la famille, à M. Caron père, daté du 3 juin 1764 :

« J'ai lu et relu, Monsieur, la relation qu'on vous envoie de Madrid. Je suis au comble de la joie de tout ce qu'elle contient ; Monsieur votre fils est un vrai héros. Je vois en lui l'homme le plus spirituel, le frère le plus tendre ; l'honneur, la fermeté, tout brille dans son procédé vis-à-vis Clavico [*sic*]. Je verrai avec joie la suite d'une relation qui m'intéresse tant. Je vous suis bien obligé de votre attention ; elle ne l'est due que par les sentiments d'estime et d'amitié que j'ai pour vous et pour toute votre respectable et aimable famille, avec lesquels j'ai l'honneur d'être, Monsieur, etc.

« L'abbé de MALESPINE[7]. »

D'abord conçu comme un reportage détaillé qu'il avait promis d'envoyer régulièrement aux siens, ce journal prit assez vite la forme d'un mémoire apologétique. Beaumarchais en donna lecture à M. Wall, confident du ministre d'État espagnol, et en adressa la première partie à son père le 16 juillet 1764[8]. Dix ans plus tard, il décidait de l'inclure dans son *Quatrième Mémoire* contre Goëzman et l'agençait en plaidoirie contre les allégations mensongères du gazetier Marin. Celui-ci l'accusait en effet d'avoir extorqué une promesse de mariage de Clavijo, sous la menace d'un pistolet, et de s'être fait remettre pour huit mille livres de bijoux et de pièces d'or comme présents de noces, qu'il aurait refusé de rendre, accusant son laquais de les avoir dérobés. Entre autres friponneries, il aurait triché au jeu chez l'ambassadeur de Russie et empoché au moyen de cartes truquées la somme de cent mille livres en une seule nuit. Sa sœur Lisette n'était pas davantage épargnée ; elle aurait été la maîtresse de Clavijo, qui l'aurait rejetée à cause de sa mauvaise conduite. « Pressé de relever des faits aussi graves, déclare Beaumarchais, je vais tout uniment ouvrir les mémoires de mon voyage d'Espagne en 1764, et donner en 1774 à ce fragment de ma vie une publicité qu'il ne devait jamais avoir[9]. » Ce *Mémoire*, dont il se vendit quatre mille exemplaires en vingt-quatre heures, transporta ses premiers lecteurs, notamment Voltaire et Goethe, qui le lut en public et s'en inspira pour son premier drame, intitulé *Clavijo* (1774). Nous y reviendrons.

Si les faits relatés dans le *Mémoire* se révèlent plus ou moins conformes à la réalité, on ne saurait nier toutefois qu'ils ont subi de profonds remaniements. Soucieux de se gagner la faveur des juges, Beaumarchais se sert de son journal à la manière d'un auteur dramatique travaillant sur un canevas. À la confusion du vivant, il substitue les fils d'une intrigue. À la dispersion et à la simultanéité des actions humaines, il préfère la succession d'actes et de scènes. À la complexité des êtres de chair, il impose les masques des différents caractères. En place de sentiments mêlés et contradictoires, il modèle des consciences unanimes et homogènes. Bref, il remplace le flou par des lignes claires, le vrai par le vraisemblable, la logique de vie par la logique de théâtre. De l'affaire Clavijo il fait un drame bourgeois, et de sa sœur Lisette une héroïne à l'anglaise, dans le style de Paméla, de Clarisse Harlowe ou de sa propre Eugénie, laquelle n'est pas encore née, mais qui empruntera beaucoup de traits à la fiancée de Clavijo. Rappelons-nous Eugénie, après la trahison de Clarendon, « les yeux fermés, renversée sur le fauteuil », prête à rendre l'âme, entourée de son père, de sa tante, de son frère en larmes. Et le monologue de Mme Murer (en qui l'on aura reconnu Mme Guilbert), à la fin de l'acte III : « Un père en fureur qui ne connaît plus rien ; une fille au désespoir qui n'écoute personne ; un amant scélérat qui comble la mesure... Quelle horrible situation ! Vengeance, soutiens mon courage ! Je vais écrire moi-même au comte : s'il vient... Traître, tu paieras cher les peines que tu nous causes ! »

La vraie Lisette

En contrepoint du *Mémoire* publié par Beaumarchais, nous possédons heureusement une abondante correspondance qui nous permet de rétablir la vérité des faits. Ainsi, pour Lisette. Qu'en est-il, en réalité, de cette innocente victime, en février 1764, lorsque son frère s'apprête à traverser les Pyrénées pour venger son honneur? À vrai dire, elle ne ressemble guère à ce que le *Mémoire* nous laisse imaginer. C'est une femme de trente-trois ans (deux de plus que Beaumarchais), soit une large maturité pour ce temps-là, qui n'a peut-être pas toujours eu la conduite exemplaire qu'on lui attribue. Le gazetier Marin prétend, dans sa diatribe, qu'elle fut la maîtresse de Clavijo. Tout en faisant la part de la diffamation, il faut bien convenir que cela n'aurait rien d'invraisemblable, en six ans de fiançailles !

D'autre part, lorsque Clavijo l'abandonne pour la seconde fois sur les marches de l'autel, le *Mémoire*, nous l'avons vu, la décrit comme une enfant éperdue, en pleine dépression nerveuse, qui a perdu l'usage de la parole depuis six jours. Ici encore, la réalité est tout autre, car à peine la défection du fiancé était-elle connue qu'un nouveau parti s'offrait à consoler l'abandonnée. Il s'agissait cette fois d'un petit commerçant français établi en Espagne, nommé Jean Durand, bien résolu à se substituer au défaillant señor Clavijo, et qui écrivit aussitôt à M. Caron père pour solliciter la main de sa fille. C'est Beaumarchais qui lui répondit; il se disait honoré du procédé, mais réservait sa décision, voulant s'informer tout d'abord de sa situation financière.

« Versailles, ce 7 février 1764.

« Vos propositions, Monsieur, et l'honnêteté de votre lettre à mon père nous ont donné le plus grand désir d'être intimement plus unis à un aussi galant homme que vous. J'ai hasardé dans ma lettre à ma sœur quelques réflexions sur votre projet de mariage, qui ne portent que sur l'intérêt sincère que je prends à l'un et à l'autre, et je vous ajoute à vous, Monsieur, que si votre situation ne vous mettait pas en mesure de changer en mieux la situation de ma sœur, je ne pourrais pas approuver votre résolution, mais je ne vous en serais pas moins reconnaissant de tout mon pouvoir et en toute occasion. Je ne prends même la liberté de vous parler avec autant de franchise que parce que je vous honore infiniment et que votre procédé mérite une reconnaissance très grande de la part de tout ce qui prend intérêt à ma sœur. Mon voyage à Madrid vous mettra à portée de juger si je suis sincère, quand je vous assure que je suis pour la vie, avec l'attachement et l'estime la plus parfaite, Monsieur,

« Votre très humble et très obéissant serviteur.

« DE BEAUMARCHAIS [10]. »

Quant au bonhomme Caron, nettement plus empressé, il chargea son fils de remettre au prétendant son consentement, ct même l'acte de baptême de sa fille : « Je vous regarde d'avance comme faisant partie de ma famille, lui écrit-il. [...] Le voyage de mon fils vous confirmera à tous la joie que mon cœur ressent de l'alliance projetée. Il sera muni de mon consentement et de l'extrait de baptême de ma Lisette, dont la sage conduite a regagné toute ma tendresse [11]. »

On aura remarqué ces derniers mots : « dont la sage conduite a *regagné* toute ma tendresse ». Faut-il comprendre qu'elle l'avait perdue ? L'expression, à vrai dire, tendrait à donner consistance aux rumeurs sur sa vertu. Mais passons. Une chose est sûre, c'est que le mariage de Lisette et de Durand était pratiquement conclu ; on n'attendait plus que l'arrivée du frère pour publier les bans.

Dès lors, se dira-t-on, à quoi bon ce voyage ? Lisette sur le point de se marier, qu'était-il besoin de se lancer sur les routes pour sommer le sieur Clavijo d'honorer sa parole ?

Mais on aura compris que l'honneur de la famille n'est qu'un simple prétexte à cette expédition : des affaires autrement plus importantes appelaient Beaumarchais en Espagne. Si le *Mémoire* les relègue à l'arrière-plan et cède la première place au mélodrame, c'est dans une double intention, stratégique et romanesque. La vraie raison de son départ pour Madrid était ailleurs.

MISSION FINANCIÈRE ET POLITIQUE

Depuis plusieurs mois, Pâris-Duverney et son associé, Le Ray de Chaumont [12], cherchaient à négocier avec le gouvernement espagnol des contrats d'une exceptionnelle importance, tant sur le plan financier que politique. Il s'agissait d'obtenir la concession de la

Louisiane pour une durée de vingt ans, la fourniture générale de tous les esclaves noirs aux colonies du Nouveau Monde, le ravitaillement des troupes espagnoles et enfin le droit de coloniser la sierra Morena. Faute de contacts directs, les discussions traînaient en longueur. Un mandataire sur place devenait nécessaire pour assurer aux Français l'*asiento*, c'est-à-dire le monopole sur ces différentes affaires. Il fallait pour y réussir un homme sûr, persuasif, discret, rompu à la stratégie diplomatique. À la surprise générale, Duverney désigna Beaumarchais. Le choix parut des plus risqués, car outre sa jeunesse (il n'avait alors que trente et un ans) et son inexpérience, il allait devoir affronter une situation des plus explosives. La Louisiane, ancienne propriété de la Compagnie des Indes que la France venait de céder à l'Espagne en vertu du traité de Paris (1763), faisait l'objet d'une féroce compétition chez les spéculateurs. Y reconquérir l'exclusivité des transactions commerciales relevait du tour de force. Quant au monopole des Noirs dans les colonies espagnoles, il paraissait encore plus difficile à décrocher.

Il va de soi qu'une mission de cette nature nécessitait une sérieuse préparation. Pierre-Augustin ne répondit donc pas sur-le-champ au SOS de Marie-Josèphe, comme il le prétend dans son *Mémoire* («Mes apprêts furent bientôt faits»), mais attendit plus de deux mois avant de prendre la route. Il mit ce temps à profit pour accomplir diverses démarches en haut lieu, prendre les instructions nécessaires auprès de Pâris-Duverney et de ses associés, réunir une substantielle documentation sur les colonies d'Amérique, dévorer des traités d'économie politique. Plus prosaïquement, il dut également se plonger dans les livres comptables de son père, car, outre le mariage de Lisette et les opérations politico-financières, il était chargé du recouvrement d'anciennes créances de la maison Caron pour des fournitures d'horlogerie à des grands d'Espagne, aussi titrés et mauvais payeurs que le marquis de Buenda dans *Le Bachelier de Salamanque*.

Enfin, quelques jours avant son départ, il sollicita du duc de Choiseul, ministre et secrétaire d'État à la Guerre et à la Marine, une lettre pour l'ambassadeur de France à Madrid :

AU DUC DE CHOISEUL

[Début avril 1764]

«Pierre-Augustin Caron de Beaumarchais, lieutenant général des chasses du roi et contrôleur de sa maison, a l'honneur de rappeler à votre mémoire que Madame Victoire l'a particulièrement recommandé à vos bontés ces jours derniers, à l'occasion d'un voyage d'Espagne que les affaires de sa famille le forcent d'entreprendre, outre des dettes considérables dont il va solliciter le paiement, et qui sont depuis longtemps en arrière par la négligence des débiteurs. Deux sœurs qu'il a à Madrid sont, ainsi que tous les Français, sous la protection de l'ambassadeur de France ; l'une est établie et il va marier l'autre. Beaumarchais ne demande aujourd'hui à Votre Grandeur qu'une lettre pour l'ambassadeur de France, afin d'arriver à Madrid comme un homme attaché au service du roi et honoré des bienfaits de la famille royale, réservant les bontés et la protection particulière que Madame Victoire vous a demandées pour lui, lorsqu'il aura conféré avec sa famille à Madrid, sur des objets précis qui déterminent son voyage en ce pays.

« Si vous daignez l'honorer, Monseigneur, de quelques ordres personnels pour les villes où il doit passer ou séjourner, son exactitude et son zèle à s'en acquitter est la seule manière qu'il ait de se rendre digne de vos bontés.

« DE BEAUMARCHAIS [13]. »

Choiseul lui renvoya sans tarder la recommandation suivante, adressée au marquis d'Ossun, ambassadeur de France à Madrid :

« Versailles, le 9 avril 1764

« Cette lettre, Monsieur, vous sera remise par M. de Beaumarchais, lieutenant des chasses du roi et contrôleur de sa maison. Vous voudrez bien l'accueillir d'autant plus favorablement que le roi l'honore d'une protection particulière. Il mérite d'ailleurs par lui-même les bons offices que je vous prie de lui rendre sur les objets qui occasionnent son voyage [14]. »

*
* *

Enfin, le 7 avril, Beaumarchais obtient son congé, avec permission royale d'aller pendant six mois en Espagne pour « affaires qui l'intéressent particulièrement [15] ». À vrai dire, il pense alors revenir bien avant ce délai. Selon lui, tout devrait être réglé avant la fin du mois de juin ; il pourrait alors retrouver sa présidence de la Varenne du Louvre avant le départ du duc de La Vallière pour les eaux de Pougues, le 1er juillet[16]. Rien ne laisse prévoir que son séjour à l'étranger durera près d'une année. Avant son départ, Duverney lui remet pour deux cent mille francs de billets au porteur et lui offre tout son crédit, afin qu'il puisse se présenter « avec des moyens connus et un crédit fondé ».

Ces dernières formalités accomplies et ses bagages bouclés, il prend la route vers la fin avril. Mettant beaucoup moins de hâte qu'il ne le dit à gagner le royaume d'Espagne, il voyage à petites journées, s'arrête quelques jours à Tours, où l'attend une galante compagnie, sur laquelle sa sœur et confidente Julie le plaisante en faisant mine de s'apitoyer sur la pauvre Pauline :

« J'ai vu ta jolie lettre de Tours et j'ai reçu depuis le détail de tes succès. Oh ! la pauvre petite, la voilà repassionnée tout de plus belle, méchant homme que tu es ; je t'en veux pour ce coup. Pauline, qui ne dit rien, mais qui sait par exemple comment le joli garçon se produit, a d'avance tremblé du séjour. Je l'ai vu à sa mine, elle se doute bien que j'ai reçu des lettres, mais je n'en conviens pas. […] Pauline espère que tu lui écriras et à sa tante. Dis-lui donc quelque chose à cette enfant[17]. »

En arrivant à Bordeaux, vers le 10 mai, un accident se produit, sur lequel nous ne possédons aucun détail (indisposition ? agression armée ?), mais qui plonge sa sœur et sa fiancée dans la plus vive inquiétude. Il les rassure par une lettre et reprend sa route jusqu'à Bayonne, où il séjourne encore quelques jours. Il y fait connaissance d'un négociant français, M. Périer, qui feint d'avoir affaire dans cette ville, mais que la famille Caron a secrètement engagé pour l'accompagner et veiller sur sa sécurité. Celui-ci lui demande une place dans sa voiture, et le voilà reparti, flanqué de son ange gardien, sans hâte excessive. Pourquoi se presser ? Lisette est engagée avec le sieur Durand ; il arrivera juste à temps pour le mariage. L'affaire Clavijo ne paraît guère le préoccuper, et il songe plutôt aux moyens à mettre en œuvre en vue de ses grands projets commerciaux. Voilà qui contrarie singulièrement le récit du *Mémoire*, dans lequel il aura le front de déclarer : « Je pars, et vais nuit et jour de Paris à Madrid. »

« CE TRAÎTRE, C'EST VOUS ! »

« J'arrive à Madrid le 18 mai 1764, à onze heures du matin. J'étais attendu depuis quelques jours ; je trouvais mes sœurs entourées de leurs amis à qui la chaleur de ma résolution avait donné le désir de me connaître.

« À peine les premières larmes se sont-elles épanchées, que m'adressant à mes sœurs : "Ne soyez pas étonnées, leur dis-je, si j'emploie ce premier moment pour apprendre l'exacte vérité de votre malheureuse aventure ; je prie les honnêtes gens qui m'environnent, et que je regarde comme mes amis, puisqu'ils sont les vôtres, de ne pas vous laisser passer la plus légère inexactitude. Pour vous servir avec succès, il faut que je sois fidèlement instruit."

« Le conte fut exact et long. À ce récit, la sensibilité de tout le monde justifiant la mienne, j'embrassai ma jeune sœur [18] et lui dis : "À présent que je sais tout, mon enfant, sois en repos ; je vois avec plaisir que tu n'aimes plus cet homme-là ; ma conduite en devient plus aisée ; dites-moi seulement où je puis le trouver à Madrid." »

Ce même 18 mai, Beaumarchais fait promptement sortir un habit de ses malles, se change en hâte, prend une voiture, et se fait conduire chez le sieur Clavijo. Celui-ci est absent, mais on le trouvera chez une dame de sa connaissance. Arrivé à l'adresse indiquée, le frère de Lisette est introduit dans un vaste salon ; il aborde son homme, sans se faire connaître, lui déclare qu'il vient d'arriver de France, et lui demande la permission de l'entretenir le plus tôt possible. L'autre l'invite alors à revenir le lendemain matin à neuf heures pour le chocolat, en compagnie de son ami, le négociant français (M. Périer), qui ne le quitte pas d'une semelle.

« Le lendemain, 19 mai, raconte Beaumarchais, j'étais chez lui à huit heures et demie ; je le trouvai dans une maison splendide, qu'il me dit appartenir à dom Antonio Portuguès, l'un des chefs les plus estimés des bureaux du ministère, et tellement son ami qu'en son absence il usait librement de sa maison comme de la sienne propre.

« Je suis chargé, Monsieur, lui dis-je, par une société de gens de lettres, d'établir, dans toutes les villes où je passerai, une correspondance littéraire avec les hommes les plus savants du pays.

Comme aucun Espagnol n'écrit mieux que l'auteur des feuilles appelées le *Pensador*, à qui j'ai l'honneur de parler, et que son mérite littéraire a fait même assez distinguer du roi pour qu'il lui confiât la garde d'une de ses archives, j'ai cru ne pouvoir mieux servir mes amis qu'en les liant avec un homme de votre mérite.»

Charmé de propositions si flatteuses qu'il accepte avec reconnaissance, le directeur du *Pensador* s'enquiert alors auprès de son hôte des raisons de son voyage en Espagne. «L'œil caressant, le ton affectueux», il lui offre obligeamment ses services. Beaumarchais se lance alors dans l'histoire de ses deux sœurs, qu'il reprend depuis le début. Il raconte comment un vieux négociant qui les avait emmenées avec lui en Espagne était mort sans leur laisser un réal, comment, seules et abandonnées dans une nation étrangère, elles avaient néanmoins réussi à vivre de leur commerce, comment la droiture de leurs mœurs et les grâces de leur esprit leur avaient conservé de nombreux amis, fort empressés à les servir.

À mesure qu'avance le récit, le sourire épanoui de Clavijo se figeait sur son visage, tandis que son attention redoublait.

«À peu près dans ce même temps, reprit Beaumarchais, les yeux fixés sur le fourbe, faisant des efforts surhumains pour étouffer l'indignation qu'il sentait monter en lui, à peu près dans ce même temps, un jeune homme natif des îles Canaries se fit présenter dans la maison.

«À ces mots, qui le désignaient directement, l'Espagnol sentit tout son sang refluer.

«Malgré son peu de fortune, continuait imperturbable le frère de Lisette, les dames, lui voyant une grande ardeur pour l'étude de la langue française et des sciences, lui facilitèrent les moyens d'y faire des progrès rapides.»

Tandis que l'autre passait du rouge au rose, puis au blême, Beaumarchais lui rappelait sa demande en mariage, le consentement de Lisette, la création du *Pensador*, sa nomination aux archives de la Couronne, suivie peu après de la publication des bans, puis les préparatifs de l'hymen, l'offense infligée à la malheureuse... Ici, l'homme pensa défaillir et se laissa tomber dans un fauteuil. Ne sachant encore qui était ce mystérieux personnage si bien informé de ses turpitudes, ni son compagnon, ce M. Périer,

qui assistait à la scène, le malheureux Clavijo roulait alternative-
ment de l'un à l'autre ses gros yeux incrédules. Cependant, Beaumarchais poursuivait son réquisitoire du même ton glacé et résolu,
les yeux toujours fixés sur le coupable. Arrivé à son ultime trahison, au moment où Clavijo ayant juré à nouveau de s'unir à
Lisette, s'était dérobé une seconde fois en proférant des menaces,
sa voix commença de s'enfler progressivement ; elle se mit à trembler lorsqu'il évoqua la douleur de l'infortunée, prise de convulsions qui firent craindre pour sa vie. Enfin, c'est dans un éclat que
Beaumarchais acheva sa péroraison :

« Au fort de leur désolation, la sœur aînée écrivit en France
l'outrage public qui leur avait été fait. Ce récit émut le cœur de
leur frère au point que, demandant aussitôt un congé pour venir
éclaircir une affaire aussi embrouillée, il n'a fait qu'un saut de
Paris à Madrid [on sait ce qu'il en est !]. Et ce frère, *c'est moi*,
qui ai tout quitté, patrie, devoirs, famille, état, plaisirs, pour venir
venger en Espagne une sœur innocente et malheureuse. C'est
moi, qui viens armé du bon droit et de la fermeté, démasquer un
traître, écrire en traits de sang son âme sur son visage. Et ce traître,
c'est vous ! »

Stupéfait, abasourdi, hors d'état d'articuler un mot, Clavijo se
ressaisit néanmoins et tenta de balbutier une explication. Mais son
accusateur le coupa net :

« Ne m'interrompez pas, Monsieur. Vous n'avez rien à me dire
et beaucoup à entendre de moi. Pour commencer, ayez la bonté de
déclarer devant Monsieur qui est venu exprès de France avec moi,
si, par quelque manque de foi, légèreté, faiblesse, aigreur, ou
quelque autre vice que ce soit, ma sœur a mérité le double outrage
que vous avez eu la cruauté de lui faire publiquement.
— Non, Monsieur, je reconnais doña Maria, votre sœur, pour
une demoiselle pleine d'esprit, de grâces et de vertus.
— Vous a-t-elle donné quelque sujet de vous plaindre d'elle
depuis que vous la connaissez ?
— Jamais, jamais.
— Eh ! pourquoi donc, monstre que vous êtes, avez-vous eu la
barbarie de la traîner à la mort, uniquement parce que son cœur
vous préférait à dix autres plus honnêtes et plus riches que vous ?

– Ah! Monsieur, ce sont des instigations, des conseils; si vous saviez…

– Cela suffit. »

Alors, se tournant vers son compagnon :

« Vous avez entendu la justification de ma sœur; allez la publier. Ce qui me reste à dire à monsieur n'exige plus de témoins. »

Tandis que M. Périer se rend chez Lisette et Mme Guilbert, leur rendre compte de ce qui vient de se passer, Beaumarchais, s'adressant à Clavijo :

« Maintenant que nous sommes seuls, voici quel est mon projet, et j'espère que vous l'approuverez. Il convient également à vos arrangements et aux miens que vous n'épousiez pas ma sœur; et vous sentez que je ne viens pas ici faire le personnage d'un frère de comédie qui veut que sa sœur se marie. Mais vous avez outragé à plaisir une femme d'honneur, parce que vous l'avez crue sans soutien en pays étranger; ce procédé est celui d'un malhonnête homme et d'un lâche. Vous allez donc commencer par reconnaître de votre main, en pleine liberté [19], toutes vos portes ouvertes et vos gens dans cette salle, qui ne nous entendront point, parce que nous parlerons français, que vous êtes un être ignoble qui avez trompé, trahi, outragé ma sœur, sans aucun sujet, et, votre déclaration dans mes mains, je pars pour Aranjuez où est mon ambassadeur, je lui montre l'écrit, je le fais ensuite imprimer. Après-demain, la cour et la ville en seront inondées. J'ai des appuis considérables ici, du temps et de l'argent : tout sera employé à vous faire perdre votre place, à vous poursuivre de toute manière et sans relâche, jusqu'à ce que le ressentiment de ma sœur apaisé m'arrête et me dise holà. »

Après un long silence, Clavijo prit enfin la parole :

« Monsieur de Beaumarchais, écoutez-moi. Rien au monde ne peut excuser ma conduite envers mademoiselle votre sœur. L'ambition m'a perdu. Mais si j'eusse prévu que doña Maria eût un frère comme vous, loin de la regarder comme une étrangère isolée, j'aurais conclu que les plus grands avantages devaient suivre notre union. Vous venez de me pénétrer de la plus haute estime, et je me mets à vos pieds pour vous supplier de travailler à réparer, s'il est possible, tous les maux que j'ai faits à votre sœur. Rendez-la moi, monsieur, et je me croirai trop heureux de tenir de vous ma femme et le pardon de tous mes crimes.

– Il n'est plus temps. Ma sœur ne vous aime plus. Faites seulement la déclaration ; c'est tout ce que j'exige de vous ; et trouvez bon après qu'en ennemi déclaré, je venge ma sœur au gré de mon ressentiment. »

Après s'être fait prier un long moment, Clavijo finit par s'asseoir à une table, prit du papier, de l'encre, une plume, et se mit à écrire sous la dictée de Beaumarchais, qui se promenait de long en large :

« Je, soussigné Joseph Clavijo, garde d'une des archives de la Couronne, reconnais qu'après avoir été reçu avec bonté dans la maison de madame Guilbert, j'ai trompé mademoiselle Caron, sa sœur, par la promesse d'honneur mille fois réitérée de l'épouser, à laquelle j'ai manqué, sans qu'aucune faute ou faiblesse de sa part ait pu servir de prétexte ou d'excuse à mon manque de foi ; qu'au contraire, la sagesse de cette demoiselle, pour qui j'ai le plus profond respect, a toujours été pure et sans tache. Je reconnais que par ma conduite, la légèreté de mes discours, et par l'interprétation qu'on a pu y donner, j'ai ouvertement outragé cette vertueuse demoiselle, à laquelle je demande pardon par cet écrit fait librement et de ma pleine volonté, quoique je me reconnaisse tout à fait indigne de l'obtenir ; lui promettant toute autre espèce de réparation qu'elle pourra désirer, si celle-ci ne lui convient pas.

« Fait à Madrid, et écrit tout de ma main, en présence de son frère, le 19 mai 1764.

« JOSEPH CLAVIJO. »

Beaumarchais plie le papier, le glisse dans sa poche, et lui dit avant de quitter la place :

« Je ne suis point un lâche ennemi, Monsieur ; c'est sans ménagement que je vais venger ma sœur. Je vous en ai prévenu. Tenez-vous bien pour averti de l'usage cruel que je vais faire de l'arme que vous m'avez fournie.

— Monsieur, je crois parler au plus offensé mais au plus généreux des hommes. Avant de me diffamer, accordez-moi le moment de tenter un effort pour ramener encore une fois doña Maria : c'est dans cet unique espoir que j'ai écrit la réparation que vous emportez. Mais avant de me présenter, j'ai résolu de charger quelqu'un de plaider ma cause auprès d'elle ; et ce quelqu'un, c'est vous.

— Je n'en ferai rien.

— Au moins, vous lui direz le repentir amer que vous avez aperçu en moi. Je borne à cela toutes mes sollicitations. À votre refus, je chargerai quelque autre de me mettre à ses pieds. »

Beaumarchais promit.

Chez l'ambassadeur de France

Arrivé chez ses sœurs, il trouve la maisonnée dans un état d'agitation extrême. Le rapport de M. Périer sur la visite à Clavijo a semé l'inquiétude dans tous les esprits. Mais, lorsqu'il raconte son entrevue et montre l'acte de reddition signé du coupable, c'est une explosion de joie ; on s'exclame, on s'embrasse, on entoure le sauveur, et les avis vont bon train : faut-il perdre l'infâme ? lui pardonner ? Tout le monde parle à la fois. On finit par s'en remettre à la sagesse de Pierre-Augustin. Mais, dès que son frère aborde un troisième projet de mariage avec le Clavijo, Lisette s'écrie : « Non, jamais, jamais je n'en entendrai parler. Courez, mon frère, à Aranjuez, allez voir M. l'ambassadeur, et dans tout ceci, gouvernez-vous par ses conseils. » Avant toute nouvelle démarche, on décide d'envoyer le bulletin de victoire au vieux père Caron ; rien assurément ne lui fera plus de plaisir. La réponse ne tarde guère :

« Que je ressens délicieusement, mon cher Beaumarchais, le bonheur d'être le père d'un fils dont les actions couronnent si glorieusement la fin de ma carrière ! Je vois d'un premier coup d'œil tout le bien que doit produire pour l'honneur de ma chère Lisette l'action vigoureuse que vous venez de faire en sa faveur. Oh ! mon ami, le beau présent de noce [20] pour elle que la déclaration de Clavijo. Si on doit juger de la cause par l'effet, il faut qu'il ait eu grand' peur. Assurément, je ne voudrais pas pour l'empire de Mahom, joint à celui de Trébisonde, avoir fait et signé un pareil écrit : il vous couvre de gloire et lui de honte. »

Et il termine sur cette envolée lyrique :

« Adieu, mon cher Beaumarchais, mon honneur, ma gloire, ma couronne, la joie de mon cœur. Reçois mille embrassements du plus tendre de tous les pères et du meilleur de tes amis [21]. »

Avant de se rendre à Aranjuez [22], Beaumarchais fait savoir à Clavijo que, sa sœur ne voulant pas écouter un seul mot en sa faveur, il s'en tient au projet de la venger et de le perdre. Clavijo le prie alors de le venir voir avant son départ. Il lui renouvelle ses remords avec tant d'apparente sincérité qu'il lui arrache la permission de se rendre en son absence auprès de sa sœur aînée, avec un ami commun, et de plaider sa cause une dernière fois. « Si je n'ai pas obtenu mon pardon à votre retour, ajoute-t-il, vous pourrez rendre mon déshonneur public. »

*
* *

Le marquis Pierre-Paul d'Ossun, baron de Hèches et de Saint-Luc, notre ambassadeur en Espagne, homme de grande allure, qui servait de correspondant à Voltaire pour le commerce des montres de Ferney, savait-il, en recevant le jeune Français dans sa somptueuse demeure, qu'il avait en face de lui l'un des plus grands espoirs mort-nés de l'horlogerie ? Certainement pas, car Beaumarchais ne se vantait guère de son passé, si glorieux fût-il. Fort bien disposé à son égard, en faveur des recommandations qu'il avait reçues de M. de Choiseul, et très au fait de la raison qui l'amenait en Espagne, l'ambassadeur crut néanmoins de son devoir de le mettre en garde :

« La première preuve de mon amitié, lui dit-il, est de vous prévenir que votre voyage en Espagne est de la dernière inutilité quant à l'objet de venger votre sœur. L'homme qui l'a insultée deux fois par sa retraite inopinée n'eût jamais osé se rendre aussi coupable, s'il ne s'était pas cru puissamment soutenu. Quel est votre dessein ? Espérez-vous lui faire épouser votre sœur ?

– Non, Monsieur, je prétends le déshonorer.

– Et par quel moyen ? »

Beaumarchais lui fit alors le récit de son entrevue avec Clavijo, et lui mit sous les yeux ses aveux signés de sa main. Les ayant lus attentivement, M. d'Ossun les rendit à son visiteur en lui disant avec un sourire :

« Eh bien ! Monsieur, je change d'avis à l'instant. Celui qui a tellement avancé les affaires en deux heures est fait pour les terminer heureusement. L'ambition avait éloigné Clavijo de mademoiselle votre sœur ; l'ambition, la terreur ou l'amour le lui ramènent. Mais, à quelque titre qu'il revienne, le moins d'éclat qu'on puisse faire en pareille occasion est toujours le mieux. Je ne vous cache pas que cet homme est fait pour aller loin. Et sous ce point de vue, c'est peut-être un parti très avantageux. À votre place, je vaincrais ma sœur sur ses répugnances et, profitant du repentir de Clavijo, je les marierais promptement.

– Comment, Monsieur, un lâche ?

– Il n'est un lâche que s'il ne revient pas de bonne foi. Mais ce point accordé, ce n'est qu'un amant repentant. Au reste, voilà mon avis, je vous invite à le suivre, et même je vous en serais gré, par des considérations que je ne puis vous expliquer. »

Dans la voiture qui le ramenait à Madrid, Pierre-Augustin réfléchit à l'entretien qu'il venait d'avoir, aux conseils que lui avait donnés le marquis d'Ossun et surtout à ses derniers mots, dont il tenta vainement de percer le mystère. Puis il passa en revue tous les événements qui s'étaient déroulés depuis son arrivée. Il pouvait se féliciter d'avoir rondement manœuvré. L'honneur de Lisette lui était désormais rendu, et la réputation fâcheuse qu'elle s'était acquise (à tort ou à raison, peu importe), définitivement dissipée. Point capital dans les importantes négociations qu'il aurait à mener avec la cour d'Espagne, où l'on ne badine pas avec les affaires de mœurs. Second point : la reconnaissance de Clavijo ne remettait nullement en cause les fiançailles de sa sœur avec Durand, bien au contraire ; son père y avait même vu un « beau présent de noce ». Mais, à vrai dire, cette union avec un personnage falot, sans situation ni fortune, ne lui souriait guère [23]. D'ailleurs, il réservait Durand pour Tonton ; c'est lui qu'elle devait épouser, ainsi en avait-il décidé, et non ce crétin de Janot, bêtement entiché de sa sœur, et qui osait lui tenir tête. Clavijo jouissait de protections puissantes, il dirigeait un périodique influent, tiré à deux éditions, l'une pour Madrid, l'autre pour Barcelone, et contribuait notablement à répandre les idées françaises en Espagne. L'alliance avec cet homme allait certainement lui faciliter la tâche auprès du gouvernement espagnol. Décidément, l'ambassadeur avait raison : il fallait à tout prix ramener aux pieds de Lisette son ancien soupirant, et la persuader de se fiancer avec lui pour la troisième fois. Sa conviction était faite lorsqu'il posa le pied devant le logis de ses sœurs.

LES DOUX LIENS DE L'HYMEN

À peine arrivé chez elles, il apprit que Clavijo était venu, comme prévu, escorté de quelques amis communs, qu'il s'était jeté aux pieds de ses sœurs, mais que Lisette s'était enfuie dans sa chambre et avait refusé de reparaître. Beaumarchais y vit un très bon signe, de même que Clavijo d'ailleurs, tous deux connaissant bien les femmes, «douces et sensibles créatures qu'un peu d'audace mêlée de repentir trouble à coup sûr étrangement, mais dont le cœur ému n'en reste pas moins disposé en faveur de l'humble audacieux qui gémit à leurs pieds, d'autorité».

Dans les jours qui suivirent, Clavijo rechercha avidement la compagnie de son futur beau-frère, tandis que Pierre-Augustin, de son côté, apprenait à mieux le connaître. Le souci de se ménager ses faveurs l'aidait à découvrir en lui des qualités qu'il n'eût sans doute point remarquées sans cela. Il lui trouva de l'esprit, des connaissances, et surtout une entière confiance dans sa médiation. «Je le servais de bonne foi, dit-il, mais le profond respect que ma pauvre sœur paraissait avoir pour mes décisions me rendait très circonspect à son égard; c'était son bonheur et non sa fortune que je désirais; c'était son cœur et non sa main que je voulais forcer.» En dépit de cette noble déclaration, le mariage de Clavijo avec sa sœur devait surtout servir ses propres intérêts.

Le 25 mai, Clavijo quittait soudainement l'appartement de M. Portuguès pour se réfugier au quartier des Invalides, chez un officier de sa connaissance. Intrigué par cette retraite précipitée, mais sans s'en émouvoir davantage, Beaumarchais court à la nouvelle adresse. Clavijo lui explique alors que, Portuguès étant résolument hostile à son mariage, il a jugé plus délicat de changer de domicile. Pouvait-il donner meilleure preuve de ses sentiments pour Lisette? Pierre-Augustin l'approuve sans se douter de rien et lui exprime sa reconnaissance. Le lendemain, 26 mai, il reçoit cette lettre, qui ne fait que confirmer le changement opéré chez son ancien ennemi; il s'agit en fait d'une demande en mariage en bonne et due forme:

«Je me suis expliqué, Monsieur, d'une manière très précise, sur la ferme intention où je suis de réparer les chagrins que j'ai causés involontairement à mademoiselle Caron. Je lui offre de nouveau de l'épouser, si les malentendus passés ne lui ont pas donné trop d'éloignement pour moi. Mes propositions sont très sincères. Toute ma conduite et mes démarches tendent uniquement à regagner son cœur; et mon bonheur dépendra du succès de mes soins. Je prends donc la liberté de vous sommer de la parole que vous m'avez demandée de vous rendre le médiateur de cette heureuse réconciliation. Je sais qu'un galant homme s'honore en s'humiliant devant une femme qu'il a offensée ; et que tel qui croit s'avilir en demandant excuse à un homme a bonne grâce de reconnaître ses torts aux yeux d'une personne de l'autre sexe. C'est donc en connaissance de cause que j'agis dans toute cette affaire. L'assurance libre et franche que je vous ai donnée, Monsieur, et la démarche que j'ai faite pendant votre voyage d'Aranjuez auprès de mademoiselle votre sœur, peuvent me faire un certain tort dans l'esprit des personnes qui ignorent la pureté de mes intentions. Mais j'espère que, par un exposé fidèle de la vérité, vous me ferez la grâce d'instruire convenablement tous ceux que l'ignorance ou la malignité ont fait tomber dans l'erreur à mon égard.

« S'il m'était possible de quitter Madrid sans un ordre exprès de mon chef[24], je partirais sur-le-champ pour aller à Aranjuez lui demander son approbation ; mais j'attends encore de votre amitié que vous prendrez le soin vous-même de lui faire part des vues légitimes et honnêtes que j'ai sur mademoiselle votre sœur, et dont cette lettre vous réitère l'assurance. La promptitude de cette démarche est, selon mon cœur, la plus grande marque que vous puissiez me donner du retour que je vous demande pour l'estime parfaite et le véritable attachement avec lequel j'ai l'honneur d'être, Monsieur, votre, etc.

« CLAVIJO[25]. »

Lorsqu'il lut cette lettre à haute voix devant ses sœurs, Lisette fondit en larmes. Alors, la prenant dans ses bras et en l'embrassant : « Eh bien, mon enfant ! lui murmura-t-il, tu l'aimes encore, et tu en es bien honteuse, n'est-ce pas ? Mais va ! tu n'en es pas moins une honnête, une excellente fille, et puisque ton ressentiment tire à sa fin, laisse-le s'éteindre dans les larmes du pardon ; elles sont bien douces après celles de la colère. C'est un monstre que ce Clavijo, ajouta-t-il en riant, comme la plupart des hommes. Mais tel qu'il est, mon enfant, je me joins à M. le marquis d'Ossun pour te conseiller de lui pardonner. J'aimerais mieux pour lui qu'il se fût battu ; j'aime mieux pour toi qu'il ne l'ait pas fait. »

La voyant sourire à travers ses larmes, il devina que son cœur acquiesçait et courut chercher l'amoureux repentant, en lui disant qu'il était cent fois plus heureux qu'il ne le méritait. Clavijo en convint de bonne foi et arriva tremblant près de Lisette qui, rougissant de honte et de plaisir, finit par laisser échapper son aveu dans un soupir. La soirée s'acheva dans la joie, au milieu de nombreux amis venus célébrer avec les deux sœurs l'heureux dénouement de cette aventure. Les futurs époux scellèrent par écrit leur promesses de n'être jamais l'un qu'à l'autre, et de sanctifier leur engagement mutuel par le sacrement du mariage le plus tôt possible. Dans la nuit même, Beaumarchais prit la route d'Aranjuez, afin de rapporter ce qui venait de se passer à M. d'Ossun et au marquis de Grimaldi, ministre des Affaires étrangères du royaume d'Espagne[26]. Tous deux le reçurent avec bonté, le félicitèrent et formulèrent leurs vœux de bonheur à l'endroit de Mlle Caron.

SURPRISES ET LAVEMENTS EN SÉRIE

À son retour à Madrid, une mauvaise surprise l'attendait: un pli de Clavijo, dont il fit nerveusement sauter le cachet et qui disait ceci:

« Voici, Monsieur, l'indigne billet qui s'est répandu dans le public, tant à la cour qu'à la ville. Mon honneur y est outragé de la manière la plus sanglante, et je n'ose pas même voir la lumière, tandis qu'on aura de si basses idées de mon caractère et de mon honneur. Je vous prie, Monsieur, très instamment, de faire voir le billet que j'ai signé et d'en donner des copies. En attendant que le monde se désabuse, *pendant quelques jours, il n'est pas convenable de nous voir*. Au contraire, cela pourrait produire un mauvais effet, et l'on croirait que ce malheureux papier est le véritable, et que celui qui paraîtrait à sa place n'était qu'une composition faite après coup. Imaginez, Monsieur, dans quelle désolation doit me mettre un pareil outrage, et croyez-moi, Monsieur, votre, etc.
                                                              « CLAVIJO[27]. »

Il y avait joint une copie de sa main de ce faux grossier, « gigantesque, abominable », au dire de Beaumarchais. Celui-ci se précipite aussitôt chez le fiancé de sa sœur, qu'il trouve alité avec de la fièvre. Dès qu'il ira mieux, lui promet-il, il s'affichera partout avec lui, le traitera publiquement en ami: c'est le meilleur moyen de faire taire les méchantes langues.

Le lendemain, après une visite chez le grand vicaire et le notaire apostolique pour régler la cérémonie du mariage, Beaumarchais retourne chez Clavijo, toujours couché, et lui propose de l'argent pour faire face aux frais de la noce ; sa bourse contient environ neuf mille livres argent de France : qu'il en use comme il l'entend, sans oublier toutefois d'en donner une part à Lisette pour ses rubans et colifichets. Et comme la tradition exige qu'il fasse un présent à sa fiancée, il lui offre des bijoux et des dentelles qu'il pourra lui remettre comme venant de lui, « elle les recevra de votre main, plus agréablement encore que de la mienne », ajoute-t-il. Clavijo accepte les bijoux et les dentelles, mais refuse obstinément l'argent.

Le surlendemain, jour de l'Ascension, nouvelle surprise, plus déplaisante encore que la première. Beaumarchais constate que la bourse contenant les neuf mille livres qu'il destinait à son futur beau-frère a disparu, ainsi que des pièces d'argenterie, un carton contenant ses dentelles, ses bas de soie et quelques vestes brodées d'or, le tout pour environ quinze mille francs. Ses soupçons se portent immédiatement sur un valet métis qu'il avait engagé à Bayonne ; il se rend sur-le-champ chez le gouverneur de Madrid, un certain marquis de Robiou, ancien correspondant de son père[28], et lui conte l'affaire, en précisant que le coupable a pris la fuite avec son larcin. L'autre enregistre sa plainte d'un air pincé qui n'échappe pas à Pierre-Augustin. Sans s'arrêter à si peu, il se dépêche d'aller prodiguer ses soins à son ami malade, auquel il reproche de n'avoir pas accepté son offre de la veille ; il eût ainsi évité ce cambriolage. Loin de compatir à sa perte, Clavijo le persuade qu'elle est irréparable : le voleur a certainement pris la route de Cadix, d'où il se sera embarqué avec la flotte. Là-dessus, Beaumarchais raconte l'affaire dans une lettre au marquis d'Ossun et n'y pense plus.

Quelques jours plus tard, le 5 juin exactement, autre surprise, plus troublante encore que les deux premières. En arrivant, comme tous les matins, au chevet du malade, Beaumarchais ne le trouve plus ; ni dans son lit ni ailleurs. Envolé ! Volatilisé ! Sans laisser d'adresse ! Excédé par cette nouvelle disparition, il fait explorer un à un tous les hôtels garnis de Madrid et finit par découvrir sa cachette, rue Saint-Louis. L'officier qui le logeait, explique le fugitif, ne pouvait le garder plus longtemps, car le règlement militaire interdit d'abriter un étranger sous son toit dans le quartier des Invalides. Il lui a donc fallu vider les lieux sur-le-champ, malgré son état de santé. Beaumarchais lui reproche alors de ne l'avoir pas prévenu ; il l'aurait installé dans l'appartement de sa sœur. D'ailleurs, il n'est pas trop tard ; il va l'y conduire à l'instant ; il y sera mieux qu'ailleurs. L'autre lui serre les mains avec effusion, mais avoue qu'il ne peut sortir, car il vient de prendre un lavement. Le lendemain, même jeu : toujours le lavement. Le contrat de mariage est prêt ; il ne manque plus que la signature des intéressés. Mais, en Espagne, un acte est déclaré nul si l'un des contractants s'est purgé le même jour. Ainsi le mariage risque-t-il d'être indéfiniment reporté de purgation en purgation…

LA *DUEÑA*

Refusant de céder à la loi du clystère, Beaumarchais fixe impérativement la date du 7 juin et convoque pour ce jour-là le notaire apostolique. Ledit notaire lui révèle alors qu'il a reçu la veille une opposition au mariage de Mlle Caron, par une jeune personne qui prétend avoir une promesse de Clavijo datée de 1755, donc vieille de neuf ans !

« Mais qui est cette opposante ? s'écrie Beaumarchais, à bout de patience.

– Je puis seulement vous dire qu'il s'agit d'une *dueña*, autrement dit d'une femme de chambre. »

Fou de rage, Beaumarchais se précipite chez Clavijo :

« Cette promesse de mariage vient de vous ; elle a été fabriquée hier ! Vous êtes un homme abominable, auquel je ne voudrais pas donner ma sœur pour tous les trésors de l'Inde ! Mais ce soir, je pars pour Aranjuez, je rends compte à M. de Grimaldi de votre infamie, et loin de m'opposer à la prétention de votre *dueña*, je demande pour unique vengeance qu'on vous la fasse épouser sur-le-champ. Je lui servirai de père, je lui paierai sa dot, je lui prodiguerai tous mes secours, pour qu'elle vous poursuive jusqu'à l'autel !

– Mon cher frère, mon ami, supplie Clavijo, différez votre voyage jusqu'à demain ; je n'ai nulle part à cette noirceur, je vous l'affirme. Il est vrai qu'autrefois, dans une sorte de délire amoureux, j'ai fait cette promesse à la *dueña* de Mme Portuguès. C'était une très jolie fille, à cette époque. Mais, depuis notre rupture, elle ne m'en a plus jamais reparlé. Ce sont les ennemis de doña Maria, votre sœur, qui font agir cette fille. Mais croyez-moi, mon ami ; son désistement est l'affaire de quelques pistoles. Je vous conduirai ce soir chez un célèbre avocat, je l'engagerai même à vous accompagner à Aranjuez, et nous aviserons ensemble, avant que vous ne partiez, aux moyens de contourner l'obstacle. Ce n'est pas si grave que vous le croyez. »

Décontenancé par ce discours, ne sachant plus que penser, ni à qui se fier, Beaumarchais se demandait encore, en le quittant, s'il était possible que cette fripouille se fût encore jouée de lui et de sa sœur. Quel intérêt pouvait-il prendre à ce jeu cruel ? quel but poursuivait-il ? quel plaisir pervers ? Dans l'incapacité de répondre à ces questions, et quel que fût le sentiment d'angoisse qui commençait de le gagner, il décida de suspendre son jugement jusqu'au soir.

À huit heures, accompagné de Périer et Durand, le fiancé éconduit de Lisette, il se présente chez l'« étrange mortel ». La maîtresse de maison vient au-devant d'eux :

« Le seigneur Clavijo n'habite plus ici depuis une heure. Je ne sais où il est parti. »

Refusant d'y croire, Beaumarchais grimpe à l'étage qu'il occupait, ouvre la porte de sa chambre. Personne. Point de message sur la table, pas un seul indice, l'armoire et les tiroirs vidés. Rentré chez lui, il dépêche six personnes à sa recherche, exige qu'on le lui ramène, à quelque prix que ce soit. Et toujours la même question qui l'obsède : à quoi bon tant de noirceur ? Quelle est la logique, la cohérence de tout cela ? se demande-t-il en essayant de se remémorer tout ce qui s'est passé depuis quarante-huit heures. Tout à coup, la porte s'ouvre, un courrier paraît, lui tend une lettre exprès de l'ambassadeur de France. Il brise le cachet, et découvre ces lignes avec horreur :

« À Aranjuez, le 7 juin 1764

« M. de Robiou, Monsieur, commandant de Madrid, vient de passer chez moi pour m'apprendre que le sieur Clavijo s'était retiré dans un quartier des Invalides, et avait déclaré qu'il y prenait asile contre les violences qu'il craignait de votre part, attendu que vous l'aviez forcé dans sa propre maison, il y a quelque jours, le pistolet sur la gorge, à signer un billet par lequel il s'était engagé à épouser mademoiselle votre sœur. Il serait inutile que je vous communiquasse ici ce que je pense sur un aussi mauvais procédé. Mais vous concevrez aisément que quelque honnête et droite qu'ait été votre conduite dans cette affaire, on pourrait y donner une tournure dont les conséquences seraient aussi désagréables que fâcheuses pour vous. Ainsi, je vous conseille de demeurer entièrement tranquille en paroles, en écrits et en actions, jusqu'à ce que je vous aie vu ; ou ici, si vous y venez promptement, ou à Madrid où je retournerai le 12.

« J'ai l'honneur d'être avec une parfaite considération, Monsieur, votre, etc.

« OSSUN [29]. »

D'un seul coup, tout s'éclaire ; il comprend la froideur du gouverneur lorsqu'il était allé déposer sa plainte. Car c'est lui-même, le plaignant, qui se trouvait sous le coup d'une poursuite. Ce brigand, ce lâche, ce scélérat qui le serrait hier encore dans ses bras, qui avait annoncé son mariage avec Lisette à la face de tout Madrid, qui avait signé avec elle un engagement mutuel de s'aimer pour la vie, qui dînait chez ses sœurs, il y a quelques jours encore... Quoi ! ce démon, ce traître, avait le front de l'accuser de violence ! de le dénoncer à la police ! Cette fois, c'en était trop !

Il n'était pas revenu de sa stupeur qu'un officier des gardes wallonnes fit irruption [30] : « Monsieur de Beaumarchais, vous n'avez pas un moment à perdre. Sauvez-vous, ou demain matin vous serez arrêté dans votre lit. L'ordre est donné, je suis venu vous prévenir. Fuyez sur-le-champ. »

« LE TEMPS, TA VAILLANCE ET TON ROI »

Ne voulant surtout pas avoir l'air de céder au complot de son ennemi, mais soucieux de justifier sa conduite auprès des autorités, il commande une voiture de route à six mules pour le lendemain, quatre heures du matin, et passe le reste de la nuit à rédiger dans la hâte un journal de tous ses faits et gestes depuis son arrivée à Madrid. Les noms, les dates, les circonstances, les discours, jusqu'au moindre mot : tout est fidèlement consigné, sans omettre aucun des détails qui lui reviennent à l'esprit. Sa main court fiévreusement sur le papier, car le temps presse. Cinq heures sonnent, et il est toujours à sa table de travail. On vient alors l'avertir que sa voiture l'attend depuis une heure. Vite, il rassemble ses feuillets, s'enveloppe dans sa cape et prend son chapeau. Au bas de chez lui, quelques amis lui proposent de l'accompagner. « Je veux être seul, répond-il. Je n'ai pas trop de douze heures de solitude pour calmer mes sens. » Il monte en carrosse et se fait conduire à Aranjuez. Il n'a pas pris une minute de repos, et voyage dans une sorte d'état second qui le rend sourd à tout ce qui n'est pas son objet, soulevé par une énergie qui lui vient d'on ne sait où.

« Vous avez bien fait de venir tout de suite, lui dit le marquis d'Ossun, en l'accueillant dans son cabinet. Je n'étais rien moins que tranquille sur vous ; depuis quinze jours, votre homme a gagné toutes les avenues du palais. Sans moi, vous étiez arrêté et conduit à la prison perpétuelle du Presidio, sur les côtes d'Afrique. J'ai couru chez le ministre d'État, M. de Grimaldi. J'ai répondu de vous. Il a consenti à surseoir à l'arrestation, mais je vous conseille de regagner la France le plus tôt possible ; on fermera les yeux sur votre fuite. Ainsi, Monsieur, partez ; il n'y a pas un moment à perdre ; on vous renverra vos affaires. Vous avez six mules à vos ordres : dès demain prenez la route vers la France, car je ne pourrai rien pour vous protéger contre les menaces qui pèsent sur vous, et je serais désolé qu'il vous arrive malheur dans ce pays. Je vous en prie, partez. »

Beaumarchais demeurait muet, stupide, la gorge serrée, refoulant des larmes de rage. Puis, d'une voix altérée :

« Mais de quoi me punirait-on, Monsieur, puisque vous convenez vous-même que j'ai raison sur tous les points ? Le roi fera-t-il arrêter un homme innocent et grièvement outragé ? Comment imaginer que celui qui peut tout préfère le mal quand il connaît le bien ?

— Eh, Monsieur, un ordre du roi, cela s'obtient, cela s'exécute, et le mal est fait avant qu'on soit détrompé. Les rois sont justes, mais on intrigue autour d'eux sans qu'ils le sachent ; de vils intérêts, des ressentiments qu'on n'ose avouer sont souvent la source de tout le mal qui se fait. Croyez-moi, partez, Monsieur, car une fois arrêté, personne ne pourra plus rien pour vous. Quand vous serez sous les verrous, on croira que vous les avez mérités. Et puis, d'autres affaires succéderont à la vôtre, le public vous oubliera... et l'oubli est le plus sûr allié de l'injustice. Partez, vous dis-je, partez.

— Mais où voulez-vous que j'aille, dans l'état où je suis ?

— Votre tête se trouble à l'excès, monsieur de Beaumarchais. Évitez un mal présent, et dites-vous que vous ne rencontrerez peut-être pas deux fois dans votre vie l'occasion de faire des réflexions si douloureuses pour l'humanité ; vous ne serez peut-être jamais plus outragé par un homme plus puissant que vous ; vous ne courrez peut-être jamais plus le risque de vous retrouver en prison pour avoir été prudent, ferme et raisonnable contre un fou. Ou si cela vous arrivait en France, il en irait autrement : un homme dans sa patrie a mille moyens de faire valoir ses droits qui lui manquent ailleurs ; on traite moins bien un étranger sans appui qu'un citoyen établi comme vous l'êtes, au milieu de vos parents.

– Hélas, Monsieur, que diront les miens ? Que diront Mesdames qui m'ont toujours protégé contre mes persécuteurs ? Elles croiront que mon honnêteté n'était qu'un masque.

– Allez, Monsieur, j'écrirai en France, et l'on m'en croira sur ma parole.

– Et ma sœur, Monsieur, ma pauvre sœur, qui n'est pas plus coupable que moi !

– Songez d'abord à vous ; l'on pourvoira au reste. »

L'ambassadeur lui ayant demandé s'il avait besoin d'argent, Beaumarchais aussitôt :

« J'en ai, Monsieur, j'en ai : mille louis dans ma bourse et deux cent mille francs dans mon portefeuille que m'a remis monsieur Duverney. Vous voyez que j'ai de quoi poursuivre mon homme et lui faire payer son outrage. Car il faudra bien à la fin que je tire vengeance de ses outrages ; il n'a que trop…

– Je vous l'interdis, Monsieur, coupa le marquis d'Ossun. Vous m'êtes recommandé, je ne puis vous autoriser à commettre cette folie. Partez, je vous en prie, partez vite…

– Je ne vous comprends pas, Monsieur, je ne comprends plus rien. »

Là-dessus, il sortit précipitamment, sans même saluer l'ambassadeur, traversa comme un fou les galeries du palais, et s'enfonça dans le parc, hors de lui… Que faire ? où aller ? à qui se fier ? Rentrer en France ? Il n'en était pas question ! D'abord, ce serait un aveu d'échec. Et puis il était chargé d'une mission autrement plus importante que cette misérable affaire Clavijo. L'honneur de Lisette n'avait été qu'un alibi, depuis le début de son voyage. Mais il avait poussé le jeu un peu loin et se trouvait maintenant pris à son propre piège. Il était temps que le frère justicier laissât la place au fondé de pouvoir. Il passa la nuit à errer, en proie à la plus vive agitation. C'est du moins ce qu'il prétend dans son récit. On croira difficilement qu'après deux nuits blanches, dont l'une passée dans les allées d'un parc, sans se changer, ni faire un brin de toilette, il se soit trouvé au petit matin frais et dispos, «bien raffermi, dit-il, bien obstiné, bien résolu de périr ou d'être vengé».

Toujours selon sa version des faits, il se serait rendu ensuite au lever de M. de Grimaldi. Tandis qu'il attendait dans l'antichambre, il entendit prononcer le nom de Ricardo Wall[31], ancien ministre d'État, auquel Grimaldi avait succédé dans ces fonctions en 1763, mais qui continuait de résider au *Sitio real*. Irlandais né en France, cet ancien militaire devenu diplomate, intrigant, spirituel et hardi, avait su gagner la confiance du roi Charles III. Beaumarchais se fit annoncer chez lui comme un étranger ayant une importante communication à lui faire.

«Vous êtes français, Monsieur, lui dit l'ancien ministre en le faisant asseoir, c'est un beau titre auprès de moi. J'ai toujours chéri la France, et voudrais pouvoir reconnaître en vous les bons traitements que j'y ai reçus.»

Le visiteur lui demande alors la permission de lui donner lecture du journal qu'il a rédigé l'avant-veille : «Vous y suivrez mieux le fil des événements que dans une narration désordonnée que j'entreprendrais vainement de vous faire.»

Tout en lisant son mémoire, il tire de son portefeuille les lettres originales et les pièces justificatives qu'il remet entre les mains du ministre. Arrivé à la plainte criminelle déposée par son ennemi, à l'ordre d'amener lancé contre lui, et suspendu seulement par M. de Grimaldi, sur la prière de l'ambassadeur, à l'insistant conseil de partir que lui donne celui-ci, et auquel il résiste, déterminé à périr ou à obtenir justice, M. Wall soudain se lève, le prend par l'épaule et lui dit :

«Le roi vous rendra justice, Monsieur, n'en doutez pas. M. l'ambassadeur, malgré sa bonté pour vous, est forcé de consulter ici la prudence de son état. Mais moi, je vais servir votre vengeance de toute l'influence du mien. Il ne sera pas dit qu'un brave Français fuira dans son pays avec l'idée que la généreuse nation espagnole refuse toute justice à un étranger. Je connais ce Clavijo ; c'est même moi qui l'ai recommandé au roi, ignorant alors les perfidies dont il était capable. On excuse un ministre de s'être trompé sur le choix d'un sujet indigne, mais il se doit à lui-même de le chasser à l'instant qu'il découvre son ignominie.»

L'entretien achevé, M. Wall sonna, fit mettre des chevaux et reconduisit son hôte au palais. En attendant M. de Grimaldi qu'il

avait fait prévenir, il entra chez le roi, auquel il rapporta la scélératesse de Clavijo, et sollicita sa disgrâce avec plus d'ardeur encore
qu'il n'avait mis à solliciter son avancement. Le traître fut destitué
sur-le-champ de ses fonctions de garde des archives et chassé de la
Cour. Là-dessus, M. de Grimaldi arrive, et les deux ministres font
entrer Beaumarchais dans le cabinet royal.

« Lisez votre mémoire à Sa Majesté, lui commande M. Wall. Il
n'y a pas d'âme honnête qui n'en doive être touchée comme je l'ai
été moi-même[32]. »

« J'avais le cœur élevé à sa plus haute région, se souviendra
Pierre-Augustin ; je le sentais battre avec force dans ma poitrine, et
me livrant à ce qu'on pourrait appeler l'éloquence du moment, je
rendis avec force et rapidité tout ce qu'on vient de lire. Alors le
roi, suffisamment instruit, ordonna que Clavijo perdît son emploi
et fût à jamais chassé de ses bureaux.

« Âmes honnêtes et sensibles ! poursuit-il, croyez-vous qu'il y
eût des expressions pour l'état où je me trouvais ? Je balbutiais les
mots de respect, de reconnaissance, et cette âme entraînée naguère
presque au degré de la férocité contre son ennemi, passant à l'ex-
trémité opposée, alla jusqu'à bénir le malheureux dont la noirceur
lui avait procuré le noble et précieux avantage qu'il venait d'obtenir aux pieds du trône[33]. »

LE HÉROS ET SON DOUBLE

Ainsi s'achève la fameuse affaire Clavijo, que nous avons rap-
portée d'après la narration du *Quatrième Mémoire* contre Goëzman. On n'en saurait, bien entendu, garantir la parfaite exactitude,
puisque Beaumarchais l'a publiée dans un souci de justification.
Rappelons toutefois que son récit ne fut écrit qu'une dizaine d'années seulement après les événements, alors que la plupart des
témoins étaient encore en vie, à commencer par Clavijo lui-même,
mais aussi le marquis d'Ossun, M. de Grimaldi, M. Wall, d'autres
encore qui auraient pu aisément le confondre en cas de falsification
manifeste. Aussi sommes-nous plutôt portés à croire que l'invention réside moins dans l'exposition des faits eux-mêmes que dans
leur mise en forme dramatique ; il faut avouer que le sujet s'y prê-

tait. Sans doute même Beaumarchais a-t-il pensé à le porter à la scène, et sans doute aussi l'eût-il fait si l'entreprise ne lui avait paru trop risquée.

Il s'agissait en effet d'une douloureuse histoire de famille dans laquelle il ne jouait pas le plus beau rôle, loin de là ! Ne fût-ce que par sa prétention à régler les amours de ses sœurs au mieux de ses convenances personnelles. Car enfin, c'est bien parce que Clavijo pouvait lui être utile dans ses négociations à venir qu'il mit un tel acharnement à le jeter dans les bras de Lisette. L'entreprise ayant échoué, il refusa à celle-ci la consolation d'épouser le brave Durand, la condamnant ainsi au célibat perpétuel. « J'ai déterminé ma sœur de Madrid à rester fille, se vante-t-il. Je lui ménage un adoucissement à cet état [34]. » De quel adoucissement s'agit-il ? On n'en saura jamais rien. Ce qui est sûr, c'est que la malheureuse ne trouva plus à se marier. C'est bien aussi parce que le même Durand était devenu entre-temps son secrétaire et homme de confiance (« la commission lui plaît », dira-t-il), et qu'il entendait se l'attacher plus étroitement, qu'il tenta de l'imposer à Tonton : « C'est un garçon plein de feu, de probité, et surtout rempli d'un zèle brûlant pour mes intérêts », écrit-il dans l'un de ses *Mémoires* inédits sur l'Espagne. On ne laisse pas filer un si précieux collaborateur. Il se sentait les coudées d'autant plus franches vis-à-vis de sa sœur qu'« il ne savait ni ne devait rien savoir des vues de M. de Miron sur Mlle de Boisgarnier », ce dernier ne s'étant pas ouvertement déclaré. Moins benêt qu'on ne l'a dit, Janot de Miron eut vent du projet et entreprit de s'y opposer, faisant pour une fois violence à son indolente nature. Sans ce coup d'audace, la pauvre petite se pliait docilement à la volonté de son frère, épousait ce Durand qu'elle n'avait jamais vu, ou se résignait comme Lisette à l'état de fille.

Si la décence interdisait donc à Beaumarchais d'exploiter ce thème sur le théâtre, d'autres ne s'en privèrent pas. Il est vrai qu'ils ne se sentaient pas tenus par le même devoir de réserve. Ce fut notamment le cas de Goethe. Enthousiasmé par la lecture du *Quatrième Mémoire*, l'auteur des *Souffrances du jeune Werther*, alors âgé de vingt-cinq ans, s'empressa d'en tirer un drame en cinq actes qu'il écrivit en huit jours à Francfort et publia à Leipzig en 1774, l'année même où paraissait le *Mémoire* de Beaumarchais [35]. Si les quatre premiers actes suivent plus ou moins fidèlement la trame fournie par leur modèle, le cinquième, en revanche, entraîne l'action jusqu'au plus sombre mélodrame ; la pièce s'achève par la mort tragique de l'héroïne et de son suborneur : Lisette (Marie chez Goethe) expire de douleur en apprenant l'abandon de son fiancé, tandis que celui-ci est provoqué en duel par Beaumarchais, qui le blesse mortellement [36].

L'affaire Clavijo inspira d'autres auteurs moins illustres, tel que ce Marsollier des Vivetières, qui la porta sur scène dix ans plus tard, sous le titre de *Norac et Javolci* [anagrammes de Caron et Clavijo], drame en trois actes et en prose. Beaumarchais, qui assistait à la première représentation au Temple, chez le prince de Conti, à la fin de juin 1774, en fut vivement ému :

« À mon départ de Paris, j'ai eu le plus touchant spectacle ! Un homme a fait une pièce de théâtre de toute mon aventure d'Espagne. C'est mon mémoire tout pur. Cela a été tellement applaudi, et toute l'assemblée se tournant vers moi m'a fait un tel accueil, qu'avec l'émotion que les situations de l'ouvrage ont ranimée en moi, j'ai senti mes larmes couler avec abondance. Réellement, Madame, j'éprouve partout que le courage et l'élévation de l'âme ont des droits très puissants sur le cœur de tous les hommes [37]. »

Les *Mémoires secrets* de Bachaumont font également état de cette représentation, à la date du 1er juillet 1774 : « On peut se rappeler que dans le quatrième mémoire du sieur de Beaumarchais, il y a un épisode concernant ses aventures d'Espagne, que tout le monde a jugé très romanesque. Un auteur l'a trouvé propre à en composer un drame en trois actes ; il a exécuté ce projet et a eu peu de choses à y mettre du sien. Il l'a fait jouer sur un théâtre particulier à la barrière du Temple. La pièce a paru intéressante, et l'on en a été si content qu'on en a donné une seconde représentation. Le sieur de Beaumarchais y assistait et a fixé tous les regards [38]. »

Marsollier n'a pas lésiné sur les vertus (courage, noblesse, sens de l'honneur, etc.) qu'il attribue au personnage de Norac, et l'on imagine sans mal la félicité du héros assistant en spectateur au triomphe de son double sur la scène. Pouvait-on flatter ses oreilles de mélodies plus douces que ces répliques :

MME MELLO. – ... Mais parlons de M. de Beaumarchais, ce frère chéri de doña Maria [Lisette], cet homme qui jouit en France d'une réputation fondée sur ses talents, son esprit, et surtout sur une énergie assez rare et qui, m'a-t-on dit, en plus d'une circonstance, l'a fait résister à l'oppression, triompher de l'injustice et couvrir même de ridicule ceux qui avaient cherché à lui nuire ou à lc calomnier injustement...

GERMAIN. – On ne vous a pas trompée ; c'est vraiment un homme très extraordinaire.

MME MELLO. – Et pourquoi n'est-il pas ici ?

GERMAIN. – Je l'ignore ; sa place près d'une grande princesse, ses occupations !... Je me suis cru obligé de lui écrire ce qui se passait, je n'ai point eu de réponse et voilà déjà plusicurs courriers...

Le dialogue suivant, tiré de la version remaniée de 1785, intitulée *Beaumarchais à Madrid*, en rajoute encore sur l'éloge du grand homme :

MERVILLE. – À merveille, mais que dira-t-on en France, quand on y apprendra que ce Beaumarchais qui, jusqu'à présent, n'est connu que par son inaltérable gaieté, son imperturbable philosophie, qui compose à la fois un air gracieux, un malin vaudeville, une comédie folle, un drame touchant, qui brave les puissants, rit des sots, et s'amuse aux dépens de tout le monde...

BEAUMARCHAIS *l'interrompant*. – On dira que l'amour des lettres, des plaisirs, n'exclut point une juste sensibilité dans tout ce qui regarde à l'honneur. Oui, mon ami, il est bon de faire voir à certaines gens que le même homme qui eut le bonheur d'amuser par ses ouvrages, par ses talents, sait aussi, quand cela est nécessaire, repousser une offense, et s'il faut même la punir.

On comprend sa prédilection pour cette pièce, qu'il plaçait fort au-dessus du drame de Goethe [39].

Le théâtre du XIXe siècle ne fut pas moins séduit par cet épisode romanesque, puisqu'il vit paraître tour à tour *Clavijo ou la Jeunesse de Beaumarchais*, drame en trois actes en prose de Michel Cubières-Palmezeaux (1806) [40], un second *Beaumarchais à Madrid*, drame en trois actes et en cinq parties, par Léon Halévy, avec une musique d'Alexandre Piccini, représenté pour la première fois au Théâtre de la Porte-Saint-Martin, le 1er mars 1831 [41], un *Beaumarchais*, drame historique en trois actes, par Roland Bauchery et Louis Cordier, joué le 17 janvier 1846 au Théâtre Beaumarchais [42], enfin *Le Pamphlet*, comédie en deux actes et en prose d'Ernest Legouvé, où Clavijo joue également un rôle, représentée pour la première fois au Théâtre-Français le 7 octobre 1857.

*

* *

Pour ceux que préoccupe le sort du Clavijo après sa disgrâce, qu'ils se rassurent. Les premières heures furent les plus pénibles. Privé d'emploi et de faveurs, craignant d'être arrêté, il partit se réfugier chez les capucins, d'où il écrivit une longue lettre gémissante à Beaumarchais pour implorer sa pitié. Celui-ci n'y répondit pas, mais la constella de notes marginales indignées[43]. Là s'arrête sa vengeance. Oubliant bientôt tout ressentiment, il tentera sans succès d'intervenir en faveur du misérable auprès de M. de Grimaldi : «Rien ne put fléchir l'équitable et rigoureux ministre.» Pourtant, moins d'un an plus tard, Clavijo rentrait en grâce et retrouvait son poste aux archives de la Couronne. Peu après, il prit la direction du *Mercure historique et politique de Madrid*, puis celle du théâtre de los Sitios, où il fera jouer *Le Mariage de Figaro*. Sa traduction de l'*Histoire naturelle* de Buffon[44] lui valut la place de sous-directeur du cabinet d'histoire naturelle de Madrid, qu'il conserva jusqu'à la fin de ses jours. Il mourut en 1806, à l'âge de soixante-seize ans.

CHAPITRE VII

« *En capa y sombrero* »

> « Une autre de mes folies, à laquelle j'ai encore
> été forcé de m'arracher, c'est l'étude de la poli-
> tique, épineuse et rebutante pour tout autre, mais
> aussi attrayante qu'inutile pour moi. Je l'aimais à
> la folie : lectures, travaux, voyages, observations,
> j'ai tout fait pour elle. »
>
> (*Lettre au duc de Noailles*).

« LE PAYS DE *POCO A POCO* »

L'affaire Clavijo étant liquidée en moins de trois semaines, Beaumarchais se donnait six mois de plus pour mener à bien ses négociations avec le gouvernement espagnol. C'était compter sans
l'éminente inertie du peuple ibérique : « Je suis ici dans le pays de
poco a poco, saisit-il au bout de quelque temps, et la *vivacidad fran-
cesa*, mère d'une impatience perpétuelle, doit se cacher sous le voile
de la patience, qui a de quoi s'exercer superbement ici. » Sa mission
politico-financière le forcera donc à prolonger son séjour au-delà des
délais prévus : arrivé à Madrid le 18 mai 1764, il n'en repartira que
dix mois plus tard, le 22 mars 1765.

Au cours de ce loisir forcé, les affaires lui laissent assez de
temps pour enrichir sa connaissance de l'Espagne. Non par l'étude,
comme le ferait un savant ; ni comme un adepte du *Grand Tour*
qu'attirent exclusivement les beautés de l'art, mais en esprit libéré
de tout *a priori*, plus curieux des hommes que des monuments.
Préférant la flânerie capricieuse aux itinéraires tracés d'avance, il
explore la capitale au gré de son humeur, se laisse nonchalamment
conduire au hasard des ruelles et des places, s'imprégnant de tout
ce qui l'environne : la couleur du ciel, la vivacité de l'air, les

mouvements de la foule, la beauté des femmes, les bruits de la ville. D'instinct, son regard se tourne d'abord vers le petit peuple, auquel il accorde une attention particulière. La nuit venue, il arpente les bas quartiers de la ville, « *en capa y sombrero* » ou « *embozado* » comme certain comte Almaviva, c'est-à-dire coiffé d'un chapeau aux larges bords rabattus, et enroulé dans une vaste cape au pan rejeté sur l'épaule, qui dissimule à moitié le visage [1]. Il s'attable à quelque *taverna* enfumée, et là se laisse griser par le chant des guitares et l'érotisme sauvage du fandango. À travers le frémissement des cordes et les mélopées plaintives, que rythme le trépidant et lancinant *zapateado*, c'est toute l'âme du peuple espagnol qui vient s'offrir à lui.

Pris par le charme envoûtant de cette musique, Beaumarchais s'en pénètre avec délices et travaille à se l'approprier ; il compose des paroles françaises sur des airs de séguedilles, et s'initie au fandango. C'est par l'intercession de la musique, et d'elle seule, qu'il apprend à aimer cette nation. La passion qu'il finira par lui porter ne procède aucunement d'une adhésion intellectuelle ou culturelle, mais d'un attachement où les sens ont plus de part que la raison. Il ne s'agit pourtant pas d'un de ces engouements fugaces comme on en voit chez tant de voyageurs, à toutes les époques, et qui retombent comme un soufflé une fois rentrés chez eux. L'Espagne exercera sur Beaumarchais une influence durable et décisive dont l'essentiel de son œuvre porte témoignage. Ni Figaro, ni Almaviva, ni Basile, ni Bartholo, ni Rosine… ni aucun de ces types de comédie, aujourd'hui universels, n'aurait vu le jour s'il n'en avait conçu la première ébauche dans la patrie de Cervantès.

Mais c'est aussi en philosophe, autant qu'en homme de lettres ou en musicien, que Beaumarchais a visité le royaume d'Espagne : ses observations sur les mœurs et les croyances, sur le pouvoir de l'Église ou les rigueurs de l'Inquisition, sur le mode de gouvernement ou la pratique de la justice, ne sont pas seulement d'un homme des Lumières affranchi de toute superstition, ni même d'un homme d'esprit, qui résiste mal au plaisir de railler : elles sont d'un esprit libre et indépendant. Qu'il s'agisse de la jalousie des maris, de l'honnêteté des femmes, de la barbarie supposée du Saint-Office, ou du despotisme monarchique, il s'applique à redresser les erreurs de jugement et à détruire les préjugés à la mode, imprimant ainsi à son « reportage » le ton inimitable de la vérité.

Impressions d'Espagne

Curieusement, c'est au duc de La Vallière, son président à la Varenne du Louvre, qu'il confie en priorité ses impressions d'Espagne. Veut-il ainsi se faire pardonner sa trop longue absence? Toujours est-il qu'il adresse à son supérieur, le 24 décembre 1764, une lettre de plusieurs pages, digne de figurer en bonne place parmi les récits de voyages du XVIIIe siècle[2].

« J'emploie le loisir involontaire que cette lenteur me procure à étudier de mon mieux le pays où je vis et les hommes qui l'habitent, dont l'insouciance fait le fond du caractère, commence-t-il. Mais on peut dire, à leur louange, qu'ils sont généralement bons, sobres et surtout très patients. Dans le haut état, il n'y a d'autre considération que la personnelle; je ne m'aperçois pas que le rang en donne à ceux qui n'ont ni crédit dans les affaires, ni ce qu'on appelle qualités transcendantes. Comme chacun vit chez soi, à l'exception des assemblées appelées *tertulias*, qui sont plutôt cohues que sociétés, où tout ce qui est connu entre et sort comme dans l'église, et comme l'on ne mange jamais chez autrui, les plus grands seigneurs ne sont presque connus que de leurs familles. Le faste des valets est poussé ici à un excès dont le seul Lucullus fournit un exemple. Le duc d'Arcos, capitaine des gardes, paye au moins pour 100 000 écus de gages par an. […]
« Ce peuple allie une dévotion superstitieuse à une grande corruption de mœurs; et l'on a chez nous une très fausse opinion des Espagnols quand on les croit jaloux: cette frénésie est peut-être reléguée dans quelques villes de province; mais aucunes femmes au monde ne jouissent d'une aussi grande liberté que celles de cette capitale, et l'on n'entend pas dire qu'elles négligent ordinairement les avantages de cette douce liberté[3]. »
Le ciel d'Espagne lui paraît d'une « pureté admirable » et la ville de Madrid l'une des plus propres qu'il ait vues, « bien percée, parée de nombreuses places et de fontaines publiques, à la vérité plus utiles au peuple qu'agréables à l'homme de goût. Un air vif et appétissant circule partout avec facilité, note-t-il encore. Il est même quelquefois d'une vivacité qui va jusqu'à tuer sur place un homme à l'entrée d'un carrefour; mais cela n'arrive jamais qu'à quelque Espagnol épuisé de débauche et brûlé de vanille ». En

revanche, il ne voit dans l'admirable dépouillement de la Castille, avec ses champs fauves, brûlés par le soleil, qu'un paysage sans charme, «le plus désolé», «le plus ingrat» de l'univers. Quant au palais des Bourbons d'Espagne à Saint-Ildefonse, avec ses colonnes de pierre rose, ses chapiteaux de marbre blanc, et ses fontaines jaillissant parmi les fourrés montueux, ce n'est rien d'autre pour lui que «l'ennuyeux *sitio.*»

Si les églises et les palais l'attirent peu, il visite néanmoins avec une grande attention la bibliothèque du palais San Lorenzo, appelé par corruption l'Escurial, fort négligemment tenue par des moines qui prennent plus de soin de leur cellier que de leurs volumes. Leur mince curiosité en la matière ne les empêche pourtant pas d'afficher périodiquement une liste d'auteurs proscrits, à la surprise de notre chroniqueur qui s'empresse de relever le fait : «Une des choses qui m'ont le plus frappé dans ce très magnifique couvent, c'est la condamnation des livres de presque tous nos philosophes modernes, qui est affichée publiquement auprès du chœur des moines. Les ouvrages proscrits y sont nommés ainsi que leurs auteurs, et par prédilection votre ami Voltaire, dont on condamne non seulement tous les ouvrages qu'il a faits, mais encore tous ceux qu'il fera par la suite, ne pouvant sortir que du mal d'une plume aussi abominable.» À propos du patriarche de Ferney, la même lettre au duc de La Vallière nous apprend que Beaumarchais était déjà en relations épistolaires avec lui. «Je lui avais écrit de Bayonne, précise-t-il en effet, pour lui envoyer la commission de M. le duc de Laval et la vôtre, monsieur le duc. Il est resté trois mois sans me répondre, et m'a enfin écrit à mon adresse de Versailles, me comptant bien de retour, dit-il, et ne voulant pas me brouiller avec le saint Office en m'envoyant ici une lettre de lui ; mais elle m'y est parvenue sans accident.» Ni la lettre de Beaumarchais ni la réponse de Voltaire ne nous sont parvenues, mais c'est sans doute à cette dernière que se réfère encore Pierre-Augustin dans une lettre à son père, où il lui écrit notamment : «J'ai reçu la lettre de M. de Voltaire ; il me complimente en riant sur mes trente-deux dents, ma philosophie gaillarde et mon âge. Sa lettre est très bonne, mais la mienne exigeait tellement cette réponse que je crois que je l'eusse faite moi-même. Il désire quelques détails sur le pays où je suis ; mais je lui répondrais volontiers comme M. de Caro le fit hier à Mme la marquise d'Arissa chez M. de Grimaldi. Elle lui demandait ce qu'il pensait de l'Espagne. – Madame, répondit-il, attendez que j'en sois dehors pour avoir ma réponse ; je suis trop sincère et trop poli pour la faire chez un ministre du roi[4].»

L'Espagne restait l'un des derniers pays d'Europe où survivait la tradition populaire de la fête des Fous, pratiquée au Moyen Âge dans l'octave de Noël, et au cours de laquelle fidèles et clergé réunis se livraient à des mascarades sacrilèges dans les lieux saints, le visage barbouillé de suie ou couvert de masques grotesques. Cette survivance de rites païens, qui se perpétuait depuis des siècles en dépit des interdits de l'Église, autorisait toutes sortes de débauches publiques dont Beaumarchais se fait le fidèle chroniqueur :

«La nuit prochaine [24 décembre] à Madrid est l'image la plus vraie des saturnales romaines ; ce qui se consomme en aliments, la licence effrénée qui règne dans les églises sous le nom de joie est incroyable : il y a telle église de moines où ils dansent tous dans le chœur avec des castagnettes ; le peuple fait *paroli*, armé de chaudrons, de sifflets, de vessies, de claquettes, de tambours ; les cris, les injures, les chants, les sauts périlleux, tout est du ressort de la fête ; la bacchanale court les rues pour aller d'église en église toute la nuit, et de là va se livrer à tous les excès qu'on peut attendre d'une telle orgie. Depuis huit jours, il se célèbre une messe chantée et accompagnée par ce diabolique faux-bourdon dans une église tout à côté de chez moi, et le tout en l'honneur de la naissance de Notre-Sauveur, le plus sage et le plus tranquille des hommes. En général, ici, toutes les coutumes populaires, dérivant en droite ligne des usages maures, ont une saillie de déraison et de cynisme qu'on ne rencontre point ailleurs ; il n'est pas rare de rencontrer tous les soirs des hommes et des femmes qui, plus occupés de leurs affaires que des regards des passants, accomplissent l'œuvre de chair sur les escaliers des églises, sur ceux de l'intérieur des maisons, avec une sérénité digne du philosophe grec. »

En goguette ou au naturel, il n'importe : l'Espagnol sera toujours regardé comme un rustaud par le Parisien frotté de bel esprit et de belles manières. « Paris, l'Opéra, la Comédie-Italienne ! Si vous pouviez concevoir quel petit charme tous ces mots ont pour celui qui ne voit le genre humain que mal léché, et ébauché seulement à la râpe ! s'écrie Beaumarchais, dans un de ces moments où la lourdeur ibérique lui devient insupportable, et comment les moindres choses qui rappellent ce pays où on lime, où l'on polit, où l'on finit tout jusqu'à le défigurer me font plaisir ! Vous ne donneriez pas un verre d'eau à personne, dit-il à son père, vous chasseriez le barbier [*tiens, tiens !*], vous éconduiriez tout ce qui ne vous fournirait pas de quoi dissiper la stérile mélancolie des gens qui restent en Espagne [5]. »

*

* *

Autant ses tableaux de la vie quotidienne se signalent par leur authenticité, autant ses jugements sur la politique espagnole éveillent notre méfiance. Même s'ils corrigent sur plus d'un point notre vision des choses, comment oublier que Beaumarchais conduisait alors avec le roi Charles III et ses ministres de délicates négociations, qui exigeaient de lui la plus extrême prudence.

« Il n'y a pas de pays au monde où le gouvernement soit aussi puissant, observe Beaumarchais. Comme il n'y a nul ordre intermédiaire entre le ministère et le peuple qui tempère l'activité du pouvoir législatif et exécutif, il semble que l'abus doit être souvent à côté de la puissance. Cependant, il n'y a pas de prince qui use plus sobrement d'un pouvoir sans bornes que le roi d'Espagne ; pouvant tout décider d'un seul mot, la crainte de commettre une injustice l'assujettit volontairement à des formes qui font rentrer les affaires dans le train ordinaire des affaires des autres pays, dont celui-ci même se distingue par la grave lenteur [6]. »

S'il déclare les tribunaux du Saint-Office moins redoutables qu'il n'y paraît de ce côté-ci des Pyrénées, ce n'est certes pas pour légitimer leur action, et encore moins pour le plaisir de contredire M. de Voltaire, mais pour faire sa cour à Charles III, dont les sages mesures ont freiné, dit-il, le zèle des juges ecclésiastiques. Ceux-ci étant désormais assistés d'un conseil de séculiers, dont le roi lui-même fait partie, les arrêts rendus surprennent par leur modération. « Cet arrangement fait un honneur infini à la fermeté et à la sagesse du roi, qui a eu besoin dans le temps (comme toute l'Europe l'a su) d'exiler le grand inquisiteur, chose inouïe jusqu'à lui. » De toute manière, plaide encore Beaumarchais, la France n'est-elle pas la seule nation d'Europe où se pratique l'usage de la lettre de cachet ? Or, ajoute-t-il, il s'agit bien là de « la plus violente des inquisitions ».

Quant à la justice sociale, nous sommes là encore mal placés pour donner des leçons aux Espagnols : « Quand nous nous plaignons du délabrement de leurs grands chemins, ils nous reprochent nos corvées, fléau, disent-ils, bien plus terrible aux malheureux habitants de la campagne que le mauvais état des routes n'est incommode aux voyageurs. Tout se fait en Espagne aux dépens du roi, ce qui véritablement empêche que les choses n'aillent fort vite et les fait abandonner aussitôt qu'on est occupé de soins plus importants ; mais la bonté du roi est si grande qu'il a soutenu, depuis plus d'un an, le pain dans sa capitale à un prix très modéré, quoique le froment fût hors de prix et qu'il lui en ait coûté de sa poche plus de 100 000 écus par jour. En cet article, j'admire plus la charité du roi que la prévoyance du gouvernement ; mais on s'occupe sérieusement des moyens de prévenir ces sortes d'accidents par la suite. »

FANDANGOS ET SÉGUEDILLES

Le grand, le vrai coup de cœur de Beaumarchais, nous l'avons dit, c'est sa découverte de la musique et de la danse. Bien que le théâtre espagnol lui paraisse, dans l'ensemble, en retard de deux siècles au moins sur le nôtre, au point de mériter la comparaison avec celui d'Alexandre Hardy [7] et de ses contemporains, certaines saynètes de don Ramón de la Cruz se gravent dans sa mémoire. Ces pièces légères, d'un comique facile et haut en couleur, sont nées de la rue, dont elles empruntent le pittoresque et le mouvement, et mettent en scène des types populaires madrilènes. C'est de ce peuple de *manolos* et de *majos*, que sortira Figaro, avec son « âme supérieure aux événements [8] ». Ainsi ce *Barbero* que joue la compagnie de Maria Ladvenant à partir du 3 octobre 1764 présente-t-il de très nombreuses analogies avec *Le Barbier de Séville* et *Le Mariage de Figaro* [9]. Mais ce ne sont là qu'heureuses exceptions au milieu d'une production dramatique généralement indigente. À croire que l'expression populaire est la seule forme d'art qui mérite quelque attention dans ce pays.

La musique, en revanche, « peut marcher immédiatement après la belle italienne et avant la nôtre ». Ravi des airs qu'il entend chanter, Beaumarchais aurait un jour demandé le sens des paroles, et on lui aurait répondu qu'elles n'en avaient aucun. «On dit ici, comme en Italie : les paroles ne sont rien, la musique est tout [10]. » Ce point de vue le met en fureur ; et pour donner la preuve du contraire, il s'amuse à composer des vers français sur des séguedilles espagnoles : «Je choisis l'air le plus goûté, air charmant, tendre, délicat ; j'y établis des paroles analogues au chant. On écoute, on revient à mon opinion, on m'accable pour composer [11]. » Et, pour montrer à son père et à ses sœurs que les affaires ne l'empêchent pas de se livrer à son occupation favorite, il leur envoie sa dernière séguedille. «C'est une de celles qui ont fait le plus de fortune ici ; elle est entre les mains de tout ce qui parle français à Madrid. [...] L'air, que je vous enverrai peut-être un autre jour, est plaintif et délicat. J'ai établi pour paroles une bergère au rendez-vous la première, et se plaignant du coquin qui se fait attendre. Les voici :

SÉGUEDILLE

Les serments
Des amants
Sont légers comme les vents.
Leur air enchanteur,
Leur douceur,
Sont des pièges trompeurs
Cachés sous des fleurs.
Hier, Lindor,
Dans un charmant transport,
Me jurait encor
Que ses soupirs,
Que ses désirs
S'enflammeraient par les plaisirs ;
Et cependant,
En cet instant,
Vainement
J'attends l'inconstant.
Aye ! aye ! aye ! je frissonne !
Aye ! aye ! aye ! mon cœur m'abandonne !
Ingrat, reviens.
Mon innocence était mon bien ;
Tu me l'ôtas,
Je n'ai plus rien.
Devais-je, hélas !
Tout hasarder,
Tout perdre, pour te conserver ?
Mais quelqu'un vers moi prend l'essor...

Le cœur me bat… C'est mon Lindor !
Soupçons jaloux, éloignez-vous !
Craignez de troubler un moment si doux !

« Ma chère Boisgarnier, ajoute-t-il à l'intention de sa sœur Tonton, si tu tenais l'air de cette jolie séguedille et l'accompagnement de guitare que j'ai fait (dans un pays où tout le monde en joue et ne peut accompagner ma séguedille comme moi qui, par égard pour le pays, broche de temps en temps quelque chose pour leur instrument favori), tu chantonnerais, tu ânonnerais, peut-être à la fin tu y viendrais. Va, je te promets l'air et l'accompagnement, si j'ai un moment d'ici au premier courrier [12]. »

Quelques jours plus tard, s'adressant cette fois à sa sœur Julie : « J'ai fait depuis des paroles françaises sur une nouvelle séguedille espagnole. Il y en a deux cents exemplaires ; on se l'arrache ; elle est gaillarde et dans le genre *Est-il endormi !* Je te la garde pour un autre jour, avec la musique de celle que j'ai envoyée à mon père. »

Quant à la danse, inexistante sous la forme savante ou « figurée » qu'on lui connaît dans le reste de l'Europe, elle appartient elle aussi au registre populaire. Peut-on même donner le nom de danse à ces « mouvements grotesques et souvent indécents », d'origine grenadine ou mauresque, qui font les délices du peuple ? « La plus estimée ici est celle qu'on appelle *fandango*, dont la musique est d'une vivacité extrême, et dont tout l'agrément consiste en quelques pas et figures lascives, force mouvements des reins, représentant assez bien les frétillements de l'amour pour que moi, qui ne suis pas le plus pudique des hommes, j'en aie rougi jusqu'aux yeux. Une jeune Espagnole, sans lever les yeux et avec la physionomie la plus modeste, se lève pour aller figurer devant un hardi sauteur. Elle débute par étendre les bras, faire claquer ses doigts ; ce qu'elle continue pendant tout le *fandango* pour en marquer la mesure ; l'homme la tourne, il va, revient avec des mouvements violents auxquels elle répond par des gestes pareils, mais un peu plus doux, et toujours ce claquement de doigts qui semble dire : Je m'en moque, va tant que tu pourras, je ne serai pas lasse la première. Lorsque l'homme est excédé, un autre arrive devant la femme qui, lorsqu'elle est souple danseuse, vous en met ainsi sur le grabat sept ou huit l'un après l'autre. Il y a aussi des duchesses et autres danseuses très distinguées dont la réputation est sans bornes sur le *fandango* [13]. »

LES PLAISIRS ET LES JOURS DE M. DE BEAUMARCHAIS

« C'est dans la bonne compagnie, pour laquelle je suis né, que je trouve mes moyens », note fièrement Beaumarchais dans une lettre à son père. À peine arrivé à Madrid, il se met donc en quête de ce qu'il appelle « bonne compagnie » – qui n'est autre que la haute société de la ville – et parvient sans difficulté à s'y faire recevoir. Il est vrai que les recommandations dont il est muni lui ouvrent largement les portes : « Si vous receviez des nouvelles de moi par quelque habitant de Madrid, écrit-il à M. Caron père, on vous dirait : votre fils s'amuse comme un roi ici ; il passe toutes ses soirées chez l'ambassadrice de Russie, chez Milady Rochford ; il dîne quatre fois par semaine chez le commandant du génie, et court à six mules les alentours de Madrid ; puis il va au *sitio real* voir M. de Grimaldi et autres ministres. Il mange tous les jours chez l'ambassadeur de France, de sorte que ses voyages sont charmants et lui coûtent fort peu. Tout cela est vrai quant à l'agrément, mais il ne faut pas que vos amis en concluent que je néglige mes affaires, parce que personne ne les a jamais faites que moi [14]. »

« Que dirait la Sagesse, note-t-il ailleurs, si elle me voyait entremêler les occupations les plus graves dont un homme puisse s'occuper, de soirées agréables, tantôt chez un ambassadeur, tantôt chez un ministre ? Nous remettons au lendemain le soin des affaires sérieuses ; on ne manquerait pas de dire : Quel homme est celui-ci ? Les contraires peuvent-ils ainsi s'allier dans une même tête ? Oui, mon cher père, je ressemble en cela à feu Alcibiade, dont il ne me manque que la figure, la naissance, l'esprit et la richesse. Je suis un peu aussi comme votre bonne amie, Miss Howe qui, quand elle avait bien du chagrin, pleurait en riant ou riait en pleurant [15]. »

Parmi ses relations dans le monde diplomatique, il peut se flatter de compter, outre le représentant du roi de France, le marquis d'Ossun, dont nous avons déjà parlé, les ambassadeurs d'Angleterre et de Russie. Quoi de plus agréable que les soupers et les concerts chez lord Rochford [16], surtout lorsqu'on y chante ses séguedilles ? Le maître des lieux en raffole et prie son hôte de lui en adresser des copies. Il est d'ailleurs tout aussi entiché de son auteur, qu'il ne quitte pratiquement plus : il l'accompagne partout, fait de la musique avec lui, l'invite à toutes ses réceptions. Il est vrai que ce *young french fellow* est si gai, il met tant d'esprit dans sa conversation, il répand si généreusement le rire autour de lui, il a tant de charme enfin… Qui lui résisterait ? Sûrement pas ce diplomate britannique que Beaumarchais nous dépeint comme un homme « superficiel, léger et ne prenant le masque bourru de sa nation que pour cacher, autant qu'il peut, sa faiblesse personnelle. Son amitié et la confiance qu'il avait en moi, ajoute-t-il, m'ont mis à portée de connaître à fond son caractère et de pénétrer tous les secrets de son ambassade [17] ». Il lui envoie donc ses séguedilles, mais sans la musique. Fatal oubli ! Aussitôt, un mot de M. l'ambassadeur – en français comme il se doit :

« J'ai mille remerciements à vous faire pour vos charmantes séguedilles. Mais qu'en ferai-je sans la musique ? Voudriez-vous me faire le plaisir de me la procurer ? Si vous voulez aussi me faire le plaisir de venir dîner avec moi vendredi, nous essaierons le canon à trois voix. Nous serons seuls, et nous tâcherons de nous amuser le mieux qu'il nous sera possible. Si j'avais un peu de crédit avec la belle qui chante si bien, je la prierais de se trouver ici. Mais je ne veux pas m'exposer à un refus, quoiqu'elle se repentira de ne pas s'être trouvée où vous êtes. Faites-moi savoir si je puis compter sur vous, et rendez-moi la justice de me croire très sincèrement à vous.

« ROCHFORD. »

Enfant chéri des ambassadeurs, il ne l'est pas moins des ambassadrices. À l'hôtel de Russie, on ne l'annonce plus, car il fait partie de la maison ; la jeune comtesse de Buturlin ne jure que par lui [18], et son ambassadeur de mari ne peut s'en passer pour sa partie de brelan ou de pharaon, ce qui ne va pas toujours sans inconvénients, nous l'allons bientôt voir. Point de soirée réussie sans le divin M. de Beaumarchais : il est si drôle, si enjoué, si galant ! « Depuis longtemps, écrit-il à Julie, le comte de Buturlin, fils du grand-maréchal de Russie et l'ambassadeur en question [19], me recevait chez lui avec cette prédilection qui faisait dire que lui et la très jolie ambassadrice étaient amoureux de moi. Le soir, il y avait ou jeu, ou musique et souper, dont je paraissais l'âme. La société s'était accrue de tous les ambassadeurs qui, avant ceci, vivaient avec assez peu de liaison. Ils faisaient, depuis le retour de la cour en cette ville, des soupers charmants, disaient-ils, parce que j'en étais [20]. »

UNE VEINE TROP INSOLENTE

Un soir, le jeune Français gagne au brelan 500 livres à l'ambassadeur de Russie et 1 500 à sa charmante épouse. Dans l'espoir de se refaire, le comte de Buturlin propose alors une partie de pharaon[21]. «Pour rien au monde», réplique Pierre-Augustin, auquel on n'a point payé les 2 000 livres qu'on lui doit, mais qui s'interdit noblement de les réclamer. Quelques jours plus tard, ayant perdu à son tour la même somme, il quitte la table en riant:

«Mon cher comte, dit-il à l'ambassadeur, nous sommes quittes.

– Oui, répond l'autre, mais vous ne direz plus que vous ne voulez pas jouer au pharaon, et nous espérons que vous ne fausserez pas compagnie à l'avenir.

– Pour risquer quelques louis, je le veux bien, mais non pas avec des banques de cent louis.

– Celle-ci ne vous coûte guère.»

Piqué par le propos, Beaumarchais repartit: «C'est tout ce qu'on pourrait me dire si j'avais eu affaire à un mauvais débiteur.»

Les voyant s'échauffer, la comtesse intervient pour éviter un éclat et Beaumarchais prend congé de ses hôtes. La bouderie dure quarante-huit heures, pendant lesquelles il continue de se rendre à l'ambassade de Russie, jouant petit jeu, tantôt perdant, tantôt gagnant. Un soir qu'il avait gagné 200 louis, l'un des convives, le chevalier de Guzmán, met 500 louis sur la table en lançant à la cantonade: «Messieurs, ne vous en allez pas, je parie que M. de Beaumarchais va me faire sauter encore cette nouvelle banque!» Ayant scrupule à partir avec ses 200 louis, Beaumarchais se voit forcé de relever le défi. Il mise dix louis sur chaque carte, gagne, double la mise, gagne à nouveau: en deux heures, il remporte la banque. Épuisé, il se lève et rentre chez lui avec 500 louis dans sa poche. Le lendemain, il en perd 150. Estimant qu'il avait assez rendu, et qu'il pouvait garder le reste, il va pour se retirer, mais l'ambassadeur l'arrête et le prenant à part:

«Est-ce que vous ne voulez plus essayer vos forces contre moi?

– Monsieur, j'ai beaucoup perdu ce soir.

– Mais vous avez bien plus gagné hier, reprend vivement l'envoyé de Catherine II.

– Monsieur le comte, vous savez si je suis attaché à l'argent du jeu; j'ai joué malgré moi, j'ai gagné en dépit du bon sens, et vous ne me pressez ainsi que parce que vous savez bien que je joue sans règle et très désavantageusement.

– Parbleu, on ne peut pas mieux jouer que de gagner, et de cet argent, il y en a beaucoup à moi.

– Eh bien ! monsieur le comte, combien perdez-vous ?

– 150 louis. »

Là-dessus, Beaumarchais lui offre de se refaire. Mais, poursuivi par une veine insolente, il gagne encore 200 livres de plus au diplomate, fort mauvais perdant, et qui contient de plus en plus mal son dépit. À la fin, tous ses efforts pour perdre se révélant infructueux, l'infortuné vainqueur se lève, découragé :

« C'est folie à moi de jouer plus longtemps, je vous ruinerais, déclare-t-il. Mieux vaut remettre à un autre jour où j'aurai moins de chance, j'espère.

– Comment, Monsieur, proteste l'autre, vous partez ? Pardieu ! Gagnez-moi 500 louis ou acquittez-moi !

– Non, monsieur le comte, un autre jour. Il est quatre heures du matin, il faut aller se coucher.

– Mais, Monsieur, vous fûtes plus poli hier avec le chevalier Guzmán.

– Aussi a-t-il perdu 500 louis. Écoutez, je tombe de sommeil. Voulez-vous jouer vos 200 louis d'un coup de trente et quarante ?

– Non. Au pharaon.

– Messieurs, je vous souhaite le bonsoir. »

Il se dirige vers la porte, lorsque la comtesse, fort contrariée des pertes de son mari, sur un ton aigre-doux : « Vous êtes plus heureux que poli, Monsieur. »

Alors, se tournant vers elle et la fixant : « Madame l'ambassadrice, vous oubliez que vous me fîtes, il y a huit jours, un compliment tout contraire. »

Elle rougit et Pierre-Augustin sortit sans rien ajouter. Il faut savoir que la semaine précédente, soupant chez mylord Rochford, elle l'avait supplié de lui prêter 30 louis pour payer ce qu'elle devait au jeu.

Pendant huit jours, Beaumarchais ne met plus les pieds à l'ambassade. Les habitués font grise mine, certains désertent, la morosité s'installe, les Buturlin mari et femme s'ennuient comme des rats. Plus personne pour amuser la société, plus de bons mots autour de la table, plus de rires, plus de musique, plus de séguedilles : on se croirait revenu à la morne solennité de l'ancien temps. Bref, c'est la désolation. Un seul être leur manque... Qu'il réapparaisse, et la vie reprendra comme avant. Ouvertement ou dans le secret, ils n'aspirent tous qu'au retour de l'Enchanteur. Des médiateurs de bonne volonté se dévouent pour le faire revenir. Sans succès. Les plus jolies femmes de la ville traitent l'ambassadeur de «sot» et de «mal élevé.» L'une d'elles menace de «lui rompre en visière devant toute l'Espagne» s'il ne change pas de conduite à l'égard de l'enfant prodigue. Le comte fait remettre à ce dernier les 200 louis qu'il lui doit, sans un mot d'excuse pour ses bouderies et son retard, mais avec une quittance à renvoyer signée. Beaumarchais empoche la somme et adresse à l'ambassadeur «une lettre polie, mais très propre à le faire rougir de lui-même». Redoutant de voir la brouille s'éterniser, c'est la comtesse en personne qui lui envoie son médecin pour lui reprocher son absence et le prier de l'aller voir. Il répond que, malgré l'extrême privation qu'il ressent de ne plus jouir de sa société, il ne croit pas devoir se présenter dans une maison où il a si fort à se plaindre du maître. Plus on tâche de l'amadouer, plus il s'obstine dans son refus. On a beau lui répéter que le comte regrette sa conduite, qu'il en ressent beaucoup de honte et une extrême confusion, il tient bon. Enfin, Buturlin lui envoie son ami, le prince Mezersky, pour l'inviter le soir même à l'ambassade; il y aura concert, puis souper. Dans l'après-midi, c'est l'ambassadeur lui-même qui débarque chez lui et lui propose d'assister dans sa loge à la représentation d'une pièce nouvelle. Préférant que cette première entrevue après la querelle ait lieu chez le comte, Beaumarchais prend excuse de son travail pour refuser le théâtre, mais promet de se rendre à l'invitation du soir.

Arrivé avec un retard calculé, il traverse les antichambres de l'ambassade et fait son entrée dans le grand salon, précédé de deux pages qui lui ouvrent les portes. Le concert est commencé, l'assistance au grand complet, la comtesse à son clavecin. Dès qu'elle l'aperçoit, elle se lève précipitamment, les instruments se taisent et tous les regards se tournent vers lui dans un silence quasi religieux. C'est ce qu'on appelle au théâtre un «effet» réussi. Puis, s'approchant de lui et désignant son époux, elle prononce ces mots assez fort pour être entendus de tout le monde: «Monsieur, des amis comme vous et monsieur de Buturlin ne devraient jamais se fâcher pour de vulgaires malentendus. Nous espérons tous deux que vous nous ferez l'honneur de rester des nôtres. » Pierre-Augustin triomphait : il obtenait à la fois une réparation publique et sa rentrée en grâce.

Pour sceller la réconciliation, la comtesse ajouta aussitôt : «Monsieur de Beaumarchais, j'ai dessein de jouer le rôle d'Annette dans la pièce de M. de Marmontel[22] ; j'espère que vous accepterez celui de Lubin ; l'envoyé de Suède fera le seigneur, le prince Mezersky le bailli, et nous sommes déjà à la répétition.» Il accepte de grand cœur ; on joue la pièce ; «ensuite, grande musique et grand souper». La bonne humeur renaît. Parole d'honneur est donnée, de part et d'autre, qu'on ne lui parlera plus jamais de brelan, ni de pharaon, ni d'aucun jeu de cette nature et qu'on s'amusera désormais à des plaisirs «plus vifs, mais qui ne tireront pas autant à conséquence». Au dessert, la comtesse enchantée fait remettre à son invité d'honneur un billet contenant quatre vers à sa louange, «de mauvaise versification, mais assez flatteurs, qu'elle avait faits le jour même.» Les voici :

« Ô toi, à qui la nature a donné pour partage
Le talent de charmer avec l'esprit du sage,
Si Orphée, comme toi eût eu des sons si flatteurs,
Pluton, sans condition, aurait fait son bonheur.»

«Peste ! conclut Beaumarchais, ce ne sont pas là des honneurs communs. J'ai répondu. La liaison est plus belle que jamais : le bal, le concert, plus de jeu, et j'ai de reste 14 500 livres !»

Cette histoire fut à l'origine des odieuses calomnies qui se répandront à son propos lors du procès Goëzman. Une lettre anonyme l'accusera notamment d'avoir triché au jeu chez l'ambassadeur de Russie, et empoché malhonnêtement près de 100 000 livres en une nuit. «L'ambassadeur le fit chasser ; on se plaignit à M. d'Ossun, qui lui ordonna de sortir d'Espagne vite, où il laissa tout, habit, linge, pour s'en aller bien vite à cheval ; il aurait été pourrir au cachot[23].» Pure invention ! De sa brouille avec Buturlin, Beaumarchais a lui-même fourni tous les détails, dans une lettre à sa sœur Julie que nous nous sommes contenté de résumer[24]. Il n'existe aucune raison valable de mettre sa parole en doute. Alors que la thèse des cartes truquées, inventée après coup dans le dessein de lui nuire, se signale par ses invraisemblances et sa mauvaise foi. D'ailleurs, le jeu l'ennuyait mortellement et il n'y sacrifiait que par obligation mondaine.

Moins gravement, Loménie le soupçonne d'avoir exagéré sa familiarité avec le corps diplomatique résidant à Madrid, à dessein de se faire valoir. Nous ne croyons pas qu'il eût vraiment besoin d'en rajouter sous ce rapport. Toute sa vie, Beaumarchais a recherché la société des grands. Soit qu'il fût guidé par l'intérêt, car on ne tire profit que des riches ou des puissants, soit qu'il obéît à cette fascination que la fortune, les titres et les rangs ont toujours exercée sur lui. Même s'il les méprise au fond de lui-même, il ne peut s'empêcher d'en subir les attraits. Séduction et répulsion font chez lui bon ménage. De quel droit le chicanerait-on sur quelques traits de snobisme et de fatuité ? S'il en goûte les délices, il n'en ignore ni les limites ni la vanité.

Le « bon ange »

Tout laisse penser qu'entre l'ambassadrice de Russie et Pierre-Augustin la relation alla sensiblement plus loin que ne l'admettaient les convenances. Si les preuves nous manquent, en revanche les compliments appuyés qu'ils s'adressent mutuellement, soit directement, soit par l'intermédiaire d'amis communs, laissent peu de doutes à cet égard. « La liaison est plus belle que jamais ! » s'exclame Beaumarchais à propos de la jolie comtesse. Mais là n'est pas sa seule aventure galante en Espagne. Il s'en faut de beaucoup, car les bonnes fortunes ne lui manquent pas, et c'est sans doute l'une des raisons de sa constante bonne humeur, en dépit des tracas que lui causent les négociations en cours.

Beaumarchais, en effet, déborde d'optimisme et de joie de vivre. « Mon intarissable bonne humeur de ne me quitte pas un seul instant, confie-t-il à son père. [...] En vérité, je ris sur l'oreiller, quand je pense comme les choses de ce monde s'engrènent, comme les chemins de la fortune sont en grand nombre et tous bizarres, et comme surtout l'âme supérieure aux événements peut toujours jouir d'elle-même au milieu de ces tourbillons d'affaires, de plaisirs, d'intérêts différents, de chagrins, d'espérances qui se choquent, se heurtent et viennent se briser contre elle[25]. »

*
* *

Parmi les factures impayées de l'horlogerie Caron que Pierre-Augustin était chargé de recouvrer figuraient celles d'une certaine comtesse de Fuen-Clara, dame de condition qui habitait un magnifique hôtel donnant sur un parc, aux portes de Madrid, et dont le salon était le rendez-vous de l'aristocratie madrilène. M. Caron père, qui entretenait une correspondance amicale avec son ancienne cliente – et débitrice –, avait vivement recommandé à son fils de la cultiver : « Je reçois par ce même courrier deux lettres de ma charmante comtesse à moi et à Julie, lui écrivait-il, si belles, si touchantes, si remplies d'expressions tendres pour moi et honorables pour vous, que vous n'aurez pas moins de plaisir que moi quand vous les lirez. Vous l'avez enchantée ; elle ne tarit pas sur le plaisir de vous connaître, sur l'envie de vous être utile et sur sa joie de voir comme tous les Espagnols approuvent et louent votre action avec le Clavijo. Elle n'en serait pas plus pénétrée quand vous lui appartiendriez. Je vous en prie, ne la négligez pas[26]. » Et Julie, le même jour, déclare à son frère : « La comtesse me mande qu'elle t'aime à la folie[27]. » Fort jolie femme, assez jeune encore, Mme de Fuen-Clara ne vivait que pour les mondanités et dépensait sans compter pour ses plaisirs. Elle reçut Beaumarchais dans son petit cabinet tendu de cuir de Cordoue, le trouva charmant, et l'invita dès lors à toutes ses soirées : privilège qu'elle n'accordait qu'à de rares élus. De son côté, Pierre-Augustin ne mit pas longtemps à s'apercevoir que son charme opérait ; il vanta la beauté de son hôtesse, la magnificence de sa demeure, la grâce de son accent. Comme il n'était en Espagne que depuis un mois à peine, qu'il y connaissait peu de monde, elle se chargea de l'introduire dans les meilleures maisons de Madrid. Elle méritait donc pleinement ce surnom de « bon ange » qu'il ne tarda pas à lui donner.

LA BELLE AVENTURIÈRE

Elle le méritait d'autant plus qu'à la première réception à laquelle il fut convié, un mois seulement après son arrivée, elle lui présenta une femme d'une exceptionnelle beauté. Âgée d'environ vingt-cinq ans, la marquise de La Croix était fille d'un gentilhomme provençal, M. de Jarente, marquis de Sénas, et nièce du trop fameux évêque d'Orléans, libertin notoire[28]. Mariée à un lieutenant général français passé au service du roi d'Espagne[29], Mme de La Croix avait été naguère la maîtresse du cardinal Acquaviva, vice-légat d'Avignon. Selon Gleichen, ministre du Danemark à Madrid, elle aurait alors gouverné à elle seule, et non sans talent, tout le Comtat Venaissin. Il la décrit ainsi dans ses Mémoires : « C'était ce qu'on nomme une beauté romaine, mais si parfaite qu'on n'en avait jamais vu de pareille. Elle avait une figure pleine de grâces et de caractère, l'œil perçant, le nez aquilin, la tête altière, un port superbe, une démarche majestueuse[30]. » Sensuelle, de mœurs très libres et ne suivant que ses inclinations, au demeurant femme de tête, vive et volontaire, elle menait grand train, fréquentait chez le ministre Grimaldi et avait ses entrées dans toutes les chancelleries. Il faut dire que Mgr de Jarente n'avait rien négligé pour l'y introduire : en février 1764, il adressait, par l'intermédiaire du duc de Choiseul, des lettres de recommandation en sa faveur aux ministres Grimaldi et Esquilace, ainsi qu'au marquis d'Ossun.

Hormis l'éclat de ses attraits et la foule de ses adorateurs, qu'elle ne se donne même pas la peine de dissimuler, que savons-nous de la marquise de La Croix ? Qui est-elle ? Que fait-elle ? Mystère. Pour quel genre d'affaires a-t-elle besoin de l'appui de deux ministres et de l'ambassadeur de France ? Sûrement pas pour celles de son mari, comme le prétend l'évêque d'Orléans, car ils vivent séparés. Tout le monde parle de son allure souveraine, de son intelligence, de son sens de l'intrigue, Beaumarchais la dépeint comme « la plus spirituelle et la plus belle des Françaises qui ait jamais surpassé toutes les Espagnoles possibles[31] ». Mais nul ne sait rien de ses activités. Selon toute vraisemblance, il s'agit d'une de ces aventurières, mi-courtisanes, mi-agents secrets, dont Louis XV utilise les services dans toutes les cours d'Europe. Sans doute aussi sa rencontre, apparemment fortuite, avec Pierre-Augustin, fut-elle organisée par la comtesse de Fuen-Clara à la demande du jeune Français. Soit calcul, soit coup de foudre, Pierre-Augustin devient sans tarder l'amant de la belle inconnue : infaillible moyen, pense-t-il, de s'attacher une femme, lorsqu'on entend l'utiliser à des fins politiques – et telle est bien son intention. De surcroît, il trouve en elle un tempérament aussi gai que le sien ; elle mord la vie à pleines dents et fuit l'ennui comme la peste : « Sa société dissipe la poussière, l'inaction, l'ennui, l'impatience, qui saisissent tout ce qui reste ici et que je ne sens en vous écrivant que parce qu'elle est dehors, ma maxime favorite étant qu'il ne faut sacrifier l'avenir au présent, ni l'indicatif au futur. » En quelques jours, tout Madrid est au courant de leur liaison : ils vivent ouvertement en ménage, caracolent ensemble en carrosse à six mules, s'affichent insolemment en tout lieu : au palais de Saint-Ildefonse, où ils font de fréquents séjours, et dans les salons madrilènes où leur galante idylle fait jaser. Il n'est pas jusqu'au père Caron, confident privilégié auquel Pierre-Augustin ne laisse rien ignorer qui ne soit tenu informé de l'aventure. Dans une lettre qu'il lui adresse le 12 août 1764, on peut en effet lire ceci :

« Il y a ici, dans la chambre où j'écris, une fort grande et belle dame, très amie de votre chère comtesse [de Fuen-Clara], qui se moque de vous et de moi à la journée. Elle me dit, par exemple, qu'elle vous remercie de la bonté que vous avez eue il y a trente-trois ans pour elle [32], lorsque vous jetâtes les fondements de l'aimable liaison que j'ai entamée il y a deux mois avec elle. Je l'assure que je ne manquerai pas de vous l'écrire, et dans l'instant je le fais, car ce qui n'est qu'une plaisanterie de sa part a droit de me faire plaisir tout comme si elle le pensait réellement. »

Ici, la marquise ajoute de sa blanche main : *Je le pense, je le sens, et je vous le jure, Monsieur.* Puis, Beaumarchais reprend la plume :

« Ne manquez donc pas, par bienséance, dans votre première lettre, à remercier Son Excellence de son remerciement, et plus encore des honnêtetés dont elle me comble. Je vous avoue que, sans le charme d'une si attrayante société, ma besogne espagnole serait pleine d'amertume. »

M. Caron répond quelques jours plus tard sur le même ton badin :

« Quoique vous m'ayez donné lieu de me féliciter mille fois de la peine que j'ai bien voulu prendre pour vous il y a trente-trois ans, il est bien certain que si alors j'eusse pu prévoir le bonheur qu'elle vous procure, de pouvoir amuser la belle Excellence qui me fait l'honneur de m'en remercier, j'aurais ajouté une petite direction d'intention, qui peut-être vous aurait rendu plus aimable encore à ses beaux yeux. Faites-lui agréer les assurances de mon plus profond respect, avec les offres de mes services à Paris. Mes vœux seraient comblés si j'étais assez heureux pour lui être de quelque utilité ici. Puisqu'elle est amie de ma chère comtesse, je la supplie de vouloir bien lui présenter mon respectueux attachement [33]. »

DE LA POLITIQUE AVANT TOUTE CHOSE

Du voyage de Beaumarchais en Espagne, la plupart des biographes n'ont voulu retenir que son aspect pittoresque ou littéraire.
Non sans raison, il est vrai, car son aventure avec Clavijo, de
même que son initiation aux mœurs du pays, à sa musique, à ses
danses, ont exercé sur son œuvre une action dont nous avons déjà
souligné l'importance. On ne saurait cependant évoquer cette
période de sa vie sans rappeler ce que fut son rôle politique auprès
du gouvernement espagnol. Le lecteur pressé voudra bien nous
excuser de ne point considérer les pages qui suivent comme une
digression. Nous croyons, au contraire, qu'en négligeant les
conceptions économiques et politiques de Beaumarchais, nous ris-
querions d'amputer sa pensée d'une de ses composantes majeures.
Tous ceux qui, par facilité ou paresse intellectuelle, n'ont voulu
voir en lui qu'un auteur de comédies, fût-il de génie (ce que nous
sommes loin de contester, bien entendu), n'auront donné qu'une
image réductrice de l'une des personnalités les plus riches et les
plus complexes de son temps. Si sa mission politique en Espagne
nous paraît en tout point exemplaire – en dépit de son insuccès –,
c'est parce qu'elle jette les bases de ce que seront, dix ans plus
tard, au moment de son combat en faveur des insurgés d'Amérique, ses principes de conduite et de négociation. Ses vues auront
alors gagné en ambition, mais ni les connaissances ni l'expérience
(fût-ce celle de l'échec) acquises en Espagne ne seront perdues ;
elles viendront nourrir sa réflexion, affiner sa méthode et lui éviter
quelques erreurs.

Si Beaumarchais tient le goût du travail bien fait de son apprentissage à l'atelier paternel, c'est assurément de ses origines hugue-
notes qu'il a hérité l'esprit de méthode et le sens de l'organisation.
Au rebours d'une certaine bohème littéraire, il déteste le débraillé,
s'habille avec recherche et s'exprime avec élégance, fût-ce dans ses
lettres familières à son père ou à ses sœurs. Sans être homme
d'ordre au sens déplaisant qu'a pris cette locution, il se refuse à
confondre anarchie et indépendance, libertinage et obscénité,
sérieux et componction, et tire une partie de ses succès mondains de
l'art avec lequel il sait se montrer plaisant sans être familier,
effronté sans cesser de plaire et persifleur sans une once de cruauté.
Ajoutons à ces qualités un goût prononcé pour la politique de cabinet,

un sens inné de la négociation, un charme enveloppant qui endort la méfiance, un cynisme feutré qui masque ses intérêts sous les dehors les plus flatteurs, et l'on obtiendra le modèle idéal de l'agent diplomatique. Sans parler de son génie de l'« imbroglio » qui se déploie dans ses manœuvres politiques avec autant de virtuosité qu'il s'exercera plus tard dans son théâtre. De tout cela Beaumarchais est parfaitement conscient. De surcroît, il se sent maître de lui-même, en pleine possession de ses moyens et dans la pleine force de son âge, prêt à mettre en action tous les procédés sans exception – du plus légitime au moins avouable – pour remplir dignement sa mission et en retirer le plus grand bénéfice personnel.

C'est peu de dire que la vocation politique de Beaumarchais a précédé sa vocation littéraire : elle la domine à tel point que l'on peut sans hésiter considérer la seconde comme un aimable divertissement, au regard de ce que la première aura représenté pour lui. Là est sa vraie passion, beaucoup plus que dans la composition d'œuvres dramatiques (six au total), dont deux seulement mériteront de passer à la postérité au titre de chefs-d'œuvre. « Ce n'est qu'à la dérobée que j'ose me livrer au goût de la littérature », avouera-t-il au duc de Noailles. Qu'on ne s'y trompe donc pas : Beaumarchais n'est pas un écrivain qui fait de la politique, mais un politique qui s'amuse à écrire. En dépit des multiples activités qu'il exercera tout au long de sa vie, c'est cette image de lui-même qu'il a toujours revendiquée, de préférence à toute autre. Dans son *Mémoire sur l'Espagne*, rédigé à l'intention du duc de Choiseul, il remonte à l'origine de cette inclination, en y mêlant un hommage appuyé en direction du ministre (qui ne le lira d'ailleurs jamais) :

« Si, au sortir d'une éducation cultivée et d'une jeunesse laborieuse, mes parents eussent pu me laisser une entière liberté sur le choix d'un état, mon invincible curiosité, mon goût dominant pour l'étude des hommes et des grands intérêts, mon désir insatiable d'apprendre des choses nouvelles et de combiner de nouveaux rapports m'auraient jeté dans la politique. Si, approuvant ma destination, ces mêmes parents eussent été à même de me choisir un patron pour marcher sous ses yeux dans cette carrière, j'aurais désiré de rencontrer en lui un ministre aussi plein de génie qu'aimable et accessible. Mais j'aurais voulu qu'il fût si grand seigneur lui-même, et tellement comblé des grâces de son maître, qu'on ne pût jamais le soupçonner de tenir au ministère que par le noble désir de le remplir dignement, et d'être couché sur la liste des grands hommes. Et enfin, si j'eusse été bien conseillé, j'aurais préféré de commencer mes études et mes courses par l'Espagne, afin que la rudesse de l'apprentissage me rompît au train des affaires en moins de temps.

« Le hasard m'a mieux servi que n'aurait pu faire toute la prudence humaine. Je suis libre et garçon. M. le duc de Choiseul est à la tête du ministère de la France. Je suis arrêté forcément en Espagne : qui m'empêche de me placer moi-même, comme il serait arrivé si j'avais présidé à l'assemblage de toutes ces circonstances favorables[34] ? »

Un peu plus loin, dans le même *Mémoire*, Beaumarchais s'attache à définir les deux grands principes qui ont guidé son action en Espagne, et qui résument assez bien la stratégie mise en œuvre au cours de sa carrière politique :

« Je ne sais si je me suis trompé sur la définition de la science qu'on nomme politique, écrit-il, mais je l'ai envisagée sous ces deux points de vue : politique nationale et politique de cabinet ; et c'est la marche que j'ai suivie dans mes observations.

« 1° J'ai cru qu'un observateur national devait connaître à fond le génie du peuple généralement pris, qui influe toujours plus qu'on ne croit dans les affaires publiques, les moyens du gouvernement, tant en guerre qu'en finance, d'où découlent les propositions ou demandes que nous pourrions avoir à lui faire ; les ressources du commerce intérieur et extérieur, d'après lesquelles nos avantages sur lui doivent se combiner ; les forces effectives de la marine, dont la nôtre doit recevoir de la consistance, et nos colonies peuvent tirer une grande utilité en cas d'association ; les productions naturelles du pays, si différentes ou semblables aux nôtres, branche qui porte celle des manufactures et qui, en total, peut être la source d'un commerce d'utilité réciproque en deux nations alliées, mais qui tourne toujours au profit de celle qui a le mieux senti cette utilité.

« 2° J'ai cru qu'un observateur de cabinet devait s'unir d'intérêt avec le ministre qui l'emploie ou pour lequel il travaille d'office et dire : la politique du cabinet se réduit à deux points généraux : barrer ses ennemis et dominer ses alliés. L'étude du premier appartient à celui qui observe une nation rivale ; le second est l'emploi de celui qui réside chez un peuple uni politiquement avec nous. J'ai cru surtout que la parfaite connaissance du personnel de tous les gens en place était la première science qu'un observateur de cabinet devait acquérir, car on traite moins bien avec l'état des hommes qu'avec leur caractère. Voilà donc la tâche que je me suis imposée [35]. »

*

*   *

En homme parfaitement organisé, Beaumarchais consacre ses journées au travail et ses nuits aux plaisirs. Sa mission, rappelons-le, consiste à faire accepter par les autorités espagnoles les vastes projets politiques et financiers conçus par Pâris-Duverney, en plaidant leur cohérence, leur validité, et les avantages qu'en pourra tirer leur nation. Or deux conditions paraissent nécessaires pour avoir quelque chance d'aboutir : une parfaite connaissance des dossiers et l'établissement de relations confiantes avec les trois principaux ministres du royaume : Grimaldi, ministre des Affaires étrangères et grand ami de la France, mais « paresseux et peu éclairé » ; le Sicilien Leopoldo De Gregorio, marquis de Squillace (ou Esquilace), ministre des Finances, « calculateur vieilli, concussionnaire blanchi dans les obscures combinaisons de l'intérêt numéraire [...] qui se sert de son ascendant sur le roi pour barrer Grimaldi dans presque toutes ses vues [36] » ; M. d'Arriaga enfin, ministre de la Marine, « homme aussi simple que dévot et peu instruit », qui « ne doit être compté pour rien, si l'on en excepte la profession publique qu'il fait de haïr souverainement les Français [37] ». On relativisera ces jugements trop sévères en précisant qu'ils sont tirés du *Mémoire sur l'Espagne*, rédigé par Beaumarchais après l'échec de ses négociations, et que l'amertume y tient naturellement plus de part que le souci de la vérité. Il suffit, pour s'en persuader, de comparer ce qu'il dit ici de Grimaldi au vibrant hommage qu'il rendait à ce ministre quelques mois plus tôt : « J'ai dit en moi-même : *voici un homme de génie* ; il touche du doigt les véritables causes d'un mal trop longtemps subsistant. Avec d'aussi *grandes vues*, un pareil homme est à sa place dans le ministère. [...] Je me confirmai dans l'opinion que j'avais déjà prise du *génie et de l'étendue des lumières de cet homme* [38]. »

Le souverain, Charles III d'Espagne, ne bénéficie pas d'un

meilleur traitement que ses ministres : « Le roi, observe l'émissaire, d'un esprit assez borné, presque isolé par sa méfiance générale, et tourmenté surtout de la crainte d'être dominé, si puissante sur les esprits faibles, ne laisse à tout ce qui l'approche qu'un crédit fort précaire sur ses résolutions. Ses ministres même, avec une apparence de despotisme qui en impose aux sots, n'en sont pas moins devant lui comme de timides valets devant un maître aussi méfiant qu'absolu. Ses favoris ne soutiennent leur crédit illusoire qu'en n'en faisant aucun usage. Un seul homme balance tout le monde en Espagne ; c'est Pini, valet de chambre chéri, le seul à qui le roi se plaise à ouvrir son âme et avec qui il passe tous les jours, enfermé dix heures sur vingt-quatre. C'est par cet homme, aussi important qu'obscur, que j'ai acquis la plus parfaite connaissance du caractère de ce prince. Mais hors les ministres, Pini et quelquefois le confesseur pour les matières ecclésiastiques, il n'y a personne qui ose parler d'affaires au roi, ni qui influe en rien sur les décisions importantes [39]. »

Quant à ses dossiers, Beaumarchais les a préparés avec un soin extrême, recourant pour se documenter à deux collaborateurs particulièrement au fait de la situation en Espagne : Jean Durand, que nous connaissons déjà, et le marquis d'Aubarède, aventurier, conspirateur, maître chanteur, candidat malheureux au gouvernement de la Louisiane, mais source inépuisable d'informations sur les dessous de la politique espagnole [40]. Au total, ce ne sont pas moins de douze mémoires, essais et rapports divers qui sortiront coup sur coup de la plume de Beaumarchais pendant son séjour à Madrid ou juste après son retour. À l'exception du *Mémoire sur l'Espagne*, ils sont tous demeurés inédits à ce jour [41]. Nous savons aussi qu'il commença d'y travailler deux mois avant de quitter la France. Ils recèlent d'ailleurs une telle masse de connaissances économiques et géopolitiques, ils témoignent d'une réflexion si approfondie sur la complexité des relations franco-espagnoles qu'on ne saurait imaginer une seconde qu'il ait pu les improviser jour après jour, suivant le flux des discussions. Si le temps de la rédaction proprement dite fut relativement bref : pas plus de quelques jours – au mieux quelques semaines –, c'est bien précisément parce que leur auteur avait assimilé toutes les notions et mûri toutes les propositions dont ces mémoires sont porteurs.

« Tout ou rien »

« Je ne veux point de petite affaire. Tout ou rien. » Cette boutade lancée un jour à Durand, qui l'entreprenait sur des objets mineurs, traduit assez bien l'esprit dans lequel Beaumarchais engage les négociations avec ses partenaires. Ailleurs, il confie à son père : « Mon cher père, vous me connaissez ; ce qu'il y a de plus étendu, de plus élevé n'est point étranger à ma tête ; elle conçoit et embrasse beaucoup avec facilité ce qui ferait reculer une douzaine d'esprits indolents. » Quelques jours plus tard, il s'écrie : « Je suis dans le plus beau de l'âge ! Je n'aurai jamais plus de vigueur dans le génie ! » À quoi semble faire écho l'enthousiasme du vieux Caron, ébloui par tant d'audace : « Je n'entreprendrai point de vous peindre ici l'admiration où me jettent ces lettres sur la grandeur, l'immensité de vos vues. »

« Immensité » : le mot paraît à peine exagéré. Ses ambitions outrepassent à tel point le rôle strictement commercial que lui ont assigné Pâris-Duverney et ses associés qu'on ne sait s'il faut parler ici de mégalomanie ou d'inconscience. Probablement des deux à la fois, car c'est en véritable ambassadeur de France, de nation à nation, en vertu d'un pouvoir qu'il s'est conféré à lui-même, qu'il entend traiter avec les dirigeants espagnols. Et cela, répétons-le, sans justifier d'aucun acte officiel du gouvernement français, d'aucune lettre de créance, sinon la recommandation de Choiseul, laquelle ne saurait en aucun cas passer pour un ordre de mission. Mais qu'importe l'indigence de son bagage diplomatique : son savoir-faire et l'« immensité » de ses desseins ne valent-ils pas tous les sauf-conduits du monde ? Beaumarchais vise en effet très haut, puisqu'il rêve de mettre en application le Pacte de famille conclu en 1761 entre la France et l'Espagne, en instituant une véritable politique de coopération économique et militaire entre les deux pays, aux dépens de l'Angleterre[42]. Vaste projet qui devra s'articuler autour de trois axes :

1° La concession du commerce exclusif de la Louisiane à une compagnie française organisée sur le modèle de la Compagnie des Indes, mais siégeant à Madrid ;

2° la fourniture en esclaves noirs sur l'ensemble des colonies espagnoles : entreprise paradoxale pour un homme qui se pique par ailleurs de défendre la liberté ;

3° le défrichement et la mise en valeur de la sierra Morena par des colons français.

À quoi s'ajoutent la fabrication des poudres et salpêtres, ainsi que la fourniture de vivres à destination de l'armée espagnole, la modernisation de l'agriculture, de l'industrie, du commerce, l'implantation de manufactures de soie, de laine, etc., le tout en vue de préserver l'intégrité territoriale de la péninsule Ibérique, de promouvoir son essor économique et de lutter efficacement contre la concurrence anglaise.

Ainsi, sans perdre de vue la mission commerciale dont il était investi, Beaumarchais entendait la fondre dans une large perspective de politique coloniale dont les objectifs étaient clairs : garantir l'Empire espagnol contre l'emprise anglaise, restaurer les finances de l'Espagne, unir enfin les deux puissances française et espagnole au moyen d'un « nœud politique » destiné à les protéger de leur adversaire commun, à savoir l'Angleterre. Non seulement il agissait de son propre chef, mais il allait de l'avant sans même se soucier de la position de Choiseul, qui pouvait être différente – et qui l'était en effet. De surcroît, il compromettait par là ses chances de succès. Nul doute, par exemple, que s'il avait envisagé l'*asiento* sur la traite des Noirs comme un négoce au lieu de l'englober dans une action politique d'envergure, il l'eût obtenu. Mais il commit la double erreur de politiser l'ensemble du programme commercial pour lequel il était mandaté, et d'autre part de prendre seul, sans l'appui du ministère, des initiatives qui engageaient les intérêts supérieurs de la nation. Plus que l'impatience ou la maladresse, c'est l'outrecuidance qui l'aura perdu.

*
* *

Les discussions s'engagent pourtant sous les meilleurs auspices. Entièrement acquis à ses idées, Grimaldi le traite sur le pied de l'amitié ; Charles III, de son côté, ne paraît pas indifférent aux propositions françaises qui, dans l'ensemble, rejoignent ses propres intentions. Habilement, Beaumarchais s'est d'ailleurs fait un ami d'Almerico Pini, le valet de chambre et confident du souverain, dont chacun sait qu'il a l'oreille de son maître. Quant à Arriaga, dont on connaît les sentiments antifrançais, il ne pèse pas très lourd dans la négociation.

Il existe cependant deux obstacles – et non des moindres – auxquels il devra faire face : d'une part, le ministre Esquilace, qu'une âpre rivalité oppose à Grimaldi et qui l'emporte sur ce dernier dans la lutte d'influence que se livrent les deux hommes auprès du roi. D'autre part, l'héritier du trône, le prince des Asturies, futur Charles IV, « élevé dans une telle haine des Français, note Beaumarchais, qu'en aucune occasion il n'en veut même parler la langue avec personne, quoiqu'il la sache fort bien, et l'on remarque qu'il ne manque jamais de dépriser tout haut les Français et d'en dire du mal lorsqu'il est question d'eux. Cette haine qu'il doit à son éducation [43] est un des points les plus opposés aux suites du système actuel, et les gens les plus raisonnables pensent que si le roi mourait ou devenait hors d'état de tenir les rênes, ce qui n'est pas aussi peu vraisemblable qu'on pourrait le croire, la France aurait bien de la peine à conserver la bonne intelligence qu'on a crue cimentée solidement par le Pacte de famille [44] ». En fait, le jeune prince ne fait qu'épouser la traditionnelle aversion du peuple espagnol pour les Français, qu'il faut associer à son invincible répulsion pour le négoce, car la plupart des Français résidant en Espagne sont commerçants. Beaumarchais observe à cet égard :

« La fierté de cette nation lui fait voir avec un mépris injuste toute espèce d'opérations de commerce. Cette branche du gouvernement, si utile chez nous, si honorée en Angleterre, et si indispensable en Hollande, est méconnue et découragée en Espagne. On n'y estime que les services d'un plus grand que soi, et tout homme en Espagne qui peut prononcer "mon maître" (*mi amo*) serait plus grand cent fois que celui qui se pique de n'en avoir d'autre que les lois ou les princes. Surtout, ils méprisent les commerçants. Toutes ces raisons, et celles qui pourraient me rapprocher des Espagnols par la suite, me font désirer que vous veuillez bien me garder le secret sur la propriété de l'affaire. Le nom d'un Français n'y ferait aucun bien, au contraire, et cela nuirait à mon existence actuelle et future [45]. »

Beaumarchais avait déjà remarqué, dans sa longue lettre au duc de La Vallière citée plus haut, la profonde antipathie du peuple espagnol à l'endroit des gens de sa nation, en reconnaissant toutefois que « le ton moqueur et tranchant de la plupart des Français qui viennent ici contribue beaucoup à entretenir cette espèce de haine : c'est l'aigreur qui paie la moquerie ». Cette hostilité populaire, d'autant plus profonde qu'elle traduit un complexe d'infériorité vis-à-vis de la nation française, aura du moins l'avantage d'inspirer à Beaumarchais la conduite la plus conforme à ses goûts naturels. Empêché d'aborder de front la question du rapprochement économique franco-espagnol sous peine d'un rejet immédiat et sans appel, il va se livrer à son sport favori : la politique de cabinet, ou plus exactement, dans le cas qui nous occupe, la politique d'alcôve.

UNE ESPIONNE À LA COUR D'ESPAGNE

Ce génie de l'intrigue, cette virtuosité dans la ruse, qu'il transmettra plus tard à Figaro, Beaumarchais va les mettre en œuvre dans l'une des plus folles *combinazione* qui se puisse imaginer. En quoi consiste-t-elle ? À se rendre maître absolu du roi d'Espagne ; à lui dicter ses faits et gestes sans qu'il s'en aperçoive, par l'effet d'une douce insinuation ; à se couler habilement à l'intérieur de sa pensée, à l'orienter dans ses jugements, à diriger sa volonté, à lui inspirer ses décisions tout en lui laissant croire qu'il agit seul et de son plein gré. Bien entendu, seule une femme serait capable d'exercer un pareil empire, à condition qu'elle fût belle, intelligente, sensuelle, dominatrice, parée en même temps de toutes les grâces de l'esprit, suffisamment habile enfin pour s'imposer dans le cœur d'un souverain tel que Charles III, de mœurs austères et d'humeur maussade (« Malheur à celui qui lui proposerait une maîtresse ! » note Casanova). Or cette femme existe, et Beaumarchais la connaît mieux que personne, puisqu'il s'agit de sa propre maîtresse, la marquise de La Croix. Persuasive, enveloppante, d'un ton et d'une élégance suprêmes, évoluant avec aisance dans les arcanes du pouvoir, elle semble désignée pour jouer ce personnage – combien périlleux ! – d'espionne en jupons. Il ne reste plus qu'à lui en faire accepter l'idée. Son ambition, son goût du risque, son orgueil, ses besoins d'argent, à quoi s'ajoute une fiévreuse envie de déployer ses talents dans une cause à sa mesure : tout la pousse à relever le défi. Son amant n'a donc aucun mal à flatter son amour-propre et « le roman de sa tête », en lui faisant miroiter les suites glorieuses qu'entraînerait une idylle avec le roi : pour elle tout d'abord, puis pour son mari qui en tirerait mille avantages, enfin pour la nation française tout entière, aux yeux de laquelle elle passerait pour une héroïne. Elle est sur le point de consentir, lorsque soudain elle se ravise, saisie d'un doute. Sera-t-elle à la hauteur de la tâche ? Un roi si bigot, si renfrogné ! Tant d'intérêts en jeu ! Une mission parsemée d'embûches ! Tout cela n'est-il pas trop lourd pour ses frêles épaules ? Beaumarchais dépense alors des trésors d'éloquence pour la rassurer : qu'elle s'en remette à son charme naturel ; ses œillades enjôleuses auront tôt fait de jeter le monarque à ses genoux. Après quoi, elle en fera ce qu'elle voudra ; il se laissera mener comme un petit garçon. À bout de ressources, il avance un argument irrécusable : en cas de danger, le duc de Choiseul se dit prêt à dépêcher auprès d'elle un de ses messagers clandestins. Promesse gratuite, on s'en doute, car depuis quand un ministre des Affaires étrangères se mêle-t-il de ces sortes d'affaires ? Subsiste une dernière difficulté, mais non la moins épineuse, puisqu'elle touche à la vertu de la jeune femme.

Beaumarchais avait en effet tout prévu, sauf qu'elle pût résister aux assauts de Sa Majesté Catholique. Une vie scandaleuse avec le souverain, note-t-il, « répugnait entièrement à ses principes et à son goût ». Pour le goût, on peut le croire (Charles III avait un profil de bélier ; Madame Adélaïde, avec laquelle on avait pensé le remarier, refusa net en voyant son portrait). Pour ce qui est des principes... Passons. Plutôt flatté d'une telle répulsion à l'égard d'un autre que lui-même, fût-il roi d'Espagne, notre entremetteur s'applique de son mieux à apaiser les scrupules de sa maîtresse : « Je la fixai entièrement, en l'assurant que, loin de faire entrer pour quelque chose l'oubli des devoirs dans mon plan, je n'avais jeté les yeux sur elle qu'afin d'être plus certain que cela n'arriverait jamais. Je lui prouvai que le roi, faible et dévot, pouvait être à tout moment arraché au plaisir par le remords, l'édifice fondé sur une liaison vicieuse était exposé à s'écrouler au premier choc du confesseur. Au lieu qu'une rigueur adoucie par les charmes d'une agréable société et une union fondée sur l'estime et soutenue par le respect qu'elle lui inspirerait serait un moyen bien plus sûr pour le gouverner qu'une faiblesse qui le mettrait toujours en guerre avec sa conscience[46]. »

Beaumarchais avait pénétré à fond le caractère du monarque ; il le savait d'une défiance maladive, dévot jusqu'à la superstition, mélancolique, solitaire et quelque peu misanthrope. Depuis la mort de la reine Marie-Amélie en 1760, on ne lui avait connu aucune aventure amoureuse, bien qu'il fût de tempérament sensuel, ce qui lui valut le surnom de « chaste ». Ses journées s'écoulaient dans un morne ennui qu'interrompaient seulement les longues heures consacrées à la chasse [47]. « L'ennui, cette maladie de tous les rois, se fait plus vivement sentir à lui qu'à tout autre, observe Beaumarchais. Vingt fois, ses regards ont cherché dans les personnes qui l'entourent un objet dont les agréments, l'esprit et l'attachement pussent le tirer de la triste monotonie de la vie qu'il mène. Une autre maladie, qui afflige assez ordinairement les vigoureux dévots, le ferait incliner volontiers du côté d'une femme pour se l'attacher de préférence. Mais le souvenir de l'empire que la reine Amélie s'était arrogé sur lui, et la crainte d'être subjugué par quelque esprit de la trempe de celui de sa femme, l'ont toujours arrêté [48]. »

Disposant d'un allié sûr auprès du roi en la personne du valet de chambre Pini, Beaumarchais s'ouvre à lui de son projet, et s'assure de sa collaboration en lui faisant valoir tout le bénéfice qu'il en pourra tirer. S'il favorise les amours de son maître, il verra sûrement son crédit redoubler. Nul doute non plus que M. de Grimaldi saura récompenser comme il convient ce service rendu à sa politique. Une fois l'accord conclu, les deux compères se distribuent les rôles : Pini se charge d'attirer l'attention du souverain sur la belle marquise, tandis que Beaumarchais guidera celle-ci selon ses plans.

*
* *

Tout se déroule d'abord le mieux du monde. Charles III mord à l'hameçon plus vite qu'on ne l'eût pensé, et fait l'aveu de son inclination à son valet de chambre. La marquise de La Croix ne lui est d'ailleurs pas inconnue ; le duc de Choiseul l'ayant recommandée à la Cour quelques semaines plus tôt, il a remarqué ses charmes et n'y est pas resté insensible [49]. Vivement encouragé par Pini, qui l'incite à se déclarer, il invite la belle à venir le voir à sa résidence de Saint-Ildefonse. Beaumarchais crie victoire et fait expédier sa maîtresse au galop. Mais à peine est-elle arrivée au palais qu'une horrible panique s'empare de son galant. Dix fois de suite, il lui fixe un rendez-vous dans ses appartements secrets, se rétracte aussitôt, la fait à nouveau rappeler, se décommande encore, et finit par renoncer. Ce curieux manège n'échappe pas à la sagacité de Beaumarchais, qui l'analyse avec beaucoup de pertinence : « Semblable aux enfants qu'une subite terreur empêche de se livrer aux choses qu'ils ont le plus désirées, quand une occasion naturelle se présentait de voir celle qu'il aimait, le roi trouvait plus de raisons pour éluder ce moment qu'il n'avait mis de soin à le faire naître, et le danger une fois passé, il semblait ne sortir d'une espèce de suffocation que pour passer à une profonde tristesse [50]. » Comment expliquer cette brusque frayeur ? L'objet recherché s'est-il trop vite soumis à ses désirs ? Beaumarchais semble le croire et modifie sa stratégie en conséquence. Aussi, lorsque le prince exprimera derechef l'envie de voir la belle, celle-ci se gardera d'obéir, « afin que le roi s'occupât plus de nos refus que de son irrésolution, et que sa passion augmentât par la difficulté de la satisfaire [51] ».

C'était faire trop bon marché du débat qui agitait la conscience du malheureux souverain, déchiré entre son attirance bien réelle pour cette jeune femme et le sacro-saint souvenir de son épouse, tourmenté par le spectre du péché, esclave de son confesseur, taraudé jour et nuit par la peur des autres et de lui-même. Aussi ne devint-il jamais l'amant de la marquise de La Croix, et ne fit-il rien pour y prétendre ; il se contenta de gratifier son mari d'une commanderie de Saint-Jacques, d'une rente de douze mille livres, et d'une croix de diamants d'une valeur de dix-sept mille livres, qu'il lui fit offrir par l'infant [52]. La marquise reçut pour sa part une charge de dame d'honneur, assortie d'une pension, mais sans obligation de service. Ainsi s'acheva cette aventure sur laquelle Beaumarchais avait fondé tant d'espoirs.

CHÂTEAUX EN ESPAGNE

Mais il n'était pas au bout de ses déconvenues : les châteaux en Espagne sont faits pour s'écrouler. Si l'intrigue d'alcôve tourne court, la négociation, de son côté, n'avance guère ; les pourparlers piétinent, les débats s'enlisent, au désespoir de cet incurable impatient. Il dépense pourtant des trésors d'énergie pour faire avancer les choses. En pure perte. Son emploi du temps donne le tournis : « Jamais je n'ai été aussi occupé, écrit-il à son père. Les affaires ne se succèdent pas, mais elles s'enjambent, de manière qu'une chose s'entame pendant que l'autre subit les lenteurs d'usage en ce pays. »

« Je suis mes affaires avec l'opiniâtreté que vous me connaissez, lui dit-il ailleurs. Mais tout ce qu'on entreprend entre Français et Espagnol est dur à la réussite : ce sera un beau détail que celui que j'aurai à vous faire lorsque je reviendrai me chauffer à votre feu. Je travaille, j'écris, je confère, je rédige, je représente, je combats : voilà ma vie. » Conscient d'ailleurs de la difficulté de l'entreprise, il ne se dissimule pas que les risques d'échec ne pèsent pas moins lourd que les chances de succès : « Mes mesures ont beau être les plus sages que je puisse prendre, écrit-il encore au vieux Caron, j'aurai eu beau mettre tout le jeu, toute l'adresse imaginable pour faire filer une aussi grande affaire jusqu'à son heureux dénouement, si quelque événement imprévu brise ma barque, même dans le port, je n'ai plus rien à espérer que le sourire amer de ceux qui m'auraient porté aux nues si j'avais fixé la fortune. […] L'hydre à sept têtes n'était qu'une fadaise auprès de celle à cent têtes que j'ai entrepris de vaincre. Mais enfin, je suis parvenu à me rendre maître absolu de l'entreprise entière des subsistances de toutes les troupes des royaumes d'Espagne, Majorque, et des *presidios* de la côte d'Afrique, ainsi que de celles de tout ce qui vit aux dépens du roi. Notre ami a raison de dire que c'est la plus grande affaire qu'il y ait ici ; elle monte à plus de 20 millions par an. Ma compagnie est faite, ma régie est montée ; j'ai déjà quatre cargaisons de grains en route, tant de la Nouvelle-Angleterre que du Midi, et si je coupe le dernier nœud, je prendrai le service au 1ᵉʳ mars. […] Tout le monde à Madrid parle de mon affaire ; on m'en fait compliment comme d'une chose faite. Moi, qui sais bien qu'elle n'est pas finie, je me tais jusqu'à nouvel ordre[53]. »

Sage prudence, car, en dépit de débuts prometteurs, et même d'un commencement d'exécution, l'affaire des subsistances se solda par un échec. Nous n'entrerons pas dans le détail des négociations qu'elle nécessita ; leur extrême complexité aurait tôt fait de lasser le lecteur[54]. Quant à la concession de la Louisiane, destinée en principe à constituer un écran protecteur contre l'insatiable gloutonnerie économique des Anglais, le roi et Grimaldi, partisans d'une politique d'union avec la France, la jugèrent acceptable, mais elle se heurta au refus du Conseil des Indes, gardien de l'Empire espagnol, parce que la compagnie représentée par Beaumarchais était française. L'*asiento* fut donc attribué à son principal concurrent, un négociant de Cadix, Miguel de Uriarte, dont le nom couvrait en fait deux firmes londoniennes.

L'hostilité du Conseil des Indes au projet français venait d'un ancien contentieux colonial entre la France et l'Espagne au sujet de cette province, notamment des nombreuses tentatives françaises pour s'étendre vers le sud. N'avait-on pas même projeté un moment l'invasion du Texas, afin d'établir un courant commercial avec le Mexique ? En 1758, en pleine guerre de Sept Ans, des Indiens comanches ayant attaqué et détruit la mission espagnole de Santa Saba, on avait découvert que leurs uniformes, leurs sabres et leurs fusils étaient français. Attentif au maintien des droits de sa couronne, Charles III avait demandé au marquis d'Ossun, en 1760, la cession de la Louisiane par le moyen de quelque échange. Puis, après la mort de la reine Amélie, il voulut se rapprocher de la France et changea d'attitude. En juillet 1761, pendant les pourparlers du Pacte de famille, il se déclarait prêt à céder ses droits, à condition que la frontière fût fixée le plus au nord possible. Choiseul, qui avait d'abord songé en faire un objet de marchandage, afin d'amener l'Espagne à entrer en guerre, se reprit, en voyant dans la Louisiane le noyau d'un second empire colonial. Enfin, au cours des discussions franco-anglaises, qui se poursuivaient parallèlement à celles du Pacte de famille, William Pitt avait manifesté son intention de laisser à la France toute la haute vallée du Mississippi, avec un port sur le golfe du Mexique et la possibilité de s'étendre vers l'ouest. Mais après son entrée en guerre et malgré ses défaites de 1762, l'Espagne continua d'affirmer ses droits sur cette province, par la raison du premier conquérant : au cours des préliminaires du traité de Paris, elle s'opposa à ce que la France, qui désirait en céder la partie orientale à l'Angleterre, disposât d'une colonie où son installation avait été seulement tolérée [55].

On comprend mieux, dès lors, le rejet par le Conseil des Indes : la concession de la Louisiane à la compagnie de Beaumarchais risquait de maintenir l'ouest de la province, cédé à Sa Majesté Catholique en vertu du traité de Paris (1763), sous influence française, et d'encourager la tentation expansionniste des Français vers le sud.

*

* *

Beaumarchais ressentit l'échec des négociations comme une défaite personnelle, car ce programme, fondé sur une relation d'intérêts entre la compagnie française et l'Espagne, était son œuvre [56] ; ses commettants y avaient peu de part. Quant à la position officielle du gouvernement français, comme on le verra plus loin, elle était diamétralement opposée à la sienne. L'affaire de la Louisiane lui tenait d'autant plus à cœur qu'elle constituait la clef de voûte de tous ses autres projets. La réforme des manufactures, la colonisation de la sierra Morena, la subsistance des troupes espagnoles : tout cet édifice qu'il avait patiemment échafaudé trouvait sa réalisation compromise par la décision du Conseil des Indes.

Mais ce revers entraînait d'autres conséquences, plus graves encore. Car, au-delà de ses plans de redressement et de leurs enjeux financiers, c'est tout le processus d'économie politique, fondé sur la philosophie des Lumières et les théories des physiocrates, que Beaumarchais avait tenté d'instaurer en Europe qui se trouvait irrémédiablement compromis.

POUR UNE POLITIQUE DES LUMIÈRES

Homme d'action, homme de terrain et par-dessus tout homme de son siècle, Beaumarchais s'est toujours méfié des systèmes d'école, élaborés à cent lieues des situations concrètes et embarbouillés de dissertations fumeuses. Si l'économie le séduit au plus haut point, c'est qu'elle offre à ses yeux l'immense avantage de s'appliquer à des champs d'expérience pratique. Et s'il salue avec enthousiasme les progrès de l'esprit philosophique, c'est parce qu'il s'attache désormais à des réalités utiles à l'homme : la démographie, la consommation, l'agriculture, le négoce, la liberté des échanges, la production des richesses...

« La philosophie, déclara-t-il, dégagée à la fin de la poussière et du jargon barbare de l'école, s'applique avec succès, depuis le commencement du siècle, à éclairer l'Europe sur des objets utiles. L'humanité lui a surtout eu l'obligation d'avoir tourné toutes les vues des gouvernements et des peuples du côté de la population, de l'agriculture et du commerce, seuls vrais fondements de la prospérité des États et du bonheur des sujets[57]. »

On ne peut qu'être frappé, en lisant les mémoires sur l'Espagne, par l'extraordinaire culture de Beaumarchais en matière d'économie politique. Point n'est besoin qu'il cite ses sources ; il a pratiquement tout lu sur le sujet: Montesquieu, David Hume, père de l'utilitarisme, les physiocrates (Mirabeau père, auteur de *L'Ami des hommes*, le médecin Quesnay, Letrosne, Dupont de Nemours, Clicquot de Blervache et Louis-Paul Abeille, tous deux disciples de Gournay, l'Irlandais Richard Cantillon), Rousseau, Diderot à travers l'article « Agriculture » de l'*Encyclopédie* (1751), le *Dictionnaire du commerce*, Melon, Dutot (caissier de la Compagnie des Indes et fervent admirateur de Law), Véron de Forbonnais, inspecteur général des Monnaies, les Espagnols Ustariz, Bernardo de Ulloa, traduits en français, etc.[58].

Hostile à toute forme de dogmatisme, mais ouvert aux influences d'où qu'elles viennent, il entend mettre en pratique la somme des idées d'économie politique de son temps, sans se laisser enfermer dans aucun système en particulier. Fortement imprégné de physiocratie par l'importance qu'il accorde aux richesses du sol ou le rôle qu'il attribue à l'agriculture comme source de peuplement, il s'en écarte toutefois en soutenant que l'industrie « décuple » la valeur des biens naturels. Il pense, comme Montesquieu, que toute économie exclusivement rurale se verrait bientôt menacée de surproduction et de stagnation, et que l'industrie est donc nécessaire comme force productrice de richesse nationale. En appliquant ses théories à la sierra Morena, « pays tout neuf », « terrain inculte de temps immémorial », il prévoit d'en faire une sorte de région pilote « devant servir un jour d'aiguillon à l'émulation des autres provinces et de moyens pour rendre le nerf et la vigueur à tout le corps de l'État, affaibli par l'abandon du travail et l'obstruction générale des canaux de la circulation ».

Quoique fils spirituel de Pâris-Duverney, lequel s'était farouchement opposé au Système de John Law sous la Régence[59], Beaumarchais ne peut se défendre d'admirer le génie de l'Écossais, et notamment ses conceptions en matière de numéraire. Cet homme n'a-t-il pas renfloué les finances du royaume en créant un vaste mouvement de circulation et de confiance ? N'est-ce pas le meilleur exemple à suivre ? Si l'argent de l'Espagne « moisit » dans des « souterrains ignorés », c'est parce que le gouvernement ne lui a fourni jusqu'à présent aucune occasion de circuler, « seul usage à quoi pourtant il soit propre de sa nature », affirme Beaumarchais. « Or le défaut de circulation dans un État, poursuit-il, entraîne toujours celui de consommation, lequel, par un retour nécessaire, étrangle de plus en plus la circulation. [...] Le défaut d'acheteurs, décourageant tous les travaux, bientôt il ne reste rien à offrir aux besoins réels du peuple, et par ce cercle vicieux tous éprouvent également l'inanition et la misère. C'est donc un très grand avantage pour un État qu'on y fournisse des moyens de faire circuler l'argent : avantage si réel que la rapidité de circulation peut suppléer à l'abondance des valeurs numéraires, de manière qu'un État qui ne posséderait que dix millions d'espèces auxquels il aurait l'art de faire recommencer le cercle de la circulation tous les six mois serait réellement aussi riche que celui qui, ayant vingt millions, ne le ferait partir d'un point donné qu'une fois par an. Cette maxime bien entendue fait la richesse des négociants et banquiers, et s'applique aussi heureusement au gouvernement des États[60]. »

Appliqué à la sierra Morena, le système devait fonctionner d'après le schéma suivant. Il fallait tout d'abord qu'un homme « courageux, plein de zèle et désintéressé », demandât « en son propre et privé nom la concession de ces montagnes incultes, avec la liberté de former à son choix une compagnie pour subvenir aux avances indispensables de son entreprise ». Naturellement, le roi abandonnait au cessionnaire et à sa compagnie l'entière propriété des terrains à cultiver et lui remboursait tous les frais d'émigration et de transport des colons venus de l'étranger. Afin de ne pas grever le budget de l'État, les fonds nécessaires à ce remboursement étaient prélevés sur les bénéfices ecclésiastiques, ainsi que l'autorisait le concordat de 1753, puis versés à une Caisse d'agriculture. Entre-temps le concessionnaire et sa compagnie lançaient un emprunt nanti sur les fonds versés à cette Caisse. « On juge bien, ajoute Beaumarchais, que l'emprunt qu'ils ouvriront pour une entreprise si belle étant ainsi appuyé, tant pour le capital que pour les intérêts, se remplira facilement, car le bon usage et la sûreté des deniers concourront à inspirer la confiance. Les fonds versés dans la Caisse d'agriculture serviront donc uniquement à payer les arrérages de l'emprunt de la Compagnie jusqu'à ce que, les deniers s'y étant accumulés, on puisse procéder aux remboursements de l'emprunt. Mais c'est ce qu'on se gardera de faire alors : il suffira de le proposer pour que les actionnaires, qui verront leur argent rendre un produit honnête, sans que la sûreté du capital soit jamais douteuse, s'opposeront de tout leur pouvoir à ce qu'on les rembourse. » Résultat : 1° En gardant leur argent, on pouvait baisser les taux d'intérêt. 2° Au moyen de ces fonds, la Compagnie déchargeait le gouvernement d'un certain nombre de tâches secondaires : améliorer le réseau routier et la navigation fluviale, creuser des canaux, assurer l'approvisionnement des troupes, etc. Ainsi, la Compagnie ayant gagné la confiance de la nation, trouverait plus de fonds qu'elle n'en voudrait pour un second emprunt, et les deniers que le roi destinait à ses troupes s'accumulant avec la retenue des bénéfices permettaient de procéder aux remboursements du dernier emprunt, qui étaient refusés, comme les premiers. On baissait de nouveau les taux d'intérêt, et on recommençait. L'or sortait enfin des souterrains, la confiance renaissait, l'argent circulait[61]...

Châteaux en Espagne !... Utopie économique !... Aucun de ces mirifiques projets ne vit jamais le jour, et la colonisation de la sierra Morena fut confiée en 1767 au Bavarois Johann Gaspar Thürriegel, ancien officier venu en Espagne chercher fortune comme « homme à projets », appuyé de l'économiste Pablo Olavides en qualité de surintendant, lesquels firent venir un millier de familles des différents cantons de la Suisse, ainsi que de nombreux émigrés d'Allemagne[62]. Ce que l'on sait moins, c'est que, trois ans seulement après la tentative avortée de Beaumarchais, un aventurier du nom de Giacomo Casanova allait à son tour s'intéresser de près à la mise en valeur de la sierra Morena. Au cours de son séjour à Madrid, en 1767-1768, il fit la connaissance d'Olavides et lui prédit que cette colonie de Suisses était condamnée à péricliter à brève échéance, parce que « l'homme suisse était un mortel différent en espèce des autres hommes ». Il fallait absolument les allier par mariage avec des Espagnols, « car le vrai Suisse avait des usages et des lois sur la façon de faire l'amour, qui étaient inséparables de leur nature et des cérémonies que l'Église espagnole n'approuverait jamais[63] ». Séduit par les idées de Casanova, Olavides le prie de les jeter par écrit et de lui remettre un rapport. Tout se passe ensuite comme avec Beaumarchais. Le Vénitien se met au travail, traite « en philosophe » toutes les questions liées au peuplement et à l'exploitation des terres, puis rencontre Grimaldi, qui se dit intéressé par ses propositions et lui promet même de le faire nommer gouverneur en cas de succès. Les choses traînent, les entretiens languissent, les décisions tardent à venir... puis, un beau jour, tout part en fumée et l'on ne reparle plus de rien[64].

CHAPITRE VIII

« Un tourbillon qui m'enivre... »

« Toute femme vaut un hommage, bien peu
sont dignes d'un regret. »

(Beaumarchais)

Tout au long de son séjour en Espagne, Beaumarchais n'aura qu'une idée en tête : s'échapper de ce «pays ingrat», rentrer à Paris, retrouver ses pénates, rue de Condé, au coin de son feu, parmi les siens. À certains moments, par bouffées, il lui prend des envies d'existence paisible, à l'écart du bruit et de l'agitation, loin de cette course haletante aux honneurs et à l'argent où il a l'impression de gaspiller son énergie : «Il me semble à moi que je me ménagerais ici des échappées délicieuses de temps en temps, confesse-t-il à son vieux père, si je pensais que je vais passer un mois ou deux dans ma maison, occupée par des ménages aussi heureux que chers à mon cœur. Et enfin, quelle retraite au bout de mes affaires, que d'aller ensevelir le reste de ma vie au milieu de mes parents amis, tous enchantés les uns des autres et connaissant tous le prix de l'aisance sans faste, et de ce qu'on appelle l'heureuse médiocrité[1] !» Mais qu'on se rassure : dès le lendemain, la fièvre d'agir le reprend de plus belle.

LES IMPAYÉS DE LA MAISON CARON

Entre les négociations, les mémoires politiques, les mondanités, les plaisirs, la correspondance quasi quotidienne avec son père et ses sœurs, les missives à Durand, les compositions musicales, les aventures galantes, Beaumarchais trouve encore le temps de s'occuper des factures impayées de la maison Caron, comme il s'y était engagé avant son départ. La chose est moins aisée qu'il n'y paraît, car les anciennes clientes de l'horloger (ce sont surtout des femmes) perdent subitement la mémoire dès qu'on leur réclame de l'argent. Chacune reçoit donc une petite circulaire ainsi rédigée :

« Sachant que bien des gens oisifs de ce pays me font l'honneur de s'inquiéter sur les motifs de mon séjour en Espagne, j'ai cru devoir les tranquilliser en employant mon temps à solliciter les dettes de ma maison. En conséquence, j'ai l'honneur de demander à Votre Excellence la permission, etc.[2] ».

Outre la procuration de son père et les titres de créance en bonne et due forme, Beaumarchais dispose d'une arme de persuasion à peu près infaillible auprès des femmes du monde : la peur du qu'en dira-t-on. Un vieil horloger n'aurait naturellement pu en user, mais un familier des altesses n'hésite pas à la faire agir. « Le duc et la duchesse paraissent ne vouloir pas m'avoir obligation, crainte que je m'en vante et que la longueur du crédit ne s'ébruite. Laissez-moi faire », écrit-il au père Caron auquel il promet encore : « J'espère vous tirer de toutes ces femmes. »

Pari en grande partie tenu, car, à quelques exceptions près, Pierre-Augustin parvient à rentrer dans ses fonds. Non sans difficulté, il est vrai, auprès de certaines débitrices. Si Mme Usseda obtempère sans trop se faire prier, à de menus abattements près (« mais ici on est trop heureux de prendre ce qu'on donne »), la duchesse de Bournonville, en revanche, ne paie qu'une partie de sa dette : 4 675 livres seulement. « Nous sommes bien loin de compte, soupire Beaumarchais ; c'est ce que je suis après à prouver. » Il a beau produire ses lettres de change, « tant protestées que celles qui ne sont pas acceptées », il n'obtient pas un sol de plus. En outre, elle conteste à Beaumarchais sa qualité de gentilhomme et s'offense qu'un solliciteur sans naissance ose lui rappeler d'aussi mesquins souvenirs. Il prie alors Julie de lui expédier en toute hâte deux ou trois copies du règlement de chasse attestant son office de lieutenant général : « Tu trouveras cet arrêt imprimé dans l'armoire de mon cabinet rose, auprès de la cheminée, dans les papiers qui regardent la chasse. » C'est Miron qui se charge de retranscrire tous ses titres : « *Messire* Pierre-Augustin Caron de Beaumarchais, écuyer, conseiller du roi, lieutenant général au bailliage et capitainerie des chasses de la varenne du Louvre, etc. » Muni de ses parchemins, il relance la duchesse de Bournonville de pressantes missives. Mais voici qu'un jour, par hasard, l'une d'elles tombe entre les mains du mari, lequel ignore tout des folies de sa femme à Paris. Colère dudit mari, cris et pleurs de ladite épouse, scènes de ménage en série. Peu après, voici Madame au lit, le corps constellé de petite vérole : « Il y a des plaisants qui prétendent que cette maladie lui vient de la frayeur que je lui ai causée en instruisant par l'envoi maladroit M. le duc de ma prétention », s'amuse Pierre-Augustin.

Du côté de la comtesse de Benavente, même scénario : marchandage et mauvaise foi d'un côté, « petites lettres polies » de l'autre, et tout se termine comme avec la Bournonville : on finit par transiger sur une partie de la somme. Encore celles-là ont-elles les moyens de payer. Mais les insolvables ? M. Ferer, par exemple, dont les affaires sont dans un tel état de délabrement qu'« on ne sait ni qui, ni comment, ni quand, ni où il faudra s'adresser pour faire revenir ce que la négligence universelle a laissé égarer » ? Ou le malheureux marquis de Castellar, fort ami de Mme de La Croix, complètement ruiné, qui vit retiré dans son palais de Saragosse ? Il faudrait le relancer jusque chez lui, prendre la poste, affronter les intempéries, les mauvaises routes, les brigands… Mieux vaut abandonner. Au reste, M. Caron exempte son fils de tout zèle excessif, en s'émerveillant de ce qu'il a déjà obtenu : « Je vois ce que vous avez fait et faites encore contre mes débiteurs dont je n'aurais peut-être jamais tiré un sol sans vous, lui écrit-il. Il faut regarder ce que vous en arracherez comme pur bénéfice [3]. »

« SOURIRE SUR L'AVENIR »

Dès l'hiver de 1764, sa décision est prise. Pas question de passer un second printemps à Madrid. Qu'y ferait-il d'ailleurs ? Côté négociations, plus aucune chance d'aboutir : échec sur toute la ligne [4]. Côté créances paternelle, il a récupéré ce qu'il a pu. Côté famille (et Dieu sait si cela compte pour lui !) mission accomplie : l'affaire Clavijo réglée, il a réussi à faire nommer son beau-frère Guilbert ingénieur du roi avec appointements, malgré sa réputation d'ivrognerie. Mais « il

est devenu fort sage et travaille comme un cheval, nous assure Beaumarchais. Je le talonne avec l'aiguillon de l'honneur, mais il va bien
sans éperons [5] ». À propos des Guilbert, on trouve un émouvant (et
curieux) témoignage de sa tendresse familiale, lorsqu'il apprend la
mort de leur fils aîné, en pension chez l'abbé de Malespine à Paris.
Son père l'en instruit au début février 1765, un mois seulement avant
son retour en France, en le chargeant de préparer les parents à la terrible nouvelle. Sa réponse mérite attention, car elle révèle ce subtil
mélange de pragmatisme, de rouerie et de sentiment qui le caracté-
rise. Avant de leur annoncer le malheur qui les frappe, il les amène
insensiblement à détourner leur affection de l'enfant qu'ils viennent
de perdre, en la reportant sur le fils cadet qui leur reste.

« J'ai reçu votre gros et triste paquet, dont je n'ai pas encore fait
usage entièrement ; je garde à ces pauvres gens-ci cette pénitence
pour leur carême. Il leur reste un fils qui est un fort joli enfant, spirituel au possible, et qui dévore tout ce qu'on lui apprend. Les
seuls préparatifs que j'ai faits à la triste nouvelle que je dois leur
annoncer ont été de beaucoup caresser le petit *Eugenio* depuis
votre lettre ; ce à quoi ils me paraissent fort sensibles. Je lui ai
donné un louis pour son carnaval, et je lui fais faire un très bel
habit de houzard. J'ai parlé de son frère pour leur faire apercevoir
la différence de dispositions aux sciences et talents de celui-ci à
l'autre, et de discours en discours, je les ai amenés au point de
m'avouer leur embarras pour placer cet aîné autrement que dans
les gardes du roi, dans le temps qu'on destine l'autre au génie. Je
les crois disposés maintenant de cette sorte que, dès l'entrée du
carême, je leur apprendrai la nouvelle sans autre ménagement que
de les en complimenter (tendresse de parents à part) [6]. »

Une dizaine de jours plus tard, il peut écrire à son père :

« Ma sœur sait aujourd'hui la mort de son fils, elle le pleure
beaucoup. Mais d'un autre côté, je la console par des motifs auxquels elle ne peut se refuser. Ainsi, je balance ses regrets par des
espérances possibles. J'ai des certitudes non équivoques que son
mari passera à la première promotion qui n'est pas éloignée, et
dans cette nouvelle carrière, les chefs étant mes amis, il peut marcher à plus grands pas que dans son état de particulier ; la dernière
circonstance dont je m'occupe est de lui faire obtenir des appointements du roi en même temps que sa nomination. La pauvre mère
sent bien que cette porte s'ouvre à son fils unique et que son état
futur se dispose sur celui que je ménage au père [7]. »

Une belle promotion pour Guilbert, un avenir assuré pour Eugenio : cela ne compense-t-il pas la perte d'un fils ? On reconnaît bien là l'esprit pratique de notre homme, son enracinement dans le réel, sa lucidité, cynique selon certains, mais que d'autres jugeront à bon droit plus agissante que le mol édredon de la sensiblerie. Tel il apparaît aujourd'hui, tel nous le retrouverons en toutes circonstances, même dans les malheurs qui le frapperont à son tour : maître de ses émotions, l'œil sec, la réaction prompte et généreuse. Cette attitude relève moins d'une froide indifférence que du formidable élan de vitalité qui le projette constamment vers le futur. « Pourquoi mettre sur le compte de l'insensibilité ce qui peut être en moi le résultat d'une philosophie aussi noble dans ses efforts que douce en ses effets ? » Répugnant à se lamenter sur les malheurs présents (les siens ou ceux de ses proches), il cherche d'instinct les moyens d'y remédier et les trouve d'ordinaire dans quelque dessein à réaliser, quelque projet en cours, quelque tâche exaltante. « Quand je me suis emporté une once de chair aux lèvres avec mes dents sur le passé, déclare-t-il, je travaille sérieusement sur le présent, et je ne puis m'empêcher de sourire sur l'avenir. » Pourtant, dit-il ailleurs, « le courage qui fait tout braver, l'activité qui fait parer à tout, et la patience qui fait tout supporter, ne rendent pas les outrages moins sensibles, ni les chagrins moins cuisants ». Tel est Beaumarchais : Figaro ou l'Optimisme ? Figaro ou la Sagesse ?

« LES BONNES GENS DE LA RUE DE CONDÉ »

On serait d'ailleurs d'autant moins fondé à critiquer sa réaction à la mort de son neveu que les liens familiaux occupent un rang privilégié dans son échelle de valeurs. Rien de plus fort, nous l'avons dit, que l'attachement qu'il porte aux siens. Cela tient-il à son statut de garçon seul élevé au milieu de cinq filles, à la mort prématurée de sa mère, à la démission du père ? Toujours est-il que Beaumarchais s'est senti dès son plus jeune âge une âme de père de famille, ou pour mieux dire, de chef de clan. À ce titre, il exerce auprès des siens, et notamment auprès de ses sœurs, une autorité de despote – qu'il vaut d'ailleurs mieux ne point affronter (le pauvre Miron en sait quelque chose !). Mais en même temps il se sent pleinement responsable de chacun d'eux et investi envers tous de devoirs quasi sacrés. Son ascendant sur la tribu familiale fait souvent penser à celui d'un « parrain » sur son réseau d'affidés. La famille, en effet, ne se limite pas pour lui au domaine privé ; il l'associe étroitement à ses entreprises, utilisant chaque membre au mieux de ses compétences, pièces rapportées comprises. Lors de l'affaire Goëzman, on verra la petite équipe mobilisée autour de son patron, entièrement solidaire de sa cause, et travaillant à son succès.

L'éloignement n'y change rien. À trois cents lieues de distance, Beaumarchais se sent parmi les siens. Chaque jour, ou presque, il leur écrit ou reçoit de leurs nouvelles ; parfois les lettres se croisent. Sans doute ses affaires à Paris exigent-elles un abondant courrier avec ceux qui s'en occupent. Mais toutes les lettres ne traitent pas d'affaires, loin de là. Sous couvert d'anecdotes, de faits divers, de choses vues, la plupart n'ont d'autre objet que de maintenir des liens étroits avec « les bonnes gens de la rue de Condé », comme il les appelle affectueusement. Rien ne lui est plus nécessaire que ce contact permanent avec le giron familial ; il y puise une énergie, une confiance, un soutien moral qu'il ne trouverait nulle part ailleurs. Ayant fait de son père son fondé de pouvoir, il le tient au courant de ses négociations jour après jour, dans les moindres détails, et le charge de mille tâches auprès de ses correspondants à Paris, notamment de Pâris-Duverney, dont il tait prudemment le nom : la concurrence est vive et le secret s'impose dans ces sortes d'affaires. Comme « il souffle un vent sur les Pyrénées qui rompt les cachets et évente les secrets », il le prie de « tortiller » ses réponses, afin de tromper les intercepteurs, ou d'y glisser un morceau de fil, afin de vérifier qu'elles n'ont pas été ouvertes. Le bonhomme s'acquitte avec zèle de ces missions de confiance, tout à la joie de servir ce fils qui le remplit d'orgueil et d'admiration.

À sa chère Julie, sa complice de toujours, il ne laisse rien ignorer non plus de sa vie en Espagne, quoique sur un registre plus badin. Au sein du clan, elle joue un peu le rôle de secrétaire ; son brin de plume, que l'on sait finement aiguisé, la destine à la rédaction de lettres et de rapports. C'est elle aussi qui tient les cordons de la bourse, ce qui n'est certainement pas une mince affaire, étant donné les prescriptions de Pierre-Augustin : « Je te recommande l'économie comme mère de l'aisance, et la modestie comme l'aimable compagne des grands succès. » Cette dernière mesure a de quoi faire sourire, venant de sa part. Pendant son absence, elle est également chargée de lui faire suivre son courrier et de lui fournir une gazette régulière sur la rue de Condé : comment se porte son père ? Et les amis, que deviennent-ils ? Et la Boisgarnier ? « Elle doit être bien fâchée contre moi de la sortie que j'ai faite sur son serviteur [Miron], ajoute-t-il. Mais que veux-tu ? J'ai le défaut de vouloir que chacun rende aux autres ce qui leur est dû, et je ne puis souffrir surtout d'être taxé de mauvais cœur ou de mauvaise tête. » Pétrie elle aussi d'émerveillement devant son « aimable génie », impatiente de le revoir (« je me déplais au cœur de ton absence », lui écrit-elle joliment), elle dissimule sous sa gaieté coutumière des trésors de tendresse à son endroit. A-t-elle cru discerner de la froideur dans sa dernière lettre ? Aussitôt elle s'inquiète et lui joue l'air du dépit amoureux, sur un ton mi-badin, mi-vexé :

« Le diantre soit de toi avec les quatre mots si froids, si piquants, si maussades. Et pourquoi tant d'ardeur à rompre ce cachet ? tant d'émotion à déployer ce papier pour trouver quoi ? J'embrasse tout le monde, et vous point. J'aime celui-ci, j'aime celle-là, et de vous je m'en f... C'est gracieux, je vous assure ! Il faut revenir bien vite pour voir une si belle lettre ; les chevaux sont trop lents à la course ; que n'ai-je des anglais, j'aurais reçu plus tôt cette prière énergique. À la tourner dans tous les sens, on pourrait pourtant y trouver quelque chose d'obligeant, une manière d'inquiétude... peut-être un peu de sensibilité... Mais c'est que tout cela est si bien enveloppé qu'il faut en vérité mon aptitude à le chercher pour pouvoir l'y rencontrer. N'importe, je me suis attristée comme une sotte à la lecture de cette lettre. Mais je suis si piquée contre moi de cette prouesse qu'à l'avenir, j'en jure et par mon corps et par mon cœur, par ma gorge et mon honneur, je verrai d'un œil sec ta folie pour les autres, ton insolence pour moi et l'expression de ton mauvais génie, sans qu'il m'en coûte un regret, un soupir, quelque chose que tu penses, quelque chose que tu dises[8]. »

C'est donc vrai ? Elle ne s'y laissera plus prendre ? Allons donc ! Bagatelles ! Serments en l'air ! Elle est bien trop embéguinée de son Pierrot ! Mais la grande différence entre eux, c'est qu'elle a besoin de dire son amour, de le décliner sur tous les tons, de disserter sans fin sur le sujet, au mépris de toute prudence, alors que lui se contente d'aimer : « Moi, je ne sais rien de si doux que d'avouer comme on aime, lui dit-elle. Toi, tu ne sais l'avouer qu'en amour. »

Soit bouderie, soit tactique, Julie s'ingénie à suivre à la lettre les consignes de brièveté que lui a données son frère : ses rapports sur la maisonnée sont trop maigres au goût de Pierre-Augustin, qui la rappelle à l'ordre : « Je ne haïrais pas quelquefois de recevoir des détails de l'intérieur de mon ménage, pendant que j'en suis à trois cents lieues. Il me semble qu'il serait même convenable que tu m'écrivisses un peu plus au long, ne fût-ce que pour me faire croire qu'on s'occupe un peu de moi pendant mon absence. Cette coquetterie ne serait pas tout à fait perdue : les hommes sont vains, ils aiment qu'on les flatte, et les femmes qui les traitent si légère-ment dans le cas où tu es méritent la petite leçon que je t'en fais. Tu vois bien que je m'aperçois de ta négligence. Cela est-il si désobligeant pour toi[9]? » Bien sûr que non – et il le sait bien ! Loin de se sentir désobligée, Julie est ravie, au contraire, de s'entendre houspiller, et lui débite avec joie les petits potins de l'hôtel Caron : elle a congédié Saint-Louis («il n'était pas fidèle») et engagé un nouveau chef qu'elle juge excellent ; la petite femme de chambre versaillaise qui la coiffe pour trente écus se signale par sa candeur ; le carrosse est entretenu et les chevaux se portent bien : le préféré du cher absent, en surveillance au manège des Tuileries, est monté trois fois la semaine par un ami. Julie a dû renoncer à garnir la volière, car les oiseaux y mouraient comme des mouches, mais elle met des fleurs partout et garde la clef du premier où personne n'a le droit d'entrer. Quelquefois, au milieu de ces petits riens qu'elle sait si bien égayer de son humour, jaillit sous sa plume un irrésis-tible élan du cœur : « J'ai un besoin de t'aimer aujourd'hui qui ne peut s'apaiser qu'en t'écrivant une longue lettre. »

C'est M. Caron qui rédige les bulletins de santé et la chronique mondaine. Pauline a souffert de la gorge et de la tête ; elle n'a pas ri une seule fois depuis le départ de son fiancé. Julie a gardé le lit plusieurs jours ; les deux sœurs ont été purgées. Toujours aussi affriolante, Mme Gruel lui est apparue «relevée en beauté à sa fenêtre de la rue du Roule en guise de Jézabel, mais les chiens ne la mordaient pas». Mme Henry aussi «est charmante et embellit tous les jours». Repas, jeux, spectacles vont leur train. La Comédie-Française reprend *Mérope* et remporte un prodigieux succès avec *Le Cercle*, «joli petit rien» en un acte de Poinsinet, qui rapporte au moins mille écus à son auteur, tant des comédiens que du libraire qui l'a acheté. Le théâtre Caron, privé de son chef de troupe, pour-suit néanmoins ses représentations : on a joué à la maison *Nanine* et *Les Folies amoureuses* devant quarante-cinq personnes. On répète *La Servante maîtresse* et *Le Tartuffe*. Le chevalier de Séguiran jouera l'imposteur, Julie sera Dorine. À la fête de Beaufort, en janvier 1765, après le concert et le souper, on a dansé jusqu'à deux heures du matin ; Boisgarnier et Pauline y ont brillé à l'ordinaire.

DE NOIRS SOUCIS POUR DU SUCRE BLANC

En dépit de ses multiples occupations à Madrid, Beaumarchais ne perd pas de vue les affaires qu'il a dû abandonner à Paris. L'une d'elles en particulier lui tient à cœur, car elle concerne à la fois sa fortune et son bonheur. Il s'agit, on l'aura compris, de son projet de mariage avec Pauline Le Breton. Au début de leur séparation, la passion des deux amants ne paraît nullement diminuée, loin de là, bien que Pauline marque peut-être plus de flamme et d'impatience ; l'éloignement lui pèse et le courrier d'Espagne se fait trop rare à son gré. Mais quoi, dira-t-on, elle a tout le loisir de regretter l'absent, tandis que lui trouve à peine le temps d'écrire à sa famille, absorbé comme il est par ses négociations. « Avez-vous donc tout à fait oublié votre pauvre Pauline, gémit-elle, ou votre paresse naturelle est-elle cause de ce silence insupportable ? J'aime mieux me le persuader pour mon bonheur et ma tranquillité. » Et elle termine ainsi : « Adieu, mon tendre ami, adieu tout ce que j'ai de plus cher au monde. Je t'embrasse de toute mon âme et suis pour toujours ton amie, ta fidèle et tout ce que tu voudras [10]. »

À ce cri du cœur, Pierre-Augustin répond par une dissertation philosophico-galante sur le thème de l'amour-propre et de ses rapports avec l'amour. Visiblement, il fait du remplissage, tire à la ligne, s'emberlificote lui-même dans ses phrases et finit par avouer : « Pardon, ma bien-aimée Pauline, si je vous tranche un peu du métaphysicien ; cela m'a échappé et ne peut être absolument obscur pour une âme aussi éclairée que sensible et honnête. » Suit alors un autre développement, non moins filandreux que le premier, qui porte précisément sur le discours amoureux. On peut notamment y lire ceci : « Écoute, ma belle enfant : la loi de la plume doit être l'impulsion du sentiment. Celui qui réfléchit pour écrire à sa maîtresse est un fourbe qui la trompe. Et qu'importe qu'une lettre soit bien coupée, et que les périodes soient bien arrondies ! L'amour n'y garde pas tant de mesure ; il commence une phrase qu'il croit bonne ; il l'interrompt pour en commencer une qui lui paraît meilleure ; une troisième laisse les précédentes imparfaites ; le désordre suit : pour avoir trop à dire, on dit mal. Ah ! cette aimable confusion est un doux aliment pour l'âme qui en lit l'empreinte sur le papier. » Que n'a-t-il suivi ses propres conseils !...

Comme il faut malgré tout rassurer cette pauvre Pauline, il termine sur une déclaration en forme. Trop en forme, dirons-nous même, car, loin de se laisser aller à cette « aimable confusion » qu'il vient de prescrire, il exprime son amour avec la rigoureuse platitude d'un raisonnement logique : « J'use de la liberté du tutoiement que ton exemple me donne. Je te dis que je t'aime. Je te le répète. Le crois-tu ? Si tu en doutes, le malheur est pour toi. L'assentiment de mon amour fait mon bonheur ; l'opinion que tu en as ne tient chez moi que le second rang. J'aime mieux te pardonner une injustice que de la mériter : 1° l'amour qu'on sent ; 2° celui qu'on inspire, voilà les vraies gradations de l'âme. Que te dirais-je ? J'ai le cœur plein de ta dernière pensée. Il lui faudra plus d'une demi-heure de silence et de repos pour retrouver le calme que le beau feu qui l'élève lui a fait perdre en t'écrivant. Mais loin de m'en plaindre, j'adore ma situation [11]. » Est-ce là le langage d'un cœur vraiment épris ?

*
* *

Et Saint-Domingue ? Et Pichon en mission là-bas ? Voilà des semaines qu'il n'a rien reçu de lui, et cela commence à l'inquiéter. Les informations qui finissent par lui arriver ne le rassurent guère ; elles sont même de nature à bouleverser tous ses plans. L'habitation serait, paraît-il, dans un état déplorable et endettée au-delà de sa valeur ; sa restauration coûterait une fortune. Mieux vaudrait laisser les créanciers la mettre en vente et la racheter en sous-main. Quant à l'oncle à héritage, le fameux M. Le Rat, il s'obstine à refuser les quatre-vingt mille francs qui devraient normalement revenir à « la petite », « car encore faut-il qu'elle ait du pain ». Ah, si seulement il pouvait s'en occuper lui-même ! « Que ne suis-je partout en même temps ! » s'exclame-t-il. Trois jours plus tard, le 4 novembre 1764, il apprend une terrible nouvelle : Pichon, le vieux cousin de sa mère, chargé de le renseigner sur les biens de la demoiselle en ces terres lointaines, le brave Pichon, auquel il avait remis 10 000 livres avant son départ, vient de mourir subitement à Saint-Domingue. Le père Caron nourrit quelques soupçons : d'après lui, cette mort ne serait pas naturelle ; on l'aurait précipitée. « Je ne suis pas dans cette opinion qui fait frémir, répond Pierre-Augustin. Mais je tremble que tout l'argent que je lui ai remis ou fait remettre ne soit perdu, et j'ai encore d'autres craintes ; mais ce n'est pas le temps de les expliquer. » Pour l'heure, il déplore sincèrement la mort de cet excellent homme, dans laquelle il se sent une part de responsabilité : « Vous me mandez qu'après la mort de notre ami il pourrait nous arriver un plus grand malheur dont Dieu daigne nous préserver, écrit-il à son père. Qu'avez-vous entendu par là ? S'il s'agit de notre argent perdu ou aventuré, c'est un malheur sans doute, mais en vérité, l'autre est pire. J'ai un serrement de cœur sur le sort de ce pauvre garçon qui, en la prévoyant, allait à la mort de bonne grâce, ainsi qu'il me le dit à son départ. Mais encore un coup, ne croyez point qu'on ait avancé ses jours. Outre que cette idée dénuée de preuves est la plus odieuse qui puisse entrer dans l'esprit humain, le climat tout seul, sans les chagrins et la faible santé, emportent en ce pays les deux tiers des hommes, et c'est bien assez pour nous de sentir que nous l'avons conduit à la mort naturelle, sans nous ronger le cœur de l'affreuse idée que nous l'avons envoyé au supplice [12]. »

Est-ce l'effet du surmenage ? Cet épisode, qu'il aurait considéré naguère comme un simple contretemps, lui apparaît aujourd'hui sous les couleurs les plus noires. Pour la première fois, il se sent complètement désemparé, comme si la mort de Pichon effaçait d'un seul trait tous ses projets d'avenir. « La mort de mon envoyé à Saint-Domingue ne pouvait pas arriver plus mal à propos, écrit-il à son père. Mais travailler et souffrir, c'est mon lot depuis longtemps. [...] Malgré que le courage ne me manque pas, il est des moments bien tristes dans la vie, et celui-ci en est un. » Il songe un moment à regagner immédiatement Paris ; il reprendrait les choses en mains, et tenterait de sauver ce qui peut l'être encore. Mais, quarante-huit heures plus tard, il a changé d'avis : les autorités espagnoles risquent de prendre fort mal ce départ précipité et de repousser les pourparlers aux calendes grecques. Non, décidément, ce serait une sottise : les enjeux de Madrid sont autrement plus importants que des champs de canne à sucre perdus au milieu de l'Océan. D'autant que rien ne l'empêche de poursuivre son enquête depuis l'Espagne. Pichon avait pour correspondant un négociant de Nantes nommé Pierre Lartigues; pourquoi ne pas s'adresser à lui? Excellente idée, car l'homme détient des informations de toute première main sur les biens de Pauline à Saint-Domingue. On apprend ainsi que la plantation de Mlle Le Breton, située au quartier du Limbe, dépend du Cap, qu'elle était jadis fort belle et située sur un terrain fertile, renommé pour la qualité de son sucre blanc, mais qu'en raison de nombreux pillages elle se trouve aujourd'hui à l'état d'abandon et sous hypothèque pour la somme de 1 800 000 livres! On pourrait certes la sauver, reprend M. Lartigues. Mais à condition d'y mettre le prix, c'est-à-dire à grand renfort d'esclaves et de bêtes de somme. Remise en état et bien administrée, elle produirait plus de 350 000 livres de sucre blanc, rien que dans les dix-huit mois qui viennent; soit un revenu annuel de 180 000 livres tournois. Pour le moment, il faudrait investir d'urgence dans le matériel agricole et les «formes à sucre». On le voit: rien de très encourageant dans tout cela. Mais qu'importe! Essayons toujours. Beaumarchais entreprend alors des démarches «en droiture», dans l'espoir de réaliser la seule chose utile à ses yeux: constituer une dot à sa promise.

«AH! QUELLE BRU!»

Mais le printemps approche, et avec lui l'heure du retour. Mille tâches l'attendent à Paris. À commencer par ses fonctions à la varenne du Louvre, où le duc de La Vallière commence à s'impatienter. Il y a de quoi! Son congé était limité à six mois; il avait déjà obtenu une prolongation d'un semestre, grâce à l'intervention de son ami La Châtaigneraie, mais tout nouveau délai lui serait certainement refusé. Une semaine avant son départ, il reçoit du marquis de Grimaldi cette lettre d'adieu où se lisent à la fois l'amertume du ministre après l'échec des négociations et la profonde estime qu'il porte à son jeune partenaire:

«Monsieur,
«Quelle que soit la réussite des propositions que vous m'avez faites pour l'établissement d'une compagnie de la Louisiane, elles

font infiniment d'honneur à vos talents, et ne sauraient qu'affermir la bonne opinion que j'en ai conçue. J'ai été, Monsieur, fort aise de vous connaître, et je le suis de pouvoir rendre ce témoignage à votre capacité. Si vos projets eussent été compatibles avec la constitution de l'Amérique espagnole, je pense que leur succès vous en eût encore mieux convaincu. Mais on a dû céder à des difficultés insurmontables qui s'opposaient à leur exécution.

« Je serai charmé de pouvoir vous rendre service en toute occasion. En attendant, j'ai le plaisir de vous souhaiter un bon voyage, et de vous prier de me croire très parfaitement, Monsieur, votre très humble et très obéissant serviteur [13]. »

Beaumarchais quitte Madrid le 22 mars 1765. Trois jours plus tard, à 5 heures du soir et par une pluie battante, il arrive exténué au village d'Andicana, à 66 lieues (250 km environ) de la capitale, après un éprouvant voyage dont il fait à Durand ce récit picaresque :

« Le premier jour, nous avons fait quatorze lieues, dont les quatre dernières ont été mortelles, étant partis de la poste à 6 heures et arrivés à l'autre à minuit par un froid du diable dans des montagnes affreuses, où nous avons couru tous les dangers des voleurs, des revenants, des loups enragés, quoique nous n'ayons rien vu tant il faisait noir. Le second jour n'a été que d'une fesse. Mais hier, nous avons fait vingt-cinq lieues terribles depuis 5 heures du matin jusqu'à nuit très close, ce qui ne m'a pas empêché de souper en compagnie chez le maître de poste avec sa femme et sa bru. Ah ! quelle bru ! Vénus n'a jamais eu un pareil visage et une telle stature. La plus cruelle de mes aventures a été de manger du cacao très vanillé que le duc de San Blas m'avait donné, joint à quelques œufs frais, ce qui m'a tellement échauffé le sang que mes oreilles se sont enflées, ainsi que mon nez, tout le corps en feu, un mal à la tête du diable, des hémorroïdes, la fatigue par-dessus le marché. J'ai voulu aller à la garde-robe. Devinez ce que j'ai rendu. Mais vous ne le devineriez jamais si je ne vous le disais. J'ai rendu – qui le croirait ? – un gros bâton de chocolat de *sentez*... de santé, je veux dire [14]. Voilà ce qu'ont produit le cacao et la vanille que j'avais pris. En le rendant avec peine, j'ai pensé à la Guilbert qui m'avait tant recommandé de prendre garde de me tromper. Tous les étudiants de la ville où j'ai soupé avec cette belle dame (qui fait courir des postes) étaient à lui faire la cour. Ils ont chanté des séguedilles avec la guitare, que sais-je… Et puis, il m'a fallu danser un menuet *alla francese* que, sur votre respect, j'ai dansé à coups de fouet, tant j'étais fatigué. J'avais prié la belle de me rendre ce service. Autrement, jamais ces honnêtes gens n'eussent vu un menuet *alla francese*. Mais quelle cruauté! La beauté ne se lève qu'à dix heures, et le malhonnête Vidal [15] m'a fait partir à six. Voilà tout, hormis qu'il fait beau et mauvais temps: pluie, vent, soleil, poussière, crotte, etc. […] Donnez, mon cher Durand, des nouvelles de Mme de La Croix *prompto* à votre ami, et dites à mes sœurs que je suis tout courant leur frère et votre serviteur [16].»

Après une brève étape à Bayonne où il laisse trois beaux chevaux d'Espagne dont la vente, espère-t-il, paiera son voyage, il arrive à Bordeaux le 2 avril, en profite pour rencontrer dans les environs quelques négociants «de haut commerce», probablement des marchands de vin, et repart le surlendemain. Comme à l'aller, il s'arrête à Tours où le retient quelque rendez-vous aussi galant que mystérieux. En passant par Orléans, il rend visite à Mgr de Jarente, l'oncle de sa chère marquise de La Croix, et lui offre deux boîtes de cacao qu'il lui a rapportées d'Espagne.

Enfin, le 9 avril, Beaumarchais met pied à terre rue de Condé, «riche de crotte et de crasse», mais tout au bonheur de serrer dans ses bras son vieux père et ses sœurs chéries. Effusions, larmes de joie, questions qui se pressent… c'est au pinceau de Greuze, une fois encore, de peindre l'émotion de cette scène de famille.

LE PLAISIR DE ROMPRE

À peine remis de son voyage, Pierre-Augustin doit faire face aux tâches qui l'attendent; elles ne sont pas moins vertigineuses que celles de Madrid. Une semaine seulement après son retour, il écrit à Durand: «Je suis rentré, en arrivant à Paris, dans un tourbillon qui m'enivre après un calme d'un an. Les affaires, les démarches, les devoirs, les obligations se suivent, se coupent, s'enjambent l'une sur l'autre avec une telle promptitude que la tête me fend constamment. La nécessité d'aller à Versailles pour des choses qui n'ont nul rapport avec celle-ci, et tous les embarras domestiques indispensables à mon arrivée me mettent dans une telle agitation d'âme, de cœur et d'esprit que je suis obligé de me tenir à deux mains pour ne pas m'égarer dans ce labyrinthe [17]. »

En même temps, il a furieusement besoin d'argent ; son train de vie en Espagne a creusé un énorme trou dans ses finances. Qu'on se rassure néanmoins : si les liquidités lui font défaut, ce n'est qu'une gêne momentanée, car il attend d'importantes rentrées d'Espagne. Contrairement à ce que l'on a souvent dit, ses affaires dans ce pays n'ont pas toutes avorté. À titre personnel, il semble même y avoir conservé des intérêts non négligeables. C'est ce que prouve abondamment sa correspondance avec Durand qui continue de gérer ses affaires là-bas. De son étape à Bordeaux, sur le chemin de retour, il écrit à sa sœur Julie : « Je suis à Bordeaux ; je ne sais si j'en pars demain ou après. Les affaires d'Espagne exigent quelques connaissements que je ne puis prendre qu'ici ou dans tout autre port de mer. [...] Je reçois de Madrid une lettre satisfaisante de Durand, tant sur les obligeants regrets des gens de Madrid que sur les affaires à la poursuite desquelles je l'ai attaché ; tout va bien, ma partie me paraît liée sûrement [18]. » Nous n'en saurons pas davantage là-dessus. Il n'empêche qu'à l'heure présente il lui faut au plus vite sortir d'embarras. Il y a déjà quelque temps qu'il songe à se défaire de sa charge de secrétaire du roi qui ne lui sert plus à rien. De Madrid, il a même chargé Miron de lui trouver un acquéreur. Trois semaines seulement après son arrivée à Paris, en mai 1765, un client se présente, avec lequel il s'empresse de conclure pour la coquette somme de 70 000 livres. Il en prélève aussitôt 43 983 et 11 sols, pour payer l'échéance de son hôtel, et pense investir le solde dans les bois de la forêt de Chinon, comme le lui recommande Pâris-Duverney.

Cette affaire une fois réglée, il se consacre entièrement au problème de Saint-Domingue qu'il considère comme une priorité. Il faut absolument rattraper le temps perdu : envoyer d'urgence des émissaires pour remplacer Pichon, vérifier les comptes d'exploitation, solliciter des appuis dont ses procureurs auront besoin sur place, bref expédier en quelques semaines tout ce qu'il n'a pu faire pendant son séjour à Madrid. En septembre, une idée folle lui traverse l'esprit. Pourquoi n'irait-il pas lui-même aux Antilles dresser un état des lieux et tenter de renflouer l'exploitation ? On n'est jamais mieux servi que par soi-même, et si l'affaire se révèle rentable, il pourrait y couler des jours tranquilles entre sa jeune femme, ses esclaves noirs et ses champs de canne à sucre. Sans compter les profits immenses qu'on lui fait miroiter ! S'il n'ose encore parler de son projet rue de Condé, il n'hésite pas, en revanche, à le faire connaître à Madrid, à sa sœur Guilbert et à Durand, lesquels font tout pour le dissuader. Quoi ! Il abandonnerait la France ? Il renoncerait à cet avenir qui lui sourit pour aller s'enterrer dans cette île aux miasmes putrides, aux marais infestés de fièvres ? Il quitterait parents, amis, maîtresses, lui qui a la solitude en horreur ? Sortant de sa soumission habituelle, le timide Durand ose pour la première fois contredire son patron. Mais il le fait avec une flamme telle qu'on devine la dame Guilbert derrière chacun de ses propos : ne perdez pas de vue la fortune qui vous attend à coup sûr en Europe, l'adjure-t-il. Une exploitation grevée de 1 800 000 livres ne commence à devenir rentable qu'à partir de dix ou quinze ans au moins. Et encore ! À condition que rien ne vienne entraver le cours de son développement ! Il suffit d'une guerre, d'une sécheresse, d'un déluge, d'un cyclone, d'une épidémie mortelle parmi les esclaves ou les bêtes, d'un vaisseau capturé ou naufragé, pour que tout soit remis en question. Il ne resterait plus alors qu'à tout recommencer ! Travail de Sisyphe ! Tâche harassante et incertaine !

Apparemment, Beaumarchais se laisse convaincre. A-t-il d'ailleurs jamais songé sérieusement à ce voyage ? On peut en douter. D'autant que ses relations avec Pauline se sont passablement dégradées depuis son retour d'Espagne, et non sans raison. N'a-t-il pas entendu dire que le chevalier de Séguiran, celui-là même qui prétendait naguère à la main de Julie, aspire désormais à celle de Mlle Le Breton ? Celui-ci a beau s'en défendre et protester de son innocence, l'information n'en est pas moins exacte. S'il n'est pas encore question de mariage, Pierre-Augustin a du moins la conviction qu'une idylle s'est nouée entre les deux cousins. Aussi se répand-il en reproches auprès de sa fiancée, qu'il accuse de trahison, à la fois envers lui-même et envers sa sœur. Pauline jure qu'elle n'entend rien à tout cela, qu'elle ignore les intentions du chevalier, qu'elle n'a jamais cherché à causer du tort à Julie. Mais il n'en veut rien croire et sollicite de sa fiancée qu'elle lui rende sa parole et le tienne quitte de son engagement, non sans la placer en face de ses torts :

« Vous avez renoncé à moi, commence-t-il. Et quel temps avez-vous choisi pour le faire ? Celui que j'avais destiné, devant vos

amis et les miens, pour être l'époque de notre union. J'ai vu la perfidie qui abusait de la faiblesse et faisait tourner contre moi jusqu'à
mes offres. Je vous ai vue, vous qui avez si souvent gémi des
injustices que les hommes m'ont faites, je vous ai vue vous joindre
à eux pour me créer des torts auxquels je n'ai jamais pensé. […]
Tout a été tourné contre moi. La conduite d'un ami double et perfide [Séguiran], en me donnant une cruelle leçon, m'a appris qu'il
n'était pas de femme si honnête et si tendre qu'on ne pût séduire et
faire changer. Aussi, le mépris de tous ceux qui l'ont vu agir est-il
sa digne récompense. […] Je devrais bien me croire libre et dégagé
envers vous après tout ce qui s'est passé. Cependant, je ne suis pas
tranquille ; vos lettres ne me disent pas assez formellement ce qu'il
m'importe de savoir. Répondez-moi juste, je vous prie. Avez-vous
tellement renoncé à moi que je sois libre de contracter avec une
autre femme ? Consultez votre cœur sur ce point pendant que ma
délicatesse vous interroge. Si vous avez totalement coupé le nœud
qui devait nous unir, ne craignez pas de me le mander sur-le-
champ. Joignez-y une déclaration honnête par laquelle vous me
rendez toutes mes paroles et me regardez comme très libre de me
marier avec une autre femme. […] Si vous ne me rendez pas ma
liberté, écrivez-moi que vous êtes la même Pauline douce et tendre
pour la vie que j'ai connue autrefois, que vous vous croirez heureuse de m'appartenir : sur-le-champ je romps avec tout ce qui
n'est pas vous. […] Si vous avez le cœur pris pour un autre ou un
éloignement invincible pour moi, sachez au moins gré de ma
démarche honnête. Remettez au porteur votre déclaration qui me
rend libre. Alors, je croirai dans le fond de mon cœur avoir rempli
tous mes devoirs, et je serai content de moi. Adieu [19]. »

Au fond, Beaumarchais ne voit pas ce désengagement d'un si
mauvais œil ; il y trouve même de substantielles compensations à
l'infidélité de sa maîtresse. Comme les chances de rétablir Pauline
dans ses biens deviennent de plus en plus aléatoires, et que leur
mariage ne tient plus qu'à cela, la rupture paraît inéluctable, et
Séguiran arrive à point nommé pour en fournir le prétexte. L'empressement de Pierre-Augustin à réclamer par écrit et par porteur le
renoncement de la demoiselle nous confirme dans l'idée qu'il a
sauté sur l'occasion. Qu'est-ce donc, après tout, que le plaisir de
rompre, sinon celui de la liberté retrouvée ? « Toute femme vaut un
hommage, bien peu sont dignes d'un regret », dira-t-il plus tard. De

regret, il n'en éprouve aucun, lorsqu'il procède à l'échange des paquets de lettres auquel se livrent les amants séparés. Pour la forme, il affecte tout de même un ultime recours auprès de Pauline, mais sans réelle conviction et par pure convenance, afin de se donner le beau rôle, comme d'habitude. « La lecture de vos lettres m'a attendri, lui écrit-il. Je ne veux plus éprouver cette peine. Mais avant que de me répondre, examinez bien ce qui est le plus avantageux, tant pour votre fortune que pour votre bonheur. Mon intention est que, oubliant tout, nous passions des jours heureux et tranquilles. […] Il est vrai qu'à l'instant de renoncer à vous pour jamais, j'ai senti une émotion qui m'a appris que je tenais plus à vous que je ne le croyais. Ce que je vous mande donc est de la meilleure foi du monde. Ne vous flattez pas de me jamais donner le chagrin de vous voir la femme d'un certain homme. Il faudrait qu'il fût bien osé pour lever les yeux devant le public, s'il projetait d'accomplir sa double perfidie[20]. »

Gageons qu'il serait bien attrapé si elle le prenait au mot. Mais cela ne risque pas de se produire. En réponse, Pauline lui signifie, sur le ton de la plus froide indifférence, que son parti est pris « pour n'y plus revenir », et pousse même l'esprit de vengeance jusqu'à voler au secours de son rival. « Je vous remercie bien de vos offres, lui dit-elle, et je désire de tout mon cœur que vous vous mariiez avec une personne qui fasse votre bonheur ; je l'apprendrai avec grand plaisir, comme tout ce qui vous arrivera d'heureux ; j'en ai assuré mademoiselle votre sœur. Ma tante et moi devons vous dire aussi combien nous sommes fâchées que vous nous manquiez d'égard en traitant fort mal, à notre occasion, un homme que nous regardons comme notre ami. Je sais mieux que personne combien vous avez tort de dire qu'il est perfide[21]. »

Il est décidément bien loin, le temps où elle lui écrivait : « Quand tu reviendras, ce sera pour moi le soleil d'un beau jour », et où elle terminait une de ses lettres par ces mots : « Adieu, amour, adieu, mon âme ! Adieu tout ! » Comment expliquer un si prompt retournement ? Bien sûr, il y a sa liaison avec Mme de La Croix, ses aventures galantes, ses frasques de toutes sortes. Elle pouvait difficilement les ignorer, alors que Julie et son père étaient dans la confidence. Il suffisait d'un rien : une indiscrétion, une lettre volée, un demi-aveu, un mot maladroit, un ami qui vous veut du bien… Lui-même ne se souciait d'ailleurs pas trop de les dissimuler. Mais elle serait passée sur ses infidélités, s'il s'était montré un peu tendre, et surtout moins intéressé. Car il fallait bien enfin se rendre à cette cruelle évidence : il ne l'épousait que pour sa fortune. Les 36 000 livres envoyées à Saint-Domingue pour renflouer sa succession, les 2 000 qu'il avait prêtées à sa tante et à elle-même, ressemblaient trop à des placements, dont il escomptait plus tard tirer les bénéfices. Aventurier, libertin, passe encore, mais coureur de dots, indélicat, cynique : c'en était trop. Mettant son absence à profit, elle parvient à se détacher de lui et prête une oreille complaisante aux déclarations de Séguiran. Elle épousera celui-ci l'année suivante, en octobre 1766.

Quant à la pauvre Julie, trahie par son « séraphin » de naguère, elle renonça définitivement à l'amour et au mariage, pour se consacrer désormais au seul homme qui ait jamais compté dans sa vie : son incomparable *Pierrot*.

LE PRIX DE L'AMOUR

La rupture une fois consommée, on convint d'un commun accord que tous les documents relatifs à l'héritage de Pauline seraient remis à l'un de ses cousins, M. Pouget, homme de confiance parfaitement au courant de ses affaires. Beaumarchais, qui s'était lié naguère d'amitié avec lui, venait de l'accuser en termes vifs d'être devenu le complice de Séguiran et de Pauline. « Votre amitié est une singulière amitié, lui répondit de Tours cet honnête homme. Elle ne tient jamais qu'à un fil, et vous vous faites un jeu de la donner, de l'ôter et de la rendre. Vous condamnez sans entendre. Quand d'un esprit plus tranquille, vous m'aurez rendu justice, je vous parlerai à cœur ouvert, et je vous prouverai que vous, qui condamnez si aisément les autres, êtes plus coupable que ceux que vous croyez dissimulés, traîtres ou perfides. Rien de si pur que le cœur de la chère Pauline, de plus grand que celui du chevalier, et de plus sincère que le mien, et vous nous regardez tous trois comme des monstres[22] ! » Dans une autre lettre, ce même Pouget rappelait à Beaumarchais le rôle qu'il avait joué pour le rapprocher de sa cousine, et sa déception de voir ce lien rompu : « Vous ne sauriez croire combien je suis fâché de n'avoir pu réunir deux cœurs qui, depuis si longtemps, m'avaient paru faits l'un pour l'autre. Mais *l'homme propose et Dieu dispose*. Je me flatte que, de part et d'autre, la justice que je crois mériter me sera rendue. Je vous ai laissé lire dans mon cœur, et vous avez dû voir que je ne connais ni le déguisement ni l'artifice[23]. »

Reste à régler les questions financières, qui ne sont pas les moins délicates entre deux anciens amants. Mais Beaumarchais ignore ces scrupules. Avec son pragmatisme habituel, il remet à Séguiran un « état des avances faites en divers temps pour Mlle Le Breton », sans oublier les intérêts, car il n'a plus aucune raison de prolonger ses générosités. Son bordereau ne fait grâce de rien : bijoux et dépenses diverses y sont soigneusement comptabilisés, ainsi qu'en témoigne cet extrait :

« – En marchandise d'horlogerie, montres et pendules . . . . . 3 858 l.
 – En 10 épingles, une croix, deux coulants de brillants . . . 986 l.
 – En sa montre pour usage, plate et cylindre . . . . 460 l.
 – En argent donné pour son voyage de Paris à Nantes
    et ses hardes. Pour le carrosse . . . . 300 l.
 – En une lettre de change pour le paiement de son passage
    et de son courrier . . . . 580 l.
 – En une autre de mars 1764 pour les soins de trois mois de
    maladie, tant à Nantes qu'à Paimbœuf . . . . 169 l.
 – En 6 télescopes à 144 la pièce . . . . 864 l.
 – En 6 optiques à 72 la pièce . . . . 432 l.[24] »

Comme la belle créole partait alors en voyage de noces avec son cher chevalier, celui-ci chargea son frère aîné, l'abbé de Séguiran, de trouver un arrangement avec son ancien rival. Honnête homme, mais d'humeur incommode, le revêche ecclésiastique s'avisa de chicaner son correspondant sur ses chiffres, afin de rabattre le montant de la dette. D'où des discussions sans fin, qui prirent souvent un tour aigre-doux, ainsi qu'en témoigne cette lettre de Beaumarchais :

« Monsieur l'abbé,
« Je vous prie de remarquer que je n'ai point manqué d'honnêteté envers vous, et que je ne dois que du mépris à celui que vous représentez, comme j'ai eu l'honneur de vous le dire vingt fois, et comme j'aurais fort désiré le lui dire à lui-même, s'il eût été aussi exact à se montrer qu'habile à succéder. La preuve que Mlle Le Breton a

bien voulu de moi, de mon affection, de mes conseils, de mon argent, c'est que, sans votre frère, qui a troublé l'union qui existait depuis six ans, elle ferait encore usage de toutes mes facultés, que je lui ai prodiguées tant qu'elles lui ont été agréables et utiles. Il est vrai qu'elle achète fort cher mes services, puisqu'elle doit à notre affection pour votre frère le bonheur de l'avoir épousé, ce qu'elle n'aurait pas fait s'il fût resté sans nous connaître, dans le lieu où il végétait alors. [...]

« Je ne sais pourquoi vous avez souligné le mot de *votre sœur*, en me rappelant que je dis que c'est ainsi que j'ai aimé Mlle Le Breton. Cette ironie tombe-t-elle sur elle, sur moi ou sur votre frère ? Comme il vous plaira, au reste. Quoique le sort de Mlle Le Breton ne me regarde plus, il ne me convient pas de me servir, en parlant d'elle, d'autres termes que ceux que j'ai employés. Ce n'est pas d'elle que je me plains ; elle est, comme vous dites, *jeune et sans expérience*, et quoiqu'elle ait très peu de bien, M. votre frère a bien usé de son expérience en l'épousant, et a fait une très bonne affaire [25]. »

Pour mettre un terme à ces marchandages, Beaumarchais consentit à ramener ses prétentions à la somme de 24 441 livres, 4 sols, 4 deniers. C'était très au-dessous de ce qu'on lui devait, mais encore trop pour Pauline, qui reconnut sa créance, mais ne se pressa pas de l'honorer. Devenue veuve un an seulement après son mariage, elle vit sa situation financière s'aggraver un peu plus encore et perdit dès lors tout espoir de s'acquitter un jour. Lorsqu'elle écrivait à son cousin Pouget, en 1769 : « Qu'il dorme donc en repos, il sera payé ! » elle savait pertinemment qu'elle n'en aurait jamais les moyens. Pensa-t-elle alors que son amour valait bien 24 441 livres, 4 sols, 4 deniers ? À supposer que l'amour ait un prix, celui de Mlle Le Breton valait en tout cas beaucoup plus cher que celui de son ancien amant.

Quant à la plantation de Saint-Domingue, on n'en entendit plus jamais parler. Fut-elle saisie par action de justice, saccagée par les Noirs, emportée par un ouragan ou engloutie par un tremblement de terre ? Ce qui est sûr, c'est que Pauline n'en prit jamais possession.

LE NÉGRIER REPENTI

Bien que ses rêves de fortune se fussent évanouis avec sa belle créole, Beaumarchais n'en continuait pas moins de mener grand train. À l'instar des gentilshommes à la mode, il venait même de s'offrir un beau mulâtre fort décoratif, qui demeurait assis à l'arrière de son carrosse, d'où il ne descendait que pour ouvrir et fermer la portière en dépliant le marchepied. Malheureusement, il avait négligé de s'informer sur sa provenance. Or ce brave garçon, nommé Ambroise Lucas, était un esclave évadé appartenant à un certain M. Chaillon, ancien lieutenant du roi à la Martinique. Ayant constaté sa disparition, son propriétaire légitime porta plainte à la police, laquelle se mit en chasse du fugitif.

Un jour que le sémillant Lucas aidait son maître à mettre pied à terre, un exempt placé en faction lui mit la main au collet, tandis que ses sbires le plaquèrent au sol en le rouant de coups. Furieux, Beaumarchais tenta d'arracher son Noir de leurs mains, en faisant pleuvoir injures et coups de canne. L'exempt rapporte ainsi l'incident au lieutenant de police M. de Sartine[26] : «Le particulier, son nouveau maître, survenu à ses cris, a employé les voies les plus violentes pour me le ravir. En vain lui ai-je exposé qu'il s'agissait de l'exécution d'un ordre du roi, il m'a traité, en me tutoyant, de faquin, de drôle, etc., me demandant même : "Es-tu valet du bourreau ?" J'ai fait conduire ce mulâtre chez le sieur Chenu, où j'ai essuyé de nouveau, de la part de ce même particulier, en présence dudit sieur commissaire, indépendamment de voies de fait qu'il avait d'ailleurs employées contre moi, les invectives les plus grossières et les propos les plus indécents. La prudence m'a empêché de riposter, persuadé que je suis, monsieur, que vous voudrez bien non seulement lui en imposer, mais encore le punir et le mettre dans le cas de me faire une réparation proportionnée aux injures qu'il m'a débitées gratuitement[27].» Cette violence verbale et physique ne doit pas nous surprendre ; Beaumarchais en est tout à fait capable, lorsqu'il se sent atteint dans son amour-propre : nous en avons vu d'autres exemples.

Une heure plus tard, ayant recouvré son sang-froid, il pense avec terreur aux possibles conséquences de son acte. Une telle insubordination, avec insultes et voie de fait, contre un agent de l'autorité était déjà passible de sanctions graves pour un citoyen ordinaire.

La rue de la Ferronnerie en 1745 (ici décorée en l'honneur du retour de Louis XV de la campagne de Flandre).
Dessin de Cochin et Bovait, gravure d'Aveline et Baillieul. Paris, musée Carnavalet. Photothèque Hachette.

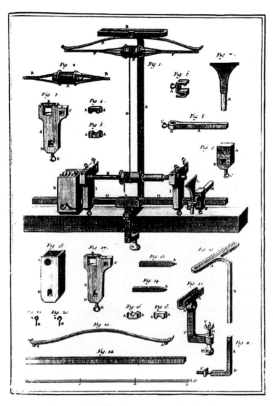

Les outils de l'horloget : tours d'horlogerie.
Planche de l'*Encyclopédie*. Photo Collection Viollet.

Montre-bijou de la maison Caron.
Photo D.R.

Joseph Pâris-Duverney. Gravure d'Aveline d'après Van Loo. Bibliothèque nationale de France. Photo BNF.

«Établissement de l'École militaire par Louis XV» (1751). Gravure de David d'après Le Jeune. Bibliothèque nationale de France. Photo Collection Viollet.

Le château d'Étiolles. Peinture sur cuivre par Ch. L. Grevenbrock. Sceaux, musée de l'Ile-de-France. Photo Giraudon.

Madame Henriette jouant de la basse de viole.
Peinture de Nattier. Versailles, musée du château.
Photo RMN-Arnaudet.

Madame Adélaïde tenant un livre de musique.
Peinture de Nattier. Paris, musée du Louvre.
Photo RMN.

Madame Sophie tenant une partition. Atelier de F. H. Drouais. Versailles, musée du château. Photo RMN.

Charles III d'Espagne. Peinture de Mengs. Madrid,
Real Academia de Bellas Artes de S. Fernando. Photo Giraudon.

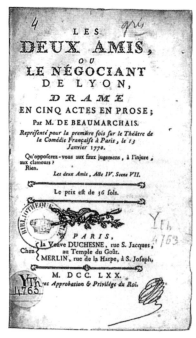

Page de titre de *Les Deux Amis* (1770). Paris,
Bibliothèque nationale de France.
Photo BNF/archives Gallimard.

Acte III, scène 2 d'*Eugénie*. Gravure de Simonet.
Photothèque Hachette.

Pierre-Louis Dubus, dit Préville, sociétaire de la Comédie-Française,
dans le rôle de Mascarille. Huile sur toile de Van Loo.
© Collections Comédie-Française.

Mlle Doligny par Van Loo.
© Collections Comédie-Française.

Coiffure au *Ques-a-co*
inspirée par les démêlés de Beaumarchais
avec le censeur Marin. Gravure anonyme.
Paris, Bibliothèque nationale de France.
Photo D.R.

Alexandre Joseph Falcoz, comte de La Blache.
Peinture de Mme Vigée-Lebrun. Collection particulière.
Photo F. Lechevallier. Archives Gallimard.

Le duc de Chaulnes en Hercule (détail). Peinture de Nattier.
Paris, musée du Louvre. Photo RMN.

« Des suppôts de la chicane, délivrez-nous, Seigneur. » Gravure populaire.
Paris, Bibliothèque nationale de France. Photo BNF.

Dinaut du Verger, concierge du For-l'Évêque. Gravure d'Archaud (1748).
Paris, Bibliothèque nationale de France. Archives Gallimard.

Thérèse de Willermaulaz,
coiffée d'un «quesaco» et jouant de la harpe.
Peinture de Kymli.
Collection particulière. Archives Gallimard.

26, rue de Condé, immeuble du *Mercure de France*. Photo Jean Vigne.

Qu'en pouvait-il coûter pour un juge de robe longue ? Tout simplement de se voir chassé de la varenne du Louvre, humilié publiquement, mis au ban de cette société qu'il avait eu tant de peine à conquérir. Sans hésiter, il se précipite chez Sartine, qu'il avait vaguement rencontré à la Cour. Apprenant qu'il est à table, il n'ose le déranger et lui laisse un plaidoyer plein d'humilité. Une fois rentré chez lui, il lui en adresse un autre, sur le conseil de ses amis, dans lequel il lui raconte l'incident de la matinée avec sa verve coutumière, non sans se recommander de ses plus hautes relations :

« S'il était nécessaire de justifier aux yeux de M. le duc de Choiseul l'espèce de colère que j'ai eue de l'esclandre de ce matin, je vous prierais de me le faire dire. Je ferais partir un postillon pour prier de ma part M. le duc de La Vallière de voir M. de Choiseul à ce sujet, ce qu'il fera avec grand plaisir. Si j'osais, monsieur, vous faire la même prière, quoique je n'aie pas l'honneur d'être particulièrement connu de vous, je me réclamerais de fort belles dames avec qui je passai hier la journée, et qui sont aujourd'hui dans votre appartement de Versailles, où elles espèrent vous donner à dîner demain. Mme la comtesse du Rumain vous assurera, monsieur, que je ne suis ni sujet rebelle, ni querelleur[28]. Je ne saurais trop dire comment, ni pourquoi j'ai pris feu dans une occasion que j'ai reconnue, depuis, m'être presque étrangère. Mais imaginez, monsieur, l'effet subit que peut faire sur l'homme le plus froid l'action de quatre ou cinq happe-chair sans uniforme ni titre apparent, qui se jettent sur le laquais qui m'ouvrait la portière, le battent, le renversent et déchirent sa chemise et mon habit qu'il portait. J'espère que vous voudrez bien ne pas me refuser les conseils que je vous demande. Votre silence à cet égard me donnerait l'inquiétude qu'on ne se prévalût de ma tranquillité apparente pour arranger l'affaire auprès du ministre d'une manière désagréable pour moi[29]. »

Ayant lu le placet, Sartine se contenta de noter en marge : « Écrire à M. de Beaumarchais de passer chez moi demain matin. » On ne se demandera pas s'il fut exact au rendez-vous, ni s'il fit la conquête du lieutenant de police, car les deux hommes se quittèrent fort satisfaits l'un de l'autre. Le lieutenant de police promit de tout faire pour arrêter les poursuites, tandis que son obligé lui jurait une reconnaissance éternelle. Ainsi naquit, entre les deux hommes, une amitié qui ne se démentira jamais au fil des ans. En maintes occasions, nous trouverons leurs noms réunis, à propos des affaires les plus diverses.

*

* *

Une fois le scandale étouffé, restait à s'occuper de l'objet qui l'avait fait naître, à savoir du malheureux Lucas dont le sort, à vrai dire, ne laissait pas d'inquiéter son généreux, quoique trop impétueux protecteur. Celui-ci aurait-il oublié que, l'année précédente encore, il vendait des esclaves en Espagne ? Se serait-il brusquement converti à l'antiesclavagisme des philosophes ? Toujours est-il qu'en ce printemps de 1766 nous le voyons prendre feu et flamme pour obtenir la libération de son mulâtre. La lettre qu'il écrit dans ce dessein à Jean-Baptiste Dubucq, chef des bureaux des colonies, n'est pas un simple plaidoyer en faveur d'un individu, mais un véritable manifeste en faveur des droits de l'homme et de l'égalité des races, où l'on reconnaît la pensée et jusqu'au ton de Montesquieu :

« Un pauvre garçon nommé Ambroise Lucas, dont tout le crime est d'avoir le teint presque aussi basané que la plupart des hommes libres d'Andalousie et de porter des cheveux bruns naturellement frisés, de grands yeux noirs et des dents fort belles, ce qui est pourtant fort pardonnable, a été mis en prison à la réquisition d'un homme un peu plus blanc que lui qu'on appelle M. Chaillon, qui avait à peu près le même droit de propriété sur le basané que les marchands israélites acquirent sur le jeune Joseph, lorsqu'ils l'eurent payé à ceux qui n'avaient nul droit de le vendre. Mais notre religion a des principes sublimes qui s'unissent admirablement avec la politique des colonies. Tous les hommes bruns, blonds ou châtains sont frères dans tout le monde chrétien. À Paris, à Londres, à Madrid, on n'attelle personne. Mais aux Antilles et dans tout l'Occident, dès qu'on a l'honneur d'être blanc, il est permis d'atteler son frère basané à une charrue pour l'instruire dans la religion chrétienne, et le tout à la plus grande gloire de Dieu. Si tout est bien dans l'univers, il me semble que c'est seulement pour le Blanc qui fouette. Il me semble encore qu'un de ses frères souffrants et fouettés qui aurait le malheur de penser, pourrait bien dire à M. Leibniz et consorts [30] :

Si tout est bien, que signifie
Que, par un despote asservie,
Ma liberté me soit ravie ?
Mille vœux au ciel sont offerts,
En tous lieux l'humanité crie.
Un homme est esclave en Syrie,
On le mutile en Italie.
Son sort est digne des enfers
Aux Antilles, en Barbarie.
Si votre âme en est attendrie,
Montrez-moi, raisonneurs très chers,
Sur quelle loi préétablie
Mon existence est avilie,
Lorsque par les documents clairs
D'une saine philosophie
Que le sentiment fortifie,
Je sais que l'auteur de ma vie
M'a créé libre, et que je sers.
Suis-je un méchant, suis-je un impie,
Lorsqu'avec douleur je m'écrie :
Tout est fort mal dans l'univers[31] ?

« Je pourrais vous citer de plus graves autorités que mes vers. Quoi qu'il en soit, Monsieur, le malheureux pour lequel je suis à vos genoux a été berné pendant six ans de l'espoir prochain de sa liberté. J'ai eu l'occasion de reconnaître qu'il était un excellent sujet. J'ai fait auprès de son maître toutes les démarches permises pour obtenir que le pauvre basané entrât dans la classe des hommes utiles et libres, ce dont ses talents, la douceur de ses mœurs le rendent très digne. Le maître faisait de cela une affaire de calcul, moi un plaisir d'honnête homme.

« Enfin, Monsieur, je me confesse à vous. J'ai promis cinquante louis si l'on donnait la liberté à celui qui, n'ayant jamais fait que des actes honnêtes, était esclave et prisonnier. De ce moment, M. Chaillon s'est joint à moi pour le redemander au ministre. Malheureusement pour le malheureux (et c'est toujours comme ça !), des querelles étrangères à lui arrêtent la justice et la bonté de M. le duc de Choiseul ; et moi, Monsieur, j'implore votre compassion et votre bienfaisance. S'il est vrai que tous les hommes à couleur brune qui sont en France doivent être vendus aux marchés publics, je vous supplie que ce malheureux, qui n'est que jaunâtre, soit excepté de la proscription générale. Depuis longtemps, M. le duc de La Vallière m'avait donné une lettre pour vous, Monsieur, que je joins à celle-ci. Il est venu lui-même avec moi chez le lieutenant de police et devait en parler à M. le duc de Choiseul. Mais je suis resté tranquille, dans l'espoir que M. Chaillon agirait encore plus efficacement que moi. Il vient de me dire qu'il est à bout de voies. Je suis dans mon lit avec la fièvre et :

> Tandis que, pauvre malheureux,
> Étendu dans mon lit, j'avale
> À longs traits les juleps affreux
> Dont mon médecin me régale,

un autre plus misérable que moi gémit en prison. Je suis donc forcé de vous écrire ce que j'irais vous demander moi-même sans cet obstacle désagréable. Je respecte la raison d'État qui permet que les Noirs souffrent et travaillent pour le bien des Blancs. Mais ceci est un cas tout privilégié : ce pauvre basané a tous les avant-goûts de la liberté ; on peut même dire qu'il en a senti les premiers chatouillements. Il pense, il est sensible, il m'écrit de la prison des lettres qui font fondre en larmes toute ma maison. Père, sœurs, domestiques, tout le monde me presse d'agir pour lui. À moi-même, il m'a inspiré un attachement qui n'a besoin d'être échauffé par aucun autre motif. Je crois voir en lui un homme qui me servira toute sa vie de reconnaissance et de cœur. Et vous savez, Monsieur, si un domestique attaché est une chose désirable. Je voudrais que beaucoup plus d'argent fût un moyen de le ravoir ; je ne vous importunerais pas de ce bavardage [32]. »

Comme son premier maître n'avait pu, comme l'exigeait la loi, payer son transport à la Martinique, et que Beaumarchais lui-même n'avait pas assez de liquidités pour le racheter, le pauvre Lucas fut « vendu au profit de Sa Majesté ». Toute l'éloquence de son défenseur n'aura pas permis de lui rendre sa liberté. C'est grand dommage, car on n'a pas souvent l'occasion de voir un négrier « ami des hommes ». Il n'empêche que sa condamnation du racisme et de l'esclavage fait plaisir à lire, surtout dans le contexte de l'époque, et même si elle bouscule quelque peu ses conceptions économiques et politiques. Car enfin, dira-t-on, tous ces nobles sentiments ne l'ont pas empêché de négocier des Noirs pour les colonies d'Amérique. Il est vrai. Mais pensait-il alors à chacun de ces hommes qu'il vendait comme du bétail ? Non, bien sûr, il n'y pensait pas. Et pas davantage à leurs souffrances. Qu'était-ce, après tout ? Un troupeau innombrable d'inconnus ployant sous le fouet, quelque part en Louisiane, à des milliers de lieues de ce palais du roi d'Espagne où d'élégants messieurs réunis autour d'une table discutaient du prix à payer pour ce matériel de chair et de sang. Avaient-ils seulement figure humaine ? Avaient-ils un nom, une famille ? Avaient-ils une âme ? N'était-ce pas une marchandise comme une autre ?

Mais voici qu'un de ces sauvages débarque en plein cœur de Paris. Celui-là possède un nom, une voix, un visage. Beaumarchais l'engage à son service et pense alors – et alors seulement ! – à tous ses frères lointains qui partagent le même sort que lui, et qui soudain acquièrent figure humaine. Faut-il l'en blâmer ? Il aura suffi d'un Ambroise Lucas travaillant sous sa livrée pour qu'il prenne conscience des réalités de l'esclavage. Combien d'autres ne les soupçonneront jamais !

CONSUL D'ESPAGNE ?

De son séjour au-delà des Pyrénées, et en dépit de son échec, Beaumarchais aura du moins rapporté, outre des thèmes d'inspiration pour son théâtre et sa musique (c'est peut-être l'essentiel), quelques délicieux souvenirs et une ambition. Les souvenirs sont ceux des femmes qu'il y a rencontrées, et qui ne s'effacent pas de sitôt. Toujours serviable et galant, il fait confectionner des robes à leur intention, et leur envoie des frivolités de Paris. Pour Mme Buturlin, femme de l'ambassadeur de Russie, il commande une fort belle aigrette qu'il lui fait parvenir par la valise diplomatique, à l'adresse de M. d'Ossun. « Dites-lui combien son souvenir m'est cher, recommande-t-il à son fidèle Durand ; dites-lui qu'elle aura une belle robe avant peu, qui la parera moins qu'elle ne recevra d'éclat de la jolie porteuse. » Il n'oublie pas non plus son ancienne maîtresse, la marquise de La Croix : « Voyez Mme de L***. Engagez-la de ma part à ne rien me laisser ignorer de ce qui lui arrivera d'agréable. Ma reconnaissance et mon attachement pour elle sont désormais les deux colonnes de mon existence sur lesquelles j'ai écrit *non plus ultra* [33]. » Sans oublier naturellement ses deux sœurs, sa chère Guilbert et sa « bien-aimée » Lisette. Par ailleurs, il entretient une correspondance régulière avec ses relations de Madrid, qu'il aura d'ailleurs l'occasion de retrouver dans la suite de sa carrière : Rochford, Grimaldi, le marquis d'Ossun...

Quant à son ambition, elle est politique et le conduit tout naturellement à Versailles, dans le cabinet de Choiseul[34]. Passablement satisfait de son action auprès des autorités espagnoles, malgré les décevants résultats, il brigue le poste de consul de France à Madrid, et ne doute pas de l'obtenir en reconnaissance des services rendus. Pour éviter toute cabale, il n'en parle à personne, sauf à Mgr de Jarente, son ami et confident, qui lui promet de plaider sa cause auprès du ministre. En même temps, il obtient un rendez-vous avec ce dernier pour le lundi 22 avril 1765, «dans un de ses moments de liberté». À l'heure dite, il se rend donc au ministère pour conférer avec Choiseul de la politique franco-espagnole, mais refuse de déposer entre ses mains le mémoire qu'il a rédigé sur ces questions[35].

Six mois plus tard, le 3 novembre, il reçoit de Mgr de Jarente une lettre qui le laisse interdit : Choiseul, très monté contre lui, refuse sèchement le poste qu'il convoite et l'exclut désormais de toute affaire relative à l'Espagne. «Le duc de Choiseul, en me parlant de vous, explique le prélat, me dit qu'il vous reprochait deux choses impardonnables : l'une, que vous sentant capable de faire de bons mémoires, vous aviez préféré employer le talent que vous vous connaissiez pour le bien de la nation espagnole au lieu de servir votre patrie. L'autre, qu'il vous avait demandé de lui dire tout ce que vous pensiez de l'Espagne, et que vous aviez obstinément refusé de le satisfaire.» En lisant ces mots, Pierre-Augustin croit rêver. Quoi! négliger les intérêts de la France, alors qu'il n'a jamais cessé d'y penser tout au long des négociations? Refuser d'informer le ministre alors qu'il l'a rencontré tout exprès pour cela? Partagé entre l'indignation et l'inquiétude, il prend alors sa plus belle plume et répond point par point à Choiseul, désobéissant ainsi à Jarente qui lui recommandait de se faire oublier (mais on sait combien cela lui était difficile !) : «Je sais qu'une lettre ne détruit pas la prévention, commence-t-il. Aussi n'est-ce pas l'objet de celle-ci. Je réponds seulement à des objections qui touchent de plus près mon honneur que le refus du consulat d'Espagne. [...] N'avoir pas réussi, ce n'est rien pour moi. Mais laisser sur mon compte des impressions fâcheuses à un ministre du roi, c'est beaucoup. Ma justification, c'est le but de ce mémoire[36].» Puis il reprend l'une après l'autre les deux fautes qu'on lui reproche :

« 1° Loin d'avoir préféré l'Espagne à la France, je n'ai cherché à connaître parfaitement ce pays que pour mieux servir le mien si j'y étais appelé, et M. l'évêque d'Orléans a là-dessus des détails qui prouvent que je pouvais me fixer à Madrid avec agrément, si je n'avais pas pensé qu'un homme n'est libre de se livrer aux étrangers qu'au refus réitéré de sa patrie [37].

2° En revenant en France, je fus encouragé par M. l'évêque d'Orléans à fixer par écrit tout ce que je savais de l'Espagne, afin de mériter par mon récit les bonnes grâces de M. de Choiseul. Je me suis présenté pour être entendu ; j'ai donc fait preuve de zèle. Mais on a voulu que je laissasse mon mémoire à l'examen, et je ne l'ai pas dû pour deux raisons :

« – Je m'exposais beaucoup, en écrivant fortement, à être jugé sot et plat, en énervant pour ma tranquillité des choses dont toute l'importance s'appuie sur les détails. Je m'en suis abstenu. » Propos sibyllin, que Beaumarchais s'empresse de commenter dans la marge. S'il avait été chargé d'une mission officielle, il aurait dû naturellement rapporter tous ces détails par écrit ; son titre d'envoyé l'aurait mis à couvert de toute poursuite ou menace. Mais en tant que simple particulier, agissant pour le compte d'une société privée et pour le sien propre, il était tenu à la plus grande réserve, au risque de se voir désavoué par le ministre et – qui sait ? – sacrifié à la raison d'État. Cela étant, « l'homme sans mission qui examine pour son compte ne voit pas moins bien que s'il était commandé pour le faire, et la mission des ministres n'est pas comme celle de Jésus-Christ qui donnait des talents particuliers à ceux qui devaient la remplir. Il y a même cette différence en faveur de l'homme sans mission, c'est qu'il se met de lui-même à la place où il se croit propre, et que l'autre n'y est souvent appelé que par des considérations très éloignées de l'esprit de son état [38].

« – Je suppose qu'entre autres objets, il fût question, par exemple, de gouverner le roi d'Espagne par le moyen d'une femme de son goût et propre à cela, et que ce projet eût été entamé avec un commencement de succès et dans le dessein d'en faire frapper l'utilité sur les Français [...]. Tout ce qu'on peut dire là-dessus à l'oreille du ministre devait-il se libeller dans un écrit public intitulé *Mémoire utile au bien de la nation* ? S'il s'agissait d'une plus grande lumière répandue sur l'intérieur du palais, sur les cabinets des gens en place, d'une connaissance plus intime des caractères et des différents intérêts de ceux qui nous gouvernent, des ambassadeurs ou ministres étrangers qui peuvent influer; enfin, si l'on avait lié des vues générales à un projet particulier, devrait-on, dans un mémoire public, dévoiler ce qu'on ne saurait trop renfermer[39]?»

Jusque-là, notre homme paraît assez convaincant. Il l'est beaucoup moins, en revanche, lorsqu'il se défend d'avoir sollicité le consulat d'Espagne par ambition personnelle. «Je ne faisais que céder à des intérêts qui n'étaient pas les miens», proteste-t-il. Et d'ailleurs, «il y a plus de trois mois que je demande à M. le duc de Choiseul bonté et protection pour aller examiner mes plantations de sucre et de café à Saint-Domingue», ce qui paraît effectivement inconciliable avec un poste diplomatique à Madrid. Rappelons cependant qu'au moment où il écrit ces lignes (novembre 1765), il a déjà renoncé à partir pour les îles, et qu'il est sur le point de rompre avec Pauline (janvier-février 1766).

Mais, au-delà de ce malentendu, il existe entre Choiseul et Beaumarchais des divergences fondamentales et irréductibles. En fait, ils ne sont d'accord sur rien. S'agit-il du Pacte de famille? Choiseul est certes partisan d'une union politique entre les deux royaumes, mais la conçoit très différemment. Dans son esprit, c'est la France qui doit fournir des produits manufacturés à l'Espagne, et se garder surtout d'intervenir dans le développement de son industrie. D'autre part, c'est à l'Espagne seule qu'il appartient de gérer ses colonies: l'*asiento* sur les Noirs ne se justifie d'aucune manière, et la concession de la Louisiane à une compagnie française risquerait d'éveiller la méfiance de cette nation amie, encore très attachée à ses droits sur son empire. Choiseul avait eu connaissance des rapports rédigés par Beaumarchais en Espagne, à l'intention de Charles III et Grimaldi. Sans doute aussi avait-il eu vent de ses intrigues pour glisser sa maîtresse dans le lit du roi, et cela ne pouvait que lui déplaire. On comprend dès lors son irritation, lorsqu'il apprit que ce jeune impertinent, sans mission officielle, osait s'ingérer dans les affaires intérieures de l'Espagne, et jusque dans l'alcôve de son souverain. Il avait pu mesurer, d'autre part, l'abîme qui séparait leur politique franco-espagnole.

Beaumarchais n'aura plus guère l'occasion d'entretenir Choiseul de ces questions. Disgracié en 1770, le ministre se retirera dans son domaine de Chanteloup d'où il ne sortira plus guère. Mais, près de vingt ans plus tard, les deux hommes se retrouveront en une occasion qu'il n'est pas encore temps de dévoiler.

CHAPITRE IX

« Monsieur l'auteur tombé »

> « N'aimant pas le jeu de loto, j'ai fait des
> pièces de théâtre. Mais on disait: de quoi se mêle-
> t-il ? Ce n'est pas un auteur, car il fait d'immenses
> affaires et des entreprises sans nombre. »
> (Beaumarchais, 1789)

« CETTE CHIENNE D'AFFAIRE »

L'année 1766 ne commençait pas mal pour Beaumarchais : sa rupture avec Pauline mettait fin à une longue période d'incertitude et de malaise, le père Caron se remariait à soixante-huit ans avec sa vieille compagne, Mme Henry, qui en avouait soixante [1], et lui-même s'engageait sur une voie nouvelle en créant une société d'exploitation forestière. Cette vocation subite, et pour le moins inattendue, mérite quelques mots d'explication.

La forêt de Chinon, vaste d'environ 5 300 hectares, appartenait au roi et à l'archevêque de Chinon. En 1765, Mgr de Fleury, voulant réparer son palais archiépiscopal qui tombait en ruine, obtint de Louis XV la mise en adjudication d'une « coupe extraordinaire » d'environ 960 hectares de haute futaie. Pâris-Duverney eut connaissance de l'autorisation donnée pour cette énorme exploitation, et comprit qu'en affermant les coupes et la vente du bois il y aurait gros à gagner. Il pousse alors son protégé à fonder sa propre société, lui avance les fonds nécessaires et se met en association avec lui. Une difficulté subsistait cependant. En vertu de l'ordonnance de 1669 sur les Eaux et Forêts (article XXII), un juge au tribunal des Chasses ne pouvait légalement se rendre adjudicataire d'un domaine de la Couronne. Mais cette loi se laissait aisément contourner : il suffisait d'un prête-nom, et le tour était joué. Beaumarchais désigna pour ce rôle un de ses laquais, nommé Charles-César Lesueur, lequel eut donc l'honneur de figurer en bonne place sur le contrat d'acceptation, en compagnie de Pâris-Duverney. Par mesure de prudence, on lui fit tout de même signer le 21 février 1767, sous seing privé, un acte par lequel il reconnaissait sa qualité de prête-nom.

Tout au long de l'année 1767, Beaumarchais multiplie les allers et retours entre Paris et Chinon. Pur produit du pavé parisien, ignorant à peu près tout des choses de la nature, il s'initie rapidement aux techniques forestières et installe ses bureaux à Rivarennes, à deux pas d'Azay-le-Rideau. C'est là qu'il passe le plus clair de son temps, entre des commis qui ne cessent de se plaindre, des contremaîtres qui ne s'entendent pas et des bûcherons en colère. Sa tâche est écrasante : il lui faut passer l'inspection de ses deux cents « ouvriers des ventes », assurer le transport des arbres abattus, tracer de nouveaux chemins entre la forêt et la rivière, réparer les sentiers défoncés, acheter des chevaux, passer des marchés pour le foin et l'avoine, équiper des charrois, transporter le bois de marine avant l'hiver, construire des portes et des écluses sur l'Indre, afin d'avoir de l'eau toute l'année sur les ports d'embarquement, surveiller le chargement de ses cinquante bateaux qui suivront la Loire en direction de Tours, Saumur, Angers, Nantes. Sans parler des sept à huit fermes à gérer, pour les provisions de trente personnes. Sans compter non plus l'inventaire général des recettes et des dépenses qu'il faut dresser régulièrement, etc. « Cette chienne d'affaire est bien lourde et tout le poids est sur ma tête », confie-t-il un jour à Pâris-Duverney.

Mais le travail ne l'a jamais fait renâcler ; cela le stimule, au contraire, et il s'y plonge avec une sorte d'ivresse. D'autant plus qu'au fil des jours il se prend d'une réelle affection pour la campagne tourangelle. Il aime sa douceur, son mode de vie, et songe même un moment à acheter pour lui cette maison de Rivarennes qui lui sert tout à la fois de bureau et de logement et qui lui paraît délicieuse, dans sa rustique simplicité. Rêverie à la Rousseau, qu'il ne réalisera jamais, bien sûr, mais dont on retrouvera le souvenir dans les scènes paysannes du *Mariage de Figaro*. « L'activité de ce travail forcé ne me déplaît pas, écrit-il à sa seconde épouse, Geneviève-Madeleine Wattebled. Depuis que je suis arrivé dans cette retraite inaccessible à la vanité, je n'ai rencontré que des gens simples et sans manières, tels que je désire souvent être. Je loge dans mes bureaux, qui sont une bonne ferme bien paysanne, entre basse-cour et potager, et entourée de haie vive. Ma chambre, tapissée des quatre murs blanchis, a pour meubles un mauvais lit, où je dors comme une soupe, quatre chaises de paille, une table de chêne, une grande cheminée sans parement ni tablette. Mais je vois de ma fenêtre, en t'écrivant, toutes les varennes ou prairies du vallon que j'habite, remplies d'hommes robustes et basanés, qui coupent et voiturent du fourrage avec des attelées de bœufs ; une multitude de femmes et de filles, le râteau sur l'épaule ou dans la main, poussent dans l'air, en travaillant, des chants aigus que j'entends de ma table ; à travers les arbres, dans le lointain, je vois le cours tortueux de l'Indre et un château antique, flanqué de tourelles, qui appartient à ma voisine, Mme de Roncée. Le tout est couronné des cimes chenues d'arbres qui se multiplient à perte de vue jusqu'à la crête des hauteurs qui nous environnent, de sorte qu'elles forment un grand encadrement sphérique à l'horizon qu'elles bornent de toutes parts. Ce tableau n'est pas sans charmes. Du bon gros pain, une nourriture plus que modeste, du vin exécrable composent mes repas[2]. » La veine bucolique n'est point chose courante ce citadin invétéré.

Où FIGARO N'EST PAS TOUJOURS CELUI QU'ON PENSE...

Les hommes d'affaires sont parfois d'une incroyable naïveté. Combien, parmi les plus roublards, se retrouvent un jour ou l'autre au bord de la ruine pour avoir trop facilement accordé leur confiance. C'est ce qui faillit arriver à notre apprenti marchand de bois, lorsqu'il acheta la forêt de Chinon au nom de ce Charles-César Lesueur, qui ne travaillait chez lui que depuis quelques mois. Comme celui-ci avait servi successivement chez un abbé, puis chez un évêque, Beaumarchais ne vit là que d'excellentes références, sans prêter attention à ses traits patibulaires, que la police décrit ainsi : « Figure blême, affilée et sinistre, grands yeux noirs, caves, nez aquilin, cheveux et sourcils noirs et épais. » Dès qu'il sut pourquoi son maître ne pouvait se déclarer acquéreur officiel et qu'il eut vent des copieux bénéfices qu'il espérait tirer de ses coupes, Lesueur exigea un «pot-de-vin» de deux mille livres. Bien que la somme n'eût rien d'exorbitant, Beaumarchais refusa de céder au chantage. De plus, il lui fit confirmer, devant notaire cette fois, qu'il ne servait dans tout cela que de prête-nom. L'acte fut signé le 13 avril, rue de Condé, suivant une mise en scène soigneusement réglée pour impressionner le lascar. Appelé «à la sonnette» dans le bureau de son maître, il trouve celui-ci avec ses deux sœurs Julie et Marguerite, de M. Caron père, de son homme de confiance Durand, et du secrétaire de la compagnie, M. Gobert de Moulinières. Tandis que Beaumarchais referme la porte à clé, on le fait approcher de la table, où deux pistolets sont posés bien en évidence, et on lui désigne la place où il doit signer sur l'acte établi par le notaire, Mᵉ Bro. Non sans peine, il obtient lecture des clauses. Aucune ne prévoyant de pot-de-vin, il proteste. Mais comme le cercle le menace de suites fâcheuses au cas où il refuserait de signer, il finit par s'exécuter en maugréant.

Cinq mois plus tard, le premier commis de l'affaire, un certain Groult, qu'on venait de renvoyer comme incapable et malhonnête, vient proposer à Lesueur de fonder avec lui une société rivale, et de tirer ainsi vengeance de leur ancien patron. L'autre hésite un moment, et finit par signer le 9 septembre un sous-seing, aussitôt enregistré au greffe de Chinon. Peu après, Groult se rend dans la forêt, assisté d'un procureur, afin d'en expulser ouvriers et commis. Deux de ceux-ci, Sounet et Carré, successeurs de Groult, alertent immédiatement Beaumarchais, demeuré tranquillement à Paris, persuadé que son affaire allait son train. Il reçoit leur lettre le 3 octobre. Le lendemain, il est sur la route avec son laquais. Le drille tente alors de lui échapper pour rejoindre son ami Groult, mais il est rattrapé au petit jour du 5 octobre, sur la route d'Azay-le-Rideau, par Beaumarchais escorté de trois cavaliers de la maréchaussée qu'il avait requis. Le coupable est capturé, ligoté, attaché à la queue de sa monture, et conduit ainsi jusqu'au village de Quinçay, sur la commune de Rivarennes. Là, devant notaire et témoins, il se voit contraint d'«avouer son infamie». Un traitement identique est réservé à Groult, à Chinon, avec obligation de se désister de la cession de Lesueur.

Ce même jour, 5 octobre, Beaumarchais se rend à la maîtrise des Eaux et Forêts pour y déposer les deux actes notariés et se fait houspiller par le procureur du roi : de quel droit un officier des chasses peut-il se proclamer adjudicataire d'une forêt ? Et pourquoi a-t-il requis la maréchaussée ?

« Un maître peut bien faire arrêter son valet, répond-il.

– Est-ce un voleur ?

– Non, reconnaît-il, un peu confus. »

Et il se retire, satisfait néanmoins d'avoir pu remettre sur pieds, sans coup férir, une affaire que Sounet et Carré feront certainement repartir de plus belle.

Pas si vite, monseigneur, pas si vite... Lesueur n'est pas de ces hommes qu'on écarte d'un revers de main. Celui-ci, en effet, n'eut rien de plus pressé que de filer à Chinon retrouver son compère, le sieur Groult. Et les voilà méditant tous deux sur ce qu'il convenait de faire. Après tout, les deux actes notariés de Paris et de Quinçay n'ont servi qu'à sanctionner un désistement forcé ! Et l'arrestation de Lesueur, le 5 octobre, avait bien toutes les apparences de l'arbi-traire ! D'ailleurs, l'adjudication n'est-elle pas à son nom à lui, Lesueur ? Convaincu de tout cela – soupçonnant le reste – le lieute-nant de maîtrise rend, le 28 novembre, une ordonnance par laquelle il reconnaît les droits d'exploitation au seul Lesueur. Le 1er décembre, il lance contre Beaumarchais un « décret d'ajourne-ment personnel », enjoignant ce prévenu à comparaître devant lui pour répondre « des voies de fait, menaces et violences » exercées contre ledit Lesueur.

Hors de lui, Beaumarchais ne voit plus qu'une solution : en appeler à la Table de marbre, autrement dit à la chambre souveraine des Eaux et Forêts de Paris. Mais sa situation vis-à-vis de ce tribu-nal suprême était rien moins que délicate : n'avait-il pas enfreint le règlement en participant à une adjudication, malgré sa qualité d'of-ficier des chasses ? Une intervention en haut lieu se révélait donc nécessaire. Grâce à Pâris-Duverney il obtient celle du premier pré-sident, le chancelier de Maupeou, et se ménage ainsi un arrêt favo-rable. Parallèlement, le duc de La Vallière requiert du même Maupeou une lettre de cachet contre Lesueur : « C'est le seul moyen de suspendre d'abord toute cette manœuvre, et c'est un acte de jus-tice d'où dépend absolument la fortune de M. de Beaumarchais[3]. » Il est piquant de voir le futur pourfendeur de l'arbitraire en user sans complexe lorsqu'il sert ses propres intérêts. Mais n'a-t-on pas vu l'ancien négrier se faire le défenseur des droits de l'homme...

Quoi qu'il en soit, la démarche du duc de La Vallière ne reste pas sans effet. Le 14 décembre, le commissaire Chenu, qui avait déjà réglé l'affaire Lucas, reçoit l'ordre d'informer contre Lesueur et ses complices, tandis que la Table de marbre, en violation de l'ordonnance de 1669, décide que l'adjudication sera faite au profit de Beaumarchais. Huit jours plus tard, celui-ci requiert deux gendarmes et fait expulser de la forêt un commis complice de Lesueur. En toute légalité, cette fois. Après quoi, il confie la direction de l'affaire au tandem Sounet-Carré, puis rentre à Paris, se croyant définitivement débarrassé de son persécuteur. Mais celui-ci ne se tient pas pour battu. Ayant échappé à la vigilance des policiers, il réussit à faire tenir à Sartine une requête présentant Beaumarchais comme un usurpateur, et réclamant «l'autorité du roi et la puissance de ses ministres pour arrêter un procédé si contraire à la liberté française». Ces accents patriotiques font impression sur le lieutenant de police, qui annule l'ordre d'arrestation. Il faut trouver autre chose. Les domestiques de la rue de Condé ont beau témoigner devant le commissaire Chenu que leur ancien collègue s'était vanté auprès d'eux « de faire manger beaucoup d'argent et de donner du fil à retordre» à leur patron, on a beau rappeler qu'il n'a jamais rendu sa livrée… il n'y a pas là de quoi mettre un homme sous les verrous.

Comment venir à bout de ce mauvais drôle, plus rusé que tous les valets du répertoire, et que l'on serait bien tenté de comparer à certain Figaro, devant lequel M. de Beaumarchais jouerait le rôle peu reluisant d'Almaviva? Eh! oui… Rien n'est simple, décidément… Mais voici que surgit fort à propos une dame Lesueur, dont on ignorait jusque-là l'existence, laquelle consent à porter plainte contre son époux : le misérable «avait quitté la maison en s'emparant de tous les effets mobiliers, l'avait mise sur la paille et menaçait ses jours ». L'accusation se faisant cette fois plus sérieuse, Lesueur se voit acculé à lâcher prise. Le 10 mars 1768, dans une supplique à la Table de marbre, il reconnaît Beaumarchais comme adjudicataire, tout en continuant de réclamer son pot-de-vin. Incarcéré au Châtelet le 21 mars, il ne demeure pas inactif et obtient sa mise en liberté provisoire le 8 juillet. Ce n'est qu'au bout de deux ans d'instruction, le 4 juillet 1770, que le procureur du Châtelet rendra son jugement en renvoyant les deux parties dos à dos.

LE MÉTIER D'« OSEUR »

Métier d'auteur / métier d'*oseur*... Derrière ce jeu de mots risqué un jour par Beaumarchais (d'ordinaire mieux inspiré[4]) se dissimule une réalité qu'aucun débutant ne saurait ignorer : à savoir
qu'il faut plus d'audace pour se faire jouer sur une scène parisienne que pour s'exposer au feu de l'ennemi sur un champ de
bataille, car si les blessures n'y sont pas mortelles, il en est toutefois dont on ne guérit jamais. Affronter les quolibets de la critique
et les sifflets du parterre suppose une foi peu commune en son
propre génie, une mégalomanie forcenée ou une bonne dose d'inconscience. Tel est pourtant le défi que Beaumarchais s'est juré de
relever, en tâchant de prouver que « l'amour des lettres n'est pas
incompatible avec l'esprit des affaires[5] ». On dira que le théâtre ne
lui est pas tout à fait étranger et qu'il y a fait ses preuves naguère,
chez Charles Le Normant. Mais peut-on vraiment parler de théâtre
à propos de parades truffées de gauloiseries et troussées à la hâte
pour un auditoire acquis d'avance ?

Le public qu'il entend désormais séduire n'a plus rien à voir
avec les charmantes jeunes femmes qu'il s'amusait à faire rougir
sous les ombrages d'Étiolles ; il s'agit du vrai public, de celui qui
paie sa place pour qu'on le divertisse, achète avec son billet le
droit de siffler, mais confère, par ses applaudissements, le seul brevet de gloire qui vaille pour un auteur : l'assentiment populaire.
S'il se lance donc relativement tard dans cette redoutable aventure
(il est âgé de trente-cinq ans), il se défend néanmoins d'embrasser
l'activité théâtrale à part entière : « Je n'ai point le mérite d'être
auteur, déclare-t-il d'emblée, le temps et les talents m'ont également manqué pour le devenir. » « Je suis auteur dramatique par
amusement », répète-t-il ailleurs. « N'aimant pas le jeu de loto », il
cherche dans les lettres un « délassement honnête » à ses occupations sérieuses : « *Neque semper arcum tendit Apollo.* » S'il choisit
le théâtre, c'est qu'il y voit le passe-temps le plus conforme à ses
goûts et à ses talents : « De plusieurs genres de littérature sur lesquels j'avais le choix d'essayer mes forces, le moins important
peut-être était celui-ci ; ce fut par là même qu'il obtint la préférence. » Il est vrai qu'au milieu de ses multiples activités de bras-
seur d'affaires, de financier, d'agent diplomatique et de
négociateur international, le théâtre n'a jamais occupé qu'une posi-

tion secondaire : celle d'un passe-temps, certes, mais aussi et surtout celle d'un faire-valoir. Avec un sens inné de la communication, Beaumarchais voit dans le métier d'auteur autre chose qu'un simple loisir : un formidable moyen de faire parler de soi, d'attirer l'attention du public, de se bâtir une renommée, de promouvoir ses projets financiers et ses idées politiques. Auprès de ses confrères moins fortunés que lui et dont le sort dépend tout entier des caprices du parterre, il passe naturellement pour le millionnaire dilettante à qui tout doit réussir, sous lequel tout doit plier, et dont le pouvoir saura bien au besoin suppléer au génie. N'est-il pas secrétaire du roi, financier, fils spirituel de Pâris-Duverney, l'un des plus riches nababs du royaume ? N'a-t-il pas ses entrées auprès de la famille royale ? Ne passe-t-il pas enfin pour homme à la mode et à bonnes fortunes ? Une si rapide ascension ne se réalise pas sans que naissent de méchantes rumeurs, et il en circule déjà beaucoup sur son compte dans les antichambres ministérielles, les cabinets d'affaires ou les coulisses de la haute finance. Non content de narguer les courtisans et de bousculer les usages, voilà que ce m'as-tu-vu, dont l'infatuation ne connaît décidément aucune limite, pas même celle de la décence, prétend se jeter dans la mêlée des auteurs, rivaliser avec messieurs Diderot et Sedaine sur la scène du Théâtre-Français ! Et qui plus est, en exploitant la même veine qu'eux : le drame sérieux ! Quelle outrecuidance ! Et de quelle plume fielleuse le chroniqueur du recueil Bachaumont annonce-t-il la prochaine création de sa pièce, le 28 décembre 1766 ! «On annonce aux Français une comédie larmoyante intitulée *Eugénie ou la Vertu malheureuse*. Cette pièce, toute romanesque, est prônée avec beaucoup d'emphase. Elle est d'un homme fort répandu, sans avoir aucune considération ; c'est un nommé *Caron de Beaumarchais*, peu connu dans la littérature. Ses premiers ans ont été employés à acquérir des talents mécaniques. Fils de Caron, horloger, il avait suivi l'état de son père avec succès. Mais né avec une certaine portion d'esprit et des dispositions naturelles pour des arts aimables, son goût pour la musique l'a mis à même de franchir la distance qui le séparait d'un certain monde. Il est parvenu à s'approcher de la cour, il a été assez heureux pour y plaire par ses talents, et d'en profiter pour se ménager des grâces qui l'ont mis en état de faire une fortune considérable. Les morts successives du mari d'une femme qu'il aimait et qu'il a épousée ensuite, ainsi que de cette même femme, après lui avoir fait une donation de tout son bien, jettent sur sa réputation un vernis peu favorable; il a été refusé dans diverses charges dont il voulait se pourvoir[6]. »

*
* *

C'est en 1759, alors qu'il était encore au service de Mesdames, qu'il mit en chantier son premier drame, *Eugénie*, inspiré de l'« Histoire des amours du comte de Belflor et de Léonor de Cespèdes » dans *Le Diable boiteux* de Lesage[7]. Les principaux éléments de la pièce s'y retrouvent: même inégalité de condition entre les deux amants, même évocation du roi, même situation du frère. Il n'est pas jusqu'à certains jeux de scène qui ne soient repris du roman. Simultanément, il prépare un *Essai sur le genre dramatique sérieux*, sorte de manifeste en faveur du drame, qu'il publiera en 1767 sous forme de préface à *Eugénie*.

Le grand nombre d'esquisses, de brouillons, de versions manuscrites parvenus jusqu'à nous prouvent que Beaumarchais n'a pas cessé de remanier sa pièce au cours de sa longue gestation[8]. Le récit qu'il a laissé de ces années de travail nous le montre tour à tour enthousiaste et découragé, sans cesse partagé entre l'élan et le doute, l'assurance et le repentir, tenté un moment d'abandonner, mais reprenant espoir grâce à l'exemple de Diderot qu'il regarde comme son maître:

« Il y a environ huit ans qu'à travers des occupations plus graves je trouvai le temps d'entamer une dissertation sur le genre dramatique sérieux ou intermédiaire entre la comédie héroïque et la comédie plaisante. Ce sujet, qui m'intéressait, m'entraîna au point que je brouillai rapidement plus d'un cahier de papier. Mais malgré la chaleur où j'étais, je m'aperçus bientôt qu'une dissertation répondait imparfaitement aux idées dont j'étais rempli; je voulais convaincre dans un genre où il ne faut que persuader. Ce qui m'amena à substituer l'exemple au précepte. Moyen infaillible quand il réussit, mais qui met son auteur bien au-dessous de lui-même lorsqu'il manque son objet. Trop échauffé pour être capable alors de cette réflexion, et ne voyant que la nécessité de rendre plus sensibles les idées dont j'étais occupé, je fondis d'un seul jet le plan entier de la pièce que je donne aujourd'hui. Une nouvelle

espagnole de don Cléophas m'en fournit les premières idées[9].
Cette espèce de travail rapide, qui ne fait que jeter des masses et
indiquer les situations, convenait très fort à l'empressement que
j'avais d'appuyer ma dissertation. Mais lorsqu'il fallut mettre en
œuvre cette ébauche informe, ma tête refroidie par les détails
indispensables de l'exécution se dégoûta bientôt de son ouvrage ;
cet abandon entraîna celui de la dissertation, et une chanson ou
quelques vers à ma belle me firent oublier la peine inutile que je
m'étais donnée, et c'en fut de mon projet comme de ces meubles
dc tapisserie que nous voyons tous les jours entreprendre aux
femmes : les canevas s'achètent, les laines se choisissent, les des-
sins se forment, tout ce qui est facile et neuf est beau, l'ardeur
emporte, on fait promptement un écran ou un fauteuil ; bientôt, les
détails refroidissent, la longueur de l'ouvrage effraye, une nouvelle
mode vient à la traverse, le dégoût saisit ; l'on envoie les métiers
au garde-meuble, pour broder au tambour quelque veste ou
quelque nœud d'épée. Si, au bout de quelque temps, on voit la
constance d'une autre femme couronnée par le succès, et les éloges
prodigués à quelque magnifique ouvrage de ce genre, alors les
regrets d'avoir manqué de courage ramènent au meuble entamé,
l'émulation nouvelle dure environ la valeur de deux autres fau-
teuils, et les bras tombent de nouveau. Voilà ce qui m'arrive.
Lorsque M. Diderot donna son *Père de famille*[10], je revis mon
ouvrage avec joie, et mon ardeur dura à peu près autant de temps
qu'il en fallut pour monter toutes mes scènes[11]. Alors, d'autres
occupations plus graves me firent remettre le projet à des temps
plus tranquilles. Les dames, dont le meuble au petit point sert de
comparaison, fatiguées d'être revenues plusieurs fois avec une
chaleur éphémère à cet éternel meuble, se lassent enfin de le voir
traîner, le font terminer par leurs femmes, et n'en ont pas moins le
mérite de l'avoir produit. Oh ! voilà ce que je ne fis point du tout.
Mon drame entamé, laissé, repris, abandonné, resta en portefeuille
jusqu'au moment qu'étant à la campagne, libre de soins, le cœur
content et vide d'occupation, j'y mis la dernière main. L'indulgence du public pour cet essai, le vif attendrissement qu'il a
éprouvé au tableau tragique du désespoir où la méchanceté d'autrui peut plonger une jeune personne innocente et vertueuse,
quoique traité d'une manière faible et imparfaite, m'a convaincu
que si je n'avais pas rempli tout à fait l'idée que je m'étais formée
du genre sérieux, j'avais sainement jugé, lorsque ce genre m'avait

paru propre à se faire goûter et à mériter l'attention du public, ce qu'il ne manquera pas de faire aussitôt qu'il sera ouvragé par des mains plus habiles. Pour cette fois-ci : *inter strepit anser olores* [12]. »

LA « TRAGÉDIE DES FEMMES DE CHAMBRE »

« Je lirai *Eugénie* pour voir comment un homme aussi pétulant que Beaumarchais a pu faire pleurer le monde », écrivait Voltaire à d'Argental [13]. Il faut bien convenir, en effet, que la comédie traditionnelle, celle des Molière et des Regnard, eût cent fois mieux convenu à son tempérament. S'évertuer à tirer des larmes du spectateur, lorsqu'on excelle à le faire rire : cela relève de la folle gageure. Ou d'un goût excessif pour le contre-emploi. Mais, outre son penchant pour une certaine sensibilité à l'anglaise, Beaumarchais était trop épris de modernité pour rester indifférent à cette forme dramatique nouvelle, que Diderot et La Chaussée venaient d'introduire en France. Dans les arts mécaniques ou les inventions scientifiques comme dans les formes littéraires ou musicales, il a toujours privilégié l'innovation. Or qu'est-ce que la nouveauté au théâtre, à cette époque, sinon le drame bourgeois ? Bien sûr, on trouvait parmi ses pionniers des auteurs aussi estimables que Destouches (*L'Ingrat* 1712, *L'Irrésolu* 1713, *Le Glorieux* 1732) ou Marivaux, dont *La Mère confidente* (1735) pouvait déjà passer pour un drame domestique sur les relations entre parents et enfants. Le grand Voltaire, de son côté, avait bien tenté de rajeunir la tragédie en la tirant du côté du roman (*Adélaïde du Guesclin*, *Tancrède*), ou en y mêlant un peu de drame, comme dans *Zaïre*, *Mérope* ou *Sémiramis*. Il n'hésita pas enfin à se lancer lui-même dans le genre « amphibie » avec *L'Enfant prodigue*, *Nanine*, *L'Écossaise*. Vers le même temps, La Chaussée inventait la comédie larmoyante dans *La Fausse Antipathie* (1734), *Le Préjugé à la mode* (1735), *Mélanide* (1741). Enfin, *Cénie* (1750), le grand sujet « sensible » de Mme de Graffigny, *Le Fils naturel* (1757) et *Le Père de famille* (1758) de Diderot, *Le Philosophe sans le savoir* de Sedaine, dont la première eut lieu le 2 décembre 1765, achevèrent d'opérer cette réforme que beaucoup regardèrent comme une révolution, et rejetèrent en tant que telle. Nul n'est plus conservateur que l'amateur de théâtre, et celui-ci s'irritait de ne plus reconnaître le bon vieux couple tragédie/comédie, qu'il croyait défini de toute éternité par Aristote, Horace et Boileau. Les adversaires du genre nouveau ne tardèrent pas à le surnommer «tragédie des femmes de chambre [14]». Diderot tenta de le justifier dans ses *Entretiens sur «Le Fils naturel»* (1757), mais sans parvenir à convaincre. Même après *Le Père de famille*, joué en 1761, la résistance demeurait vigoureuse. Aussi Beaumarchais se croit-il fondé à faire précéder sa propre pièce d'un *Essai sur le genre dramatique sérieux*, dans lequel il retrace une histoire critique du drame, en souligne les aspects les plus novateurs, insiste sur les progrès qu'il représente par rapport à la tradition héritée des Anciens. Enfin, il présente son *Eugénie* comme un travail de laboratoire destiné à mettre en pratique de nouveaux principes d'art.

Ce qui le séduit dans la «comédie sérieuse» (que Diderot appelle aussi «tragédie bourgeoise» ou «domestique»), c'est qu'elle propose un théâtre enfin adapté aux hommes de son temps, mettant en scène des personnages plus proches de l'humanité moyenne que les rois, demi-dieux, tyrans, généraux et princesses qui peuplent la tragédie classique. Car si ces héros fabuleux de l'Antiquité nous touchent encore aujourd'hui, ce n'est assurément pas en raison de leur rang, mais en raison de leur souffrance ; ils nous émeuvent moins parce qu'ils sont héros ou rois que parce qu'ils sont hommes et malheureux. «Que me font à moi, sujet paisible d'un État monarchique du XVIIIᵉ siècle, les révolutions d'Athènes et de Rome ? s'écrie Beaumarchais, se souvenant très précisément ici du discours *De la poésie dramatique* de son maître Diderot. Quel véritable intérêt puis-je prendre à la mort du tyran du Péloponnèse ? au sacrifice d'une jeune princesse en Aulide ? Il n'y a dans tout cela rien à voir pour moi, aucune moralité qui me convienne [15].»

Ayant à peindre des situations et des hommes empruntés à la vie ordinaire, le drame ne saurait s'écrire autrement qu'en prose ; le dialogue doit être simple et se rapprocher autant que possible de la nature, «sa véritable éloquence est celle des situations, et le seul coloris qui lui soit permis est le langage vif, pressé, coupé, tumultueux et vrai des passions [16].»

Homme des Lumières, Beaumarchais s'indigne de voir Œdipe, Jocaste, Phèdre, Ariane, Philoctète, Oreste et tant d'autres innocentes victimes accablés de douleurs par des dieux cruels. À vrai dire, leurs tourments lui inspirent moins de compassion que de terreur : « Êtres dévoués et passifs, aveugles instruments de la colère ou de la fantaisie de ces dieux, je suis effrayé bien plus qu'attendri sur leur sort. » Sans le formuler explicitement, il voit une corrélation entre la perte du sentiment religieux et l'éloignement du public pour la tragédie. Les « coups inévitables du destin » semblent avoir perdu toute signification morale pour les lecteurs de l'*Encyclopédie*, lesquels pensent sans doute, comme Beaumarchais lui-même, que la fatalité « dégrade l'homme en lui ôtant la liberté, hors laquelle il n'y a nulle moralité dans ses actions [17] ». Réduire ainsi la tragédie grecque au dogme de la fatalité ne témoigne pas d'une grande objectivité, il faut bien le reconnaître. Mais n'oublions pas que l'*Essai sur le genre dramatique sérieux* est un manifeste en faveur d'une forme particulière de théâtre, et qu'à ce titre il s'autorise des simplifications dont l'auteur ne saurait être pourtant regardé comme dupe. Beaumarchais cultive ici la rhétorique de prétoire, tandis que Diderot pratique celle de la théorie pure, développant par là même une argumentation plus riche et plus nuancée. Mais passons.

Admirateur de Richardson, lecteur de *La Nouvelle Héloïse*, Beaumarchais veut mettre en scène des âmes sensibles qui placent au-dessus de tout le langage du cœur :

« Le tableau du malheur d'un honnête homme frappe au cœur, écrit-il, l'ouvre doucement, s'en empare et le force bientôt à s'examiner soi-même. Lorsque je vois la vertu persécutée, victime de la méchanceté, mais toujours belle, toujours glorieuse, et préférable à tout, même au sein du malheur, l'effet du drame n'est point équivoque, c'est à elle seule que je m'intéresse ; et alors, si je ne suis pas heureux moi-même, si la basse envie fait ses efforts pour me noircir, si elle m'attaque dans ma personne, mon honneur ou ma fortune, combien je me plais à ce genre de spectacle ! Et quel beau sens moral je puis en tirer ! [...] L'homme qui craint de pleurer, celui qui refuse de s'attendrir, a un vice dans le cœur, ou de fortes raisons de n'oser y rentrer pour compter avec lui-même. Ce n'est pas à lui que je parle ; il est étranger à tout ce que je viens de dire. Je parle à l'homme sensible, à qui il est souvent arrivé de s'en aller aussitôt après un drame attendrissant. Je m'adresse à celui qui préfère l'utile et douce émotion où le spectacle l'a jeté à la diversion des plaisanteries de la petite pièce qui, la toile baissée, ne laissent rien dans le cœur [18]. »

Enfin – et ce point nous paraît essentiel dans le contexte économique et social de l'époque – le «drame sérieux» est un spectacle destiné au public bourgeois, auquel il propose un tableau émouvant et moral de son propre milieu. Au XVIIIᵉ siècle, le bourgeois n'est plus ce personnage dont Molière pouvait librement railler les travers et les ridicules; il appartient à une classe en pleine ascension dont Beaumarchais lui-même est le pur produit, et dont on ne songe plus à rire. À cet égard, le drame n'est pas seulement le genre le plus conforme à l'idéologie des Lumières, il est aussi le plus représentatif du tiers état triomphant.

EUGÉNIE OU LA VERTU MALHEUREUSE

Nous sommes à Londres, dans un salon aristocratique de Chelsea. La douce et innocente Eugénie a secrètement épousé le comte de Clarendon, libertin corrompu et à la mode, avec l'aide de sa tante, Mme Murer. Son père, le baron Hartley, gentilhomme du pays de Galles, ignore tout de ce mariage et souhaite unir sa fille à son vieil ami le capitaine Cowerly. Au moment où Eugénie, qui se sait enceinte, veut persuader Clarendon de rendre leur mariage public, elle apprend que la cérémonie n'était qu'une supercherie, qu'un domestique tenait le rôle du chapelain, et que le comte s'apprête à convoler avec une riche héritière. Désespoir d'Eugénie et de sa tante, trompées par l'odieux séducteur. Fureur du baron Hartley lorsqu'il apprend à la fois le mariage secret et sa nullité. Mme Murer, désireuse de se venger et de sauver l'honneur de sa nièce, fait venir Clarendon au milieu de la nuit et poste quelques valets afin de s'emparer de lui par surprise. Mais le comte est accompagné d'un jeune inconnu auquel il vient de sauver la vie, lequel n'est autre que Charles, propre frère d'Eugénie. Voyant son bienfaiteur attaqué par des hommes armés, Charles s'élance à son secours, reconnaît avec épouvante son père, sa sœur et sa tante, et comprend alors l'horrible vérité. Déchiré entre l'honneur et la reconnaissance, il se voit contraint de provoquer son sauveur. Au cours du duel qui s'ensuit, son épée se brise et son adversaire lui fait dédaigneusement don de la vie. Eugénie est au désespoir, tandis que le comte de Clarendon, rongé par le remords, revient à l'improviste et se jette aux pieds de sa victime pour implorer un pardon qui lui est aussitôt accordé.

Dans les premières versions de la pièce, l'action se déroulait à Paris : le père d'Eugénie, « vieux gentilhomme breton », se nommait alors le baron de Kerlec, sa tante Mme Bélise, son frère Éraste et son vil séducteur le marquis de Rosempré, neveu du ministre de la Guerre. Mais le duc de Nivernais, dont Beaumarchais avait sollicité l'avis, lui fit remarquer, six jours seulement avant la première, que l'épisode du valet déguisé en prêtre risquait de paraître invraisemblable et de choquer les esprits religieux. Il résolut donc *in extremis* de transposer l'intrigue en Angleterre, pays protestant, où le mariage n'était pas un sacrement. Nivernais, dont nul n'ignorait la délicatesse et la sûreté de goût, lui suggéra quantité d'autres corrections, notamment de style, que Beaumarchais suivit à la lettre.

C'est néanmoins dans sa version « française » que Beaumarchais présenta son *Eugénie* dans le monde, avant qu'elle ne parût sur scène. La mode étant aux lectures publiques, il entreprit de lire lui-même son œuvre devant des personnalités triées sur le volet, au premier rang desquelles figuraient naturellement ses royales protectrices, Mesdames, Filles de France, qu'il pria fort galamment :

« Mesdames,
« Les Comédiens-Français vont représenter dans quelques jours une pièce de théâtre d'un genre nouveau, et que tout Paris attend avec une vive impatience. Quelques ordres que j'eusse donnés aux comédiens, en leur faisant présent de l'ouvrage, de garder un profond secret sur le nom de l'auteur, dans leur enthousiasme maladroit, ils ont cru me rendre ce qu'ils me devaient en transgressant mes ordres, et ils m'ont sourdement fait connaître à tout le monde. Comme cet ouvrage, enfant de ma sensibilité, respire l'amour de la vertu et ne tend qu'à épurer notre théâtre et en faire une école de bonnes mœurs, j'ai cru que je devais, avant que le public le connût davantage, en offrir un hommage secret à nos illustres protectrices. Je viens donc, Mesdames, vous prier d'en entendre la lecture en particulier. Après cela, quand le public me porterait aux nues à la représentation, le plus beau succès de mon drame sera d'avoir été honoré de vos larmes, comme son auteur l'a toujours été de vos bienfaits [19]. »

La première représentation était prévue pour le 20 ou 21 janvier 1767, mais une indisposition de Préville, qui jouait le rôle du baron Hartley, força les Comédiens-Français à la repousser au 29 du même mois. Beaumarchais, qui vivait ces journées dans la hantise d'une cabale contre sa pièce, profita de ce délai supplémentaire pour exposer ses motifs d'inquiétude au duc d'Orléans, fort ami des gens de lettres, en l'invitant à une lecture privée :

« Monseigneur,
« La maladie de Préville, qui retarde encore de huit jours la représentation d'*Eugénie*, le nouveau drame en cinq actes, me donne la possibilité de faire à Votre Altesse l'hommage d'une lecture, si elle en est tant soit peu curieuse. Je sais, Monseigneur, qu'on vous a dit assez de mal de l'auteur et de l'ouvrage. Le premier est un objet trop peu important pour que j'aie l'indiscrétion d'en entretenir Votre Altesse ; je me borne à désirer de lui donner des notions plus certaines sur le second, contre lequel beaucoup de gens sont déchaînés, quoique peu de gens le connaissent. Vous serez moins étonné, Monseigneur, de ma hardiesse à vous prier d'être mon juge d'avance, lorsque vous saurez que la pièce court le danger de ne pouvoir être entendue au théâtre, et qu'il y a cinquante louis distribués à cinquante étourneaux pour aller au parterre, assurer sa chute sans l'écouter, le jour de la première représentation. M. le duc de Noailles me dit là-dessus hier : "Tant mieux, c'est qu'ils en pensent du bien." Mais moi, qui tremble, je fais comme les malheureux qu'on persécute injustement sur la terre. Je lève les mains au ciel et je cherche justice et protection parmi les dieux… Peut-être tirerai-je un double avantage de ma démarche : c'est que le drame qui m'a servi de délassement au milieu d'occupations plus sérieuses, et qui doit faire plus d'honneur à la sensibilité de mon cœur qu'à la force de mon esprit, ramènera Votre Altesse à prendre de moi une meilleure opinion que celle qu'on a voulu lui donner, et la portera à recevoir avec bonté les assurances du profond respect avec lequel je suis, de Votre Altesse, etc. [20]. »

Beaumarchais ne perd jamais le sens de la réclame. Outre Mesdames et le duc d'Orléans, il invite à ces lectures le duc de Noailles et sa fille, la comtesse de Tessé, femme d'esprit et de sens, qui lui fait part de ses réflexions sur l'héroïne et à laquelle il répond avec sa subtilité ordinaire, mêlée d'une pointe d'irrévérence. D'autres membres influents des salons de Paris sont conviés à ces séances, uniquement destinées à la promotion de son drame. Il s'agit de susciter la curiosité des futurs spectateurs, de provoquer un bouche à oreille, de faire parler de la pièce avant de l'avoir vue, bref de créer l'événement. N'en doutons pas : c'est à Beaumarchais que l'on doit, entre autres inventions, celle du *merchandising* !

Reste une dernière formalité avant d'affronter la rampe : obtenir l'approbation de la censure royale à laquelle Beaumarchais a soumis son manuscrit, comme tout auteur dramatique est tenu de le faire. Des difficultés ne tardent pas alors à surgir, que l'on s'efforce de régler au mieux, de part et d'autre. Après des journées de discussions, on arrive enfin à un compromis ; les derniers obstacles semblent levés, lorsque le jour même de la première, quelques heures à peine avant le lever du rideau, Beaumarchais reçoit une lettre du censeur lui imposant d'ultimes corrections sur des passages litigieux, parmi lesquels une « énormité dont le magistrat s'est aperçu », ledit magistrat n'étant autre que M. de Sartine, le lieutenant général de police. De quoi s'agit-il ? De cette simple phrase jugée subversive, et qu'il faut modifier sur-le-champ : « Le règne de la justice naturelle commence où celui de la justice civile ne peut s'étendre. » Le père d'*Eugénie* la biffe et la remplace aussitôt par celle-ci, qui dit exactement la même chose (en meilleur style) : « La justice naturelle reprend ses droits partout où la justice civile ne peut étendre le sien. » Détail piquant : le censeur en question n'était autre que le gazetier François Louis Claude Marin, qui avait remplacé Crébillon à ce poste en 1762 et que Beaumarchais couvrira de ridicule quelques années plus tard, dans ses *Mémoires* sur l'affaire Goëzman.

*
* *

Le 29 janvier 1767 [21], le rideau de la Comédie-Française se lève enfin sur *Eugénie ou la Vertu malheureuse*, drame en cinq actes et en prose de M. de Beaumarchais. Le décor nous transporte dans le salon du comte de Clarendon, à Londres, entièrement meublé « à la française » et « du meilleur goût » [22]. Du plafond descend un lustre allumé. Dans le fond, côté cour et côté jardin, des portes conduisent aux appartements. Dans un coin, une table

« cabaret » supporte un service à thé. Sur scène, le baron Hartley (Préville) est vêtu d'un habit gris et d'une veste rouge « à petit galon d'or » ; il porte une culotte grise, des bas gris roulés, des jarretières noires, de petites boucles à ses souliers carrés à talons hauts, une perruque « à la brigadière », un grand chapeau « à la Rácóczi », une cravate nouée passée dans une boutonnière de l'habit, et couvrant le tout, une vaste cape de velours noir. Sa sœur, Mme Murer (Mme Préville), « riche veuve du pays de Galles », arbore une robe anglaise toute ronde, « de couleur sérieuse », à bottes, « sans engageantes », sur un corsage serré, descendant très bas, un grand fichu carré à dentelles anciennes noué en croix sur la poitrine, un tablier long, sans bavette, des souliers de même étoffe que la robe, une barrette anglaise à dentelles sur la tête, et par-dessus un chapeau de satin noir à rubans de même couleur. Quant à Mlle Doligny (Eugénie), qui vient de fêter ses vingt et un printemps, elle incarne à ravir l'innocente simplicité de son héroïne, dans une robe « de couleur gaie », chaussée de souliers blancs et coiffée d'une large capeline de paille bordée de taffetas rose. Sous ses dehors honnêtes, mais simples et sans luxe inutile, la famille Hartley symbolise les antiques vertus des hobereaux de province, par opposition à Clarendon (M. Bellecour), modèle de l'homme à bonnes fortunes arrogant et débauché, vêtu à la dernière mode d'un « habit à la française, des plus riches et des plus élégants ».

Nous devons ces renseignements à la minutieuse description que Beaumarchais a laissée des décors et des costumes. Nul auteur dramatique avant lui ne s'était autant soucié des conditions matérielles de la représentation. Autre nouveauté – et non des moindres –, les « jeux d'entractes » que Beaumarchais définit ainsi : « L'action théâtrale ne reposant jamais, j'ai pensé qu'on pourrait essayer de lier un acte à celui qui le suit par une action pantomime qui soutiendrait, sans la fatiguer, l'attention des spectateurs, et indiquerait ce qui se passe derrière la scène pendant l'entracte. » Ainsi, entre les actes I et II, devait-on voir un domestique ranger des sièges, débarrasser la table à thé, enlever les paquets déposés sur un fauteuil, et sortir en vérifiant que tout est bien en ordre. Entre les actes II et III, Betsy, la femme de chambre d'Eugénie, ouvre une malle, en tire plusieurs robes, les secoue l'une après l'autre, les étend sur un sofa, déballe un chapeau, jette un regard autour d'elle pour s'assurer que personne ne l'observe, et l'essaie complaisamment devant un miroir, puis ouvre une seconde malle, d'où elle tire de nouveaux vêtements, tandis que deux laquais entrent en scène en sc disputant. Entre les actes III et IV, c'est un véritable chassé-croisé de laquais qui courent dans tous les sens, armés de couteaux de chasse, d'épées, de flambeaux, tandis que des coups de sonnette résonnent par tout l'appartement. Peu après, le domestique de Mme Murer entre par le vestibule, une lettre à la main, un bougeoir dans l'autre. Pendant toutes ces scènes muettes, un orchestre joue des airs adaptés à la situation dramatique. La pantomime qui précède l'acte V est encore plus mouvementée : Betsy sort de la chambre d'Eugénie, « très affligée », se rend chez Mme Murer, en rapporte une cave à liqueurs qu'elle dépose sur la table du salon, examine les flacons et la porte chez sa maîtresse. Là-dessus, le baron sort de chez sa fille « d'un air pénétré », cherche une clef dans son gousset, sort par la porte qui conduit chez lui, en revient promptement avec un flacon de sels, « ce qui annonce qu'Eugénie est dans une crise affreuse », puis rentre chez elle. Coup de sonnette : un laquais paraît, Betsy sort de chez sa maîtresse en pleurant, et lui dit (avec force gestes, probablement) de rester au salon « pour être plus à portée ». Elle sort par le vestibule. Le laquais se jette sur le canapé du fond et se met à bâiller, mort de fatigue. À ce moment, Betsy revient avec une serviette sur le bras, une écuelle de porcelaine couverte à la main, et passe chez Eugénie. Enfin, les acteurs paraissent, le valet se retire : le cinquième acte peut commencer. Pour accompagner ces derniers jeux de scène, Beaumarchais souhaite une « musique douce et triste, même avec des sourdines, comme si ce n'était qu'un bruit éloigné de quelque maison voisine. Le cœur de tout le monde est trop en presse dans celle-ci, remarque-t-il, pour qu'on puisse supposer qu'il s'y fait de la musique ».

Ces « jeux d'entractes » semblèrent d'une telle audace aux Comédiens-Français qu'ils décidèrent de les supprimer, de peur de décontenancer leur public. Ils n'avaient sans doute pas tort, à en juger par la réaction de Fréron à la lecture de la pièce imprimée : « M. de Beaumarchais croit-il sérieusement qu'on aurait beaucoup de plaisir à voir un laquais bâillant sur un sofa ? [...] Notre théâtre n'a pas besoin de toutes ces singeries dont les Italiens et les forains sont en possession depuis longtemps ; c'est replonger la scène française dans la bassesse et la popularité de ses premières années[23]. » Il faudra attendre le XXᵉ siècle pour que des hommes de théâtre osent introduire ces pratiques dans leurs mises en scène.

« NI GÉNIE, NI TALENT, NI ESPRIT ! »

La Comédie-Française avait bien fait les choses : la distribution
était brillante ; Préville, que son physique destinait à Crispin, et qui
sera bientôt Figaro, sut trouver des accents pathétiques dans le rôle
du baron, tandis que Mlle Doligny montrait une extrême sensibilité
dans celui d'Eugénie : son maintien modeste fit merveille, et la faiblesse de son organe la rendit plus touchante encore[24]. Quant à Bellecour, il déploya dans le personnage de Clarendon tout le charme
et l'assurance qu'exige l'emploi de séducteur. Bref, on ne négligea
rien pour faire de la générale d'*Eugénie* l'un de ces triomphes dont
Paris a le secret, capables d'arracher un auteur à l'anonymat pour le
propulser en une nuit au faîte de la renommée. Cette mauvaise
langue de Collé raconte même que Beaumarchais aurait payé un
chef de claque pour faire applaudir les meilleurs passages. Rien de
plus vraisemblable. Ce qui est sûr, en revanche, c'est qu'il avait
chargé un certain M. Le Pin de lui rapporter tous les commentaires,
favorables ou non, qu'il pourrait recueillir au parterre, en vue de la
seconde représentation. Sans doute savait-il, dès ce moment, qu'il
lui faudrait apporter des corrections à son drame[25].
    Précautions inutiles ! La chute fut à la mesure de ses espérances :
grandiose !
    Bachaumont se contente d'informer ses lecteurs, sans commen-
taire : « – *29 janvier 1767* : *Eugénie*. Ce drame tant prôné a été
donné aujourd'hui et n'a pas eu le succès dont l'auteur se flattait.
Les trois premiers actes ont été reçus avec assez de bienveillance,
mais les deux derniers ont révolté, et l'on peut regarder cela
comme une chute[26]. » « Je n'ai point encore vu d'auteur paraître
pour la première fois, contre lequel le public se soit aussi généralement déchaîné, précise Charles Collé dans son *Journal*. On l'a traduit comme le plus fat et le plus orgueilleux des hommes. [...] On
ne doit pas être surpris qu'il ait poussé la fatuité poétique aussi loin
qu'il l'a poussée avant la représentation de sa pièce. Il disait brave-
ment que son drame serait la pièce du plus grand effet que l'on eût
encore vu au théâtre ; qu'aucune, dans le genre larmoyant, ne pouvait lui être comparée ; que feu La Chaussée n'avait su que toucher
faiblement le cœur ; que lui était bien sûr de le déchirer. Bref, il se
mettait au-dessus des auteurs passés, présents et à venir, avec une
bonne foi et une intrépidité d'amour-propre qui n'aurait aucune

vraisemblance si elle n'avait pas la vérité pour fondement. [...] Le public n'a pas été d'accord du mérite que se croyait cet auteur. Il a pris la liberté de huer et de conspuer sa pièce à la première représentation. Les trois premiers actes, à l'exception de la troisième scène du troisième, avaient été assez applaudis. Il faut convenir même que dans ce troisième acte il y avait une scène qui n'était qu'indiquée, mais qui aurait pu devenir excellente, si elle avait été traitée par un grand peintre, au lieu d'être exécutée par un barbouilleur. La déroute de la pièce ne commença pourtant qu'au quatrième acte, où l'auteur avait eu l'adresse d'avoir encore besoin d'exposition. Le cinquième fut à peine entendu, tant il parut ridicule et absurde. M. de Beaumarchais a prouvé, à ne pouvoir en douter, par son drame, qu'il n'a ni génie, ni talent, ni esprit[27]. »

À peine plus mesuré que Collé, au moins dans le ton, Grimm partage entièrement son avis sur l'auteur et sur la pièce. « Son succès a bien peu répondu à l'attente de ses partisans, dit-il, et sa chute est d'autant plus fâcheuse pour l'auteur qu'il n'en peut rejeter la faute sur son sujet. Ce sujet est infiniment théâtral et susceptible du plus grand intérêt. » Suit une analyse détaillée des contradictions, invraisemblances, négligences, insuffisances de ladite pièce, qui aboutissent toutes à la même conclusion, à savoir que M. de Beaumarchais n'a pas la moindre étincelle de talent, ni même de bon sens, et qu'il « ne fera jamais rien, même de médiocre. » Voilà pour l'auteur ! L'homme n'est pas mieux traité. Comme chez Collé, l'antipathie qu'inspire sa personne rejaillit sur son œuvre. « Ce M. de Beaumarchais, persifle le rédacteur de la *Correspondance littéraire*, est, à ce qu'on dit, un homme de près de quarante ans, riche, propriétaire d'une petite charge à la cour, qui a fait jusqu'à présent le petit-maître, et à qui il a pris fantaisie mal à propos de faire l'auteur. Je n'ai pas l'honneur de le connaître, mais on m'a assuré qu'il était d'une suffisance et d'une fatuité insignes. J'ai quelquefois vu la confiance et une certaine vanité naïve et enfantine s'allier avec le talent, mais jamais je n'ai vu un fat en avoir ; et si M. de Beaumarchais est fat, il ne sera pas le premier qui fasse exception. » Mais il ajoute un peu plus loin : « On a fait cinquante mauvaises plaisanteries sur l'auteur d'*Eugénie*, parce qu'il est fils d'horloger. C'est bien de quoi il s'agit ! On a fait mille contes de sa fatuité et de ses impertinents propos. Je voudrais qu'il eût montré le moindre talent, et je lui pardonnerais volontiers son ton suffisant, d'autant que je n'aurai jamais à en souffrir[28]. »

L'auteur d'*Eugénie* supporta les huées du public en philosophe, prêtant une oreille attentive aux critiques de bonne foi, et traitant par le mépris la jalousie des autres. C'est du moins ce qu'il veut laisser entendre. «Mon sang-froid sur la censure rigoureuse de la première représentation ne partait ni d'indifférence ni d'orgueil, expliquera-t-il après coup; il fut le fruit de ce raisonnement qui me parut net et sans réplique: si la critique est judicieuse, l'ouvrage n'a donc pu l'éviter; ce n'est point le cas de m'en plaindre, mais celui de le rectifier au gré des censeurs, ou de l'abandonner tout à fait. Si quelque animosité secrète échauffe les esprits, j'ai deux motifs de tranquillité pour un. Voudrais-je avoir moins bien fait au prix de fermer la bouche à l'envie? et pourrais-je me flatter de la désarmer quand je ferais mieux[29]?»

Nullement abattu par cet échec, Beaumarchais reprend son manuscrit, corrige, rature, récrit, retranche, allège, remanie, tâche d'améliorer les actes IV et V, qui avaient été copieusement sifflés[30]. Il est vrai que l'apparition du frère d'Eugénie, sauvé par Clarendon, obligé ensuite de provoquer son bienfaiteur en duel, au motif qu'il avait séduit sa sœur, jetait la confusion dans l'esprit du spectateur en lui donnant l'impression qu'un nouveau drame commençait. Sans modifier l'essentiel, Beaumarchais supprime des longueurs, resserre l'action, lui redonne de la vraisemblance. Quarante-huit heures plus tard, le 31 janvier exactement, il soumettait à nouveau sa pièce au suffrage du public, qui l'accueillit cette fois avec chaleur. Cette seconde représentation remporta même un tel succès qu'elle aurait été suivie d'au moins une quinzaine d'autres si Préville n'était tombé malade après la septième. Chacun reconnut, à cette occasion, que le jeu de ce grand comédien et celui de Mlle Doligny n'avaient pas peu contribué à sauver la pièce.

Collé raconte qu'au bal de l'Opéra qui suivit ces reprises, en février 1767, Beaumarchais serait allé se «faire persifler.» Des masques lui firent des éloges perfides et l'engagèrent adroitement à faire lui-même le sien propre et celui de sa pièce. Étant convenu de bonne foi qu'il y avait des endroits où, le public lui ayant indiqué des corrections, il en avait profité: «J'en ai fait une entre autres, déclara-t-il, où j'ai été si convaincu de la justesse de la critique, que j'ai écrit de ma main à la marge de mon manuscrit: *Je suis un sot.* – Ah! Monsieur, s'est écriée une femme masquée du fond de la loge, quand vous ferez imprimer votre pièce, n'oubliez pas cette note-là; elle est excellente[31]!»

*
* *

En raison de leur caractère privé, les nouvelles à la main comme la *Correspondance littéraire* de Grimm ou le recueil de Bachaumont revêtaient moins d'importance, aux yeux des auteurs, que les gazettes imprimées. Encore certaines jouissaient-elles d'un crédit particulier auprès du public. C'était le cas, par exemple, de *L'Année littéraire*, rédigée par Fréron, bête noire de Voltaire, critique redouté pour la sévérité de ses jugements, dont les lecteurs tenaient le plus grand compte. Aussi Beaumarchais prit-il la précaution de lui adresser un billet de faveur pour la deuxième représentation d'*Eugénie*. Il y mit, comme on va le voir, toutes sortes de civilités et surtout des trésors de modestie, ce qui était contraire à sa nature :

« Je ne crois pas avoir l'honneur, Monsieur, d'être personnellement connu de vous, ce qui me rend d'autant plus sensible aux choses honnêtes que l'on m'a rapportées hier au soir. Un homme de mes amis, qui s'est rencontré avec vous dans une maison, m'a assuré qu'il était impossible de parler avec plus de modération que vous ne l'aviez fait des endroits qui vous avaient paru répréhensibles dans le drame d'*Eugénie*, et de louer avec une plus estimable franchise ceux que vous aviez jugés propres à intéresser les honnêtes gens. C'est ainsi que la critique judicieuse et sévère devient très utile aux gens qui écrivent. Si vos occupations vous permettent de revoir aujourd'hui cette pièce, où j'ai retranché des choses auxquelles mon peu d'usage du théâtre m'avait attaché, je vous prie de le faire avec ce billet d'amphithéâtre que je joins ici. Je vous demanderai, après cette seconde vue, la permission d'en aller jaser avec vous, en vous assurant de la haute considération et de la reconnaissance avec lesquelles j'ai l'honneur d'être, Monsieur, etc.
« CARON DE BEAUMARCHAIS. »

À quoi l'intraitable zoïle répondit :
                              « Le samedi 7 février 1767.
« Je suis fort sensible, Monsieur, à votre politesse, et bien fâché de ne pouvoir en profiter, mais je ne vais jamais à la comédie par billets ; ne trouvez donc pas mauvais, Monsieur, que je vous renvoie celui que vous m'avez fait l'honneur de m'adresser[32].

« Quant à votre drame, je suis charmé que vous soyez content de ce que j'en ai dit ; mais je ne vous dissimulerai pas que j'en ai pensé et dit plus de mal que de bien après la première représentation, la seule que j'aie vue. Je ne doute pas que les retranchements qui étaient à faire et que vous avez faits dans cet ouvrage ne l'aient amélioré : le succès qu'il a maintenant me le fait présumer. Je me propose de l'aller voir la semaine prochaine, et je serai très aise, Monsieur, je vous assure, de pouvoir joindre mes applaudissements à ceux du public.

« J'ai l'honneur d'être, avec la plus haute considération, etc.

« FRÉRON [33]. »

Cet échange de bons procédés n'empêcha point Fréron d'écrire dans son *Année littéraire* tout ce qu'il pensait d'*Eugénie* : c'est-à-dire peu de bien. Passons sur les « jeux d'entractes » ; nous savons qu'il ne les apprécie guère. Pour le reste, il montre somme toute plus d'équité que sa réputation ne le donnerait à penser. Et même, à lire son article aujourd'hui, serait-on tenté d'y voir de l'indulgence à l'égard des trois premiers actes, dont il surestime peut-être les mérites. Il est vrai qu'il se rattrape sur les deux derniers, auxquels sont réservés les traits les plus durs. Convenons toutefois que ses reproches reposent sur une pertinente analyse de la pièce, et que ses remarques sur les négligences de grammaire ou de style paraissent particulièrement fondées.

En dépit de ses débuts malheureux, *Eugénie* poursuivit néanmoins une carrière honorable sur la première scène nationale ; elle y connut de nombreuses reprises jusqu'en 1863, et les théâtres de province l'accueillirent avec faveur [34]. En Angleterre, le célèbre comédien David Garrick, alors directeur du théâtre de Drury Lane, la fit traduire et jouer à Londres sous le titre de *The School for Rakes* (*L'École des roués*). À cette occasion, il écrivit à Beaumarchais le 10 avril 1769 :

« *L'École des roués*, qui est plutôt une imitation qu'une traduction de votre *Eugénie*, a été écrite par une dame [Elizabeth Griffith] à qui je recommandais votre drame, qui m'avait fait le plus grand plaisir, et duquel je pensais que l'on pouvait tirer une pièce qui plairait singulièrement à un auditoire anglais ; et je ne me trompais pas, car avec mon secours (ce qui est dit dans l'avertissement qui précède la pièce), notre *Eugénie* a reçu les applaudissements continuels des auditoires les plus nombreux [35]. »

En France, la pièce ne connut jamais le large et franc succès qu'espérait son auteur. Mieux accueillie aux représentations qui suivirent la première, elle n'attira cependant pas les foules et se traîna jusqu'à la sixième reprise du vendredi 8 mai 1767. «Elle a acquis par ce moyen le dernier degré du mépris public, note à ce propos le venimeux Collé dans son *Journal*. Je viens d'apprendre qu'à cette dernière représentation, le pécunieux auteur de cette rhapsodie avait encore fait jeter de l'argent dans le parterre. Les gens à sa solde l'ont redemandée, et elle a tenu encore cette semaine. Les deux dernières fois, ils l'ont étayée par deux représentations consécutives de *Dupuis et Desronais*[36]; et on a remarqué que la salle ne se meublait un peu que vers les sept heures. Au reste, quelque apparence de succès éphémère et précaire que cette pièce ait ou puisse avoir, je ne me dédis pas du mal que j'en ai écrit, et tous les connaisseurs seront de mon avis: il ne peut y avoir que des femmelettes qui puissent prendre quelque plaisir à un poème aussi mal fagoté[37].»

Lors de sa publication, en septembre 1767[38], la malheureuse *Eugénie*, précédée de l'*Essai sur le drame sérieux*, eut à subir une nouvelle fois les foudres de Grimm. «La lecture de la pièce m'a confirmé dans le jugement que j'en ai porté à la représentation, déclarait celui-ci. Plus le sujet était intéressant, pathétique et beau, plus la manière dont M. de Beaumarchais l'a traité me paraît déposer contre son talent et le déférer au tribunal de la critique comme un homme sans aucune ressource. [...] M. de Beaumarchais n'a rien en lui qui doive lui donner du goût pour les beaux-arts; de quoi s'avise-t-il de les aimer et de s'en occuper[39]?» Tous les avis ne sont pourtant pas si péremptoires que celui de l'impitoyable baron. Certains mêmes, qui n'ont guère aimé la pièce au théâtre, avouent avoir été émus à sa lecture. C'est le cas de Constant d'Hermenches, qui écrit à Isabelle de Charrière: «J'ai lu, chemin faisant, *Eugénie*; elle m'a fait pleurer, et j'en suis fâché, car cette pièce ne me plaît pas: tout y est trop forcé et tous les coups de théâtre trop communs; ce valet qui se met à genoux et qui avoue la supercherie est une platitude qui seule doit dégoûter de l'auteur[40].»

Un écho tout différent, et à certains égards diamétralement opposé, nous vient de la cour de Suède, où le futur Gustave III, passionné de théâtre, écrit à sa mère, la reine Louise-Ulrique: «J'ai reçu un nouveau livre que je prends la liberté d'envoyer à Votre Majesté dans l'incertitude où je suis si Elle ne l'a pas déjà reçu. C'est cette nouvelle pièce qu'on a jouée à Paris ce printemps avec tant de succès [?] et dont nous avons lu la recension dans Grimm. Elle a pour titre *Eugénie*. C'est une pièce dans un goût tout nouveau, qui approche du *Philosophe sans le savoir* [de Sedaine], mais qui n'est certainement pas à comparer avec lui. Elle fera pourtant, à ce que je crois, assez de plaisir à la représentation, où les défauts qu'on y remarque à la lecture échapperont avec plus de facilité aux spectateurs. Je crois que ma chère Mère trouvera l'*Essai sur le genre dramatique sérieux* qui précède la pièce bien écrit, et qu'Elle y verra des idées neuves et bien exprimées, qui pourraient procurer des avantages aux spectacles, si on les mettait à exécution. Ce qui est encore particulier à cette pièce, c'est que l'action ne cesse jamais aux yeux des spectateurs et que les intervalles entre les actes sont remplis par les pantomimes qui tiennent à l'action générale. Si cette brochure faisait passer quelques soirs agréables à Svartsjö, rien ne me ferait un plus sensible plaisir[41]. »

Peu après, le prince royal envoie la pièce à son amie la comtesse de Bielke, épouse de son gouverneur, pour avoir son avis. Celle-ci lui répond aussitôt qu'elle ne l'aime guère, et cite à l'appui de son jugement un passage de l'acte II qui l'a choquée. Gustave tâche alors de la persuader qu'elle n'a pas compris le passage incriminé :

« Je suis bien fâché que je ne me suis pas rencontré de votre avis au sujet d'*Eugénie*. Elle a des défauts, il est vrai, mais il y a des endroits du plus grand pathétique, surtout le moment où le père veut s'aller jeter aux pieds du roi ; je crains que le passage que vous me citez et qui vous a si fort choqué n'a pas peu contribué de vous faire trouver la pièce mauvaise. Mais pour vous ôter tout scrupule et vous raccommoder avec l'auteur, permettez-moi de vous dire que vous avez pris son idée du plus mauvais côté. Voici le passage : *C'est celui qui a marié cette fille soi-disant d'honneur de la Reine*, À CE BENÊT D'HARLINGTON, QUAND JE LA QUITTAI.

« Vous avez cru qu'il voulait se moquer de son honneur, mais le comte ne veut dire par là qu'il a fait épouser à un sot une fille qu'on faisait passer pour être fille d'honneur de la reine, car si vous faites réflexion à ces mots (*À ce benêt d'Harlington, quand je la quittai*) qui suivent immédiatement, l'équivoque sera expliquée[42]. »

Enfin, le 2 décembre 1767, moins d'un an après la première parisienne, on représentait *Eugénie* à la cour de Suède, devant un brillant parterre parmi lequel on remarquait son enthousiaste défenseur : « On vient de jouer *Eugénie* mercredi passé avec un succès étonnant, rapporte le jeune prince. Il faut avouer qu'elle fait un effet surprenant à la représentation. Tous les acteurs se sont acquittés de leurs rôles au mieux, et surtout du Londelle (qui jouait le baron Hartley, père d'Eugénie) s'est surpassé ce soir-là. Cette pièce remue l'âme beaucoup plus fortement qu'aucune tragédie, et il y a des personnes qui ont été obligées de pleurer, qui d'ailleurs viennent presque toujours aux tragédies. Le comte Hessenstein était si extasié que nous l'entendîmes plusieurs fois de notre loge s'écrier : "C'est magnifique, c'est admirable ! Voilà une scène parfaite !" Ma sœur, qui est beaucoup mieux mais qui ne sort pas, a engagé le roi de la faire jouer mercredi sur le théâtre des petits appartements[43]. »

*

* *

En cette époque bénie, où le théâtre était, avec le libertinage, l'une des deux grandes passions françaises, où les femmes du monde se déchiraient à belles dents pour ou contre un auteur « tombé », où l'on s'affrontait sans ménagement sur le génie respectif de la Dumesnil et de la Clairon, les tribulations de la pauvre *Eugénie* ne pouvaient demeurer longtemps sans écho. On en parlait partout, dans les salons, les cafés, les coulisses, mais aussi dans les ateliers et les boutiques. Le nom de l'auteur était sur toutes les lèvres. De ce point de vue, Beaumarchais avait réussi un joli coup médiatique : nul à Paris ne pouvait plus ignorer son existence. Naturellement, ses collègues magistrats (si peu que ce fût, il exerçait toujours sa charge) ne furent pas les derniers à apprendre ses déboires (dont ils se réjouirent) suivis de son succès (qui les contraria). Ce dernier lui valut même une volée de bois vert de la part de l'avocat général Antoine-Louis Séguier, dont il fit mine de se plaindre amèrement. Il fallait bien défendre l'honneur de la robe ! « Je ne doute pas que je n'aie eu le malheur de vous offenser ou de vous déplaire dans quelque occasion qui m'est inconnue, écrivait-il à l'important magistrat, membre de l'Académie française. Dans ce cas, je suis tout disposé à vous faire les excuses convenables de mon imprudence ou de ma légèreté. Je me suis pourtant examiné avec beaucoup de rigueur, et je n'ai trouvé en moi qu'admiration pour vos talents supérieurs, et la plus haute considération pour votre personne. M. Gervais, mon ami et le

vôtre, m'a souvent entendu parler avec enthousiasme de votre
facile et noble éloquence chez M. le duc de La Vallière. Je vous
prie, d'après cette confession, de vouloir bien me mander comment
j'ai mérité d'être personnellement déchiré par vous au Palais,
devant deux cents avocats, procureurs ou juges, dans l'intervalle
des affaires sérieuses. J'ai eu le malheur de jeter sur le papier un
drame en prose, et le malheur plus grand de céder au bout de sept
années aux désirs de mes amis en le donnant aux comédiens.
J'étais pourtant bien loin d'imaginer que la voix de l'aigle du barreau se mêlerait aux croassements et aux sifflements des reptiles de
Paris pour dénigrer un honnête homme qui n'a que cet ouvrage à
se reprocher. Vous êtes trop éclairé, Monsieur, pour ignorer qu'il
n'y a nulle induction à tirer d'un ouvrage [à la personne] de son
auteur, à moins qu'il ne s'agisse d'un libelle. Je suis un particulier
renfermé dans le sein de la famille qui défriche avec peine le
champ épineux des affaires, et se délasse quelquefois d'un travail
dégoûtant par le charme de l'étude des lettres. Je n'ai mis ni sensibilité, ni importance, à tous les propos de café qui m'ont été rendus, mais je n'ai pu me défendre d'un vif chagrin lorsque vingt
personnes sont accourues chez moi et m'ont demandé avec inquiétude ce que j'avais fait à M. Séguier qui venait de me traiter en
plein barreau avec un mépris qui ne pouvait exister sans cause. Je
vous réitère mes très humbles excuses dans le cas où je me serais
attiré ce traitement de votre part, et en livrant mon drame à toute la
sévérité d'un critique, je vous prie de n'y point confondre celui qui
s'honore d'être, avec le respect que les faibles doivent aux génies
supérieurs[44]... »

*

* *

Près de vingt ans plus tard, lorsqu'il évoquera ses débuts au
théâtre, Beaumarchais prendra quelques libertés avec l'histoire, en
attribuant l'échec initial d'*Eugénie* à la censure morale, alors
qu'elle ne s'est jamais exercée à l'encontre de cette pièce :
« Lorsque je mis *Eugénie* au théâtre, écrira-t-il en 1784 au baron de
Breteuil, tous nos jurés crieurs à la décence jetèrent des flammes
dans les foyers, sur ce que j'avais osé montrer un seigneur libertin,
habillant ses valets en ministres, et feignant d'épouser une jeune
personne qui paraît enceinte au théâtre, sans avoir été mariée[45].

Malgré ces criailleries, la pièce a depuis été jugée la plus morale de tous les drames, constamment jouée sur tous les théâtres de l'Europe, et traduite dans toutes les langues, parce que les bons esprits ont senti que la moralité, que l'intérêt naissaient entièrement de la disconvenance d'un homme puissant et vicieux, qui persécute une faible fille trompée, vertueuse et délaissée[46].» Moralité : mieux vaut une critique pour immoralité que pour insuffisance ; c'est moins infamant. Et puis, rappelons-le, cette requête à Breteuil avait pour objet de défendre *Le Mariage de Figaro* contre les bigots de tout poil : cela valait bien cette petite entorse à la vérité.

L'ALLÉE DES VEUVES

Nullement découragé par son échec, Beaumarchais se remet sur-le-champ à sa nouvelle pièce. Il y consacre tous les loisirs que lui laisse la gestion de son domaine forestier. Pendant qu'il y travaille avec l'ardeur qu'on lui connaît, survient une visite imprévue, dont Gudin de La Brenellerie nous donne un récit circonstancié. On se doute bien, à sa lecture, qu'il n'a pas lésiné sur l'ingrédient romanesque. Transcrivons-la tout de même, car derrière ce bouquet d'inventions se dissimule peut-être un faisceau de petits faits vrais. Sinon, tant pis ! *Se non è vero…*

«Madame Buf ***[47], célèbre par sa beauté, et dont j'ai entendu vanter la sagesse par des hommes qu'on ne soupçonna jamais de mentir, quand ils convenaient qu'une femme ne s'était pas fendue à leurs soins, à leur passion, à leurs artifices, à leur longue expérience dans l'art de séduire le cœur ou de surprendre les sens, madame Buf *** vint trouver la sœur de Beaumarchais, et lui demander ce que faisait son frère, qu'elle n'avait pas vu depuis quelque temps.

– Je ne sais s'il est renfermé ; je crois qu'il travaille à quelque nouveau drame.

– J'ai à lui parler.

«On le fit appeler ; il parut tel qu'un solitaire occupé de tout autre chose que des agréments de la société, les cheveux épars, la barbe longue, le visage allumé par la méditation.

– Eh! mon ami, à quoi vous occupez-vous, lorsqu'une très aimable femme, veuve depuis peu, recherchée déjà par plusieurs aspirants, pourrait vous préférer? Sa fortune est considérable, elle arrangerait la vôtre, et elle-même trouverait en vous ce qui vaut mieux que toute son opulence, un excellent mari. Je dois aller demain matin me promener avec elle dans cette allée écartée des Champs-Élysées qu'on appelle l'allée des Veuves. Montez à cheval, vous nous y rencontrerez comme par hasard, vous m'aborderez, et vous verrez si vous vous convenez.

«Le lendemain, monté sur un cheval superbe, qu'il maniait avec grâce, suivi d'un domestique à cheval, Beaumarchais parut dans cette longue et solitaire allée. Il fut aperçu avant de joindre le carrosse dans lequel se promenaient ces dames.

«La beauté du destrier, la bonne mine du cavalier prévinrent en sa faveur. Quand on le vit de plus près, madame B *** dit à sa compagne qu'elle le connaissait. Cette rencontre inopinée, fortuite, comme celle d'Émile et de Sophie [48], produisit une impression d'autant plus vive. Ces voiles, ces crêpes, ces vêtements de deuil faisaient ressortir plus avantageusement la blancheur du teint et la beauté de la jeune veuve. Beaumarchais monta bientôt dans la voiture de ces dames, et comme nul auteur ne dialoguait mieux au théâtre, nul homme ne répandait plus de sel et de grâce dans la conversation; si elle ne fut d'abord qu'un jeu d'esprit, elle devint intéressante par degrés, et finit par être attachante. On ne voulut plus se quitter de toute la journée. Beaumarchais proposa à ces dames de venir dîner chez lui. Madame B *** y fit consentir la jeune veuve, après plusieurs refus.

«Alors, il renvoya son domestique et son cheval, dont il n'avait plus besoin. C'était un signal convenu avec sa sœur, afin qu'elle se préparât à recevoir les dames, dont l'une était entièrement inconnue.

«Il est bien différent de voir un homme à la promenade, ou de le voir dans l'intérieur de sa maison. C'est là qu'il faut le suivre pour le bien juger. Ce fut aussi en entrant dans cette maison, sans faste, mais commode et décorée avec élégance, en y voyant Beaumarchais entouré d'anciens domestiques, entre son père et sa sœur, fille de beaucoup d'esprit et fière d'avoir un tel frère [49], que cette jeune veuve comprit qu'on pouvait s'honorer d'un tel mari.

«La table dispose à la confiance, le cœur s'ouvre et s'épanche; ils n'en étaient point sortis que, déjà sûrs l'un de l'autre, ils ne formaient plus que le vœu de ne se point séparer [50].»

DEUXIÈMES NOCES

Née à Paris le 11 novembre 1731, Geneviève-Madeleine Watte-bled avait un an de plus que Pierre-Augustin. Elle était fille d'un menuisier du roi et dizainier de la ville de Paris, Philippe Wattebled, et de feu Marie-Geneviève Deschars, et avait épousé le 16 juillet 1754 Antoine-Angélique Lévêque, garde-magasin général des Menus-Plaisirs, dont elle devint veuve treize ans plus tard, le 21 décembre 1767[51]. Geneviève avait la complexion des poitrinaires : des traits fins, une peau transparente, des lèvres sensuelles. À la fois timide et passionnée, elle ne songeait guère à se remarier, craignant par-dessus tout de lier son sort à celui d'un libertin. Sans doute avait-elle souffert des infidélités de son défunt mari, car lorsque Pierre-Augustin lui proposa d'unir leur destin, elle réagit comme une femme blessée que les tourments d'amour n'avaient pas épargnée.

« Monsieur de Beaumarchais, lui répondit-elle, je suis veuve, je n'ignore pas combien la plupart des hommes sont peu retenus par le serment qu'ils font aux autels, je sens combien il est difficile de ne vous point aimer, je sais combien vous chérissez les femmes, mais vous êtes un homme d'honneur ; promettez-moi, et je vous en croirai, que vous ne me délaisserez point, que vous ne me laisserez point pleurer dans un lit solitaire, en proie à tous les soupçons de la jalousie. » Beaumarchais promit et tint parole.

Le mariage fut célébré à Saint-Eustache le 11 avril 1768[52]. Outre ses rentes viagères, la seconde Mme de Beaumarchais apportait en dot une maison située à Pantin, sur laquelle nous ne possédons, hélas ! aucune information. Le nouveau marié était pas-sionnément aimé de son épouse et faisait preuve de son côté d'une fidélité exemplaire. C'est du moins ce que rapporte Gudin : « Jamais, sous aucun prétexte, il ne passa une nuit dehors, jamais ne prit une autre chambre que celle de sa femme, ni même un autre lit. » Méfions-nous cependant : le bon Gudin n'est pas à un faux témoignage près pour défendre la mémoire de son ami. Ce qui est sûr, c'est que Beaumarchais réalisait en même temps une excel-lente opération financière et que « sa fortune s'accrut par la jonc-tion de celle de sa femme ». C'est encore Gudin qui parle. Quant au recueil Bachaumont, toujours aussi malintentionné à son égard, il ne put retenir cette flèche empoisonnée en annonçant son mariage : « Un nommé Lévêque, garde-magasin des Menus, a laissé une veuve fort riche, malgré les dépenses qu'il faisait en jouissant des plaisirs de toute espèce que lui offrait ce tripot. Elle s'est éprise de M. Caron de Beaumarchais, auteur d'*Eugénie*, plus renommé encore pour ses intrigues que pour ses talents littéraires, et veuf aussi. Tous deux convolent en secondes noces ; et quoique la femme soit encore dans le deuil, elle a déposé les crêpes funèbres pour s'orner des atours de l'hymen le plus galant[53]. »

Au mépris du délai légal d'un an de viduité au minimum, l'ex-Mme Lévêque n'attendit même pas quatre mois après la mort de son premier époux pour se remarier avec Pierre-Augustin. C'est qu'il y avait urgence ! Huit mois plus tard, le 14 décembre 1768, elle mettait au monde un garçon qui reçut le prénom d'Augustin[54]. Beaumarchais exultait à la pensée que ce fils perpétuerait le nom qu'il voulait illustrer. Retenu par ses affaires à Chinon, il écrivait à sa femme : « Mon fils, mon fils ! Comment se porte-t-il ? Je ris quand je pense que je travaille pour lui ! »

*
* *

Vers cette époque, Beaumarchais fut le héros involontaire d'une aventure qui lui fit assez de tort à la Cour et dans l'esprit du roi, et dont les effets se feront encore sentir des années plus tard. Laissons-le la raconter à sa manière :

Un squelette à travers les fleurs

« Je me souviens qu'en 1768, le jour nommé vendredi saint, un favori de Louis XV, c'est-à-dire un vieux courtisan, le duc de La Vallière, me menait à Versailles, où j'étais déjà regardé comme un raisonneur libre et fier, conséquemment vu d'assez mauvais œil.

« Pendant que nous brûlions la route en grands seigneurs que nous étions, il me dit : "Je soupe ce soir dans les petits appartements avec le roi, Mme du Barry et les élus qu'il nommera lui-même. Je voudrais trouver quelque chose qui pût jeter de l'intérêt sur un de ces soupers qui, trop souvent, sont insipides." C'était presque m'interroger. En souriant, je répondis : "Si les maîtres sont sérieux, rapportez-leur ce mot charmant de notre cantatrice Arnould au comte de Lauraguais, qui lui disait un de ces soirs : – *Te souviens-tu, Sophie, de nos premières amours, quand je me glissais nuitamment chez ton père, marchand de vin*[55]*, sous toutes sortes de déguisements ? – Ah ! le bon temps*, s'écria-t-elle, *comme nous étions malheureux !* Ce trait délicieux d'une femme d'esprit peut en amener d'autres, moins piquants à la vérité, mais qui peuvent égayer votre souper, comme il en fut de celui-là.

"Si, au contraire, le maître est en goguette, jetez tout au travers de la gaieté royale, ainsi qu'on le fait à Potsdam, dans les orgies du roi de Prusse, quelque grande moralité, telle que celle-ci, par exemple, qui n'est pas dénuée d'intérêt, et dont ce jour est l'à-propos : *Pendant que nous rions ici, n'avez-vous jamais rêvé, Sire, qu'en vertu de l'auguste droit que vous a transmis la couronne, Votre Majesté doit plus de livres de vingt sols qu'il ne s'est écoulé de minutes depuis la mort de Jésus-Christ, dont nous tenons l'anniversaire ?*

"Une assertion aussi étrange, fixant toutes les attentions, sera probablement niée. Chacun doit prendre son crayon pour vous démontrer votre erreur et s'égayer à vos dépens. En voici le calcul tout fait : il y a aujourd'hui 1 768 ans que Jésus-Christ est mort, comme l'on sait, pour le salut de tous les hommes qui, depuis ce grand sacrifice, sont tous garantis de l'enfer, comme nous en avons la preuve. Or notre année est composée de trois cent soixante-cinq jours, lesquels sont de vingt-quatre heures, toutes de soixante minutes. Comptez, vous ne verrez à l'addition, dans 1768 révolutions solaires, en ajoutant tous les quatre ans un jour à l'année bissextile, que neuf cent vingt-neuf millions, neuf cent quarante-huit mille, quarante-huit minutes, et le roi ne peut ignorer qu'il doit plus d'un milliard de livres, presque deux."

« Le duc vérifia mon calcul, et le soir, espérant se faire bien valoir, peut-être même entrer au ministère avec cet air de profondeur, n'eut rien de plus pressé que de transmettre l'assertion de la route au souper, sans doute un peu trop gai le jour de la mort du Sauveur. Les autres courtisans, piqués que le duc eût sur eux l'avantage d'occuper le banquet royal, lui tombèrent tous sur le corps en disant : *Si c'était un des* meurt-de-faim, *tristes créanciers de l'État, non du roi, qui fît cette poussée au Conseil des finances, on lui pardonnerait alors le calcul des minutes. Mais vous qui gâtez le souper par un détail problématique, n'aviez-vous rien autre chose à nous dire ?*

«Le roi, rendu plus recueilli par l'effort même qu'on faisait pour écarter un souvenir qui pouvait diminuer ses prodigalités, le roi, dis-je, d'un ton qui ne lui était pas ordinaire, ajouta : *Ce trait nous rappelle assez bien le squelette humain qu'on servait à travers les fruits et les fleurs des anciens banquets de l'Égypte, pour tempérer utilement la bruyante joie des convives. Est-ce à vous, duc de La Vallière, que cette pensée est venue ?*

«Le courtisan, frappé du sombre effet de sa moralité d'emprunt, pour sortir vite d'embarras, la reversa sur son auteur : *non, Sire, c'est à Beaumarchais, qui m'a farci la tête de son calcul que j'ai d'abord nié.*

«Le roi leva le siège sans parler. Quelqu'un alors dit assez aigrement : *C'est un homme bien dangereux que ce Beaumarchais-là, avec ses idées romanesques de finances et de liberté ! N'est-ce pas un économiste ? – Non, c'est le fils d'un horloger*, répondit mon vieux courtisan. *– Je m'en suis douté*, dit un autre, *au rapprochement des minutes.* On trouva le mot excellent ; chacun dit le sien contre moi, et tous crurent devoir devenir mes ennemis. De là sont nées les horreurs que l'on m'a fait subir au parlement Maupeou, dont mon courage m'a sauvé. Tel fut le fruit que je tirai d'avoir fait réfléchir le roi par un avis dont la tournure eut quelque succès à Paris[56]. »

LES DEUX AMIS

En avril 1769, Beaumarchais met la dernière main à son nouveau drame en cinq actes, intitulé *Les Deux Amis ou Le Négociant de Lyon* ; le 18 du même mois il obtient l'approbation du censeur Marin, et le 28 le permis de représenter délivré par M. de Sartine, lieutenant général de police. Reçue en novembre par le comité de lecture de la Comédie-Française, la pièce est aussitôt mise en répétition et programmée pour le 13 janvier 1770. Dévoré d'inquiétude à l'approche de la première, l'auteur assiste à toutes les répétitions et insiste auprès des comédiens pour ne pas en différer la date, car «plus un ouvrage a été attendu, plus il est sévèrement jugé, leur déclare-t-il. Il semble alors que le public veuille punir l'auteur de la témérité qu'il a eue de se faire désirer si longtemps, et les plaisants ajoutent : *pour si peu de chose encore* ». Dans la même lettre, il les supplie de ne pas lui épargner leurs critiques, en leur faisant justement observer qu'il s'agit d'une œuvre commune, où leurs intérêts respectifs sont étroitement unis : « Vous partagez désormais avec moi tous les soucis de la paternité. Ce nouveau point de vue doit vous engager à me prodiguer vos avis aux répétitions, car la part que nous avons à cet enfant commun a cela de différent que je l'ai conçu avec plaisir dans le silence, et qu'il y a tout à craindre que vous ne l'enfantiez avec douleur, parmi les cris et le tapage. Puisse-t-il, lorsqu'il sera au monde, nous dédommager de ce pénible instant, moi par un grand succès et vous par la plus abondante recette [57]. »

Hélas ! quoique porté sur les fonts baptismaux par une magnifique distribution dominée par Préville dans le rôle d'Aurelly et Mlle Doligny, créatrice d'Eugénie, dans celui de Pauline, auxquels MM. Brizard et Molé donnaient la réplique, l'« enfant » tant choyé ne fut pas fort bien accueilli [58]. L'auteur de ses jours avait pourtant mis une particulière sollicitude à sa gestation, plus de vingt fois sur le métier remettant son ouvrage, comme on peut en juger par le nombre de brouillons, manuscrits et variantes qu'il nous a laissés. Le titre à lui seul fut l'objet de maintes hésitations. Après avoir voulu appeler sa pièce *Le Bienfait rendu*, il opta successivement pour *La Tournée du fermier général*, puis *Les Vrais Amis*, puis *Le Négociant de Lyon ou Les Vrais Amis*, et se décida finalement pour *Les Deux Amis ou Le Négociant de Lyon* [59].

Sensible à la critique de Fréron, il supprime les jeux d'entracte, mais fournit des indications de mise en scène à l'intention des « acteurs de province ou de société qui joueront ce drame. » Dans le texte imprimé, les noms des personnages, au début de chaque scène, sont placés, de droite à gauche, dans l'ordre où les Comédiens-Français se présentent au public. Les mouvements à l'intérieur des scènes sont laissés au libre choix des acteurs. « Cette attention de tout indiquer peut paraître minutieuse aux indifférents, précise-t-il dans l'Avertissement, mais elle est agréable à ceux qui se destinent au théâtre ou qui en font leur amusement, surtout s'ils savent avec quel soin les Comédiens-Français, les plus consommés dans leur art, se consultent et varient leurs positions théâtrales aux répétitions, jusqu'à ce qu'ils aient rencontré les plus favorables, qui sont alors consacrées, pour eux et leurs successeurs dans le manuscrit déposé à la bibliothèque », que l'on appelle ordinairement « manuscrit du souffleur ». Celui des *Deux Amis*, conservé à la Comédie-

Française, servit à la création en 1770, et lors de la reprise en 1783 ; il comporte des ratures et des corrections de la main de Beaumarchais.

Le minutieux descriptif qui précède le premier acte laisse penser que Beaumarchais a participé activement à la mise en scène : « Il est dix heures du matin, note-t-il. Le théâtre représente un salon ; à l'un des côtés est un clavecin ouvert avec un pupitre chargé de musique. Pauline en peignoir est assise devant ; elle joue une pièce. Mélac, debout à côté d'elle, en léger habit du matin, ses cheveux relevés avec un peigne, un violon à la main, l'accompagne. La toile se lève aux premières mesures de l'andante[60]. » Comme toujours dans son théâtre, la musique occupe ici une place de choix.

Autant, et peut-être plus encore qu'*Eugénie*, ce second drame obéit aux préceptes de Diderot, repris par Beaumarchais lui-même dans son *Essai sur le genre dramatique sérieux*. L'action privilégie sans ambiguïté cette fois la peinture des conditions sociales aux dépens de la peinture des caractères. De quoi s'agit-il ? Deux amis vivent ensemble : Aurelly, riche négociant de Lyon, qui vient d'être anobli, et Mélac, receveur général des fermes à Lyon, « philosophe sensible ». Le fils de Mélac aime Pauline, nièce d'Aurelly et jalouse Saint-Alban, fermier général en tournée à Lyon, « homme du monde estimable », qui n'est pas insensible aux charmes de Pauline. Mais Aurelly est menacé de banqueroute, et, pour le sauver, Mélac n'hésite pas à mettre secrètement à la disposition de son ami tout l'argent de sa caisse de receveur des fermes. La catastrophe survient lorsque Saint-Alban réclame la recette de Mélac. Celui-ci préfère se déshonorer en passant pour un voleur qui a détourné cet argent que d'avouer la vérité. Quant à Aurelly, ignorant la générosité de son ami, il l'accable de reproches. Au cours d'une scène pathétique, il confesse à la jeune Pauline qu'elle n'est point sa nièce, mais sa fille naturelle. En même temps, pour sauver Mélac, il lui offre ses fonds parisiens que ledit Mélac n'a sauvés précisément qu'avec l'argent de sa recette. Heureusement, tout finit par se découvrir. Le fermier général, homme sensible et romanesque, se porte garant du négociant, le sauve, fait l'éloge de son receveur, et se rallie au mariage de Pauline et du jeune Mélac. « Le crime apparent [était] le dernier effort d'une vertu sublime. »

Outre les opérations financières des deux hommes d'affaires, passablement embrouillées à la représentation, et qui ne se laissent démêler qu'à la lecture (et encore !), l'action de cette deuxième pièce présente à peu près autant d'invraisemblances que celle de la première. À commencer par le nœud même de l'intrigue, à savoir le silence que Mélac s'obstine à garder pendant trois actes, au risque de passer pour un spoliateur de fonds publics. D'autre part, plus d'une scène franchit allègrement les bornes du ridicule. Qu'on en juge par celle-ci, au cours de laquelle Aurelly révèle à Pauline sa véritable identité :

AURELLY, *d'une voix étouffée* : Ah ! ma Pauline !
PAULINE : Qu'avez-vous ?
AURELLY : Ta sensibilité m'ouvre l'âme, et mon secret...
PAULINE : Ne regrettez pas de me l'avoir confié.
AURELLY : Mon secret... s'échappe avec mes larmes.
PAULINE : Mon oncle !...
AURELLY : Ton oncle !
PAULINE : Quels soupçons !
AURELLY : Tu vas me haïr.
PAULINE : Parlez.
AURELLY : Ô précieuse enfant !
PAULINE : Achevez !
AURELLY *lui tend les bras* : Tu es cette fille chérie.
PAULINE *s'y jette à corps perdu* : Mon père !
AURELLY *la soutient* : Ma fille ! ma fille ! la première fois que je me permets ce nom, faut-il le prononcer si douloureusement ?
PAULINE *veut se mettre à genoux* : Ah, mon père !
AURELLY *la retient* : Mon enfant... console-moi : dis-moi que tu me pardonnes le malheur de ta naissance. Combien de fois j'ai gémi de t'avoir fait un sort si cruel !
PAULINE, *avec un grand trouble* : N'empoisonnez pas la joie que j'ai d'embrasser un père si digne de toute mon affection [61].
Etc.

En dépit de l'outrance mélodramatique, Beaumarchais aborde ici un thème grave, qui lui tient à cœur, déjà esquissé dans *Eugénie*, et sur lequel il reviendra dans *Le Mariage de Figaro* et *La Mère coupable* : celui des enfants naturels [62]. À l'acte suivant, nous verrons Mélac fils prendre leur défense contre la société qui les culpabilise : « Quel est l'homme assez barbare pour imputer à d'innocentes créatures un mal qu'elles ne purent empêcher ? [...] La faute de leurs parents leur ôte-t-elle une qualité ? une seule vertu ? Au contraire, Pauline, et vous en êtes la preuve : il semble que la nature se plaise à les dédommager de nos cruels préjugés par un mérite plus essentiel [63]. »

*
*   *

On a voulu voir dans l'intrigue amoureuse des *Deux Amis* une transposition de l'aventure qui faillit unir Pierre-Augustin et sa belle créole de Saint-Domingue, elle aussi prénommée Pauline. Pourtant, en dehors de cette homonymie (nullement involontaire, bien sûr, mais placée là comme un clin d'œil à l'usage des initiés), rien dans la pièce ne rappelle ce projet de mariage avorté : ni les situations, ni les sentiments, ni les caractères. Au reste, le véritable intérêt de ce drame, intérêt bien réel en dépit de ses faiblesses, se situe ailleurs que dans l'histoire d'amour entre Pauline et le fils Mélac : plus exactement dans cette seconde intrigue où le héros, un négociant de Lyon, se débat dans les pires difficultés de trésorerie, le jour d'une échéance pour lui redoutable. « Là encore, et mieux que dans *Eugénie*, note Pierre Larthomas, Beaumarchais se révèle fidèle disciple de Diderot. Le premier drame se déroulait en pays étranger, entre gens de la noblesse et même, pour Clarendon, de la très haute noblesse. *Les Deux Amis* se passent en France et mettent en scène des gens riches certes, mais qui appartiennent par leur origine à l'humanité commune [64]. » Le personnage d'Aurelly semble même répondre exactement au vœu de Diderot, lorsque celui-ci se plaignait que le personnage du financier n'existât pas encore dans le théâtre français. « Homme vif, honnête, franc et naïf », négociant et fier de l'être, Aurelly place le commerce au-dessus de la philosophie : « Tout l'or que la guerre disperse, messieurs, qui le fait rentrer à la paix ? Qui osera disputer au commerce l'honneur de rendre à l'État épuisé le nerf et les richesses qu'il n'a plus ? Tous les citoyens sentent l'importance de cette tâche : le négociant seul la remplit. Au moment que le guerrier se repose, le négociant a le bonheur d'être à son tour l'homme de la patrie [65]. » Beaumarchais donne ici libre cours à ses propres idées, qui sont aussi celles des économistes de l'époque, déjà développées dans les *Lettres philosophiques* de Voltaire et *Le Philosophe sans le savoir* de Sedaine. Comme son héros d'ailleurs, l'auteur des *Deux Amis* est un anobli de fraîche date, qui continue de s'occuper de ses affaires, bien qu'il porte l'épée au côté. Comme lui encore, il suscite des jalousies parmi la noblesse, antique ou récente, qui ne lui pardonne pas son ascension rapide et sa réussite financière.

C'est à la bourgeoisie, et plus largement au tiers état, que songeait Beaumarchais en écrivant cette pièce. Et c'est à eux qu'il la dédie : « Je souhaite, écrit-il à un correspondant anonyme, je souhaite qu'elle plaise aux négociants, cette pièce qui a été faite pour eux, et en général pour honorer les gens du tiers état [66]. » Au demeurant, Beaumarchais n'hésite pas à attribuer à cette bourgeoisie marchande les vertus et la délicatesse de sentiments que l'on réservait jusqu'ici à la seule noblesse. À travers ces deux financiers faisant assaut de générosité, il entend nous prouver que l'honneur n'est pas l'apanage des gens d'épée, mais qu'il préside également aux relations entre les gens d'affaires. Manquer à sa parole est aussi grave pour les uns que pour les autres [67].

*
* *

En faisant l'apologie du financier, et plus généralement de la classe bourgeoise, l'auteur des *Deux Amis* exprimait certes ses convictions profondes, mais il flattait aussi dans le sens du poil un public issu de cette même classe, et duquel dépendait le succès de sa pièce. Courtisanerie et bons sentiments furent dépensés en pure perte ! Le soir même de la création, le samedi 13 janvier 1770, ce même public prouva, non sans brutalité, que le sujet s'en révélait décidément impossible. Un farceur du parterre, devant l'obscurité de l'intrigue, s'écria au cours de la représentation : « Le mot de l'énigme au prochain *Mercure*, s'il vous plaît ! » Un autre, à la sortie, grognait : « Il s'agit d'une banqueroute ; j'y suis pour mes vingt sous. » Une main écrivit sur l'affiche, à la suite du titre *Les Deux Amis* : « Par un auteur qui n'en a aucun. » La critique se montra plus sévère encore. À commencer par celle du *Recueil* Bachaumont, où l'on pouvait lire, le surlendemain de la première : « Cette pièce, prônée d'avance avec beaucoup d'emphase, a attiré une affluence prodigieuse, et Mme la duchesse de Chartres l'a honorée de sa présence. L'auteur y a fait entrer des scènes si analogues aux circonstances du jour qu'il avait excité une curiosité générale. C'est une double banqueroute qui fait l'intrigue du drame ; mais le sujet, défectueux en lui-même, a encore plus révolté par la manière dont il a été présenté. On y a pourtant trouvé des scènes heureuses et produisant le plus tendre intérêt. Quoique les spectateurs en général paraissent avoir proscrit cette pièce, elle a encore des défenseurs. Elle a eu un succès encore plus marqué hier, mais qu'on attribue à un redoublement de cabale[68].» Toujours selon Bachaumont, l'auteur des *Deux Amis*, se trouvant à l'Opéra trois semaines plus tard, y rencontra la spirituelle Sophie Arnould, célèbre pour ses bons mots. «Voilà une très belle salle, lui dit-il, mais d'ici trois jours vous n'aurez plus personne à votre *Zoroastre*. – Rassurez-vous, répliqua-t-elle, vos *deux amis* nous en enverront[69].»

On ne sera pas surpris de trouver la critique la plus féroce sous la plume de Grimm; l'irascible «baron» n'était guère porté à l'indulgence. Mais l'acharnement dont il fait preuve contre Pierre-Augustin relève de l'animosité pure et simple, pour ne pas dire de la haine. Jalousie? Rivalité? Il ne trouve pas de mots assez durs pour condamner *Les Deux Amis*. Non content de déchirer la pièce à belles dents, il s'en prend à l'auteur, auquel il dénie, une fois de plus, tout talent pour le théâtre. Que sa victime se proclame ouvertement disciple de Diderot n'y change rien. Au contraire : il semble même que cette marque d'allégeance envers son meilleur ami redouble sa fureur. «Cette pièce a eu un peu de peine à aller jusqu'à la fin, note-t-il au lendemain de la première, mais elle y est parvenue, tantôt un peu huée, tantôt fort applaudie ; j'évalue son succès à douze ou quinze représentations. Elle serait fort belle, si elle était moins ennuyeuse, si elle n'était pas si dépourvue de naturel et de vérité, si elle avait le sens commun, et si M. de Beaumarchais avait un peu de génie ou de talent; mais comme il s'en faut, comme il n'a pas l'ombre de naturel, comme il ne sait pas écrire, comme il n'entend pas le théâtre, qu'il ordonne son drame à faire pitié, que ses personnages entrent et sortent sans savoir ni comment, ni pourquoi, il ne m'a pas été plus possible de m'accommoder de ses *Deux Amis* que de son *Eugénie*, à qui la force du sujet et le jeu des acteurs ont procuré un succès passager. Quand on veut faire passer à la meilleure compagnie de France une journée tout entière dans la maison d'un receveur des fermes, avec un commerçant brise-raison et un fermier général fat et suffisant, on a encouru, *ipso facto*, la peine des sifflets, et l'on doit se louer toute sa vie de l'indulgence de ses juges, qui ont bien voulu bâiller tout bas quand ils pouvaient siffler tout haut[70].» Le même critique revient quelques semaines plus tard sur la malheureuse pièce, en citant avec une joie maligne le quatrain qui courait Paris :

> « J'ai vu de Beaumarchais le drame ridicule,
> Et je vais en un mot vous dire ce que c'est :
> C'est un change où l'argent circule
> Sans produire aucun intérêt. »

« Il faut que M. de Beaumarchais ait beaucoup de torts, ajoutait le féroce chroniqueur, car il n'a point d'amis. […] Son père, Caron, était un horloger de réputation, qui lui a laissé une fortune honnête. Lui-même était déjà habile dans le même art, et l'on prétend qu'il trouva, à l'âge de dix-huit ans, le secret de l'échappement de Graham, qui contribua beaucoup à enrichir son père. Il valait bien mieux faire de bonnes montres qu'acheter une charge à la cour, faire le fendant et composer de mauvaises pièces pour Paris[71]. »

La voilà, la vraie raison de son ire ! Voilà ce que ne lui pardonne pas le clan philosophique : son argent, sa charge à la Cour, ses brillantes relations. Ah, comme on l'aimerait mieux s'il possédait un peu moins, et s'il fréquentait plus assidûment les gens de lettres, au lieu de parader avec les gens en place ! Mais ses confrères lui inspirent un ennui qu'il ne cherche même pas à dissimuler. Il fuit leur compagnie, et se détourne des salons où ils sont reçus : on ne le voit jamais aux mercredis de Mme Geoffrin, ni chez Mme du Deffand, qui le juge d'ailleurs « de mauvaise compagnie », ni chez Julie de Lespinasse, l'égérie des encyclopédistes, ni dans les cafés où ces messieurs poussent le bois en parlant des livres à la mode. Théoriser sur la politique ou la philosophie ne l'amuse guère. On ne raisonne utilement, selon lui, qu'en vue d'une action ou d'un marché. Tout le reste n'est que vain bavardage. Quelles que soient ses convictions profondes, il n'aura jamais la fibre partisane ; son âme de dilettante s'y refuse. Quant à la reconnaissance sociale que les dames patronnesses des Lumières distribuent à leurs protégés, il n'en a cure : on ne quémande pas ce que l'on possède, et que l'on serait plutôt en état de fournir. En vérité, Beaumarchais appartient fort peu à la République des lettres, et point du tout à celle des philosophes ; il n'en partage ni les goûts, ni la société, ni la façon de vivre – et il s'en flatte. Il peut concevoir la philosophie comme un mode de pensée, mais certainement pas comme un métier, et moins encore comme une organisation syndicale ou politique. Si ce n'est pas du mépris, cela du moins y ressemble assez pour lui valoir de solides inimitiés.

Mais on peut fort bien détester l'un sans éprouver de sympathie pour les autres. C'est le cas de Charles Collé, aussi hostile à
Beaumarchais qu'au parti des Lumières, et qui les associe dans
une égale réprobation. Sa critique décèle dans *Les Deux Amis* une
imitation de Diderot qu'on ne saurait contester de bonne foi.
Mais il pousse les choses beaucoup plus loin, allant jusqu'à sug-
gérer que le drame pourrait sortir de la plume de Diderot lui-
même, Beaumarchais s'étant contenté de payer le philosophe
pour l'écrire à sa place : « On regarde M. Diderot comme son premier complice, si même il n'est pas le chef de cette conspiration
contre le bon sens, écrit-il. Bien de gens croient que ce génie du
dictionnaire a le principal honneur dans ce bel ouvrage, et qu'il
est payé pour cela. M. de Beaumarchais est riche et fat ; il
dépense beaucoup pour paraître bel esprit, il n'épargne rien. Dans
le style, il est constant que l'on a reconnu la manière de Diderot,
son style sentencieux, correct, et sa fausse chaleur. Dans l'invention, on y découvre le génie d'un lexicographe, d'un savant
qui n'a vu la nature et les hommes que dans ses livres, et qui
n'est point sorti de son cabinet[72]. » Si Collé paraît bien être le
seul à soutenir pareille extravagance, d'autres néanmoins, comme
l'antiphilosophe Palissot, accusent Beaumarchais d'imiter servile-
ment le père de l'*Encyclopédie* :

> « Beaumarchais, trop obscur pour être intéressant,
> De son vieux Diderot est le singe impuissant[73]. »

Le même Palissot développera sa critique dans *La Dunciade ou
la Guerre des sots*, épopée satirique en dix chants, dans laquelle il
entendait régler leur compte à tous ses ennemis du monde littéraire, encyclopédistes et philosophes en tête. Une fois de plus,
l'auteur d'*Eugénie* et celui du *Fils naturel* s'y voient exécutés sous
la même rafale :

> « Pour redoubler leur joyeuse folie,
> La Déité complaisante à leurs jeux,
> Veut à l'instant que Beaumarchais publie
> Le digne choix, encore secret pour eux,
> Des candidats de son Académie.
> Il prend la feuille. À peine il croit ses yeux,
> Il voit son nom parmi ces noms fameux :

Sa romanesque et dolente *Eugénie*,
Qu'il décora du nom de Comédie,
Ses *Deux Amis*, encore plus ennuyeux,
Autre présent qu'il crut faire à Thalie,
De la Déesse ont fixé tous les vœux.
Pour Diderot, son dévouement sincère,
Son froid mépris, son dégoût pour Molière,
Lui mérita le brevet littéraire ;
Et Diderot en secret l'applaudit
De cet honneur qu'on rend à son crédit[74]. »

À considérer sous l'angle « idéologique » les jugements suscités par ses deux premiers drames, on retire l'impression que Beaumarchais a servi d'enjeu au sein de la lutte qui oppose la « secte philosophique » aux antiphilosophes. N'appartenant à aucun des deux camps (même si des sympathies secrètes le portent plutôt vers le premier), il se voit rejeté par les uns et par les autres. S'il ne milite pas dans le même parti que Diderot, il défend cependant ses théories avec vigueur, et les applique sans sourciller à son propre théâtre. Il suffit de relire les *Entretiens sur « Le Fils naturel »*, pour mesurer tout ce qu'il doit à son devancier. Il n'est pas jusqu'au sujet des *Deux Amis* qu'il ne lui ait sans doute emprunté. Passant en revue toutes les conditions sociales qu'il faudrait exposer sur la scène, Diderot s'exclame :

« Il me semble qu'on a déjà traité plusieurs de ces sujets.
« Dorval. – Cela n'est pas. Ne vous y trompez point.
« Moi. – N'avons-nous pas des financiers dans nos pièces ?
« Dorval. – Sans doute, il y en a. Mais le financier n'est pas fait[75]. »

Eh ! bien, c'est Beaumarchais qui se chargera de *faire le financier*, « avec ses devoirs, ses avantages, ses inconvénients, ses dangers qui nous le montrent tous les jours dans des situations très embarrassantes ». Bien sûr, il y avait eu déjà *Turcaret* au début du siècle (1709). Mais Lesage, comme Molière, peignait moins une condition qu'un « caractère », avec tout ce que cela suppose d'hypocondrie. Sa génération, comme celle de La Bruyère ou plus tard celle de Marivaux, regarde le fermier général comme un personnage vulgaire, cupide et sans cœur, prêt à tout sacrifier au dieu de l'argent. Mais, à mesure que l'on avance dans le siècle, cette image

évolue. Nombre de financiers sont désormais philosophes et phi-
lanthropes, comme Helvétius ou Beaujon, mécènes comme
La Pouplinière, musiciens comme Laborde, collectionneurs
comme Chalut de Vérin, Le Bas de Courmont ou Le Roy de Sen-
neville ; Diderot en compte beaucoup parmi ses proches, notamment dans la famille Volland. De plus en plus prévaut l'idée qu'ils
ne ressemblent plus en rien à Turcaret, que leur profession n'est
nullement déshonorante, et que l'on trouve parmi eux autant
d'hommes respectables que dans les autres corps[76]. Mieux encore :
ils apparaissent désormais comme les forces vives de la nation, les
moteurs de l'économie et les protecteurs des arts.

Le drame de Beaumarchais arrivait donc à point nommé pour
consacrer la gloire du financier ; il semblait écrit tout exprès pour
séduire cette bourgeoisie d'affaires, active et prospère, qui constituait l'essentiel de son public. Afin de mettre tous les atouts de son
côté, l'auteur avait particulièrement soigné la construction de sa
pièce et donné plus de naturel à ses dialogues. La Harpe l'avait
reconnu et Beaumarchais lui-même, en 1779, n'hésitera pas à
considérer *Les Deux Amis* comme le « mieux composé » de ses
essais dramatiques, y compris *Le Barbier de Séville*[77]. Si pourtant le
succès ne vint pas, c'est sans doute que les problèmes financiers qui
forment le fond de l'action échappèrent en partie aux spectateurs
inattentifs : déjà compliqués à la lecture, les imbroglios bancaires
devenaient proprement inintelligibles à la représentation. Il fallait
un homme comme l'abbé Galiani, féru d'économie, pour en saisir
toutes les finesses. « Charmante pièce, écrit-il à Mme d'Épinay
après une représentation donnée à Naples en 1773. Superbe pièce
pour quiconque entend le commerce, son langage, et les mœurs des
Français. À moi, elle me fit un plaisir infini. Mais le public en
général souffrait de ne pas pouvoir entendre ce que c'est qu'un *fermier général dans sa tournée*, et qu'est-ce que signifiait *le bon*, *les
ordres*, *les intérêts*, *les affaires de la Compagnie*. Cependant, elle
eut beaucoup de succès, et surtout le rôle très petit mais charmant
d'un domestique nigaud, *servo sciocco* ; c'est le seul bon qui ait
jamais été fait dans toutes les pièces que j'ai vues et lues[78]. » Ce
succès prouve au moins que le public napolitain s'y entendait
mieux que celui de Paris, en matière de finance.

Revenant quelque dix ans plus tard sur les raisons de son échec,
Beaumarchais préférera l'attribuer à la retentissante banqueroute
qui venait de frapper un certain Billard, caissier de la ferme des

Postes : « Si l'état affreux des finances sous feu l'abbé Terray, d'écrasante mémoire, et surtout si l'époque de la banqueroute frauduleuse du janséniste Billard empêchèrent alors les jansénistes du parterre, les mécontents de la Bourse et les perdants de la banqueroute de goûter autant qu'on le devait un intérêt dramatique fondé sur la faillite inopinée d'un honnête homme, c'est qu'on s'imagina que je traduisais le malheur public au théâtre et que j'y jouais l'honnête pénitent de M. Grizel[79]. »

L'enjeu social sur lequel repose l'intrigue condamnait la pièce à un vieillissement prématuré. C'est ce qui se produisit. En dehors d'Honoré de Balzac, qui s'en inspira pour *Le Faiseur*, nul ne paraissait plus s'en souvenir[80]. Maintes fois, Beaumarchais supplia les Comédiens-Français de la remonter ; sans succès[81]. Après onze représentations sur la première scène nationale, du samedi 13 janvier au lundi 5 février 1770, elle disparut définitivement de l'affiche. Du moins à Paris, car elle fut jouée, non sans un certain succès, à Lyon, Marseille et Rouen, au cours de la même année. Il faut attendre 1783 pour qu'elle soit enfin reprise à la Comédie-Française, pour deux représentations seulement – les dernières –, les mercredi 12 et vendredi 14 février.

CHAPITRE X

Pour un bouquet de fleurs jaunes

> « Depuis quatre ans, à la vérité, je me suis vu
> malaisé, mal traité, mal attaqué, mal dénigré, mal
> jugé, mal dénoncé, mal blâmé, mal assassiné ; j'ai
> perdu ma fortune et ma santé ; tous mes biens sont
> encore saisis, et je plaide pour les ravoir. [...]
> N'est-il pas temps que le malheur finisse ? »
> (Beaumarchais, 1775).

L'année 1770 marque un tournant décisif dans la vie de Beaumarchais. Successivement, il voit disparaître autour de lui sa fille en bas âge, son protecteur et ami Pâris-Duverney, sa seconde femme, Geneviève, suivis deux ans plus tard par son fils Augustin et sa sœur Mme de Miron... À ces deuils viennent bientôt s'ajouter les procès en séries, les attaques chaque jour plus virulentes, la disgrâce, le déshonneur, la prison, la ruine. Une fatalité cruelle semble s'acharner contre lui, dont chaque coup laissera son empreinte. Mais, en dépit de leur goût amer, ces « sept ou huit années qui ont empoisonné [s]on âge viril » le révéleront à lui-même ; il y puisera des trésors de ténacité, de courage, de confiance, ainsi qu'une extraordinaire leçon d'espoir. « Depuis longtemps, avouera-t-il, je sais bien que vivre, c'est combattre ; et je m'en désolerais peut-être, si je ne sentais en revanche que combattre, c'est vivre. » Un homme nouveau sortira de ces épreuves, plus combatif, plus sûr de lui, plus déterminé que jamais à conquérir les premières places.

« LE SOUVENIR DE CE QU'ELLE AVAIT ÉTÉ »

Moins de deux mois après l'échec des *Deux Amis*, le 7 mars 1770, Mme de Beaumarchais offrait à son mari la plus précieuse des consolations en donnant le jour à une fille. Mais la petite Aimable-Eugénie ne vécut pas plus de quelques jours. À peine venait-on de porter l'enfant en terre que Geneviève, déjà très affaiblie par sa grossesse, sentit une soudaine aggravation du mal de poitrine qui la rongeait depuis des années. Obligée de s'aliter, elle vit son état empirer de jour en jour, malgré la présence des plus éminents praticiens appelés à son chevet. Elle finit par succomber après une agonie de huit mois, au cours desquels Pierre-Augustin lui prodigua des trésors de dévouement. « Il lisait dans ses yeux les craintes dont elle était dévorée ; il cherchait à les dissiper par ses soins, ses caresses, cette foule de petites attentions qui ont un si grand prix pour les cœurs qui s'entendent ; elle les recevait avec d'autant plus de reconnaissance qu'elle ne pouvait plus se dissimuler à elle-même qu'elle avait perdu ses charmes et tous les agréments qui la rendaient préférable, qu'on n'aimait plus en elle que le souvenir de ce qu'elle avait été, et que les sentiments d'une âme pure, mais déjà prête à s'échapper d'un corps détruit et conservant à peine un souffle de vie. »

Comme il continuait de coucher dans le même lit qu'elle, sans se soucier de la contagion, ses proches faisaient tout ce qu'ils pouvaient pour l'en empêcher, mais sans succès. Ils s'en remirent alors aux médecins Tronchin et Lorry, qui se relayaient auprès de la malade, pour le persuader de faire chambre à part.

« Eh ! comment voulez-vous que je m'en éloigne, lorsque nous faisons tout pour écarter de son esprit l'idée de sa fin ? leur répondit-il. Irai-je démentir par ma conduite l'espoir que je cherche à lui donner par mes discours ? Si je ne passe plus les nuits auprès d'elle, quelque chose que je lui dise, je lui porterai un coup mortel. Son imagination lui persuadera que je l'abandonne pour une autre ou que sa dernière heure est venue. – Eh bien ! lui repartit Tronchin, c'est à moi de vous tirer de cette situation cruelle. »

Le médecin entra chez sa patiente, et lui déclara qu'il se proposait de la visiter à différentes heures du jour, afin de suivre l'évolution de son mal. Le lendemain, il arriva si tôt dans la matinée que Beaumarchais n'était pas encore levé. Feignant une grande surprise, et une colère plus grande encore, il lui reprocha vivement le peu d'égards qu'il avait pour sa femme, qui n'osait ni tousser ni se plaindre, et se mettait au supplice de peur de le réveiller. La pauvre femme tâchait d'apaiser le médecin et de justifier son mari : c'était par excès d'attention, protesta-t-elle, pour la soigner lui-même, pour que rien ne lui manquât. Mais Tronchin ne voulut rien entendre et intima l'ordre à Beaumarchais de sortir immédiatement du lit et de n'y rentrer qu'une fois que sa femme serait guérie.

Il obéit. Mais, afin que l'infortunée ne le soupçonnât point de s'éloigner d'elle, il fit dresser un petit lit de camp dans la même chambre, préférant respirer les miasmes infectieux que de causer la moindre peine à son épouse. Mais tous ces soins ne purent qu'adoucir les derniers moments d'une existence qui se dégradait de jour en jour. Le 20 novembre 1770, à bout de forces, Mme de Beaumarchais rendait le dernier soupir entre les bras de son mari, le laissant veuf pour la seconde fois. Certes, il lui restait Augustin, son petit garçon, grâce auquel il pouvait croire sa descendance assurée. Mais une fièvre maligne emportera l'enfant en octobre 1772 à l'âge de trois ans et huit mois [1].

*

* *

Dès la mort de Geneviève, d'étranges rumeurs se mirent à circuler sur son nouveau veuvage, presque aussi prompt que le premier, lequel avait déjà fait passablement jaser. On raconta même que l'ex-Mme Lévêque, étant venue faire signer son contrat de mariage avec Beaumarchais au duc d'Aumont, intendant royal des Menus Plaisirs, celui-ci se serait écrié en lisant le nom du futur: «Rappelez-vous, Madame, le sort de la première; je crains bien de signer en même temps votre billet d'enterrement [2].» Les colporteurs d'infamies ne songèrent même pas que, cette seconde épouse possédant plus de la moitié de sa fortune en viager, Beaumarchais avait plutôt intérêt à la conserver en bonne santé, et que d'ailleurs elle laissait un héritier. Mais la calomnie sème son venin sans rien voir ni rien entendre. «J'ai vu les plus honnêtes gens près d'en être accablés», s'écriera bientôt le père de Figaro. Il en savait quelque chose !

Au reste, la succession de Mme Lévêque allait se révéler des plus décevantes. À la mort de son premier mari, qui gérait les magasins de costumes et de décors des Menus Plaisirs, le duc d'Aumont avait exigé de sérieux redressements de comptes. Le défunt ayant pratiquement vidé les caisses en dépenses somptuaires, on l'accusa de malversations et on obligea sa veuve à rembourser. Elle mit donc en vente un important mobilier, tandis que les pierreries et les diamants ayant servi aux décorations de certains spectacles furent attribués au roi[3]. Quelques jours seulement après son mariage, Beaumarchais se rendit chez un autre intendant des Menus, Papillon de La Ferté, afin de défendre les intérêts de son épouse. Papillon tâcha de le persuader que la réclamation du duc d'Aumont était fondée : Lévêque avait engagé des sommes énormes dans la construction de l'hôtel des Menus, dont il avait la charge. « Il n'aurait jamais dû solliciter une telle entreprise avec cet acharnement, ajouta-t-il. Ni s'engager à serrer les prix au maximum. Il ne pouvait tenir sa promesse... Plus par incapacité que par mauvaise foi, d'ailleurs ; tout simplement parce que ce n'était pas son métier. S'il s'était adressé à moi, j'aurais pu l'éclairer, le conseiller, je lui aurais fait passer des marchés avantageux pour le roi, et qui auraient satisfait M. d'Aumont. Mais il ne m'a jamais montré un devis ! »

Les discussions se poursuivirent plusieurs jours de suite entre Papillon et Beaumarchais, souvent en présence de sa femme. Elles prirent parfois, de l'aveu même de l'intendant, un tour orageux, car le duc d'Aumont persistait à vouloir se rembourser sur la succession des dépenses inconsidérées de l'ancien magasinier. Il exigeait notamment que les diamants demeurent la possession des Menus. C'était à cette seule condition qu'il donnerait décharge pleine et entière des comptes du sieur Lévêque. Les neveux, qui étaient à cette époque les seuls héritiers, ayant fini par y consentir de bonne grâce, le couple Beaumarchais n'avait plus qu'à signer la décharge à son tour[4].

Bref, non seulement Beaumarchais ne tirait aucun bénéfice du décès de sa femme, mais il avait même dû consentir des sacrifices sur ses biens personnels. Cependant, les accusations portées contre lui continuaient de courir de plus belle. Si incroyables ou si absurdes qu'elles nous paraissent, elles ne laissaient pas de ternir sa réputation. Calomniez ! Il en restera toujours quelque chose...

L'ÉCRIN DE DIAMANTS

À défaut de fortune, Geneviève laissait après sa mort quelques bijoux et des diamants, pour une valeur d'environ 40 000 à 50 000 livres. Plutôt que de laisser dormir ces précieuses reliques dans leur écrin, Pierre-Augustin résolut de les négocier contre de sonnantes et trébuchantes espèces. Il manquait alors cruellement de liquidités, et cet argent ne pouvait mieux tomber. Les biens de sa femme étant tous en viager, il n'en percevait plus rien. Et comme les avances promises par Pâris-Duverney avant sa mort étaient bloquées par son héritier qui contestait la signature de l'«arrêté de compte», Beaumarchais se voyait privé de toute ressource. Or, le 25 décembre suivant, soit dans un peu moins d'un mois, il lui faudrait faire face à l'échéance annuelle de 25 000 livres, prévue par le contrat d'adjudication de la forêt de Chinon. Il importait donc de trouver un client dans les plus brefs délais.

Le hasard se montra compréhensif et plaça sur ses pas un fils de famille en quête de bijoux pour sa future épouse. Pierre-Augustin saisit prestement l'occasion.

*
* *

Le jeune marquis de La Rochefoucauld-Liancourt [5], âgé de vingt-deux ans, défrayait la chronique scandaleuse de Paris en entretenant la trop bien nommée Mlle Bèze de l'Opéra, médiocre danseuse, mais la plus jolie figure du monde, qui venait de porter la désolation à la Cour en infectant trois jeunes seigneurs séduits tour à tour par ses charmes. Parmi eux figurait notre étourdi qui, sans s'arrêter à cette bagatelle, était sur le point d'épouser la petite-fille de l'ancien garde des Sceaux Chauvelin.

Beaumarchais l'apprend, se dit que le fiancé doit être en train de composer sa corbeille et lui adresse le 1er décembre 1770, soit dix jours à peine après la mort de sa femme, un billet ainsi conçu :

« Monsieur le marquis,

« À l'instant où j'ai eu le malheur de perdre ma femme, j'ai appris que vous alliez vous marier et que vous cherchiez des diamants et bijoux. Il m'en est resté de fort beaux qui peuvent vous convenir et qui sont très inutiles à mon fils et à moi. Quoique j'aie fort peu l'honneur d'être connu de vous, j'ai pensé que l'utilité réciproque qui pourrait résulter d'un marché à prix avantageux pour vous et d'une défaite certaine pour moi, était une raison suffisante pour l'avis que j'ai l'honneur de vous donner.

« J'ai celui d'être avec respect, Monsieur le marquis, votre très humble et très obéissant serviteur.

« BEAUMARCHAIS, rue de Condé. »

Le marquis répond par retour, le 4 décembre :

« Je reçois dans le moment, Monsieur, la lettre que vous m'avez fait l'honneur de m'écrire. Je vous serais infiniment obligé de vouloir bien me mander où et dans quel moment on pourra voir les diamants dont vous me parlez. Je vous suis fort obligé, Monsieur, d'avoir pensé à moi dans cette occasion. Soyez, je vous prie, aussi certain de la reconnaissance que j'en ai que des sentiments avec lesquels j'ai l'honneur d'être, Monsieur,

« Votre très humble et très obéissant serviteur.

« Le marquis de La Rochefoucauld.

« Le plus tôt que vous pouvez me faire votre réponse sera le mieux, parce que je suis occupé à faire mes emplettes. »

Peu après, le marquis se rend rue de Condé pour examiner les diamants. Pensant qu'ils pourront lui convenir, il les emporte avec lui pour les montrer à sa mère, et les rend quarante-huit heures plus tard. Le surlendemain, 9 décembre, il demande à les revoir. L'affaire paraît en bonne voie.

« Voudriez-vous bien encore, Monsieur, confier au porteur du présent les diamants qu'il vous a reportés avant-hier ? Votre politesse augmente ma confiance, et peut-être même mon indiscrétion.

« Soyez, je vous prie, aussi sûr de la reconnaissance que j'ai de votre honnêteté que des sentiments avec lesquels j'ai l'honneur d'être, Monsieur, votre très humble et très obéissant serviteur.

« Le marquis de La Rochefoucauld. »

Plus sûr que jamais de conclure le marché, Beaumarchais retourne les diamants sur-le-champ, accompagnés de la lettre suivante :

« Monsieur le marquis,

« J'ai remis à votre valet de chambre l'écrin tout entier que vous m'avez déjà envoyé. La clef est dans cette lettre. Je vous prie de vouloir bien user de cette précaution, afin que la communication ne s'en fasse que de vous à moi. J'ai eu l'honneur de vous dire que vous prendriez tous les arrangements qui conviendraient à Madame votre mère, et que j'en serais content. *À l'égard du prix, vous verrez bien la différence qu'il y a de traiter avec un honnête homme facile en affaires*, ou d'avoir à quérir des brocanteurs et marchands, dont vous devez être obsédé en ce temps-ci.

« J'ai l'honneur d'être, avec respect, etc. »

Mais le lendemain, patatras ! Voilà les diamants qui reviennent !

« Ma mère, à qui j'ai montré les diamants que vous avez eu la bonté de m'envoyer, Monsieur, m'a dit qu'elle était bien fâchée d'avoir fait un arrangement avec un joaillier dont elle ne pouvait pas se retirer, car elle est tout aussi reconnaissante que moi de votre honnêteté, et bien fâchée de n'avoir pas été à temps d'en profiter.

« J'ai l'honneur d'être, plus que personne, Monsieur, votre, etc. »

« SUR LA SEULE FOI DE VOTRE NOM... »

L'histoire aurait pu se terminer là, si l'espiègle marquis de La Rochefoucauld n'avait cru bon de lui donner une suite, à vrai dire plus en accord avec ses mauvaises manières qu'avec sa délicatesse de cœur. Sitôt la négociation rompue, l'impertinent s'empressa d'exhiber dans les salons la première lettre de son « brocanteur » improvisé. En quelques heures, tout Paris sut que M. de Beaumarchais avait cherché à vendre les bijoux de sa seconde femme, dix jours après sa mort. On se scandalisa, on pouffa de rire, on déchira le misérable à belles dents.

Beaumarchais n'était pas homme à se laisser bafouer sans réagir. Il le fit par une lettre fort digne à La Rochefoucauld, datée du 25 décembre 1770 :

« Monsieur le marquis,

« Il me revient de toutes parts que vous me faites l'honneur de promener dans le monde, comme une chose fort ridicule, une lettre toute simple que j'ai eu l'honneur de vous écrire à l'occasion des diamants dont je voulais me défaire.

« Vous avez certainement dans l'esprit toute la grâce et toute la gravité qu'il faut pour rendre cette plaisanterie excellente. Mais si vous aviez ajouté aux rieurs que, dans le XVIIIe siècle, sur la seule foi de votre nom et sans avoir l'honneur de vous connaître personnellement, un homme de mon âge a confié à un homme du vôtre un écrin de 40 000 à 50 000 francs, sans aucune reconnaissance, et le lui a laissé tout autant de temps qu'il lui a plu de le garder, quelques personnes raisonnables vous auraient peut-être fait remarquer que la franchise et la noblesse de mon procédé méritaient de votre part plus d'indulgence pour les irrégularités de mon style. Au reste, comme personne n'est plus disposé que moi à reconnaître ses torts de quelque façon qu'on l'en instruise, si vous pensez que j'en aie avec vous, je vous prie d'en agréer mes excuses et de m'en croire avec ma reconnaissance respectueuse. »

Le marquis répondit le jour même :

« Je ne sais, Monsieur, qui peut vous avoir dit que je répandais dans le monde des choses qui peuvent vous être désagréables. Soyez sûr, au contraire, je vous prie, que j'ai été aussi sensible que je le devais à votre confiance honnête, et que mon génie n'est nullement de vous donner aucun ridicule. Ainsi, s'il s'est dit quelque chose qui vous ait déplu, j'en suis fâché et n'en suis point la cause. Si vous me connaissiez davantage, vous en seriez, j'espère, convaincu.

« J'ai l'honneur d'être, Monsieur, etc. »

Convaincu ? Non certes, il ne l'est point du tout. Comment le serait-il ? La réplique de La Rochefoucauld dissimule trop de mépris derrière son apparente civilité. Quant à la fin de l'aventure, c'est Beaumarchais lui-même qui nous la révèle dans ce petit récit autographe :

« Depuis cette lettre de M. de La Rochefoucauld, les propos ont redoublé, quelqu'un a assuré avoir vu et tenu la lettre ridicule que l'on prêtait à M. de Beaumarchais, et l'on s'est engagé de la faire voir dans la maison où l'on disait ces choses. M. de Beaumarchais a passé trois fois chez M. de La Rochefoucauld pour savoir s'il donnait bien lui-même cette plate plaisanterie qui se répandait de plus en plus. M. de La Rochefoucauld lui a protesté que non, et que les gens qui disaient avoir vu et tenu la lettre étaient des imposteurs. Ce que M. de Beaumarchais n'a pas manqué de faire dire sur-le-champ dans la maison d'où il a appris ces ridicules nouvelles. »

Une fois de plus – et ce ne sera pas la dernière –, voici Pierre-Augustin aux prises avec ces aristocrates dont il prétend partager les privilèges, et qui le rejettent avec dédain, en lui rappelant qu'un homme sans naissance ni puissante parentèle ne sera jamais rien à leurs yeux. Que vaut alors le parchemin qu'ils lui ont vendu ? Rien, puisqu'il ne le protège même pas de leurs quolibets. Doublement rien, puisque ceux-là mêmes dont il le tient foulent aux pieds les principes qui devraient en garantir la valeur. Aussi la frustration dont toute sa vie Pierre-Augustin souffrira dans son rapport à la noblesse tient-elle davantage du dépit amoureux que de la rivalité de classe[6].

Le « style oriental »

« Triste destinée des vieillards livrés à leurs collatéraux ! Terrible, mais juste punition de celui qui, trompant le vœu de la nature et de la société, s'éloigna du mariage et vécut dans le célibat ! Son âme s'attriste et se consterne à mesure qu'il sent l'asservissement augmenter, l'esclavage s'appesantir. En vain, il voit son avide héritier éloigner ses amis, gagner ses valets, ses gens d'affaires, et tout corrompre autour de lui ! Que lui servirait de s'en plaindre, et de l'en punir par l'adoption d'un autre ? Il ne ferait que changer de tyran ! Il aperçoit dans tous l'impatience de sa destruction. Lui-même, hélas, l'infortuné, n'a plus la faculté d'aimer aucun de ceux qu'il se voit forcé d'enrichir ! Enfin, dégoûté de tout, il gémit, se tourmente, et meurt désespéré[7] ! »

Ce n'est pas seulement à Pâris-Duverney que pense Beaumarchais, lorsqu'il décrit ce moribond solitaire, assistant impuissant à la danse du scalp autour de sa dépouille, mais aussi – et peut-être surtout – à sa propre angoisse devant les menaces que cette mort fait peser sur lui. En dix ans, des sommes importantes ont transité entre eux. Depuis la rente initiale de six mille livres jusqu'aux capitaux avancés pour la forêt de Chinon, en passant par les prêts relatifs à l'acquisition de ses charges (1761 et 1762) et de sa maison rue de Condé (1763), et les deux cent mille livres avancées lors du voyage d'Espagne, ce ne sont pas moins de huit cent mille livres qui sont passées des mains de Pâris-Duverney à celles de son protégé. Sans compter les nombreuses opérations commerciales et financières où leurs intérêts respectifs se trouvent inextricablement mêlés. De toutes ces transactions, en suspens depuis une dizaine d'années, il n'existe aucune pièce comptable, aucune attestation officielle, aucun papier signé : rien ! Mieux encore : afin de dérober le secret de leurs affaires aux regards indiscrets, les deux associés correspondent entre eux dans un langage codé, où les opérations financières prennent le tour de déclarations galantes. C'est ce qu'ils appellent le « style oriental ». Ainsi peut-on lire, sous la plume de Pierre-Augustin, ce message adressé à son vieux protecteur : « Lis, ma petite, ce que je t'envoie, et donne-moi ton sentiment là-dessus. Tu sens bien que, dans une affaire de cette nature, je ne puis rien décider sans toi. J'emploie notre style oriental, à cause de la voie par laquelle je te fais parvenir ce bijou de lettre.

Dis ton avis ; mais dis vite, car le rôt brûle. Adieu, mon amour. Je t'embrasse comme je t'aime. Je ne te fais pas les amitiés de la Belle : ce qu'elle t'écrit t'en dira assez. » À quoi Duverney répond de sa main, sur le même papier : « Je ne saurais comprendre comment on a conçu cette idée dont l'exécution passe mes lumières. Je souhaite que ce soit un bien pour ta maîtresse. Il suffit qu'elle soit de ton avis. Le mien serait déplacé entre amant jaloux et femme bien gardée. Je crois qu'il est difficile de réussir. Je le brûle[8]. » Qu'on imagine la stupeur d'un lecteur non averti tombant par hasard sur ces étranges missives.

Le « chérubin soufflant »

En 1770, Pâris-Duverney atteint l'âge de quatre-vingt-six ans. Son esprit demeure lucide, mais sa volonté donne des signes de faiblesse alarmants. Beaumarchais voit avec inquiétude approcher le moment où s'ouvrira la succession. Il devient urgent d'obtenir du vieil homme un arrêté de comptes en règle, dûment signé de sa main. Faute de quoi, il risque de se voir exposé aux prétentions de tiers peu scrupuleux après la disparition de son protecteur. Sa crainte est d'autant mieux fondée que la succession du richissime octogénaire se révèle passablement compliquée. Tâchons de la résumer.

En 1723, Pâris-Duverney avait eu une fille naturelle de sa maîtresse Louise-Ulricke-Éléonore Jacquin. Baptisée Louise-Michèle, elle fut élevée discrètement par sa mère, sous le nom de Louise-Michèle d'Herbigny, mais prit celui de son père lors de sa dix-huitième année. Jusqu'à son mariage, elle eut pour tuteur Joseph Pasquier, un cousin dauphinois de Pâris-Duverney. Après avoir reçu la meilleure éducation, elle fut mariée le 21 janvier 1744 avec un jeune homme plein d'avenir, Louis Marquet, fils d'un financier, qui avait réalisé une immense fortune dans les subsistances militaires, et que Duverney connaissait de longue date. Louise-Michèle mourut de la petite vérole le 22 novembre 1752, en laissant cinq enfants, dont quatre parvinrent à l'âge adulte : deux filles fort bien mariées, l'une avec Charles-Alexandre de Calonne, futur contrôleur général des Finances de Louis XVI, l'autre avec François-

Nicolas de La Guillaumye, futur intendant de la Corse, et deux garçons : Marie-Joseph et Maurice-Alexandre, successeur de son père dans sa charge de receveur général des finances de la généralité de Bordeaux[9].

Pâris-Duverney n'était donc pas dépourvu d'héritiers en ligne directe. S'ils ne figurent pas dans sa succession, ce n'est pas par oubli, mais parce qu'ils avaient déjà reçu la plus large part de son héritage avant sa mort. Sachant que la coutume de Paris ne conférait aucun droit aux enfants naturels, et qu'un testament en faveur de sa fille eût été cassé à la première réquisition de ses neveux, considérés comme seuls héritiers légitimes, le vieux financier avait fait passer de son vivant, à sa fille puis à ses petits-enfants, tout ce qu'il souhaitait leur transmettre, c'est-à-dire le plus gros de sa fortune (à la mort de Louise-Michèle, l'actif de celle-ci s'élevait à près de deux millions de livres).

Ce qui restait de son immense richesse était cependant de nature à susciter bien des convoitises, car on ne l'estimait pas à moins d'un million cinq cent mille livres. Pâris-Duverney avait pensé la léguer à son neveu Jean-Baptiste Pâris de Meyzieu, qu'il présentait partout comme son héritier. Homme d'esprit, bibliophile distingué, celui-ci avait énergiquement soutenu son oncle lors de la fondation de l'École militaire, dont il dirigea les études, et dont il rédigea la notice pour l'*Encyclopédie*[10]. Pourtant, ce n'est pas sur lui que se portera finalement son choix, mais sur son arrière-petit-neveu, Joseph-Alexandre Falcoz, comte de La Blache, élevé près de lui et devenu par ses soins maréchal de camp[11]. Ce Falcoz était aussi l'un de ses nombreux filleuls (il n'en comptait pas moins de douze !) Comment expliquer ce revirement ? Certains parlent de la mauvaise conduite des trois fils de Claude Pâris La Montagne. En fait, ce reproche ne peut s'adresser qu'à l'aîné, Claude-Geoffroy, noceur notoire, couvert de dettes, incarcéré successivement au For-l'Évêque, puis à Charenton. Les deux autres, Pâris d'Illins et Pâris de Meyzieu, étaient mariés et menaient une vie rangée. D'après Beaumarchais, ce sont les intrigues de La Blache qui ont détourné le financier de son neveu[12].

Le 15 février 1761, fut rédigé en trois originaux le testament par lequel Joseph-Alexandre Falcoz était institué légataire universel de son arrière-grand-oncle. Ce jour-là, vers cinq heures du soir, Mes de Voulges et Melin, notaires au Châtelet de Paris, se transportèrent en l'hôtel de la rue Saint-Louis-au-Marais, où ils trouvèrent le vieillard « assis dans son fauteuil vis-à-vis son bureau, dans son cabinet, au premier étage, ayant vue sur le jardin dudit hôtel, en bonne santé de corps et sain d'esprit, mémoire et entendement, comme il est apparu aux notaires par ses discours et entretiens ». Des sommes en espèces, des rentes viagères, des charges, des bijoux, furent distribués aux neveux, petits-neveux, arrière-petits-neveux et nièces, de même qu'aux pauvres de sa paroisse, aux « pauvres parents du Dauphiné », aux filleuls, aux domestiques, etc. Quant à l'heureux héritier principal, il fit l'objet d'une mention des plus flatteuses (et des plus imméritées !) « Je [lui] donne tous lesdits biens, déclarait Duverney, pour lui marquer la satisfaction que j'ai de la noblesse de ses sentiments, de sa conduite et de son attachement personnel dont il m'a donné des marques dans toutes les occasions [13]. » Comme exécuteur testamentaire, il avait désigné son vieil ami et homme de confiance, Gaëtan-Lambert Dupont, qui le remplacera dans sa charge d'intendant de l'École militaire.

*
* *

Âgé de trente et un ans, plutôt joli garçon – « un joli minois bouffe de chérubin soufflant », comme le décrit joliment Beaumarchais – mais d'une insupportable fatuité, dissimulant un cœur de pierre sous des traits poupins, le comte de La Blache mettait autant de zèle à mépriser les faibles qu'à courtiser ceux dont il avait besoin. Hautain, emporté, sujet à de soudains accès de fureur, il était jaloux depuis toujours de l'intimité de Beaumarchais avec son arrière-grand-oncle, et détestait son rival comme il faisait toutes choses : avec démesure. « Depuis dix ans, je hais cet homme comme un amant adore sa maîtresse », répétait-il à qui voulait l'entendre. S'étant juré de *perdre* son ennemi, ou tout au moins de le *ruiner*, il ne croyait pas si difficile de faire passer pour un fripon « celui qui passait déjà pour un monstre » – tels sont les effets de la calomnie ! – et jurait « qu'il y mangerait cent mille écus s'il le fallait ». La Harpe, qui rapporte ces propos, s'étonne de voir un jeune homme animé d'une haine si tenace. Après tout, n'allait-il pas hériter une fortune colossale ? Que représentaient à côté de ce pactole les menues générosités accordées ici ou là par le vétéran de la finance ?

Mais, outre la méfiance bien naturelle d'un héritier présomptif à l'égard d'un favori trop aimé, La Blache avait une autre raison de ne pas porter Beaumarchais dans son cœur. Celui-ci entretenait en effet les plus cordiales relations avec Pâris de Meyzieu, celui-là même que ledit La Blache avait évincé naguère. Outré de voir son ami injustement écarté, Beaumarchais n'avait pas hésité à plaider sa cause auprès de Pâris-Duverney, auquel il écrivit, le 9 mars 1770:

« Je ne puis soutenir qu'en cas de mort, vous me plantiez vis-à-vis de M. le comte de La Blache, que j'honore de tout mon cœur, mais qui, depuis que je l'ai vu familièrement chez Mme d'Hauteville, ne m'a jamais fait l'honneur de me saluer. Vous en faites votre héritier, je n'ai rien à dire à cela ; mais si je dois, en cas du plus grand malheur que je puisse craindre, être son débiteur, je suis votre serviteur pour l'arrangement : je ne résilie point. Mettez-moi vis-à-vis de mon ami Meyzieu, qui est un galant homme et à qui vous devez, mon bon ami, des réparations depuis longtemps : ce n'est pas des excuses qu'un oncle doit à son neveu, mais des bontés, et surtout des bienfaits, quand il a senti qu'il avait eu tort avec lui. Je ne vous ai jamais fardé mon opinion là-dessus. Mettez-moi vis-à-vis de lui. Ce souvenir que vous lui laisserez de vous, lorsqu'il s'y attend le moins, élèvera son cœur à une reconnaissance digne du bienfait. Enfin, c'est mon dernier mot : vous, ou à votre défaut Meyzieu, ou point de résiliation [14]. J'ai d'autres motifs encore pour appuyer ce dernier point, mais c'est de bouche que je vous les communiquerai. Quand voulez-vous que nous nous voyions ? Car je vous avertis que d'ici là je ne ferai pas une panse d'*a* sur vos corrections [15]. » À ces plaidoyers en faveur de Meyzieu, Duverney répondait invariablement : « En laissant tout mon bien à Falcoz, que j'ai créé, avancé, marié, enrichi, je crois donner un soutien, un père à tous mes parents [16]. » D'ailleurs, ce brave Meyzieu n'était plus tout jeune, disposait déjà d'une vaste fortune et n'avait pas d'enfant.

« BELLE PASSION » ET « PASSION HONTEUSE »

Mais le comte de La Blache veillait. Apprenant le rôle joué par Beaumarchais en faveur de Meyzieu, sa haine pour lui se doubla d'une soif de vengeance. Pour l'heure, il importait surtout d'isoler son vieux parrain en le coupant du monde extérieur. Installé à deux pas de chez lui, rue de Harlay, pour mieux lui « chauffer les pieds », il pratiquait à l'égard du malheureux un véritable terrorisme moral, le privait de toute liberté de mouvement, faisait surveiller chacun de ses faits et gestes, bref le traitait en prisonnier. Soucieux d'éviter les histoires, achetant son repos au prix de mille petites lâchetés, le vieillard se voyait réduit à des ruses d'enfant pour échapper à la vigilance de ses gardiens. Il recevait Beaumarchais dans le plus grand secret, sortait de son hôtel en carrosse pour y rentrer l'instant d'après par la porte du jardin, se glissait dans son bureau en rasant les murs et s'y enfermait à double tour. C'était le seul moyen de s'entretenir librement avec son jeune associé. Mais La Blache en était aussitôt averti et redoublait d'attention. En outre, il usait de tous les moyens pour arracher à Beaumarchais l'affection et la confiance de son respectable ami. Il n'est point de noirceur, point de bassesse auxquelles il n'eut recours dans ce dessein, allant même jusqu'à faire adresser des lettres anonymes, tantôt au protecteur, tantôt au protégé, afin de les dresser l'un contre l'autre. Dégoûté du rôle qu'on lui faisait jouer, Pierre-Augustin s'en plaignit un jour avec colère à son père spirituel : « Mon ami, vous êtes la belle passion de mon âme. Mais moi, j'ai l'air de n'être que votre passion honteuse ! »

Cependant, après maintes discussions, les deux parties avaient fini par mettre au point un protocole d'accord qui réglait définitivement leurs comptes. L'acte était prêt ; il n'y manquait plus que la signature de Pâris-Duverney. Beaumarchais avait beau le presser, l'autre différait sans cesse, trouvant toujours de bonnes raisons pour remettre au lendemain. En fait, il redoutait l'intervention d'un officier public, et justifiait ainsi sa crainte auprès de Pierre-Augustin : « On croira que je fais un autre testament, et que c'est vous qui me le suggérez. » Mais ce dernier s'impatientait. Songeant avec effroi que la vie du vieillard ne tenait plus qu'à un fil, et que ce fil devenait chaque jour plus ténu, il finit par mettre sous les yeux de son bienfaiteur les risques qu'il encourait, lui et sa famille, si cette situation se prolongeait :

« Je vous prie, mon cher bon ami, de vouloir bien recevoir mon compte et finir toutes nos affaires. Je suis tout prêt, je l'ai libellé comme vous me l'avez commandé, mais je ne vous cache pas que

je voudrais fort que nous fissions notre arrangement définitif par-
devant notaire. Qu'est-ce que cela vous fait ? On ne me verra pas
chez vous avec lui. Il le fera sur le modèle que vous aurez
approuvé. Je le signerai chez lui et il vous le portera à signer. J'ai
un enfant. Ma femme est enceinte [17]. S'il arrivait un accident à vous
ou à moi, mes enfants seraient ruinés. Vous m'avez prié de réfléchir sur votre proposition. Je l'ai fait. J'aime mieux que vous ayez
tout l'intérêt à vous seul que de le prendre moi. Je ne puis mettre le
bien de ma femme dans les affaires, et je n'ai plus d'argent, s'il
faut de nouveaux fonds. À cet article des bois près, nous sommes
d'accord sur tout le reste. Enfin, je vous en conjure, donnez-moi
jour et heure pour recevoir mon compte et le vôtre.

« Comment êtes-vous maintenant ? Je suis bien inquiet de vous.
Je crains qu'enfin le courage ne vous manque [18]. »

C'était bien connaître le vieil homme pusillanime, littéralement
terrorisé par son intraitable neveu. Les choses traînèrent encore
jusqu'au printemps. Ce n'est qu'à la date du 1er avril 1770 que
Beaumarchais put enfin tenir entre les mains cet arrêté de comptes
dûment signé par Pâris-Duverney. Comme ce dernier n'avait pu se
résoudre à consulter un notaire, Pierre-Augustin dut se contenter
d'un acte sous seing privé [19]. Ce document, qui avait été précédé de
plusieurs brouillons, et sur lequel on devait plaider pendant sept
ans, a été conservé dans les archives de la famille. C'est une
grande feuille double de papier « à la Tellière [20] ». Le relevé des
comptes, entièrement de la main de Beaumarchais, remplit le recto
et le verso du premier feuillet. Duverney a daté et signé en bas à
gauche de la seconde page ; à droite on lit la signature de Beaumarchais. La troisième page contient le tableau résumé en chiffres des
stipulations de ce même règlement de comptes. Ajoutons que
l'acte a été fait en deux exemplaires : un pour chacune des parties.
On n'entrera pas dans le détail des seize articles qui le composent,
et qui sont d'ailleurs fort embrouillés. Le résultat seul apparaît clairement. Il en ressort que Beaumarchais a bien restitué à Duverney
160 000 livres de billets au porteur sur les 200 000 que ce dernier
lui avait remises avant son départ pour l'Espagne, 40 000 livres
ayant été dépensées « pour ses affaires personnelles et secrètes ».
Par ailleurs, Duverney déclare Pierre-Augustin quitte de toute dette
envers lui, mais reconnaît, au contraire, lui devoir la somme
de 15 000 livres payables à sa volonté. Quant à l'exploitation de
Chinon, il lui en cède la propriété du tiers qu'il avait initialement

payé à sa place, et «pour l'aider à faire les nouveaux fonds que l'affaire exige», il s'engage à lui prêter 75 000 livres pendant huit ans, sans intérêts.

Il était temps! Trois mois plus tard, le 17 juillet 1770, le vieillard s'éteignait dans son hôtel de la rue Saint-Louis-au-Marais. Pendant qu'il agonisait, son arrière-petit-neveu, resté seul avec lui dans sa chambre, tentait de le ranimer «avec des gouttes et du *lilium*», afin de lui arracher encore une signature, tandis qu'un notaire attendait, enfermé dans la garde-robe. Cela dura quatre interminables heures. Quelqu'un ayant demandé: «Pourquoi donc le notaire se cache-t-il? Va-t-il faire un nouveau testament?» un serviteur répondit: «Eh! mon Dieu, non. C'est ce M. de La Blache qui le tourmentera jus- qu'au dernier moment; il voudrait encore lui faire signer quelque chose; il a peur de n'en jamais avoir assez!» Cependant, le testa- teur mourut sans reprendre connaissance, empêchant ainsi le sieur Falcoz d'accomplir son ultime forfait. L'acte qu'il tentait de lui faire signer visait à déposséder sa propre mère de cinq mille livres sur sa part d'héritage! «Tous mes titres étaient dans cette chambre, gémira plus tard Pierre-Augustin. Ils étaient au fond du secrétaire de cet ami mourant, et mourant sans connaissance! Et ces titres ne s'y sont plus trouvés lors de la levée des scellés!»

Ainsi commence l'une des plus célèbres affaires politico-judi- ciaires du XVIIIᵉ siècle...

«L'HUMBLE SATELLITE»

Avant de nous aventurer dans cet invraisemblable imbroglio et dans ses divers rebondissements, il est temps de faire la connais- sance d'un jeune poète, sans grand intérêt par lui-même, mais appelé à jouer un rôle de tout premier plan dans la vie de Beaumar- chais. Maurice Tourneux le désigne comme «une étoile de seconde grandeur» ou encore, pour reprendre une métaphore dont ne s'of- fusquerait pas l'auteur d'un poème intitulé *L'Astronomie* (1801)[21], «l'humble satellite d'une planète singulièrement mobile et lumi- neuse». Son nom ne disait déjà plus rien à personne que l'un de ses vers courait encore le monde, trop souvent travesti, il est vrai, mais répété de bouche en bouche. Il s'agit d'un alexandrin sur

Henri IV dans l'*Éloge de Voltaire* que l'Académie française avait mis au concours en 1779, et pour lequel, en dépit de ses règlements, elle décerna le prix à La Harpe, l'un de ses membres :

« Seul roi de qui le pauvre ait gardé la mémoire »,

que l'on le cite le plus souvent sous cette forme (bien meilleure à notre avis) :

« *Le seul roi dont le peuple* ait gardé la mémoire [22] ».

Né à Paris le 6 juin 1738, donc de six ans le cadet de Beaumarchais, Paul-Philippe Gudin de La Brenellerie était comme lui fils d'un horloger protestant, Jacques Gudin, originaire du canton de Vaud [23]. Très jeune, il fit un bref séjour à la faculté de théologie de Genève. Ayant compris très vite que le vrai dieu ne résidait pas derrière ces murs austères, mais au village voisin de Ferney, il décide un beau jour de s'y rendre en pèlerinage. Voltaire l'accueille avec bienveillance, mais le dissuade vivement de s'engager dans la carrière des lettres. De tous les conseils, c'est assurément celui que l'on prodigue le plus volontiers, et que l'on est le moins disposé à suivre. Revenu à Paris, Gudin s'empresse donc d'oublier l'avertissement et compose une première tragédie, *Clytemnestre, ou la Mort d'Agamemnon*, qu'il soumet au comité de lecture de la Comédie-Française. En cette année 1760, il n'a que vingt-deux ans. Malgré l'accueil poli de Mlles Clairon et Dumesnil, dont la rivalité fait jaser tout Paris, la pièce est ajournée *sine die*. En 1765, il tente à nouveau sa chance avec une seconde tragédie, *Lothaire et Valrade, ou le Royaume mis en interdit*, qui ne connaît pas un meilleur sort. Du moins cette fois-ci, Gudin a-t-il la consolation de se voir imprimé à Genève, représenté à Berlin... et brûlé en grande pompe à Rome par les « moines inquisiteurs », le 26 septembre 1768. Sa pièce mettait en scène la délicate question du divorce, ce qui explique les foudres de l'Église et les flatteries de Voltaire, apparemment revenu de ses préventions : « Je viens de lire votre tragédie qui a été imprimée à Genève depuis un mois, lui écrit-il. Il n'y a plus moyen de vous parler en critique quand l'ouvrage est publié ; je ne dois vous parler qu'en homme très reconnaissant, et surtout très persuadé que de pareils sujets mériteraient d'être mis souvent sur la scène. Il est vrai qu'ils sont difficiles à traiter ; mais il paraît à votre coup d'essai que vous seriez capable de faire des chefs-d'œuvre. La conformité de votre manière de penser avec la mienne semble me permettre de compter un peu sur votre amitié : les philosophes n'ont plus d'autre consolation que celle de se plaindre ensemble [24]. » Ces mots allèrent droit au cœur du jeune auteur. Non seulement son grand homme lui parlait de « chef-d'œuvre », mais il lui réservait sa place dans le noble aréopage des philosophes. Une troisième tragédie, *Hugues le Grand*, ne connut pas un sort très différent des deux premières. Reçue le 18 janvier 1775, elle ne fut jamais jouée ni imprimée. Enfin, *Caius Marcius Coriolan, ou le Danger d'offenser un grand homme*, affronta les feux de la rampe le 14 août 1776. Le sujet n'était pas neuf, et pour qui l'eût oublié Gudin énumérait dans sa préface les dix-huit tentatives qui avaient précédé la sienne ! Cependant, cette tragédie « de famille », comme le dit non sans malice Dupont de Nemours [25], dans laquelle, selon la remarque de Voltaire il n'y a qu'une seule scène [26], renfermait d'assez beaux vers ; « mais le style dominant de l'ouvrage a paru faible, inégal et plein de négligences. Un des derniers vers que Coriolan prononce avant d'expirer est on ne peut plus naturel dans sa bouche :

"Et tout mortel sans doute a besoin d'indulgence."

« Mais le parterre s'avise d'en faire l'application au poète, il oublie la scène en faveur de cette platitude, et la toile tombe avec beaucoup de huées et de grands éclats de rire [27]. »

Si l'on ajoute à cette tétralogie – passablement calamiteuse ! – deux « opéras-ballets » intitulés *Lycurgue* et *Solon*, auxquels il ne manqua qu'un compositeur pour les mettre en musique et un théâtre pour les représenter, nous en aurons fini avec les infortunes théâtrales de M. de La Brenellerie. Reste à espérer pour lui qu'il chercha l'immortalité dans ses autres écrits. L'un d'entre eux, en tout cas, mérite qu'on s'y arrête (outre sa biographie posthume de Beaumarchais à laquelle il doit de survivre). Il s'agit de l'ouvrage intitulé *Aux mânes de Louis XV et des grands hommes qui ont vécu sous son règne* [28]. Pour le rédacteur des *Mémoires secrets*, « c'est une chronique sèche plutôt que rapide des événements du règne de ce monarque. La plupart des faits n'y sont qu'indiqués, et le tout est traité sur le ton de l'adulation qui aurait bien dû faire trouver grâce à l'auteur. On ne sait pourquoi il se plaint si amèrement, dans sa préface, des censeurs et de leur incertitude à son égard. La partie des arts est ce qu'il y a de plus approfondi. Le procès du sieur de Beaumarchais et ses tracasseries avec le parlement Maupeou sont le seul morceau historique sur lequel l'écrivain se soit étendu avec une vraie complaisance. On peut définir cette production une table des matières très exacte et fort utile à ceux qui voudront écrire l'*Histoire de Louis XV*[29] ». Pour la *Correspondance littéraire*, le plus grand tort de Gudin était de « louer ce qu'il fallait peindre : l'esprit dominant de ce règne », bien qu'il y mît plus de bonne foi que d'adresse, et que l'adulation eût un tout autre langage. « Il est donc sûr, ajoute le rédacteur, que M. Gudin pense profondément tout ce qu'il dit ; mais qu'enchanté des progrès que la philosophie a faits de nos jours il ne peut s'imaginer que le siècle où l'on a si bien prouvé qu'il n'y avait point de Dieu, ne soit le premier des siècles, par conséquent celui où l'on a le plus de lumière et de talent, celui où l'on fait les plus beaux vers, les meilleurs tableaux, les plus belles statues. La candeur et la sincérité qui règnent dans tous ces éloges n'empêcheront pas que M. de Beaumarchais ne soit lui-même un peu étonné de se voir représenté comme le Brutus ou le Caton de la France, pour avoir disputé à la dame Goëzman quinze louis avec plus de caractère, d'esprit et de gaieté qu'on n'en avait encore mis dans aucun mémoire[30]. »

« DES MOTIFS DE NOUS CHÉRIR »

Un soir de l'hiver 1770, au cours d'une lecture chez une amie commune, Gudin de La Brenellerie fait la connaissance de Mme de Miron. La conversation tombe tout naturellement sur le frère de la dame et sur ses récents déboires à la Comédie-Française. Gudin ne cache pas l'admiration qu'il lui porte et parle de ses deux drames avec un enthousiasme qui enchante littéralement la chère Tonton. Celle-ci l'invite alors chez elle pour écouter l'abbé Delille, coqueluche des salons, qui a promis de lire des vers nouveaux. Il se fait d'abord un peu prier pour la forme, mais finit par céder à ses instances. Il se rend donc chez Mme Janot de Miron et applaudit poliment les alexandrins de l'abbé Delille, en cherchant des yeux l'auteur d'*Eugénie* ; mais on lui apprend qu'il ne viendra pas ce soir.

À quelque temps de là, lui-même est invité à réciter deux ou trois chants de sa *Napliade*, poème inédit dans lequel il «s'élève en riant contre ce qui est blâmable : mauvaises mœurs, mauvaises lois, fausses opinions, superstitions, calomnie, et tous ces instruments dont les pervers se sont armés pour empêcher les progrès de la raison[31]». Ce qui prouve, entre parenthèses, que Mme de Miron avait plutôt la tête «philosophe». Une fois de plus, Beaumarchais est absent. Mais, cette fois, Gudin n'a guère le temps de le regretter, car il a reconnu parmi les convives une femme qu'il n'a pas revue depuis vingt ans et qui fut son premier amour d'enfance. La voici aujourd'hui mariée et mère de famille. Ils évoquent le passé, échangent de tendres souvenirs et se rappellent avec émotion leurs sentiments d'alors. Ce hasard resserre encore un peu plus les liens entre le jeune homme et la sœur de Pierre-Augustin. Bientôt il finit par connaître toute la famille, à l'exception de son plus illustre représentant.

Un soir enfin, Beaumarchais débarque chez sa sœur alors que Gudin s'y trouve. La maîtresse de maison les présente, et prie le poète de réciter quelques vers de sa *Napliade*. Beaumarchais le félicite, et veut l'entraîner sur-le-champ chez son amie du moment, la comtesse de Miraumont, qui l'attend pour dîner. Mais Gudin refuse : «Je ne voulais point que ma première démarche me donnât dans son esprit l'air d'un homme léger et dont on pouvait disposer à son gré», expliquera-t-il plus tard. Le lendemain matin, Beaumarchais lui remet une invitation en bonne et due forme de la comtesse. Le soir même, il vient le chercher. Deux jours plus tard, il l'invite rue de Condé, avec son père et sa sœur Julie.

Tels furent les débuts de cette longue et fidèle amitié qui ne se démentira pas une seule fois au cours des trente années à venir. Derrière l'image de l'homme public, déformée par la jalousie, ternie par la rumeur, Gudin découvre en Beaumarchais un homme direct, naturel, généreux, aimant par-dessus tout la compagnie des siens :

«Je le vis aussi simple dans ses mœurs domestiques qu'il était brillant dans un cercle. Je fus bientôt certain qu'il était bon fils, bon frère, bon maître et bon père, car il avait encore un fils, jeune enfant dont il nous rapportait souvent des mots enfantins qui me charmaient d'autant plus qu'ils décelaient la tendresse paternelle, et me découvraient combien le sentiment était en lui plus puissant que l'esprit.

«Nous apprîmes bientôt à nous estimer par un fonds semblable de principes sévères, cachés sous un extérieur de légèreté et de gaieté qui les voilait aux regards inobservateurs des gens du monde ; par un amour vif et constant du bien, du beau, de l'honnête ; par un égal mépris des préjugés et de toutes les opinions mal fondées.

«Nous devînmes amis intimes par ces rapports et par des différences de caractère propres à s'amalgamer ensemble ; car il est nécessaire, non que deux amis se ressemblent en tout, mais que l'un trouve dans les qualités de l'autre le supplément de celles qu'il n'a pas.

«Le goût des lettres, du théâtre, des beaux-arts, la même indulgence pour la faiblesse du cœur resserrèrent nos liens. Nous passions souvent nos soirées ensemble, tantôt dans des cercles nombreux, quelquefois dans des sociétés plus intimes. La poésie, la musique, les découvertes qui se faisaient alors dans les sciences étaient l'objet de nos conversations. Je le voyais mêler aux bons mots, aux bons contes, aux meilleures plaisanteries, tous les agréments d'un esprit libre, abondant, varié, les effusions d'un cœur sensible, actif, généreux. Jamais il ne critiquait aucun ouvrage. Il faisait remarquer, au contraire, les beautés qu'on n'apercevait pas, vantait et produisait les talents, repoussait la médisance, défendait tous ceux dont il entendait déprécier le mérite. "Je suis, disait-il à ceux qui s'étonnaient, je suis l'avocat des absents."

«Je remarquais que jamais il ne disait aucun mal de ses ennemis, même de ceux qu'il connaissait les plus acharnés à lui nuire. Un jour que j'avais appris les détails les plus désavantageux sur la conduite de l'homme contre lequel il était en procès, je témoignai l'étonnement où j'étais qu'il ne m'en eût jamais parlé, et que je tinsse tous ces détails, non de lui, mais des parents de cet homme.

"Eh ! mon ami, me répondit-il, perdrais-je le temps que je passe avec vous à rappeler des choses qui affligeraient votre esprit et le mien ? Je cherche à oublier les sottises d'autrui, à ne m'occuper que de ce qui est bon et utile ; nous avons tant de choses à nous dire que celles-là ne trouveront jamais place dans nos conversations."

«En effet, il ne se passait guère de jour sans que nous ne prissions en pitié la stérilité d'esprit et la sécheresse de cœur de tant de gens qui n'auraient rien à dire s'ils ne médisaient, et de tant de pauvres diables qui ne sauraient sur quoi écrire si des hommes instruits n'avaient composé des ouvrages sur lesquels ils dissertent, qu'ils jugent mal et qu'ils essaient de déprécier faute d'en pouvoir saisir l'ensemble, d'en savoir faire l'analyse, et d'en rendre compte avec exactitude [32]. »

Témoignage à prendre avec d'infinies précautions, car l'intention apologétique éclate ici avec trop d'évidence pour ne pas éveiller le soupçon. D'autant que Gudin met à profit cette vision idéalisée de son ami pour dresser son propre panégyrique. Ce qu'on ne saurait contester, en revanche, c'est l'infinie tendresse qu'il porte à son héros. Plus que d'amitié, il s'agit bien ici de passion : une passion exclusive, inconditionnelle, qui, surmontant les obstacles et les vicissitudes, ne se relâchera jamais tout au long de son existence. S'il faut en croire Gudin, ce sentiment fut également partagé entre eux : « Nous nous abandonnions au plaisir de nous aimer, et de ne découvrir dans le fond de nos âmes que des motifs de nous chérir de jour en jour davantage. » Nous n'avons aucune raison d'en douter, encore que lesdits motifs ne soient pas tout à fait les mêmes chez l'un et chez l'autre. Les sentiments du brave Gudin pour son illustre aîné sont ceux d'un disciple à l'égard d'un maître admiré, vénéré, qui consent à le traiter en ami. Il s'y mêle donc, outre une légitime fierté, beaucoup de reconnaissance, une fidélité à toute épreuve, une foi inébranlable, bref quelque chose qui ressemble assez à de la dévotion, Beaumarchais remplaçant au fond de son cœur le Dieu qu'il en avait chassé [33].

Réciproquement, Gudin prendra de plus en plus de place dans la vie et le cœur de Pierre-Augustin. Au milieu des obstacles et des difficultés qui vont s'amonceler devant lui, il sait désormais pouvoir compter sans réserve sur l'absolu dévouement de cet ami modeste et sûr, qui sera toujours présent à ses côtés, quoi qu'il arrive. Qu'un danger survienne, qu'une lâche trahison le prive d'un appui, que de méchants bruits courent sur son compte, et l'on voit le gentil Gudin voler à son secours, s'exposant à tous les dangers pour le tirer d'un mauvais pas, proclamer son innocence, défendre son bon droit, célébrer son génie. Mais comme il sait aussi partager ses succès ! jouir avec lui de ses moments de bonheur, s'enivrer des fumets de sa gloire ! Gudin fait partie de ces séides obscurs, mi-témoins, mi-complices, gardes du corps, confidents, soigneurs, imprésarios, panégyristes et historiographes, dévoués corps et âme à leur idole et vivant dans son ombre. Leur nom même a cessé de leur appartenir, car il en évoque immanquablement un autre. Qu'est-ce que Pylade sans Oreste, Eckermann sans Goethe, Thiériot sans Voltaire, Trébutien sans Barbey d'Aurevilly, Jean-Jacques Brousson sans Anatole France ?

De cette amitié, Gudin de La Brenellerie laissera deux témoignages grâce auxquels son nom sera sauvé de l'oubli. D'une part, des *Mémoires sur Beaumarchais*, qui ne verront le jour qu'à la fin du XIXe siècle ; d'autre part, la première édition de ses *Œuvres complètes* publiée en 1809[34]. Même s'il convient de faire la part de leur caractère hagiographique, il est peu de lectures aussi divertissantes que les *Mémoires* de Gudin de La Brenellerie. Ils offrent aux amoureux de Beaumarchais mille informations sur sa vie intime et le privilège de cueillir ses bons mots à la source. Les anecdotes y foisonnent, plutôt vraies en général, même si le commentaire qui les accompagne invite à la circonspection. Les faits y sont relatés au milieu d'un flot de détails qui leur confère couleur et mouvement, et il circule à travers ce livre un flux vital qui communique à chaque description l'évidence de la chose vue. On respire indéniablement ici cet « air du temps » qui communique l'inimitable sensation de la présence réelle. Cela étant, cette présence est celle d'un être de légende, paré de toutes les vertus, de toutes les grâces, de tous les talents, propre enfin à l'édification des générations futures.

LE « NÈGRE » DE BEAUMARCHAIS

Gudin de La Brenellerie inspire spontanément la sympathie. Comment n'être pas touché par tant d'abnégation et de soumission envers son grand homme ! N'est-il pas allé jusqu'à braver pour lui les foudres du Grand Conseil ? jusqu'à se laisser emprisonner au Temple ? Ne l'a-t-il pas défendu pied à pied contre ses adversaires, La Harpe en tête ? N'a-t-il pas donné de ses *Œuvres* une édition en sept volumes que l'on consulte encore avec profit, et qu'il refusa de signer pour obéir aux vœux de Mme de Beaumarchais ? Ne s'est-il pas interdit de publier ses *Mémoires* pour la même raison ? Lorsqu'on sait ce qu'il en coûte à un écrivain de remiser dans ses cartons un manuscrit prêt à paraître, on mesure l'ampleur du sacrifice. Si l'on reconnaît donc en cet homme l'irréprochable ami de Beaumarchais, on ne peut que combattre avec la même vigueur qu'il l'eût fait lui-même, s'il l'avait pu, la thèse extravagante émise au siècle suivant par un obscur plumitif du nom de Jean-Bernard Lafon, plus connu (ou moins inconnu) sous le pseudonyme de Mary Lafon[35].

De quoi s'agit-il ? Ledit Mary Lafon, polygraphe et pisseur de copie courant sans cesse après une renommée littéraire qui s'obstinait à le fuir, résolut de frapper un grand coup dans l'espoir (vite déçu) de se faire un nom. Dans un article intitulé «Beaumarchais est-il le seul auteur de ses ouvrages ?» publié dans le très sérieux *Journal de l'Institut historique*, l'insolent proclamait *urbi et orbi* que les *Mémoires contre Goëzman*, pour lesquels l'opinion tout entière s'était enflammée, à commencer par Voltaire lui-même, de même que les comédies qui s'étaient fait applaudir sur toutes les scènes d'Europe, n'étaient pas de Beaumarchais, mais de Gudin de La Brenellerie[36]. Révélation inouïe, scandaleuse, renversante ! Disons plutôt : basse manœuvre d'un envieux en faveur d'un raté ! Non content de faire passer Gudin pour le nègre de son maître et ami, le misérable Lafon poussa la perfidie jusqu'à imaginer une sombre histoire de soupente au fond de laquelle Beaumarchais aurait tenu son esclave sous clef, ne lui rendant sa liberté qu'au moment où lui-même se voyait enfin débarrassé de ses solliciteurs : «Alors, raconte le pseudo-Gudin sous la plume de Mary Lafon, je descends mon travail chez lui et nous y mettons ensemble la dernière main. Il en est de même pour toutes les pièces de théâtre : il en fait la minute, je les lis ensuite ; j'écris mes observations, je les lui communique, et nous achevons la pièce ensemble. Voilà ce que beaucoup de personnes ignorent encore.»

Malgré le désintérêt général du XIXe siècle pour la littérature des Lumières, les accusations de Mary Lafon ne restèrent pas sans réponse. Viollet-le-Duc répliqua le premier dans ce même *Journal de l'Institut historique*[37]. Selon l'érudit architecte, il suffit de lire le théâtre de ce pauvre Gudin pour se convaincre qu'il eût été bien incapable d'aider son ami : rien n'était plus opposé à la verve de ce dernier que son style froid et contraint. Népomucène Lemercier protesta verbalement dans le même sens aux réunions de la Société des auteurs. Mais la principale riposte, la plus longue (112 pages), la mieux argumentée, parut la même année (1834) sans nom d'auteur et sous l'intitulé suivant, qui parodie les factums d'Ancien Régime : *Lettre d'un habitant de la Lune, ou Mémoires en forme de lettre pour feu Caron de Beaumarchais, ancien horloger, musicien, orateur, fournisseur de fusils, pour ses péchés auteur dramatique, et pour sa félicité aujourd'hui demi-dieu, demeurant ci-devant boulevard Saint-Antoine, actuellement habitant de la Lune, contre M. Mary Lafont* [sic], *membre de la troisième classe de l'Institut historique. Cause pendante devant le public*[38].

Mary Lafon ne se tint pas pour battu et se flatta de réduire ses adversaires par de nouvelles preuves. Voulant démontrer que Gudin avait autant de verve que Beaumarchais, il citait un passage de la préface de ses *Contes*, traversé de quelques lueurs d'esprit. À l'inverse, il attestait que l'auteur du *Barbier* n'avait pas toujours la main légère, et produisait à l'appui de sa thèse quelques strophes laborieuses tirées du prologue de *Tarare*.

Il était temps que la petite guerre prît fin !

LA « PETITE » ET SON « AMOUREUX »

À la mort de Pâris-Duverney, aucune des clauses de l'arrêté de comptes n'avait été exécutée : ni le remboursement des 15 000 livres dues à Beaumarchais, ni le prêt de 75 000 sur huit ans que le banquier lui avait accordé. Sentant la fin approcher, Pierre-Augustin avait pourtant tout fait pour régulariser sa situation avec le vieux financier. En style oriental, les deux hommes étaient bien d'accord sur le « bouquet de jolies fleurs jaunes à face royale » que la « petite » avait composé à l'intention de son « amoureux » – « Soyez demain à neuf heures du matin chez la petite, lui écrivait Duverney le 15 juin 1770 ; elle vous offrira le bouquet de la fête de lundi. Ce n'est pas sans peine que l'on a rassemblé les fleurs les plus rares dans le moment précis. » En clair : *venez demain recevoir la somme que j'ai réunie, non sans mal*. Mais, le lendemain 16, Pierre-Augustin était cloué au lit par une « fièvre spasmodique ». Le 18, un laquais de sa femme déposait une lettre d'excuse auprès de son vieil ami, qui l'avait attendu vainement et qui lui répondit aussitôt : « Votre santé m'inquiète, Monsieur ; faites-m'en donner des nouvelles tous les jours, jusqu'à ce que je puisse vous voir, ce que je désire ardemment[39]. » Le 3 ou 4 juillet, tenant à peine sur ses jambes, il prit son carrosse et se fit porter de sa voiture jusqu'au bureau du financier, qu'il trouva presque aussi faible que lui, la tête égarée par les soucis que lui causait l'École militaire. En le quittant ce jour-là, Beaumarchais éprouva «l'affreuse certitude que ce chagrin le mettrait au tombeau». Toujours en proie à ce pressentiment funeste, il lui écrivait le 7 juillet: «Comment va votre santé? Surtout, comment va votre tête? Vous savez bien que je n'approuve pas l'excessif chagrin que vous avez pris de ce dernier tracas. Mon ami, cette École militaire vous tuera! […] Quand on a fait le bien toute sa vie, et que l'on a quatre-vingt-quatre ans de vertus et de travaux sur la tête, on est bien grand! Voilà mon avis; donnez-moi de vos nouvelles.» Pâris-Duverney répondit sur le verso, terminant sa lettre par ces mots: «Je suis toujours dans le même état; il ne se changera qu'avec de la patience; cinq ou six jours de lit. Ma tête est si pleine de ma malheureuse affaire, que je ne suis plus maître de ma tranquillité. Je compte vous voir à mon retour[40].» Trois jours après, le malheureux s'alitait; moins d'une semaine plus tard, il était dans la tombe. La Blache héritait une fortune estimée à près de 1 500 000 livres. Et l'«amoureux» attendait toujours ses «jolies fleurs jaunes à face royale».

Par respect des convenances, Beaumarchais laisse passer un mois avant de présenter sa créance au comte de La Blache. Celui-ci tâche d'abord de gagner du temps, alléguant qu'il est trop peu instruit des affaires de son oncle, que d'ailleurs l'inventaire n'est pas encore achevé et qu'il ne retrouve pas le double du compte. Les choses traînent encore plusieurs semaines, non sans échange de missives aigres-douces entre les deux hommes. Ayant remis l'original de son titre de créance à son notaire, Me Mommet, Beaumarchais prie La Blache de venir en prendre connaissance à son étude, rue Montmartre. La Blache s'y rend de mauvaise grâce le 7 novembre 1770 au soir, accompagné du sieur Dupont, exécuteur testamentaire désigné par Duverney, «homme aussi prudent que sage et circonspect», qui connaît l'écriture du financier mieux que personne, ayant été son secrétaire pendant des années. Le notaire leur met sous les yeux l'acte et les lettres «en original.» On se passe les feuillets, on les examine à la loupe, on les parcourt dans tous les sens. Dupont ne trouve rien à redire; tout lui paraît normal. Mais le noble héritier crie à l'imposture, dénonce l'acte comme faux et finit par s'exclamer, hors de lui: «S'il a jamais cet argent, dix ans se seront écoulés, et je l'aurai vilipendé de toutes les manières auparavant[41].» Convoqués peu après comme témoins, les commis de Duverney, notamment son caissier, l'honnête

François Ducoin, ont beau attester l'authenticité de la signature, l'héritier persiste à la soutenir contrefaite, soutenu en cela par son avocat, Mᵉ Caillard.

Mais, s'il dénonce l'arrangement comme faux lorsqu'il s'agit des 15 000 livres dues à son adversaire, il en fait cependant état pour exiger de lui la restitution des 139 000 livres dues à son oncle et dont ledit arrangement déchargeait précisément Beaumarchais. Nullement embarrassé par l'illogisme de sa démarche, le légataire de M. Duverney se fait appuyer par l'avocat, qui ne craint pas de déclarer : « C'est ainsi que la justice sera vengée, et les citoyens honnêtes verront avec satisfaction un pareil adversaire pris dans les pièges qu'il avait lui-même dressés[42]. »

Tandis que l'année 1770 s'achève et que s'engage entre les deux parties ce procès à tiroirs et à rebondissements qui ne verra sa conclusion définitive qu'en 1778, un coup d'État antiparlementaire éclate à la Cour, dont les suites vont très vite se révéler fatales pour nombre de justiciables, et notamment pour Beaumarchais. Sous la pression du nouveau pouvoir en place, le litige qui l'oppose au comte de La Blache va se charger de significations politiques, avec tous les dangers que comporte la mutation d'une cause privée en cause publique. Aussi nous paraît-il nécessaire de rappeler ces faits, auxquels l'histoire associe ordinairement le nom de son principal instigateur : le chancelier de Maupeou.

LE TRIO DIABOLIQUE

Cours souveraines jugeant en dernier ressort au nom du roi, les parlements du royaume de France disposaient également d'un pouvoir politique non négligeable. Comme gardien des lois fondamentales, le parlement de Paris enregistrait les textes législatifs que lui soumettait le roi, non sans les avoir contrôlés juridiquement au préalable. En cas de non-conformité ou d'irrégularité, ledit parlement avait la faculté d'émettre des « remontrances » à l'adresse du monarque. De là ce contentieux qui opposait sans cesse, et depuis toujours, le Parlement et la Couronne, et qui avait pris, au cours de ces derniers mois, les apparences d'un conflit ouvert. Non contents de pratiquer une obstruction systématique à l'autorité royale, les parlementaires avaient suspendu leurs activités à plusieurs reprises, et même refusé d'enregistrer des édits malgré les injonctions du monarque.

Depuis longtemps, Louis XV se plaignait «de ces grandes robes qui voulaient le mettre en tutelle». À Rennes, ils avaient osé soutenir leur procureur général, La Chalotais, contre le duc d'Aiguillon. Pis encore, ils ne cessaient de demander la convocation d'états généraux, ce qui avait pour effet de mettre le roi en fureur. Excédé, Louis XV finit par promulguer un édit réaffirmant, sans la moindre ambiguïté, les prérogatives de son pouvoir : «Nous ne tenons notre couronne que de Dieu. Le droit de faire des lois, par lesquelles nos sujets peuvent être conduits et gouvernés, nous appartient à nous seuls, sans dépendance et sans partage.» Par ce texte du 3 décembre 1770, le roi remettait en cause le «droit de remontrance», par lequel s'exerçait le contrôle parlementaire, et signifiait aux assemblées qu'il entendait bien avoir le premier et le dernier mot. En agissant de la sorte, il faisait échec aux tentatives du parti de Choiseul pour tempérer la monarchie absolue. Mais il devait aller beaucoup plus loin.

Deux partis s'affrontaient alors sur la scène politique : d'un côté, celui du duc de Choiseul, ministre des Affaires étrangères, qui représentait les «philosophes» et soutenait les parlements[43] ; de l'autre, le parti dévot avec à sa tête – le croirait-on ? – la comtesse du Barry, celle-là même que les dévots traînaient dans la boue il y a peu, et qui menait aujourd'hui grand train contre Choiseul. Elle ne lui pardonnait ni les chansons qu'il faisait courir sur elle ni les avanies que sa sœur, la comtesse de Gramont, ne cessait de lui infliger en public. Aux côtés de la favorite, René-Nicolas de Maupeou passait pour le plus dangereux adversaire du ministre, et le plus acharné à sa perte. Fils de magistrat, magistrat lui-même, homme plein de ressources, dévoué à la chose publique, devenu chancelier et garde des Sceaux après la retraite de son père, ce petit homme de cinquante-six ans, au teint bilieux, à l'œil sombre et soupçonneux, ne connaissait pas de milieu entre la bassesse et l'insolence. Poli, complimenteur, à «langue dorée», il poussait la flatterie jusqu'à l'adulation vis-à-vis de ceux qui pouvaient le servir, mais se vengeait de sa bassesse en trahissant ses bienfaiteurs. Autoritaire et dur, doué d'une persévérance inflexible, hardi et constant dans ses desseins, intrigant et sans scrupule, d'ailleurs doué de grands talents et d'une immense capacité de travail, il n'avait en vue que le pouvoir, et n'y regardait pas de trop près sur les moyens d'y accéder. Si Mme du Barry était l'âme de la conspiration contre Choiseul, c'est assurément lui qui en était le bras. Connaissant les relations privilégiées du ministre avec les parlementaires, il s'en servit pour le discréditer aux yeux du roi, persuada celui-ci que le duc poussait les magistrats à la désobéissance, qu'il serait impossible de les dompter tant que leur protecteur serait au pouvoir, qu'il pourrait même en résulter des soulèvements dans le royaume, bref il dramatisa tant et si bien la situation qu'il finit par arracher au souverain la lettre de cachet que Louis XV n'avait pu, jusqu'alors, se résoudre à signer en dépit de maintes sollicitations.

Le 24 décembre 1770, Sa Majesté ordonnait donc au duc de Choiseul de démissionner de sa charge et de se retirer, jusqu'à nouvel ordre, sur sa terre de Chanteloup, près d'Amboise, où il possédait une somptueuse demeure. Cette disgrâce frappait ainsi de plein fouet le ministre le plus puissant, mais aussi le plus intelligent et le plus brillant du royaume. Officiellement, on lui reprochait une politique étrangère aventureuse. En fait, sa chute s'expliquait surtout par sa complaisance envers les rébellions parlementaires et l'hostilité de la comtesse du Barry.

Maupeou triomphait ; ses projets se réalisaient enfin. De son côté, la courtisane se voyait débarrassée de son pire ennemi. Mais ils n'étaient pas seuls à se réjouir de ce dénouement. Tout au long de la cabale contre Choiseul, nos deux conjurés s'étaient assuré les services d'autres sectataires du parti dévot, notamment du duc d'Aiguillon, homme ténébreux, violent, vindicatif, aussi dépourvu de principes que de talent, mais fort ennemi du ministre. Après de longues années de disgrâce, d'Aiguillon était revenu à la Cour, où le dauphin l'avait introduit dans son intimité : leur attachement commun aux Jésuites formait le lien principal de leur amitié[44]. Un troisième homme vint compléter la troïka de la dévote faction : l'abbé Terray, contrôleur général des Finances, dont la haine pour Choiseul ne le cédait en rien à celle des deux autres. Pour perdre plus sûrement le ministre dans l'esprit du roi, il exagéra le déficit des finances, mit la main sur la caisse d'amortissement, suspendit le paiement des billets des fermes, diminua les arrérages des effets royaux, réduisit les pensions, etc.

Terray, d'Aiguillon, Maupeou : ces trois âmes damnées formeront bientôt le Triumvirat.

« LA BÊTE PUANTE »

Avec le renvoi de Choiseul, le Parlement perdait son plus fidèle soutien. Il était livré désormais au bon-vouloir du chancelier de Maupeou, bien décidé à tout mettre en œuvre pour l'anéantir. Ce corps se croyait inattaquable : il fut dissous du jour au lendemain. Dans la nuit du 20 au 21 janvier 1771, Maupeou éloigne de Paris tous les membres du Parlement au moyen de lettres d'exil, avec significa-tion d'un arrêt du Conseil portant confiscation de leurs charges. Cer-tains obtiennent de se retirer dans leur terre ; les autres sont dispersés en différentes provinces. Aussitôt après, il crée un parlement intéri-maire avec des conseillers d'État et des maîtres des requêtes, auquel il fait enregistrer toute une série de réformes qui transforment en pro-fondeur l'institution judiciaire : abolition de la vénalité des charges, gratuité de la justice, suppression des « épices », auxquelles on substi-tue des appointements fixes, cours souveraines plus nombreuses, diminution des ressorts trop étendus, afin de rapprocher les tribunaux des justiciables, etc. En dépit du bien-fondé de ces mesures, qui leur vaut d'ailleurs l'approbation de Voltaire, les Français, dans leur ensemble, condamnent le renvoi des parlements et se déchaînent contre son auteur. On compare Maupeou à Jacques Clément, à Ravaillac, à Damiens ; on excite les bons citoyens à délivrer la patrie du « scélérat qui l'a perdue », on affiche à sa porte des pla-cards menaçants, on colporte sur son compte les rumeurs les plus injurieuses[45]. Devenu en quelques semaines l'homme le plus impo-pulaire du royaume, le chancelier poursuit néanmoins son œuvre. Le 13 avril 1771, dans un lit de justice, il supprime définitivement le parlement de Paris et intronise le « parlement Maupeou ». « Celui-ci est une bête puante, note d'Alembert, mais l'ancien était une bête venimeuse. » Les magistrats de ce nouveau tribunal sont recrutés à grand-peine parmi les obligés du chancelier ; ils viennent d'un peu partout, et sont pour la plupart ignorants de la fonction qui les attend. Obéissance aveugle et fidélité absolue : c'est tout ce qu'on exige d'eux[46]. Aucun prince du sang, à l'exception du comte de La Marche, fils du prince de Conti[47], ne consent à reconnaître ce simulacre de parlement ; treize pairs se joignent à la protestation, ainsi que la cour des Aides, par la voix de Malesherbes. Pamphlets, sarcasmes, épigrammes pleuvent sur les magistrats de la nouvelle juridiction. Mille chansons courent Paris. Celle-ci donne le ton :

« Lorsque je vois cette vermine
Que l'on érige en parlement,
Je les pendrais tous sur leur mine,
Disait le bourreau gaiement.
Mais en vertu d'une sentence
De ce tripot irrégulier,
Je ne pourrais en conscience
Pendre même le chancelier. »

Le renvoi des parlements et la réforme Maupeou bouleversent la société tout entière. Il n'est plus question que de remontrances, d'arrêtés, d'exils, de lettres de cachet : « C'est la tour de Babel, s'exclame Mme du Deffand, c'est le chaos, c'est la fin du monde. Personne ne s'entend, tout le monde se hait, se craint, cherche à se détruire. La guenon qui nous gouverne [Mme du Barry] est aussi insolente que bête. »

LE PROCÈS

On pouvait aisément deviner que Beaumarchais ne se rangerait pas dans le camp du chancelier. La plupart de ses protecteurs, le prince de Conti en tête, mais aussi le duc d'Orléans et Le Normant d'Étiolles appartenaient au clan Choiseul, et lui restaient fidèles. Quant au comte de La Blache, il se situait politiquement dans le parti adverse.

En sa qualité de magistrat à la varenne du Louvre, Beaumarchais relevait d'une juridiction particulière, appelée Requêtes de l'Hôtel, tribunal composé de maîtres des requêtes, qui avait à connaître des causes personnelles et mixtes entre les officiers de la maison du roi, les secrétaires du roi, les officiers du Grand Conseil, etc. Cette antique institution, fort antérieure à l'établissement des parlements par Philippe le Bel, rivale dangereuse et haïe de ces mêmes parlements, avait continué d'exister après la réforme Maupeou. Quoiqu'elle fût amputée d'une partie de ses attributions, ni sa composition ni ses compétences n'avaient été modifiées.

Le 15 octobre 1771, La Blache sollicite de ce tribunal l'annulation de l'arrêté des comptes du 1er avril 1770 par voie de rescision, c'est-à-dire son annulation pure et simple pour vice de forme[48].

Mais, lorsqu'on le somme de s'inscrire légalement en faux contre l'acte lui-même et la signature de Duverney, il se dérobe à cette procédure longue et hasardeuse, sachant fort bien qu'une expertise lui donnerait tort[49]. Dans les pages qu'il consacre à l'affaire, Louis de Loménie démontre d'ailleurs à quel point l'accusation de faux paraît dénuée de fondement. En avril 1770, Beaumarchais n'était pas à court d'argent, loin de là! Outre une coquette fortune personnelle, il jouissait des confortables revenus de sa femme qui vivait encore. On l'imagine mal risquer sa réputation et fabriquer un faux pour 15 000 livres, alors qu'il possède encore la rue de Condé et la forêt de Chinon! Sachant surtout la haine que lui portait le légataire de Duverney, il ne pouvait douter que celui-ci userait de tout son crédit pour obtenir sa condamnation. Les dangers encourus semblaient démesurés au regard d'un si maigre avantage.

L'avocat de La Blache insinuait que la signature était fausse. Mais, sommé de s'inscrire en faux, il nuançait son avis: en admettant qu'elle fût authentique, concédait-il, elle ne date pas de 1770, «époque à laquelle le vieux Duverney avait une écriture tremblée, tandis que celle qui est au pied de l'écrit est une écriture hardie, qui part d'une main ferme et légère». Mais ce que Me Caillaud oubliait de dire, c'est que la mention qui figurait au-dessus de la signature était de la même main, et qu'elle indiquait clairement la date: «À Paris, le 1er avril 1770.» Fallait-il en conclure qu'avant de subir les atteintes de l'âge, M. Duverney s'amusait à signer en blanc des actes antidatés pour le jour où il serait vieux? Hypothèse absurde. Pris à son propre piège, le sinueux avocat suggérait alors que le document était bien signé et daté du 1er avril 1770, mais qu'il devait servir à tout autre chose. Beaumarchais s'en serait emparé pour y rédiger le «Compte définitif». Comme si un homme d'affaires aussi avisé que M. Pâris-Duverney laissait traîner chez lui des blancs-seings non remplis, signés de sa main! Et signés à quel endroit? Précisément en bas à gauche de la seconde page, pour laisser place à une autre signature. Invraisemblable! On ne nous dit pas non plus comment l'imposteur se serait introduit dans le bureau de son ami, juste à point nommé pour se saisir du précieux document. Sachant que, dans les derniers temps, on ne laissait personne accéder jusqu'à lui, cela tenait de la mission impossible.

Abandonnant cette argumentation décidément trop fragile, l'avocat se replia sur le texte même de l'acte en question. Il fit observer, non sans raison, que la rédaction en était passablement confuse, et qu'il s'y mêlait des dispositions étrangères aux comptes proprement dits. Ainsi, en vertu de l'article 14, Pâris-Duverney s'engageait-il à faire tenir à son disciple son portrait en pied «du meilleur maître, pour le don duquel il me sollicite depuis long-temps [50]». L'article suivant contenait une clause non moins person-nelle : « J'exige de son amitié qu'il brûle toute notre correspondance secrète, comme je viens de le faire de mon côté, afin qu'il ne reste aucun vestige du passé, et j'exige de son hon-neur qu'il garde toute sa vie le plus profond secret sur ce qui me regarde, dont il a eu connaissance [51]. » Quant aux comptes eux-mêmes, ils se trouvent enveloppés dans une telle logorrhée que leur élucidation ne va pas sans un effort d'attention. Selon l'avocat de La Blache, ces délayages s'expliquaient par les deux longues pages à remplir avant d'arriver à la signature de Duverney. On pourrait lui objecter que Beaumarchais n'avait qu'à couper le feuillet en deux pour ne plus avoir à écrire qu'une seule page, la troisième contenant un tableau de chiffres ne servait à rien. En vérité, cette prolixité même plaidait en faveur de l'accusé, car s'il avait fabriqué cet acte, il eût pris soin de le rédiger avec concision et clarté. Or chacun sait que ces qualités ne se rencontrent guère chez un vieillard de quatre-vingt-six ans.

On se souvient que l'acte du 1er avril 1770, rédigé de la main de Beaumarchais et signé des deux parties, avait été fait en double. Or l'exemplaire de Duverney avait mystérieusement disparu de ses papiers après sa mort. Il ne restait plus que celui de Beaumarchais. «Donc l'acte que vous présentez est faux!» conclurent les avocats de La Blache. À quoi l'accusé répliqua: «Par suite des difficultés que vous, légataire défiant et avide, apportiez sans cesse à mes entrevues avec Duverney, dans les derniers temps de sa vie, nous ne pouvions nous voir en quelque sorte qu'à la dérobée. Après un long débat par écrit sur le règlement de nos affaires, je lui ai envoyé les deux doubles de l'acte qu'il m'avait chargé de rédiger, tous deux signés de ma main; il m'a renvoyé l'un des deux après l'avoir *signé* et *daté* de la sienne, et il a gardé l'autre. Si celui-là ne s'est point trouvé dans ses papiers, il l'a détruit ou perdu, ou vous-même, qui ne quittiez pas la chambre du défunt, vous l'avez soustrait avant l'inventaire, pour l'empêcher de servir de justification à celui que je vous présente. Quant à moi, je prouve la vérité et la sincérité de cet acte, non seulement par l'acte même, mais par plusieurs lettres de Duverney que je vous présente également, dont je vous défie de contester l'écriture, et qui toutes sont des réponses à des demandes que je lui adressais relativement à cet arrêté de comptes, et auxquelles il répondait de sa main, sur-le-champ et sur la même feuille de papier contenant la demande, suivant l'habitude où nous étions de correspondre ainsi depuis dix ans. Je vous présente même une de ces lettres où Duverney m'écrit : *Voilà notre compte signé.* Que pouvez-vous répondre à ceci [52] ?»

Il ne s'agit pas de ce compte-là, mais d'un autre ! ripostait aussitôt l'accusation. Et voilà qui prouve une fois de plus la fraude de M. de Beaumarchais ! Au reste, «les billets qu'on nous oppose sont peut-être écrits de la main de Duverney ; nous l'accordons ; mais ils sont courts, vagues, insignifiants ; ils ne sont point datés, ils ont été écrits à une autre époque et pour quelque autre objet», etc. Or, il suffisait d'examiner ces lettres de bonne foi pour s'assurer qu'elles étaient bien de la main du financier, et qu'elles se rapportaient toutes au règlement de comptes. Souvent même, les réponses de Duverney figuraient sur la lettre même de Beaumarchais, ce qui réduisait à néant la présomption de fraude.

«LA GUERRE DES RATS»

Ainsi se poursuivait ce procès, dans un climat rendu pestilentiel par les allégations sans preuves, les insinuations perfides, les propos haineux qu'orchestrait avec une diabolique scélératesse le venimeux Mᵉ Caillard. Révolté par tant d'ingéniosité au service du mal, Beaumarchais avait un jour lancé contre les plaideurs de son espèce : «Oh ! que c'est un misérable métier que celui d'un homme qui, pour gagner l'argent d'un autre, s'efforce indignement d'en déshonorer un troisième, altère les faits sans pudeur, dénature les textes, cite à faux les autorités et se fait un jeu du mensonge et de la mauvaise foi !» Entre-temps, l'affaire commençait à faire du bruit ; elle passionnait l'opinion, surtout à cause de la qualité des plaideurs : un roturier fraîchement anobli d'un côté, un homme de cour de l'autre ; le prince de Conti la résumait ainsi : «Beaumarchais sera payé ou pendu.» À quoi la caustique Sophie Arnould ajoutait : «S'il est pendu, vous verrez que la corde cassera.»

Tandis que les avocats de La Blache, dans leurs mémoires, présentaient cette affaire comme un combat entre un grand seigneur et un homme de rien, Beaumarchais, dans les siens, la réduisait à une cause vulgaire : « Notre ennemi se flatte, disait-il, d'armer contre nous tout le corps militaire de la noblesse. Qu'a de commun la noblesse avec un procès du plus vil intérêt ? J'honorerai tant qu'on voudra l'homme de qualité, l'officier général, pourvu qu'on m'abandonne le légataire universel ! » Il adjurait partisans et adversaires d'écarter toute préoccupation de « grades et de rangs », rien de tel ne devant subsister devant un tribunal ; il affirmait ne pas contester le « bienfait » d'une naissance illustre, reconnaissait que, sans noblesse et sans « rangs intermédiaires » entre le roi et le peuple, il n'y aurait en France qu'un despote et des esclaves. Mais il ajoutait que la question se réduisait à décider si La Blache était un « légataire injuste » ou s'il était lui-même un faux créancier[53].

Chemin faisant, il raillait le maréchal de camp, qui s'affligeait d'être appelé par son nom de Falcoz. Il s'engageait à ne plus l'appeler ainsi, mais lui reprochait de produire des « défenses ennuyeuses et lourdes », de se fâcher et d'en appeler au roi dès qu'on les jugeait telles. Puis il devenait impertinent. Pourquoi les avocats adverses allaient-ils répétant que, au lieu de se défendre, Beaumarchais « *disait des sottises* au comte de La Blache », alors qu'il avait « dit les sottises du comte de La Blache – et c'était très différent » ? Pourquoi appeler toutes les puissances de l'univers au secours d'un grand seigneur ? Beaumarchais ne songeait guère à « émouvoir l'Olympe pour la guerre des rats ».

Le procès dura près de quatre mois. Par une première sentence du 22 février 1772, le tribunal débouta le comte de La Blache et reconnut l'écriture et la signature de Pâris-Duverney. Une seconde sentence, rendue le 14 mars, condamnait La Blache à exécuter l'arrêté des comptes, à régler les dépens, et à verser à Beaumarchais des dommages et intérêts pour les préjudices qu'il avait subis. « Vous jugez s'il jurait, piétinait, injuriait, courait, et bondissait comme un lièvre qui a du plomb dans la cervelle ! On le voit d'ici[54]. » Et comme, à cette époque, un grand seigneur accrédité à la Cour pouvait se croire au-dessus des juges, et que le comte de La Blache, pour sa part, s'estimait d'essence supérieure, trépignant de rage et bouffi d'arrogance, il s'en alla faire une scène à l'un des maîtres des requêtes qui l'avaient condamné. « Il est bien étrange, Monsieur, lui dit-il, le prenant de haut, il est bien étrange que vous ayez appuyé – peut-être formé ! – l'opinion devenue contraire à mes intérêts, aux Requêtes de l'Hôtel. Ma chaise est à votre porte, et je vais m'en plaindre hautement à Versailles. Nous verrons ce qui en résultera!» Interloqué par cette sortie, le magistrat, qui estimait n'avoir de compte à personne, et surtout pas à ce freluquet monté sur ses ergots, le poussa doucement vers la porte, l'invitant à déposer sa plainte à Versailles, sans perdre de temps. «C'est ainsi que le ridicule et la vanité sont compagnons inséparables: ainsi la sottise et l'orgueil se tiennent toujours par la main», conclut Beaumarchais[55]. Naturellement, La Blache n'en resta pas là; il lui fallait une revanche. Il se hâta donc d'interjeter appel des deux sentences du 22 février et du 14 mars auprès du parlement de Paris, comme le voulait l'usage, persuadé que cette juridiction lui serait plus favorable que les Requêtes de l'Hôtel. Il est vrai que ce nouveau parlement, composé de fidèles du chancelier, inexpérimentés pour la plupart, ne valait pas mieux que l'ancien sur le plan de la moralité. Aussi vénal que lui, mais plus hypocrite, il avait remplacé les «épices» par les pots-de-vin.

Le rideau tombait sur le premier acte de ce drame judiciaire, et Beaumarchais remportait devant les tribunaux le succès qu'on lui avait chichement marchandé sur la scène.

LA GAFFE

Il sortait donc vainqueur de ce premier combat; la chose ne se peut contester. Mais à quel prix! Et surtout dans quel état! Défait, meurtri, humilié, incapable même de jouir de sa victoire, tant elle avait le goût de la défaite. Jamais peut-être il ne sentit autant qu'en ces jours-là l'abîme qui le séparait de ce monde auquel il prétendait appartenir, et qui tout à coup s'éloignait à mille lieues de lui. Au cours du procès, d'ignobles insinuations s'étaient répandues sur son compte. On rappelait perfidement la brusque disparition de ses deux épouses successives, et les bénéfices qu'il en avait tirés. Les nouvelles à la main se faisaient l'écho de ces rumeurs, aussitôt relayées par les gazettes étrangères. On laissait entendre aussi, mais sous le manteau, que ses relations avec Pâris-Duverney n'étaient peut-être pas aussi pures qu'il y paraissait. Les mœurs du vieux financier, célibataire endurci, avaient fait jaser naguère. Certains n'hésitaient pas à lui imputer le «péché socratique». Beaumarchais

n'avait-il pas joué auprès de lui de sa jeunesse et de sa séduction ?
N'avait-il pas été son nouvel Alcibiade ? Et ces lettres étranges, ce
« style oriental » qu'il entendait faire passer pour un code, ne tra-
hissait-il pas plutôt les habitudes de langage pratiquées à cette
époque dans la petite communauté des « infâmes [56] » ? Le même
soupçon aurait fort bien pu d'ailleurs se porter sur La Blache, élevé
dès son enfance par son vieil oncle, et traité par lui comme un fils,
avant de devenir son légataire universel. Mais on hésite à noircir la
réputation d'un gentilhomme, alors qu'on ne risque rien à traîner
dans la boue celle d'un Pierre-Augustin Caron, fût-il « de Beaumarchais ». Qui oserait voler au secours de ce roturier se verrait
bientôt convaincu de vile compromission. Un homme sans clientèle est un homme seul, et sa prétention nobiliaire affichée avec
l'arrogance du parvenu ne fait que l'isoler davantage. Il en fera la
cruelle expérience, quelques jours seulement avant l'arrêt rendu en
sa faveur.

Comme le comte de La Blache répandait partout le bruit que
Mesdames de France avaient chassé leur ancien maître de musique
pour des faits déshonorants, Beaumarchais pria la comtesse de
Périgord, première dame d'honneur de la princesse Victoire, de lui
délivrer un témoignage public de probité, par une lettre du
9 février 1772 :

« Madame la comtesse,
« Dans une affaire d'argent qui se plaide à Paris, et sur laquelle
mon adversaire n'a fourni que des défenses malhonnêtes, il a osé
sourdement avancer chez nos juges que Mesdames, qui m'avaient
honoré de leur plus grande protection autrefois, ont depuis reconnu
que je m'en étais rendu indigne par mille traits déshonorants, et
m'ont à jamais banni de leur présence. Un mensonge aussi outra-
geant, quoique portant sur un objet étranger à mon affaire, pourrait
me faire le plus grand tort dans l'esprit de mes juges. J'ai craint
que quelque ennemi caché n'eût cherché à me nuire auprès de
Mesdames. J'ai passé quatre ans à mériter leur bienveillance, par
les soins les plus assidus et les plus désintéressés sur divers objets
de leurs amusements. Ces amusements ayant cessé de plaire aux
princesses, je ne me suis pas rendu importun auprès d'elles, à solliciter des grâces sur lesquelles je sais qu'elles sont toujours trop
tourmentées. Aujourd'hui, je demande, pour toute récompense
d'un zèle ardent qui ne finira point, non que Madame Victoire

accorde aucune protection à mon procès, mais qu'elle daigne attester par votre plume que, tant que j'ai été employé pour son service, elle m'a reconnu pour homme d'honneur et incapable de rien faire qui pût m'attirer une disgrâce aussi flétrissante que celle dont on veut me tacher. J'ai assuré mes juges que toutes les noirceurs de mon adversaire ne m'empêcheraient pas d'obtenir ce témoignage de la justice de Mesdames.

« Je suis à leurs pieds et aux vôtres, pénétré d'avance de la reconnaissance la plus respectueuse avec laquelle je suis, Madame la comtesse, etc.

« CARON DE BEAUMARCHAIS [57]. »

La comtesse de Périgord lui répondit sur-le-champ :

« Versailles, le 12 février 1772
« J'ai fait part, Monsieur, de votre lettre à Madame Victoire, qui m'a assuré *qu'elle n'avait jamais dit un mot à personne qui pût nuire à votre réputation, ne sachant rien de vous qui pût la mettre dans ce cas-là.* Elle m'a autorisée à vous le mander. La princesse même a ajouté qu'elle savait bien que vous aviez un procès, mais que ses discours sur votre compte ne pourraient jamais vous faire aucun tort dans aucun cas, et particulièrement dans un procès, et que vous pouvez être tranquille à cet égard.

« Je suis charmée de cette occasion, etc.

« T[alleyrand], comtesse de PÉRIGORD [58]. »

S'il est vrai que sa lettre à la dame d'honneur ne réclamait rien d'autre qu'un témoignage de bonne conduite, et qu'il se gardait surtout d'y solliciter l'appui de Mesdames dans son procès, il commit cependant l'erreur, ou l'imprudence, de faire imprimer la réponse de Mme de Périgord dans une note d'un *Mémoire* contre La Blache, dans laquelle il déclarait notamment que son adversaire cherchait **«** à lui enlever l'honorable protection que Mesdames lui ont toujours accordée [...] en accourant souffler à l'oreille de tous les juges que les princesses assurent que le sieur de Beaumarchais s'étant rendu indigne de leurs bontés, elles ne prennent plus à lui aucune espèce d'intérêt. Heureusement pour ce dernier, poursuivait-il, il en a été assez tôt instruit pour pouvoir réclamer la justice de Madame Victoire avant le jugement du procès. Cette généreuse princesse veut bien l'autoriser à publier que tous les discours qu'on lui fait tenir dans l'affaire présente sont absolument faux, et qu'elle n'a jamais rien connu qui fût capable de nuire à sa réputation, pendant tout le temps qu'il a eu l'honneur d'être à son service[59]».

Bien qu'il résumât fidèlement la lettre de la comtesse de Périgord, Beaumarchais la détournait de son sens, en faisant dire à Mesdames beaucoup plus qu'elles n'avaient dit en réalité. Ce qui n'était qu'un témoignage d'estime devenait sous sa plume une déposition en sa faveur, dans le procès qui l'opposait au comte de La Blache. Or rien ne pouvait indisposer davantage ces princesses que de se voir impliquées malgré elles dans une affaire de justice. Elles eurent le sentiment d'être piégées: la «gaffe» de leur protégé pouvait passer au mieux pour une inconvenance, au pis pour une imposture. En tout cas, elle fut exploitée à fond par son adversaire, qui fila sans perdre une seconde à Versailles, et courut informer Mesdames que l'impudent osait citer leur témoignage dans un mémoire public, laissant croire qu'elles se rangeaient de son côté et souhaitaient le succès de sa cause! Ce n'étaient pas ses propos exacts, nous le savons; Beaumarchais avait simplement parlé d'*intérêt*, de *protection*, de *justice*. Mais nul doute que son intention était bien de faire croire à leur soutien. Quant aux princesses, tremblant de se voir traînées sur la place publique à cause de cette maudite affaire, elles jugèrent prudent de prévenir tout usage abusif de leur nom en remettant à La Blache ces lignes lapidaires:

«Nous déclarons ne prendre aucun intérêt à M. Caron de Beaumarchais et à son affaire, et ne lui avons pas permis d'insérer dans un mémoire imprimé et public des assurances de notre protection.

«À Versailles, le 15 février 1772.
MARIE-ADÉLAÏDE.
VICTOIRE-LOUISE.
SOPHIE-PHILIPPINE-ÉLISABETH-JUSTINE. »

Averti de l'expédition de La Blache à Versailles, et prévoyant l'effet désastreux de ses révélations, Beaumarchais prit les devants et adressa lui-même à la comtesse de Périgord le mémoire et la note imprimés, accompagnés d'un billet passablement embarrassé, daté du 14 février:

« J'ai l'honneur de vous faire passer un de mes mémoires, dans lequel j'ai fait l'usage respectueux que Madame Victoire a permis, de la justice qu'elle daigne me rendre et de la lettre dont vous m'avez honoré. Il me reste à vous prier de mettre le comble à vos bienfaits, en assurant la princesse que je suis vivement touché de l'honorable témoignage qu'elle n'a pas refusé à un serviteur zélé, mais devenu inutile. Il est des moments où la plus simple justice devient une grâce éclatante ; c'est lorsqu'elle arrive au secours de l'honneur outragé. Aussitôt que le jugement de ce procès m'aura permis de respirer, mon premier devoir sera de vous aller assurer de la respectueuse reconnaissance avec laquelle je suis, Madame la comtesse [60] », etc.

Revenu de Versailles aussi vite qu'il y était parti, La Blache s'empressa de faire tirer trente copies de la déclaration des princesses, qu'il adressa le soir même à tous les juges. En même temps, il fit courir le bruit que Beaumarchais avait lui-même confectionné de fausses lettres de Mesdames. Beaumarchais l'apprend et se précipite aussitôt chez le rapporteur du procès, M. Dufour. Sur la foi de ces accusations, Dufour lui reproche vivement de produire de fausses lettres de protection. Pour toute réponse, Beaumarchais lui met alors les originales sous les yeux. L'autre, stupéfait, examine les écritures, et lâche enfin : « Expliquez-moi donc, Monsieur, ce que veut dire le billet de Mesdames que M. de La Blache montre partout. » Beaumarchais lui raconte alors toute son histoire par le menu. Rentré chez lui, il trouve une convocation de Sartine. Il court chez lui : même reproches ; même justification. « Je suis pourtant chargé, répond le lieutenant général de police, de demander au procureur général des Requêtes de l'Hôtel qu'il fasse supprimer la note du mémoire ; je ne puis agir autrement. Quant à vous, je vous conseille d'aller promptement vous en expliquer avec la comtesse de Périgord [61]. »

*
* *

Que fallait-il faire ? Ce que fit Beaumarchais : ensevelir son amertume dans le secret de son âme. Et se battre, encore et toujours, pour faire éclater la vérité. « Tout Paris fut trompé, écrira-t-il. Tout Paris crut que j'avais supposé de fausses lettres de Mesdames, au point que mes plus zélés défenseurs, pliant l'épaule, se bornaient à dire que cet incident n'avait aucun rapport au fond de notre procès. Et moi, déchiré, déshonoré publiquement par le plus perfide ennemi, mais retenu par mon respect pour Mesdames, et par la circonspection qu'impose un procès entamé, je dévorais mes ressentiments ; je m'en pénétrais en silence [62]. »

CHAPITRE XI

La folle journée

« BARTHOLO : De la justice ! C'est bon entre vous autres misérables, la justice ! Je suis votre maître, moi, pour avoir toujours raison.

LA JEUNESSE : Mais, pardi, quand une chose est vraie…

BARTHOLO : Quand une chose est vraie ! Si je ne veux pas qu'elle soit vraie, je prétends bien qu'elle ne soit pas vraie. Il n'y aurait qu'à permettre à tous ces faquins-là d'avoir raison, vous verriez bientôt ce que deviendrait l'autorité. »

(*Le Barbier de Séville*, acte II, sc. 8).

C'est avec une parfaite sérénité que Beaumarchais attend de comparaître en appel. Pourquoi s'inquiéter ? Sa cause est-elle injuste ou douteuse ? D'ailleurs, il a gagné en première instance, et tout laisse penser que le parlement de Paris confirmera le jugement des Requêtes de l'Hôtel. Il suffit de patienter. En attendant, il se livre à ses activités habituelles à la varenne du Louvre et se délasse de ses cogitations juridiques en travaillant à nouveau pour le théâtre, en dépit de l'échec de ses deux drames[1]. Abandonnant cette fois le genre sérieux, pour lequel il n'est décidément pas fait, il compose un opéra-comique sur un sujet mille fois rebattu, mais qui déchaîne immanquablement l'hilarité du parterre, et qu'il résume en trois mots : « Un vieillard amoureux prétend épouser demain sa pupille. Un jeune amant plus adroit le prévient, et ce jour même en fait sa femme à la barbe et dans la maison du tuteur. Voilà le fond[2]. » Sa pièce s'appellera *Le Barbier de Séville*. Il l'agrémente de quelques couplets sur des airs rapportés de Madrid, puis en donne lecture au Théâtre-Italien, encore appelé « Théâtre des chansons », spécialisé dans ce genre d'ouvrages.

Le soir même, il dîne chez Mlle Ménard, actrice à la Comédie-Italienne et femme d'esprit, chez qui se réunissent quelquefois des hommes de lettres, tels que Marmontel, Sedaine, Rulhière, Chamfort, et de grands seigneurs comme le duc de Chaulnes. Ce dernier occupe en outre une place enviée auprès de la jeune femme, car il protège ses charmes en échange de ses faveurs. Ce soir-là, donc, Beaumarchais apprend à ses amis que sa pièce a été refusée le matin même au « Théâtre des chansons ». Au lieu de le plaindre, on le congratule : que pouvait-il espérer de mieux ? Il ne lui reste plus qu'à supprimer les couplets pour transformer son opéra-comique en comédie, et présenter celle-ci aux Comédiens-Français ; nul doute qu'ils seront plus accueillants. De toute façon, *Le Barbier de Séville* convient cent fois mieux au théâtre de Molière qu'à celui d'Arlequin.

Marmontel et Sedaine, qui connaissent par cœur les arcanes du Théâtre-Italien, révèlent alors à Beaumarchais le mobile secret de sa disgrâce. Le principal acteur de ce théâtre, un nommé Jean-Baptiste Guinard, dit Clairval, était fils de perruquier et avait exercé lui-même le métier de barbier avant de monter sur les planches. Comme il jouissait d'un très grand crédit auprès de ses camarades, et qu'il dépendait de lui qu'une pièce fût reçue ou rejetée, il avait condamné sa porte au Figaro sévillan, de crainte qu'il ne rappellât au public ses modestes origines. Cinq ans plus tard, un certain Guichard, qui s'était vu à son tour refuser un opéra-comique à cause de ce même Clairval qui le haïssait, inscrivit au bas de son portrait ce distique vengeur qui raillait tout à la fois son jeu maniéré, la faiblesse de son organe et son ancienne profession :

> « Cet acteur minaudier et ce chanteur sans voix
> Écorche les auteurs qu'il rasait autrefois[3]. »

*

* *

Transformé en comédie, délesté de la plupart de ses airs et de ses couplets, *Le Barbier de Séville ou la Précaution inutile* fut donc soumis au comité de lecture du Théâtre-Français, qui reçut la pièce avec enthousiasme le 3 janvier 1773. Sans doute la troupe était-elle impatiente de la monter, car on distribua les rôles et l'on commença d'y travailler dès le mois suivant. Le 5 février, on pouvait

lire dans les *Mémoires secrets* : « Le sieur Caron de Bcaumar-
chais annonce une comédie de sa façon, intitulée *Le Barbier de
Séville*. Elle est tirée du théâtre espagnol ; elle est fort gaie ; c'est
même une farce de carnaval qu'il est question de nous donner le
mardi gras. Cet auteur veut, dit-on, nous dédommager de toutes les
larmes qu'il nous a fait répandre par ses drames lugubres et romanesques [4]. » Dès lors, les choses allèrent très vite : le 12 février,
la pièce reçut l'approbation du censeur Marin, contresignée le
lcndemain par le lieutenant général de police. La première était
pour bientôt...

Hélas ! deux semaines plus tard, on arrête tout. Plus de pièce.
Plus de répétitions. On ne joue plus. La raison ? Incroyable, mais
vrai : l'auteur est en prison ! Le *Barbier* sera remplacé par *Térée et
Philomèle*, obscure tragédie en cinq actes d'un quidam non moins
obscur dénommé Antoine Renou, qui ne connaîtra qu'une seule
représentation. Qu'est-il donc arrivé à Beaumarchais pour se
retrouver sous les verrous ? Une chose complètement folle, extravagante et vaudevillesquc à la fois, du jamais vu ; un de ces épisodes tragi-comiques, odieux et cocasse à la fois, qu'on dirait sorti
tout droit d'un roman de Scarron.

MLLE MÉNARD

Cette jeune et jolie actrice avait fait des débuts prometteurs en
juin 1770, sur la scène de la Comédie-Italienne, dans *On ne s'avise
jamais de tout*, proverbe en un acte de Sedaine avec des airs de
Monsigny [5]. Elle avait remplacé ensuite Mme Laruette, alors en
villégiature aux eaux de Spa, et s'était distinguée dans le rôle de
Louise du *Déserteur*, également de Sedaine et Monsigny, où le
comte Almaviva se vantera d'avoir joué le personnage du soldat
ivre Monte-au-ciel [6].

« On convient assez généralement qu'elle l'a mieux joué qu'aucune de nos actrices les plus applaudies, lit-on dans la *Correspondance littéraire*, et qu'elle y a mis des nuances qui ont échappé à
Mme Laruette et à Mme Trial. Elle a moins réussi dans les autres, et
l'on peut dire qu'elle a joué avec une inégalité vraiment surprenante.

Elle s'est fait beaucoup de partisans; les auteurs, poètes et musiciens, sont dans ses intérêts. Malgré cela, M. le maréchal de Richelieu, *kislar-aga*[7] des plaisirs du public, c'est-à-dire des spectacles de Paris [il était premier gentilhomme de la chambre du roi], ne veut même pas qu'elle soit reçue à l'essai; il sait mieux que nous ce qui doit nous faire plaisir pour notre argent.

« La voix de Mlle Ménard est de médiocre qualité, poursuit le baron de Grimm, elle a eu un mauvais maître à chanter, et si elle persiste dans sa mauvaise méthode, son organe deviendra aigre et glapissant; mais avec de meilleurs principes, et apprenant à gouverner sa voix, son chant pourra devenir assez bon pour ne pas déparer son jeu. Quant à celui-ci, elle a d'abord l'avantage d'un débit naturel et d'une prononciation aisée; elle ne parle pas du crâne et à la petite octave, comme Mme Laruette et Mme Trial.

« Sa figure est celle d'une belle fille, mais non pas d'une actrice agréable. Mettez à souper Mlle Ménard, fraîche, jeune, piquante, à côté de Mlle Arnould, et celle-ci vous paraîtra un squelette auprès d'elle; mais au théâtre, ce squelette sera plein de grâce, de noblesse et de charme, tandis que la fraîche et piquante Mlle Ménard aura l'air gaupe[8]. Elle m'a paru avoir la tête un peu grosse, et la carcasse supérieure de ses joues est un peu trop élevée, ce qui empêche que le visage ne joue. On a beaucoup parlé de la beauté de ses bras; ils sont très blancs, mais ils sont trop courts et ont l'air de pattes de lion. En général, sa figure est un peu trop grande et trop forte pour les rôles tendres, naïfs et ingénus, comme sont la plupart des rôles de nos opéras-comiques.

« S'il faut dire ce que je pense de son talent, je crois qu'il sera plutôt le fruit de son application que d'un naturel heureux. Mais une étude continuelle et opiniâtre peut aussi lui faire faire des progrès prodigieux: Mme Laruette a été au théâtre plusieurs années sans se douter d'aucun de ses rôles; elle en joue aujourd'hui plusieurs avec une grande finesse. Je suis donc de l'avis du public, qu'il faudrait recevoir Mlle Ménard à l'essai. Elle paraît être capable d'une grande application. On prétend que son premier métier a été celui de bouquetière sur les boulevards, mais que, voulant se tirer de cet état, qui a un peu dégénéré de la noblesse de son origine, depuis que Glycère vendait des bouquets aux portes des temples, à Athènes, elle a acheté une grammaire de Restaut[9], et s'est mise à étudier la langue et la prononciation françaises; après quoi, elle a essayé de jouer la comédie. Ce qu'il y a de sûr, c'est que, pendant son début, elle s'est adressée à tous les auteurs, musiciens et poètes pour leur demander conseil et profiter de leurs lumières avec un zèle vraiment infatigable et une docilité qui a eu pour récompense les applaudissements qu'elle a obtenus dans les différents rôles qu'elle a joués. M. de Pecquigny, aujourd'hui duc de Chaulnes [10], protecteur de ses charmes, ou en style vulgaire, son entreteneur, la fait peindre par Greuze [11]. Ainsi, si nous ne la conservons pas au théâtre, nous la verrons du moins au Salon prochain [12]. »

Prudence ou pruderie, la *Correspondance littéraire* ne souffle mot des mœurs de la demoiselle. Il semble bien pourtant qu'elle ait plus d'une fois défrayé la chronique par ses aventures galantes. Au dire de Mme du Barry, à laquelle on ne saurait dénier une certaine expérience en la matière, Mlle Ménard « se faisait remarquer par sa gentillesse et son esprit entre les filles de Paris. Hommes de cour, hommes de robe, financiers bourgeois, la trouvaient également accessible : elle recevait de toutes mains. Les plus grands seigneurs du château, les grands colliers de l'ordre, des fermiers généraux, aspiraient à l'honneur de se ruiner pour elle. Elle en avait déjà contenté une douzaine de ces deux espèces, lorsque le duc de Chaulnes se mit sur les rangs ; il l'emporta sur ses rivaux, il fut heureux. Il l'aurait été longtemps sans la plus grande imprudence qu'un galant puisse faire et qu'il fit [13] ».

LE GENTILHOMME EXTRAVAGANT

D'abord duc de Picquigny, puis duc de Chaulnes, dernier descendant de la branche cadette de la maison d'Albert de Luynes, le protecteur de Mlle Ménard était une espèce de colosse au tempérament sanguin, aux manières brusques, à l'humeur emportée, doté de surcroît d'une force herculéenne. À dire vrai, sa naissance valait mieux que sa personne : il s'était acquis une telle réputation de violence que ses meilleurs amis redoutaient les effets de ses colères [14]. Au reste l'homme ne manquait pas de mérites. « Son caractère, observe Gudin, était un assemblage rare de qualités contradictoires : de l'esprit et point de jugement, de l'orgueil et un défaut de discernements tel qu'il lui ôtait le sentiment de sa dignité et celui de ses rapports avec ses supérieurs, ses égaux et ses inférieurs ; une mémoire vaste et désordonnée ; un grand désir de s'instruire et un plus grand goût pour la dissipation ; une force de corps prodigieuse ; une violence de caractère qui troublait sa raison, toujours assez confuse ; de fréquents accès de colère dans lesquels il ressemblait à un sauvage ivre, pour ne pas dire à une bête féroce. Toujours livré à l'impression du moment, sans égard pour les suites, il s'était attiré plus d'une mauvaise affaire. Obligé de sortir du royaume, il avait employé le temps de son exil à faire un voyage scientifique. Il avait visité les Pyramides, fréquenté les bédouins du désert, rapporté plusieurs objets d'histoire naturelle et un malheureux singe qu'il assommait de coups tous les jours [15]. »

Veut-on un témoignage de son fougueux tempérament ? Voici ce que raconte Bachaumont en 1772, un an seulement avant que n'éclate l'algarade avec Beaumarchais : « M. le duc de Chaulnes, ci-devant duc de Picquigny est, comme on sait, un grand sectateur des Arts et des Sciences ; il vient d'en donner une preuve qui ne permet pas d'en douter à ceux qui en seraient le moins convaincus. En dissertant sur quelque matière de cette nature avec un Anglais, chacun a soutenu son opinion avec tant de chaleur que la dispute a dégénéré en une vraie rixe. On en est venu aux armes, et nos deux philosophes ont prétendu avoir au bout de leur épée le meilleur argument. Le seigneur français a succombé et a été blessé [16]. »

On complétera ce portrait en confirmant les propos du gazetier. Le duc de Chaulnes avait hérité de son père, membre honoraire de l'Académie des sciences, une véritable passion pour la mécanique, la physique, l'histoire naturelle et surtout la chimie, dans laquelle il avait fait de menues découvertes. N'allons pourtant pas croire qu'il recouvrait la raison dès qu'il avait rejoint ses chères cornues. Quoique moins meurtrière, sa folie scientifique n'était pas sans danger. Ne fût-ce que pour lui-même ! Ayant inventé une préparation contre l'asphyxie, il voulut un jour l'expérimenter sur son propre organisme. Il s'enferme donc dans un cabinet vitré, hermétiquement clos et privé d'air, après avoir ordonné à son valet de chambre d'intervenir *in extremis* pour faire sur lui l'essai de son remède. Heureusement, le serviteur se montra ponctuel et le cobaye fut sauvé à temps.

«PAR GRÂCE, PAR PITIÉ, DAIGNEZ M'ENTENDRE...»

Le duc de Chaulnes avait été marié le 25 mai 1758, à l'âge de dix-sept ans, avec sa cousine, Angélique d'Albert de Chevreuse, qui n'en avait pas quatorze[17]. Aussitôt après la cérémonie, on sépara les jeunes époux en leur interdisant toute vie commune avant deux ans. Sevré de lien conjugal, le jeune homme s'en consola sans peine dans les bras des filles d'Opéra, ou dans les maisons spécialisées qu'il fréquentait assidûment[18]. On ne sait à quelle époque ni dans quelles circonstances il fit la connaissance de Mlle Ménard. Comme elle était alors aux Italiens, on peut supposer que leur rencontre eut lieu au foyer du théâtre, où les actrices avaient coutume de recevoir leurs galants. Devenue sa maîtresse en titre, elle lui donna une fille et, sur sa demande, renonça définitivement à se produire sur scène. La mère et l'enfant habitèrent dès lors au premier étage d'une maison toute neuve, impasse de la Bouteille, face à la rue Mauconseil. Bien que le protecteur de Mlle Ménard vécût dans une extrême débauche, il se montrait à son endroit d'une jalousie féroce, exigeait de sa part une conduite exemplaire et levait la main sur elle à la première incartade. Ces brutalités ne surprendront pas, à une époque où de grands seigneurs n'hésitaient pas à torturer des créatures, vénales ou non, pour la satisfaction de leur orgueil ou de leurs sens, ou des deux à la fois. Qu'est-ce qu'une actrice pour un gentilhomme? Peu de chose, en vérité – et moins encore quand elle est entretenue. Pensionner une femme, c'est s'en rendre maître absolu : privilège ultime – et dérisoire – d'une noblesse elle-même asservie depuis des lustres à l'absolutisme monarchique...

Quoi qu'il en soit, la vie de l'infortunée Mlle Ménard tournait au calvaire, tandis que son amant se débattait dans les pires difficultés financières et voyait son patrimoine se réduire un peu plus chaque jour, ce qui ne contribuait pas, on s'en doute, à l'adoucissement de son humeur. Un jour vint où il dut cesser d'entretenir sa «protégée». La pauvrette se crut enfin libérée de son joug et promise à une existence plus tranquille. Hélas, un bourreau ne saurait se passer longtemps de sa victime! Plusieurs fois par semaines, il débarquait chez elle, à seule fin de la tourmenter, car c'était là son passe-temps favori ; il l'accablait sans raison d'injures et de menaces, jouait les inquisiteurs, surveillait ses relations, la harcelait de questions sur ses visites, bref il exerçait sur la mère et sur la fillette une insupportable tyrannie. La jeune femme cédait à ses exigences, afin de ne pas le contrarier, mais rêvait en secret de l'homme qui viendrait un jour la délivrer, et devant lequel elle ne tremblerait plus. Elle allait bientôt le rencontrer.

*

* *

« Un des plus grands torts que j'aie connus à Beaumarchais, note Gudin, c'était de paraître tellement aimable aux femmes qu'il était toujours préféré ; ce qui lui faisait autant d'ennemis qu'elles avaient d'aspirants à leur plaire [19]. » Présenter un pareil homme à la vue d'une jeune femme persécutée par son amant et qui ne songe qu'à goûter de tendres voluptés entre les bras d'un autre, c'était proprement introduire le loup dans la bergerie. Telle fut pourtant l'inconcevable erreur commise par le duc de Chaulnes le jour où il invita le séducteur à dîner chez sa maîtresse. Sans doute voulait-il par là lui marquer sa confiance, ou le remercier des prêts d'argent qu'il lui avait consentis. D'ailleurs, qu'importe : il arriva ce qui devait arriver. D'après ce que nous savons, les choses ne traînèrent pas.

Quelques jours seulement après leur rencontre, un jardin est loué, près du Père-Lachaise, où les deux amants se voient en cachette. Liaison des cœurs et des corps exclusivement, où l'intérêt ne tient aucune place, où le plaisir ne se fait pas payer, où la jeune actrice renonce de plein gré à son rôle de fille entretenue pour celui de grande amoureuse. Les voici donc à l'écart du monde, à l'abri des regards, en un lieu isolé, propice aux serments et aux étreintes. Et pendant qu'ils filent le parfait amour, nul ne semble apercevoir – et surtout pas le principal intéressé – l'énorme appendice dont s'orne à présent le noble front du duc de Chaulnes. Heureusement, une divinité tutélaire veillait sur son honneur. C'était Mme Duverger, son ancienne maîtresse, qui, ne supportant pas de se voir abandonnée, avait juré de se venger sur sa rivale. À force d'épier tous les faits et gestes de Mlle Ménard, elle finit par découvrir son jardin secret, ses rendez-vous clandestins, ses sentiments pour Beaumarchais. Elle parvint même, en gagnant une femme de chambre, à saisir quelques lettres apportant la preuve irréfutable de son crime et les envoya au duc de Chaulnes.

Apprenant la trahison de sa maîtresse, le fier rejeton de la maison de Luynes entra dans l'une de ces fureurs qui lui faisaient perdre la raison. Si encore elle l'avait trompé avec un duc et pair, il l'aurait peut-être toléré, sinon pardonné. Mais un fils d'horloger, un négociant, un littérateur !... C'en était trop ! Blessé au plus vif dans son amour-propre de séducteur, atteint dans son orgueil de gentilhomme, il fit subir de tels sévices à sa maîtresse que la malheureuse ne vit plus d'autre recours que d'implorer la protection de M. de Sartine. Ses lettres au lieutenant de police traduisent l'ampleur de son désarroi : « J'ai mille choses dont il faudrait que j'eusse l'honneur de vous informer, lui écrit-elle. Par grâce, par pitié, daignez m'entendre sur quelque chose qui, dans l'instant où j'ai l'honneur de vous écrire, vient de m'arriver. J'ose espérer que vous voudrez bien m'indiquer un moment où il me soit possible d'avoir l'honneur de vous parler en particulier. »

Ailleurs, elle lance un véritable appel au secours : « L'impatience dans laquelle je suis d'avoir l'honneur de vous voir, le besoin que j'en ai, les choses que je regarde comme très importantes à vous communiquer, tout enfin me fait supplier de vouloir bien m'indiquer un moment où je puisse avoir l'avantage de vous voir [20]. »

Comment ramener cet enragé au calme ? Elle a beau cesser toute relation avec Beaumarchais, supplier celui-ci de ne plus chercher à la voir, rien n'y fait ; les crises de jalousie se multiplient, plus effrayantes les unes que les autres, lui faisant craindre le pire pour elle et pour sa fille. Terrorisée, la malheureuse finit par suivre le conseil de Sartine, qui la presse de s'éloigner de Paris pour un temps, et d'aller chercher refuge en lieu sûr, en attendant que l'orage soit passé.

« MOI, JE M'HONORE DE MES PARENTS. »

Combien de temps dura son exil ? Assez peu, semble-t-il. Lorsqu'elle estima que la rupture était consommée, elle se résolut à rentrer. Non sans appréhension. Averti de son retour, Chaulnes fit des pieds et des mains pour rentrer en grâce auprès d'elle, allant même jusqu'à lui offrir une grosse somme d'argent qu'il avait dû emprunter à M. de Genlis. Rien n'y fit. La belle demeura sourde à ses suppliques et dédaigna le pactole. En revanche, elle pria d'anciens amis, parmi lesquels Beaumarchais, de la venir voir. Avant de lui obéir, celui-ci jugea plus prudent de s'assurer auprès du duc de Chaulnes que tout était bien fini entre eux. Il saisit d'ailleurs cette occasion pour justifier sa propre conduite et celle de sa maîtresse, non sans décocher quelques flèches à l'adresse du duc. La lettre est trop belle et trop riche pour souffrir la moindre altération. Aussi la citerons-nous telle qu'elle nous est parvenue :

«Monsieur le duc,

«Madame Ménard m'a donné avis qu'elle était retournée chez elle en m'invitant de la voir, comme tous ses autres amis, quand cela me ferait plaisir. J'ai jugé que les raisons qui l'avaient forcée de s'enfuir avaient cessé ; elle m'apprend qu'elle est libre, et je vous en fais à tous les deux mon compliment sincère. Je compte la voir demain dans la journée. La force des circonstances a donc fait sur vos résolutions ce que mes représentations n'avaient pu obtenir ; vous cessez de la tourmenter, j'en suis enchanté pour tous deux, je dirais même pour tous trois, si je n'avais résolu de faire entièrement abstraction de moi dans toutes les affaires où l'intérêt de cette infortunée entrera pour quelque chose. J'ai su par quels efforts pécuniaires vous aviez cherché à la remettre sous votre dépendance, et avec quelle noblesse elle avait couronné un désintéressement de six années en reportant à M. de Genlis l'argent que vous aviez emprunté pour le lui offrir. Quel cœur honnête une pareille conduite n'enflammerait-elle pas ! Pour moi, dont elle a jusqu'à présent refusé les offres de services, je me tiendrai fort honoré, sinon aux yeux du monde entier, du moins aux miens, qu'elle veuille bien me compter au nombre de ses amis les plus dévoués. Ah ! Monsieur le duc, un cœur aussi généreux ne se conserve ni par des menaces, ni par des coups, ni par de l'argent. Pardon, si je me permets ces réflexions ; elles ne sont point inutiles au but que je me propose en vous écrivant. En vous parlant de Mme Ménard, j'oublie mes injures personnelles, j'oublie qu'après vous avoir prévenu de toute façon, m'être vu embrassé, caressé par vous, et chez vous et chez moi, sur des sacrifices que mon attachement seul pouvait m'inspirer[21], qu'après que vous m'avez plaint en me disant d'elle des choses très désavantageuses, tout à coup vous avez, sans aucun sujet, changé de discours, de conduite, et lui avez dit cent fois plus de mal de moi que vous ne m'en aviez dit d'elle.

« Je passe encore sous silence la scène horrible pour elle, et dégoûtante entre deux hommes, où vous vous êtes égaré jusqu'à me reprocher que je n'étais que le fils d'un horloger. Moi, je m'honore de mes parents, devant ceux mêmes qui se croient en droit d'outrager les leurs [22]. Vous sentez, Monsieur le duc, quel avantage notre position respective me donnait en ce moment sur vous ; et sans la colère injuste qui vous a toujours égaré depuis, vous m'auriez certainement su gré de la modération avec laquelle j'ai repoussé l'outrage de celui que j'avais toujours fait profession d'honorer et d'aimer de tout mon cœur. Mais si mes égards respectueux pour vous n'ont pu aller jusqu'à craindre un homme, c'est que cela n'est pas en mon pouvoir. Est-ce une raison de m'en vouloir ? et mes ménagements de toute nature ne doivent-ils pas, au contraire, avoir à vos yeux tout le prix que ma fermeté leur donne ? J'ai dit : il reviendra de tant d'injustices accumulées, et ma conduite honnête le fera enfin rougir de la sienne. Vous avez eu beau faire, vous n'avez pas plus réussi à avoir mauvaise opinion de moi qu'à l'inspirer à votre amie. Elle a exigé, pour son propre intérêt, que je ne la visse pas. Comme on n'est point déshonoré d'obéir à une femme, j'ai été deux mois entiers sans la voir et sans aucune communication directe avec elle. Elle me permet aujourd'hui d'augmenter le nombre de ses amis. Si pendant ce temps, vous n'avez pas repris les avantages que votre négligence et vos vivacités vous avaient fait perdre, il faut croire que les moyens que vous avez employés n'y étaient pas propres.

« Eh ! croyez-moi, Monsieur le duc ; revenez d'une erreur qui vous a causé déjà tant de chagrins. Je n'ai jamais cherché à diminuer le tendre attachement que cette généreuse femme vous avait voué ; elle m'aurait méprisé, si je l'avais tenté. Vous n'avez eu auprès d'elle d'autre ennemi que vous-même. Le tort que vous ont fait vos dernières violences vous indique la route qu'il faut tenir pour vous replacer à la tête de ses vrais amis… Au lieu d'une vie d'enfer que nous lui faisons mener, joignons-nous tous pour lui procurer une société douce et une vie agréable. Rappelez-vous tout ce que j'ai eu l'honneur de vous dire à ce sujet, et rendez en sa faveur votre amitié à celui à qui vous n'avez pu ôter votre estime. Si cette lettre ne vous ouvre pas les yeux, je croirai avoir rempli tous mes devoirs envers mon ami, que je n'ai pas offensé, dont j'ai oublié les injures, et au-devant duquel je vais, pour la dernière fois, lui protestant qu'après cette démarche infructueuse, je m'en tiendrai au respect froid, sec et ferme, qu'on a pour un grand seigneur sur le caractère duquel on s'est lourdement trompé. »

De toutes les incongruités répandues dans cette lettre – et Dieu sait qu'elle n'en manque pas ! – la moins loufoque n'est certes pas cette association des deux rivaux en vue d'offrir à leur maîtresse commune « une société douce et une vie agréable ». Qu'on se peigne la stupeur du duc de Chaulnes en lisant ces lignes ! Il fallait être bien naïf, ou bien fou, pour susciter autre chose de sa part que des envies de meurtre. Beaumarchais eût-il voulu le provoquer qu'il n'eût pas agi autrement. Le duc ne répondit pas et fit taire ses envies. Au moins pour un temps, car, quelques semaines plus tard, apprenant que son rival avait repris ses visites chez Mlle Ménard en dépit de son interdiction, il ne put se contenir davantage. Le matin du 11 février 1773, il se réveilla avec la ferme intention de lui passer son épée au travers du corps.

Cette journée-là – mémorable, ô combien ! –, nous pouvons la reconstituer heure par heure grâce au récit détaillé qu'en fit l'ami Gudin au lieutenant de police. Pour prendre les choses à l'origine, sachons que Beaumarchais avait présenté son jeune admirateur à Mlle Ménard et que tous deux entretenaient d'excellentes relations d'amitié – en tout bien tout honneur.

« JE VAIS LE TUER ! »

Ainsi donc, ce jeudi 11 février 1773, revenant de quelques courses, Gudin monte chez Mlle Ménard, impasse de la Bouteille, non loin de la Comédie-Italienne : « Il y a bien longtemps que je ne vous ai vu, s'exclame-t-elle en le voyant paraître. J'ai cru que vous n'aviez plus d'amitié pour moi. » Gudin la rassure et s'installe dans un fauteuil, près de son lit, lorsque, tout à coup, elle éclate en sanglots : « Si vous saviez ce que le duc me fait endurer, gémit-elle, tout en larmes. Et les horreurs qu'il raconte sur votre ami... »

À ce moment, la porte s'ouvre en coup de vent et l'imposante stature du duc de Chaulnes vient s'encadrer dans le chambranle. Gudin se lève aussitôt, comme mû par un ressort, bredouille un timide salut et lui cède sa place.

« Vous pleurez ? rugit le géant.

– Oui, je pleure… Je pleure. Et je prie M. Gudin d'engager M. de Beaumarchais à se justifier du propos ridicule qu'on a tenu contre lui.

– On ne justifie pas un coquin comme Beaumarchais ! tranche-t-il d'un ton sans réplique.

– C'est un très honnête homme, hoquette-t-elle.

– Vous l'aimez ! Vous l'aimez ! Et vous m'humiliez ! Je vous préviens que je m'en vais le tuer sur-le-champ. »

Il y avait dans la chambre, outre Mlle Ménard, une de ses amies, sa fille et sa femme de chambre. Aux derniers mots du duc de Chaulnes, ce fut un cri général. Mlle Ménard bondit hors de son lit, et le duc quitta la pièce en trombe, fermant la porte au nez de Gudin qui essayait de le retenir. Celui-ci lui emboîta le pas, en criant aux femmes affolées : « Ne craignez rien. Je cours prévenir notre ami. J'empêcherai ce combat. »

Une fois dans la rue, Gudin se met en marche en direction de la rue de Condé. La distance est longue, et il a beau presser le pas, il tremble d'arriver trop tard. Arrivé rue Dauphine, à la hauteur du carrefour Bussy, il croise l'équipage de Beaumarchais, se jette à la tête des chevaux, grimpe sur le marchepied, et découvre son ami au fond de la voiture.

« Le duc de Chaulnes vous cherche pour vous tuer, lui souffle-t-il, hors d'haleine. Courez chez moi ; je vous dirai le reste.

– Impossible. Je dois présider une audience à la varenne du Louvre. Aussitôt après, j'arrive chez vous, c'est promis. D'ailleurs, rassurez-vous, ajoute-t-il en riant : le duc ne tuera que ses puces ! »

Le carrosse s'ébranle dans un grand fracas de roues et d'essieux, laissant le pauvre Gudin sur le pavé. Il le suit des yeux un instant, puis s'en retourne chez lui, place Dauphine, tout désemparé. Au moment où il montait les marches du Pont-Neuf, il se sent violemment tiré par les basques de son habit, soulevé comme un ballot de linge, et jeté dans un fiacre. C'était le duc de Chaulnes qui l'avait aperçu de sa voiture, en passant par hasard quai de Conti. S'arrêter, bondir sur sa proie, s'en saisir de ses puissants avant-bras fut l'affaire de quelques secondes. À peine dans le fiacre, il se penche au dehors en criant au cocher : « Rue de Condé ! » Puis, se tournant vers Gudin :

« Vous allez me retrouver ce Beaumarchais, je vous le jure !

– De quel droit, monsieur le duc ? De quel droit, vous qui criez sans cesse à la liberté, osez-vous attenter à la mienne ?

– Du droit du plus fort. Vous me trouverez Beaumarchais, vous dis-je. Sinon…

– Sinon ? Je n'ai point d'arme, Monsieur le duc. Vous n'allez tout de même pas m'assassiner ?

– Non. Je ne tuerai que Beaumarchais. Et quand je lui aurai plongé mon épée dans la poitrine, que je lui aurai arraché le cœur avec les dents, cette putain de Ménard peut aller se faire foutre par le diable, si ça lui chante !

– Je ne sais pas où se trouve M. de Beaumarchais. Et si je le savais, je ne vous le dirais pas, dans la fureur où vous êtes.

– Je vous y forcerai bien. Si vous résistez, je vous flanquerai une volée.

– Je vous la rendrai, Monsieur le duc.

– Quoi ? À moi ? Une volée ? »

Écumant de rage, le duc se jette sur lui pour lui arracher les cheveux, mais la perruque du malheureux lui reste entre les mains, pour la plus grande joie des passants qui voient la scène par les portières demeurées grandes ouvertes. Hors de lui, le forcené prend alors son otage à la gorge, le secoue, le frappe, le griffe, tandis que l'autre appelle au secours à grands cris en se protégeant le visage de ses mains. L'attroupement qui se forme autour d'eux ayant, semble-t-il, un effet quelque peu apaisant sur l'enragé, Gudin en profite pour rajuster sa perruque, puis, se tournant vers son ravisseur, sur un ton déterminé : « Puisque vous me conduisez de force chez M. de Beaumarchais, je vous préviens qu'à peine sorti de chez lui j'irai faire une déclaration au commissaire. »

Au reste, se dit-il, Pierre-Augustin ne sera certainement pas chez lui. Mais les domestiques ? En le voyant, ils ne se méfieront pas et dévoileront à l'intrus en quel lieu se cache leur maître. Mieux vaut que le duc entre seul ; son air égaré les dissuadera de lui confier quoi que ce soit. Ainsi, une fois rue de Condé, le duc saute de la voiture et frappe à la porte à coups redoublés, tandis que Gudin se glisse au-dehors par l'autre portière, et rentre chez lui en prenant des chemins détournés, afin de semer son bourreau. Ayant retrouvé ses pénates, il reprend peu à peu ses esprits en attendant Beaumarchais qui doit venir le rejoindre, comme convenu, après l'audience de la varenne. Une heure se passe. Personne. Gudin commence à s'inquiéter. Que se passe-t-il ? Il devrait être là depuis longtemps. Ne tenant plus en place, il court chez son ami, après avoir ordonné à ses gens de le prier d'attendre, au cas où il arriverait en son absence [23].

Pendant ce temps, il régnait dans la salle d'audience de la capitainerie du Louvre une animation inhabituelle.

« MISÉRABLE ! TU FRAPPES UN DUC ET PAIR ! »

Ne trouvant pas son rival chez lui, le duc de Chaulnes avait interrogé ses domestiques, lesquels avaient fini par avouer que leur maître était à la varenne du Louvre. Il s'y précipite aussitôt, toujours animé du désir de le tuer. Déjà prévenu par Gudin, Beaumarchais rendait jstice en grande pompe, lorsque le furieux fit irruption dans le tribunal. Mais laissons la parole au héros de l'histoire : la relation qui suit est celle-là même qu'il adressera quarante-huit heures plus tard au lieutenant de police et au tribunal des Maréchaux de France. Demeurée manuscrite jusqu'en 1880, elle ne fut jamais rééditée depuis. Voici donc cette narration, digne de ses meilleures scènes de comédie :

RÉCIT EXACT DE CE QUI S'EST PASSÉ JEUDI 11 FÉVRIER 1773
ENTRE M. LE DUC DE CHAULNES ET MOI, BEAUMARCHAIS

« J'avais ouvert l'audience de la capitainerie, lorsque j'ai vu arriver M. le duc de Chaulnes avec l'air le plus effaré qu'on puisse peindre, et qui m'est venu dire tout haut qu'il avait quelque chose de pressé à me communiquer, et qu'il fallait que je sortisse à l'instant.

« – Je ne le puis, Monsieur le duc ; le service du public me force à terminer décemment la besogne commencée.

« Je veux lui faire donner un siège ; il insiste ; on s'étonne de son air et de son ton. Je commence à craindre qu'on ne le devine, et je suspends un moment l'audience pour passer avec lui dans un cabinet. Là, il me dit, avec toute l'énergie du langage des Halles, qu'il veut sur-le-champ me tuer, me déchirer le cœur et boire mon sang, dont il a soif.

« – Ah ! ce n'est que cela, Monsieur le duc ? Permettez que les affaires aillent avant les plaisirs.

« Je veux rentrer ; il m'arrête en me disant qu'il va m'arracher les yeux devant tout le monde, si je ne sors pas avec lui.

« – Vous seriez perdu, Monsieur le duc, si vous étiez assez fou pour l'oser.

« Je rentre froidement et je lui fais donner un siège. Environné que j'étais des officiers et des gardes de la capitainerie, j'opposai, pendant deux heures que dura l'audience, le plus grand sang-froid à l'air pétulant et fou avec lequel il se promenait, troublant l'audience et demandant à tout le monde : *En avez-vous encore pour longtemps ?* Il tire à part M. le comte de Marcouville, officier qui était à côté de moi, et lui dit qu'il m'attend pour se battre avec moi. M. de Marcouville se rassied d'un air sombre ; je lui fais signe de garder le silence et je continue. M. de Marcouville le dit tout bas à M. de Vintrais, officier de maréchaussée et inspecteur des chasses. Je m'en aperçois ; nouveaux signes de silence de ma part. Je disais : M. de Chaulnes se perd si l'on suppose qu'il vient m'arracher d'ici pour me couper la gorge. L'audience finie, je me mets en habit de ville, et je descends en demandant à M. de Chaulnes ce qu'il me veut et quels peuvent être ses griefs contre un homme qu'il n'a pas vu depuis six mois.

« – Point d'explication, me dit-il. Allons nous battre sur-le-champ, ou je fais un esclandre ici.

« – Au moins, lui dis-je, vous me permettrez bien d'aller chez moi prendre une épée ? Je n'en ai dans ma voiture qu'une mauvaise de deuil, avec laquelle vous n'exigez apparemment pas que je me défende contre vous ?

« – Nous allons passer, me répond-il, chez M. le comte de La Tour du Pin [24], qui vous en prêtera une, et que je désire engager à nous servir de témoin.

« Il saute dans mon carrosse le premier ; j'y monte après lui, le sien nous suit. Il me fait l'honneur de m'assurer que, pour le coup, je ne lui échapperai pas, en ornant son style de toutes les superbes imprécations qui lui sont si familières. Le sang-froid de mes réponses le désole et augmente sa rage. Il me menace du poing dans ma voiture. Je lui fais observer que, s'il a le projet de se battre, une insulte publique ne peut que l'éloigner de son but, et que je ne vais pas chercher mon épée pour me battre, en attendant, comme un crocheteur. Nous arrivons chez M. le comte de La Tour du Pin, qui sortait. Il monte sur la botte [25] de ma voiture.

« – Monsieur le duc, lui dis-je, m'entraîne sans que je sache pourquoi : il veut se couper la gorge avec moi. Mais dans cette aventure étrange, il me fait espérer au moins que vous voudrez bien, Monsieur, témoigner de la conduite des deux adversaires.

« M. de La Tour du Pin me dit qu'une affaire pressée le force à se rendre à l'heure même au Luxembourg, et qu'elle l'y retiendra jusqu'à quatre heures après midi (je ne doutais point que M. de La Tour du Pin n'eût pour objet de laisser pendant quelques heures le temps à une tête échauffée de se calmer). Il part. M. de Chaulnes veut m'emmener chez lui jusqu'à quatre heures.

« – Oh ! pour cela non, Monsieur le duc ; de même que je ne voudrais pas me rencontrer seul sur le pré avec vous, à cause du risque d'être accusé par vous de vous avoir assassiné, si vous me forciez à vous blesser par une attaque. Je n'irai pas dans une maison dont vous êtes le maître et où vous ne manqueriez pas de me faire faire un mauvais parti. J'ordonne à mon cocher de me mener chez moi.

« – Si vous y descendez, me dit M. de Chaulnes, je vous poignarde à votre porte.

« Force injures dans le carrosse.

« – Tenez, Monsieur le duc. Quand on a envie de se battre, on ne verbiage point tant. Entrez chez moi, je vous ferai donner à dîner, et si je ne parviens pas à vous remettre en votre bon sens d'ici à quatre heures, et que vous persistiez à me forcer à l'alternative, de me battre ou d'être dévisagé, il faudra bien que le sort des armes en décide.

« Mon carrosse arrive à ma porte ; je descends, il me suit et feint d'accepter mon dîner. Je donne froidement mes ordres. Le facteur me remet une lettre ; il se jette dessus et me l'arrache devant mon père et tous mes domestiques. Je veux tourner l'affaire en plaisanterie, il se met à jurer. Mon père s'effraie, je le rassure, et j'ordonne qu'on nous porte à dîner dans mon cabinet. Nous montons. Mon laquais me suit, je lui demande mon épée.

« – Elle est chez le fourbisseur.

« – Allez la chercher, et si elle n'est pas prête, rapportez-m'en une autre.

« – Je te défends de sortir, dit M. de Chaulnes, ou je t'assomme.

« Je fais un signe à mon valet, qui sort. Je veux écrire, il m'arrache ma plume. Je lui représente que ma maison est un hospice que je ne violerai pas, à moins qu'il ne m'y force par de semblables excès. Je veux entrer en pourparlers sur la folie qu'il a de vouloir absolument me tuer ; il se jette sur mon épée de deuil qu'on avait posée sur mon bureau et me dit, avec toute la rage d'un forcené et en grinçant des dents, que je ne le porterai pas plus loin. Il tire ma propre épée, la sienne étant à son côté ; il va fondre sur moi.

« – Ah ! lâche ! m'écriai-je, et je le prends à bras-le-corps pour me mettre hors de la longueur de l'arme ; je veux le pousser à ma cheminée pour sonner. De la main qu'il avait de libre, il m'enfonce cinq griffes dans les yeux et me déchire le visage, qui à l'instant ruisselle de sang. Sans le lâcher, je parviens à sonner, mes gens accourent.

« – Désarmez ce furieux ! leur criai-je, pendant que je le tiens.

« Mon cuisinier, aussi brutal et aussi fort que le duc, veut prendre une bûche pour l'assommer. Je crie plus haut :

« – Désarmez-le, mais ne lui faites pas de mal ; il dirait qu'on l'a assassiné dans ma maison.

« On lui arrache mon épée. À l'instant, il me saute aux cheveux et me dépouille entièrement le front. La douleur que je sens me fait quitter son corps que j'embrassais, et de toute la raideur de mon bras, je lui assène à plein fouet un grand coup de poing sur le visage.

« – Misérable ! me dit-il, tu frappes un duc et pair !

« J'avoue que cette exclamation si extravagante pour le moment m'eût fait rire en tout autre temps. Mais comme il est plus fort que moi et qu'il me prit à la gorge, il fallut bien ne m'occuper que de ma défense. Mon habit, ma chemise sont déchirés, mon visage est de nouveau sanglant. Mon père, vieillard de soixante-quinze ans, veut se jeter à la traverse ; il a sa part lui-même des fureurs *croche-torales* du duc et pair. Mes domestiques se mettent à nous séparer. J'avais moi-même perdu la mesure, et les coups étaient rendus aussitôt que donnés. Nous nous trouvons au bord de l'escalier où le taureau tombe, roule sur mes domestiques et m'entraîne avec lui. Ce désordre horrible le rend un peu à lui-même. Il entend frapper à la porte de la rue : il y court, il voit entrer ce même jeune homme [Gudin] qui m'avait averti le matin même dans mon carrosse, il le prend par le bras, le pousse dans la maison, et jure que personne n'entrera ni ne sortira que par son ordre, jusqu'à ce qu'il m'ait mis en morceaux. Au bruit qu'il fait, le monde s'amasse devant la porte ; une femme de ma maison crie par une fenêtre qu'on assassine son maître. Mon jeune ami, effrayé de me voir défiguré et tout en sang, veut m'entraîner en haut. Le duc ne veut pas le souffrir. Sa rage se ranime, il tire son épée, qui était restée à son côté, car il est à remarquer qu'aucun de mes gens n'avait encore osé la lui ôter, croyant, à ce qu'ils m'ont dit, que c'était un manque de respect qui aurait pu tirer à conséquence pour eux. Il fond sur moi pour me percer, huit personnes se jettent sur lui, on le désarme. Il blesse mon laquais à la tête, mon cocher a le nez coupé, mon cuisinier a la main percée.

« – L'indigne lâche ! m'écriai-je. C'est pour la seconde fois qu'il vient sur moi, qui suis sans armes, avec une épée.

« Il court dans la cuisine chercher un couteau ; on le suit, on serre tout ce qui peut blesser à mort. Je remonte chez moi. Je m'arme d'une tenaille de foyer. J'allais redescendre, j'apprends un trait qui me prouve à l'instant que cet homme est devenu absolument fou : c'est que sitôt qu'il ne me voit plus, il entre dans la salle à manger, se met à table tout seul, mange une grande assiettée de soupe et des côtelettes, et boit deux carafes d'eau. Il entend encore frapper à la porte de la rue, court ouvrir, et voit M. le commissaire Chenu qui, surpris du désordre horrible où il voit tout mon monde, frappé surtout de mon visage déchiré, me demande de quoi il s'agit.

« – Il s'agit, Monsieur, d'un lâche forcené qui est entré ici dans l'intention d'y dîner avec moi, qui m'a sauté au visage dès qu'il a mis le pied dans mon cabinet, a voulu me tuer de ma propre épée, ensuite de la sienne. Vous voyez bien, Monsieur, qu'au monde que j'ai autour de moi, j'aurais pu le faire mettre en pièces, mais on me l'aurait demandé meilleur qu'il n'est. Ses parents, charmés d'en être débarrassés, ne m'en auraient peut-être pas moins cherché une mauvaise affaire. Je me suis contenu, et à l'exception de cent coups de poings avec lesquels j'ai repoussé l'outrage qu'il a fait à mon visage et à ma chevelure, j'ai défendu qu'on lui fît aucun mal.

« M. le duc prend la parole et dit qu'il devait se battre à quatre heures avec moi, devant M. le comte de La Tour du Pin, choisi comme témoin, et qu'il n'avait pu attendre jusqu'à l'heure convenue.

« – Comment trouvez-vous, Monsieur, cet homme qui, après avoir fait un esclandre horrible dans ma maison, divulgue lui-même, devant un homme public, sa coupable intention, compromet un officier général en le nommant comme témoin désigné et détruit d'un seul mot toute possibilité d'exécuter son projet, que cette lâcheté prouve qu'il n'a jamais conçu sérieusement ?

« À ces mots, mon forcené, qui est brave à coups de poing comme un matelot anglais, s'élance une cinquième fois sur moi. J'avais quitté ma tenaille à l'arrivée du commissaire. Réduit à l'arme de la nature, je me défends de mon mieux devant l'assemblée, qui nous sépare une troisième fois. M. Chenu me prie de rester dans mon salon et emmène M. le duc qui voulait casser les glaces. En cet instant, mon laquais revient avec une épée neuve ; je la prends et je dis au commissaire :

« – Monsieur, je n'ai pas eu le dessein d'un duel ; je ne l'aurai jamais. Mais sans accepter de rendez-vous de cet homme, j'irai par la ville attaché sans cesse à cette épée, et s'il vient m'insulter, comme la publicité qu'il donne à cette horrible aventure prouve de reste qu'il est l'agresseur, je jure que j'en délivrerai, si je puis, le monde qu'il déshonore par ses lâchetés.

« L'arme que je tenais alors étant un porte-respect imposant, il s'est retiré sans rien dire dans ma salle à manger où M. Chenu, l'ayant suivi, a été aussi surpris qu'effrayé de le voir se meurtrir le visage à coups de poing et s'arracher lui-même une poignée de cheveux de chaque main, de rage de n'avoir pu me tuer. M. Chenu l'a enfin déterminé à rentrer chez lui, et il a eu le sang-froid de se faire coiffer par mon laquais qu'il avait blessé. Je suis remonté chez moi pour me faire panser, et lui s'est jeté dans sa voiture[26]. »

Ce que ne dit pas ici Beaumarchais, mais que nous savons par ailleurs, c'est qu'il aurait pu (et peut-être dû) porter plainte sur-le-champ contre son agresseur. Pour l'enregistrer, il y avait justement là ce commissaire Chenu, que les femmes de la maison, effrayées de ce qui se passait, avaient envoyé chercher en appelant des voisins par la fenêtre. Il ne le fit pas et n'autorisa personne à le faire. Il va de soi que, si le commissaire avait verbalisé et reçu les dépositions des témoins, le duc était pris en flagrant délit, un procès criminel s'ensuivait, dont le roi seul pouvait le tirer en l'envoyant passer le reste de ses jours en quelque citadelle. «Je ne l'ai point fait arrêter ce matin au tribunal, déclara Beaumarchais, je ne le ferai point arrêter chez moi. Entre gens d'honneur, il y a une autre manière de procéder ; c'est la seule que j'emploierai.» Le commissaire se contenta donc de dresser procès-verbal.

« Ainsi, s'exclame Gudin, dans cette journée, Beaumarchais insulté et provoqué sans sujet par toutes sortes d'injures, sauva la vie et la liberté à celui qui venait de l'outrager, et lui épargna un procès criminel[27]. » Cher Gudin ! Toujours aussi naïf ! Toujours prompt à trouver les plus généreux mobiles aux actions de son ami ! Il était pourtant clair qu'il n'obéissait qu'à la plus élémentaire prudence. Il fallait éviter à tout prix de se mettre à dos cet homme dont le délire égalait la puissance et qui, d'un tour de main, était capable de retourner la situation en sa faveur, et de faire passer la victime pour l'attaquant. On pouvait tout craindre de sa vengeance : un assassinat, une lettre de cachet, des calomnies encore plus atroces que celles qu'il colportait déjà. Beaumarchais savait mieux que personne qu'un grand « nous fait assez de bien quand il ne nous fait pas de mal ».

*
* *

À la fin de cette folle journée, on eût imaginé Pierre-Augustin harassé, n'aspirant qu'à panser ses plaies et à se reposer tranquillement chez lui. Mais ce diable d'homme nous surprendra toujours. Le soir même, aussi frais et dispos que s'il ne se fût rien passé, il se rendait chez son vieil ami M. Lopes, auquel il avait promis une lecture du *Barbier de Séville*. Il arriva si en retard qu'on pensait ne pas le voir ; des femmes l'accusaient déjà de désinvolture, d'autres s'inquiétaient. À peine introduit dans le salon, on le pressa de questions et il conta gaiement ce qui lui était arrivé. Tout le monde pensa qu'après cette folle journée il ne serait plus question de comédie. C'était mal le connaître ; il n'allait tout de même pas gâcher le plaisir de ces dames – et le sien – pour ce ridicule incident ! Il lut donc sa pièce avec beaucoup de verve, puis se mit à jouer de la harpe et à chanter des séguedilles pendant le reste de la soirée, qui se prolongea fort tard dans la nuit.

Gudin nous raconte que, le lendemain, son père, « vieillard encore vert et qui, sous un front blanchi, gardait encore toute l'énergie d'une âme ferme », vint lui apporter l'épée dont il s'était servi dans sa jeunesse, en lui disant : « On n'a aujourd'hui que de mauvaises armes. En voici une qui m'a servi dans un temps où l'on se battait presque tous les jours ; prends-la, mon fils, et partout où tu rencontreras ce maraud de duc, tue-le comme une bête enragée. » Ne dirait-on pas don Diègue déposant sa rapière entre les mains de Rodrigue ? À force de vouloir bien faire, il arrive que le cher Gudin en fasse un peu trop !

LE COMMISSAIRE COURTISAN

Quarante-huit heures plus tard, le commissaire Chenu, l'un des fins limiers de la capitale, adresse à son tour un rapport à son supérieur hiérarchique, le lieutenant général Sartine. La verve en moins, c'est la confirmation du récit qu'on vient de lire. La syntaxe est incertaine, le style bureaucratique, mais le regard perçant : rien n'échappe à notre homme. De plus, cet honnête fonctionnaire connaît les usages sur le bout des doigts : il sait qu'un duc et pair ne se traite pas comme un vulgaire Caron. Sa plume obséquieuse multiplie les ronds de jambe devant «mondit» sieur de Chaulnes, que d'aucuns osent incriminer de voies de fait. Eh, quoi ! un duc et pair coupable de violences ? Pure calomnie ! «Je n'ai eu que lieu [*sic*] de me louer de ses procédés», déclare-t-il sans rire. Et il ajoute, visiblement surpris : «Il ne m'a même rien dit de désagréable» !

«Ce 13 février 1773.

«Monsieur,

«Vous m'avez demandé un détail de l'affaire arrivée entre M. le duc de Chaulnes et le sieur de Beaumarchais, lequel je ne suis guère en état de pouvoir vous donner bien juste, n'étant arrivé chez ledit sieur de Beaumarchais qu'après le grand bruit. J'y ai trouvé en bas mondit sieur le duc de Chaulnes, son épée cassée, dont il n'avait plus à son côté qu'une partie du fourreau ; il était sans bourse à ses cheveux, ses habits et veste déboutonnés et sans col ; le sieur de Beaumarchais dans un état à peu près semblable, et de plus son habit noir déchiré ainsi que sa chemise, sans col ni bourse, et tout échevelé, avec le visage écorché en plusieurs endroits. J'ai engagé ces messieurs à monter en une pièce au premier étage, où étant, ils se sont repris de propos, se sont dit des choses désagréables et fait réciproquement des reproches assez malhonnêtes en termes fort durs, ce qui a donné lieu à se saisir de nouveau l'un et l'autre et m'a fait craindre les suites fâcheuses qui pouvaient en résulter. J'ai cependant calmé un peu M. le duc, en l'engageant de passer dans une autre pièce pour causer ensemble en particulier, ce qu'il a fait sans difficulté. Je lui ai fait des représentations honnêtes sur cette scène, il les a écoutées et s'est rendu à ce que j'ai exigé de lui, c'est-à-dire qu'il ne se passerait rien davantage, ce dont il m'a donné sa parole d'honneur qu'il a tenue, car pendant que je suis sorti un demi-quart d'heure environ pour aller en causer avec un cordon rouge qui dînait dans le quartier, et que les deux parties m'avaient nommé[28], il s'en est allé de chez ledit sieur de Beaumarchais. L'on répand dans le public que M. le duc de Chaulnes m'a manqué, quoique sachant qui j'étais. Ce fait est absolument faux ; je n'ai eu que lieu de me louer des procédés de M. le duc, qui ne m'a même rien dit de désagréable et qui m'a au contraire traité avec beaucoup d'honnêteté, en me témoignant même des égards et de la confiance. Je lui dois cette justice en rendant hommage à la vérité.

« Je suis avec respect, etc.

« CHENU, commissaire[29]. »

Nous croirions manquer à la plus stricte objectivité si nous ne mettions sous les yeux du lecteur le témoignage du duc de Chaulnes lui-même. Outre des détails complémentaires, on y trouve un indéniable pittoresque, quel que soit le sens que l'on veuille donner à cc mot. Quant aux faits eux-mêmes, ils nous sont maintenant assez connus pour qu'il soit nécessaire de s'étendre sur les invraisemblances du récit, la mauvaise foi du narrateur, les vérités omises et les mensonges accumulés.

Précisons encore que la relation qui suit fut adressée par l'intéressé au tribunal des Maréchaux de France lorsque l'affaire passa devant cette juridiction :

« Depuis plus de trois ans, j'avais le malheur d'être la dupe du sieur de Beaumarchais, que je croyais mon ami, lorsque des raisons fortes m'engagèrent à l'éloigner. Il me revint plusieurs fois depuis ce temps qu'il tenait de très mauvais propos sur mon compte. Enfin, jeudi dernier, je trouvai le sieur Gudin, l'un de ses amis, chez une femme de ma connaissance ; il eut l'audace de l'assurer, de la part du sieur de Beaumarchais, qu'il n'était pas vrai, ainsi que je l'avais dit, qu'une femme qualifiée se fût plainte de lui[30]. Voulant en éclaircir le démenti qu'il me faisait donner, et de tout [sic] ce qui m'était revenu, je fus chercher le sieur de Beaumarchais chez lui, avec le sieur Gudin, que je fis monter dans le même fiacre que moi pour qu'il n'eût pas le temps de le prévenir. Le sieur de Beaumarchais étant au tribunal de la capitainerie, je m'y rendis, je le pris dans une chambre à part pour lui dire que je voulais une explication. Il en fut si peu question à l'audience, que je lui parlai d'une permission de chasse qu'il m'avait promis de me faire avoir à Orly. M. le comte de Marcouville et autres officiers de la capitainerie étaient présents.

« En sortant de la capitainerie, je montai dans sa voiture, et dis au cocher d'aller chez M. de [La Tour du Pin][31], ce qui avait trait à l'explication que je voulais avoir. M. de [La Tour du Pin], qui sortait, nous observa qu'il valait mieux monter dans un fiacre que de rester trois voitures assemblées à sa porte; qu'au demeurant, il était deux heures, et qu'il n'avait qu'une minute à nous donner, parce qu'il était attendu chez l'ambassadeur de l'empereur. Étant monté dans le fiacre, M. de Beaumarchais me dit que, dans tous les cas, je ne pouvais pas lui demander satisfaction, parce qu'il n'avait qu'une épée de deuil; je lui observai que, s'il en était question, je n'étais pas mieux armé que lui, puisque je n'avais qu'une épée du *Petit Dunkerque*[32], sans garde, que je lui offrirais d'ailleurs de changer, s'il désirait, mais qu'il s'agissait d'abord d'une explication plus ample. M. de [La Tour du Pin] observa de nouveau qu'il était obligé de s'en aller, ce qu'il fit en convenant qu'il viendrait chez moi à quatre heures. Je me rendis avec M. de Beaumarchais chez lui pour y dîner. Mais à peine fut-il dans sa chambre qu'il se mit à me dire des injures atroces. Je lui dis qu'il était un malhonnête homme, et qu'il vînt sur-le-champ me faire raison dans la rue; mais il préféra de me colleter, en appelant quatre de ses gens, qui se jetèrent, ainsi que lui, sur moi, en m'arrachant mon épée. Il fit en même temps demander par sa sœur M. le commissaire Chenu, devant lequel il a bien encore osé avoir l'impudence de me dire à plusieurs reprises que je mentais comme un vilain gueux, et mille autres horreurs semblables. Sorti de chez M. de Beaumarchais, je fus rendre compte à M. de Sartine, et le surlendemain, par son conseil, à M. de La Vrillière[33]. En revenant de Versailles, j'appris que le sieur de Beaumarchais débitait l'histoire de façon déshonnête pour moi, disant qu'il m'avait provoqué et que j'avais refusé de le suivre. Pour lever d'une manière positive tous les nuages de cet article, j'ai cru devoir (plusieurs gens graves l'ont cru de même) aller aux foyers des spectacles y dire que M. de Beaumarchais, tenant des propos sur mon honneur et n'étant pas gentilhomme, ne méritait point que je me compromisse comme j'avais fait la veille, mais bien que je le corrigeasse comme un roturier. Depuis cette époque, le sieur de Beaumarchais a été libre quatre jours sans que j'en aie entendu parler. Il aurait été difficile de savoir qu'il était gentilhomme, puisqu'il est fils d'horloger ; il n'est pas seulement dans l'Almanach comme secrétaire du roi[34], et l'on n'a même pas su au tribunal, pendant longtemps, s'il en était compétent. En tout, quand la plus grande partie de cette affaire ne pourrait se vérifier aussi facilement qu'elle le peut, quand les injures que M. de Beaumarchais a eu l'impudence de me dire devant le commissaire lui-même ne seraient pas une forte présomption pour ce qu'il a dit et fait sans témoins, il me suffirait de rappeler que je n'ai jamais été connu au tribunal, à la police, à Paris, ni dans aucun lieu, pour querelleur, joueur ou dérangé, pendant que la réputation de M. de Beaumarchais n'est pas, à beaucoup près, aussi entière, puisque, indépendamment de l'insolence la plus reconnue, des bruits les plus incroyables, il essuie dans ce moment un procès criminel pour avoir fait un faux acte. »

Voilà l'ultime bassesse ! L'ultime coup de pied de l'âne ! Monsieur le duc sait pourtant fort bien que Beaumarchais n'est pas engagé dans un « procès criminel », mais dans un procès civil dont l'issue est encore incertaine. Quant à ces « bruits les plus incroyables » qui renvoient, bien sûr, aux sournoises insinuations sur son double veuvage, il sait fort bien aussi qu'il s'agit de viles calomnies. Décidément, ce grand seigneur n'est qu'une vilaine petite âme. Et de le voir s'ériger en défenseur de la morale donne une furieuse envie de rappeler deux ou trois choses que l'on sait de lui. Quelques années plus tôt, en juin 1768, ce même duc de Chaulnes avait assassiné un menuisier qui venait lui réclamer son dû[35]. À l'époque, on étouffa l'affaire. Nul doute qu'il eût récidivé avec Beaumarchais, sans l'intervention des domestiques et du commissaire. Déjà, lors d'un séjour en Angleterre, en 1764, il avait eu de graves démêlés avec la justice britannique, dont Horace Walpole s'était fait l'écho[36]. Ajoutons qu'il venait de perdre, par jugement de la Grand-Chambre du 4 août 1772, un procès sordide engagé contre sa propre mère, la duchesse douairière de Chaulnes, ce qui réduisait ses revenus à 10 000 livres de rente, « somme bien modique pour satisfaire les fantaisies de ce jeune seigneur qui en avait de très bizarres[37] ». On pourrait s'étendre longuement sur les débauches et les violences de notre atrabilaire, mais ce que nous en avons dit suffit, nous semble-t-il, à se faire une idée de l'individu.

« Je ne dois pas me laisser tuer »

Tout Paris ne parlait plus que de la fameuse querelle. On s'y intéressait d'autant plus qu'elle mettait aux prises deux des personnalités les plus en vue de la capitale, l'une pour ses extravagances, l'autre pour ses talents. Gazettes et nouvelles à la main en faisaient des gorges chaudes, la Cour et la Ville se divisaient entre partisans du grand seigneur et défenseurs du fils Caron ; le fait divers tournait au débat politique[38].

Quant au matamore, il ne décolérait pas. Loin de lui avoir calmé les nerfs, son embardée avait mis le comble à sa frénésie. Trois jours plus tard, le dimanche 14 février, apercevant Gudin à l'amphithéâtre de la Comédie-Française, il bondit sur lui en roulant des yeux furibonds, et lui intime l'ordre de le suivre au foyer, où il va proclamer publiquement son intention d'assommer Beaumarchais où qu'il se trouve. Gudin réussit à s'éclipser, court se réfugier dans la loge d'un comédien, griffonne quelques mots qu'il envoie porter de toute urgence rue de Condé, et fait immédiatement prévenir Sartine de ce nouvel éclat. Rentrant chez lui dans la soirée, Beaumarchais trouva cette missive :

« Je viens, mon ami, de rencontrer le duc à la Comédie-Française. Il m'a dit qu'il vous cherchait pour vous donner cent coups, et d'abord il m'a dit de rester au spectacle entre les deux pièces, parce qu'il voulait que je lui entendisse déclarer ce beau dessein tout haut dans les foyers. Je lui ai fait toutes sortes de remontrances, et je suis sorti pour en aller informer le lieutenant de police. J'aurais été moi-même vous le dire, si je ne craignais pas qu'on me suivît et qu'on ne m'en empêchât. Veillez sur vous.
                            « Ce dimanche 14 février 1773[39]. »

S'agit-il de simples rodomontades ? Avec un animal de cette espèce, on ne sait jamais. Aussi Beaumarchais juge-t-il plus prudent de s'armer d'une paire de pistolets et de prévenir le lieutenant de police :

        « Monsieur,
    « Après vous avoir rendu un compte exact de ma conduite modérée dans mon ridicule différend avec M. le duc de Chaulnes,

je me crois obligé de vous prévenir, comme magistrat du bon ordre et de la sûreté des citoyens, que ce matin, en sortant en carrosse, j'ai vu M. le duc de Chaulnes à trente pas de ma porte, dans ma rue arrêté. Cette fortuité pouvait être l'effet du hasard ; mais je viens de recevoir une lettre d'avis qui m'annonce un dessein prémédité de *me chercher et de me donner*, dit-on, *cent coups*. Est-ce des coups d'épée, de canne ou de poing qu'on me promet ? Je l'ignore. Mais comme la menace doit en avoir été faite publiquement au spectacle, je prévois qu'il ne se passera peut-être pas douze heures sans qu'il arrive un malheur. Car certainement je ne me laisserai pas approcher, et au défaut de la protection que les lois doivent à tout le monde contre les violences d'un insensé, j'ai l'honneur de vous prévenir, Monsieur, que je vais me munir d'une paire de pistolets, que je n'ai jamais encore portés, quoique j'en aie le droit. Je n'en userai que contre la trahison, la surprise et l'assassinat. Mon épée parera à tout le reste. Je vous assure, Monsieur, que je ne commettrai aucune légèreté ; mais, encore une fois, je ne dois pas me laisser tuer. Il pourra être temps, pour la vindicte publique, d'arrêter et de punir le fou qui me poursuit, lorsqu'il m'aura mis dans le cas de me défendre encore une fois. Mais comme il serait peut-être trop tard pour moi, j'ai l'honneur de vous demander, ou la permission de veiller moi-même à ma sûreté, ou le conseil que vous croyez que je doive suivre, ou l'ordre précis auquel vous me prescrivez de me conformer, bien convaincu que du plus sage des magistrats, il ne me viendra rien dont je n'aie des grâces à lui rendre.

« Je suis, avec le plus profond respect, Monsieur, votre très humble et très obéissant serviteur.

« CARON DE BEAUMARCHAIS. »

LETTRES DE CACHET

Les choses prenaient décidément un vilain tour ; les passions s'exaspéraient, un nouveau scandale devenait imminent. Il était grand temps de mettre un terme aux agissements du duc de Chaulnes, sans pourtant avoir l'air de donner raison à son adversaire. Le lendemain de ce fameux dimanche où le duc avait proféré des menaces à la Comédie-Française, le duc de La Vrillière, ministre de la Maison du roi, décidait de renvoyer l'affaire devant les Maréchaux de France. Cette juridiction spéciale, encore appelée tribunal du Point d'honneur, réglait les conflits survenus entre gentilshommes et assurait l'ordre dans les théâtres. Simultanément, il adressait à Beaumarchais une lettre d'exil lui enjoignant de se retirer hors de Paris, avec défense d'y revenir «jusqu'à nouvel ordre[40]». L'intéressé répondit qu'il n'obéirait pas à cette injonction, car elle portait atteinte à son honneur. Le ministre le mit donc aux arrêts chez lui, sous bonne garde, jusqu'à ce qu'il eût rendu compte au roi du litige avec le duc de Chaulnes.

« Sur ces entrefaites, raconte Gudin, une très grande dame, fille d'un maréchal de France, instruite de cette affaire par le bruit public, envoie son frère redemander à Beaumarchais ses lettres et son portrait[41]. Le jeune homme, craignant un refus, lui parle avec plus de chaleur que de raison. "Monsieur, lui répond Beaumarchais, sous les yeux d'un garde des Maréchaux de France, et retenu par un ordre qui me met aux arrêts, je ne puis accepter toutes les parties de plaisir qu'on me propose. Je vous vais remettre le portrait de votre chère sœur, et ses lettres, bien enveloppées, bien cachetées. Les voici[42]." »

Quelques jours plus tard, un officier des Maréchaux se présente chez Beaumarchais, avec ordre de le suivre au tribunal où il est attendu par ses juges. Le «détenu» fait alors valoir qu'étant assigné à résidence par ordre du roi, contresigné par le duc de La Vrillière, il ne peut mettre le pied dehors. Le sbire le rassure: «Messeigneurs les Maréchaux de France, instruits de vos arrêts, les lèvent, vous ordonnent de me suivre et se chargent de l'événement envers le roi.» Dans l'heure qui suit, Pierre-Augustin comparaît devant le tribunal des Maréchaux qui siège, conformément à l'usage, au domicile du plus ancien, en l'occurrence M. de Clermont-Tonnerre. Interrogé sur l'altercation du 11 février dernier, il démontre sans peine qu'il n'avait commis d'autre crime que de se voir préféré à son rival par la maîtresse de ce dernier. On convient que la faute est légère et n'appelle pas de châtiment. Mais les juges refusent de se prononcer avant l'audition de la partie adverse. Beaumarchais rentre donc chez lui et garde les arrêts, tandis que son contradicteur est entendu à son tour.

Enfin, le 19 février, le duc de Chaulnes est arrêté par lettre de cachet et envoyé au donjon de Vincennes. Aussitôt, Beaumarchais adresse une seconde requête aux Maréchaux de France, les suppliant d'ordonner une information, afin « que tous les témoins soient entendus, que tous les faits soient constatés, dans tous les lieux et devant tous les gens désignés à [sa] requête », et que justice lui soit rendue le plus promptement possible. Après quoi, il développe auprès d'eux sa conception de l'honneur : « Dans toutes les discussions entre les hommes, déclare-t-il, la probité, soumise à la loi, règle à la rigueur ce que chacun doit aux autres. L'honneur, plus indépendant, prescrit ce que chacun se doit à soi-même. [...] Chaque état, chaque ordre de citoyens peut former la juste prétention d'être jugé par ses pairs, sur les points d'intérêts, de convenances ou de préséances humaines. Mais quel ordre osera décliner le tribunal d'honneur auquel tous sont également admis ? Et, parmi ceux qui jouissent de cet honorable privilège, quel homme n'a le droit de se croire égal et pair de tous les autres sur le point délicat de l'honneur [43] ? » On reconnaît, dans cette revendication de l'honneur comme un bien propre à chaque individu, sans distinction de rang ou de naissance, un écho de la pensée de Montesquieu : « Aussi, parmi nous, le prince est-il jaloux de l'honneur du dernier de ses sujets. Il y a pour le maintenir des tribunaux respectables [44]. »

Convoqué une seconde fois devant les Maréchaux, Beaumarchais s'entendit déclarer qu'il était libre et que ses arrêts étaient levés. N'en croyant pas ses oreilles, il passe aussitôt après à l'hôtel du duc de La Vrillière pour s'assurer que tout cela est bien vrai. Le ministre étant absent, il file de là chez M. de Sartine pour lui poser la même question. Celui-ci lui confirme la nouvelle : il est parfaitement libre de ses mouvements et peut vaquer sans crainte à ses occupations. Il rentre donc chez lui, persuadé qu'il ne peut plus rien lui arriver.

Il fallait bien mal connaître M. de Saint-Florentin, duc de La Vrillière, pour s'imaginer que les choses en resteraient là. Ce champion de la lettre de cachet, d'ailleurs ennemi juré des gens d'esprit, n'apprit pas sans une vive irritation que les Maréchaux de France avaient levé, au nom du roi, des arrêts qu'il avait également infligés au nom du souverain. De toute évidence, il y avait conflit d'autorité, et Beaumarchais en sera la première victime, tant pour avoir quitté (malgré lui) ses arrêts, que pour apprendre à avoir raison contre un duc et pair.

Huit jours plus tard, le 26 février 1773, il était donc envoyé à la prison du For-l'Évêque, en exécution d'une lettre de cachet du 24, signée de Louis XV (qui l'ignorait sans doute) et contresignée du ministre de la Maison du roi. M. de La Vrillière jugeait-il indécent de laisser en liberté le fils Caron alors qu'un homme de condition gémissait sous les fers à cause de lui ? C'est probable. Mais il y avait une autre bonne raison de le faire incarcérer. Beaumarchais avait en effet répandu dans le public des copies manuscrites du mémoire cité plus haut. Le ton du libelle déplut à la maison de Luynes, qui exigea réparation de l'outrage. Une fois de plus, les *Mémoires secrets* soulignèrent, à cette occasion, le peu de sympathie que suscitait l'impudent, tout en admettant qu'il ne jouait pas le plus vilain rôle dans cette histoire :

« En général, ce particulier, fort insolent, qui ne doute de rien, n'est point aimé ; et quoique dans cette rixe-ci il ne paraît pas qu'on ait à lui reprocher aucun tort, on le plaint moins qu'un autre des vexations qu'il éprouve[45]. »

CHAPITRE XII

Le For-l'Évêque

« Le grand tort d'avoir raison est toujours un
crime aux yeux du pouvoir, qui veut sans cesse
punir et jamais juger. »

(*Lettre à Gudin*).

D'abord prison épiscopale, de 1222 à 1674, placée sous l'autorité de l'archevêque de Paris (d'où son nom), For-l'Évêque devint
prison royale en 1674, lorsque Louis XIV supprima les juridictions
particulières, et le demeura jusqu'à sa destruction en 1783. C'était
une bâtisse exiguë, à peu près rectangulaire, de trente-cinq mètres
de profondeur environ, située entre le quai de la Mégisserie et la
rue Saint-Germain-l'Auxerrois, juste derrière l'actuel théâtre du
Châtelet. Au XVIIIᵉ siècle, le For-l'Évêque était le lieu de détention
attitré des comédiens arrêtés pour manquements graves : refus de
jouer, insultes au public, outrage aux mœurs, absentéisme chronique, état d'ivresse, etc. Ses murs s'honoraient d'abriter, pour des
périodes ordinairement courtes, les plus grands artistes des théâtres
de Paris. Y avaient séjourné, entre autres, Mlle Le Maure de
l'Opéra, Mme Favart, l'illustre Lekain, la non moins illustre
Mlle Clairon, sa rivale Mlle Dumesnil, MM. Molé, Brizard, Dauberval, d'autres encore...

« ON ME COUPE LES JAMBES. »

À peine amené au For-l'Évêque, dans la matinée du 26 février,
Beaumarchais supplie le tribunal des Maréchaux de lui rendre jus-

tice : « L'information que je vous supplie d'ordonner promptement est le seul moyen d'instruire la religion du roi sur cet horrible événement ; et moins j'ai mérité mon infortune, plus la vérité mise au grand jour doit la faire cesser promptement. Ma cause intéresse également votre bon cœur et votre équité ; et c'est au double titre d'homme d'honneur offensé et de citoyen persécuté que j'ai recours avec confiance à votre protection[1]. » À la suite de sa lettre, les Maréchaux, qui avaient commencé d'instruire sur son affaire avec le duc de Chaulnes, font « des représentations sur ce qu'elle leur a été ôtée[2] ».

Cela fait, il informe le fidèle Gudin de son arrestation :

« En vertu d'une lettre sans cachet, appelée lettre de cachet[3], signée Louis, plus bas Phélypeaux, recommandée Sartine, exécutée Buhot[4], et subie Beaumarchais, je suis logé, mon ami, depuis ce matin, au For-l'Évêque, dans une chambre non tapissée, à 2 160 livres de loyer[5], où l'on me fait espérer que hors le nécessaire, je ne manquerai de rien. Est-ce la famille du duc, à qui j'ai sauvé un procès criminel, la vie et la liberté ? Est-ce le ministre, dont j'ai constamment suivi ou prévenu les ordres ? Est-ce les ducs et pairs, avec qui je ne puis jamais avoir rien à démêler ? Voilà ce que j'ignore. Mais le nom sacré du roi est une si belle chose qu'on ne saurait trop le multiplier et l'employer à propos. C'est ainsi qu'en tout pays bien policé l'on tourmente par autorité ceux qu'on ne peut inculper avec justice. Qu'y faire ? Partout où il y a des hommes, il se passe des choses odieuses, et le grand tort d'avoir raison est toujours un crime aux yeux du pouvoir, qui veut sans cesse punir et jamais juger. J'ai écrit à tous les maréchaux de France[6] », etc.

Contraint de cohabiter avec un autre détenu dans une chambre incommode, Beaumarchais se résignerait à son sort avec philosophie s'il n'avait en tête d'autres préoccupations, autrement plus graves. En effet, pendant qu'il ronge son frein dans sa geôle, l'appel interjeté par le comte de La Blache est toujours en instance, et la justice suit implacablement son cours. Il lui faudrait solliciter, courir chez son avocat, visiter ses juges. Au lieu de quoi, il se voit condamné à l'immobilité, pieds et poings liés (au figuré, s'entend, mais cela revient au même), et s'en plaint amèrement à M. de Sartine, l'un des rares alliés qui lui restent :

« Paris, ce 26 février 1773

« Monsieur,

« Quelque dur qu'il soit d'être enlevé à sa famille, à son repos, à ses affaires, pour les folies et les sottises des autres, je ne m'en suis pas moins rendu au For-l'Évêque sitôt que l'ordre du roi m'a été signifié de la manière du monde la plus honnête par M. Buhot qui en a été chargé. J'ai l'honneur de vous prévenir, Monsieur, que pendant qu'on me coupe les jambes, il n'y eut peut-être jamais un temps dans ma vie où elles m'aient été aussi nécessaires. Une affaire majeure et dont la différence de la perte au gain est pour moi de deux cent mille francs se plaide au Palais. Mon adversaire sollicite, et moi je cours risque de perdre ou le grand rôle que j'ai obtenu avec grand peine au bout de quinze mois, ou le procès lui-même, faute de pouvoir aller chez mes juges.

« Je ne sais, Monsieur, à quel mal ce nouveau mal peut remédier : d'enfermer l'accusateur ne lave point l'accusé. Et pourquoi les tribunaux et des formes, si l'autorité soustrait les contendants à leur jugement ou les enlève à leur justification ? Je vous prie, Monsieur, vous qui avez autant de bonté, d'équité que de lumières, de vouloir bien prévenir M. le duc de La Vrillière du tort affreux que me fait ma détention. Je ne suis pas en place d'entrer en de plus longs détails. Je me contente de me recommander à votre bon cœur, en vous réitérant l'assurance du profond respect avec lequel[7] », etc.

À défaut de pouvoir lui accorder des sorties conditionnelles, car cela n'entrait pas dans ses attributions, Sartine promit de faire ce qu'il pourrait pour améliorer ses conditions de captivité. Le lendemain même, il lui faisait parvenir ce billet :

« Le 27 février 1773

« Je viens d'écrire, Monsieur, au concierge du For-l'Évêque, pour qu'il vous procure les facilités dont vous pouvez avoir besoin, et je lui mande de vous donner une autre chambre, ou de retirer de la soupente qui est dans la vôtre un prisonnier qui y est logé. Je voudrais qu'il dépendît de moi d'en faire davantage.

« J'ai l'honneur d'être, Monsieur, votre très humble et très obéissant serviteur.

« DE SARTINE[8]. »

Il faut savoir que les prisonniers du For-l'Évêque étaient traités comme des pensionnaires ; ils payaient au concierge (à la fois geôlier et aubergiste) le prix de leurs repas et de leur logement. À l'époque où Beaumarchais y résidait, cet office était assuré par un certain Jean-Hubert Dinant du Verger, fonctionnaire intègre et scrupuleux, d'après ce que l'on sait[9]. Soucieux de se faire bien noter, le sieur du Verger s'empressa de rassurer son supérieur sur le traitement réservé au nouvel arrivant.

« 28 février 1773

« Monsieur

« J'ai tout lieu d'être surpris de la lettre que M. de Beaumarchais a eu l'honneur de vous écrire au sujet de son logement. Lorsqu'il a été amené, je lui ai offert notre chambre à coucher pour travailler à ses affaires[10] pendant toute la journée, et nous nous en sommes privé. De plus, j'ai fait sortir le prisonnier qui occupait la chambre du Conseil depuis trois mois, afin d'y faire coucher M. de Beaumarchais. Il est vrai que le même prisonnier a couché dans la soupente, parce qu'il ne m'a pas été possible hier de le mettre ailleurs, parce que je ne mets jamais d'humeur à ce que je fais avec les prisonniers, et si je n'avais pas agi de douceur avec ce même prisonnier, il ne serait pas sorti de la chambre qu'il occupait, parce qu'il l'avait demandée il y a trois mois à M. le procureur général qui la lui avait accordée. Mais, étant informé que vous avez des bontés pour M. de Beaumarchais, je n'ai rien eu de plus pressé que de le satisfaire, afin de tâcher de mériter pour moi votre bon souvenir.

« Je suis en attendant, avec un très profond respect, Monsieur, votre très humble et très obéissant serviteur.

« DU VERGER. »

Grâce à la recommandation du lieutenant de police et à la diligence du concierge, voilà donc Beaumarchais installé dans la chambre du Conseil, l'une des plus spacieuses de la prison, celle-là même que Mlle Clairon avait occupée huit ans auparavant. La tragédienne y fut conduite le 16 avril 1765, avec quatre de ses camarades, pour avoir refusé de jouer dans *Le Siège de Calais* de Belloy. Tout le monde, au For-l'Évêque, se souvenait encore de son arrivée en carrosse, dans la cour de la prison, sur les genoux de Mme Bertier de Sauvigny, femme de l'intendant de Paris. Une des entrées les plus triomphales de sa carrière ! Quant à l'aménagement de sa chambre, c'était celui d'une princesse, ni plus ni moins. «Cette actrice a le logement le moins désagréable de la prison, écrivait Bachaumont; on l'a meublé magnifiquement. C'est une affluence prodigieuse de carrosses; elle y donne des soupers divins et nombreux. En un mot, elle y tient l'état le plus grand[11].»

Beaumarchais ne jouissait pas d'un cadre aussi luxueux, il s'en faut. D'une façon générale, d'ailleurs, le For-l'Évêque passait plutôt pour une prison d'étape; on pouvait, sans trop se contraindre, y passer quelques jours, voire une semaine ou deux, mais guère davantage. Rien n'y était prévu pour les longs séjours; l'été, on y succombait de chaleur; l'hiver, un vent glacial vous transperçait les os. Cela étant, le prisonnier de M. de La Vrillière dramatise à l'excès lorsqu'il décrit «l'horreur de ce séjour infect», et son imagination l'emporte sur sa mémoire lorsqu'il évoque «ces murs dépouillés, ces triples barreaux, ces clameurs, ces chants, cette ivresse de l'espèce humaine dégradée dont toutes les prisons retentissent et qui font frémir l'honnête homme[12]». Ne confessait-il pas à son beau-frère Miron: «Je suis ici logé comme un duc[13]»?

L'«AFFLIGÉE RECLUSE»

On imagine l'affolement de Mlle Ménard – le mot n'est pas trop fort – lorsqu'elle apprit le dernier exploit de son irascible amant. En ultime recours, elle vint se jeter aux pieds de M. de Sartine, qui commençait d'éprouver pour elle un peu plus que de la compassion, et le supplia de ne la point abandonner. C'est le genre de service qu'un galant homme, fût-il policier, ne refuse pas à une jolie femme en détresse. Le lendemain, elle lui écrivait, pénétrée de reconnaissance:

«Monsieur,
«Quelque témoignage de bonté que vous m'ayez fait connaître, me promettant et me prenant sous votre protection, je ne peux vous dissimuler mes alarmes et mes craintes. Le caractère de l'homme violent que je fuis m'est trop connu pour ne me pas faire craindre un avenir qui serait aussi funeste à lui qu'à moi. Pour m'y soustraire et le sauver de son jaloux transport, je suis absolument réso-

lue de me mettre au couvent. Quel que soit mon asile, j'aurai l'honneur de vous en informer. J'ose vous supplier qu'il soit pour lui inaccessible; je joindrai cet important bienfait à la reconnaissance dont je suis d'avance pénétrée pour vos offres de service. J'y compte si fort qu'à l'abri de votre nom et de votre autorité j'ai déjà placé ma fille au couvent de la Présentation, où, dès ce soir, M. l'abbé Dugué m'a fait le plaisir de la conduire[14].

« Daignez, Monsieur, protéger également la mère et l'enfant qui, après Dieu, mettent toute leur confiance en vous, confiance qui n'a d'égale que les sentiments respectueux avec lesquels j'ai l'honneur d'être, Monsieur, votre très humble et très obéissante servante.

« MÉNARD[15]. »

Le lendemain, nouvelle lettre, où la courtisane repentie semble fermement décidée à se retirer dans un monastère : « Lasse d'être sa victime [du duc de Chaulnes] et de me donner en jouet au public, écrit-elle, je me fortifie de plus en plus dans la résolution de prendre le couvent pour partage. » Mais, en se relisant, elle rajoute en marge : *du moins pour quelque temps*. On ne sait jamais : si M. de Sartine prenait sa vocation au sérieux !

Le lieutenant de police charge alors le même abbé Dugué de trouver une maison religieuse susceptible d'accueillir la mère et la fille. Le bon vicaire, dont l'indéniable esprit de charité ne saurait pourtant chasser la peur de son âme pusillanime, entreprend ses démarches avec une circonspection toute jésuitique, évitant soigneusement tout ce qui pourrait attirer sur sa personne les foudres de l'irascible duc et pair. D'autant que celui-ci n'est pas encore en prison, et que l'on doit tout craindre de ses emportements. S'il venait répandre ses fureurs dans l'enclos du couvent ? S'il tentait d'enlever sa maîtresse par la force ? Si l'on apprenait enfin la vérité sur Mlle Ménard ? Si les religieuses découvraient qu'il s'agit d'une fille galante ? N'allait-il pas passer pour un menteur ? ou pis encore ? Telles étaient les frayeurs du digne abbé Dugué, décidément fort embarrassé du rôle qu'on lui faisait jouer, et qui eût bien voulu faire partager ses doutes à M. de Sartine. Mais un policier comprendra-t-il jamais ce qui se passe dans la cervelle d'un chanoine ! Gageons plutôt qu'il haussa les épaules en lisant ses dévotieuses perplexités :

« 15 février 1773

« Monseigneur [16],

« Au sortir de votre audience, je me suis rendu au couvent de la Présentation pour voir, selon vos ordres, si on y pouvait trouver retraite pour la mère et l'enfant. Je parle de Mlle Ménard et de sa petite, que j'avais conduites à ce monastère jeudi soir, selon ce que j'ai eu l'honneur de vous informer samedi dernier. Il m'a été impossible de réussir; il n'y avait absolument aucune place, et certes qu'à votre recommandation, et vu la bonne volonté de Mme la prieure pour cette demoiselle, on l'y aurait bien reçue, s'il y avait eu lieu.

« À ce défaut, je suis retourné aux Cordelières de la rue de l'Oursine, faubourg Saint-Marceau [17], et après bien des questions qu'il m'a fallu éluder et essuyer, on m'envoya relativement à ma demande, hier dimanche matin, une lettre d'acceptation, en conséquence de laquelle j'ai, ce jourd'hui, vers onze heures du matin, conduit Mlle Ménard audit couvent des Cordelières. Oserais-je vous l'avouer, Monseigneur ? Innocemment compromis dans cette catastrophe qui peut avoir bien de fâcheuses suites, et entendant parler plus que je ne voudrais des violentes résolutions de celui que fuit Mlle Ménard, je crains beaucoup pour moi-même que mon trop de bon cœur ne m'attire à ce sujet de bien disgracieux reproches. Une seule chose pourrait me rassurer, ce serait de savoir qu'il fût possible d'empêcher M. le duc de Ch[aulnes] ou M. de B[eaumarchais] et ses agents, ou leurs agents, car ils en ont, d'aborder cet asile, du moins pour quelque temps ; car, vu les difficultés qu'on m'a faites d'accepter cette demoiselle, que le désir de m'en voir quitte m'a fait nommer ma parente et annoncer exempte d'allure, me réclamant moi-même de gens en place dans mon état, que dira-t-on si, par la violence ou l'imprudence même de l'un ou l'autre de ces intéressés, ces religieuses voient que c'est une maîtresse entretenue que je leur ai procurée ?...

« Tandis que si ces téméraires rivaux pouvaient la laisser tranquille, ce repos, joint à la douceur de la figure, et plus encore du caractère de cette affligée recluse, faisant tout en sa faveur dans cette maison d'ordre, m'empêcherait d'y passer non seulement pour menteur, mais même pour fauteur d'une conduite irrégulière. J'ai laissé ces dames très bien disposées pour leur nouvelle pensionnaire ; mais je le répète, quelle disgrâce pour elle et pour moi, qui me suis fort avancé, si la jalousie ou l'amour, également hors de place, allaient jusqu'à son parloir faire exhaler leurs transports amoureux ou leurs soupirs mésédifiants [18].

« Mlle Ménard m'avait chargé de vous faire quelques autres détails relatifs à elle ; une lettre ne peut les contenir ; cette présente n'est déjà que trop importune. Si ce qui la concerne dans les occurrences présentes vous intéresse assez pour m'autoriser derechef à vous parler d'elle, daignez dans ce cas m'assigner le moment d'y satisfaire. En obéissant à vos ordres, je répondrai à la singulière confiance qu'elle a prise en moi. Puissent mes faibles services, sans que je sois compromis, adoucir ses peines !

« Je suis avec respect, Monseigneur, votre très humble et très obéissant serviteur,

« DUGUÉ l'aîné,
« prêtre, cloître Notre-Dame [19]. »

RETOURNEZ AU COUVENT !

L'abbé Dugué avait donc réussi à caser la protégée de M. de Sartine dans un couvent, mais il ne pouvait la persuader qu'elle y trouverait le bonheur. L'« affligée recluse » ne goûtait en effet que très modérément les délices de la vie monastique. Elle les trouvait plutôt « mésédifiantes », comme aurait dit l'abbé. Quinze jours seulement après son entrée chez les Cordelières, elle abandonna le cloître et regagna son domicile avec sa fille. Sachant à présent son persécuteur derrière les barreaux, elle n'avait plus rien à redouter. Cependant, si brève qu'elle fût, sa réclusion lui avait coûté cher : l'avance versée aux religieuses pour sa pension et l'appartement qu'elle avait dû meubler avaient creusé un énorme trou dans ses économies. D'urgence, il fallait trouver une source de revenu. Que faire, sinon reprendre son métier de comédienne ?

Mais Beaumarchais ne l'entend pas du tout de cette oreille. Informé de son escapade et de ses projets histrioniques, il se fâche et entreprend de lui faire changer d'avis. Prétendant savoir mieux qu'elle ce qui lui convient, il l'adjure de retourner à son couvent, avec la même tyrannique insistance qu'il mettait naguère à régenter le destin de ses sœurs. Même s'il y met des formes (un minimum, il est vrai !), la lettre qu'il lui adresse par l'intermédiaire de Sartine ressemble fort à une injonction :

« Il ne convient à personne de gêner la liberté d'autrui, mais les conseils de l'amitié doivent augmenter de poids en raison de leur désintéressement. J'apprends, Mademoiselle, que vous êtes sortie du couvent aussi inopinément que vous y étiez entrée. Quels peuvent être vos motifs pour une action qui paraît imprudente ? Avez-vous craint que quelque abus d'autorité ne vous y retînt ? Réfléchissez, je vous prie, si vous êtes plus à l'abri dans votre maison d'être enlevée pour être mise au couvent, si quelque ennemi puissant se croit assez fort pour vous y retenir. Les inquiétudes qu'on vous donnerait à ce sujet sont illusoires ou intéressées. Quel bonheur pouvez-vous trouver à courir sans cesse d'un lieu à un autre, et quel attrait cet horrible logis où vous avez tant souffert a-t-il pour vous ? Dans la situation pénible de vos affaires, ayant peut-être épuisé votre bourse à payer d'avance un quartier de pension et à vous faire meubler un appartement de couvent, devez-vous tripler sans nécessité vos dépenses, et la retraite volontaire où la frayeur et le chagrin vous avaient conduite n'est-elle pas un asile cent fois plus convenable en ces premiers moments de trouble que l'horrible demeure dont vous devriez désirer d'être à cent lieues ? On dit que vous pleurez ! De quoi pleurez-vous ? Êtes-vous la cause du malheur de M. de Chaulnes et du mien ? Vous n'en êtes que le prétexte et si, dans cette exécrable aventure, quelqu'un a des grâces à rendre au sort, c'est vous qui, sans avoir aucun reproche à vous faire, avez recouvré une liberté que le plus injuste des tyrans et des fous s'était arrogé le droit d'envahir. Je devrais bien faire entrer en compte ce que vous devez à ce bon et digne abbé Dugué qui, pour vous servir, a été obligé de dissimuler votre nom et vos peines dans le couvent où vous avez été reçue sur sa parole. Votre sortie, qui a l'air d'une incartade, ne le compromet-elle pas auprès de ses supérieurs, en lui donnant l'air de s'être mêlé d'une noire intrigue, lui qui n'a mis dans tout ceci que douceur, zèle et compassion pour vous ?

« Vous êtes honnête et bonne, mais tant de secousses redoublées peuvent avoir jeté un peu de désordre dans vos idées. Il serait bien à propos que quelqu'un de sage se fît un devoir de vous montrer votre situation juste comme elle est, non heureuse, mais douce. Croyez-moi, ma chère amie, retournez dans le couvent où l'on dit que vous

vous êtes fait chérir. Pendant que vous y serez, rompez le ménage inutile et dispendieux que vous tenez contre toute raison. Le projet qu'on vous suppose de remonter au théâtre est fou ; il ne faut vous occuper qu'à tranquilliser votre tête et rétablir votre santé.

« Enfin, Mademoiselle, quelles que soient vos idées pour l'avenir, elles ne peuvent ni ne doivent m'être indifférentes. Je dois en être instruit, et j'ose vous dire que je suis peut-être le seul homme dont vous puissiez accepter des secours sans rougir. Plus il sera prouvé par votre séjour au couvent que nous n'avons pas de liaisons intimes, et plus je serai cn droit de me déclarer votre ami, votre protecteur, votre frère et votre conseil.

« BEAUMARCHAIS[20]. »

« TROP DE JACTANCE ! »

Profitant de l'immobilité forcée du détenu, le comte de La Blache se livre contre lui à une véritable entreprise de lynchage verbal. Tous les jours, escorté du sinistre Caillard, il se rend chez les magistrats de la capitale et les entreprend sur son procès. Son but est simple : ruiner la réputation de son adversaire et se présenter comme sa victime. Qu'est-ce, après tout, que ce Caron, dit Beaumarchais ? Un fils de boutiquier, un vulgaire arriviste, un faussaire, un malotru jaloux, plein de fiel, coureur de dots et de filles. Faux bruits, rumeurs, ragots : tout y passe, et tout paraît vrai dans la bouche de ce noblaillon, héritier d'une des plus grosses fortunes de France. Car, n'en déplaise à madame Thémis en personne, le freluquet ne pèse pas moins d'un million cinq cent mille livres ! Devant une telle évidence, les créatures de Maupeou écarquillent les yeux et multiplient les courbettes. Pour le sieur de La Blache, c'est gagné d'avance. Surtout lorsqu'il laisse un petit souvenir au moment de prendre congé. Bien sûr, les « épices » sont interdites (Maupeou *dixit* !). Mais un joli diamant pour madame... cela ne se refuse pas.

Pendant ce temps, le malheureux prisonnier quémande en vain l'autorisation de s'absenter quelques heures par jour afin de solliciter ses juges, comme le veut l'usage. Usage exécrable, il est vrai, mais profondément ancré dans les mœurs judiciaires de l'époque, et qui risque de coûter cher à quiconque oserait s'en affranchir[21]. Or cette autorisation dépend exclusivement du ministre de la Maison du roi. Nous avons vu que, en dépit de sa bienveillance, Sartine n'avait pu l'obtenir pour son protégé. Beaumarchais rédige donc à l'intention de M. de La Vrillière un mémoire justificatif, dans lequel il expose sa conduite jour après jour, en apportant des preuves de son innocence. Le 1er mars, il le fait parvenir à son destinataire par l'intermédiaire d'un certain Mesnard de Chouzy, premier commis au ministère de la Maison du roi[22]. La lettre d'accompagnement qu'il adresse à ce dernier ne se contente pas de vagues formules d'usage ; elle contient des notations personnelles dont certaines valent d'être citées :

« J'entends crier partout que j'ai des ennemis ; je les mets au pire, Monsieur, s'ils ne sont pas les plus méchants des hommes ; et s'ils le sont, qu'ils laissent aller le cours de la justice ; on ne me fera nulle grâce. Je passe ma vie au sein de ma famille très nombreuse, dont je suis le père et le soutien. Je me délasse des affaires avec les belles-lettres, la belle musique, et quelquefois les belles femmes. J'ai reçu de la nature un esprit gai, qui m'a souvent consolé de l'injustice des hommes. À la vérité, les contradictions perpétuelles d'une vie fort traversée ont peut-être donné un peu de raideur à mon âme, qui n'est plus aussi flexible que dans ma jeunesse. Mais un peu de fierté sans hauteur est-elle incompatible avec un cœur honnête et généreux ? Je n'ai jamais couru la carrière de personne ; nul homme ne m'a jamais trouvé barrant ses vues ; tous les goûts agréables se sont trop multipliés chez moi pour que j'aie eu jamais le temps ni le dessein de faire une méchanceté[23]. »

Le 10 mars, la réponse au mémoire parvient à M. de Sartine, qui la communique sur-le-champ au prisonnier. C'est un refus sans appel : « M. le duc de La Vrillière me mande, Monsieur, que le roi, à qui il a rendu compte de votre demande de sortir du For-l'Évêque pour suivre votre procès, n'a pas jugé à propos de vous accorder cette permission. Le ministre observe que vous pouvez charger votre procureur de faire les démarches nécessaires pour le succès de votre affaire. Je suis très fâché de ne pouvoir pas vous annoncer une décision plus favorable[24]. »

Révolté par tant d'injustice, Beaumarchais laisse libre cours à sa colère dans sa réponse à Sartine. Sans prudence excessive, il est vrai, car il ne ménage guère l'« homme de qualité » responsable de ses maux. Mais le lieutenant de police est devenu un ami auquel il peut tout dire :

«Le 11 mars 1773

« Il est bien prouvé pour moi, maintenant, qu'on veut que je perde mon procès, s'il est perdable ou seulement douteux. Mais je vous avoue que je ne m'attendais pas à l'observation dérisoire de M. le duc de La Vrillière *de faire solliciter mon affaire par mon procureur*, lui qui sait aussi bien que moi que cela même est défendu aux procureurs. Ah ! grands dieux ! ne peut-on perdre un innocent sans lui rire au nez ? Ainsi, Monsieur, j'ai été grièvement insulté, et l'on m'a dénié justice, parce que mon adversaire est de qualité. J'ai été mis en prison, et l'on m'y retient, parce que j'ai été insulté par un homme de qualité ! L'on va jusqu'à trouver mauvais que je fasse revenir le public des fausses impressions qu'il a reçues, pendant que les gazettes impudentes des *Deux-Ponts* et de *Hollande* me déshonorent indignement pour servir mon adversaire de qualité. Peu s'en est fallu qu'on ne m'ait dit que j'étais bien insolent d'avoir été outragé de toutes les façons possibles par un homme de qualité ; car que veut dire la phrase dont tous mes solliciteurs sont payés : "Il a mis trop de jactance dans cette affaire ?" Pouvais-je faire moins que demander justice et prouver par la conduite de mon adversaire que je n'avais nul tort ? Quel prétexte pour perdre et ruiner un homme offensé, que de dire : "Il a trop parlé de son affaire", comme s'il m'était possible de parler d'autre chose !

« Recevez mes actions de grâce, Monsieur, de m'avoir fait parvenir ce refus et cette observation de M. le duc de La Vrillière, et pour le bonheur de ce pays, puisse votre pouvoir égaler un jour votre sagesse et votre intégrité ! Les malheureux ne feront plus de pareils plaidoyers. Ma reconnaissance égale le profond respect avec lequel je suis[25] », etc.

Quarante-huit heures plus tard, nouvelle missive à Sartine, pour le prier d'intervenir à nouveau auprès de La Vrillière, et dans laquelle revient cette lancinante question : « De quoi me punit-on ? » Personne, en effet, ne s'est expliqué sur les causes réelles de sa détention. Et rien, apparemment, ne justifie son maintien sous les verrous. Rien, sinon le souci de mettre un « homme de qualité » à l'abri d'une mauvaise affaire et d'une méchante poursuite. Rien, sinon le désir à peine dissimulé d'avantager un autre « homme de qualité » et de lui faire gagner son procès.

L'« EXCELLENTE PETITE FEMME »

Ce que réclamait Beaumarchais n'avait pourtant rien d'outre-cuidant : tous les acteurs détenus au For-l'Évêque bénéficiaient d'une liberté provisoire pour jouer la comédie. Pourquoi pas lui, qui en avait tant besoin pour solliciter ses juges ? La réponse est simple. M. de La Vrillière n'avait pas du tout apprécié les termes de son mémoire. Qu'y disait-il ? Qu'il n'avait aucun tort, que sa conduite avait été « un chef-d'œuvre de prudence et de courage », qu'on l'avait jeté en prison « au grand étonnement de toute la terre, c'est-à-dire de tous les honnêtes gens ». Autrement dit, le vrai coupable n'était autre que M. de La Vrillière lui-même, qui le persécu-tait injustement. Offense inadmissible. Ainsi, l'insolent qui avait osé le défier une première fois en s'abritant derrière les Maréchaux de France, récidivait aujourd'hui en se faisant passer pour une vic-time ? C'était plus que ne pouvait le supporter ce septuagénaire blanchi sous le harnois et bouffi d'orgueil.

Empêché d'aller solliciter en personne, Beaumarchais adressait ses requêtes aux conseillers par la voie de son avocat, non sans donner les raisons de sa situation présente, en espérant que les rigueurs qu'il endurait injustement rendraient la cour plus favo-rable à sa cause. Sartine, de son côté, le pressait d'offrir à La Vrillière une soumission pleine et entière, accompagnée de regrets bien sentis, et de lui présenter sa requête le plus humblement du monde, comme une grâce : c'était le seul moyen d'obtenir son droit de sortie. Mais quoi ! Se prosterner devant ce vieillard borné ? implorer son pardon ? se repentir de fautes qu'il n'a pas commises ? lui jurer un respect éternel ? joindre les larmes aux prières ? Plutôt perdre son procès !

De son côté, Sartine ne ménageait aucun effort en direction du ministre, avec l'espoir de le faire fléchir, mais en pure perte : il ne céderait jamais tant que l'on ne se décidait pas à s'humilier devant lui. Les choses en étaient là lorsque Pierre-Augustin se vit offrir le secours – pour le moins inattendu – de la demoiselle Ménard, laquelle, fraîchement débarquée de son cloître, venait de son propre chef offrir assistance à son ancien amant. À vrai dire, il s'en serait bien passé. Loin d'arranger ses affaires, ce concours risquait bien de tout faire capoter. Il connaissait trop l'aimable écervelée pour ne pas se méfier de ses initiatives. Il fallait tout de suite prévenir Sartine, le mettre en garde contre les menées de la petite personne. Mais comme au demeurant l'aventure l'amusait au plus haut point, il le fit sur le ton de la légèreté narquoise.

« Mme Ménard m'a seulement fait dire hier, par un de mes amis [probablement Gudin], que vous avez bien voulu lui promettre de tenter un nouvel effort en ma faveur, dimanche, auprès du ministre. Mais la façon mystérieuse dont cette annonce m'a été faite en ferait presque douter, car la bonne petite y met toutes les gentilles et puériles mignardises dont son sexe assaisonne les moindres bienfaits. À l'en croire, il lui faudrait un ordre exprès pour me voir, des témoins pour l'accompagner, des permissions pour m'écrire, et même des précautions pour oser correspondre avec moi par un tiers. À travers tout cela, cependant, *agnosco veteris vestigia flammæ*[26], je ne puis m'empêcher de sourire à ce mélange d'enfantillages et d'aimable intérêt. Vouloir me persuader que le ministre me fait la grâce de porter une sévère attention jusque sur mes liaisons d'amitié ! Un joueur de paume, en pelotant, s'informe-t-il de quoi l'intérieur des balles est composé ?

« Quoi qu'il en soit, Monsieur, je vous réitère mes vives instances de remettre sous les yeux du ministre le tort affreux que peut me faire le manque de sollicitation personnelle dans mon procès La Blache, et je vous fais mes plus sincères remerciements, si vous avez, en effet, eu la bonté de le promettre à Mme Ménard.

« J'ose espérer que vous voudrez bien ne pas faire connaître à cette excellente petite femme que je vous ai instruit de l'importance qu'elle prétend qu'on attache à ses démarches frivoles dans une affaire aussi grave, et où il ne s'agit pas moins que de la détention d'un citoyen insulté, grièvement insulté, plaignant, non jugé, que l'autorité jette en prison, y laisse morfondre et se ruiner.

« Plus cette aimable enfant s'efforce à me le faire croire, moins elle me pardonnerait d'en douter, surtout de vous en entretenir, et, comme dit Ovide ou Properce, *nullæ sunt inimicitiæ nisi amoris acerbæ*[27]. Mais je m'aperçois qu'en la blâmant je fais comme elle, et que je mêle indiscrètement de petites choses aux sollicitations les plus sérieuses.

« Je m'arrête, et je suis avec le plus profond respect, Monsieur, votre très humble et très obéissant serviteur[28]. »

LA REDDITION

Les choses en restèrent là, les deux parties figées dans leur position respective – l'une refusant de céder, l'autre de ramper – jusqu'au 20 mars très exactement. Ce jour-là, le prisonnier reçut une
longue lettre non signée qui le fit réfléchir. Que lui disait son mystérieux correspondant ? Rien qu'il ne sût déjà. Mais sans doute
avait-il besoin de le lire noir sur blanc pour s'en persuader complètement. Cela peut se résumer ainsi : sous une monarchie absolue, il
ne faut surtout pas plaider sa cause en citoyen opprimé, mais subir
la loi du plus fort et parler en suppliant. D'où Beaumarchais tire
cette conclusion :
    1. S'il n'obtient pas la liberté provisoire qu'il demande depuis
des semaines, il perd son procès.
    2. De tous les ministres de Louis XV, La Vrillière est assuré-
ment le plus haï, le plus vilipendé du royaume. C'est pourtant de
cet homme que dépendent aujourd'hui son destin et sa fortune.
    Moralité : Beaumarchais contre La Vrillière = David contre
Goliath.
    Le lendemain, 21 mars, ledit Beaumarchais signe sa reddition
dans des termes qui, à vrai dire, laissent songeurs. Tant de pathétique dans la repentance, tant de lyrisme dans la mortification, tant
d'hyperbole dans la louange, tant de bassesse dans la servilité… Et
toute la famille Caron en larmes aux pieds de « Monseigneur »…
Que de sourires en coin !

    « Monseigneur,
    « L'affreuse affaire de M. le duc de Chaulnes est devenue pour
moi un enchaînement de malheurs sans fin, et le plus grand de tous
est d'avoir encouru votre disgrâce. Mais si, malgré la pureté de
mes intentions, la douleur qui me brise a emporté ma tête à des
démarches qui aient pu vous déplaire, je les désavoue à vos pieds,
Monseigneur, et vous supplie de m'en accorder un généreux pardon. Ou, si je vous parais mériter une plus longue prison, permettez-moi seulement d'aller pendant quelques jours instruire mes
juges au palais, dans la plus importante affaire pour ma fortune et
mon honneur, et je me soumets après le jugement, avec reconnaissance, à la peine que vous m'imposerez. Toute ma famille en
pleurs joint sa prière à la mienne. Chacun se loue, Monseigneur, de

votre indulgence et de la bonté de votre cœur. Serais-je le seul qui vous aie vainement imploré ? Vous pouvez d'un seul mot combler de joie une foule d'honnêtes gens, dont la vive reconnaissance égalera le très profond respect avec lequel nous sommes tous, et moi particulièrement, Monseigneur, votre, etc.

« CARON DE BEAUMARCHAIS.
« Du For-l'Évêque, ce 21 mars 1773[29]. »

Le ministre n'attendait apparemment que cela ! Dès le lendemain, 22 mars, il adressait à Sartine l'autorisation de laisser sortir le prisonnier du For-l'Évêque dans la journée, sous la conduite d'un officier de police assermenté, « à condition qu'il y rentrera exactement pour y prendre ses repas et y coucher[30] ».

Pour l'accompagner chez ses juges, Sartine désigna un exempt nommé Santerre, lequel fut également chargé d'établir des rapports quotidiens sur ces visites. Beaumarchais n'eut qu'à se louer de lui auprès du lieutenant de police : « Je vous remercie du choix de M. de Santerre, qui s'est obligeamment pressé de me faire un moment changer d'air et sortir du pestilentiel que je respire depuis si longtemps, en me conduisant chez mes gens d'affaire. Il est de la plus grande honnêteté pour moi[31]. »

« MON PETIT AMI CONSTANT »

Avant de nous engager dans les tortueux méandres de l'affaire Goëzman, accordons-nous un moment de détente avec le gracieux intermède que voici.

Le 23 janvier 1765, neuf mois seulement après la mort de Mme de Pompadour, Charles Le Normant d'Étiolles avait épousé en secondes noces une ancienne coryphée de l'Opéra, Marie-Anne-Étiennette Raime (ou Rem), rebaptisée Marie-Anne Matha de Baillon à la faveur d'un faux état civil[32]. Cette union lui donna cinq enfants, dont un fils, Charles-François Constant, né le 2 juin 1767. Or ce petit Constant, pour lors âgé de six ans, apprenant que son grand ami Beaumarchais était en prison, eut la charmante idée de lui envoyer sa bourse, avec un petit mot non moins charmant, ainsi rédigé :

« Neuilly, 2 mars 1773

« Monsieur,

« Je vous envoie ma bourse, parce que dans une prison, on est toujours malheureux. Je suis bien fâché que vous êtes en prison. Tous les matins et tous les soirs, je dis un *Ave Maria* pour vous.

« J'ai l'honneur d'être, Monsieur, votre très humble et très obéissant serviteur.

« Constant. »

Touché d'une pensée si délicate, et si peu fréquente à cet âge, Beaumarchais en attribue tout le mérite à sa mère :

« Du For-l'Évêque, 4 mars 1773

« Je vous remercie bien sincèrement, Madame, de m'avoir fait parvenir la lettre et la bourse de mon petit ami Constant. Ce sont les premiers élans de la sensibilité d'une jeune âme qui promet d'excellentes choses. Ne lui rendez pas sa propre bourse, afin qu'il ne puisse pas en conclure que tout sacrifice porte cette espèce de récompense ; il lui sera bien doux un jour de la voir en vos mains comme une attestation de la tendre honnêteté de son cœur généreux. Dédommagez-le d'une façon qui lui donne une idée juste de son action, sans qu'il puisse s'enorgueillir de l'avoir faite. Mais je ne sais ce que je dis, moi, de joindre mes observations à des soins capables d'avoir fait germer et développer une aussi grande qualité de bienfaisance, dans l'âge où il n'y a d'autre moralité que de tout rapporter à soi. Recevez mes remerciements et mes compliments. [...] Cette lettre et cette bourse m'ont causé une joie d'enfant à moi-même. Heureux parents ! vous avez un fils capable à six ans de cette action. Et moi aussi, j'avais un fils, je ne l'ai plus [33] ! et le vôtre vous donne déjà de tels plaisirs ! Je les partage de tout mon cœur, et je vous prie de continuer à aimer un peu celui qui est cause de cette charmante saillie de notre petit Constant [34]. »

Naturellement, le cher petit ne fut pas oublié ; Beaumarchais lui adressa le même jour cette jolie missive :

« Mon petit ami Constant, j'ai reçu avec bien de la reconnaissance votre lettre et la bourse que vous y avez jointe ; j'ai fait le juste partage de ce qu'elles contiennent selon les besoins différents des prisonniers, mes confrères, et de moi, gardant pour votre ami

Beaumarchais la meilleure part, je veux dire les prières, les *Ave Maria* dont certes j'ai grand besoin, et distribuant à de pauvres gens qui souffrent tout l'argent que renfermait votre bourse. Ainsi, ne voulant obliger qu'un seul homme, vous avez acquis la reconnaissance de plusieurs ; c'est le fruit ordinaire des bonnes actions comme la vôtre.

« Bonjour, mon petit Constant [35]. »

CHAPITRE XIII

Quinze louis contre Louis XV

« Ma vie est un combat. »

LA TOURNÉE DES JUGES

Cela fait maintenant plus d'un mois que La Blache mène campagne contre son rival, l'accusant de tous les maux, le traitant de tous les noms. Comment rattraper tout ce temps perdu? À peine a-t-il reçu son autorisation de sortie que Pierre-Augustin se met courageusement à la tâche, escorté du fidèle Santerre. Au programme: tournée systématique de tous les juges de la capitale. Mais, dès les premières visites, il doit se rendre à l'évidence. Il est trop tard. M. de La Blache est déjà passé par là, porteur de propos injurieux, de basses flatteries... et de petits présents. Blindés de préventions à son égard, ces messieurs se font presque tous porter absents. Méfiance? Mépris? Un peu des deux, sans doute. Sans compter que la présence de ce policier toujours sur ses talons ne contribue guère à les rassurer. Il va chez l'un, puis chez l'autre, trouve porte close, inscrit son nom et sa supplique chez le portier, repasse une heure plus tard. Personne. Revient. Toujours personne. Lassé de descendre de voiture et de remonter trente fois par jour, il fait déposer par son laquais de petits formulaires tout prêts qu'il suffit de remplir: «Beaumarchais supplie Monsieur... de lui accorder la faveur d'une audience, et de laisser ses ordres à son portier, pour le jour et l'heure.»

Le 23 mars, il se rend quai Saint-Paul (aujourd'hui quai des Célestins, en face de l'île Saint-Louis), chez le magistrat instructeur de l'affaire, Louis Valentin Goëzman. Le maître des lieux n'étant pas visible, le visiteur est prié de laisser son nom sur le registre du portier : «Beaumarchais est venu solliciter une courte audience de M. de Goëzman dans son affaire contre M. le comte de La Blache.» Le 26, nouvelle tentative, sans plus de succès. Cette fois-ci, l'avis de passage se fait plus pressant : «Il est de la dernière importance pour M. de Beaumarchais que monsieur de Goëzman veuille bien laisser chez son portier l'heure à laquelle il lui accordera la faveur de son audience. Le temps devient bien précieux. M. de Beaumarchais fera prendre ses ordres pour cet objet[1].» Il repasse le 27 mars : point de message. Mais, sur ces entrefaites, et tout à fait par hasard, il aperçoit son homme chez un autre conseiller de la Grand-Chambre, nommé La Calprenède. L'heure et le lieu ne se prêtent guère à un entretien, mais il parvient à glisser dans les mains du juge le numéro de la *Gazette de La Haye* dans laquelle il est copieusement malmené[2]. Les deux compères sont tellement affairés qu'ils font à peine attention à lui.

Le 1er avril, Pierre-Augustin apprend que ce même Goëzman est officiellement désigné comme rapporteur de l'affaire. C'est de lui désormais que dépendent son sort et sa fortune – et de lui seul, car les juges suivent presque toujours les conclusions du rapporteur. Il ne pouvait tomber plus mal ! Juriste obscur, originaire d'Alsace, Goëzman avait fait partie de l'entourage du duc d'Aiguillon en qualité d'agent secret. C'est là que Maupeou l'avait déniché, lorsqu'il cherchait des magistrats pour son parlement. L'homme possédait toutes les qualités requises : docile, discipliné, sans conviction, dépourvu d'idée personnelle, c'était le parfait godillot. Maupeou en fit un conseiller à la Grand-Chambre[3].

Et comme une mauvaise nouvelle n'arrive jamais seule, Beaumarchais apprend le même jour que le jugement sera rendu le 5 avril. Dans quatre jours ! Une telle hâte !... un pareil juge... ! Est-ce uniquement de la malchance ? Ne peut-on penser à quelque machination ? Sans perdre une seconde, Beaumarchais se précipite quai Saint-Paul. Monsieur n'est pas là. Il se présente trois fois dans l'après-midi, dépose son formulaire : «Beaumarchais supplie Monsieur de lui accorder la faveur d'une audience, etc.» Pas de réponse. Le lendemain matin, 2 avril, nouvelle tentative ; la femme du portier le congédie sèchement : Monsieur ne veut voir personne, inutile d'insister. Il revient après déjeuner : même réponse. En se retirant, il voit un rideau se soulever à l'étage, et l'œil ironique de Goëzman se poser sur lui. En tout, il ne se présentera pas moins de dix fois de suite, entre le 1er avril au matin et le 3 avril à midi : «Matin et soir, avant et après dîner, nous n'en bougions, se souviendra le brave Santerre. De ma vie, je n'ai éprouvé autant d'ennui, et rien ne peut y être comparé, si ce n'est l'impatience immodérée de mon prisonnier[4].» Cependant, le temps se réduit comme peau de chagrin, chaque minute compte. Que faire ?

« L'ART DE PLUMER LA POULE SANS LA FAIRE CRIER »

Le 2 avril au soir, alors qu'il revient d'une de ses courses harassantes, l'envie lui prend de faire un détour par la place Dauphine où loge sa sœur Lépine, la femme de l'horloger, celle qu'on appelle Fanchon. Il éprouve le besoin de retrouver un peu de calme, de se confier, de prendre conseil... Il la trouve en compagnie d'Antoine Bertrand d'Airolles, vieux garçon, négociant à Marseille, qui habite chez Fanchon lors de ses séjours dans la capitale, et qui passe pour son amant[5]. Ce d'Airolles semble tout particulièrement intéressé par le récit de ses tribulations. Soudain, entendant le nom de Goëzman, il se frappe le front. Goëzman ? Vous avez dit Goëzman ? Cela tombe bien. Il connaît justement l'éditeur de ce Goëzman : un libraire nommé Le Jay, Edme-Jean Le Jay. C'est lui qui publie les traités de droit du juriste. À peu près illettré, sachant à peine rédiger une lettre, brave homme au demeurant, plus bête que méchant, ce Le Jay voit régulièrement Mme Goëzman dans sa librairie, lorsqu'elle vient toucher les droits d'auteur de son mari. Il entretient avec elle des relations plus qu'amicales, et pourrait sans difficulté lui demander une audience[6]. Seconde épouse du magistrat, de trente ans plus jeune que lui, Gabrielle Goëzman ne manque pas de charme, si l'on en croit Beaumarchais lui-même, toujours sensible au beau sexe, fût-ce celui de sa pire ennemie. Coquette, avide et dépensière, de caractère emporté, disons même forte en gueule, elle parle trop, et souvent à la légère. Elle aurait confié un jour à Le Jay que, « s'il se présentait un client généreux, dont la cause fût juste, et qu'il ne demandât que des choses honnêtes, elle ne croirait pas offenser sa délicatesse en recevant un présent[7]». Une autre fois, elle aurait imprudemment déclaré devant témoins : «Il serait impossible de se soutenir honnêtement avec ce qu'on nous donne, mais nous avons l'art de plumer la poule sans la faire crier[8].» Les maladresses répétées de la belle Gabrielle finiront par coûter cher à son époux. Mais n'anticipons pas.

Le Jay court la trouver sur l'heure et fait savoir par Bertrand que son mari est prêt à accorder un entretien à Beaumarchais, moyennant un versement de deux cents louis. Pierre-Augustin se récrie. Deux cents louis? Mais cela fait quatre mille huit cents livres! On veut sa ruine! Il commence par refuser, mais se reprend aussitôt, sur la prière des siens, marchande comme il sait si bien le faire, et finit par réduire les prétentions de la dame de moitié. Témoin de ces négociations, son vieux camarade La Châtaigneraie, toujours présent dans les coups durs, offre d'avancer la somme[9]. Il court à l'instant chez lui, prend cent louis d'or qu'il enfouit dans ses poches, et les apporte à Fanchon[10]. En bonne ménagère, celle-ci n'en remet que cinquante au sieur Le Jay, estimant que c'est bien assez pour une malheureuse entrevue. Le lendemain, Bertrand revient chercher les cinquante autres louis en sermonnant gentiment la brave Lépine : «Quand on fait un sacrifice, lui dit-il, il faut le faire honnête ; autrement, il perd son mérite ; et monsieur votre frère désapprouverait beaucoup, s'il le savait, qu'on eût perdu seulement quatre heures pour épargner un peu d'argent.» Puis il fait deux rouleaux des cent louis, les cachette par les deux bouts, monte dans un carrosse de place avec Le Jay et va porter la somme à Mme Goëzman.

La conseillère range les précieux rouleaux dans son armoire et promet un rendez-vous avec son mari pour le soir même. Pas avant neuf heures, précise-t-elle. Bertrand revient aussitôt trouver Beaumarchais et lui donne les instructions suivantes : «Présentez-vous ce soir à la porte de M. Goëzman. On vous dira encore qu'il est sorti ; insistez beaucoup, demandez le laquais de Madame, remettez-lui cette lettre, qui n'est qu'une sommation polie à la dame de vous procurer l'audience, suivant la convention faite entre elle et Le Jay, et soyez certain d'être introduit.» Vers neuf heures du soir, Beaumarchais se rend donc chez Goëzman, accompagné de son avocat, Me Falconet, et de l'inévitable Santerre.

Tout se passe alors comme prévu. On lui refuse d'abord la porte, il demande à parler au laquais de Madame, celui-ci paraît,

Beaumarchais lui tend la lettre pour sa maîtresse. «Je ne peux la remettre tout de suite, s'excuse le domestique: Monsieur est dans le cabinet de Madame avec elle. – Raison de plus pour la porter à l'instant, réplique Beaumarchais. Je vous promets qu'on ne vous en saura pas mauvais gré.» Le larbin s'éclipse, puis revient l'instant d'après: «Vous pouvez monter dans le cabinet de Monsieur; il va s'y rendre lui-même par l'escalier intérieur qui descend chez Madame.» En passant par l'antichambre, Beaumarchais note que le couvert est mis: les Goëzman n'ont pas encore dîné et vont se mettre à table, se dit-il; l'audience ne sera pas longue. Voilà donc la raison de cette heure tardive. Quelques minutes plus tard, M. Goëzman rejoint ses visiteurs. Râblé, taillé à coups de serpe, une épaule déjetée, la barbe drue, l'œil gauche affecté d'un strabisme divergeant, l'homme inspire une sorte de répulsion.

Il commence par contester certaines pièces du dossier, mais ses observations paraissent si futiles que Pierre-Augustin ne peut s'empêcher de lui poser la question qui lui brûle les lèvres. Est-il suffisamment instruit de l'affaire sur laquelle il doit rapporter dans quarante-huit heures? La réponse tombe comme un couperet: il la connaît suffisamment pour la juger; d'ailleurs, elle est très simple, et il espère bien en rendre un compte exact à la cour, lundi prochain (5 avril). Un autre détail ne laisse pas d'intriguer notre solliciteur et d'accroître son malaise. Tout au long de l'entretien, qui n'a pas duré plus d'un quart d'heure environ, Goëzman était secoué d'un ricanement bref. Ce hoquet bizarre lui paraît de mauvais augure.

De retour chez sa sœur (sans doute avait-il ce jour-là la permission de minuit), il confie ses craintes à ses amis. Bertrand d'Airolles s'empresse de les transmettre à Mme Goëzman en sollicitant une seconde audience. La dame se veut rassurante: si les objections de son mari ont paru frivoles à M. de Beaumarchais, c'est qu'il n'y en avait pas de plus sérieuses à lui opposer. Quant à son rictus, c'est un tic d'origine nerveuse; il ne faut pas s'en inquiéter. Au reste, s'il désire envoyer des réponses aux objections de son mari, elle se fera un plaisir de les lui remettre. Pierre-Augustin ne se le fait pas dire deux fois et glisse dans son envoi quelques mots de politesse à l'adresse de la dame [11].

Dimanche 4 avril. Plus qu'une journée pour solliciter. Beaumarchais supplie Bertrand de s'informer s'il reste un espoir d'être entendu de nouveau. On lui a vendu bien cher l'unique faveur d'une courte audience ! On négocie derechef. Oui, il existe bien un moyen – et un seul – d'obtenir une seconde audience : c'est de consentir un second sacrifice. Mme Goëzman n'a pas fini de plumer sa volaille. À court d'argent, Beaumarchais offre une montre à répétition sertie de diamants, fournie par son beau-frère, l'horloger Lépine [12]. Voici donc à nouveau Bertrand et Le Jay roulant côte à côte vers l'île Saint-Louis, le bijou dans la poche. La belle Gabrielle l'examine longuement avant de s'en déclarer satisfaite ; plus même que par de l'argent, ajoute-t-elle. Cependant, il lui faut encore un supplément de quinze louis pour le secrétaire de son mari. Cette nouvelle exigence a de quoi surprendre, car, la veille au soir, M. de La Châtaigneraie, qui connaissait personnellement ce secrétaire, avait eu toutes les peines du monde à lui faire accepter un pourboire de dix louis qu'il s'obstinait à refuser, assurant qu'il ne jouait aucun rôle dans cette affaire et que celle-ci se traitait sans lui, dans le bureau du rapporteur. Mme Goëzman ignore-t-elle ce détail ? Veut-elle profiter au maximum de la situation ? Toujours est-il qu'elle insiste : ces quinze louis sont indispensables. Une fois de plus, La Châtaigneraie avance la somme, qui est remise à Bertrand et Le Jay, de mauvaise grâce, est-il besoin de le dire, puis apportée à Mme Goëzman, qui serre la bourse dans son secrétaire et promet une audience pour le soir même, à sept heures.

Exact au rendez-vous, Beaumarchais se fait cependant éconduire comme un vil quémandeur. Cette fois, il ne possède pas de sésame écrit. Il revient donc bredouille – et la rage au cœur. Nouveau ballet des intermédiaires Bertrand et Le Jay, qui lui rapportent mot pour mot la réponse de Mme Goëzman : « Ce n'est point la faute de la dame, si vous n'avez pas été reçu. Vous pouvez vous présenter demain encore chez son mari. Mais elle est si honnête qu'en cas que vous ne puissiez avoir d'audience avant le jugement, elle vous fait assurer que tout ce qu'elle a reçu vous sera fidèlement remis. » Bien que cette offre de remboursement n'annonce rien de bon, Beaumarchais se promet de faire encore une tentative le lendemain matin : c'est sa dernière chance avant le jugement. La Châtaigneraie, de son côté, sollicite – et obtient sur-le-champ – un rendez-vous avec Goëzman, pour lui faire, prétend-il, d'importantes révélations sur la succession Duverney, tout en se gardant, bien entendu, de faire état de ses relations amicales avec Pierre-Augustin. Comme ce dernier, il est frappé par la puérilité des objections qu'on lui oppose, mais arrache au procureur la promesse d'ouvrir sa porte à Beaumarchais le lendemain matin. Il était temps !

Le serment de Monsieur, le pot-de-vin de Madame. Nul à présent ne peut douter que l'audience aura bien lieu. Lundi 5 avril, jour fatal où Goëzman doit déposer ses conclusions, Beaumarchais arrive devant l'hôtel du quai Saint-Paul, flanqué de La Châtaigneraie et de l'éternel Santerre. Et là, pour la énième fois, on lui interdit l'entrée. Sans la moindre excuse, vraie ou fausse. Les Goëzman sont bien chez eux, mais refusent de le recevoir ! Les deux témoins se diront plus tard scandalisés par une telle attitude. On insiste, on parlemente ; rien n'y fait. À bout de ressource, La Châtaigneraie s'en va chercher le secrétaire au Palais, tandis que Pierre-Augustin prie la portière de le laisser au moins rédiger dans sa loge les réponses qu'il destinait à son maître. Une heure et demie se passe. La Châtaigneraie reparaît avec le secrétaire. Mais l'ordre est formel : nul ne doit franchir le seuil de la maison. À force de prières, et moyennant un pourboire de six livres à un laquais, on réussit à faire passer au magistrat les réponses de Beaumarchais.

À sept heures du soir, Goëzman remet son rapport : il est accablant. En fin de soirée, comme promis, Mme Goëzman fait restituer par Le Jay les deux rouleaux de cinquante louis et la montre ornée de diamants, mais conserve les quinze louis prétendument destinés au secrétaire. Le lendemain matin, 6 avril, le Parlement rend un arrêt qui condamne Beaumarchais, mais s'abstient curieusement de toute motivation. L'arrêté de comptes fait en double entre deux majeurs, contre lequel on n'a jamais osé s'inscrire en faux, est purement et simplement déclaré nul et non avenu, sans qu'il soit besoin de lettres de rescision, autrement dit sans même que soient invoqués le dol, la surprise, la violence ou l'erreur. Il y a dans ce jugement de quoi choquer plus d'un juriste de bonne foi, car les lois du royaume sont ainsi faites qu'elles n'admettent pas la nullité de droit. Or de deux choses l'une. Ou bien Beaumarchais est un faussaire qui a imité la signature de Duverney sur un blanc-seing ; auquel cas, il est passible des galères. Ou bien il a profité de la sénilité du financier pour lui faire signer le compte. Dans un cas comme dans l'autre, c'est le déshonneur ; La Blache triomphe.

Pas pour longtemps, car l'affaire Goëzman, qui se greffe bientôt sur l'affaire La Blache, se chargera de renverser les rôles.

LIAISON DANGEREUSE

Ce qui frappe dans ce jugement, c'est son inanité. Le rapport de Goëzman ne repose en fait que sur des éléments dont la légèreté avait déjà choqué plus d'un contemporain, et pas seulement les partisans de Beaumarchais, comme M. de La Châtaigneraie, et qui nous paraissent aujourd'hui franchement absurdes. En veut-on un exemple ? Selon le rapporteur, l'arrêté de comptes de Duverney ne vaudrait rien, parce que les sommes sont écrites en chiffres, et non en lettres, comme l'exige la loi. Or il suffit de retourner la feuille pour constater que lesdites sommes figurent en lettres au recto de la feuille, et en chiffres au verso, procédé parfaitement légal. Il serait fastidieux de détailler ici tout au long l'argumentation du magistrat[13]. Elle ne repose que sur des affirmations hasardeuses ou mensongères et sur des interprétations de mauvaise foi. Duverney laissait partout traîner des blancs-seings, prétend Goëzman. Invraisemblable ! Le vieux financier était trop exact, trop prudent pour commettre une telle négligence. Et quand bien même cette allégation serait vraie : comment expliquer sa signature à une date fixe, au verso d'une grande feuille de papier à la Tellière ? La lecture du dossier que nous avons sous les yeux est proprement effarante : aucune pièce ne permet de soupçonner Beaumarchais de faux. Les juges des Requêtes de l'Hôtel lui avaient d'ailleurs donné gain de cause en première instance. Comment expliquer une telle iniquité dans la sentence en appel ?

Bien sûr, il y a le travail de sape que La Blache a entrepris très tôt, pendant l'incarcération de Beaumarchais, et dont on a vu les effets dévastateurs. D'autre part, ses fréquentes visites chez Goëzman, attestées par le registre du concierge, témoignent d'une véritable entente entre les deux hommes que renforçaient encore leurs affinités politiques. Enfin, si La Blache a obtenu du conseiller un rapport en sa faveur, c'est aussi, n'en doutons pas, parce qu'il y a mis un prix plus élevé que son adversaire. M. Goëzman s'est vendu au plus offrant.

Quant à Beaumarchais, il avait surtout contre lui d'appartenir à la faction du prince de Conti dont, depuis plusieurs années déjà, il était devenu l'intime. On se souvient de leur première rencontre, à propos d'une broutille : un mur de jardin que le prince avait fait démolir pour dégager le chemin de ses équipages[14]. Gudin nous apprend qu'à la suite de cet incident Conti s'était pris de «la plus grande affection» pour le jeune juge de la Varenne du Louvre; et il ajoute: «Ce prince avait beaucoup d'esprit et, ce qui est plus rare dans un homme de ce rang et de caractère assez absolu, il avait des idées libérales. [...] Il était difficile de le voir et de ne le pas aimer.» Le président Hénault confirme: «Il ne faisait point de distinction de rang dans la société.» Et Jean-Jacques Rousseau, d'ordinaire peu prodigue en flatteries: «Grand prince, plein d'esprit et de lumière, et si digne de n'être pas adulé.» Il n'empêche que l'amitié d'un tel homme était à présent des plus compromettantes pour Beaumarchais. Conti avait été l'un des premiers princes du sang à prendre parti contre Maupeou; il s'était mis à leur tête pour demander au roi le rappel des parlements, avait refusé comme eux de siéger au lit de justice du 13 avril 1771, et lorsque le chancelier lui fit demander une audience, il lui donna rendez-vous place de Grève! Il y en avait largement assez pour jeter aux chiens ses amis et ses protégés.

On ne craignait pas d'insinuer, d'autre part, que Conti se servait de Beaumarchais pour ses parties de débauche. L'Espion anglais juge en effet que «ses bontés envers lui, motivées sur l'utilité dont était ce proxénète aux plaisirs du prince, auraient dû rester plus secrètes; on lui a reproché d'avoir trop montré sa bienveillance pour lui, de l'avoir couvert d'une protection trop éclatante». Ailleurs, le gazetier prétend «qu'il y avait de l'intimité, de la familiarité même entre le prince de Conti et lui. Mais on sait aussi sur quoi ils étaient fondés, ajoute-t-il. On sait que le rapprochement d'un plébéien de la classe la plus infime avec un personnage aussi élevé ne peut s'opérer que par le vice et la débauche[15]».

« AU BOUT DE MON COURAGE »

L'arrêt du 6 avril condamne Beaumarchais à payer à La Blache 56 300 livres de créances annulées par l'arrêté de comptes du 1er avril 1770, plus les intérêts de ces créances depuis cinq ans, plus les frais du procès. Mieux encore: ces sommes sont exigibles immédiatement. Sus au vaincu! Son adversaire lâche aussitôt les huissiers sur ses biens et ses revenus, fait saisir sa maison de campagne de Pantin, dont la garde est confiée à un nommé Broutier[16], et place la rue de Condé sous séquestre judiciaire. Son vieux père, jeté à la rue, demande asile à des amis, sa sœur Julie se réfugie dans un couvent. La forêt de Chinon est, elle aussi, menacée de saisie pour le compte du roi, s'il ne rembourse pas ses dettes à l'État. La justice met la main sur tous ses biens meubles et immeubles, soit au total plus de cent mille écus (300 000 livres). Les frais qu'il doit assumer s'élèvent à trois cents livres par jour. Cent autres créanciers sortent du bois, comme des loups alléchés par l'odeur du carnage. «Il semble que le bonheur de me ruiner soit le seul attrait qui anime mon adversaire», soupire Beaumarchais. Il le pousse même si loin, ce bonheur, qu'on le voit chaque jour au Palais, sur le dos des huissiers, comme un piqueur à la queue de ses chiens, les excitant au pillage. Beaumarchais n'a rien exagéré, lorsqu'il peint sa situation dans ses *Mémoires contre Goëzman* : «Outragé dans ma personne, privé de ma liberté, ayant perdu cinquante mille écus, emprisonné, calomnié, ruiné, sans revenus libres, sans argent, sans crédit, ma famille désolée, ma fortune au pillage, et n'ayant pour soutien dans la prison que ma douleur et ma misère, en deux mois de temps, du plus agréable état dont pût jouir un particulier, j'étais tombé dans l'abjection et le malheur ; je me faisais honte et pitié à moi-même[17]. »

Le 9 avril, il écrit à Sartine, dont l'appui ne lui a jamais manqué : «Je suis au bout de mon courage. Le bruit public est que je suis entièrement sacrifié ; mon crédit est tombé, mes affaires dépérissent ; ma famille, dont je suis le père et le soutien, est dans la désolation. [...] Toute l'activité de mon âme tourne aujourd'hui contre moi ; ma situation me tue, je lutte contre une maladie aiguë, dont je sens les avant-coureurs par la privation du sommeil et le dégoût de toute espèce d'aliments. L'air de ma prison est infect et détruit ma misérable santé. » Sans doute, y a-t-il moins d'éloquence ici que dans les *Mémoires*. Mais son désespoir ne s'y peint pas sous un jour moins cruel, ni sa déréliction avec moins de vérité. Ruiné, réduit à l'impuissance, toujours dans les fers, considéré, selon Grimm, comme «l'horreur de tout Paris» que «chacun, sur la parole de son voisin, croyait capable des plus grands crimes», Beaumarchais ne cède pourtant pas à l'abattement. Ce qui domine chez lui, c'est plutôt un sentiment d'injustice et de révolte. Révolte contre la férocité de La Blache, contre la violence de Chaulnes, contre la morgue de La Vrillière, contre la veulerie de

Goëzman. Révolte contre les préjugés de tous, maîtres arrogants ou valets asservis, unis pour écraser un fils d'horloger du faubourg Saint-Denis.

Touché par la situation de Beaumarchais, Sartine plaide une nouvelle fois sa cause, auprès du duc de La Vrillière. De son côté, le prisonnier adresse une requête au roi, le suppliant d'avoir compassion de son état et d'ordonner sa liberté, afin qu'il puisse mettre ordre à ses affaires. Sa détention, qui n'a jamais eu de cause bien définie et qui dure depuis deux mois et demi, risque d'entraîner sa ruine et celle de sa famille [18]. Le ministre se laisse finalement convaincre, et signe sa levée d'écrou le 5 mai suivant, en ajoutant de sa main : « Je crois que M. de Beaumarchais ferait bien de ne se point trop montrer et d'aller quelque temps à la campagne. » A-t-on peur, en haut lieu, que l'iniquité de la sentence qui le frappe ne soulève une vague de protestation contre ce parlement Maupeou, déjà si décrié ? Sans doute, et Beaumarchais ne manquera pas, le moment venu, d'exploiter cette impopularité en sa faveur. En attendant, il remercie très humblement le duc de La Vrillière, tout en demeurant évasif sur une éventuelle retraite à la campagne : « Où donc irai-je à la campagne ? Sans revenus, sans argent, laissant une famille désolée, ma fortune au pillage, et traînant partout ma rage et ma misère [19] ? » Le 8 mai, il sort du For-l'Évêque.

QUITTE OU DOUBLE

On se souvient que Mme Goëzman avait dûment restitué son pot-de-vin, à l'exception des quinze louis qu'elle prétendait avoir remis au secrétaire de son mari. Or, interrogé par La Châtaigneraie quelques jours plus tard, l'honnête garçon nia les avoir jamais reçus, ajoutant que, de toute façon, il les aurait refusés. Soupçonnant alors Le Jay de les avoir gardés pour lui, Beaumarchais lui fait dire par d'Airolles qu'il aimerait bien savoir ce qu'ils sont devenus. Le libraire jure ses grands dieux qu'il les a plusieurs fois réclamés à Mme Goëzman, laquelle répond invariablement que cet argent ne sera jamais rendu, sans autre explication [20]. Voyant déjà tout l'avantage qu'il peut tirer de cette petite friponnerie, Beaumarchais s'adresse directement à l'épouse du magistrat, qu'il n'a jamais rencontrée. Sa lettre est du 21 avril ; il est encore au For-l'Évêque :

« Je n'ai point l'honneur, Madame, d'être personnellement connu de vous, et je me garderais de vous importuner si, après la perte de mon procès, lorsque vous avez bien voulu me faire remettre les deux rouleaux de louis et la répétition enrichie de diamants qui y était jointe, on m'avait aussi rendu de votre part quinze louis d'or que l'ami commun qui a négocié vous a laissés de surérogation [21].

« J'ai été si horriblement traité dans les rapports de monsieur votre époux, et mes défenses ont été tellement foulées aux pieds par celui qui devait, selon vous, y avoir un légitime égard, qu'il n'est pas juste qu'on ajoute aux pertes immenses que ce rapport me coûte, celle de quinze louis d'or, qui n'ont pas dû s'égarer dans vos mains. Si l'injustice doit se payer, ce n'est pas par celui qui en souffre aussi cruellement. J'espère que vous voudrez bien avoir égard à ma demande, et que vous ajouterez à la justice de me rendre ces quinze louis, celle de me croire, avec la respectueuse considération qui vous est due,

« Madame, votre [22] », etc.

De toute évidence, Mme Goëzman avait conservé les quinze louis pour son argent de poche. D'après Mme Le Jay, beaucoup plus fine que son lourdaud de mari, elle aurait même déclaré au sujet de cet argent qu'elle se promettait bien de ne pas rendre : « Tout ce que je regrette, c'est de n'avoir pas aussi gardé la montre et les cent louis ; il n'en serait aujourd'hui ni plus, ni moins. » Quoi qu'il en soit, elle s'abstient de répondre. Le lendemain, 22 avril, Le Jay déboule chez Mme Lépine sans prévenir, l'air égaré, dans un état d'excitation extrême. Que se passe-t-il ? Un drame. Mme Goëzman ne décolère pas : elle prétend que Pierre-Augustin lui réclame cent louis et une montre enrichie de diamants qu'elle a déjà rendus. Elle veut se plaindre auprès du duc d'Aiguillon, jure ses grands dieux qu'elle les perdra tous deux, Beaumarchais et Le Jay. Fanchon, qui recevait son médecin, le docteur Gardanne, essaie de le calmer en lui disant qu'il ne s'agit que de quinze louis égarés entre Mme Goëzman et son frère. Mais le libraire n'en démord pas : oui, Beaumarchais a bel et bien demandé la restitution de cent louis et de la montre, il en est sûr. D'ailleurs, Mme Goëzman lui a montré la lettre ; il l'a vue de ses yeux. Si l'affaire doit prendre mauvaise tournure, menace-t-il, il niera sa participation.

Heureusement, Pierre-Augustin a conservé une copie de sa lettre qu'il fait parvenir à Le Jay, pour le convaincre. Voyant qu'il a été joué, celui-ci se retourne à son tour contre Mme Goëzman, et lui adresse d'amers reproches. L'a-t-il vraiment fait, ou s'en est-il seulement vanté ? Qui le dira jamais ! En attendant, les quinze louis ne reviennent toujours pas.

*
* *

Beaumarchais jouait une partie délicate. Ses amis, Gudin en tête, l'avaient mis en garde, lorsqu'il projetait d'écrire à Mme Goëzman. N'était-il pas risqué de revenir sur l'incident ? Surtout pour une somme aussi ridicule ? Après tout, quinze louis ne faisaient jamais que trois cent soixante livres : une misère ! «Ce n'est pas la somme qui m'importe, répliquait-il, c'est la preuve de l'iniquité que je poursuis.» En fait, Pierre-Augustin voulait forcer Goëzman à l'attaquer en justice ; la lettre à sa femme n'avait pas d'autre but. Quitte ou double. Ou bien il était condamné pour calomnie envers un magistrat, et c'était le bannissement, voire le pilori. Ou bien, ledit magistrat se voyait convaincu de corruption, et Beaumarchais obtenait la cassation du jugement. Entre-temps, il s'employait à donner un maximum de publicité à l'affaire des quinze louis. Non sans succès. Bientôt, on ne parla plus que de cela dans les salons et les foyers des théâtres. Une fois de plus, Beaumarchais se servait de l'opinion publique pour retourner la situation à son avantage.

Il n'ignorait pas qu'à travers la personne de Goëzman c'était la réforme de Maupeou qu'il mettait en cause, dans ce qu'elle avait de plus vulnérable, à savoir l'intégrité des juges. Quel tohu-bohu si l'on apprenait demain que ces mêmes juges, qui avaient supprimé les épices pour moraliser la vie publique, recevaient des pots-de-vin par l'intermédiaire de leurs épouses ! Du coup, cette sordide histoire de bakchich tournait en affaire d'État.

*
* *

Il va de soi que Goëzman ne pouvait laisser s'accréditer les allégations visant sa femme, sans mettre en péril sa propre réputation et celle de ses alliés politiques, notamment du chancelier et de son parlement. D'autre part, une action en justice n'allait pas sans risques : en coulant son adversaire, il s'exposait à sombrer avec lui dans le même naufrage. Encouragé par ses collègues qui le pressaient d'agir, il crut habile, dans un premier temps, d'engager l'offensive contre Beaumarchais. Le 30 mai, il extorquait à Le Jay une fausse déclaration, dont il avait lui-même rédigé le brouillon, et par laquelle sa femme était mise à l'abri de tout soupçon. Sans doute le libraire, honnête homme dans le fond, mais faible et impressionnable, céda-t-il à l'intimidation. Voici ce document :

« Je soussigné Edme-Jean Le Jay, pour rendre hommage à la vérité, déclare que le sieur Caron de Beaumarchais, ayant un procès considérable devant M. Goëzman, conseiller de Grand-Chambre, m'a fait très instamment prier par le sieur Bertrand, son ami, de parler à Mme Goëzman en sa faveur, et même de lui offrir cent louis et une montre garnie en diamants, pour l'engager à intercéder auprès de monsieur son mari, pour le sieur de Beaumarchais ; ce que j'ai eu la faiblesse de faire, uniquement pour obliger le sieur Bertrand. Mais je déclare que cette dame a rejeté hautement et avec indignation ma proposition, en disant que non seulement elle offensait sa délicatesse, mais qu'elle était de nature à lui attirer les plus fâcheuses disgrâces de la part de son mari, s'il en apprenait quelque chose. En conséquence, j'ai gardé la montre et les rouleaux, jusqu'au moment où je les ai rendus[23]. »

Muni de ce faux témoignage, Goëzman va se plaindre chez La Vrillière et chez Sartine que Beaumarchais tâche de nuire à sa personne, après avoir tenté de corrompre sa justice. Beaumarchais répond à l'accusation le 5 juin auprès de Sartine et en profite, l'air de rien, pour engager le magistrat sur la voie de la procédure : « Sur les plaintes qu'on prétend que M. Goëzman, conseiller au Parlement, fait de moi, disant que j'ai tenté de corrompre sa justice, en séduisant Mme Goëzman par des propositions d'argent qu'elle a rejetées, je déclare que l'exposé fait ainsi est faux, de quelque part qu'il vienne. Je déclare que je n'ai point tenté de corrompre la justice de M. Goëzman pour gagner un procès que j'ai toujours cru qu'on ne pouvait me faire perdre sans erreur ou sans injustice. [...] S'il croit avoir à se plaindre, c'est devant un tribunal qu'il doit m'attaquer. Je ne redoute la lumière sur aucune de mes actions[24]. »

Sans doute. Mais M. Goëzman, lui, ne voit pas du tout les choses de cette manière. Un procès ? des tribunaux ? C'est ce qu'il veut éviter à tout prix, car si l'accusation de corruption se révélait fondée (ce qui ne manquerait pas de se produire), le scandale rejaillirait sur le corps judiciaire tout entier, peut-être sur l'institution elle-même. L'idéal serait une bonne lettre de cachet, qui renverrait le sieur Beaumarchais en prison et mettrait fin à sa campagne d'insinuations. Mais l'affaire commence à faire jaser ; une lettre de cachet serait interprétée comme un déni de justice, et rien ne serait plus malhabile dans le climat politique du moment. La Vrillière refuse. Beaumarchais demeure donc en liberté, tandis que la rumeur s'enfle de jour en jour. Il n'est pas jusqu'au premier président, Bertier de Sauvigny, qui ne se pose des questions. Aussi convoque-t-il Beaumarchais pour tâcher de savoir ce qu'il y a de vrai dans les bruits qui courent un peu partout, jusque dans les couloirs du Palais de justice [25]. Belle occasion de plaider à nouveau pour l'action judiciaire. Non sans s'offrir un joli morceau d'ironie sur le «respectable» Parlement de monsieur le chancelier : «Que mes ennemis m'attaquent, s'ils l'osent, lance-t-il au premier président ; alors je parlerai. L'on ne parviendra pas à me faire craindre qu'un corps aussi respectable que le Parlement devienne injuste et partial pour servir la haine de quelques particuliers. [...] Plein de confiance en l'équité de mes juges, je perdrai difficilement ma tranquillité [26].»

La pression devient décidément trop forte et la rumeur assourdissante : le mot «corruption» est sur toutes les lèvres. Goëzman finit par tomber dans le piège. Le 21 juin 1773, il dépose plainte pour calomnie et tentative de corruption. Le Parlement s'en saisit et désigne un rapporteur en la personne de Joly de Fleury, prototype du grand commis, tandis que l'armée des opposants à Maupeou se mobilise derrière Beaumarchais, Conti en tête. Un mot court déjà Paris : «*Louis XV* a détruit l'ancien Parlement ; quinze louis détruiront le nouveau.»

LE PARI IMPOSSIBLE

À peine les témoins sont-ils assignés que Le Jay, tremblant sur les conséquences de sa fausse déclaration, court chez un avocat,

Mᵉ Gerbier, «l'aigle du barreau», comme le surnomme Beaumarchais, lui expose les faits tels qu'ils se sont passés, et en reçoit le conseil de dire toute la vérité dans sa déposition. Puis il vient faire la même confession au premier président, la répète à d'autres encore, et finalement à qui veut bien l'entendre, comme pour soulager sa conscience d'un poids trop lourd. Le pauvre garçon ne semble plus avoir toute sa tête. Averti de son désarroi, Goëzman le fait venir avec sa femme, lui soutire la minute du faux témoignage qui était de sa main, lui reproche aigrement ses démentis successifs. Plus courageuse que son mari, Mme Le Jay jure ses grands dieux que rien ne les empêchera plus désormais de dire toute la vérité. Colère du sieur Goëzman, impertinences de l'effrontée, criailleries de part et d'autre. Enfin, on tâche de négocier. Promesses, menaces, chantage, Goëzman épuise toutes sortes d'arguments pour les circonvenir. En vain. Il propose même à Mme Le Jay de faire passer son mari en Hollande, à ses frais, jusqu'à ce qu'il ait réglé l'affaire. Peine perdue.

Naturellement, Beaumarchais dénonce aussitôt la manœuvre au premier président : «Vous êtes instruit, maintenant, lui dit-il. Le Jay vous a tout avoué. J'étais bien sûr que cet homme, qui n'a menti que par faiblesse et par séduction, ne tarderait pas à rendre hommage à la vérité. Mais ce que vous ignorez, c'est qu'on veut le suborner encore et lui faire quitter la France. De peur qu'on ne dise que c'est moi qui l'ai fait sauver, je me hâte d'en donner avis aux premiers magistrats.» Convoqué au greffe, Le Jay déballe tout ce qu'il sait. Sa femme et son commis, également entendus, déposent comme lui que «*la minute de la déclaration a été écrite de la main de M. Goëzman*; que le commis de Le Jay en a tiré plusieurs copies; que le maître n'a fait que la signer; mais que depuis peu de jours on leur a retiré adroitement l'original[27]». Convoquée à son tour, Mme Goëzman feint de tout ignorer. L'information achevée, les témoins entendus, le rapporteur dépose ses conclusions aux Chambres assemblées. Le 10 juillet, celles-ci décrètent Le Jay de prise de corps et l'expédient à la Conciergerie. Le même jour, et en vertu du même arrêt, Bertrand d'Airolles et Beaumarchais sont décrétés d'ajournement personnel, autrement dit d'assignation à comparaître en personne, «accusés en corruption de mœurs et calomnie». Mme Goëzman est mieux traitée, puisqu'elle est seulement assignée «pour être ouïe», comme simple témoin[28].

« Je ne me plains point d'une différence qui ne peut venir sans doute que d'un égard pour son sexe », commente Pierre-Augustin. Le bruit courait que son mari, excédé de ses étourderies, l'avait fait enlever et jeter dans un couvent, en vertu d'une lettre de cachet. Rumeur à moitié fausse. En fait, persuadé qu'il ne pouvait plus communiquer avec elle, au motif qu'« il ne faut pas que la femme de César soit soupçonnée », Goëzman avait bien écrit à l'archevêque de Paris, au cours de l'été, pour lui demander un établissement religieux susceptible d'accueillir sa femme. Ce dernier lui avait répondu le 17 juillet 1773 : « Je vais m'occuper, Monsieur, de la manière la plus efficace de l'affaire dont il s'agit dans votre lettre. J'espère trouver dans peu de jours *une maison telle que vous la désirez.* » À la fin de ce même mois, Mgr de Beaumont hésitait encore entre les Filles du Saint-Sacrement, rue Saint-Louis, et une maison de Saint-Mandé [29]. Peu après, Mme Goëzman entrait chez les premières, ce qui ne l'empêchait pas d'aller prendre ses repas chez son mari, trois ou quatre fois la semaine [30].

Bien que les interrogatoires des mois de juillet et août se révèlent accablants pour Goëzman, Beaumarchais ne s'en trouve pas moins engagé dans un pari impossible, contre un adversaire cent fois plus puissant que lui. Qu'on y pense. Ce nouveau procès, étant criminel, doit être instruit dans le secret et décidé à huis clos. Poursuivi en corruption et calomnie par un juge devant d'autres juges intéressés à le trouver coupable pour n'avoir pas à se reconnaître eux-mêmes indignes, Beaumarchais a peu de chances d'échapper aux peines prévues par la procédure criminelle, à savoir les plus dures après la peine de mort : « *omnia citra mortem* ». Le parlement Maupeou n'hésitera pas à frapper avec la dernière rigueur un accusé traduit devant lui pour des faits qui mettent en péril l'existence même de ce corps judiciaire, déjà en butte à tant de haines. En cas de condamnation, il sait à l'avance qu'il ne devra plus compter sur personne. Le prince de Conti, son plus puissant protecteur, l'a prévenu : « Si vous avez le malheur d'être touché par le bourreau, je serai forcé de vous abandonner. »

Aucun avocat titulaire n'ayant osé le défendre contre un conseiller de la cour, soutenu par tous les membres de ce tribunal omnipotent, Beaumarchais décide de plaider sa cause lui-même. « À défaut de conseils, de consultants et surtout d'une bonne plume pour me défendre, expliquera-t-il, je me suis trouvé forcé d'en employer une mauvaise, qui est la mienne. » Rendons grâces à la couardise de ces messieurs : sans elle, nous n'aurions certainement pas ces chefs-d'œuvre de la littérature judiciaire, et de la littérature tout court, que sont les *Mémoires contre Goëzman.*

*

* *

Foulant aux pieds le mystère qui entoure les procédures criminelles, Beaumarchais va plaider « à la fenêtre », jeter toute la lumière sur les débats, produire au grand jour les pièces du dossier. N'hésitant pas à violer le secret de l'instruction, ses *Mémoires* en appelleront à l'opinion publique, dont il a déjà perçu la force naissante vingt ans auparavant, lors de l'affaire Lepaute, et dont il attend aujourd'hui encore cette justice que les institutions s'obstinent à lui refuser.

Encore faut-il savoir attirer cette opinion, exciter sa curiosité, retenir son attention, la passionner, l'émouvoir, l'attendrir, l'intriguer, l'amuser. Encore faut-il donner à ses défenses écrites tout l'intérêt qu'on prendrait à la lecture d'un drame, d'une comédie ou d'un roman. Encore faut-il ménager ses effets, peindre les milieux et les mœurs, improviser des dialogues, bref élever le factum au rang d'œuvre littéraire. Encore faut-il faire preuve de clarté dans l'éloquence, de délicatesse dans la pensée, de vivacité dans les images, de sel dans la plaisanterie. Ce sont toutes ces qualités réunies que le génie de Beaumarchais mettra brillamment en œuvre dans ses *Mémoires.*

« BANDE JOYEUSE » OU « CLIQUE INFÂME » ?

Heureusement, il n'est pas seul. Spontanément, devant le péril, le clan familial s'est reformé, comme aux beaux jours de la rue Saint-Denis. Parents et amis, le cercle intime retrouve l'entrain et la verve d'antan pour participer au rude combat qui se prépare. C'est d'abord le père Caron, critique avisé en dépit de ses soixante-quinze ans. C'est Julie, restée vieille fille, plus que jamais dévouée à son frère chéri, qui va relire et corriger ses plaidoyers, y apportant plus d'une fois son grain de sel, quand ce n'est pas son brin de plume. C'est Janot de Miron, homme d'esprit malgré son air godiche, veuf depuis six mois de la charmante Boisgarnier, morte à trente-trois ans en lui laissant une fille aussi douée que sa mère pour la musique et les vers. C'est le fidèle Gudin, raboteux prosateur, mais érudit en lettres anciennes, dont les avis sont toujours écoutés. C'est Ambroise Falconet, jeune et brillant avocat, désigné comme expert pour les questions de droit, qui s'est déjà signalé par deux romans, et dont un récent factum vient de moucher vertement l'illustre Voltaire en personne [31]. À tous ceux-là, il convient d'ajouter le bon docteur Gardanne, médecin provençal, ami de Fanchon, et qui se révélera fort utile pour «disséquer» ses deux compatriotes, Marin et Bertrand.

Cette «clique infâme», comme dira Mme Goëzman, cette «bande joyeuse» comme l'appellera plus justement Bertrand d'Airolles, se réunit presque chaque jour à son quartier général, chez Mme Lépine, place Dauphine, à deux pas du Palais. Depuis que Pierre-Augustin a perdu l'hôtel de la rue de Condé, la famille a dû se disperser; son père est allé vivre en pension chez une vieille amie, veuve d'un horloger, qui lui fait oublier son second veuvage [32], et il a placé Julie comme pensionnaire libre à l'abbaye Saint-Antoine. Quant à ses deux sœurs d'Espagne, elles vivent à présent dans un couvent de Picardie où il assure leur entretien. Malgré sa situation financière de plus en plus précaire, il continue de pensionner tous les siens. Quant à lui, il vit en camp volant, rue Portefoin, aux prises avec les huissiers de La Blache et les poursuites de Goëzman, rédigeant, corrigeant, récrivant chaque mémoire jusqu'à quatre fois de suite, sans lever le nez de ses feuillets. Il coupe, amende, resserre, puis recopie avant de venir soumettre la dernière version à la fine équipe de la place Dauphine. Là, censures et critiques ne manquent pas; on le chicane sur l'opportunité d'une image, sur la propriété d'un mot ou d'une expression, sur la longueur d'un paragraphe; on lui suggère tel exorde ou telle tournure; on ne lui fait grâce de rien. Voici quelques notes que lui adresse son beau-frère Miron à propos du troisième mémoire:

«*Bovine* déplaît à tout le monde.

«Ce qui est rayé, au bas de la quatrième page, paraît absolument de trop et dégoûtant.

«Ce qui l'est dans la cinquième semble être du Baculard. On trouve l'exorde trop long. Les avis se réunissent pour raccourcir au moins ce paragraphe.

« Le premier paragraphe de la septième page ne paraît pas clair, à moins qu'on ne retranche *pour bien prouver ce que je n'ai fait qu'avancer*, et qu'on ne mette, en ce cas : *ne plus revenir* au lieu de *me taire*. Voici comme sera la phrase : *Que me reste-t-il à faire ? Ne plus revenir sur ce que j'ai prouvé, prouver ce que je n'ai fait qu'avancer, et répliquer en bref à une foule de mémoires*[33] », etc.

L'un des passages les plus justement célèbres des *Mémoires* est celui dans lequel Beaumarchais répond aux attaques de Mme Goëzman sur sa naissance et la profession de son père. Beaumarchais avait d'abord écrit ceci : « J'avoue que rien ne peut me laver du très grave reproche que vous me faites d'être le fils de mon père. En vérité, je ne vois aucun autre contre qui je voulusse le troquer, mais je connais trop bien le prix du temps qu'il m'apprit à mesurer pour le perdre à relever de pareilles fadaises[34]. »

Julie trouve cela terne, gris, languissant. Elle prend une feuille, trempe sa plume, et hop ! des couleurs, du langage parlé, de la vie ! En un clin d'œil, les phrases caracolent joyeusement, les pantins s'agitent, et le père Caron est là, bien présent, dans le dos de sa fille : « Vous entamez ce chef-d'œuvre par me reprocher l'état de mon père, qu'il était horloger. Oh ! la bonne gaieté ! Et vous vous êtes battus, dit-on, avec Marin, pour lui voler ce trait dont il s'était paré ! Eh bien ! Monsieur et Madame, il est trop vrai qu'à plusieurs branches de commerce il avait réuni une assez grande célébrité dans l'art de l'horlogerie. Forcé de passer condamnation sur cet article, j'avoue avec douleur que rien ne peut me laver du très grave reproche que vous me faites d'être le fils de mon père. Mais je m'arrête, car, tenez, je le sens derrière moi qui lit ce que j'écris, et rit en m'embrassant, comme s'il était charmé que je lui appartienne[35]. »

Pierre-Augustin prend la feuille, hoche la tête, sourit. Décidément, Bécasse ne changera jamais. Toujours aussi primesautière. Mais elle a mille fois raison ! C'est tellement mieux comme ça ! Coupons seulement deux ou trois familiarités (inutile de s'abaisser à leur niveau !). Quant au père Caron, très bien. Excellente transition pour amener sa dernière phrase. Et il récrit à son tour ce qui deviendra la version définitive : « Vous entamez ce chef-d'œuvre par me reprocher l'état de mes ancêtres ? Hélas, Madame, il est trop vrai que le dernier de tous réunissait à plusieurs branches de commerce une assez grande célébrité dans l'art de l'horlogerie. Forcé de passer condamnation sur cet article, j'avoue avec douleur que rien ne peut me laver du juste reproche que vous me faites d'être le fils de mon père... Mais je m'arrête, car je le sens derrière moi qui regarde ce que j'écris, et rit en m'embrassant. Ô, vous qui me reprochez mon père, vous n'avez pas l'idée de son généreux cœur. En vérité, horlogerie à part, je n'en vois aucun autre contre qui je voulusse le troquer. Mais je connais trop bien le prix du temps qu'il m'apprit à mesurer pour le perdre à relever de pareilles fadaises [36]. »

A-t-il reçu d'autres secours que ceux de sa famille ? Une assistance politique, par exemple, intéressée à démolir un parlement fantôme et à mettre en échec la politique de Louis XV ? La chose n'a rien d'impossible. Comment imaginer que le prince de Conti ou le duc de Chartres, ou d'autre encore, n'aient pas participé à l'entreprise de Beaumarchais, ne fût-ce qu'en subventionnant l'impression et la diffusion de ses *Mémoires* ? L'occasion était trop belle de conspirer contre le pouvoir en place sans s'exposer au grand jour. Grâce à la personnalité de l'accusé, à ses origines, à son talent de polémiste, ils pouvaient même – pourquoi pas ? – rêver d'un soulèvement populaire en vue de rétablir les anciens parlementaires dans leurs prérogatives. On peut difficilement concevoir qu'ils aient laissé échapper une telle opportunité. De bons esprits allèrent jusqu'à penser que les écrits de Beaumarchais passaient par le Temple avant d'être lancés dans le public, et que le prince y ajoutait quelques coups de griffe ici ou là. Ces suppositions, répétons-le, n'ont rien d'invraisemblable [37].

« UN TROP FAIBLE ENNEMI »

Dans le camp opposé, outre Goëzman lui-même, qui appartient, ne l'oublions pas, à ce tribunal omnipotent dont tous les membres sont solidaires, on trouve sa femme Gabrielle, l'écrivain Baculard d'Arnaud, le gazetier Marin et Bertrand d'Airolles, le négociant de Marseille. Pendant les huit mois que durera le procès, chacun d'eux produira des mémoires, beaucoup moins illustres que ceux de leur adversaire, et d'ailleurs jamais réédités ; on comprend pourquoi en les lisant.

Honneur aux dames. C'est à la belle Gabrielle que revient l'honneur de répondre au premier mémoire de Beaumarchais. Cinquante-quatre pages, entièrement dictées par son mari, hérissées de jargonismes juridiques, farcies de citations latines, entortillées de périodes à la romaine, qui feront dire à Beaumarchais : « On m'annonce une femme ingénue, et l'on m'oppose un publiciste allemand. » L'Alsacien Goëzman dut en rougir de plaisir[38]. Mais le mémoire signé de sa femme n'est pas seulement grotesque ; il est aussi d'une violence extrême. En voici le début : « Mon âme a été partagée entre l'étonnement, la surprise et l'horreur en lisant le libelle que le sieur Caron vient de répandre. L'audace de l'auteur étonne, le nombre et l'atrocité de ses impostures excitent la surprise, l'idée qu'il donne de lui-même fait horreur[39]. »

Dans son *Supplément au mémoire à consulter*, Beaumarchais raconte ses dernières confrontations avec Mme Goëzman, au bureau du greffe. C'est d'un œil narquois, et plutôt indulgent, qu'il observe cette femme impulsive, récitant de grandes phrases apprises par cœur et dont elle comprend à peine le sens, s'emmêlant, se perdant, se reprenant, s'arrêtant au beau milieu d'une période. Sommée d'articuler des reproches, elle ne trouve à dire que : « Je récuse monsieur, parce qu'il est mon ennemi capital, et parce qu'il a une âme atroce connue pour telle dans tout Paris. – Eh ! d'où savez-vous, madame, que je suis un homme atroce, un misérable ? – Je le sais d'où je le sais ; je l'ai entendu dire. – À M. de La Blache, sans doute ? – À tout le monde, cet hiver, au bal de l'Opéra. – Il était donc bien mal composé. En vous voyant, madame, je sens qu'il y avait mille choses plus agréables à dire ; et vous avouerez qu'on vous a tenu là de tristes propos de bal[40]. » Décontenancée dès que surgit une question gênante, elle répond à côté, s'embrouille dans les faits et les dates, se coupe, se trouble, avoue, puis se rétracte, accumule les maladresses et finit par convenir que le droit n'est pas son fait, qu'à la maison elle s'occupe exclusivement de son ménage. À mesure qu'elle s'enlise, son humeur s'aigrit, ses yeux lancent des éclairs, son ton se durcit, son éventail s'agite pour apaiser le feu de ses joues. Très vite, elle en vient aux cris, aux insinuations perfides, aux menaces grossières, elle perd la tête, ne sait plus ce qu'elle dit. Ses deux interrogatoires, suivis d'un récolement, se contredisent : tantôt elle a refusé les présents avec indignation, tantôt elle les a serrés dans une armoire, tantôt elle les a trouvés « dans un carton de fleurs au coin de sa cheminée ». Elle maintient sa seconde affirmation, « n'y veut rien changer, ajouter, ni retrancher, fors seulement que tout ce qu'elle y a dit est faux d'un bout à l'autre ». En face d'elle, sans se départir de son ironique déférence, mêlant persiflage et galanterie, Beaumarchais prend un visible plaisir à la mettre en contradiction avec elle-même, et à souligner le ridicule de ses propos. À bout de nerfs, elle menace l'impudent d'une paire de soufflets. Obligée enfin d'avouer ses incohérences, elle les met sur le compte de ses vapeurs mensuelles, qui la privent de toute lucidité! Cela provoque la risée, bien sûr, mais il y a plus grave (du moins pour elle). La gaffe irréparable, elle la commet ce jour où elle déclare que Beaumarchais n'a jamais acheté les suffrages de son mari, mais seulement ses audiences! «Voilà comme un mot souvent décide d'un grand procès! s'exclame, éberlué, Pierre-Augustin. Pouvait-il rêver meilleur argument pour sa défense?

Cependant, malgré les avantages qu'il en tire, les maladresses de Mme Goëzman ne laissent pas insensible ce grand ami des femmes qu'il n'a jamais cessé d'être. Par moments, il paraît même touché de son désarroi: «Je ne sais comment il arrive qu'aussitôt qu'une femme est mêlée dans une affaire, l'âme la plus farouche s'amollit et devient moins austère; un vernis d'égards et de procédés se répand sur les discussions les plus épineuses; le ton devient moins tranchant; l'aigreur s'atténue; les démentis s'effacent, et tel est l'attrait de ce sexe, qu'il semblerait qu'on dispute moins avec lui pour éclaircir des faits que pour avoir occasion de s'en rapprocher. Eh! quel homme assez dur se défendrait de la douce compassion qu'inspire un trop faible ennemi, poussé dans l'arène par la cruauté de ceux qui n'ont pas le courage de s'y présenter eux-mêmes? Qui peut voir sans s'adoucir une jeune femme jetée entre des hommes et forcée par l'acharnement des uns de se mettre aux prises avec la fermeté des autres; s'égarer dans ses fuites, s'embarrasser dans ses réponses; sentir qu'elle en rougit, et rougir encore plus, de dépit de ne pouvoir s'en empêcher? Ces greffes, ces confrontations, tous ces débats virils ne sont point faits pour les femmes: on sent qu'elles y sont déplacées; le terrain anguleux et dur de la chicane blesse leurs pieds délicats[41].»

Ces hommages ont le don d'exaspérer la jeune femme. Loin de lui en savoir gré, elle les regarde comme autant d'insultes à l'honneur de son sexe. Dans son second mémoire (p. 10), elle l'accusera même d'avoir voulu la détourner de son mari: «Vous avez poussé l'impudence plus loin encore: vous avez osé ajouter (pourquoi suis-je forcée de rapporter des propos aussi insolents qu'ils sont humiliants pour moi?), vous avez osé ajouter, dis-je, que vous finiriez par vous faire écouter, que vos soins ne me déplairaient pas un jour, que… je n'ose achever, je n'ose vous qualifier.» On connaît la piquante réponse de Beaumarchais : «Fi donc des points… Il fallait oser, Madame ; il fallait achever ; il fallait me qualifier. Que voulez-vous donc dire avec vos points ?… Vous mettez là de jolies réticences dans vos mémoires. […] Quelle femme oserait se croire en sûreté chez elle avec moi, quand elle penserait que la femme de mon ennemi même, agitée, furibonde et, *critique à part*, dénuée de ces grâces touchantes, de cette douceur qui fait le charme de son sexe, en plein greffe, et devant le juge et le greffier, a couru des risques avec moi d'un genre à exiger des points… et qu'elle se croit en droit de me traduire aujourd'hui en justice comme un audacieux effronté, moi qui n'étais devant elle alors qu'un très, très, très modeste confronté, je m'en souviens bien[42].»

À de rares moments, il réussit à l'amadouer en lui décochant quelque compliment bien senti, tel que celui-ci : «Je vous interpelle donc, madame, de nous dire à l'instant, sans réfléchir et sans y être préparée, pourquoi vous accusez dans tous vos interrogatoires être âgée de trente ans, quand votre visage qui vous contredit n'en montre que dix-huit ?» Prenant alors son éventail et son manteau, Mme Goëzman, soudain radoucie, prie son adversaire de lui donner la main jusqu'à sa voiture. À la porte du Palais, il faut toute l'attention de M. Fremyn, «le meilleur des hommes, mais le plus inexorable des greffiers», pour leur faire remarquer combien cet air d'intelligence entre eux était «peu décent pour l'occasion». Ils se séparent donc. «Eh bien ! madame, triomphe Pierre-Augustin, suis-je aussi *atroce* qu'on a voulu vous le faire entendre ?» Et elle : «Eh mais ! vous êtes au moins bien malin. – Laissez donc, madame, les injures grossières aux hommes ; elles gâtent toujours la jolie bouche des femmes.» À ce trait, la «flottante» Gabrielle voulut bien esquisser un pâle sourire[43].

L'ACCUSATEUR ACCUSÉ

Dans le couple Goëzman, les rôles sont clairement répartis. Tandis que Madame se bat en première ligne, avec la gaucherie que l'on sait, Monsieur s'occupe de rédiger les mémoires et de noircir sa victime sans trop lésiner sur les moyens, poussant même l'audace jusqu'à reprendre à son compte l'odieuse accusation d'empoisonnement. Excédé par ces diffamations éhontées qui lui reviennent de toutes parts, Beaumarchais projette un grand coup pour déstabiliser définitivement son adversaire. Il avait déjà produit le faux témoignage arraché à Le Jay, dans les conditions que l'on sait. Il faut frapper plus fort encore. Lancé à son tour dans une enquête sur le passé du conseiller, il ramène à la surface un secret si bien gardé qu'on aurait pu le croire enfoui pour l'éternité. Sûr de son fait, il proclame alors : « Il me combat avec des mots, je vais y opposer des faits, et mes juges décideront de nos défenses. » Quels sont-ils ces faits si graves ?

Peu avant le procès, un couple de bourgeois, Antoine-Pierre Dubillon et Marie-Magdeleine Janson, avait supplié l'archevêque de Paris de subvenir aux frais de cinq mois de pension qu'ils devaient à la nourrice de leur fille Marie-Sophie, « disant qu'ils n'ont recours à la charité de ce prélat que parce que M. Goëzman, parrain de leur fille, n'a eu égard à leur situation, malgré la promesse formelle qu'il leur avait faite de pourvoir à l'entretien de cette enfant ». Mis au courant de l'affaire (on ne sait par qui), Beaumarchais court à la paroisse Saint-Jacques-de-la-Boucherie, consulte l'acte de baptême de la fillette et découvre avec stupeur que son parrain y est inscrit sous le nom de « Louis Dugravier, bourgeois de Paris, y demeurant rue des Lions », tout près du quai Saint-Paul, où habitent les Goëzman. Pourquoi cette fausse identité ? Pourquoi cette fausse adresse ? Pourquoi entretenir la petite Marie-Sophie ? Parce qu'il en est le véritable père, ont pensé certains. La vérité est à la fois plus simple et plus complexe. Il se trouve que M. Goëzman entretenait alors des relations coupables avec une jouvencelle de condition modeste. Celle-ci occupait une chambrette, rue de la Monnaie, chez un jeune ménage dont la femme venait d'accoucher. Elle crut faire honneur aux parents en leur proposant le conseiller Goëzman pour parrain : « Je sais bien le moyen de le déterminer, dit-elle à son amie ; je tiendrai l'enfant avec lui. » Le conseiller se chargerait en outre des frais de nourrice, à raison de dix livres par mois. Il paya les cinq premiers, puis cessa de fréquenter sa jeune commère. La nourrice vint réclamer, les parents firent de la prison pour dettes, mais la mère dénonça Goëzman à l'archevêque de Paris, Mgr de Beaumont, qui fit vérifier le registre de Saint-Jacques. Découvrant que l'acte de baptême portait la signature d'un nommé Dugravier, il prit d'abord la femme pour une menteuse. Mais, lorsque celle-ci lui remit les lettres amoureuses du conseiller et que le prélat fit comparer l'écriture avec celle du registre, il acquit la preuve qu'elle avait dit vrai et que Goëzman n'avait pas voulu que son nom figurât à côté de celui de sa maîtresse[44]. Ce n'est pas sans répugnance que Beaumarchais utilisera cette accablante révélation contre son ennemi. Mais les impératifs de la défense l'emportant sur ses scrupules, il dénoncera la tromperie du magistrat en parodiant l'éloquence de la chaire : «Serait-il possible que M. Goëzman, qui se pare de tant de vertu, se fût joué du temple de Dieu, de la religion, et de l'acte le plus sérieux, sur lequel est appuyé l'état du citoyen[45]?»

L'accusation en pleine audience, preuves à l'appui, fait l'effet d'une bombe. On crie à la trahison, au déshonneur. On réclame la destitution du juge. On procède à une enquête, on entend les témoins : la sage-femme, la marraine, la nourrice, le sacristain de Saint-Jacques, sept autres personnes. Le scandale frappe de plein fouet ce pauvre parlement Maupeou, qui tâche tant bien que mal de faire bonne figure depuis trois ans. Une semaine plus tard, le 23 décembre 1773, les chambres assemblées depuis six heures du matin jusqu'à une heure de l'après-midi décrètent Goëzman d'«ajournement personnel», autrement dit d'inculpation, par 30 voix contre 28. D'accusateur, le voilà réduit à l'état d'accusé. Il subira son premier interrogatoire le 4 janvier 1774. Selon le libraire Hardy, auquel rien n'échappe, la fermeté de son attitude étonne : «On disait que ce magistrat, accusé et presque convaincu, faisait néanmoins assez bonne contenance, et l'on ne savait trop quelles conjectures tirer de son assurance, dans une circonstance qui paraissait devoir être pour lui des plus critiques. On avait fait courir faussement le bruit qu'il était passé en Angleterre, et qu'il se laisserait condamner par contumace[46].» Il tentera bien de se défendre par écrit, mais son mémoire manquera singulièrement d'énergie ; il se contentera de répéter mollement ses propos diffamatoires contre Beaumarchais, sans même chercher à s'expliquer sur les crimes de faux qui lui sont reprochés. Manifestement, il se sait perdu. C'est d'ailleurs l'impression que laisse l'exorde de son factum : «Une voix s'est élevée, dit-il, le malheur des circonstances, le plaisir méchant d'inculper un magistrat dans les conjonctures actuelles, ont fait aussitôt une infinité d'échos. La persuasion s'est communiquée comme une contagion secrète ; il s'est formé un orage qui s'est fixé sur ma tête[47].»

Pour Pierre-Augustin, c'est une victoire. La seconde en quelques semaines, car il vient d'obtenir, au début du mois d'octobre, un jugement de *soit communiqué*, qui permet de rouvrir l'instruction dans le procès La Blache. Aussi son quatrième *Mémoire*, rédigé au début de février 1774 (le meilleur, selon certains), témoigne-t-il d'un bel optimisme. D'abord, à la liste de ses adversaires qui figurent dans le titre, il peut ajouter avec une satisfaction non dissimulée : «Contre Goëzman, juge, accusé de subornation et de faux». L'épigraphe, empruntée à Ovide, fait preuve d'une véritable euphorie : «*Sunt quoque gaudia luctus*», ce qui signifie : «Et les chagrins aussi sont mêlés de plaisirs», citation demeurée d'ailleurs introuvable chez le poète latin.

«BERTRAND LA MAIN-D'ŒUVRE»

Les autres acteurs ne jouent qu'un petit rôle dans le procès Goëzman. Pourtant, Beaumarchais les traite avec le même soin que les personnages secondaires de son théâtre. Pittoresque, drôlerie, rien ne leur manque pour imprimer aux *Mémoires* le ton de la comédie, voire celui de la farce. Prenons le sieur Bertrand d'Airolles, ou d'Airolles Bertrand, selon qu'il vend des anchois à Marseille ou qu'il joue les banquiers à Paris. D'abord très lié avec Mme Lépine, puis avec son frère, ce hâbleur provençal était intervenu auprès du libraire Le Jay, pour obtenir l'audience chez Goëzman. Mais voyant la tournure que prenaient les événements, et craignant de perdre les bonnes grâces du duc d'Aiguillon, il avait jugé plus prudent de se ranger du côté du plus fort, et payé son ralliement de quatre mémoires, entrelardés de psaumes en latin, qui lui vaudront du moins la célébrité du ridicule. Veut-on savoir à quoi ressemble la haine, lorsqu'elle revêt les oripeaux de la rhétorique? En voici un aperçu : «Orateur cynique, bouffon, sophiste effronté, peintre infidèle qui puise dans son âme la fange dont il ternit la robe de l'innocence, méchant par besoin et par goût, son cœur dur, vindicatif, implacable, s'étourdit de son triomphe passager et étouffe sans remords la sensible humanité.» C'est naturellement de Beaumarchais qu'il s'agit. Sa mémoire à éclipses, qui lui fait oublier tous les faits qui lui sont contraires pour ne se souvenir que des autres, lui vaut cette réplique de Beaumarchais : «Voilà certes un beau sujet pour le prix de l'Académie de chirurgie en 1774 ! Gagner la médaille en expliquant comment la cervelle de ce pauvre Bertrand a pu tout à coup se fendre en deux, juste par la moitié, et produire dans sa tête une mémoire si heureuse sur certains faits, si malheureuse sur certains autres[48]. » Expert en faux témoignages, bravache et craintif à la fois, cupide, indécis, «homme sans caractère», «cerveau fumeux, [...] girouette à tous les vents de la cupidité», «Bertrand la main-d'œuvre», suborné par «Marin la bourse», au demeurant plus sot que méchant : tel est le masque sous lequel Beaumarchais le dépeint. Véridique ou non, ressemblant ou pas, il n'importe. Bertrand figure désormais dans la galerie des types universels.

«DANS SON CARROSSE !»

D'origine provençale lui aussi, quoique né à Paris, François Thomas Marie de Baculard d'Arnaud n'avait *a priori* rien à voir avec ce procès, auquel d'ailleurs il n'a jamais compris grand-chose. Quel démon l'a donc poussé à se jeter dans la mêlée ? Nul autre que la sottise, hélas. Jadis correspondant littéraire de Frédéric II en France grâce à l'intervention de Voltaire, il avait séjourné à Berlin avant de se brouiller avec son protecteur et de rentrer à Paris où il fut rejeté dans le camp des antiphilosophes. Dès lors, Voltaire ne cessera de l'accabler de ses sarcasmes. Auteur dramatique et romancier, Baculard d'Arnaud est l'inventeur du genre «funèbre», dont il a donné de nombreux modèles dans ses romans et son théâtre. Ce dernier surtout, avec ses décors peuplés de cimetières, de cercueils, de crânes, de lampes funéraires et de souterrains, témoigne d'un goût de l'épouvante que ne fait reculer ni la peur de l'outrance ni surtout celle du ridicule : les tableaux, censés provoquer l'effroi du spectateur, n'excitent que son hilarité. Aux scènes de violence succèdent les agonies verbeuses, les crises de folie, les reconnaissances. Son œuvre romanesque exploite la même veine. Influencé par Rousseau, dont il ne retiendra que le penchant pour le mélodrame, épris du roman noir à l'anglaise, lecteur admiratif des *Nuits* de Young, il se complaît dans le sentimentalisme larmoyant, use et abuse des sanglots, pâmoisons et convulsions, dote enfin ses héros, et surtout ses héroïnes, d'une sensibilité qui les éprouve jusqu'à leur mort, accueillie comme une délivrance.

Moralisateur incontinent, truffant ses récits de discours édifiants, le vertueux Baculard aurait, dit-on, trempé dans de sombres histoires d'argent et commis maintes indélicatesses. Au nombre de celles-ci pourrait dignement figurer la lettre qu'il écrivit à la requête de Goëzman, pour attester que l'épouse du magistrat avait rejeté avec indignation les cent louis et la bague offerts par Beaumarchais, «disant qu'elle n'était pas faite pour qu'on l'offensât à ce point, qu'on rendrait justice à la personne si elle le méritait, et que les jugements n'étaient point soumis à la séduction et même aux recommandations». Il concluait son faux témoignage par des protestations de bonne foi qui font sourire: «Je vous prie, Monsieur, de regarder cette lettre comme un hommage authentique que je rends à la vérité. Vous êtes le maître de la répandre; je n'ai aucun intérêt en ceci que de combattre et de détruire l'imposture. Ces sentiments m'animeront jusqu'au dernier soupir, et ce n'est pas d'aujourd'hui que j'ai immolé tout à cette façon de penser[49].» Il se trouve qu'au même moment Baculard avait sur les bras un procès criminel à la Tournelle, et que Goëzman officiait dans ladite juridiction. Simple coïncidence!

Beaumarchais eut d'autant moins de mal à réduire son témoignage à néant qu'il s'était déjà rétracté de lui-même. Fâché cependant de se voir taxé d'«incertitude pusillanime», d'«inconséquence», d'«ignorance», de «complaisance aveugle», il répondit dans un factum de sa façon, daté du 9 octobre 1773, qu'il voulait assassin, mais où le malheureux tirait péniblement à la ligne pour remplir quatorze malheureuses pages, et qui s'ouvrait sur une sentencieuse période opposant sa vie obscure d'auteur à celle des «hommes du jour», endurcis à la diffamation et au scandale. À défaut d'arguments, il n'avait trouvé contre Beaumarchais qu'une piètre allusion à son train de vie «Oui, j'étais à pied et je rencontrai dans la rue de Condé le sieur Caron en carrosse. *Dans son carrosse!*» À quoi l'autre persiflait: «Qui ne croirait, d'après ce triste "oui, j'étais à pied", et ce gros point d'admiration qui court après mon carrosse, que vous êtes l'envie même personnifiée? Mais moi, qui vous connais pour un bon humain, je sais bien que cette phrase «dans son carrosse» ne signifie pas que vous fussiez fâché de me voir *dans mon carrosse* ; mais seulement que je ne vous voyais pas dans le vôtre ; et c'est, comme j'avais l'honneur de vous l'observer, parce que vous ne dites jamais ce que vous voulez dire, qu'on se trompe toujours à votre intention. » Plus loin il se moque de son style emphatique, s'excuse d'avoir répondu légèrement à tant de « bouffissures » et conclut par cette amabilité : « Vous fûtes écolier, sans doute, et vous savez qu'au ballon le mieux soufflé il ne faut qu'un coup d'épingle[50]. »

« QUES-A-CO ? »

Reste François Louis Claude Marin, dit « le Gazetier de France », dit « Marin la bourse », dit « le Corsaire », dit « Ques-a-co », dit « le maringouin », dit « l'hippopotame » (« monstre *marin* »), plumitif comme le précédent, né le 6 juin 1721 à La Ciotat, « petite ville de Provence où le petit Marin fredonnait, pour de petits gages, sur un petit orgue, dans une petite paroisse ». Assigné comme témoin, il multiplia contre Beaumarchais les fausses accusations que celui-ci n'eut aucun mal à réfuter, notamment dans le récit de son voyage en Espagne, et se rendit odieux par sa veulerie. De tous les personnages de cette farce judiciaire, c'est assurément celui que la verve vengeresse des *Mémoires* aura le moins épargné. Secrétaire général de la librairie, il avait obtenu dès 1762 la charge de censeur royal, tant redoutée de la gent écrivassière[51]. C'est à ce titre, on s'en souvient, qu'il avait accordé les permissions pour *Eugénie*, *Les Deux Amis*, et plus récemment *Le Barbier de Séville*. Auteur médiocre, il possédait néanmoins une plume naturelle et facile qui excellait dans la chronique de presse. Collaborateur à *L'Année littéraire* de Fréron, directeur de la *Gazette de France* depuis 1771[52], il écrivait également pour des journaux publiés à l'étranger, en particulier la *Gazette d'Utrecht*. Protégé du duc d'Aiguillon et agent du chancelier de Maupeou, pour lequel il assurait la confection et la distribution de brochures destinées à soutenir les nouveaux parlements, il s'était acquis une influence non négligeable. Depuis une dizaine d'années, il était devenu l'homme de confiance de Voltaire, auquel il rendait de menus services ; c'est lui notamment qui faisait arriver de l'étranger les ouvrages du philosophe interdits en France, et se chargeait en personne de les colporter. Ce qui ne l'empêchait pas d'expédier aux galères de pauvres diables accusés du même délit! Voltaire, de son côté, ne lui ménageait ni ses flatteries ni ses caresses. Il eut même l'idée saugrenue de patronner sa candidature à l'Académie française, contre le président de Brosses. «Je vous conjure de ne jamais laisser entrer un homme qui menace les gens de lettres d'être leur délateur, écrivait-il à son confrère Charles Pinot Duclos. Les Gaillard, les Delille, les La Harpe sont sur les rangs, et ils ont des droits véritables. Mais s'il est vrai qu'il y ait des difficultés pour l'un d'eux, je vous recommande très instamment M. Marin, qui joint à ses talents le mérite de rendre continuellement service à tous les gens de lettres. Il vaut beaucoup mieux avoir dans votre Académie un ami qu'un président ou un évêque[53].»

Grâce aux *Mémoires contre Goëzman*, dont il fait ses délices, Voltaire découvre le censeur Marin sous un jour qu'il ne connaissait pas, ou feignait d'ignorer. Il apprend ainsi que ledit Marin, tout en jouant l'amitié la plus désintéressée à l'égard de l'accusé, travaille en sous-main à le perdre. Non content de fournir d'immondes ragots à la *Gazette d'Utrecht*, il soutient que Beaumarchais n'a jamais écrit un mot d'*Eugénie*, et qu'il n'est pas davantage l'auteur de ses *Mémoires* («si vous avez broyé les couleurs, ce n'est pas vous qui avez tenu le pinceau[54]»). Au début de l'affaire, Marin avait manifesté une relative neutralité entre les deux parties; il s'était même offert comme conciliateur dans le débat qui les opposait. Il voulait tout arranger, et se flattait de pouvoir le faire sous peu de jours, pourvu que l'on ne parlât pas de ces «quinze misérables louis. – Au contraire, Monsieur, lui répondit Beaumarchais avec chaleur, il faut en beaucoup parler [...], ils sont la clef de toute l'affaire!» Marin aurait dû se retirer à ce moment-là. Mais Marin est un «fripier de mémoires, de littérature, de censure, de nouvelles, d'affaires, de colportage, d'espionnage, d'usure, d'intrigue, etc., etc., etc. Quatre pages d'*et cætera*[55]». Il faudrait le renvoyer à l'orgue de La Ciotat, «d'où il est descendu si mal à propos».

En réalité, ledit Marin cherchait surtout à conjurer une action judiciaire qui risquait de déstabiliser le parlement Maupeou. Celle-ci n'ayant pu être évitée, il prit une part active au procès, dans le camp de Goëzman, qu'il défendit avec zèle, publiant coup sur coup quatre *Mémoires* qui sont un monument de platitude et d'hypocrisie. Sous le masque de l'homme de cœur, il déplore les imprudences et les incartades de son «ami» Beaumarchais, car elles ont causé son malheur. Pourquoi tant de mépris à l'égard du Parlement? Pourquoi tous ces propos subversifs à l'encontre «des ministres» et «des personnes en place»? «J'en fus affligé par l'amitié dont je le croyais digne, et je lui en fis des reproches.» Voilà ce que ne cesse de répéter cette bonne âme de Marin, en se livrant à la plus noire délation sur un ton navré. «Ah! si j'étais capable, s'écrie-t-il, d'abuser de ces effusions que l'amitié motive, pardonne et oublie… Il ne se souvient donc pas des propos qu'il a tenus et chez moi et ailleurs en présence de plusieurs témoins, et qui lui attireraient une peine un peu plus grave que ce qu'il pourra encourir par le jugement à intervenir.» Quels sont-ils donc ces propos? Que ne le dit-il! Mais Marin-Tartuffe préfère l'allusion perfide. En journaliste consommé, il sait que le lecteur imaginera forcément le pire. S'il voulait, dit-il ailleurs, il ferait de terribles révélations sur les attaques de Beaumarchais contre la religion et la magistrature; il pourrait encore prouver qu'il a commis des crimes atroces, «mais il n'est pas dans mon caractère de faire de mal à mes propres ennemis». Le brave homme!

*
* *

Beaumarchais n'est tendre avec aucun de ses adversaires. Mais c'est assurément contre le gazetier Marin qu'il se déchaîne avec le plus de vigueur. Son *Quatrième Mémoire* s'ouvre sur une prosopopée, d'une éloquence bouffonne, où il imagine que l'Être suprême lui annonce les malheurs qui vont s'abattre sur sa tête. Beaumarchais se prosterne, en suppliant l'Éternel de lui accorder du moins des ennemis dignes de lui. Belle occasion pour les passer en revue dans un jeu de massacre impitoyable. Arrivé à Marin, il formule ce vœu: «Je désirerais que cet homme fût un esprit gauche et lourd, que sa méchanceté maladroite l'eût depuis longtemps chargé de deux choses incompatibles jusqu'à lui, la haine et le mépris public. Je demanderais surtout qu'infidèle à ses amis, ingrat envers ses protecteurs, odieux aux auteurs dans ses censures, nauséabond aux lecteurs dans ses écritures, terrible aux emprunteurs dans ses usures, colportant les livres défendus, espionnant les gens qui l'admettent, écorchant les étrangers dont il fait les affaires, désolant pour s'enrichir les malheureux libraires, il fût tel enfin dans l'opi-

nion des hommes qu'il suffît d'être accusé par lui pour être pré-
sumé honnête, son protégé, pour être à bon droit suspecté : *donne-
moi Marin*[56]. »

Plus loin, dans le même *Mémoire*, cet autre portrait, plus sanglant encore : « Censures, gazettes, étrangères, nouvelles à la main,
à la bouche, à la presse ; journaux, petites feuilles, lettres courantes,
fabriquées, supposées, distribuées, etc., etc., encore quatre pages
d'*et cœtera* ; tout est à son usage. Écrivain éloquent, censeur habile,
gazetier véridique, journalier de pamphlets ; s'il marche, il rampe
comme un serpent ; s'il s'élève, il tombe comme un crapaud. Enfin,
se traînant, gravissant, et par sauts et par bonds, toujours le ventre à
terre, il a tant fait par ses journées qu'enfin nous avons vu de nos
jours le corsaire allant à Versailles, tiré à quatre chevaux sur la
route, portant pour armoiries aux panneaux de son carrosse, dans un
cartel en forme de buffet d'orgues, une Renommée en champ de
gueules, la tête en bas, raclant de la trompette *marine* ; et pour sup-
port une figure dégoûtée, représentant l'Europe ; le tout embrassé
d'une soutanelle doublée de gazettes, et surmontée d'un bonnet
carré, avec cette légende à la houppe : *Ques-a-co ? Marin*[57]. »

Ah, ce *Ques-a-co* ! L'aura-t-il entendu seriner derrière son dos,
le malheureux gazetier ! Non seulement le surnom lui restera collé à
la peau, mais il fera le tour des salons et parviendra même jusqu'à
la Cour. La dauphine Marie-Antoinette l'adopte d'emblée, s'en
amuse comme une folle, et le répète à tout bout de champ, tandis
que sa modiste, Mme Bertin, lance la coiffure à la *Ques-a-co*, composée d'un panache formé de la réunion de trois plumes que les élégantes portent derrière la tête, et dont la mode ne tardera pas à
gagner la province[58]. « Cette coiffure, dit Bachaumont, perpétue
l'opprobre du Marin, bafoué jusqu'aux toilettes. » Marin devient la
tête de turc des chansonniers, qui l'accablent de quolibets, souvent
plus venimeux que ceux de Beaumarchais, et pour certains carré-
ment orduriers[59]. Le malheureux ne s'en relèvera pas. Voltaire lui-
même le laissera tomber, préférant se ranger du côté des rieurs avec
Beaumarchais que soutenir davantage cette brebis galeuse, qu'il
couvrait naguère de cajoleries. Au début, il en usera cependant avec
prudence : le personnage conserve encore de puissants appuis et
pourrait se révéler dangereux. Il continuera donc de correspondre
avec lui, mais en évitant les sujets compromettants.

CHAPITRE XIV

«Je prends la nation à témoin»

> «La nation, à la vérité, n'est pas assise sur les
> bancs de ceux qui prononceront, mais son œil
> majestueux plane sur l'assemblée. C'est donc tou-
> jours un très grand bien de l'instruire, car si elle
> n'est jamais le juge des particuliers, elle est en
> tout temps le juge des juges.»
>
> (*Quatrième Mémoire*).

On a du mal à se représenter de nos jours ce que fut le succès des *Mémoires contre Goëzman*. Jamais peut-être une œuvre littéraire, et moins encore un factum judiciaire, n'a connu pareil retentissement dans des publics aussi divers. Du premier au quatrième, ils suscitèrent une adhésion sans cesse élargie de l'opinion en faveur de Beaumarchais.

Le premier mémoire sort des presses de Claude Simon le 5 septembre 1773[1]. C'est une brochure in-quarto de quarante-deux pages, dans laquelle Beaumarchais retrace, avec force détails et plaisants commentaires, ses vains efforts pour solliciter le juge Goëzman. Le succès de curiosité est immédiat. Le factum est vendu partout, lu à haute voix au Caveau, le café à la mode, épuisé en huit jours, aussitôt réimprimé. «Le mémoire de M. de Beaumarchais fait un bruit du diable, note Bachaumont, et il est recherché avec tant d'empressement, qu'il a été obligé d'en faire une seconde édition, enlevée avec autant de rapidité que la première[2].» On le lit comme une farce, on rit des Bertrand, des Le Jay, des Baculard, comme de fantoches de baraques foraines. «Quoiqu'il ne roule que sur une narration, minutieuse en apparence, de petites circonstances peu intéressantes, [l'auteur] y a mis tant d'art, tant de précision, un sarcasme si fin et si bien ménagé qu'on le lit avec la plus grande avidité[3].» Le bruit court que, après un tel affront, Goëzman

n'osera plus paraître au tribunal, et que son protecteur, le duc d'Aiguillon, l'a nommé consul aux Échelles du Levant. On attend
impatiemment la suite ; elle ne va pas tarder.

Le 18 novembre, nouvelle offensive : le *Supplément au
Mémoire à consulter* relate les confrontations de l'auteur avec la
dame Goëzman, tête légère, qui ne sait même pas répéter les
leçons que lui a serinées son mari[4]. «Le second mémoire du sieur
de Beaumarchais fait encore plus de sensation, s'il est possible,
que le premier, note Bachaumont. Il révèle au grand jour les turpitudes de la femme et du mari, avec une candeur, une ingénuité qui
charment. Le détail de ses réponses à madame Goëzman, toujours
honnêtes, polies, même galantes, forme un contraste délicieux avec
les bêtises, les injures, les grossièretés de celle-ci. On y trouve un
portrait de lui-même, où il repousse toutes les calomnies atroces
dont on le charge envers ses deux femmes, dans des gazettes étrangères, entre autres, dans celle de La Haye. Il réfute également les
autres horreurs dont ses ennemis veulent que sa vie ait été un tissu.
Cette affaire est une espèce de parade, dont cet auteur amuse le
public, en attendant sa comédie du *Barbier de Séville*, retardée par
la circonstance malheureuse de sa rixe avec le duc de Chaulnes[5].»
Tirées à quatre mille exemplaires, les brochures s'arrachent, on rit
de plus belle, tandis que, dans le camp adverse, l'ignoble Goëzman, le stupide Marin et le larmoyant Baculard tâchent désespéré-
ment d'intéresser les foules avec leurs laborieux factums tout
bardés de latin. Dans son *Journal*, Hardy signale que le jugement
est renvoyé après la Saint-Martin, et fait état de rumeurs : on pense
que Goëzman quittera le Parlement ; on parle même du rappel de
l'ancien Parlement : autant de faux bruits, naturellement. Mais il
rapporte autre chose, qui révèle à quel point le succès des deux
premiers mémoires inquiète l'autorité. À l'en croire, en effet, le
premier président du Parlement, Bertier de Sauvigny, aurait rencontré Beaumarchais pour le dissuader de publier son troisième
mémoire. Mais celui-ci «lui avait parlé avec force et n'avait pas
craint de lui témoigner sa surprise de ce que le premier président
d'un Parlement pouvait se déterminer à interdire à un citoyen les
moyens de se défendre». Lorsque Sartine, de son côté, s'inquiète
de savoir si l'on exerce des pressions sur les imprimeurs, le syndic
de la librairie, Imbert père, lui répond calmement que Beaumarchais communiquait toujours son manuscrit au fur et à mesure «à
M. le premier président, qui y faisait tous les retranchements qu'il

jugeait convenable, d'où il résultait qu'on n'avait jamais voulu formellement empêcher l'impression de ses *Mémoires*[6]». Toujours bien disposé à l'égard de son ami, le lieutenant de police fait semblant de le croire.

Ce *Troisième Mémoire* sort le 15 décembre 1773 au prix de vingt-quatre sols, comme les précédents. Plus important que les deux premiers, il est mieux accueilli encore[7]. Hardy note dans son *Journal*: «On regardait avec raison les trois *Mémoires* comme un morceau de littérature qui méritait d'être conservé non seulement dans le cabinet des gens de goût, mais même dans toutes les bibliothèques publiques. Enfin, on ne se souvenait pas d'avoir vu paraître au barreau, depuis fort longtemps, d'écrits polémiques aussi intéressants et aussi agréables[8].» Beaumarchais y fait pleuvoir des grêles de coups sur ses malheureuses victimes, notamment Goëzman et La Blache, qui sont ses cibles préférées. À ceux qui lui reprochent la légèreté de son style et dénoncent sa gaieté comme un manque de respect aux juges, il répond en invoquant *Les Provinciales*: «Lorsque Pascal, dans un siècle bien différent du nôtre, puisqu'on y disputait encore sur les points de controverse, écrivait du ton le plus léger, le plus piquant, d'un ton enfin où ni vous, ni le comte de La Blache, ni Me Caillard, ni Marin, ni Bertrand, ni Baculard, ni moi n'arriverons jamais; lorsque Pascal, dis-je, reprochait à ses adversaires, du style le plus plaisant, l'étrange morale d'Escobar, Bauni, Sanchès et Tambourin, les gens sensés l'accusèrent-ils de manquer de respect à la religion? S'offensèrent-ils pour elle qu'il répandît à pleines mains le sel de la gaieté sur les discussions les plus sérieuses? Après avoir plané légèrement sur les personnes, il élevait son vol sur les choses et tonnait enfin à coups redoublés, quand sa pieuse indignation avait surmonté la gaieté de son caractère[9].» À Marin, qui prétendait qu'il n'était même pas l'auteur des *Mémoires* publiés sous son nom, Beaumarchais répond en riant: «Puisque c'est un autre qui écrit mes *Mémoires*, ce maladroit de Marin devrait bien lui faire rédiger les siens.» Et Rousseau fait justement observer: «Je ne sais pas s'il les compose, mais je sais bien qu'on ne fait pas de tels *Mémoires* pour un autre[10].» Il se peut, naturellement, qu'avec des amis, à table, en société, il ait cueilli, çà et là, quelques traits dans la conversation. Qui n'en fait autant? Mais qui ne sait aussi qu'il faut un grand fonds d'esprit pour s'enrichir de celui des autres? Choisir, placer, s'approprier: il y faut de la finesse. Et d'ailleurs, ces traits particuliers sont peu de chose par eux-mêmes ; le cadre fait tout. Suffit-il que Mme Goëzman ne dise que des inepties ? Sans le dialogue et le mouvement, point de comique. Les sots ne sont point rares, et le plus souvent ils ennuient. Les mettre en scène, nous faire rire de leur sottise, exige des dons peu communs : ceux-là mêmes de la satire et de la comédie, que Beaumarchais possède d'instinct.

« LE SAUVEUR DE LA PATRIE »

Lecteur des *Mémoires* (sans doute à l'insu de ses ministres), Louis XV les trouve si drôles qu'il suggère de les porter à la scène. Toujours à l'affût de distractions pour son royal amant, Mme du Barry saisit l'idée au vol et fait représenter dans ses appartements, en présence du roi, une petite pièce comique tirée des confrontations avec Mme Goëzman et intitulée *Les Proverbes ou Le meilleur n'en vaut rien*, qu'on attribue aussitôt... à Beaumarchais lui-même[11]. Le rôle de ce dernier est tenu par le célèbre Préville, ami de la famille Caron et futur interprète de Figaro. Feulie, également sociétaire du Français, joue celui du conseiller rapporteur. Quant à Mme Goëzman, elle fait l'objet d'une charge extraordinaire par Dugazon, « l'un des plus fameux paradeurs, selon Hardy, faisant les grimaces et les contorsions les plus risibles, surtout lorsqu'il était question du temps critique de cette dame ». Naturellement la pièce est donnée dans l'intimité. Au milieu de la représentation, Louis XV est pris d'un tel fou rire qu'il doit sortir, et redemande la pièce pour le lendemain. Cynisme ou inconscience, il aurait risqué ce bon mot : « On disait que le nouveau Parlement ne prendrait pas. Il prend, et de toutes mains ! »

Beaumarchais a gagné son pari. Il entendait conquérir l'opinion avec ses factums ; c'est chose faite. Son nom est sur toutes les lèvres. Il était « l'horreur de tout Paris » il y a un an. Aujourd'hui tout le monde raffole de lui, chacun prend sa défense : il est le héros du jour. Avec ce sens de la publicité qui ne le quittera jamais, il juge le moment bien choisi pour tenter un retour à la scène, et propose à la Comédie-Française de reprendre *Eugénie*. Les comédiens acceptent. La pièce ne peut que bénéficier du tapage provoqué par le procès ; l'événement fixera tous les regards vers lui, au moment où les suffrages de l'opinion lui sont plus que jamais nécessaires. Tout se passe comme prévu. La première a lieu le dimanche 9 janvier 1774, devant une salle comble, chauffée à blanc par les derniers rebondissements de l'affaire. La représentation se déroule sans incident jusqu'au quatrième acte. Mais à la troisième scène, lorsque le baron s'écrie : « Qu'on le livre à la rigueur des lois ! » et que sa sœur, Mme Murer, lui répond : « Les lois ! la puissance et le crédit les étouffent souvent », un tonnerre d'applaudissements s'élève des gradins. Au baisser du rideau, le vacarme s'amplifie, le public réclame l'auteur à grands cris et scande : *Le Barbier ! Le Barbier !* Beaumarchais, qui faisait les cent pas dans le foyer des artistes, est entouré d'une foule enthousiaste qui le porte en triomphe jusqu'à son carrosse. Les mêmes manifestations se reproduisent huit jours plus tard, à la seconde représentation. Le 25 janvier, le libraire Hardy note dans son *Journal* : « Le public fêtait d'avance et par anticipation le sieur de Beaumarchais, comme le sauveur de la patrie. Il redemandait au Théâtre-Français, avec une sorte d'acharnement, d'anciennes pièces de sa façon qui, dans leur temps, n'avaient point fait une certaine sensation, uniquement, selon toutes les apparences, pour se procurer le plaisir de le combler d'applaudissements dont la scène paraîtrait fournir le prétexte [12]. »

Tous les spectacles de Paris font allusion à l'affaire et aux *Mémoires* ; on applaudit à tout rompre et on en redemande. Aux Italiens, on joue depuis un mois à guichets fermés, et dans la langue d'origine, *Les Trois Jumeaux vénitiens* d'Antonio Colalto. Dans l'un de ses trois rôles, Arlequin joue un capitaine de vaisseau, « qui conséquemment est un *Marin* » : prétexte à jeux de mots et à lazzi sur l'infortuné Gazetier de France, que le parterre saisit au vol en hurlant de rire. L'acteur sera convoqué par la police, obligé d'aller présenter des excuses au sieur Marin, et fermement enjoint de ne pas récidiver [13].

Il n'est pas jusqu'au fameux Taconet, célèbre acteur-auteur comique de la troupe de Nicolet, qui ne truffe sa comédie de grasses plaisanteries du genre *veau Marin* ou *vache Goëzman*, et met cette réplique dans la bouche d'une certaine Lisette :

> « Mon cher Guillot, laissons ces mauvais caractères
> Les Marins ne sont pas faits pour être sur terre [14]. »

*
* *

Point de grand homme sans effigie officielle. Pour l'homme de lettres, la consécration consiste à voir ses traits immortalisés par un artiste de renom. Un jour, le libraire Pierre Prault vient demander à Beaumarchais, de la part de l'illustre Cochin, graveur du roi, s'il consentirait « à ce qu'il perpétuât son image par le crayon, comme ses ouvrages perpétueraient sa mémoire ». Le bon Hardy assistait à l'entretien : « Cette proposition, note-t-il, était totalement désintéressée de la part dudit sieur Cochin, qui n'avait pour but que de faire au public un présent très agréable en employant, d'après son dessein, le burin du sieur Prévost, graveur habile, pour multiplier le portrait d'un citoyen qui pouvait devenir précieux à la nation. [...] Elle est accueillie par le sieur Caron de Beaumarchais avec toute l'honnêteté dont il était capable, mais en même temps rejetée ou tout au moins éloignée, comme elle devait l'être dans les circonstances critiques où il se trouvait. Le sieur Prault, en le quittant, lui dit qu'il ne se regardait pas comme battu, et qu'il se flattait d'un succès plus heureux dans un temps plus opportun. Quoiqu'on regrettât de ne point voir la proposition du sieur Cochin acceptée par le sieur Caron, on ne pouvait qu'applaudir à la prudence de ce dernier [15]. » Heureusement, Beaumarchais revint bientôt sur son refus. Sans quoi nous n'aurions pas ce magnifique médaillon, dessiné par Charles-Nicolas Cochin et gravé non par Prévost, mais par Augustin de Saint-Aubin [16]. L'écrivain présente son profil droit, il est en vêtement d'intérieur, les cheveux soigneusement poudrés, bouclés au-dessus des tempes comme le veut la mode, et retenus à l'arrière dans une bourse de soie noire. Évidemment, ce n'est plus le jeune homme peint par Nattier vingt ans auparavant ; le visage s'est empâté, laissant apparaître un double menton, mais on reconnaît la même noblesse dans le port de tête, la même assurance dans le regard, la même ironie au coin des lèvres. À quarante-deux ans, il respire la pleine force de l'âge ; tout exprime en lui l'épanouissement, l'équilibre, la finesse.

Ceux qui ont le privilège de le voir et de lui parler subissent le même charme. Siméon Hardy, qui le croise un jour à la chambre syndicale des libraires et imprimeurs, où il réglait un litige avec ces messieurs, nous livre ses impressions : « Vendredi 21 janvier [1774]. – Ce jour, entre cinq et six heures du soir [...], je me trouve heureusement à cette visite du sieur de Beaumarchais, et je puis assurer que son entretien, qui dura près de trois quarts d'heure, me fit, ainsi qu'à ceux de mes confrères qui en furent les témoins, tout le plaisir imaginable. Je fus à portée de me convaincre qu'il parlait comme il écrivait, c'est-à-dire admirablement bien, et qu'il était un de ces génies rares que l'Auteur de la nature se plaît à former de temps en temps pour faire l'étonnement de leurs contemporains et l'ornement du siècle où ils vivent [17]. »

FIGARO RATE SON ENTRÉE

Devenu la « coqueluche » de tout Paris, celui dont tout le monde parle, dont tout le monde souhaite la victoire sur son adversaire, et sur l'innommable parlement Maupeou, Beaumarchais fait reprendre discrètement les répétitions du *Barbier de Séville*, interrompues, on s'en souvient, lors de sa querelle avec le duc de Chaulnes, et que le public vient de réclamer à cor et à cri (sans doute aussi à coups de pistoles, car Pierre-Augustin ne lésine pas sur la claque). Les Comédiens-Français font diligence : ils comptent sur l'heureuse disposition des esprits pour remporter un succès rapide, au moins de curiosité, sinon de scandale. L'auteur doit cependant soumettre une fois de plus sa pièce à la censure. À quelques changements près, son texte est identique à celui qui avait été approuvé l'année précédente. Mais il n'a pu s'empêcher de glisser ici et là des allusions au procès et à ses principaux acteurs, que les *Mémoires* ont rendus populaires. Ainsi Bazile emprunte-t-il à Marin des expressions provençales telles que : *Ques-a-co*, *pécaïre*, *friandas*. Ledit Marin peut également se reconnaître dans ces *maringouins* qui sucent le sang des hommes de lettres, ou dans ce « sacristain ! » que Figaro lance à ce même Bazile, rebaptisé par endroits Guzman ou Colmaro (le magistrat avait exercé à Colmar avant de s'installer à Paris). Le censeur qui remplace Marin, un nommé Artaud, secrétaire du duc de Duras, exige la suppression des pointes les plus acérées. Moyennant de menues corrections, il approuve la pièce le 5 février, et Sartine délivre aussitôt son autorisation aux comédiens. La première est annoncée pour le samedi 12. À peine la nouvelle se répand-elle dans Paris que les bureaux de location sont pris d'assaut. En une après-midi, toutes les loges sont vendues jusqu'à la sixième représentation. La dauphine, Marie-Antoinette, brûle, dit-on, d'assister à la générale ; elle serait même intervenue personnellement auprès des gentilshommes de la Chambre pour faire lever les derniers obstacles [18].

Soudain, le 10 février dans la soirée, les Comédiens-Français reçoivent du gouvernement l'interdiction expresse de jouer *Le Barbier de Séville*. Ordre leur est donné de retirer immédiatement la pièce de l'affiche. Ce même soir, le comédien Dauberval qui joue le rôle d'Argan dans *Le Malade imaginaire*, s'avance vers le public pour faire cette annonce : « Messieurs, des ordres supérieurs nous empêchent de vous donner samedi la première représentation du *Barbier de Séville*. Nous aurons l'honneur de vous donner *Mahomet*. » Pour les comédiens, c'est une perte sèche : ils ont énormément investi dans les décors et les costumes, et devront rembourser les locations [19]. Quant au public, « aussi respectueux pour ses supérieurs que zélé pour ses égaux, lit-on dans la *Correspondance* de Grimm, il gémit tout bas de cette rigueur, et son amour pour l'auteur en augmenta. Pour moi, qui ne connais pas M. de Beaumarchais, qui n'ai ni haine ni enthousiasme pour lui, je préfère de ne le croire coupable sur aucun point, parce que cela met l'âme à l'aise, et parce que la troupe de furies attachées à ses pas n'a pu rien prouver, ni même articuler contre lui ; et je dis qu'il est dommage qu'on nous ait privés de la représentation de sa pièce. Je l'ai lue, elle m'a paru digne des éloges qu'on lui préparait d'avance. [...] Je ne doute nullement que *Le Barbier de Séville* n'eût eu le plus grand succès ; mais M. de Beaumarchais en aurait été redevable à l'intérêt qu'il a su inspirer au public, bien plus qu'au mérite de la pièce, qui n'aurait été senti peut-être qu'à la cinquième ou sixième représentation [20] ».

En vérité, cette interdiction n'est que l'effet de la petite guerre que se livrent Mme du Barry et Marie-Antoinette. Celle-ci n'a jamais pu souffrir la favorite et ne fait pas mystère de son antipathie. Plus influente que la dauphine, du moins pour le moment, la maîtresse royale et son allié, le duc d'Aiguillon, ministre des Affaires étrangères, qui ne sait rien lui refuser, ont prié le duc de La Vrillière d'user de son autorité pour empêcher la représentation. Motif officiel : l'auteur aurait introduit dans sa pièce des allusions injurieuses contre la magistrature. En fait, le pouvoir craint des réactions populaires en faveur de Beaumarchais et hostiles à sa politique. Et surtout Mme du Barry trouve là l'occasion d'infliger une défaite cuisante à la trop jeune, trop jolie et trop aimable dauphine, tout acquise au *Barbier de Séville* et à son auteur[21]. Sitôt informé, Beaumarchais se tourne une fois encore vers Sartine, comme vers son sauveur, et le prie de nommer un nouveau censeur, afin qu'un examen sévère de sa pièce démontre la fausseté des allégations portées contre lui. Simultanément, et dans le même dessein, il en dépose une copie au greffe du Palais. Ainsi, tout le monde pourra la lire et se faire une opinion. « Il faut, dit-il, qu'elle soit jouée ou jugée ! »

*
* *

La nouvelle de l'interdiction est accueillie avec soulagement par les ennemis de l'auteur. Après un tel camouflet, le tribunal ne peut décemment pas l'absoudre. Goëzman et sa bande triomphent... Pour quelques heures seulement, car, ce même jeudi 10 février, dans la soirée, tandis qu'ils savourent leur victoire, le *Quatrième Mémoire* sort des presses de Clousier. À la dernière minute, Beaumarchais y ajoute une note commençant par ces mots : « À l'instant où ce *Mémoire* allait paraître, un ordre exprès du gouvernement a défendu aux Comédiens-Français de représenter une pièce nouvelle de moi, *La Précaution inutile ou Le Barbier de Séville*, et vient d'en faire cartonner les affiches. » Trois jours plus tard, le dimanche 13, à la sortie de l'Opéra, les camelots le crient dans la rue.

Six mille exemplaires sont vendus en quarante-huit heures. Les feuilles encore humides s'enlèvent à la porte de l'imprimerie[22]. À la Cour, à la Ville, dans les salons, les guinguettes, les cafés, aux foyers des théâtres, dans les cabinets des ministres, dans les galeries du Palais, partout enfin, il n'est question que du dernier mémoire. On s'exclame, on s'esclaffe, on applaudit. Ah, ce Caron ! Jamais il ne fut aussi drôle. Jamais il n'a poussé la charge aussi loin. Jamais il n'a frappé aussi fort. Tout le monde en prend pour son grade. Tudieu ! Quel trombinoscope ! Goëzman, Marin, Le Jay, Bertrand, « la dame aux quinze louis » : ils y passent tous, grimaçants, difformes, hideux, baveux, grotesques, pitoyables. Des Daumier, avant la lettre.

IL M'A TIRÉ LA LANGUE !...

L'essentiel de ce *Mémoire* n'est pourtant pas dans la satire, quelle que soit sa violence et la place qu'elle y occupe. Ses persécuteurs une fois fustigés – et de quel fouet ! –, Beaumarchais relate un petit incident sans conséquence, mais à propos duquel il développe, sur le thème de la justice, une réflexion dont la portée dépasse de loin son cas personnel.

Cela se passe le 23 décembre 1773, en début d'après-midi. Goëzman vient d'être inculpé pour faux sur l'acte de baptême, les magistrats se retirent, entourés de gardes. À leur tête, le président de Nicolaï, ancien colonel des dragons, propulsé au Parlement par Maupeou, fort lié à Goëzman et furieux de son inculpation. Le cortège s'avance dignement dans la salle des Pas-Perdus, à travers une foule de badauds, attirés là «par la curiosité du spectacle[23]». On s'écarte, on se découvre, Beaumarchais s'incline «très modestement». Arrivé à sa hauteur, le président s'arrête, plante là ses collègues, s'avance vers lui, le toise d'un air furibond puis, se tournant vers un exempt, donne l'ordre de l'expulser : «Il n'est là que pour me braver», grommelle-t-il. L'homme s'approche, se saisit de Beaumarchais et le pousse sans ménagement vers la sortie. Celui-ci se débat, un autre garde vient à la rescousse, une bousculade s'ensuit, un attroupement se forme. «Je ne sortirai pas, s'écrie Beaumarchais. Je prends la nation à témoin de l'outrage qui m'est fait devant elle, et dont je vais à l'instant porter ma plainte au ministère public.» Pour la première fois, l'occasion lui est donnée de s'adresser directement, par la voix et par le geste, à cette «nation» dont il n'a cessé de revendiquer le témoignage par le truchement de l'imprimé. Elle est là, cette nation, dans la foule qui s'attroupe autour de lui, dans ces hommes et ces femmes de toutes conditions, qui ne perdent pas une bribe de l'algarade. Au lieu de se retirer, Beaumarchais grimpe à l'étage du Parquet, suivi par la foule. Là, s'adressant au procureur général : «Je vous supplie, Monsieur, de recevoir ma plainte, lance-t-il. M. le président de Nicolaï, oubliant le respect qu'il doit au roi, à son propre état, au droit des citoyens, à l'auguste compagnie à la tête de laquelle il avait l'honneur de marcher, sans égard pour le temps, le lieu, ni les personnes, vient de me faire outrager par les gardes de sa suite, au milieu du public que son action scandalise. – Avez-vous des témoins d'un fait aussi extraordinaire ? – Mille, monsieur. – Je ne puis vous empêcher de présenter votre requête à la Cour. Mais surtout, soyez prudent. – Monsieur, il y a huit mois que je le suis ; il y a huit mois que je dévore par respect les insultes publiques que me fait en toute occasion M. de Nicolaï. Mais mon silence le fait aller si loin à mon égard qu'il n'y a plus moyen de m'en taire. »

À l'instant, il rentre dans la salle des Pas-Perdus, et s'adressant aux gens qui l'environnent : « Messieurs, il n'y a pas un de vous qui n'ait vu ce qui vient de m'arriver ; j'espère que vous ne me refuserez pas d'en déposer lorsqu'il en sera question. » Plusieurs voix s'élèvent à la fois : « Allez, rentrez chez vous, Monsieur, vous y trouverez une liste de cent témoins ! » En effet : une fois chez lui, Beaumarchais trouvera cette liste sur son bureau.

Plus tard, M. de Nicolaï tentera de se justifier, en expliquant que Beaumarchais lui avait *tiré la langue en lui faisant la grimace*. À quoi celui-ci aura beau jeu de répondre : « Est-ce donc entre nous une guerre de collège, où des grimaces se paient par des coups de poing ? Et des intérêts si graves se traitent-ils avec d'aussi puérils moyens que ceux que vous me prêtez ? »

« LE NOM DE CITOYEN »

En fait, la requête en forme de plainte contre le premier président ne sera jamais prise en considération. Beaumarchais, qui le sait, saisit cette occasion pour dénoncer les bornes arbitraires que le pouvoir dispose au gré de considérations personnelles, et qui aboutit à la négation des droits du citoyen. Si cette dérive se poursuivait, déclare-t-il, « les tribunaux ne connaîtraient plus l'étendue de leur ressort, ni les citoyens celle de leur liberté. Le désordre et la confusion servant de base à tout, le despotisme oriental serait moins dangereux qu'une pareille anarchie. » Il poursuit en invoquant ce que devrait être l'égalité des citoyens devant les tribunaux : « Je prends avec autant de justice que de plaisir le nom de citoyen partout où je parle de moi dans cette affaire : ce nom est doux à ma bouche et flatteur à mon oreille. Hommes simples dans la société, sujets heureux d'un excellent monarque, chacun de nous, Français, a l'honneur d'être citoyen dans les tribunaux ;

c'est là seulement où nous pouvons soutenir les droits de l'égalité[24].»

Ce déni de justice infligé par les hommes de Maupeou souleva l'indignation générale, et un auteur anonyme adressa ces vers au citoyen Beaumarchais :

> «Bravo ! pulvérise les lâches,
> Tes ennemis sont des bravaches
> Sots et méchants tout à la fois.
> Quant à l'insolent porte-croix[25]
> Qui, déplacé partout, semble avoir pris à tâche
> D'être souple à l'armée et fougueux au Palais,
> Dans tes nerveux écrits, courageux Beaumarchais,
> Ne lui donne point de relâche :
> En repoussant les traits de la perversité,
> Citoyens et rieurs, tout est de ton côté[26].»

Beaumarchais finira par renoncer à sa poursuite et se saisira du droit de «pardonner.» Non sans faire savoir à ce haut magistrat, issu d'un antique lignage, qu'il ne «pardonne» que par égard pour son nom, pour son rang, pour la compagnie tout entière qu'il craint d'«affliger». Ce mot de «pardon» le met évidemment au-dessus de l'offenseur, sans qu'il soit possible de s'en plaindre. En réalité, c'est le président de Nicolaï père qui lui aurait, dit-on, forcé la main. Peu importe : sa magnanimité n'en paraît ni moins condescendante, ni moins vexatoire que ne l'eût été une action en justice[27]. Pour la première fois, un accusé proclamait à la face de l'Europe qu'il «pardonnait» à son juge.

*

* *

Le *Quatrième Mémoire* s'achève sur l'étourdissant récit du voyage en Espagne, dans lequel Beaumarchais réfute les noires insinuations colportées par Marin, d'après une prétendue lettre «adressée et rédigée par un ambassadeur désireux de rester anonyme.» Selon certains, c'est Beaumarchais lui-même qui aurait inventé cette lettre, afin d'introduire un épisode romanesque, et toucher ainsi le public féminin, singulièrement frustré par les trois premiers *Mémoires*. Nous connaissons le canevas : une promesse de mariage non tenue, une négociation conciliatrice tout d'abord, puis vengeresse, menée avec la *furia francese*, mélange de fierté, de ruse et d'habileté, aboutissant, après maintes vicissitudes, au dénouement souhaité : sinon un mariage, du moins un châtiment réparateur. Voilà pour le romanesque. Qu'importe après cela que l'auteur, comme on l'en soupçonne, se soit attribué le beau rôle, aux dépens de son adversaire ? De toute manière, le plus important n'est pas dans l'épisode Clavijo, mais dans la mission diplomatique et politique en faveur du consortium Duverney, seule vraie raison de ce voyage. Ce morceau de bravoure ne fit pourtant pas l'unanimité lors de sa parution : « On est obligé de convenir que ceci est de trop, commentent les *Mémoires secrets*, en ce que le narrateur prête le flanc au ridicule par des rodomontades qui se ressentent fort du pays où il voyage, et dont ses ennemis profiteront, s'ils sont adroits [28]. »

« Mémoires divins ! »

C'est à ses *Mémoires contre Goëzman*, et non à son théâtre, que Beaumarchais doit sa réputation d'écrivain. Il est vrai qu'il n'avait encore produit que deux drames, qui n'avaient d'ailleurs pas vraiment convaincu le public. Au contraire, le succès des *Mémoires* fut immédiat, éclatant et ne cessa de se confirmer au fil de leur publication, pour atteindre son apogée avec le quatrième et dernier. Ce qui fit dire à un contemporain : « Beaumarchais aurait dû donner ses factums au théâtre et ses drames aux tribunaux. »

La *Correspondance littéraire* n'attendit pas le jugement des magistrats pour exprimer le sien. Plutôt critiques jusqu'à présent, voire franchement hostiles à l'égard de Beaumarchais, les chroniqueurs de ladite *Correspondance* ne marchandèrent cette fois ni leur suffrage ni leurs louanges. Sans doute faut-il attribuer ce changement de ton au succès populaire de leur auteur. Celui-ci n'est plus l'audacieux parvenu égaré dans la République des lettres, mais un écrivain reconnu, choyé par l'opinion, que les beaux esprits se flattent désormais de compter parmi les leurs.

« Ce que nous osons dire avec confiance, écrivent-ils, c'est que les trois mémoires que M. de Beaumarchais a publiés pour sa défense sont écrits avec tout l'esprit imaginable. Il y a des morceaux fortement raisonnés, il y en a d'autres qui sont pleins de sel et de la plus excellente plaisanterie ; c'est l'arme favorite de l'auteur. [...] Ses interrogatoires avec Mme Goëzman sont des scènes de comédie comme malheureusement on n'en fait plus aujourd'hui. Quoique le ton plaisant soit le ton qui domine dans ces *Mémoires*, on y trouve des pages entières de l'éloquence la plus noble et la plus touchante, et tout y est à sa place. Nous avions déjà vu deux drames de M. de Beaumarchais, *Eugénie* et *Les Deux Amis*. Mais il paraît qu'il ne lui fallait pas moins qu'un procès criminel pour développer tous ses talents pour le genre comique. On ne peut s'empêcher d'admirer la constance, la gaieté, l'audace même, qu'il conserve dans la situation du monde la plus critique et la plus douloureuse. Coupable ou non, il excite presque également l'étonnement et l'admiration de ceux mêmes qui ne prennent aucun intérêt à son sort[29]. »

Lorsque paraît le *Quatrième Mémoire*, leur enthousiasme ne faiblit pas, en dépit de menues réserves sur l'épisode Clavijo : « Le 12 de ce mois [février 1774], il a répandu dans le public un nouveau *Mémoire* sur son affaire avec M. Goëzman. C'est un morceau charmant, plein d'éloquence, d'intérêt, de plaisanterie et de pathétique. On y trouve cependant quelques paragraphes un peu trop longs, quelques plaisanteries déplacées, et un ton un peu trop romanesque dans le récit d'une aventure qui lui est arrivée en Espagne. Mais un trait de plume corrigerait ces légers défauts, qui sont rachetés par des beautés très réelles et par une originalité inimitable. Sans sortir de son sujet, paraissant dans ses interrogatoires ne répondre à ses juges que conformément à leurs questions, il a trouvé le secret de traiter celle de l'arbitraire, de faire sentir tout ce qu'il a d'abusif et de révoltant, et toujours avec force, mais sans employer un seul mot, une seule expression d'après laquelle on puisse l'attaquer. Le recueil de ses *Mémoires* deviendra d'autant plus précieux que, tel que soit le jugement qui sera incessamment prononcé, les *Mémoires* seront vraisemblablement défendus et supprimés. Nous avons peu de romans et d'écrits polémiques aussi intéressants, aussi piquants et aussi gais[30]. »

Charles Collé, son ancien détracteur, celui-là même qui affirmait naguère sans broncher que Beaumarchais « n'a ni génie, ni talent, ni esprit », laisse éclater aujourd'hui son admiration pour l'auteur des *Mémoires*. Beaumarchais ? C'est tout à la fois Démosthène, Fénelon, Juvénal et Horace ! « Cet homme a tous les styles. Il est véhément et pathétique, tendre et spirituel. Personne n'a badiné avec plus de grâce et de légèreté. Il semble qu'on entend un homme de cour. Ses plaisanteries sont du meilleur ton. L'interrogatoire de Mme Goëzman est un chef-d'œuvre de sarcasme et d'adresse pour se concilier les femmes. C'est un Démosthène quand il parle au public et à ses juges, et lorsqu'il tonne contre M. de Nicolaï; c'est un Fénelon dans son roman attendrissant d'Espagne; c'est un Juvénal et un Horace, quand il *arrange* les Marin, les Baculard et le Grand Conseil. Jamais, de mes jours, je n'ai vu autant de sortes d'esprit que dans ses *Mémoires*. Aussi, les ai-je fait relier avec des notes que j'y ai insérées. Quoique je n'aime point Rousseau, personne ne rend plus de justice que moi à son éloquence, à sa chaleur et à son énergie. Mais je trouve Beaumarchais mille fois plus vrai, plus naturel, plus insinuant et plus entraînant orateur[31]. » Et un mois plus tard, cette palinodie qui nous réconcilie définitivement avec ce bourru des lettres : « J'avais jugé Beaumarchais un sot sur cette préface d'*Eugénie*, et un plat auteur sur *Eugénie* elle-même. Mais ses *Mémoires* divins m'ont fait revenir sur son compte, au point de croire qu'il y a peu d'hommes dans la nation qui aient autant d'esprit et de talent que ce diable d'homme-là[32]. »

Enfin, Bernardin de Saint-Pierre, qui eut également à souffrir du « dangereux » et « perfide » Marin, salue en Beaumarchais « un homme de lettres fait pour atteindre à la réputation de Molière[33] ».

La seule voix discordante, au milieu de ce concert de louanges, vient des périodiques imprimés, pour la plupart hostiles à Beaumarchais. On ne s'en étonnera pas, sachant que Marin dirige la *Gazette de France* et fournit de la copie à certains journaux étrangers, tels que la *Gazette d'Utrecht*, laquelle déclare le plus sérieusement du monde, dans son numéro du 3 décembre 1773, que le *Deuxième Mémoire* de Beaumarchais « scandalise le public », qu'il « attaque M. de Goëzman, magistrat respectable pour ses vertus », et que l'auteur « prend un ton de plaisanterie qui ne convient guère à un accusé ». De son côté, la *Gazette de Hollande* datée du 14 du même mois se contente de reproduire les propos de Marin, à savoir qu'« il n'y a personne qui puisse regarder Beaumarchais autrement que comme un méchant homme qui a rompu les nœuds de l'amitié pour attaquer son bienfaiteur ». Enfin, la *Gazette des Deux-Ponts* suit les deux autres, en dénonçant les « injures » lancées contre Goëzman. Mais soudain, un mois seulement avant la sentence (21 janvier 1774), la même feuille tourne en faveur de Beaumarchais, pour vanter ses talents d'écrivain : «Tous les tons, la gaieté, le pathétique, [...] tous les caractères de l'éloquence polémique. [...] Ce n'est point avec de l'esprit qu'on est véritablement éloquent, ajoute le rédacteur, mais avec le sentiment profond des choses dont on veut laisser l'impression».

LE PHILOSOPHE ET LE « MARINGOUIN »

Si nombreux et chaleureux qu'ils soient, aucun de ces hommages ne vaudra jamais la moindre parole tombée des lèvres du dieu Voltaire. Cette parole, Beaumarchais l'attendra vainement du philosophe, auquel il a fait régulièrement parvenir chacun de ses *Mémoires*, à mesure qu'ils sortaient des presses. Il n'en recevra jamais la moindre réponse, ni même un mot de remerciement. En dépit de ce silence, il n'ignore ni ce qu'il en pense, ni ce qu'il en dit à ses nombreux correspondants, car rien de ce qui sort de sa plume ne demeure longtemps méconnu. Il ne faudra pas attendre moins d'un an pour que le grand homme daigne enfin lui adresser ce signe tant espéré. Encore le fera-t-il indirectement, en déposant ces mots au bas d'une lettre à l'horloger Lépine, le mari de Fanchon : «Si vous voyez monsieur votre beau-frère, je vous prie de lui dire combien je me suis intéressé à lui, et à quel point je l'estime[34].»

En fait, Voltaire est terriblement gêné par cette histoire – et cela pour deux raisons. D'abord, parce qu'elle met fâcheusement en cause l'un de ses hommes de confiance, le fameux censeur Marin, qu'il presse de questions : «Je me flatte, mon cher monsieur, que vous me mettrez au fait de l'affaire Goëzman, qui est devenue la vôtre», lui écrit-il dès le 1er octobre 1773. Le lendemain, il revient à la charge : «J'attends aujourd'hui une lettre de vous, Monsieur, et j'espère que votre amitié me mettra au fait de votre affaire. Soyez bien sûr que je m'y intéresse comme vous-même[35].» Mais outre le cas de Marin, qu'il cherche à ménager, car il peut encore lui être utile, ce procès le place devant un cruel dilemme personnel. Qu'y voit-on, en effet ? D'un côté, un magistrat corrompu, protégé de Maupeou ; de l'autre, un citoyen, de surcroît homme de lettres et de talent, injustement poursuivi. L'ardent défenseur des droits de l'homme pencherait spontanément pour le second. Mais Voltaire, faut-il le rappeler, est aussi l'un des rares intellectuels qui aient approuvé le renvoi des parlementaires : ces « assassins » (c'est son mot) du chevalier de La Barre, du comte de Lally et par extension de Calas, de Sirven (« assassiné » en effigie seulement). Non content d'apporter son soutien au chancelier dans sa correspondance privée, il mène en sa faveur une active campagne de presse, par voie de libelles anonymes.

Voltaire a compris très vite que le véritable enjeu de ce procès dépassait de très loin le cas particulier de Goëzman, et que c'est l'avenir même du Triumvirat (Maupeou-Aiguillon-Terray) qui est menacé. S'il pouvait seulement étouffer cette maudite affaire ! Marin a bien tenté de le faire, en jouant les conciliateurs, mais il s'y est mal pris. Peut-être l'horloger Lépine, beau-frère de Beaumarchais, aura-t-il plus de chance, qui sait ? Ancien apprenti du père Caron avant de devenir son gendre et son successeur, ce Lépine possède un « comptoir » à Ferney, où il fait fabriquer une partie de sa production pour la vendre à Paris[36]. Voltaire le connaît bien et l'apprécie ; c'est « un honnête homme », dit-il, « fort utile aux manufactures de montres que j'ai établies à Ferney », « sage, laborieux et pacifique ». Il pourrait intervenir utilement auprès de sa femme, de son beau-frère : « Je crois que ce serait une très bonne action. » En attendant, il fait part de ses inquiétudes à Marin : « Je vous avoue, mon cher monsieur, que je n'avais pas pensé qu'un service d'ami pût avoir des conséquences si désagréables. Il me paraît que l'affaire de M. Goëzman et de M. de Beaumarchais ne devait vous compromettre en aucune façon, ni vous ni M. d'Arnaud. […] Je pense que rien n'est plus étranger à ce procès que les deux incidents qu'on appelle épisodes. Le véritable fond de l'affaire est précisément ce qu'on ne dit pas dans les mémoires ; ce qu'on fait soupçonner à tout le public, et ce qui ne regarde nullement, à mon gré, ni vous, ni M. d'Arnaud. Je trouve que M. de Beaumarchais pouvait se passer de vous compromettre tous deux. […] Je vous prie de ne me laisser rien ignorer de toute cette aventure. Vous savez combien je m'intéresse à tout ce qui vous touche. J'ose dire que je m'intéresse aussi à la gloire du parlement de Paris, qui est attaquée dans le sujet de la pièce dont vous faites une [sic] épisode[37]. »

Pourtant, l'affaire tourne mal, Goëzman est décrété d'accusation. Voltaire ne comprend pas, ou feint de ne pas comprendre pourquoi Marin se voit inquiété « pour cette tracasserie. » Ce Beaumarchais a «le diable au corps, s'écrie-t-il, il semble qu'il cherche des ennemis, et qu'il aime à se battre seul contre une armée. Je me flatte que cette maudite affaire n'altère point votre tranquillité». Et surtout pas la mienne! pourrait-il ajouter. Il a lu *Le Barbier de Séville* (sans doute sur une copie manuscrite), et s'amuse à titiller Marin, copieusement ridiculisé sous la transparente épithète de *maringouin* (acte I, sc. 2)[38]: «Je suis fâché que vous ne me disiez rien que de vague sur l'épisode postiche que Beaumarchais a inséré contre vous dans sa comédie. Il semble que cet étonnant fou n'ait songé qu'à se faire des ennemis. Ses *Mémoires* se font lire beaucoup plus que toutes les pièces nouvelles. Mais ce n'est pas sur de bonnes plaisanteries que le Parlement juge, et je ne vois pas, encore une fois, que vous devriez être interrogé juridiquement sur ce que vous avez dit et sur ce que vous n'avez pas dit chez la dame Lépine, à propos de quinze louis que la dame Goëzman aurait dû rendre, plutôt que de se faire tympaniser et encloîtrer. Tout cela est une farce misérable[39].»

Depuis longtemps, Condorcet avait mis Voltaire en garde contre Marin; il le soupçonnait d'espionnage littéraire et ne voulait plus recourir à ses services. Ayant appris, sur ces entrefaites, que le gazetier avait vendu clandestinement un manuscrit de sa tragédie *Les Lois de Minos*, le seigneur de Ferney dut se rendre à l'évidence: Marin l'avait bel et bien trahi. «C'est une infamie de plus, lui écrira Condorcet, et une infamie d'autant plus grande qu'il vous doit le peu d'existence littéraire qu'il a eu dans la littérature. C'est un des plus dégoûtants hypocrites de vertu que je connaisse[40].» Dire qu'il avait pensé à ce gredin pour l'Académie! Il reconnaîtra son aveuglement dans une lettre à d'Alembert du 25 février 1774: «M. de Condorcet m'avait averti qu'il ne voulait plus recevoir de lettres par les bons offices d'un homme qui était soupçonné de les ouvrir, soupçonné d'être un espion, soupçonné d'être, d'être, etc. On s'est trop aperçu enfin que cette défiance de M. de Condorcet était très fondée. [...] Quel homme je vous avais recommandé! quel présent je vous aurais fait! j'en tremble encore[41]...» Faisant le même aveu à son ami d'Argental, qui n'aime ni Beaumarchais ni Marin et les renvoie dos à dos, il semble pris de remords à l'égard du premier: «Beaumarchais m'envoyait ses *Mémoires*, et je ne le remerciais seulement pas, ne voulant point que Marin, sur lequel je n'avais encore que des soup-çons et auquel je confiais encore tous mes paquets, pût me repro-cher d'être en correspondance avec son ennemi. Il faut vous dire encore que Marin étant bien reçu chez M. le premier président [Bertier de Sauvigny], j'écrivis à Mme de Sauvigny que je ne voulais pas seulement remercier Beaumarchais de ses factums, parce que j'étais l'ami de Marin [42]. » Auprès de Condorcet lui-même, enfin, il reconnaît son erreur : « Le *Quatrième Mémoire*, lui dit-il, ne laisse pas de donner de grandes lumières sur des choses dont vous m'aviez déjà parlé, et dont je vous prierais de m'instruire, si vos occupations vous le permettaient. Ce Beaumarchais justifie bien les défiances que vous aviez [43]. Malheureusement, j'ai eu trop de confiance. Pour surcroît de peine, il faut que je me taise. Cela gêne beaucoup quand on a de quoi parler, et qu'on aime à parler [44]. »

Bien que revenu de toute illusion sur ce personnage (pour autant qu'il en ait eu !), Voltaire restera cependant en relation avec lui, car il peut lui rendre encore d'appréciables services et lui éviter pas mal de tracas.

« CE BRILLANT ÉCERVELÉ »

S'il ne répond pas à Beaumarchais, du moins est-on sûr qu'il a lu tous ses *Mémoires*, avec un plaisir constant. La force comique de ces plaidoyers le met en joie : « Je ne me suis jamais tant amusé, avoue-t-il à d'Argental. J'ai peur que ce brillant écervelé n'ait au fond raison contre tout le monde. Que de friponneries, ô ciel ! que d'horreurs ! que d'avilissement dans la nation ! quel désagrément pour le Parlement [45] ! » Ce qui lui plaît surtout, c'est la gaminerie espiègle de l'auteur, ses arlequinades et ses pieds de nez, dont il parle en connaisseur : « Les *Mémoires* de Beaumarchais sont ce que j'ai jamais vu de plus singulier, de plus fort, de plus hardi, de plus comique, de plus intéressant, de plus humiliant pour ses adversaires. Il se bat contre dix ou douze personnes à la fois, et les terrasse comme Arlequin sauvage renverserait une escouade du guet [46]. » « On m'a fait parvenir tout ce qui s'est dit, écrit et fait, dans le drôle de procès que cet intrépide et plaisant Beaumarchais, qui se bat tout seul contre neuf ou dix personnes, qui donne à l'une quelques soufflets, à l'autre force coups de pieds au cul, qui les jette tous par terre et qui rit à leur nez quand ils sont tombés. Le barreau est devenu une comédie où l'on bat des mains, où l'on rit, et où l'on siffle [47]. » À la quatrième philippique, il ne cache plus son admiration : «De tous les ouvrages dont on régale le public, le seul qui m'ait plu est le quaterne de ce Beaumarchais. Quel homme! il réunit tout : la bouffonnerie, le sérieux, la raison, la gaieté, la force, le touchant, tous les genres d'éloquence ; et il n'en cherche aucun ; et il confond tous ses adversaires ; et il donne des leçons à ses juges. Sa naïveté m'enchante. Je lui pardonne ses imprudences et ses pétulances [48].» Et le lendemain, à Florian : «J'en suis encore tout ému. Jamais rien ne m'a fait plus d'impression. Il n'y a point de comédie plus plaisante, point de tragédie plus attendrissante, point d'histoire mieux contée, et surtout plus d'affaires épineuses mieux éclaircies. Goëzman y est traîné dans la boue, mais Marin y est beaucoup plus enfoncé ; et je vous dirai bien des choses de ce Marin, quand nous nous verrons [49].»

Se pourrait-il que ce Turlupin ait empoisonné ses deux femmes, comme la rumeur l'en accuse ? «Les empoisonneurs ne font point pouffer de rire, observe Voltaire. Ce sont d'ordinaire des chimistes très sérieux et très peu amusants ; et il faut songer que Beaumarchais n'est pas médecin. D'ailleurs, Beaumarchais n'avait nul intérêt à purger si violemment ses femmes ; il n'héritait point d'elles et les vingt mille écus dont vous parlez sont l'argent de la dot qu'il rendit à la famille, en gardant pour lui tout ce qu'il put, qui n'était pas grand-chose. Je crois qu'il est assez aisé à une femme d'empoisonner son mari, et à Monsieur d'empoisonner Madame ; il y en a eu des exemples dans les siècles passés. Mais Beaumarchais est trop étourdi pour être un empoisonneur. C'est un art qui demande une prudence infinie [50].»

Lorsqu'il publiera la *Correspondance* de Voltaire, en même temps que ses *Œuvres complètes*, dans l'édition de Kehl, Beaumarchais ne manquera pas d'annoter les passages qui le concernent. Au rappel de la calomnie, plutôt que de protester à nouveau de son innocence, il racontera l'anecdote suivante :

Aux premiers jours de février 1774, certain personnage, dont on ignore le nom, dînait chez le comte d'Argental. À table, celui-ci lit la dernière lettre de Voltaire, qui contient ce passage : «Je persiste à croire que Beaumarchais n'a jamais empoisonné personne, et qu'un homme si drôle ne peut être de la famille de Locuste.» M. d'Argental combat l'opinion de son ami. Avant même l'affaire Goëzman, dit-il, Beaumarchais souffrait déjà d'une réputation détestable : on critiquait son «excès de fatuité qui l'avait fait chasser de la Cour», son «insolence», la manière dont il avait trahi la confiance du duc de Chaulnes, etc. Mais il y a plus grave. On l'accuse en effet d'avoir assassiné ses femmes successivement, pour capter leur héritage. Sur cet article, d'Argental possède, sinon des preuves, « au moins les présomptions les plus fortes. [...] Mes soupçons sur sa scélératesse n'ont pas été avancés légèrement », ajoute-t-il. Dans l'affaire La Blache, comme dans l'affaire Goëzman, il est certainement coupable. D'ailleurs, le premier juge en est intimement convaincu. En plus, ce Beaumarchais est en horreur à la Cour, « du moins auprès du roi et du ministre », le duc d'Aiguillon. Après avoir entendu ce réquisitoire, l'inconnu se rend à la Comédie-Française, où l'on donne justement *Eugénie* de ce même Beaumarchais. À l'entracte, il déchire la pièce et son auteur avec tant de hargne qu'on fait cercle autour de lui. Non content de répéter les racontars débités par d'Argental, il en rajoute. « Qu'il ait empoisonné ses trois femmes, pérore-t-il, c'est un fait dont on est bien sûr parmi messieurs du Parlement. On ne sait pourquoi Voltaire s'obstine à soutenir le contraire. » Un des témoins de la scène arbore un large sourire, en faisant signe aux autres de ne point interrompre le discoureur. Puis, celui-ci ayant achevé sa diatribe, il prend la parole : « Il est si vrai, Monsieur, que ce misérable homme a empoisonné ses trois femmes, quoiqu'il n'ait été marié que deux fois, qu'on sait de plus au parlement Maupeou qu'il a mangé son bon père en salmis, après avoir étouffé sa mère entre deux épaisses tartines. Et j'en suis d'autant plus certain que je suis ce Beaumarchais-là, qui vous ferait arrêter sur-le-champ, ayant bon nombre de témoins, s'il ne s'apercevait, à votre air effaré, que vous n'êtes point un de ces rusés scélérats qui composent les atrocités, mais seulement un des bavards qu'on emploie à les propager, au grand péril de leur personne. » On rit, on applaudit, et le babillard court encore [51].

*
* *

Le succès des *Mémoires* déborde largement le cercle littéraire. De partout, des inconnus adressent à l'auteur des encouragements, des compliments, des marques de sympathie ; certains y joignent des conseils ou des renseignements ; d'autres lui proposent leur appui ou leur collaboration. Une certaine Mme Guichard de Meinières s'exalte à l'évocation de l'aventure espagnole : « On palpite, on frémit, on s'indigne avec vous. Quel pinceau magique que le vôtre, Monsieur! quelle énergie d'âme et d'expressions! quelle prestesse d'esprit! quel mélange incroyable de chaleur et de prudence, de courage et de sensibilité, de génie et de grâce!» Plus loin, elle le juge digne de Démosthène, supérieur à Cicéron, aussi plaisant que Molière: «Votre prière à l'Être suprême est un chef-d'œuvre de sublime et de comique, dont le mélange étonnant, ingénieux, neuf, produit le plus grand effet.» Une autre femme, Mme Gaillard de Mortauve, lui adresse une douzaine de vers à sa louange, dont la platitude est heureusement compensée par ces lignes dont elle les fait suivre: «C'est une femme qui vous adresse ces vers; elle n'est plus assez jeune pour qu'ils tirent à conséquence. Je serais flattée, Monsieur, si vous les regardez comme une compensation des chagrins qu'une femme vous occasionne. Mon sexe doit applaudir aux sentiments que vous inspirez, et ce que vous en dites, et plus encore ce que vous avez entrepris pour le venger[52].» Un autre jour, c'est un correspondant anonyme (sans doute quelque membre de l'ancien Parlement), qui lui adresse un projet de mémoire, lui recommande instamment le secret, et le remercie de son action contre Maupeou: «La machine se détraque; on vous en a l'obligation. Ne serait-ce pas le moment de frapper les grands coups? Je m'en rapporte à votre prudence pour le tout. D'après vos écrits, je vous crois aussi honnête homme que moi, ce que je ne dirais pas de tout le monde; je ne crains rien[53].»

Mais que penser d'un juge qui, cédant aux instances de l'accusé, se retire du tribunal qui doit le juger? Si incroyable que cela paraisse, c'est pourtant ce que fera le dénommé Pierre-Louis-Charles Gin, conseiller à la Grand-Chambre par la grâce de Maupeou, après avoir lu le *Quatrième Mémoire*. «Vos attaques, expliquera-t-il, se multiplient au point que j'aurais lieu de craindre, en vous jugeant, que le public ne soupçonnât mon âme de quelque émotion qui vous fût peu favorable.» Que de scrupules! Que de spéciosité! Ou plutôt, que de prudence! Le sieur Gin va même jusqu'à autoriser Beaumarchais à rendre sa lettre publique, s'il le souhaite. Pour qu'un magistrat se récuse de lui-même, onze jours seulement avant le verdict (nous sommes le 15 février), alors qu'il n'est pas – et de loin – le plus malmené par le justiciable, il faut que le Parlement prenne très au sérieux les éventuelles retombées politiques des *Mémoires*. L'honorable monsieur Gin, en ce qui le concerne, préfère prendre les devants et quitter le navire avant le naufrage. Est-il meilleure preuve de l'impact des *Mémoires* sur l'opinion publique?

Beaumarchais s'abstiendra de faire imprimer le plaidoyer *pro domo* du magistrat (étalé sur six pages!), en justifiant ainsi sa décision : «En y réfléchissant mieux, il me saura gré de renoncer au projet de l'imprimer avec mon commentaire.» On n'est pas plus magnanime.

*
* *

Portée au-delà de nos frontières par l'admiration que lui voue M. de Voltaire, la renommée de Beaumarchais ne tarde pas à se répandre à travers l'Europe. À la cour de Vienne, les *Mémoires* sont l'événement de l'hiver; le chancelier Kaunitz en fait ses délices. À Francfort, Goethe assiste à la lecture du quatrième dans un salon, et sur le conseil d'une jeune fille, en tire son drame de *Clavijo*. En Angleterre, Horace Walpole remercie Mme du Deffand de lui avoir procuré ces brochures : «J'ai reçu les *Mémoires* de Beaumarchais; j'en suis au troisième, et cela m'amuse beaucoup. Cet homme est fort adroit, raisonne juste, a beaucoup d'esprit; ses plaisanteries sont parfois très bonnes, mais il s'y complaît trop. Enfin, je comprends que moyennant l'esprit de parti actuel chez vous, cette affaire doit faire grande sensation. J'oubliais de vous dire l'horreur qui m'a pris des procédés en justice chez vous. Y a-t-il un pays au monde où l'on n'eût puni sévèrement cette Mme Goëzman? Sa déposition est d'une impudence affreuse. Permet-on donc chez vous qu'on mente, qu'on se coupe, qu'on se contredise, qu'on injurie sa partie d'une manière si effrénée? Que sont devenus cette créature et son vilain mari? Répondez, je vous prie[54].»

À l'heure où Walpole écrit ces lignes, on ne connaît pas encore la sentence qui doit fixer le sort des uns et des autres. Elle doit tomber dans quelques jours : le samedi 26 février exactement. Le roi veut avoir l'arrêt le dimanche matin à son lever.

MARIE-THÉRÈSE DE WILLERMAULAZ

Dans les premiers jours de l'année 1774, une jeune admiratrice, transportée par la lecture des *Mémoires*, fait demander à leur auteur, par l'intermédiaire d'un ami commun, s'il consentirait à lui prêter sa harpe «pour quelques minutes.» En fait, la personne en question, qu'on lui décrit comme une jeune orpheline, brûle de le connaître, et n'a trouvé que ce moyen pour obtenir un rendez-vous. Pierre-Augustin le comprend, se dit flatté, et fait la réponse qu'on attendait : «Je ne prête point ma harpe ; mais si elle veut venir avec vous, je l'entendrai, elle pourra m'entendre.» Un moment plus tard, elle entrait dans son cabinet, le cœur battant.

Âgée de vingt-deux ans, Marie-Thérèse Amélie de Willermaulaz portait ce jour-là le fameux panache en plumes à la *ques-a-co*. Sous cette coiffure, la physionomie, éclairée de grands yeux bleus, rayonnait d'intelligence et de vivacité. Des traits d'une charmante indécision, des courbes délicates, des carnations estompées, une beauté vaporeuse, insaisissable. D'origine suisse, elle appartenait à une ancienne famille du village de Charmey, aux environs de Fribourg[55]. Son père, François-Joseph de Willermaulaz, né en 1725, était parti résider à Lille à l'âge de vingt-six ans, avec son épouse, Marie-Thérèse Werquin. Il y occupait un poste de confiance auprès du marquis de Dreux-Brézé, grand maître des cérémonies de France. C'est dans cette ville, à l'hôtel même du marquis, que Marie-Thérèse Amélie vit le jour le 14 novembre 1751 ; elle allait y devenir orpheline de père et de mère à l'âge de six ans.

D'après Gudin de La Brenellerie, qui fut témoin de leur première rencontre, il était difficile de résister au charme de la jeune femme, à son regard, à sa voix, à sa grâce. «Leurs cœurs furent unis, dès ce moment, ajoute-t-il, d'un lien que nulle circonstance ne put rompre, et que l'amour, l'estime, la confiance, le temps et les lois rendirent indissolubles[56].»

De vingt ans plus jeune que Pierre-Augustin, Marie-Thérèse de Willermaulaz avait pour elle, outre un charmant visage, des qualités de cœur et d'esprit auxquelles Pierre-Augustin ne pouvait demeurer insensible. D'humeur facile et enjouée, d'une réelle culture, formée à l'esprit des philosophes, pénétrée de leurs principes, elle possédait de surcroît un véritable talent d'épistolière. Rien de plus spontané, ni de plus naturel, que ses lettres à sa vieille amie de Nancy, Thérèse Dujard, avec laquelle elle correspondra pendant seize longues années, s'exprimant beaucoup sur elle-même, mais aussi sur toutes sortes de sujets, passant de l'un à l'autre avec aisance, traitant chacun d'eux sur le ton le mieux approprié, ne déguisant jamais ses choix, justifiant et formulant ses avis avec d'infinies nuances, affirmant ses goûts sans les imposer jamais, fuyant le dogmatisme et les idées toutes faites, méprisant les éloges qu'elle ne mérite pas, sans se parer jamais de feinte modestie : « Tout est vrai en moi, déclare-t-elle. Je connais mes bonnes et mes mauvaises qualités. » Ailleurs, elle analyse ainsi son comportement dans le monde : « Je me mets en avant tant qu'on veut pour les gens que je connais de longue main et que j'aime, et je suis un ours mal léché pour les rencontres de fraîche date. [...] Malgré ma gaieté, ma franchise, je me lie difficilement, et quand je m'attache, il faut que je sache pourquoi [57]. »

Elle manie la prose avec une rare dextérité, mais s'avoue incapable de tourner le moindre impromptu en vers. « Non seulement je ne ferai jamais de vers, ni de chansons, ni d'impromptus, mais on me donnerait vingt ans que je ne pourrais tirer deux rimes. Je n'ai jamais compris cet art ingénieux d'enfermer une pensée, une saillie, un sentiment dans une mesure donnée et dont la terminaison fût obligée. Du moment où il faut m'astreindre à une règle stricte, je n'ai plus une idée. C'est pour cela que même en prose, je ne puis mettre aucune méthode [58]. » A-t-elle jamais fait l'aveu de cette infirmité à Pierre-Augustin ou à sa belle-sœur Julie ? On peut en douter. Fort ennemie de la dévotion et fuyant la compagnie des bigots, elle se moque gentiment de son amie qui a pris en pension un séminariste dont toute l'ambition est de devenir chanoine : « Grand bien arrive à votre séminariste, se moque-t-elle. Mais si l'amitié de l'évêque lui vaut un canonicat, je cesse d'y prendre le moindre intérêt. Ce rôle passif et de pieux fainéant devrait être expulsé du code religieux. Le concordat aurait dû supprimer à jamais les chanoines. La vie contemplative est indigne de l'homme. [...] Un chanoine, c'est un égoïste qui ne vit que pour lui et qui trompe la nature, son instinct, la vocation générale, Dieu et son pays !... Mes idées religieuses sont bien plus légères que les vôtres, s'excuse-t-elle plus loin. La société d'un pareil homme ferait évanouir ce qu'il en reste [59]. » « Je souhaite qu'il perde dans votre aimable et doux commerce sa prétendue vocation de prêtrise, reprend-elle à propos de l'*apprenti abbé*. Il n'y a aujourd'hui ni honneur ni profit à endosser ce harnais. Et puis, des yeux vifs et l'air très gai sont meilleurs dans un salon que dans un presbytère [60]. » La dévotion mise à part, il n'est rien qu'elle déteste autant que l'ennui. Beaumarchais n'eût certainement pas désavoué ce qu'elle en dit, ni pour le fond ni pour la forme : « Si j'étais personnelle, égoïste, rapportant tout à moi, je dirais à ma chère Thérèse : ennuyez-vous toujours de même, puisque cela me procure d'aussi douces lettres. Mais l'ennui est le fléau de l'âme et du corps. Il n'engraisse que les sots, dit l'enjoué Figaro. C'est un monstre avec lequel je ne me suis jamais trouvée en tête à tête, mais je l'ai rencontré quelquefois en nombreuse compagnie. Attrapez-moi toujours de même, ma Thérèse. Quand ce mal vous prendra, exorcisez-le avec une plume mouillée d'encre et barbouillez-moi tout ce qui vous viendra à l'esprit [61]. »

De Pierre-Augustin, de sa vie passée, elle ne parle presque jamais. Pourtant, les orages traversés en commun ont laissé dans son cœur des cicatrices qui, pour n'être plus douloureuses, n'en sont pas moins profondes. Une allusion qu'elle laisse échapper un jour, auprès de sa chère Thérèse, décrit bien cette usure des sentiments que laisse une vie trop intense, une fois la paix retrouvée : « Votre cœur est plus jeune et plus démonstratif que le mien. Mais je me crois excusable ; nous n'avons pas passé par la même filière. Votre vie n'a pas été aussi agitée, aussi troublée que la mienne. Tant d'émotions violentes, tant d'événements aussi extraordinaires qu'inattendus doivent influer sur mes attachements actuels. Je ne suis ni froide ni blasée, mais des cordes sensibles sont légèrement émoussées. C'est un malheur inévitable de ma situation passée [62]. »

Mais ce nuage est bientôt dissipé, et son humeur enjouée reprend le dessus. Comme Pierre-Augustin, elle n'a jamais concédé plus d'une heure à la mélancolie. « J'ai moins besoin qu'une autre de puiser des consolations et de rechercher de l'appui hors de moi, confie-t-elle. La nature m'a donné une force, un courage, une gaieté de caractère et une sorte de philosophie routinière et d'instinct qui suffisent à tous mes besoins, et me trouvent préparée à tous les événements qui gâtent le présent et l'avenir. En ce qui touche les espérances pour l'autre vie, j'avoue que je ne m'en occupe point du tout. Je roule dans mon tourbillon et je ne me sens ni crainte ni désir qu'il s'arrête [63]. »

*
* *

Devenue la compagne de son grand homme (elle ne l'épousera que douze ans plus tard, en 1786, après lui avoir donné une fille),

Marie-Thérèse l'accompagnera désormais tout au long de son aventureuse destinée, partageant ses victoires et ses défaites, ses travaux, ses espoirs, ses dangers, ses joies et ses malheurs, jusqu'aux derniers moments. Sans doute ne fut-elle pas moins souvent trompée que ses deux premières épouses. Mais sa « philosophie routinière » lui aura du moins permis d'accepter ce qu'elle ne pouvait empêcher.

CHAPITRE XV

« Ce n'est pas tout que d'être blâmé... »

> « Ils l'ont enfin rendu, cet abominable arrêt,
> chef-d'œuvre de haine et d'iniquité. Me voilà
> retranché de la société et déshonoré au milieu de
> ma carrière. Je sais, mon ami, que les peines
> d'opinion ne doivent affliger que ceux qui les
> méritent. Je sais que des juges iniques peuvent
> tout contre la personne d'un innocent et rien
> contre sa réputation. »
>
> (*Lettre au marquis de Laborde*).

Ce samedi 26 février 1774, au lever du jour, Beaumarchais traverse la Seine en direction du Palais de justice, pour y entendre sa sentence. L'audience est ouverte à six heures et demie. Il a passé la nuit à mettre de l'ordre dans ses papiers, se préparant au pire. En cas de condamnation, il semble décidé à mettre fin à ses jours : plutôt la mort que les galères ou le bannissement. Depuis le début de la matinée, la salle des Pas-Perdus s'est remplie d'une foule de curieux de toutes conditions. Dans le brouhaha, fusent parfois des plaisanteries à l'encontre des magistrats, les Inamovibles, comme on les appelle. Tout le monde cherche à voir Pierre-Augustin. Au moment où il traverse la salle pour se rendre à la buvette, il est acclamé sur son passage. Les heures passent. Derrière les portes gardées par la force publique, la délibération s'éternise. Exténué par une nuit blanche et les mois de lutte acharnée qui viennent de s'écouler, Beaumarchais va prendre un peu de repos chez sa sœur, place Dauphine, juste en face du Palais. Se souvenant alors que le prince de Monaco l'a invité le soir même à lire son *Barbier de Séville*, il griffonne un mot pour se décommander : « Beaumarchais, infiniment sensible à l'honneur que veut bien lui faire M. le prince de Monaco, répond du Palais, où il est cloué depuis six heures du matin, où il a été interrogé à la barre de la Cour, et où il attend le jugement qui se fait bien attendre. Mais de quelque façon que tournent les choses, poursuit-il, Beaumarchais, qui est entouré de ses proches en ce moment, ne peut se flatter de leur échapper, qu'il ait à recevoir des compliments de félicitations ou de condoléances. Il supplie donc M. le prince de Monaco de vouloir bien lui réserver ses bontés pour un autre jour[1]. » Puis, vaincu par la fatigue, il se laisse tomber sur un lit et plonge dans un profond sommeil.

Pendant ce temps, au Palais, les cinquante-cinq magistrats poursuivent leurs débats dans le plus grand tumulte, divisés entre ceux qui ont soif de vengeance et ceux qui craignent des mouvements populaires en faveur de l'accusé. Les éclats de voix parviennent jusque dans l'antichambre. La séance se prolonge dans la soirée. Au-dehors, le peuple s'impatiente, lance des cris hostiles, frappe des mains et des pieds. Rien ne transpire de ce qui se passe à l'intérieur. Au pied du grand escalier, dit l'escalier de Mai, deux chevaux sellés sont prêts à porter le verdict à Versailles. Afin d'éviter tout incident, des ordres ont été donnés pour que le jugement ne soit pas rendu avant que les magistrats aient quitté le Palais. À huit heures et demie du soir, après plus de dix heures d'une délibération houleuse, la séance est enfin levée. À l'ouverture des portes, les juges ont tellement peur de se faire conspuer que la plupart d'entre eux s'enfuient par les galeries souterraines. Le premier président, Bertier de Sauvigny, doit obligatoirement passer par la grande salle pour regagner son hôtel. Il paraît vers huit heures quarante-cinq, entouré de cinq ou six collègues plus morts que vifs, avec pour toute escorte deux porte-flambeaux, deux grenadiers armés, et un exempt de robe courte. Le cortège fend la populace dans un silence quasi religieux ; on attend la lecture de l'arrêt, mais les magistrats s'y refusent obstinément. Pressés de questions, ils se dérobent comme ils peuvent, en se hâtant vers la sortie. Sage retraite, car la tension ne cesse de monter, les esprits s'échauffent, un vent de fronde souffle parmi la foule. Enfin, la sentence est révélée par un magistrat à l'un de ses collègues du Parquet ; elle se répand comme une traînée de poudre, provoquant une explosion de colère. Les « écrivains » du Palais résument les débats sur de petits bulletins, qu'ils vendent six ou douze sols pièce.

*
* *

Quel est-il donc ce jugement « sur lequel la Cour, la capitale, la France, toute l'Europe avaient les yeux ouverts[2] » ?

Par 30 voix contre 25, la cour condamne Pierre-Augustin Caron de Beaumarchais « à être mandé à la Chambre pour, étant à genoux, y être blâmé ; le condamne en outre en trois livres d'amende envers le roi, à prendre sur ses biens », ordonne que les quatres mémoires imprimés en 1773 et 1774 « seront lacérés et brûlés au pied du grand escalier du Palais par l'exécuteur de la Haute Justice, comme contenant des expressions et imputations téméraires, scandaleuses et injurieuses à la magistrature en général, à d'aucuns de ses membres, et diffamatoires envers divers particuliers ; fait défenses audit Caron de Beaumarchais de faire à l'avenir de pareils mémoires, sous peine de punition corporelle ; et pour les avoir faits, le condamne à aumôner au pain des prisonniers de la conciergerie du Palais la somme de douze livres à prendre sur ses biens [3] ».

Gabrielle Julie Jamart, femme de Louis Valentin Goëzman, est également condamnée au blâme. En outre la Cour lui intime l'ordre, « même par corps, de rendre et restituer la somme de trois cent soixante livres [quinze louis] par elle reçues de Edme-Jean Le Jay, pour être ladite somme appliquée au pain des pauvres prisonniers de la conciergerie du Palais [4] ». Quant aux comparses, Bertrand d'Airolles et Le Jay, la cour les condamne à être « mandés à la Chambre pour, étant debout derrière le barreau, y être admonestés [flétrissure moindre que le blâme] ; les condamne en outre à aumôner chacun la somme de trois livres au pain des pauvres prisonniers de la conciergerie du Palais ». Marin, Baculard d'Arnaud et Goëzman, sont mis « hors de cour et de procès », ce qui entraîne pour ce dernier la révocation de sa charge [5].

Le 17 mars suivant, sur conclusion du procureur général, Louis Valentin Goëzman sera condamné à être « blâmé, déchu de son état et déclaré incapable de jamais posséder aucune charge, comme ayant été sans doute déclaré dûment atteint et convaincu du crime de faux. On prétendait qu'il lui était, en outre, défendu de jamais prendre en aucun temps, et sous quelque prétexte que ce pût être, la qualité d'ancien magistrat. On disait que, sommé la veille en la forme ordinaire, de se rendre aux pieds de la cour, il n'avait pas jugé à propos de satisfaire à la sommation, et qu'il avait été en quelque manière jugé par contumace. On disait aussi qu'il y avait eu nombre de voix pour les galères. C'était tout ce qu'on pouvait savoir de l'arrêt, qui devait demeurer enseveli au greffe, et n'être jamais rendu public par l'impression [6] ».

Jugement de compromis, mi-figue, mi-raisin, témoin de l'immense embarras de ce tribunal, coincé entre l'opinion populaire et le pouvoir politique, hésitant à donner raison à l'un de peur de déplaire à l'autre. Les blâmes distribués indistinctement à Mme Goëzman et à Beaumarchais sont si contradictoires qu'ils prêteraient à sourire, s'ils ne traduisaient en fait le profond malaise de la justice. Condorcet commente ainsi le verdict des juges dans une lettre à Voltaire : «Beaumarchais a été blâmé par le Parlement. On dit que c'est pour empêcher ceux qui leur ont donné de l'argent de le dire tout haut. On le déclare infâme pour les cas résultant du procès, comme si ce n'était pas le délit, mais l'opinion du tribunal qui pût faire l'infamie. Il n'y a rien de plus absurde, de plus lâche, de plus insolent, et de plus maladroit en même temps que cet arrêt. Sans celui de La Barre, on serait tenté de regretter l'ancien Parlement[7].»

Tandis que les Inamovibles procèdent au jugement, le sieur Goëzman assiste chez lui, quai Saint-Paul, à la saisie de son mobilier. Il doit 25 000 livres à son tapissier et 1 400 livres de loyer à son propriétaire, sans compter les emprunts et obligations. On assure qu'il a reçu trente assignations au Châtelet depuis le 26 février, jour de l'arrêt rendu contre son adversaire. Le libraire Hardy, auquel nous devons ces renseignements, conclut, visiblement satisfait : «Le sieur Caron de Beaumarchais ne devait-il pas se trouver bien vengé par le susdit arrêt, des tracasseries et des affaires que lui avait suscitées le sieur Goëzman, trop malheureusement nommé rapporteur de son procès contre le comte de La Blache[8]?» «Au moins, je suis vengé, cela soulage», reprend en écho Almaviva dans *Le Mariage de Figaro*.

«L'HOMMAGE DE LA NATION»

Vengé, oui. Mais la vengeance n'efface pas le blâme : peine infamante, qui entraîne la perte des droit civils. L'usage voulait qu'il fût administré au coupable à genoux, en présence de toute la Cour, tandis que le premier président prononçait ces mots : «Je te blâme et te déclare infâme.» Mais les magistrats, craignant les sifflets, renoncèrent à la cérémonie. En revanche, une semaine après l'arrêt, le samedi 5 mars, les quatre mémoires furent lacérés et brûlés au pied du grand escalier du Palais, par l'exécuteur de la haute justice, en présence d'un commis au greffe criminel de la cour et de deux huissiers[9]. Exécution purement symbolique, est-il besoin de le dire, puisque les exemplaires desdits mémoires continueront de circuler librement, et qu'une édition collective verra bientôt le jour chez le libraire Ruault, mais en même temps parfaitement inique. Les mémoires n'attaquent ni la religion, ni l'autorité divine, ni l'autorité royale. On n'y trouve ni subversion politique ni appel à l'insurrection. Certes, Beaumarchais a violé le secret de l'instruction. Mais ses adversaires ont-ils fait autre chose? Il a dénoncé le juge Goëzman. Mais celui-ci n'est-il pas frappé d'un «décret d'ajournement»? Alors? Que reproche-t-on à ses mémoires? Simplement, d'avoir mis en évidence la turpitude et l'infamie de ses juges, d'avoir donné trop d'éclat à son affaire, d'avoir mis en péril le gouvernement du royaume. «La corruption de son juge est évidente, écrit Voltaire, et l'on déshonore celui qui ose la manifester et s'en plaindre. [...] Beaumarchais a eu raison en tout, et a été condamné[10].»

Il mérite donc pleinement l'«hommage de la nation». «Voilà le véritable citoyen; il n'a point craint l'autorité, la puissance; il s'est défendu avec une noble fermeté et a montré un courage supérieur à nos temps. On ne peut trop admirer sa grandeur et sa fermeté d'âme, à s'être chargé seul de dénoncer, aux yeux de la France, ce tribunal qui était l'objet de la haine de tous les citoyens, et à lui avoir porté seul le coup le plus funeste qu'il avait pu encore recevoir et dont il ne se relèverait jamais. Il a pris sur lui ce danger, à un moment où la nation semblait être tombée dans une espèce d'étourdissement. [...] Par cet effort généreux, il a mérité le surnom de dernier des Français[11].»

*
* *

Comment Beaumarchais apprit-il sa condamnation? Gudin nous le raconte, avec force détails:

«J'étais à côté de Beaumarchais, avec toute sa famille, quand un de ses amis accourut tout effrayé lui apprendre ce jugement inepte. Lui seul l'entendit avec tranquillité. Il ne proféra pas un mot d'emportement, ne fit pas un geste d'indignation. Maître de tous ses mouvements comme de son esprit: "Voyons, dit-il, ce qui me reste à faire."

« Nous sortîmes ensemble de chez sa sœur. J'ignorais si l'on ne veillait pas autour de la maison pour l'arrêter, j'ignorais ses desseins ; je ne voulus point le quitter. Après avoir fait assez de chemin pour nous être assurés qu'on ne le cherchait pas où il était, il me congédia et me donna rendez-vous pour le lendemain dans l'asile qu'il s'était choisi ; car il était à craindre que, en exécution de l'arrêt, on n'allât le chercher dans sa propre maison [12]. »

Très vite, la nouvelle se répand dans la ville, suscitant l'indignation générale. Le prince de Conti passe chez Beaumarchais, ou plus exactement chez sa sœur. Ne le trouvant pas, il lui laisse un billet qui se termine par ces mots : « Je veux que vous veniez demain. Nous sommes d'assez bonne maison pour donner l'exemple à la France de la manière dont on doit traiter un grand citoyen tel que vous. » Apprenant, un peu plus tard, qu'il a quitté les Lépine pour un lieu sûr et discret, seulement connu de ses intimes, il vient le voir dans sa cachette. Beaumarchais court au-devant de lui et monte dans sa voiture, où les deux hommes s'entretiennent un long moment. « Tous les gens de la Cour, note encore Gudin, toutes les personnes les plus distinguées de Paris se firent inscrire à la porte de Beaumarchais. On ne parlait que de lui. Chacun cherchait à le voir. C'était pour lui un véritable triomphe. C'était, de la part du public, un éclatant désaveu de l'arrêt du prétendu Parlement [13]. »

Le lendemain, dimanche 27 février, il se rend à Versailles pour y solliciter contre l'arrêt rendu la veille. On dit que le duc de Chartres et le duc d'Orléans s'y trouvent également pour la même raison. Puis, il se fait conduire chez le prince de Conti, qui a réuni toute sa cour en son honneur, afin de « lui montrer qu'une condamnation injuste tourne à la gloire de celui qui l'éprouve. [...] Nous en avions déjà vu dans ce siècle un grand exemple. Jean-Jacques Rousseau n'avait point été entaché par les arrêts du vrai parlement de Paris, ni par celui des magistrats de son propre pays. Son admirable *Lettre à Christophe de Beaumont, archevêque de Paris* et les *Mémoires* de Beaumarchais sont deux monuments immortels de la manière dont le faible peut repousser les attaques du fort et triompher de l'injustice [14] ».

Le triomphe est total. Des gens de toutes conditions veulent témoigner leur sympathie à l'auteur des *Mémoires*. Comme le dit Mme du Barry, transportée d'admiration, bien qu'elle appartienne au camp adverse : « Il perd son procès devant la cour, mais il le gagne au tribunal du public.» À la Comédie-Française, le parterre manifeste bruyamment son estime pour le «blâmé». Le surlendemain du jugement, pendant une représentation de *Crispin rival de son maître*, comédie en un acte de Lesage, lorsque Oronte s'exclame: «Il en a bien coûté à mon père pour finir son procès! Mais la justice est une si belle chose qu'on ne saurait trop la payer», la salle applaudit à tout rompre. Les éclats de rire redoublent à ces mots: «Il est vrai que sa partie était une femme; mais elle avait pour conseil un Normand, le plus grand chicaneur du monde.» Les noms de Goëzman et de Marin fusent de toutes parts à travers la salle, accompagnés de sifflets et de huées. Le président de Nicolaï, qui se trouve à l'amphithéâtre, s'attire tous les regards de la salle, et sort furieux en déclarant tout haut que les Comédiens-Français ne joueront plus cette pièce [15]. «Quelque indiscrètes que soient ces allusions, observe la *Correspondance littéraire*, il serait difficile de les prévenir. Après tout, loin de nuire, ne servent-elles pas à éclairer le gouvernement sur l'opinion du peuple? L'autorité qui les tolère sait bien que ses seuls juges sont la nation et la postérité: sûre de leurs suffrages, que lui importent les saillies et les clameurs impuissantes d'une populace oisive et légère [16]?»

*

* *

Si Beaumarchais fait bonne figure devant les siens, s'il puise un vrai réconfort dans l'appui des princes et l'adhésion populaire, il n'en reste pas moins que ce blâme l'a profondément blessé. Les lignes qu'il adresse peu après la sentence à son protecteur et ami, Jean-Joseph de Laborde témoignent de son désarroi [17]. Rejeté au ban de la société, frappé de mort civile, Beaumarchais voit sa carrière brisée. Deux procès perdus coup sur coup pèsent lourd sur son avenir: l'un l'a privé de son honneur et de sa fortune; l'autre le destitue de ses droits civiques. À quarante-deux ans, il a l'impression de repartir à zéro. À cette nuance près, tout de même, qu'il dispose aujourd'hui de puissants protecteurs, comme ce M. de Laborde, fort bien en cour, très influent auprès de Louis XV et auquel il adresse un appel au secours, destiné en fait aux oreilles du roi:

«Ils l'ont enfin rendu, cet abominable arrêt, chef-d'œuvre de haine et d'iniquité. Me voilà retranché de la société et déshonoré au milieu de ma carrière. Je sais, mon ami, que les peines d'opinion ne doivent affliger que ceux qui les méritent. Je sais que des juges iniques peuvent tout contre la personne d'un innocent et rien contre sa réputation. Toute la France s'est fait inscrire chez moi depuis samedi ! La chose qui m'a le plus percé le cœur en ce funeste événement est l'impression fâcheuse qu'on a donnée au roi contre moi. On lui a dit que je prétendais à une célébrité séditieuse, mais on ne lui a pas dit que je n'ai fait que me défendre, que je n'ai cessé de faire sentir à tous les magistrats les conséquences qui pouvaient résulter de ce ridicule procès. Vous le savez, mon ami, j'avais mené jusqu'à ce jour une vie tranquille et douce, et je n'aurais jamais écrit sur la chose publique, si une foule d'ennemis puissants ne s'étaient réunis pour me perdre. Devais-je me laisser écraser sans me justifier ? Si je l'ai fait avec trop de vivacité, est-ce une raison pour déshonorer ma famille et moi, et retrancher de la société un sujet honnête dont peut-être on eût pu employer les talents avec utilité pour le service du roi et de l'État ? J'ai de la force pour supporter un malheur que je n'ai pas mérité. Mais mon père, qui a soixante-dix-sept ans d'honneur et de travaux sur la tête, et qui meurt de douleur, mes sœurs qui sont femmes et faibles, dont l'une vomit le sang et dont l'autre est suffoquée ? Voilà ce qui me tue et ce dont on ne me consolera point[18]. »

L'allusion est claire : si Louis XV a besoin d'un agent pour une mission secrète, exigeant délicatesse et doigté, il croit posséder ces talents-là. Laborde ou Sartine l'ont-il tenu au courant de certaines informations confidentielles ? C'est probable. En tout cas, il a compris que c'est le seul moyen d'amorcer son retour en grâce auprès de Sa Majesté.

« CÉLÉBRITÉ SÉDITIEUSE » ?

« Ce n'est pas tout que d'être blâmé ; sachez qu'il faut être modeste », avait dit Sartine à Beaumarchais, au lendemain du verdict. C'était finement observé, car Beaumarchais n'a jamais eu la vocation du martyre. Son blâme, il va le porter en sautoir, avec fierté, comme une décoration gagnée au champ d'honneur du parlement, contre les ennemis de la nation. Beaumarchais n'est pas dupe ; il sait fort bien que sa condamnation sert l'intérêt des princes et des amis de l'ancienne magistrature. Si Conti le présente à sa cour comme une victime de l'iniquité, s'il le soutient de tout le poids de son nom, s'il met autant d'ostentation dans son amitié, c'est dans l'unique dessein d'humilier symboliquement le parlement Maupeou. Car enfin, est-il pire humiliation, pour une cour de justice, que de voir un homme, hier encore haï et décrié, traité en héros parce qu'elle l'a flétri? En condamnant Beaumarchais au blâme, le parlement Maupeou s'est lui-même condamné à mort. On fait dire (fort judicieusement) à Mme du Barry, dans ses *Mémoires* apocryphes (excellemment informés et encore mieux pensés): «On ne pouvait faire une injure plus sanglante à la nouvelle magistrature. Le roi, plus encore que nous, ressentit le tort que lui faisait la protection éclatante dont le prince de Conti couvrait un homme blâmé et qui, s'il l'eût été par un autre tribunal, aurait été reconnu infâme. Ici, un pareil arrêt, loin de nuire au coupable, le rendait intéressant. Le roi nous dit, dans sa mauvaise humeur: "Ce n'est point à ma cour de parlement que la société fait aujourd'hui la guerre; c'est à moi-même, et l'on me force à lutter contre Beaumarchais [19]."» Ces mots sont-ils tombés tels quels des lèvres augustes? Le fait, en tout cas, n'aurait rien d'invraisemblable, car, vers le même temps, le roi faisait signifier à Beaumarchais la plus expresse interdiction d'écrire ni de faire imprimer une ligne, pas même sur son affaire contre La Blache, actuellement portée au Conseil: sa plume était jugée trop dangereuse.

*
* *

Un peu malgré lui, Beaumarchais est devenu le symbole de la contestation politique; ses quatre mémoires justificatifs sont considérés comme autant de pamphlets dirigés contre la réforme Maupeou; chansons, épigrammes, pamphlets associent spontanément son nom à celui du parlement exécré. Quelques jours après sa condamnation, on trouve un placard sur la porte des Requêtes, ainsi rédigé: «Misérables, qui méritaient eux-mêmes le blâme, la galère, la roue.» Les échos de l'agitation populaire parviennent jusqu'à Voltaire, qui en fait part à ses correspondants. «Le public n'est point content», note-t-il. Mais il ajoute: «Le public, à la vérité, juge en dernier ressort, mais ses arrêts ne sont exécutés que par la langue. Le monde a beau parler, il faut obéir [20].» Au chevalier de L'Isle, il écrit, le 7 mars 1774 : « Pour le blâme de Beaumarchais, je ne sais pas encore bien précisément ce qu'il signifie. Pour moi, je ne blâme que ceux qui m'ennuient, et en ce sens il est impossible de blâmer Beaumarchais. Il faut qu'il fasse jouer son *Barbier de Séville*, et qu'il rie en vous faisant rire[21]. »

Comme on faisait courir le bruit que Beaumarchais préparait un cinquième mémoire contre ses juges, Sartine l'envoya chercher dans son repaire pour le mettre en garde : « Monsieur, lui dit-il, je vous conseille de ne vous montrer nulle part. Ce qui se passe irrite bien des gens. Ce n'est pas tout que d'être blâmé, il faut encore être modeste. S'il venait un ordre du roi, je serais obligé de l'exécuter, malgré moi. Surtout, n'écrivez pas, car le roi désire que vous ne publiiez rien sur cette affaire[22]. »

« LE WILKES FRANÇAIS »

Son immense popularité, la protection des grands, le succès des *Mémoires*, sa réputation étendue à toute l'Europe : rien de tout cela ne saurait infléchir le pouvoir en sa faveur. Au contraire. Plus il gagne de voix dans l'opinion, plus il en perd au sommet de l'État. Cette situation l'inquiète à juste titre, car il voudrait obtenir du Grand Conseil la cassation du dernier arrêt, laquelle dépend directement du bon vouloir du souverain : « rocher contre lequel la prudence devait craindre de se heurter », comme dit le sage Gudin. Beaumarchais dispose de six mois pour se pourvoir en cassation. Au-delà de ce délai, le jugement devient irrévocable. S'il formule sa requête sans l'appuyer d'un écrit, il court à l'échec. Et comme, d'autre part, Louis XV lui interdit de rien publier, sous quelque prétexte que ce soit, il se retrouve ligoté, pieds et poings liés, réduit au silence.

Tout en reconnaissant les qualités de son esprit (les *Mémoires* l'avaient fait pouffer de rire, on s'en souvient), le roi éprouve à son égard une méfiance qu'entretient son entourage, en le comparant à l'agitateur anglais John Wilkes, défenseur des libertés contre l'autoritarisme de George III (certains vont jusqu'à le surnommer le Wilkes français). Il va de soi que les relations amicales de Beaumarchais avec les princes d'Orléans et de Conti n'arrangent rien.

Le parti qui s'est formé contre lui à la Cour, à la tête duquel nous trouvons naturellement Mme du Barry, l'emporte sur celui de la dauphine Marie-Antoinette et de Mesdames. On assure même que le dauphin, passablement prévenu contre lui, critique son épouse de s'intéresser à ce « mauvais sujet ».

Mais ce ne sont là que bagatelles, égratignures mondaines. Le parallèle avec John Wilkes est plus grave, car il rejette notre homme dans le camp de la subversion politique, en le faisant paraître aussi dangereux pour le pouvoir en place que ce membre de l'opposition britannique, farouche adversaire de son roi, considéré comme un rebelle, vingt fois arrêté, puis relâché, expulsé des Communes, puis réélu[23]. Forcé de se réfugier sur le continent, « le héros Wilkes », comme l'appelle Mme du Deffand, avait passé quelques mois à Paris, en 1763-1764. Au cours de son séjour dans la capitale, il s'était lié avec d'Holbach et Diderot (« vos principes généreux et patriotiques rendront votre nom immortel », lui écrivait ce dernier), tandis que Voltaire, qui l'avait reçu à Ferney, lui adressait ce simple mot : « *You set me in flames with your courage, and you charm me with your wit*[24]. » Devenu l'homme le plus populaire d'Angleterre, il fut élu lord-maire de Londres en 1774. C'est vers ce temps-là que Beaumarchais commença de le fréquenter. Tout rapprochait les deux hommes : la passion de la politique et de la littérature, le refus de l'arbitraire, le goût du libertinage (que Beaumarchais ne poussait cependant pas aussi loin que Wilkes), et surtout la même ardente sympathie pour les insurgés américains. Nous y reviendrons bientôt.

L'ÉMIGRÉ

Le 20 mars 1774, un avis secret lui parvient de Versailles, probablement de l'entourage de la dauphine Marie-Antoinette : un ordre d'arrestation est lancé contre lui ; qu'il prenne la fuite le plus vite possible ; il n'a pas une minute à perdre ! D'après certains, il aurait déjà quitté Paris. Les uns le disent en Touraine ; d'autres, à L'Isle-Adam, chez le prince de Conti, auquel il aurait rendu des visites nocturnes[25]. En fait, nul ne sait où il se trouve. Aujourd'hui encore, le mystère demeure entier sur les quelques jours qui ont précédé son départ. Une chose est sûre : c'est le prince de Ligne qui le fera passer en Angleterre. Celui-ci raconte dans ses *Mémoires* : « M. le prince de Conti me pria de sauver Beaumarchais le jour qu'il fut décrété de prise de corps et qu'il nous lut bien gaiement son *Barbier*, quoiqu'il fût entré dans le salon avec l'air de l'homme le plus malheureux. Je me donnai la peine de le mener à la première poste, de lui donner une voiture et un de mes gens pour le conduire jusqu'à Ostende, où je le fis embarquer [26]. »

Juste avant de quitter la Flandre, Beaumarchais fait parvenir secrètement à Louis XV, par l'intermédiaire de son ami Laborde, une lettre dont l'original s'est perdu, mais dont la substance, nous dit l'auteur, « était que, pour prouver à Sa Majesté combien j'étais éloigné de chercher à lui déplaire, je me retirais à Londres, dans un lieu et sous un nom connus de Sa Majesté seule, où je vivrais pendant cinq mois et demi, silencieux et ignoré comme à la Bastille. J'observais respectueusement au roi que je ne paraissais me soustraire à son autorité qu'afin que mon silence en pays libre lui fût une preuve non suspecte de ma soumission volontaire et de mon profond respect pour ses répugnances. Je finissais en disant que j'espérais que le roi, touché de tant de sacrifices, ne s'opposerait pas que je sollicitasse enfin sa justice, par une requête à son Conseil en cassation d'arrêt, avant l'expiration des six mois, passés lesquels un infortuné condamné injustement n'a plus le droit de se pourvoir, s'il n'a pris date avant ce terme fatal [27] ». Ce pseudonyme « connu de Sa Majesté seule », sous lequel il voyagera désormais incognito, n'est autre que l'anagramme de Caron : M. de Ronac.

L'offre de service est encore plus claire ici que dans la précédente missive. Laborde remet la lettre au roi ; celui-ci sourit à sa lecture, et la met dans sa poche en murmurant, comme pour lui-même : « À la bonne heure. Pourvu qu'il tienne parole ! » Puis, se tournant vers le fermier général : « L'on prétend que votre ami possède au plus haut degré le talent de la négociation. Croyez-vous qu'on pût l'employer en sûreté secrètement, pour savoir où en sont tous ces libelles, et ce qu'il faudrait faire pour les arrêter ? » Laborde rassure son maître quant à ses talents et à son zèle, et se dépêche de rapporter les propos du souverain dans une lettre à l'émigré.

En les lisant, Beaumarchais ne peut réprimer un mouvement de joie. Enfin l'horizon s'éclaircit, l'espoir renaît. Non seulement cette mission lui offre une chance inespérée de se réhabiliter, mais elle excite au plus haut point son imagination. « Laborde ne me donnait aucun ordre de la part du roi, écrira-t-il plus tard, c'était un simple avis. Mais il m'en avait dit assez pour m'enflammer.» Sans attendre un jour de plus, il se renseigne sur ces libelles. Qui sont les auteurs? De quelle officine sortent-ils? Depuis toujours, l'Angleterre, pays de la liberté de la presse, passe pour le paradis des pamphlétaires. On y peut écrire à peu près ce que l'on veut, et sur qui l'on veut. Non seulement les anecdotes scandaleuses sur le trône de France ne font l'objet d'aucune poursuite, mais le gouvernement britannique protège leurs auteurs contre toutes représailles de la part des autorités françaises, pousse parfois la complaisance jusqu'à les subventionner et n'accède jamais aux demandes d'extradition. La France, ne l'oublions pas, demeure l'ennemie héréditaire.

LE GAZETIER CUIRASSÉ

Or c'est précisément l'un de ces écrits qui tourmente le vieux monarque. Depuis près de deux ans, les plus hautes instances du royaume tentent vainement d'empêcher l'impression d'un libelle dirigé contre Mme du Barry, intitulé *Mémoires secrets d'une femme publique, ou essais sur les aventures de Mme la comtesse du B*** depuis son berceau jusqu'au lit d'honneur*[28]. Son auteur n'est autre que ce Charles Théveneau de Morande, dont *Le Gazetier cuirassé* (1771) a déjà fait trembler tout Versailles, quelques années auparavant[29]. Le titre du pamphlet en dit assez sur son contenu: ragots empoisonnés, médisances, calomnies et gravelures habituelles, sous le couvert de pseudo-Mémoires. «*Le Gazetier cuirassé* est à l'eau de rose en comparaison de ce nouveau chef-d'œuvre», écrit Bachaumont. Les notes de police recueillies par Pierre Manuel permettent d'en reconstituer partiellement le ton, sinon le fond. Louis XV y est mis en scène «faisant le café de *Chonchon*, qui lui dit en riant à gorge déployée: "Croirait-on que tu es le maître de vingt millions de sujets et que je suis ta sujette?" Cette même *Chonchon* se faisant mettre ses pantoufles, en sortant de son lit, par l'archevêque de Reims [le cardinal de La Roche-Aymon], qui les baise comme celles du pape; la même qui, soupant à Trianon avec Sa Majesté, ôte la perruque au chancelier et, pendant qu'on la met en papillotes, couvre de son mouchoir ce *chef* de la justice[30]».

Comment prévenir un tel scandale ? Rien de plus simple : il suffit d'y mettre le prix. Dans plusieurs lettres adressées au chancelier et au duc d'Aiguillon, Morande a déjà fixé ses conditions : il réclame modestement 5 000 louis (120 000 livres) comptant et une pension de 4 000 livres réversible sur la tête de sa femme et de son fils.

Avant toute démarche, le comte de Broglie prie le chevalier d'Éon, agent secret du roi en Angleterre, de se renseigner[31]. Le sieur Morande travaille-t-il réellement à ce pamphlet ? et dans ce cas, « quelle somme d'argent on pourrait donner au sieur de Morande pour le déterminer à faire le sacrifice de son manuscrit ou de son imprimé[32] ? » La réponse du chevalier porte la date du 18 juillet 1773 :

« Vous ne pouviez guère vous adresser ici à personne plus en état de seconder, et même terminer au gré de vos désirs, l'affaire dont vous me parlez, parce que M. Morande est de mon pays[33], qu'il se fait gloire d'avoir été lié avec une partie de ma famille en Bourgogne, et dès son arrivée à Londres, il y a trois ans, son premier soin fut de m'écrire qu'il était mon compatriote, qu'il désirait me voir et se lier avec moi. Je refusai pendant deux mois sa connaissance, et pour cause : depuis, il a si souvent frappé à ma porte, que je l'ai laissé entrer chez moi de temps en temps, pour ne point me mettre à dos un jeune homme dont l'esprit est des plus turbulents et des plus impétueux, qui ne connaît ni bornes ni mesures, ne respecte ni le sacré ni le profane. Voilà quel est l'individu. *"Fenum habet in cornu. Tu, Romane, caveto*[34].*"* C'est pour cela que je le tiens à certaine distance.

« C'est un homme qui met à composition plusieurs personnes riches de Paris, par crainte de sa plume. Il a composé le libelle le plus sanglant qui se puisse lire contre le comte de Lauraguais, avec lequel il s'est pris de querelle. À ce sujet, le roi d'Angleterre [George III] (si souvent attaqué lui-même dans les journaux) demandait, la semaine dernière, au comte de Lauraguais, comment il se trouvait de la liberté anglaise. *"Je n'ai pas à m'en plaindre, sire, répondit le comte ; elle me traite en roi !"*

« Je ne suis pas instruit que de Morande travaille à l'histoire scandaleuse de la famille du Barry, mais j'en ai de violents soupçons. Si l'ouvrage est réellement entrepris, personne n'est plus en état que moi de négocier sa remise avec le sieur Morande. Il aime beaucoup sa femme, et je me charge de faire faire à celle-ci tout ce que je voudrai. Je pourrais même lui faire enlever le manuscrit, mais cela pourrait faire tapage entre eux ; et je serais compromis, et il en résulterait un autre tapage plus terrible. Je pense que si on lui offrait 800 guinées, il serait fort content. Je sais qu'il a besoin d'argent à présent ; je ferai tous mes efforts pour négocier à une moindre somme. Mais à vous dire vrai, Monsieur, je serais charmé que l'argent lui fût remis par une autre main que la mienne, afin que, d'un côté ou d'un autre, on n'imagine pas que j'ai gagné une seule guinée sur un pareil marché[35]. »

Le 18 août, le comte de Broglie ordonne à d'Éon de suspendre toute négociation, la comtesse du Barry ayant pris d'autres mesures, mais de continuer à veiller sur la conduite et l'imprimerie de Morande. Entre-temps, le duc d'Aiguillon, qui craint de se voir supplanté par de Broglie dans la confiance du roi et de la favorite, a dissuadé celle-ci d'utiliser les services du chevalier d'Éon, pour lui conseiller comme intermédiaire un certain Marie-Félix Guerrier de Lormoy, expert reconnu dans l'élevage des chevaux et des bestiaux, réfugié à Londres pour échapper à ses créanciers. Celui-ci fait miroiter à Morande la promesse de cinq mille livres sterling : simple moyen de l'appâter, car son but véritable, ou plus exactement celui du ministre, est de le faire enlever. Flairant le piège, Morande refuse[36]. Il a raison. Depuis quelque temps déjà, le duc d'Aiguillon pense qu'un rapt rondement mené serait la meilleure façon d'échapper au chantage. Pour l'exécuter, on a d'abord pensé à un officier des Invalides, M. Laroche de Champreux, personnage au passé passablement chargé, qui se faisait fort de réussir[37]. Il n'avait besoin pour cela, disait-il, que d'un bâtiment ancré sur la Tamise, de quatre hommes de main, d'une somme de 1 600 livres. En outre, un délai de six mois lui était nécessaire pour tendre ses filets. En cas de succès, il réclamait plus de 4 000 louis (96 000 livres !), réversibles par moitié sur la tête de sa femme, et un brevet de capitaine. Après réflexion, le Conseil du roi jugea qu'un invalide n'était peut-être pas l'homme idéal pour conduire une expédition de cette nature. D'autant qu'il finissait par coûter à peu près aussi cher que le sieur Morande, et que cette mission prétendue secrète prendrait trop de temps ; un bâtiment amarré dans le port de Londres ne passe pas inaperçu pendant six mois ! Mieux valait donc faire appel à de vrais spécialistes du coup de main, entraînés au kidnapping, et prêts à tout pour de l'argent, bref aux hommes de la connétablie, autrement dit de la police militaire ; eux seuls sauraient s'emparer du maître chanteur sans ameuter le voisinage.

Le chef de la bande est une espèce de « ripou » nommé Béranger, soi-disant capitaine d'infanterie, en réalité «espion de police», pilier de tavernes et de tripots, risque-tout, parce que n'ayant plus rien à perdre. On lui promet une prime s'il parvient à capturer son homme «par finesse», sans donner l'éveil aux autorités britanniques. Béranger prend donc la mer à la fin de l'année 1773, avec cinq autres aigrefins, parmi lesquels un certain Receveur, qui se spécialisera plus tard dans la chasse aux libelles, Cambert et Finet[38]. Leur plan est simple : faire croire à Morande qu'ils apportent à Lormoy l'argent et les pouvoirs pour traiter avec lui, l'inviter à quelque partie fine à la campagne ou sur la Tamise, puis le jeter dans une chaloupe et le ramener en France. Mais à Londres, Théveneau de Morande est déjà au courant. Des correspondants haut placés l'ont discrètement averti de ce qui se trame contre lui, de même que sa collaboratrice, une certaine Mme de Godeville, Française réfugiée à Londres, connue pour ses galanteries et ses escroqueries, qui a fui ses créanciers parisiens, et à laquelle des agents de M. de Sartine se sont imprudemment confiés. Nous aurons bientôt l'occasion de reparler de cette jeune femme[39].

Morande fait d'abord mine de ne rien savoir; il laisse les émissaires arriver jusqu'à lui. Puisqu'ils jouent la comédie de l'amitié, il emprunte une trentaine de louis à chacun d'eux. Puis, laissant tomber le masque, il abreuve la presse londonienne d'articles indignés contre le gouvernement de la France. Quoi ! violer ainsi la généreuse hospitalité britannique ! Envoyer un commando pour enlever un citoyen sur le sol de la liberté ! En quelques heures, il enflamme la vieille passion des Anglais pour la tolérance, l'individualisme et l'indépendance nationale. L'opinion se déchaîne contre les argousins français. Une populace furieuse assiège leur hôtel, les forçant à s'enfuir à toutes jambes, sous peine d'être lynchés. Également compromis, Lormoy se sauve en même temps qu'eux. Moins rapide que ses camarades, le nommé Receveur est rattrapé par la meute, enduit de poix, et jeté dans la Tamise. On le repêche, mais il passera plusieurs semaines à l'asile de fous de Bedlam, avant de recouvrer ses esprits[40]. Ainsi s'achève la piteuse expédition commanditée par d'Aiguillon. Morande exulte. Enchanté d'avoir déjoué les plans du ministre, il en profite pour faire monter la pression. Six mille exemplaires des *Mémoires secrets* seront mis incessamment sur le marché, menace-t-il. Des prospectus courent déjà l'Europe. Dans l'entourage du roi et de la du Barry, c'est la panique. Comment stopper cette machine infernale ?

C'est alors que Beaumarchais entre en scène, sous les auspices de M. de Laborde, en qualité d'envoyé très officieux de Louis XV. À peine arrivé à Londres, il court aux informations, apprend que trois mille exemplaires de l'ouvrage sont déjà imprimés et prêts à partir pour la Hollande et l'Allemagne ; de là, ils seront diffusés en France, où les libraires l'attendent avec impatience. Il se rend ensuite chez l'auteur. Mais celui-ci, redoublant de méfiance depuis l'aventure Béranger, lui condamne sa porte, alléguant qu'il est entouré d'assassins. « Fussé-je un ange de paix, raconte Beaumarchais, il suffisait que je me disse français pour qu'il n'eût aucune communication avec moi. Le temps pressait, j'insiste, il s'obstine, j'emploie la ruse et reviens à la charge. Enfin, par des moyens aussi intéressants qu'extraordinaires, mais réservés à un plus grand Mémoire, je parvins dans la même journée à tout arrêter, et à suspendre le départ des ballots jusqu'à mon retour de Versailles, où j'arrivai comme un trait, portant avec moi un exemplaire de chacun, que je fis remettre au roi dans le plus grand secret par Laborde, afin qu'il jugeât par lui-même si ces ouvrages qui m'avaient paru infernalement méchants, méritaient en effet qu'on travaillât à en opérer la suppression[41]. »

Agréablement surpris par la rapidité de cette action, Louis XV fait dire à Beaumarchais qu'il en est content, et le renvoie au duc d'Aiguillon, en lui interdisant de révéler à ce dernier que lui-même est au courant de son retour, et qu'il possède un exemplaire du pamphlet. Mais le ministre, apparemment moins soucieux d'arrêter le libelle que son auteur, questionne Beaumarchais sur les relations de Morande en France. Qui sont ses complices ? Il lui faut des noms. Beaumarchais refuse de répondre ; il veut bien mettre le roi à l'abri de « toute espèce de libelle pour le présent et pour l'avenir », mais non par la délation. On n'accuse pas des gens sans preuve, sur la simple dénonciation d'un Morande. On ne risque pas de faire condamner des innocents qui ne sont pour rien dans ces libelles. En tout cas, qu'on ne compte pas sur lui pour cette besogne. Furieux, le duc d'Aiguillon fait part au roi de son refus ; celui-ci le convoque, lui demande des explications. Beaumarchais répète ce qu'il vient de dire au ministre, en ajoutant que pour rien au monde il ne jouera les délateurs. Le roi se rend à ses raisons, tandis que d'Aiguillon fulmine intérieurement, bien résolu à se venger de cet affront.

*
* *

Là-dessus, Louis XV lui prescrit de retourner à Londres sur-le-champ, mais cette fois-ci avec la qualité de « commissaire de confiance », pour répondre « en son nom » de la destruction totale de ces libelles par le feu. Voici donc Beaumarchais, ou plutôt M. de Ronac, envoyé spécial de Sa Majesté, chargé de négocier avec Morande l'autodafé des *Mémoires secrets d'une femme publique* [42]. Il dispose pour cela d'une marge de manœuvre fixée par le roi : le prix à verser au maître chanteur ne devra pas dépasser une certaine somme. On lui prescrit naturellement le silence le plus absolu sur sa mission : elle relève du secret d'État.

Le chevalier d'Éon grossit à peine le trait lorsqu'il nous peint ironiquement Beaumarchais sur le navire qui l'emporte vers les rivages d'Angleterre : « Aussitôt, le cœur romanesque et gigantesque du sieur Caron s'enfle et se remplit des idées les plus chimériques ; son ambition s'élève aussi haut que les flots de la mer qu'il doit traverser ; il conçoit l'espérance de réussir dans le dessein de flatter les amours de son maître, d'abaisser ses ennemis et d'élever sa fortune [43]. » Mais aussi – préoccupation majeure – d'obtenir sa réhabilitation.

M. Caron de Beaumarchais quitte la scène parisienne. Le chevalier de Ronac fait son entrée sur le théâtre du monde.

Notes et références

CHAPITRE PREMIER – L'ENFANT DE LA HALLE

1. Dans son inventaire après décès, du 7 décembre 1775, figurent encore les titres de propriété « d'un demi-arpent de terre à Lizy ».
2. Lors de ce mariage, Marie Fortin dut produire l'acte de décès de son mari, ainsi libellé : « Je soussigné Prieur, curé de la paroisse de Saint-Médard de Lizy, diocèse de Meaux, certifie qu'il est à la connaissance des habitants soussignés comme à la nôtre, que le nommé Daniel Caron, habitant de ce lieu et religionnaire, bien qu'il eût fait abjuration de son hérésie, est décédé il y a douze ans, c'est-à-dire en mille sept cent huit, au mois de juin, sans avoir reconnu l'Église catholique, apostolique et romaine, qui a été cause que la sépulture ecclésiastique lui a été refusée. Par nous délivré le présent certificat le 15 septembre 1720 à Lizy. » Signé : « Richer, prieur curé de Lizy, etc. » (A. Jal, *Dictionnaire critique de biographie et d'histoire*, Paris, Plon, 1872, p. 147).
3. C'est du moins ce qu'affirme Louis de Loménie à la lecture de ses lettres intimes (*Beaumarchais et son temps*, t. I, p. 24).
4. Lettre du 30 mars 1777, dans : G. et M. von Proschwitz, *Beaumarchais et le « Courier de l'Europe »*, t. I, p. 385.
5. L'arrêt du Conseil est édité dans le *Bulletin de la Société d'histoire du protestantisme français*, I, 1853, p. 119-120.
6. Marie-Louise Pichon, que presque tous les actes inscrits aux registres des Saints-Innocents et de Saint-Jacques-de-la-Boucherie nomment *Louise-Nicole*, donna naissance à six filles et quatre garçons. Dans l'ordre :
   1° Une première fille, qui reçut les prénoms assez singuliers de *Vincent-Marie*, née le 26 avril 1723, baptisée le 28 dans l'église des Saints-Innocents.
   2° Marie-Josèphe, née le 13 février 1725, mariée le 27 novembre 1748 [et non le 27 mars, comme l'indique Maurice Tourneux dans une note] à Louis Guilbert, maître maçon, demeurant rue de la Tixeranderie, paroisse Saint-Jean-en-Grève, qui prendra le titre d'architecte du roi d'Espagne et mourra fou à Madrid en 1772.
   3° Un premier garçon [et non une fille, comme le dit Maurice Tourneux dans la même note], né le 17 novembre 1726 et baptisé le 19 du même mois, dont nous ne possédons pas les prénoms.
   4° Augustin-Pierre, deuxième fils, né le 9 janvier 1728.
   5° Un troisième garçon, François, né en 1730, mort rue Saint-Denis, à l'âge de huit ans et demi, le 16 mars 1739.
   6° Marie-Louise, née le 10 janvier 1731, qui deviendra la fiancée de Clavijo, morte à une date inconnue, sans doute au couvent des Dames de la Croix, à Roye, en Picardie.
   7° PIERRE-AUGUSTIN, le futur Beaumarchais, né le 24 janvier 1732.
   8° Madeleine-Françoise, née le 30 mars 1734, qui épousera le 17 mai 1756 à Saint-Eustache le célèbre horloger Jean-Antoine Lépine.

9° Marie-Julie, née le 24 décembre 1735, qui mourut célibataire en mai 1798.

10° Jeanne-Marguerite, qui naquit probablement à la campagne, épousa en juin 1767 Octave Janot de Miron, intendant de la Maison royale de Saint-Cyr, et mourut en 1773.

7. Il avait pour parrain Pierre-Augustin Picard, marchand chandelier, rue Aubry-le-Boucher, paroisse de Saint-Josse, et pour marraine une de ses cousines : Françoise Gary, fille mineure d'André Gary, marchand chandelier, demeurant rue des Boucheries, paroisse de Saint-Sulpice.

8. Il est souvent question de cet «horloger et ingénieur en instruments de mathématique» dans le *Journal du voyage fait par ordre du roi à l'Équateur* de La Condamine (Paris, 1751).

9. *Lettre du sieur Caron pour servir de réponse au Mémoire historique du Sr Boullongne*, le 5 juillet 1729, 16 p. in-4° (BNF Vp. 1874).

10. Extrait d'une lettre d'André-Charles Caron à son fils, du 18 décembre 1764, citée par Loménie, *op. cit.*, t. I, p. 26.

11. «Je suis un peu comme votre bonne amie miss Howe, lui écrit son fils, qui quand elle avait bien du chagrin, pleurait en riant ou riait en pleurant» (Loménie, *op. cit.*, t. I, p. 32).

12. *La France des Lumières*. Paris, Fayard, 1993, p. 601-602.

13. La célébration se déroula le 17 mai 1756 à Saint-Eustache. Une demoiselle Françoise Barbier, «fille majeure», avait d'abord fait opposition au mariage du jeune homme, mais elle se désista le 5 mai 1756 et céda son prétendu à la fille Caron. Lépine demeurait rue Saint-Denis, chez son beau-père, qui était aussi son maître.

14. Le philosophe le jugeait «fort honnête homme [...] et fort utile aux manufactures de montres que j'ai établies à Ferney. Il m'a paru sage, laborieux et pacifique» (lettre à François Louis Claude Marin, du 25 octobre 1773, in : *Correspondance* de Voltaire, «Bibliothèque de la Pléiade», t. XI, p. 492). Voltaire, qui se plaît (non sans malice) à désigner Beaumarchais comme «beau-frère de Lépine», dit encore de ce dernier, par référence à l'affaire Goëzman : «L'Épine a une maison dans Ferney, on y travaille beaucoup pour lui ; il vaut mieux faire des montres que des factums» (*ibid.*, p. 646). Du mariage de Jean-Antoine Lépine avec Madeleine-Françoise Caron naquit un fils, Augustin-François, que Beaumarchais enrôlera comme capitaine sur son vaisseau l'*Amphitrite* pendant la guerre d'Amérique, suscitant ainsi l'ironie de Voltaire : «Ce qui ne m'a pas médiocrement étonné, remarque le patriarche de Ferney, c'est qu'un fils de M. L'Épine, horloger du roi, bien connu de vous, jeune homme de quinze à seize ans tout au plus, vient, par le crédit de son oncle, d'être fait capitaine d'artillerie, et est parti en cette qualité pour nos îles. Il était l'année passée apprenti horloger dans ma colonie. On voit tous les jours de ces changements de fortune» (lettre à François-Louis-Claude Marin, du 24 janvier 1777, *ibid.*, t. XII, p. 749). Augustin-François Lépine, qui se fera plus tard appeler *des Épiniers*, provoqua de même les sarcasmes de *L'Espion anglais*, dans lequel on peut lire cette note : «Il [Beaumarchais] a cru faire sans doute un grand présent aux Insurgents en leur envoyant son neveu de l'Épine, fils de l'horloger, polisson auquel il a fait avoir un brevet de capitaine, et pour le rendre plus agréable chez ses nouveaux hôtes, il a farci les malles du jeune homme d'une pacotille de ses mémoires, drames, comédies, etc.» (t. V, p. 22).

Un autre fils du couple Lépine, qui changera lui son nom pour celui d'*Épigné*, fut employé par Beaumarchais dans son imprimerie de Kehl. Mais le jeune homme ne paraît pas avoir montré beaucoup de dispositions pour ce métier. On lira la lettre de reproches que lui adressent son oncle et le libraire Ruault dans : G. et M. von Proschwitz, *op. cit.*, t. II, p. 675-676. Beaumarchais, qui voyait en lui son successeur à la tête de l'entreprise, constatait non sans regret : « [Il] est revenu de Kehl avec un dégoût mortel du genre d'occupation, surtout du genre d'espérance que mon établissement d'imprimerie lui promettait. Il paraît préférer de s'essayer dans un bureau de commerce et sous un négociant maritime. Je n'ai nul intérêt de contrarier son goût, et mon grand établissement ne manquera pas de gens qui désirent m'y succéder. Si donc vous pouvez obtenir une place […], vous savez qu'il écrit bien, qu'il a déjà une bonne teinture de la tenue des livres ; s'il ne doit rien gagner d'abord, son père pourvoira à son entretien. S'il fallait même une modeste pension pour commencer, on la donnera ; il a vingt et un ans et, je crois, envie de travailler. […] Tâchez de placer mon neveu. Mais non comme un monsieur, comme un simple commis au travail, et recommandez qu'on le tienne de près, car il y a un peu du *Des Épiniers* aussi dans ce caractère-là » (lettre à Francy du 31 janvier 1782, dans : J. Marsan, *Beaumarchais et les affaires d'Amérique*, p. 22-26). On retiendra des deux exemples ci-dessus que Beaumarchais avait le sens de la famille et obligeait volontiers les siens, quels que fussent leurs talents ou leurs compétences.

Le couple Lépine donna également naissance à une fille, mariée à un autre horloger nommé Raguet, qui accola le nom de son beau-père au sien, se faisant appeler Raguet-Lépine, duquel est issu un pair de France sous la monarchie de Juillet.

15. Cette jeune créole fut un temps la fiancée de Beaumarchais. Nous la retrouverons plus loin.

16. Lettre d'André-Charles Caron à son fils du 22 janvier 1765, dans : Loménie, *op. cit.*, t. I, p. 53.

17. Loménie, *op. cit.*, t. I, p. 54-55.

18. *Ibid.*, p. 37.

19. *Ibid.*, p. 39-40.

20. *Ibid.*, p. 40-41.

21. *Ibid.*, p. 41-42.

22. *Ibid.*, p. 42, n. 1.

23. *Ibid.*, *loc. cit.*

24. *Ibid.*, p. 43-44.

25. *Ibid.*, p. 44.

26. C'est vers 1710 qu'un facteur et musicien bavarois, Christian Hochbrücker, mit au point la nouvelle harpe chromatique à pédales. D'abord au nombre de sept, celles-ci étaient disposées derrière le corps de l'instrument. Cette innovation, qui permettait de jouer les notes diésées et bémolisées, ne fut rendue publique que vers 1720, et introduite à Paris en 1749, dans l'orchestre du fermier général Le Riche de La Poupelinière par le virtuose Goeppfert, que les Français appelaient *Gaiffre*. Mme de Genlis, qui le surnommait « le roi David », prétendait qu'il était l'inventeur des pédales (*Mémoires*, éd. 1825, t. I, p. 87-88). En mai 1760, l'instrument était présenté au public du Concert-Spirituel, où Hochbrücker exécuta ses propres compositions. Au Salon de peinture de 1759, Greuze expose le portrait de La Live de Jully, introducteur des ambassadeurs, jouant du nouvel instrument. Trois ans plus tard, les offres commencent à se succéder dans les *Annonces*. Là aussi, ce sont des facteurs d'origine allemande qui emportent les premières

places : les Naderman, Krupp, Welters, Holtzman, aux côtés des Cousineau, Salomon et Louvet. Comme pour le clavecin, l'instrument ajoute à son expressivité particulière la beauté de ses ornements : sculptures de la console, peintures à la gouache de la table d'harmonie souvent inspirées de bouquets de l'ornemaniste Ranson, sujets chinois ou égyptiens (voir : Florence Gétreau, « Reflets de l'histoire du goût », dans : *Musique et musiciens au faubourg Saint-Germain*, Paris, Délégation à l'action artistique de la ville de Paris, 1996, p. 53-54).

27. On ne saurait s'empêcher de citer ici une remarque ironique de Mercier, qui semble tout particulièrement s'appliquer aux Caron, adresse comprise : « Pour peu qu'on rime ou qu'on veuille rimer, on fait, ou plutôt on faisait à Paris des chansons impromptues ; voici le secret : on étudiait le matin son Richelet ; on avait quarante rimes dans la tête ; on composait cinq à six couplets qui se démontaient et s'emboîtaient : cela ressemblait à ces vers que tout le monde devine. *Ce rare talent n'a plus lieu que chez les bourgeois de la rue Saint-Denis* ; mais je ne doute pas qu'il ne se trouve en province de ces poètes qui émerveillent tout le monde [...] » (*Tableau de Paris*, éd. J.-C. Bonnet, t. II, p. 1504-1505).

28. Loménie, *op. cit.*, t. I, p. 65.

29. Il s'agit, selon toute vraisemblance, du tableau de Jean Cousin le Fils, peint vers 1585, provenant de la chapelle du couvent des Minimes de Vincennes, entré au musée du Louvre en 1794, et dont on a tiré une gravure en 1797.

30. Lettre citée par Louis de Loménie, *op. cit.*, t. II, p. 377.

31. Comprenons : président de parlement, car l'un des jeux favoris du jeune Pierre-Augustin consistait à contrefaire les séances de cette assemblée et d'y tenir le rôle de juge.

32. On notera toutefois que Beaumarchais triche un peu sur son âge, car l'aînée des Caron, dont il sera question dans les vers qui suivent, n'est devenue Mme Guilbert qu'en 1748, quand son frère avait seize ans.

33. Loménie, *op. cit.*, t. I, p. 70-71.

34. Même si Chérubin connut des chagrins d'amour à treize ans, il paraît évident que cette lettre est d'un garçon un peu plus âgé, qui possède déjà une certaine expérience des femmes et de la vie ; tout laisse penser en effet qu'entre treize et seize ans Pierre-Augustin connut pas mal d'expériences en tous domaines.

35. Jean Cottin, banquier du père Caron à Paris, calviniste comme lui et originaire de Tonneins. Probablement le même que Jean Cottin l'Aîné, en affaires avec Guillaume-Claude Laleu, notaire de Voltaire, et Jean-Robert Tronchin, négociant et banquier à Lyon, correspondant de Voltaire (voir : Voltaire, *Correspondance*, « Bibliothèque de la Pléiade », t. IV, p. 1298). Aucun rapport, selon nous, avec Josias Cottin, banquier à Londres, dont il est question dans une lettre de Beaumarchais à Andrew Farquharson (Gunnar et Mavis von Proschwitz, *Beaumarchais et le « Courier de l'Europe »*, t. II, p. 624).

36. Comprenons : vous ne tarderez pas à l'offenser, à lui manquer de respect.

37. On trouve trois personnages de ce nom dans la *Correspondance* de Voltaire :
   – Nicolas-Jean Paignon, drapier à Sedan, époux d'une des sœurs Mignot, nièces de Voltaire.
   – Paignon, fils de la logeuse des sœurs Mignot en 1737.
   – Paignon, secrétaire du roi, mort en 1757.

38. *Lettres de jeunesse*, éd. Louis Thomas, p. 3-7.

39. *Ibid.*, p. 7-8.

CHAPITRE II – PREMIÈRES ARMES

1. *Dictionnaire critique et raisonné des étiquettes de la cour, des usages du monde, des modes, des mœurs des Français, depuis la mort de Louis XIII*, Paris, 1818, t. I, p. 402.
2. *Traité d'horlogerie, contenant tout ce qui est nécessaire pour bien connaître et bien régler les montres* (Paris, 1755, in-4°), ouvrage orné de dix-sept planches. La préface contient une intéressante histoire de l'horlogerie. Cinq ans plus tard, Lepaute donna une suite à son ouvrage : *Supplément au Traité d'horlogerie* (Paris, 1760), auquel Lalande a largement contribué. Il laisse encore une *Description de plusieurs ouvrages d'horlogerie* (Paris, 1764, in-12°).
3. *Traité de l'horlogerie mécanique et pratique, approuvé par l'Académie royale des sciences*. Paris, 1741, 2 vol. in-4°.
4. Voir la justification de Lepaute et les *Réflexions* de Le Roy : BNF V. 8736 et 8737.
5. L'affaire Lepaute/Le Plat est évoquée dans la lettre du premier au *Mercure de France* de décembre 1753, p. 208, et à la suite de l'affaire Caron. Lepaute avait poussé l'impudence jusqu'à présenter au roi, le 23 mai 1753, cette pendule perpétuelle dont le remontoir à vent était de Le Plat et le régulateur du jeune Caron.
6. C'est ce que Lepaute lui-même semble d'ailleurs accréditer dans cette lettre adressée ce même jour (18 septembre) à Caron fils :
   « La personne qui exécute votre échappement vous a rendu compte de mes mécontentements ; vous m'avez fait dire par cette personne que vous étiez prêt à rétracter tout ce que vous avez fait et dit à ce sujet. Je ne me paie point de paroles ; il me faut quelque chose de plus : j'exige, attendu l'importance du desservice que vous avez cherché à me rendre auprès du ministre, une rétractation par écrit, nette et précise, telle qu'elle soit capable de faire connaître à mon auguste protecteur la vérité que je lui ai déjà exposée. Si vous vous refusez à cette satisfaction légitime et qui ne passera pas par le ministre, je serai en état de vous en faire repentir.
   « Pensez-y, Monsieur, sérieusement, et me croyez, etc.

   « À Paris, le 18 septembre.
Lepaute

   « P.-S. Comme vous désirez m'entretenir devant des témoins, vous pouvez m'en amener tant qu'il vous plaira ; votre honte en sera plus grande et mon triomphe plus éclatant. Je vous ai attendu chez M. de Saint-Florentin depuis 8 heures jusqu'à 10 et demie. »
   (Citée par Jacques Donvez, *La Politique de Beaumarchais*. Paris, 1981 [ouvrage dactylographié], p. 13-14).
   La « personne » à laquelle il est fait allusion dans cette lettre était un horloger nommé Cartier, qui travaillait pour Caron. Interrogé par Berthelin, officier de la connétablie et maréchaussée de l'Île-de-France, ce Cartier attesta que dans son souci de réconcilier Lepaute et Pierre-Augustin Caron, il s'était rendu chez le premier afin de lui montrer « un cylindre de M. Caron, en lui disant qu'il y avait deux vices, qui étaient cause qu'il n'avait pas servi. » Lepaute, son frère et sa femme répondirent que ce n'était pas le même. À la fin de l'entretien, Lepaute, à bout de patience, se serait écrié : « Et quand je serais le plagiaire ! Je l'ai donné à l'Académie avant lui ! »
   Revenant sur ce rendez-vous manqué du 18 septembre, Lepaute écrira dans son *Appel au public savant et judicieux* du 20 février 1754 : « Il est dit dans ce rapport

que j'ai fait refus de me trouver vis-à-vis M. Caron devant Mgr le comte de Saint-Florentin, et de ce prétendu refus on en tire la conséquence que je n'aurais pas osé soutenir mon droit devant ce ministre […].» Il prétendra, dans la suite de ce même *Appel*, que l'heure du rendez-vous n'avait pas été fixée, qu'il avait été reçu par Saint-Florentin à 8 heures et avait ensuite attendu jusqu'à 10 heures un quart, sans voir arriver aucun des deux Caron, qu'il avait dû partir pour être à 11 heures chez le comte de Charolais, que le soir à 9 heures il reçut une lettre de Berthelin, garde de la connétablie, contresignée de Saint-Florentin, d'avoir à se rendre chez lui entre 10 et 11 le surlendemain, pour recevoir les ordres du ministre, qu'il remit à celui-ci, dès le lendemain copie de sa lettre à Pierre-Augustin (citée ci-dessus), au bas de laquelle il lui disait avoir attendu «plus de deux heures à l'hôtel de Saint-Florentin».

7. S.l.n.d., in-4°, 2 ff. (BNF V. 8741). Cette lettre n'a d'autre objet que de prendre date et d'alerter l'opinion. Caron fils se contente d'indiquer qu'il fournira les justifications de sa découverte aux commissaires désignés par l'Académie des sciences. Lepaute y répond beaucoup plus longuement et sur un ton supérieur, affectant de s'adresser à un blanc-bec présomptueux: «Qu'avez-vous fait jusqu'ici qui puisse vous faire croire l'auteur de mon échappement, à mon préjudice?» Et plus loin, évoquant sa «perfection»: «Il semble que vous seriez flatté d'en être l'auteur; mais vous n'avez rien à y prétendre. C'est à moi seul qu'elle appartient.» Il rapporte ensuite les principales étapes de sa glorieuse carrière, évoque la présentation de sa pendule à Louis XV, à Marly, le 23 mai dernier («j'ai quantité de seigneurs pour témoins de ce que j'avance»), la demande du roi d'adapter l'invention à une montre, son retard dû à un excès d'occupations; enfin, au mois d'août, «dès que j'eus réglé ma montre, je volai en faire hommage au roi, comme je m'y étais engagé». Suivent les témoignages en sa faveur: «Trois de MM. les jésuites du collège Louis-le-Grand ont eu la bonté de prévenir mes souhaits, en me faisant offre de leurs attestations.» Lepaute ajoute qu'il peut joindre le certificat d'un des «amis» de Pierre-Augustin (peut-être Duclozeau, qui «certifie avoir une parfaite connaissance, dès le mois de février, des perfections que M. Lepaute a ajoutées à l'échappement énoncé au présent mémoire»). «N'allez pas, malgré la lumière qui vous éclaire maintenant, vous obstiner à vous prétendre l'auteur de mon échappement. […] Vous imaginerez peut-être encore de mettre sous les yeux de nos juges un amas de pièces manquées [la boîte scellée déposée par Pierre-Augustin à l'Académie des sciences et contenant les preuves de sa découverte], pour prouver qu'il y a longtemps que vous travaillez à la recherche de l'échappement, que vous supposez que je vous ai enlevé» (*Réponse du sieur Lepaute […] à une lettre du sieur Caron fils*. BNF V. 8742).

Dans son *Mémoire* à l'Académie, Lepaute reprendra les mêmes arguments, et joindra copie de sa *Réponse*, «afin que l'Académie soit en état de juger si un homme qui sent quelque infidélité sur son compte, peut être porté à parler du ton qui règne» dans sa lettre. Il se flatte que l'Académie ne fera pas de difficulté pour le reconnaître comme seul auteur de son échappement, car il a l'avantage d'écrire «pour des juges dont les lumières et les connaissances sont supérieures à toute l'éloquence imaginable».

8. On trouvera le texte intégral de ce mémoire «À Messieurs de l'Académie royale des sciences», dans: *Lettres de jeunesse*, éd. Louis Thomas, p. 10-25.

9. *Ibid.*

10. Lettre publiée dans *Le Mercure* de décembre 1753. *Ibid.*, p. 25-26.
11. Lettre publiée dans *Le Mercure* de décembre 1753, t. II.
12. Ce chevalier de La Morlière n'était peut-être pas, en effet, le mieux placé pour jouer les témoins de moralité. Aventurier de réputation douteuse, dont la jeunesse orageuse avait scandalisé tout Paris, chassé des mousquetaires pour des motifs déshonorants, La Morlière vivait de chantage et d'escroqueries. Chef de claque au Théâtre-Français, il soutenait ou faisait tomber les pièces selon les gratifications qu'on lui versait. Effronté, libertin, duelliste, chef de cabale, pilier de tripots, il se faisait redouter, même des auteurs les plus renommés. Diderot, trace de lui ce portrait peu flatteur dans *Le Neveu de Rameau* : « Ce chevalier de La Morlière qui retape son chapeau sur son oreille, qui porte la tête au vent, qui vous regarde le passant par-dessus l'épaule, qui fait battre une longue épée sur sa cuisse, qui a l'insulte toute prête pour celui qui n'en porte point, et qui semble adresser un défi à tout venant, que fait-il ? Tout ce qu'il peut pour se persuader qu'il est un homme de cœur. Mais il est lâche. Offrez-lui une croquignole sur le bout du nez et il la recevra en douceur. Voulez-vous lui faire baisser le ton, élevez-le. Montrez-lui votre canne, ou appliquez votre pied entre ses fesses ; tout étonné de se trouver un lâche, il vous demandera : Qui est-ce qui vous l'a appris ? d'où vous le savez ? Lui-même l'ignorait le moment précédent ; une longue et habituelle singerie de bravoure lui en avait imposé. Il avait tant fait les mines, qu'il se croyait la chose. »
13. Ce prélat était également astronome et membre honoraire de l'Académie des sciences, ce qui explique sans doute ses relations avec Lepaute. On lui doit, outre des instructions pastorales, quelques *Mémoires* consignés dans le *Recueil de l'Académie des sciences*, dont l'un a pour titre : *Mémoire sur le mouvement du vif-argent dans les baromètres dont les tubes sont de différents diamètres et chargés par des méthodes différentes.* En dépit de sa qualité de savant, Paul d'Albert de Luynes était un partisan farouche de l'intolérance religieuse et s'éleva plusieurs fois avec violence contre les arrêts des parlements. L'activité qu'il déploya en faveur des Jésuites fut largement récompensée : successivement évêque de Sens, cardinal, abbé de Corbie, commandeur de l'ordre du Saint-Esprit, premier aumônier de la dauphine, mère de Louis XVI, il fut élu membre de l'Académie française, au fauteuil du cardinal de Fleury.
14. Lettre publiée dans *Le Mercure* de février 1754.
15. Parmi eux figuraient notamment un certain Gentil, garde général des meubles de la Couronne, présent dans l'échoppe du père Caron, lors de la visite de Lepaute, le 23 juillet 1753 ; il témoigna que Lepaute avait écouté les explications de Pierre-Augustin, examiné son dessin, et avoué « n'y rien comprendre ». D'autre part, deux horlogers, Godefroy et Ferdinand Berthoud, certifièrent que Lepaute, dès février 1753, parlait avec de grands éloges de l'échappement inventé par Caron fils, au point qu'il avaient envisagé dès lors de faire des montres « à la Caron ».
16. Archives de l'Académie des sciences, t. LXXIII, année 1754, p. 65-82. Mauvais perdant, Lepaute n'accepta pas le verdict de l'Académie, et fit paraître un *Appel au public savant et judicieux d'un rapport fait à l'Académie des sciences le 20 février, par Lepaute, horloger du roi au Luxembourg, contre M. Caron fils* (BNF Fm. 19005). Il y présentait à nouveau ses certificats, dont il rafraîchissait les dates, et accusait une fois de plus le jeune Caron d'être le véritable plagiaire, malhabile de surcroît, car il serait « tombé dans des défauts : 1) défaut dans le principe, 2) défaut dans la conception, 3) défaut par la difficulté de la

construction.» On donna lecture de ce long mémoire en séance d'Académie, le mercredi 27 février 1754. Les commissaires y répondirent point par point. «En conséquence, lit-on dans le compte rendu, l'Académie n'y a eu aucune égard.»

17. Il y était dit notamment ceci : «De toutes les preuves, témoignages et certificats discutés ci-dessus, il résulte :

«1. que le sieur Caron a communiqué le nouvel échappement le 23 juillet au sieur Lepaute et que, dès le mois de février 1753, il lui avait déjà fait part de quelques recherches tendant à perfectionner les échappements de montre.

«2. qu'aucun des certificats donnés en faveur du sieur Lepaute ne prouve qu'il ait communiqué de nouvelles idées au sieur Caron pour le même sujet.

«3. qu'il n'est pas prouvé que le sieur Lepaute ait employé dans les pendules, avant le 23 juillet, des roues d'échappement portant des chevilles des deux côtés, quand même il aurait eu, comme il le dit dans ses mémoires, un échappement à repos, à chevilles et à leviers égaux.»

«Nous croyons donc que l'Académie doit regarder le sieur Caron comme le véritable inventeur du nouvel échappement de montre, et que le sieur Lepaute n'a fait qu'imiter cette invention.

«À l'égard de l'échappement de pendule présenté le 4 août à l'Académie par le sieur Lepaute [...], nous avons lieu de croire que le sieur Lepaute ne l'a exécuté qu'après avoir vu l'échappement de montre du sieur Caron.

«[...] Nous regardons [le sieur Caron] comme l'inventeur de cette nouveauté.»

18. Archives de l'Académie des sciences : certificat délivré au sieur Caron, *Le Mercure de France*, avril 1754, p. 122-162.

19. Les commissaires Camus et Montigny adressèrent à cette fin une lettre conjointe à M. Grandjean de Fouchy, que nous reproduisons ci-après :

«À Paris, le 2 mars 1754

«L'Académie a jugé, Monsieur, sur notre rapport, que l'échappement de M. Caron est le meilleur qu'on ait encore appliqué aux montres. En même temps, elle a prononcé qu'elle regardait M. Caron comme l'inventeur de cet échappement que M. Lepaute voulait s'approprier. Ce jugement a été fait et porté en prenant des voix. La décision de l'Académie a été unanime. Elle a été confirmée depuis dans deux autres assemblées [les 20 et 23 février], à l'occasion de plusieurs nouveaux certificats produits par le sieur Lepaute. Il est nécessaire, Monsieur, que le jugement de l'Académie soit mentionné dans votre certificat. Celui que vous avez donné à M. Caron signifie simplement que l'Académie a jugé à propos de lui communiquer le rapport et rien de plus. Je vous prie de lui donner dans votre nouveau certificat un extrait de notre conclusion qui a été adoptée par la compagnie.

«Je profite de l'occasion pour vous marquer ma joie sur votre convalescence et l'impatience que j'ai, ainsi que tous mes confrères, de vous revoir en fonction.»

de MONTIGNY

«Je me joins à M. de Montigny pour vous faire la même prière. [...]»

CAMUS

20. M. Caron père avait fait ses offres de service à M. de Fouchy dans la matinée de ce même 3 mars. Les choses ne traînaient pas ! Voici de larges extraits de sa lettre au secrétaire perpétuel :

«D'après ce que m'a dit le porteur de la lettre ci-jointe de Messieurs les commissaires, il me paraît, Monsieur, que l'intention de l'Académie et la leur est que vous vouliez bien seconder leur bonté pour mon fils en vous servant, dans votre certificat, des expressions qui pourront le rendre le plus honorable. J'en suis d'autant plus pénétré de reconnaissance que cette nouvelle faveur vient de leur propre mouvement, sans que je l'aie sollicitée, non plus que la déclaration de M. de Mairan, faisant votre fonction, a mise au bas de ce rapport pour prouver que c'est par délibération qu'il m'a été donné en entier.

« Comme je pense que vous n'aurez pas aujourd'hui votre secrétaire, j'aurai l'honneur d'aller cette après-dîner chez vous pour vous en servir, dans le certificat, sous votre dictée. Les obligations que je vous ai dans cette affaire me font espérer que ce sera sans peine que vous contribuerez aux favorables intentions de l'Académie dans la construction de votre certificat qui y mettra le sceau. »

C'est à la quatrième page de cette lettre que se trouve le texte du certificat proposé par Camus et Montigny.

21. Archives Beaumarchais.

22. Lettre à M. de Fouchy, du 10 mars 1754. Archives de l'Académie des sciences.

23. Le modèle, conservé aux Archives de l'Académie des sciences, se présente ainsi : « À Messieurs de l'Académie de [laissé en blanc]. » Il suffisait de rajouter la date et le nom de la ville. Louis Thomas signale une lettre identique du 20 mai 1754 (*op. cit.*, p. 27).

24. François Armand d'Usson, marquis de Bonac (1716-1778), fils du diplomate Jean-Louis d'Usson (1673-1738), avait été nommé lieutenant général du gouvernement de Foix en 1750 et ambassadeur à La Haye en 1751. Peu après son mariage en 1740 avec Marie Louise Bidé de La Grandville, il avait été surpris dans la galante compagnie d'une danseuse de l'opéra, Mlle Petit, qui fut aussitôt licenciée. Ce renvoi déchaîna une guerre des libelles. On attribue à Bonac un petit roman à clef intitulé : *Le Mandarin Kinchifuu, histoire chinoise ; par M. de ***, gentilhomme de la chambre du Prestre-Jean*. Dieppe, Veuve de Lormois, s.d., XVI-16 p.

25. *Lettres de jeunesse*, p. 27-28.

26. Une ligne représentait la douzième partie du pouce, soit 2,2 mm.

27. *Correspondance*, éd. Morton, Nizet, 1969, p. 10-11.

28. Fils d'un receveur général des finances et financier lui-même. Alexandre Jean-Joseph Le Riche de La Pouplinière (1693-1762), surnommé le *Pollion* de son siècle, s'est rendu célèbre par ses fastueuses largesses aux artistes et beaux esprits. Vers 1730, il fait la connaissance du compositeur Jean-Philippe Rameau, l'installe chez lui avec sa femme, et le place à la tête de son orchestre personnel. Dans sa demeure parisienne de la rue de Richelieu et dans sa maison de campagne de Passy, le généreux mécène organise des concerts dont la réputation grandit sans cesse : il invite des étrangers, interprètes et compositeurs, à faire connaître un répertoire autre que les œuvres de Rameau et de Mondonville, notamment Stamitz et l'école de Mannheim. C'est chez lui que l'on entendit pour la première fois, en 1749, la harpe chromatique à pédales inventée par Hochbrücker (voir *supra*, p. 479, n. 26).

29. Peut-être l'Allemand Goepffert, qui joua pour la première fois de la harpe chez M. de La Pouplinière.

30. Lettre du 30 juillet 1754, à Grandjean de Fouchy, à l'Observatoire (archives de l'Académie des sciences. Copie).

31. *Ibid.*

32. On peut lire un extrait du mémoire justificatif de Romilly, présenté à l'Académie des sciences, lors de sa contestation avec Caron fils, dans l'*Encyclopédie*, t. V, p. 238-239 (art. «Échappement»).

33. EXTRAITS DES REGISTRES DE L'ACADÉMIE ROYALE DES SCIENCES DU 11 JUIN 1755
«MM. de Mairan, de Montigny et Le Roy, qui avaient été nommés commissaires pour examiner une montre à secondes à laquelle est adapté un système d'échappement du sieur Caron fils par le sieur Romilly, horloger de Paris, citoyen de Genève, *perfectionné et par lui présenté à l'Académie*, avec un mémoire sur les échappements en général, en ayant fait leur rapport, la compagnie a jugé que le changement fait à cet échappement et qui permet d'en rendre le cylindre aussi petit qu'on le juge à propos, de rapprocher les points de repos du centre et de donner aux arcs du balancier plus de 300 degrés d'étendue était ingénieux et utile, mais en même temps, elle ne peut *douter* que le sieur Caron n'ait, de son côté, porté son échappement au même degré de perfection, puisque le jour même que M. Le Roy, l'un des commissaires, en donna connaissance, en décembre 1754, cet horloger lui fit voir un modèle de son échappement qu'il avait perfectionné, auquel il travaillait alors, et dont la roue d'échappement avait les dents fouillées par derrière et était exactement semblable à la construction du sieur Romilly, [dont il n'avait cependant point eu de communication. D'ailleurs, dans la boîte d'épreuves que le sieur Caron déposa au secrétariat de l'Académie en septembre 1753, et qui est jusques à présent restée entre les mains de MM. les commissaires, il y a plusieurs petits cylindres dont les repos sont très près du centre, mais qu'il n'eut pas alors le temps de perfectionner].
«Ainsi, le mérite d'avoir amené cette invention au point de perfection dont elle était susceptible appartient également au sieur Romilly et au sieur Caron, son auteur, *mais le sieur Romilly en a présenté la première exécution.*
«En foi de quoi, j'ai signé le présent certificat.

«GRANDJEAN DE FOUCHY
«Secrétaire perpétuel de l'Académie royale des sciences.»
(archives de l'Académie des sciences. Autographe).
Les mots et phrases en italique sont rajoutés en interligne par une autre main. Le passage entre crochets est de l'écriture de Beaumarchais. Le manuscrit présente cette annotation signée de Montigny : «Je ne trouve point d'inconvénient à faire dans cet extrait les changements proposés par M. Caron.» Il s'agit, pour ce dernier, de rabaisser le mérite de son concurrent et de mettre le sien en valeur pour les lecteurs du *Mercure* auxquels il destine cet extrait.
Romilly, de son côté, devenu collaborateur de l'*Encyclopédie*, revient sur l'objet du litige dans son article «Frottement» («le nouvel échappement à virgule que j'ai perfectionné et qui a été reconnu pour tel par l'Académie des sciences»), mais ne dit mot de Caron (*Encyclopédie*, t. VII, art. «Frottement»).
Un autre horloger genevois du nom de Jean Jodin (1713-1761), qui exerçait à Saint-Germain-en-Laye, auteur d'un traité intitulé *Les Échappements à repos comparés aux échappements à recul* (Paris, Joubert, 1754), fait état, dans son ouvrage, de ses relations avec Caron, qu'il traite d'ailleurs fort mal, parlant de ses travaux dans les termes les plus méprisants : «ressources de charlatan», «farces et pasquinades», tout juste bonnes à «fasciner les yeux du vulgaire, sujet à erreur», et qui n'achèterait pas la drogue sans les «prodiges artificieux qu'il ne manque jamais de prendre pour des réalités» (p. 246). «Ce prodige», ce «nouvel

Archimède», dit-il ailleurs, «ose insinuer» qu'il a trouvé le moyen de simplifier le mécanisme des montres, en supprimant trois roues (p. 218). Or, en cherchant bien, sous cette «fausse apparence de simplicité», on s'apercevrait qu'il cache «deux roues sous le cadran et une troisième dans l'épaisseur de la grande platine. Voilà le secret révélé [...]» (p. 246). Ailleurs encore, il met en garde le public contre ces «petites supercheries» qui compromettent «la bonté des montres», à moins qu'il ne prenne plaisir à «remonter cette montre toutes les minutes» (p. 242). Enfin, le sieur Jodin s'indigne que «dans le centre d'une capitale telle que Paris, et jusqu'aux pieds du trône même, l'ignorance ose élever sa voix pour en imposer à un public savant et éclairé». En revanche, le même Jodin apporte un soutien sans réserve à Romilly, dont il vante chaleureusement les travaux. Peut-être convient-il de voir ici l'expression d'une rivalité entre les horlogers genevois et leurs collègues français.

Jouant l'arroseur arrosé, l'atrabilaire M. Jodin se fit lui-même vertement rabrouer, quoique «sur un ton de satire personnelle», par l'astronome Lalande, qui l'appelait «l'ouvrier Jodin». Furieux, ce dernier répondit en 1755 par son *Examen des dernières Observations de M. de La Lande insérées dans le Mercure de juillet dernier*, publié chez Michel Lambert. C'est cette polémique qui mit Jean Jodin en rapport avec Diderot et l'amena à collaborer à l'*Encyclopédie*, où il retrouva son ami Romilly.

Ajoutons, pour l'anecdote, que la fille de Jodin, Marie-Magdeleine, s'engagea dans une carrière de comédienne, sans y laisser une trace impérissable. Elle doit sa modeste notoriété à ce qu'elle fut moralement, sinon juridiquement, la pupille de Diderot, qui lui prodigua des conseils aussi attentifs que désintéressés.

Quant à Caron fils, il répliqua (partiellement) aux attaques de Jodin dans sa lettre au *Mercure de France* de juillet 1755 (v. note suivante): «Je profite de cette occasion, pour répondre à quelques objections qu'on m'a faites sur mon échappement dans divers écrits rendus publics. En se servant de cet échappement, a-t-on dit, on ne peut pas faire de montres plates, ni même de petites montres. Ce qui, supposé vrai, rendrait le meilleur échappement connu très incommode; des faits seront toute ma réponse. Plusieurs expériences m'ayant démontré que mon échappement corrigeait par sa nature les inégalités du grand ressort sans aucun besoin d'autre régulateur, j'ai supprimé de mes montres toutes les pièces qui exigeaient de la hauteur au mouvement, comme la fusée, la chaîne, la potence, toute roue à couronne, surtout celle dont l'axe est parallèle aux platines dans les montres ordinaires, et toutes les pièces que ces principales entraînaient à leur suite. Par ce moyen...» On trouvera la suite dans le corps de notre récit.

34. *Le Mercure de France*, juillet 1755, p. 181-183.

CHAPITRE III — LE MAÎTRE DE MUSIQUE

1. Gudin de La Brenellerie, *Histoire de Beaumarchais*, p. 11.
2. *Supplément au Mémoire*, dans: *Œuvres*, Pléiade, p. 751.
3. Les sept offices qui composaient la *bouche du roi* étaient placés sous les ordres du grand maître. Ces offices étaient: 1° le *gobelet*, 2° la *cuisine bouche* pour la

personne du roi, 3° la *paneterie*, 4° l'*échansonnerie-commun*, 5° la *cuisine-commun*, 6° la *fruiterie*, 7° la *fourrière*. Chacun de ces services employait des officiers supérieurs et des officiers inférieurs. Les premiers étaient : le *premier maître d'hôtel*, le *maître d'hôtel ordinaire*, les *douze maîtres d'hôtel servant par quartier*, le *grand panetier*, le *grand échanson* et le *grand écuyer tranchant*, les *trente-six gentilshommes servants*, les *maîtres de la chambre aux deniers*, les *deux contrôleurs généraux*, les *seize contrôleurs d'office* (dont faisait partie M. Franquet) et le *contrôleur ordinaire de la bouche du roi*.

4. Voici un extrait de ce brevet : « De par le roi. Grand maître de France, premier maître et maîtres ordinaires de notre hôtel, maîtres et contrôleurs bouchaux de notre maison et chambre aux deniers, salut. Sur le bon et louable rapport qui nous a été fait de la personne du sieur Pierre-Augustin Caron, et de son zèle et affection à notre service, à ces causes nous l'avons ce jourd'hui retenu, et par ces présentes signées de notre main, retenons en la charge de l'un des contrôleurs clercs d'office de notre maison, vacante par la démission de Pierre-Augustin Franquet, dernier possesseur d'icelle, pour par lui l'avoir et exercer, en jouir et user aux honneurs, autorités, prérogatives, privilèges, franchises, libertés, gages, droits, etc.
« Donné à Versailles, sous le scel de notre secret, le 9 novembre 1755.
« LOUIS
« Et plus bas, par le roi,
« Signé : PHÉLIPPEAUX. »
(AN O1. 99, f° 215).

5. On désignait sous le nom d'*écroues* les rôles ou états de la Maison du roi qui s'inscrivaient sur des feuilles de parchemin que l'on cousait ensemble, et dont on faisait des rouleaux. Ceux-ci étaient arrêtés et signés par les contrôleurs de la Maison du roi. C'étaient les seize contrôleurs clercs qui dressaient les *écroues* ordinaires. Les officiers principaux de la bouche du roi s'assemblaient sous la présidence du grand maître, avec les *commis au contrôle*, pour faire les marchés au rabais avec les fournisseurs de la maison du roi. Ces assemblées se nommaient le *bureau du roi*. Outre ces assemblées extraordinaires, il s'en tenait régulièrement les lundis, jeudis et samedis ; on y réglait et on y arrêtait les dépenses journalières. Là aussi se jugeaient les contestations qui pouvaient s'élever entre les officiers des sept offices et les fournisseurs de la Maison du roi.

6. « Au milieu de la rue », « à gauche en entrant par la rue Sainte-Avoye, chez M. Chèveru, au 2ème » (Jal, *op. cit.*, p. 149).

7. À Mme Franquet, du 1er avril 1756, dans : *Correspondance*, éd. Morton, t. I, p. 14-15.

8. À Joly, du 7 avril 1756, *ibid.*, p. 19-21.

9. Lors du procès Kornman (1787-1789), Beaumarchais reconnut qu'il était bien l'auteur de cette lettre, mais assura qu'il ne l'avait jamais envoyée : « Le projet d'une lettre écrite par un ecclésiastique fut minuté par nous à Versailles, et envoyé par moi à la dame, pour qu'elle en soumît l'idée à son conseil de Paris. *Elle ne fut point adoptée*, et on y conclut qu'il fallait que je fusse moi-même avec le sieur Joly traiter franchement cette affaire à la campagne du sieur Simon, l'un de leurs confrères. J'écrivis au sieur Joly. Il vint à Versailles. Nous y montâmes en cabriolet et nous fûmes ensemble voir M. Simon à sa campagne, *non en habit de prêtre ou sous toute autre forme étrangère, mais très connu d'eux, sous mon*

nom propre. Et là, leur ayant déclaré que j'allais épouser la dame veuve Franquet et devenir leur confrère en acquérant, dans ses propres reprises, la charge de contrôleur des guerres, et les menaçant d'un ecclésiastique ami de la dame Franquet, lequel était résolu d'instruire M. d'Argenson des manœuvres de ces messieurs si l'on ne faisait pas justice à la veuve, ils firent plus de difficulté de promettre à la veuve les deux années du produit secret, *sous la condition que cela n'ébruiterait pas l'existence de ce produit*» (*Correspondance*, éd. Morton, t. I, p. 19-21).

10. AN, minutier central, étude CXV, 699. Le contrat, signé de tous les membres de la famille Caron, est établi sur la base de la communauté des biens, et stipule la donation de tous les biens au dernier vivant. Mais les époux négligèrent la formalité indispensable de l'insinuation de l'acte au Châtelet de Paris, ce qui le rendait caduc.

11. Mme Franquet ne produisit pas son acte de naissance, mais elle déposa le mortuaire de «Pierre Augustin Franquet, ancien contrôleur de la Bouche du roi, âgé de 50 ans, décédé le 3 janvier 1756 à Vert-le-Grand, près d'Arpajon», selon l'attestation de M. Dubois, curé de Saint-Germain de Verlegrand [*sic*]. De son côté, le marié montra l'acte notarié par lequel ses parents reconnaissaient consentir au mariage de leur fils avec la veuve Franquet. Aucun des membres de la famille Caron n'accompagna Pierre-Augustin au pied de l'autel; les seuls témoins de son mariage furent: «Jean-Baptiste Sinfray de Villers, secrétaire de M. le duc de Saint-Aignan, Jean-Baptiste Le Roy, de l'Académie royale des sciences, François-Hyacinthe de La Lau, contrôleur de la Maison du roi, et Frenot». Ces deux derniers qualifiés d'amis de l'épouse. L'acte est signé: «Caron, M. C. Aubertin, Sinfray de Villers, Le Roy, Frenot, de La Lau» (Jal, *op. cit.*, p. 149).

12. À partir de cette date, il signe indifféremment *Caron de Beaumarchais* ou *Beaumarchais* tout court, et se fâche lorsqu'on persiste à l'appeler Caron. Au début 1759, estimant son nom d'emprunt suffisamment connu, il enjoint à son ami le procureur Bardin: «Ne m'écrivez plus sous le nom de Caron. Votre lettre a couru tout Versailles avant de me parvenir. Je n'y suis pas connu sous ce nom, mais sous celui de

«DE BEAUMARCHAIS
«Votre ami pour la vie.»

(*Lettres de jeunesse*, p. 45-46).

13. Cet acte de vente, aujourd'hui disparu, avait été retrouvé par Charles Samaran («Le premier mariage de Beaumarchais», dans: *Annuaire-Bulletin de la Société de l'histoire de France*, 1928). Quant au petit fief en question, il s'appelait originellement: le *bois Marchais* ou, suivant la prononciation courante, le *bos* Marchais. Voir: Louis Latzarus, *Beaumarchais* (1930), p. 37, qui ajoute: «Aujourd'hui encore, on trouve sur le cadastre de la commune de Vert-le-Grand mention d'un lieu appelé parc du bois Marché.»

14. *Mémoire des ouvrages et fournitures faites à Monsieur Caron de Beaumarchais par Dufour, maître tailleur à Paris.* AN T. 11413.

15. Il faut dire que le malheureux Nattier se trouvait alors dans le plus grand dénuement. En 1754, on avait sollicité pour lui la pension de Cazes, qui venait de mourir, et quelque temps après, une de ses filles, mariée au peintre Challe, dut le recueillir chez elle.

16. Voir: Pierre Richard, *La Vie privée de Beaumarchais*, p. 91-92.

17. *Les Deux Amis*, acte I, sc. 9, dans: Beaumarchais, *Œuvres*, Pléiade, p. 212.

18. Pierre Richard, *op. cit.*, p. 27.

19. *Lettres de jeunesse,* éd. citée, p. 43.

20. *Reconnaissance sous seing privé de la validité du contrat de mariage de Pierre-Augustin Caron de Beaumarchais et de Madeleine Aubertin, par Catherine Frion, veuve Aubertin.* 30 septembre 1757. AN, minutier central, étude XLII, 456.

21. AN Y. 11334.

22. *Quatrième Mémoire*, dans *Œuvres*, Pléiade, p. 872.

23. Beaumarchais se souvenait encore, à la fin de sa vie, d'avoir lu *Candide* en feuilleton manuscrit. Le duc de La Vallière lui ayant confié les lettres qu'il avait jadis reçues de Voltaire, dont chacune contenait un chapitre du roman, il les lut avec ses associés de l'édition de Kehl, et en conserva la plus vive impression : «Qu'on juge du plaisir que nous ressentions tous de lui voir arriver des montagnes de Suisse chaque chapitre de *Candide*, à mesure qu'ils s'échappaient de la tête de feu, rayonnante au milieu des neiges, avec les plaisants commentaires que l'auteur en faisait lui-même ! »

24. *Op. cit.*, t. I, «Pièces justificatives», p. 494-501.

25. Diderot, *Œuvres complètes*, éd. Lewinter, t. IV, p. 815.

26. *Tableau de Paris*, éd. Jean-Claude Bonnet, Mercure de France, 1994, t. II, p. 1290.

27. Gudin de La Brenellerie, *Histoire de Beaumarchais*, éd. Maurice Tourneux. Paris, Plon, 1888, p. 14-15. D'après François-Joseph Fétis (*Biographie universelle des musiciens*. Paris, Didot, 1860-1881, 10 vol., t. III, p. 145), le grand harpiste et compositeur Johann Baptist Krumpholtz (1742-1790) aurait suggéré à son ami, le facteur Érard, de construire «une contrebasse à clavier, pour la mettre sous la harpe comme un tremplin, et pour s'accompagner avec les pieds.» Il lui aurait également demandé de corriger certains défauts de la harpe elle-même. Un jour qu'il y travaillait, l'artisan reçut la visite de Beaumarchais, qui lui déclara qu'il perdait son temps, et qu'il avait lui-même essayé de perfectionner cet instrument, sans résultat. Érard s'obstina cependant, et finit par offrir à Krumpholtz une harpe très sensiblement améliorée. Ce récit est largement contredit par une lettre de Beaumarchais au *Journal de Paris* (n° 39 du 8 février 1786, p. 157), dont notre ami et collègue Donald Spinelli (Wayne University) a retrouvé le manuscrit original aux archives de la Comédie-Française, et que nous reproduisons d'après sa transcription :

«Messieurs,

«De tous les instruments d'harmonie, la harpe étant le plus flatteur par la qualité, le velouté de ses sons et par leur progression du doux au fort dont l'orgue et le clavecin ne sont pas susceptibles, les amateurs de harpe apprendront avec plaisir que son premier, son plus habile professeur, M. Krumpholtz enfin, vient d'ajouter au bel instrument de nouvelles perfections qui ne leur laissent plus rien à désirer.

«Indépendamment de la nouvelle sourdine, si simple et si commode qu'un amateur intelligent peut l'adapter lui-même et sans luthier à sa harpe, et dont M. Krumpholtz est l'inventeur, il a trouvé un nouveau moyen de produire à volonté des sons si différents sur la harpe que, sans affaiblir ni forcer le jeu des doigts, il varie celui de l'instrument depuis les sons les plus éteints et renfermés jusqu'à ceux d'un timbre éclatant, au grand étonnement des auditeurs qui ne peuvent deviner, si l'auteur ne le montre pas, par quel mécanisme il opère cette variété de sons à l'infini. [En marge de ce paragraphe, de la main de Beaumarchais : *Érard, facteur de clavecins.*]

« Échauffé par ce brillant succès, M. Krumpholtz vient d'ajouter à l'instrument un corps de clavicorde à marteaux de la longueur de huit à neuf pieds, sur lequel il pose sa harpe, et dominant le tout sur un siège élevé par le moyen d'un fort clavier tout semblable à celui de l'orgue, il frappe avec ses pieds la contrebasse de l'harmonie que ses mains exécutent, en donnant à ces sons fondamentaux la même variété de jeu qu'il obtient de sa harpe. La gravité, la profondeur, et la tenue à volonté de cette basse organique, pendant que l'oreille est frappée des sons nouveaux du jeu de l'harmoniste, jette l'auditeur étonné dans une ivresse musicale dont on ne peut se former une idée si l'on n'a pas entendu M. Krumpholtz exercer son superbe talent sur cet instrument composite que les amateurs ont nommé tout d'une voix un *Krumpholtz*. L'exécution de ce mécanisme nouveau est due à l'habileté du sieur Henri Naderman, luthier ordinaire de la reine, rue d'Argenteuil, butte Saint-Roch, déjà connu par l'invention d'une sourdine très ingénieuse, et par la bonté des harpes qui sortent de son atelier.

«Par un de vos abonnés, grand amateur de harpe.»

Voir: Donald Spinelli, «Beaumarchais, Krumpholtz and the Harp: An Unidentified Letter», article à paraître.

28. *Mémoires du duc de Luynes*, t. V, p. 99.
29. *Correspondance secrète entre Marie-Thérèse et le comte de Mercy-Argenteau*. Paris, Didot, 1874, t. II, p. 186.
30. *Mémoires du duc de Luynes*, t. X, p. 356.
31. *Mémoires de Madame Campan, première femme de chambre de Marie-Antoinette*. Paris, Mercure de France, 1988, p. 27.
32. Abbé Proyart, *Vie de Madame Louise de France*, 1829, p. 27 et François, *Oraison funèbre de Madame Louise de France*, 1788 (dans les notes, p. 62-63).
33. Il était d'usage, dans la bonne société, de se donner des sobriquets ridicules: la maréchale de Luxembourg portait celui de *chatte rose*; Mmes de Poix, d'Ossun et de Fleury étaient surnommées *les trois Grâces*; Maurepas était baptisé *Faquinet*, le comte d'Argenson *la chèvre*, la belle Mme de Flavacourt *la poule*. Les habitués de la duchesse du Maine s'appelaient les *oiseaux de Sceaux*; les *bêtes* de Mme de Tencin étaient les gens de lettres qui se réunissaient chez elle, etc. La même mode régnait à la cour de Lunéville.
34. Barthélemy de Caix dédia à Madame Sophie *Six Sonates pour deux pardessus de viole à cinq cordes, violons ou basses de viole*, op. 1 (Paris, Lyon, s. d.).
35. À l'exception de l'Allemand Goepffert, qui eut pour élèves le jeune François Racine de Monville, Mme de Saint-Aubin, Mme de Genlis, et peut-être Beaumarchais lui-même. «Le bon Gaiffre [*sic*] posait mal à la harpe ses écoliers, qu'il faisait asseoir beaucoup trop bas, ce que font encore les maîtres de harpe; mais il posait bien les mains, ce qui est un grand point. Je pris une passion si démesurée pour cet instrument que je conjurai ma mère avec la plus vive instance de me donner Gaiffre pour maître, ce qu'elle fit. Je pris tout de suite des leçons; mais n'ayant que la harpe de Gaiffre, je ne pouvais pas étudier seule, je ne jouais que deux fois la semaine avec mon maître. Gaiffre, qui était le meilleur homme du monde, charmé de mon zèle et de mes dispositions, s'attacha singulièrement à moi; il me donnait d'énormes leçons, et quelquefois de trois heures» (*Mémoires* de Mme de Genlis, éd. 1825, t. I, p. 88-89). La première méthode de harpe, rédigée par Philippe Jacques Meyer ne parut qu'en 1763 («À Paris, chez l'Auteur»). Elle s'intitule: *Essai sur la vraie manière de jouer de la harpe, avec une méthode pour l'accorder.*

36. Ces partitions reliées aux armes de Madame Adélaïde, Madame Victoire et Madame Sophie sont conservées à la Bibliothèque nationale de France (BNF Mus. Rés. F. 263, F. 321, F. 325). Madame Adélaïde possédait également en manuscrit une *Théorie de la harpe*, suivie de pièces pour cet instrument par Exaudet, Locatelli, Haendel, Scarlatti, etc. (BNF Mus. Rés. 1808).
37. Archives de la famille Beaumarchais.
38. Loménie, *op. cit.*, t. I, p. 107-108.
39. Plainte de François Vaillant, maître luthier à Paris, contre Beaumarchais, 2 juillet 1759 (AN Y. 12436).
40. Gudin de La Brenellerie, *op. cit.*, p. 25-27.
41. Loménie, *op. cit.*, t. I, p. 101-102.
42. *Ibid.*, p. 102-103.
43. *Ibid.*, p. 104.
44. Charles Collé, *Journal et Mémoires*, t. III, p. 123.

CHAPITRE IV – « *NOBLESSE, FORTUNE, UN RANG, DES PLACES...* »

1. Charles Pinot Duclos, *Mémoires pour servir à l'histoire des mœurs du XVIIIᵉ siècle*, Paris, 1751, p. 68-69.
2. *Id.*, *Mémoires secrets sur le règne de Louis XIV, la Régence et le règne de Louis XV*, Paris, Didot, 1865, p. 112.
3. Sade, *Histoire de Juliette*, dans : *Œuvres complètes*, Paris, Cercle du livre précieux, 1967, t. VIII, p. 443.
4. *Journal des inspecteurs de M. de Sartine*, Bruxelles/Paris, 1863, p. 78
5. *Ibid.*, p. 107-108. Jeanne Taillefert, dite Lacour, fut attachée à l'Opéra, en qualité de danseuse, de 1759 à 1763. Sans doute est-ce cette demoiselle Lacour qui fut à l'origine de la brouille entre Beaumarchais et son ami La Châtaigneraie. Une lettre du 12 décembre 1763 nous fournit quelques détails sur cette affaire :
« Je l'aimais, cet ingrat [La Châtaigneraie], et son injustice n'a pu encore le chasser de mon cœur. Il me réveillait l'âme par la hardiesse de ses idées. Il m'exerçait l'esprit par le commerce du sien. Une femme est le mur impénétrable interposé entre nous. Il me hait parce que je lui ai trop montré le prix d'un bien qu'il avait méconnu pendant cinq ans. Il ne veut ma maîtresse qu'à l'instant qu'il l'a mise dans mes bras lui-même, et pendant que son désespoir me traite comme un ennemi qui retient le seul bien dont il soit jaloux.
« Je ne puis m'empêcher de l'aimer comme l'auteur de mes plaisirs, et de le plaindre comme un ami malheureux, qu'une passion déréglée m'a enlevé » (lettre de Beaumarchais à Dubois de Fosseux, intégralement reproduite dans : Léon-Noël Berthe, *Dubois de Fosseux, secrétaire de l'académie d'Arras (1785-1792) et son bureau de correspondance*, Arras, 1969, p. 62-64).
Quel que fût l'objet de leur rivalité (Mlle Lacour ou quelque autre fille galante), il ne pouvait en aucun cas s'agir de Pauline Le Breton, comme le prétend M. Berthe (*ibid.*, p. 62, n. 43). Celle-ci n'avait que dix-huit ans à peine en 1763, et M. de La Châtaigneraie n'aurait donc pu méconnaître ses charmes *pendant cinq ans*.

Quant à Ferdinand Dubois de Fosseux, auquel sont adressées ces confidences, Beaumarchais fit sa connaissance à la cour de Versailles en 1761, lorsqu'ils étaient tous deux au service de Mesdames. De dix ans son cadet, d'humeur enjouée, cultivant les lettres avec talent, Dubois de Fosseux se retira dès 1763 dans sa Picardie natale, pour ne plus la quitter. Entré fort jeune à l'académie d'Arras, dont il devint le secrétaire peu après, il entretint avec son ami un commerce épistolaire qui dura près de trente-cinq ans. Leurs relations ne s'interrompirent qu'en novembre 1798, six mois seulement avant la mort de Beaumarchais (Léon-Noël Berthe, *op. cit.*).

6. Marie-Anne Pagès, dite Deschamps, entrée à l'Opéra en 1749, l'une des femmes galantes les plus à la mode de Paris, dont les aventures sont demeurées célèbres. Cf. Pierre Manuel, *La Police de Paris dévoilée*, t. II, p. 191-192.

7. Lettre à M. de Meslé du 11 octobre 1762 (arch. Comédie-Française).

8. Lettre sans date (arch. Comédie-Française).

9. Lettre à Mme du Deffand, dans : *Correspondance complète de la marquise du Deffand*, éd. Lescure, 1865, t. I, p. 70. Un historien de l'Île-de-France nous décrit ainsi le château d'Étiolles en 1891, vingt ans avant sa démolition : «Le château d'Étiolles, menu, coquet, galant comme un biscuit de Sèvres du XVIIIe siècle, était déjà digne, par son élégance un peu frivole, de loger la Pompadour. Ses jardins, très bien soignés par les propriétaires actuels, sont charmants. La comtesse de Saint-Aulaire, le comte Walewski, le ministre des Affaires étrangères de Napoléon III, à qui l'impératrice Eugénie rendit visite le 17 juillet 1861, l'excellent architecte Viollet-le-Duc ont habité cette demeure somptueuse, acquise en dernier lieu par un habile marchand de l'hôtel Drouot, M. Gellinard» (Louis Barron, *Autour de Paris*, Paris, Librairies-Imprimeries réunies, [1891], p. 134).

10. Ces renseignements sont empruntés à l'excellente étude de Pierre Larthomas dans les *Œuvres* de Beaumarchais (Pléiade, p. 1191-1200). Voir également son édition des *Parades* (Paris, SEDES, 1977).

11. Gérard Bauer, *Beaumarchais. Notes et réflexions*, Paris, Hachette, 1961, p. 132.

12. Beaumarchais, *Œuvres*, éd. Larthomas, Pléiade, p. 94-95.

13. On trouve la musique notée de ces couplets dans Métra, *Correspondance secrète, politique et littéraire*, Londres, John Adamson, 1787, t. I, p. 185-187.

14. Trois enfants naquirent de cette union : un fils, Constant, et deux filles.

15. Voir : *Œuvres*, Pléiade, p. 1199.

16. *Ibid.*, p. 127.

17. Préface du *Mariage de Figaro*, *ibid.*, p. 355.

18. Voir notamment : Lintilhac, *Beaumarchais et ses œuvres*, chap. V, Jacques Shérer, *La Dramaturgie de Beaumarchais*, p. 33-34 ; Pierre Larthomas, *Beaumarchais, Parades*, p. 34-39.

19. Lire, là-dessus, les dénégations fort bien argumentées et convaincantes de E. J. Arnould dans *La Genèse du «Barbier de Séville»*, p. 13 et 91-94.

20. Pierre Larthomas, *op. cit.*, p. 37.

21. *Ibid.*, p. 38.

22. Selon certains, il s'agirait là d'une pure légende : en fait, les frères Pâris seraient fils d'un notable iserois, déjà intéressé aux affaires militaires, maire de Moirans (Isère), et petits-fils de Hugues Pâris, capitaine d'infanterie au régiment de Créqui, anobli en décembre 1667 pour «services rendus» (Jacques Cellard, *John Law et la Régence*, Paris, Plon, 1996, p. 56). Selon d'autres, leur grand-père serait

l'oncle de ce dernier, Thomas Pâris, marchand de Charnècle en Dauphiné, époux de Marie Trollier (Beaumarchais, *Le Tartare à la légion*, éd. Marc Cheynet de Beaupré, Paris, 1998. Introduction, p. 26).

23. Lettre à François de Chènevières, 7 octobre [1752], dans : Voltaire, *Correspondance*, Pléiade, t. III, p. 802.

24. *Mémoires de Madame du Hausset sur Louis XV et Madame de Pompadour*, éd. Jean-Pierre Guicciardi, Paris, Mercure de France, coll. « Le Temps retrouvé », 1985, p. 138.

25. *Correspondance littéraire*, août 1770, t. IX, p. 105.

26. Contrôleur général des Finances.

27. *Correspondance de Mme de Pompadour* [...], éd. Poulet-Malassis, Paris, J. Baur, 1878. Lettre à Pâris-Duverney du 10 novembre 1750, p. 128-129.

28. Lettre à Pâris-Duverney du 18 septembre 1750. *Ibid.*, p. 124.

29. Réponse de Pâris-Duverney à Mme de Pompadour, du 23 septembre 1750. *Ibid.*, p. 125-126.

30. Lettre à Pâris-Duverney du 15 août 1755. *Ibid.*, p. 130-131.

31. Giacomo Casanova, *Histoire de ma vie*, éd. F. Lacassin, Paris, Robert Laffont, coll. « Bouquins », 1993, 3 vol., t. II, p. 20-31.

32. *Arrest du Conseil d'État du roi, portant établissement d'une loterie en faveur de l'École royale militaire. Du 15 octobre 1757*, Paris, Imprimerie royale, 1758, 11 pages. Pour plus de détails sur l'organisation de cette loterie, voir aussi : *Gazette d'Amsterdam*, 3 février 1758.

33. Une dizaine d'années plus tard, après la mort du financier, Beaumarchais se souviendra avec émotion de leur première rencontre : « Il ne me connaissait pas ; j'errais dans le monde, il m'a rencontré. Fixant sur moi son œil attentif, il a cru me trouver du caractère, une certaine capacité, le coup d'œil assez juste, et les idées assez mâles et grandes. Il m'a confié tous ses secrets, ses chagrins, ses affaires. Il m'a plutôt estimé que chéri. Depuis sa mort, éprouvé coup sur coup par tous les genres d'infortunes, jeté dans le grand tourbillon du monde et des affaires, et nageant toujours contre le courant, je ne suis plus assez inconnu pour qu'on ne puisse apercevoir déjà si, dans le trouble ou le travail, dans le bonheur ou l'adversité, j'ai démenti son opinion et déshonoré son jugement » (*Réponse ingénue de Pierre-Augustin de Beaumarchais à la consultation injurieuse que le comte Joseph Alexandre Falcoz de La Blache a répandue dans Aix*, dans : *Œuvres complètes*, éd. Girardin, p. 408-409).

34. Gudin de La Brenellerie, *op. cit.*, p. 29-30.

35. Le souvenir de cette visite fut immortalisé par une gravure de A. J. Duclos d'après G. de Saint-Aubin, pour les *Étrennes françaises, dédiées à la ville de Paris, pour l'année jubilaire du règne de Louis le Bien-Aimé* de l'abbé Petity, Paris, P.-G. Simon, 1766 (BNF Est., Qb1. 1760). Les bâtiments représentés sont imaginaires, car l'École, du côté du Champ-de-Mars où avaient probablement lieu les exercices, n'était pas encore construite. Saint-Aubin s'est peut-être inspiré des projets indiqués sur le plan de 1765, année où l'on reprit les travaux interrompus depuis 1756.

36. Quelques années plus tard, en 1765, dans *Le Philosophe sans le savoir*, Sedaine met en scène un gentilhomme devenu négociant, qui fait un éloge du commerce assez proche de celui que l'on vient de lire : « Quel état, mon fils, que celui d'un homme qui, d'un trait de plume, se fait obéir d'un bout de l'univers à l'autre ! Son

nom, son seing, n'a pas besoin, comme la monnaie des souverains, que la valeur du métal serve de caution à l'empreinte. Sa personne a tout fait, il a signé ; cela suffit. [...] Ce n'est pas un peuple, ce n'est pas une seule nation qu'il sert ; il les sert toutes et en est servi : c'est l'homme de l'univers. [...] Quelques particuliers audacieux font armer les rois, la guerre s'allume, tout s'embrase et l'Europe est divisée. Mais ce négociant anglais, hollandais, russe ou chinois, n'en est pas moins l'ami de mon cœur ; nous sommes, sur la superficie de la terre, autant de fils de soie qui lient ensemble les nations et les ramènent à la paix par la nécessité du commerce : voilà, mon fils, ce que c'est qu'un honnête négociant » (*Le Philosophe sans le savoir*, acte II, sc. 4).

37. Par contrat en brevet passé devant Mᵉ Devoulges, le 8 juillet 1761.

38. Lettre du 29 novembre 1770 [date restituée sur l'original], dans : *Lettres de jeunesse*, éd. citée, p. 256.

39. Ailleurs, Beaumarchais fait porter l'éloge de son protecteur sur d'autres vertus, plus rares encore et par là plus précieuses, comme l'amour du bien public et de l'intérêt de l'État : « La France, écrit-il, nous fournit en M. Pâris-Duverney, à la tête des vivres depuis plus de cinquante ans, la preuve de l'immense utilité dont est pour l'État un munitionnaire général, jaloux de sa gloire et de l'honneur du service. Avant lui, cette administration était livrée, comme celle de l'Espagne, à l'avidité d'obscurs entrepreneurs. L'amour du bien public lui inspira le dessein de monter cette affaire sur un ton utile à l'État et glorieux pour lui. Il changea tous les anciens travaux, en disposa de nouveaux, simples et faciles. Son esprit de patriotisme gagna tous ceux qui composaient sa compagnie. Depuis que ce chef traitait l'entreprise en homme d'État, le service était plus brillant et mieux rempli que jamais. Bientôt, ce beau génie devint l'âme des projets de M. d'Argenson, ministre de la Guerre, et des conquêtes du maréchal de Saxe.

« Jaloux de mériter de plus en plus la confiance du roi, il étendit ses grands vœux sur la subsistance des sujets comme sur celle des soldats, et depuis son administration, jamais la famine n'a fait en France les ravages dont on se plaint ailleurs.

« Aujourd'hui, cet homme respectable, âgé de quatre-vingts ans, conseiller d'État et possédant encore tout le feu de son génie, jouit en paix de l'estime et de la considération publiques, si justement acquises par soixante ans de travaux utiles à sa patrie.

« Qu'on me pardonne ce court éloge ; je le devais à mon maître, à mon ami, à celui à qui j'ai l'obligation du peu de lumières que j'ai acquises dans les affaires, qui a formé ma jeunesse à l'étude des grands objets, et surtout qui m'a appris que, pour marcher dignement sur ses traces, je devais sacrifier l'intérêt à la réputation » (*Essai sur les subsistances des troupes d'Espagne et autres objets qui en dépendent. Fait à Madrid par ordre de M. de Grimaldi en 1764, après plusieurs autres travaux ordonnés par ce même ministre. Ce Mémoire contient un éloge de M. Duverney qu'il faut lire.* Arch. Comédie-Française, t. III, p. 58-68. Écriture de Durand).

40. Enseigne.

41. *Correspondance*, éd. Morton, Nizet, t. I, 1969, p. 31-32.

42. Renseignements fournis par Marc Cheynet de Beaupré, dans son introduction remarquablement documentée du *Tartare à la légion* (Le Castor astral, 1998), p. 43 et 176. Dès le 9 décembre 1761, sur présentation par les Janot, Beaumarchais avait obtenu de la Grande Chancellerie les lettres de provision de son nouvel office. Entré en fonctions sans délai, on le voit collationner les lettres

enregistrées à la chancellerie dès le 16 décembre (AN X4. B 640). Cette activité l'obligeait à se tenir régulièrement informé de la procédure : d'où son habileté à se tirer de procès compliqués, une dizaine d'années plus tard.

Le nom de Caron de Beaumarchais figure dans l'*Almanach royal*, sous la rubrique des «Contrôleurs clercs d'office de la Chancellerie du Palais», jusqu'en 1782, année où il céda sa charge à Lazare Jean Théveneau de Francy, son associé dans les affaires d'Amérique.

43. «Le nouvel ennobli [*sic*] qui vient d'acheter cette charge, note Louis-Sébastien Mercier à propos des secrétaires du roi, tout étonné de sa régénération, est presque honteux d'avoir été roturier. Il s'éloigne de toutes ses forces de la classe dont il sort. Il a si peur qu'on ne se souvienne de sa roture décédée, qu'il emploie ses richesses à captiver la bienveillance des hommes nobles. Il aime à se frotter contre eux ; on dirait du fer qui cherche à s'imprégner de l'aimant. Il ne sort pas du nouveau tourbillon où il est entré ; il se persuade bientôt qu'il y a toujours vécu. Ayant passé la ligne de démarcation, il ne regarde plus en arrière qu'avec effroi, et sa conduite est constamment en garde contre un roturier. Oh, comme il voudrait faire boire de l'eau du fleuve Léthé à tous ceux qui l'environnent ! Comment se rappeler qu'on tenait l'aune, le marteau, il y a six mois, que l'on courait tout crotté négocier aux quatre coins de la ville, rescriptions, billets des fermes, actions des Indes ? » (*Tableau de Paris*, éd. J.-Cl. Bonnet. Paris, Mercure de France, t. II, p. 229).

44. L'expression est de l'abbé Jaubert, dans son *Éloge de la roture, dédié aux roturiers* (Londres-Paris, 1766, 94 p.).

45. Il exagère un peu, car elle ne datait alors que de douze ans.

46. La grande maîtrise des Eaux et Forêts est une charge pourvue de juridiction destinée à veiller à l'exécution des ordonnances relatives aux eaux et forêts. Elle a sous sa dépendance un nombre bien plus important de maîtrises particulières. Les grands maîtres sont tenus de pourvoir à tout ce qui concerne la conservation et la réformation des forêts ; ils font tous les ans la visite des maîtrises dépendant de leur département d'après l'ordonnance d'août 1669, obligation qui fut restreinte à la visite de deux maîtrises par an par édit de 1716. Au cours de leurs visites, ils exercent une juridiction de première instance, avec appel au Parlement. Autrement, la juridiction des grands maîtres s'exerce dans la *Table de marbre*, dont les sentences et jugements sont intitulés du nom et qualité des grands maîtres, et où ils ont voix délibérative et présidence, en l'absence des juges en dernier ressort. Les grands maîtres s'intitulent conseillers du roi en ses conseils, grands maîtres enquêteurs et généraux réformateurs des Eaux et Forêts de France (voir : *Ordonnance de Louis XIV, roy de France et de Navarre, sur le fait des Eaux et Forêts. Vérifiée en Parlement et Chambres des Comptes, augmentée des édits, déclarations et arrêts rendus en conséquence jusqu'à présent.* [Suivi de :] *Édits, arrêts et règlements intervenus depuis l'ordonnance de 1669 sur la matière des Eaux et Forêts*, Paris, Compagnie des libraires, 1726, 172-383-XVIII p.).

«Ce tribunal, connu encore sous le nom de la *Capitainerie*, envoie aux galères ceux qui ont commis des *perdricides* ou des *lièvricides*. Si le lièvre mange le chou d'un paysan, si le pigeon détruit sa récolte, si la carpe traverse la rivière qui arrose son pré, il faut qu'il la laisse passer sans y toucher, il faut qu'il se laisse manger par le lièvre et le pigeon. S'il tue un cerf, il est perdu pour le coup. Mais ce forfait est si atroce, si épouvantable, qu'il est presque inouï, et beaucoup plus rare que le parricide » (Louis-Sébastien Mercier, *Tableau de Paris*, chap. CXIV : « Tribunal des Eaux et Forêts », éd. citée, t. I, p. 277).

47. On sait que le père Caron n'avait renoncé au commerce qu'un an auparavant.

48. Loménie, *op. cit.*, t. I, p. 118.

49. Louis Auguste Fournier de La Châtaigneraie avait obtenu la charge d'écuyer ordinaire de la reine Marie Leszczyńska le 5 août 1750 et s'en était démis le 15 septembre 1759 « par la démission à condition de survivance », en faveur de son frère Bertrand Fournier de Boisauvoyer (AN O1 395 ; O1 3717, f° 333 ; O1 3742, etc.). Très lié à la famille Caron, il la prit sous sa tutelle lors du voyage de Pierre-Augustin en Espagne ; il avait alors une soixantaine d'années. Il mourut en 1787.

« Mon cher La Châtaigneraie n'est plus, je l'ai perdu l'été dernier avec la plus vive douleur », écrivait Beaumarchais à Dubois de Fosseux, le 1er mars 1787 (lettre citée dans : Léon-Noël Berthe, *op. cit.*, p. 62, n. 1 ; voir aussi, du même auteur : « Deux amis à la cour de Versailles : une correspondance inédite de Beaumarchais et Dubois de Fosseux », dans *Dix-Huitième Siècle*, n° 6, 1974, p. 288-297.).

50. Jean-Louis Moreau de Beaumont (1715-1785). D'abord conseiller au Parlement, puis successivement intendant du Poitou, de la Franche-Comté, de la Flandre. Nommé intendant des Finances en 1756, il avait sous sa juridiction les Eaux et Forêts. Il a laissé un curieux ouvrage intitulé *Mémoires concernant les impositions en Europe* (1768).

51. Loménie, *op. cit.*, t. I, p. 119-120.

52. Beaumarchais, *Œuvres complètes*, éd. Girardin, p. 434.

53. « État de mes affaires. » Reproduit dans *Beaumarchais*, exposition de la Bibliothèque nationale, catalogue par Annie Angrémy, Paris, 1966, n° 85, p. 18.

54. Loménie, *op. cit.*, t. I, p. 120-121.

55. Les lettres de provision d'office furent enregistrées le 13 septembre 1763 (AN Z1Q 40).

56. Louis César de La Baume Le Blanc, duc de La Vallière (1708-1780), petit-neveu de la célèbre maîtresse de Louis XIV. Pourvu de la charge honorifique de grand fauconnier de la Couronne, il consacra ses loisirs à l'étude et rassembla, dans son château de Montrouge, une immense collection de livres qui ont fait sa célébrité. Il se rendit également fameux par le nombre de ses maîtresses et par sa magnificence. Il rédigea avec ses commensaux, Marin et Mercier de Saint-Léger, la *Bibliothèque du théâtre français* (1768, 3 vol. in-12), recueil d'analyses, avec extraits, des pièces antérieures à la seconde moitié du XVIIe siècle. Après sa mort, sa bibliothèque fut achetée par le comte d'Artois et payée par le roi ; elle fut ensuite réunie à la bibliothèque de l'Arsenal. On en a publié le catalogue en deux parties (1783, 3 vol. in-8°, et 1788, 6 vol. in-8°).
Dans une interpellation contre Marin, Beaumarchais fait état de ses relations privilégiées avec son supérieur : « Le grand seigneur chez lequel je vous ai rencontré est M. le duc de La Vallière, auquel depuis douze ans je suis attaché par devoir, comme lieutenant général de sa capitainerie ; par respect, c'est un homme de qualité qui a l'esprit solide et le cœur généreux ; par reconnaissance, il m'a toujours comblé d'une bonté qu'il pouvait me refuser ; par justice, il m'a honoré d'une estime que j'ai méritée ; car si l'amitié s'accorde, l'estime s'exige, et si l'une est un don, l'autre est une dette » (Mémoires contre Goëzman, dans : *Œuvres*, Pléiade, p. 797).

57. Et non jusqu'en 1785, comme l'affirment à tort la plupart de ses biographes, notamment Loménie et le duc de Castries. Il est vrai que, lors de son incarcération à Saint-Lazare, en mars 1785, il enverra sa démission en signe de protestation, mais celle-ci ne fut pas effective : il existe aux Archives nationales une lettre de Beaumarchais à Morel, greffier en chef de la varenne du Louvre, datée du 19 avril 1789, dans laquelle on peut lire ces mots : « Mardi prochain étant le jour, Monsieur, où l'on procède à l'élection des électeurs pour la nomination des députés aux états généraux, il est impossible que personne se rende ce jour-là au tribunal. Il me paraît donc nécessaire que vous en fassiez sur-le-champ l'indication pour un autre jour » (AN Z1Q 98). Ainsi, Beaumarchais a bel et bien exercé sa charge jusqu'à la Révolution.

58. On entendait, par ce mot de *plaisirs*, tout le territoire compris dans une capitainerie royale, où le roi seul avait droit de chasse.

59. En vertu de ce monopole, les seigneurs ne pouvaient chasser sur leurs fiefs, à moins d'obtenir une permission expresse du roi ou du capitaine des chasses. Toute érection de clôture ou de bâtiment, toute ouverture de carrière, étaient également interdites, sauf autorisation du capitaine des chasses. Cette législation a été fixée principalement par l'ordonnance de 1669 sur les Eaux et Forêts (section *Des Chasses*), d'où nous extrayons les articles suivants : « Faisons très expresses inhibitions et défenses à tous seigneurs, gentilshommes, hauts justiciers, et autres personnes de quelque qualité et condition qu'ils soient, de tirer ou chasser à bruit dans nos forêts, buissons, garennes et plaines, à peine contre les seigneurs de désobéissance et de quinze cents livres d'amende ; et contre les roturiers des amendes et autres condamnations inédites par l'édit de 1601, à la réserve de la peine de mort ci-dessus abolie à cet égard » (art. XIII). « Permettons néanmoins à tous seigneurs, gentilshommes et nobles de chasser notablement à force de chiens et oiseaux dans leurs forêts, buissons, garennes et plaines, pourvu qu'ils soient éloignés d'une lieue de nos plaisirs, même aux chevreuils et bêtes noires, dans la distance de trois lieues » (art. XIV).

60. À l'origine, le ressort de la capitainerie de la varenne du Louvre s'étendait autour de la capitale sur les deux rives de la Seine. Ses limites passaient par Meudon, Clamart, Rungis, Villeneuve-le-Roi, suivaient la rive gauche du fleuve en aval jusqu'à Charenton, remontaient le cours de la Marne jusqu'au Perreux, puis regagnaient la Seine par Rosny, Noisy-le-Sec, Romainville, Pantin, Bobigny, Drancy, Le Bourget et Saint-Denis (voir l'*Atlas de la capitainerie de la varenne du Louvre*, en 12 cartes : BNF Pf. 14, 21). Les textes législatifs anciens sur cette capitainerie ont été rassemblés dans le *Recueil des titres du bailliage et capitainerie des chasses de la varenne du Louvre, parc et bois de Boulogne et des six lieues à la ronde* [...] (Paris, 1676, in-4°). En 1676, la capitainerie subit un premier démembrement, à la suite de la création d'une capitainerie à Vincennes, qui lui prit toute la partie orientale de la rive droite de la Seine, jusqu'à Pantin et au Bourget. En 1705, elle perdit le reste de cette rive, quand fut établie une capitainerie dite de la varenne des Tuileries. Enfin, en 1773, un nouveau démembrement, provoqué par la création de la capitainerie de Meudon, lui ôta les bois de Verrières et de Meudon. On peut voir le plan des douze cantons composant la capitainerie du Louvre, du temps de Beaumarchais, à la Bibliothèque nationale de France : Cartes et plans, Ge D D. 7526.
À l'intérieur de ce territoire, ainsi progressivement réduit, toute espèce de chasse était réservée au roi seul. Les seigneurs ne pouvaient donc se livrer à leur sport

favori sur leurs propres fiefs, à moins d'obtenir une permission expresse du monarque ou du capitaine des chasses. De même, celui-ci était seul habilité à délivrer les autorisations pour construire des clôtures et des bâtiments, et pour ouvrir des carrières. Les contrevenants relevaient exclusivement du tribunal du bailliage et capitainerie. Sur ces questions, consulter : Yves Cazenave de La Roche, *La Vénerie royale et le régime des capitaineries au XVIII* siècle* (Paris, 1926), et Françoise Vidron, *La Vénerie royale au XVIII* siècle* (Paris, s. d.).

61. La liste de ces officiers se trouvent dans l'*Almanach royal*, au chapitre des « Bailliages » : « Bailliage et capitainerie royale des Chasses de la varenne du Louvre, grande Vénerie et Fauconnerie de France », Les états des gages de ces officiers (1760-1792) sont conservés aux Archives nationales, Maison du roi : O1 978, O1 979 et O1 980, ainsi que des commissions d'officiers et des informations de vie et mœurs préalables aux réceptions : O1 1033 et O1 1035.

62. Lettre à sa sœur Julie du 3 décembre 1764, dans : *Lettres de jeunesse (1745-1775)*, publiées par Louis Thomas, Paris, E. de Boccard, 1923, p. 174.

63. AN Z 1Q et Donvez, *op. cit.*, p. 1429-1430.

64. Z1Q 1 à 98.

65. Gudin de La Brenellerie, *op. cit.*, p. 39-40.

66. Louis-François de Bourbon, prince de Conti (1717-1776), second fils de Louis-Armand II et de Louise-Élisabeth de Condé, avait épousé en 1732 Louise-Diane d'Orléans, fille du Régent, dont il eut un fils, Louis-François II. Une aventurière, Stéphanie-Louise, se prétendit sa fille, mais ne fut jamais reconnue. Il eut encore de Marie-Claude Gaucher-Dailly, Mme de Brimont, deux enfants : François-Claude et Marie-François.

Issu d'une vie familiale agitée qui avait assombri son enfance, mais qui ne le dégoûta pas du mariage, il n'avait que quatorze ans lorsqu'il prit pour épouse la fille du Régent, un peu plus âgée que lui. Les familles hésitaient à les mettre aussitôt dans le même lit, mais le jeune marié n'admit aucun délai : « Il est déjà fort à l'aise avec les femmes », commentait Barbier. Son extérieur séduisant annonçait l'une des plus éclatantes carrières amoureuses du siècle. Une bonne fortune lui avait épargné la bosse familiale.

Gouverneur du Poitou, il est lieutenant général en 1735, et part en grand équipage faire la guerre déclenchée par la seconde élection de Stanislas au trône de Pologne. Il sert en Allemagne, où on le voit s'exposer à la pointe de la tranchée et où il se gagne le cœur des soldats en mangeant la soupe et en couchant comme eux sur les chariots. Lors de la guerre de Succession d'Autriche, à la tête de l'armée de Provence, il force le passage de Villafranca et gagne la bataille de Coni. L'année suivante il se frotte aux impérialistes allemands. Après la guerre, il obtient le soutien du roi pour faire prévaloir sa politique étrangère. Louis XV le fait même entrer dans ses réseaux de diplomatie parallèle connus sous le nom de « Secret du roi », mais ne l'admet pas au Conseil et ne lui confie aucune charge. L'hostilité de Mme de Pompadour lui vaudra de se voir définitivement écarté des affaires et de l'armée. La favorite ne supportait pas d'être exclue du Secret du roi et considérait le prince comme responsable de cette humiliation. En 1748, Conti obtient la charge de grand prieur de l'ordre de Malte, avec dispense de prononcer des vœux. En 1771, il signe la protestation des princes du sang contre le coup d'État de Maupeou. Plus tard, on le verra de même s'opposer aux réformes de Turgot. Dès lors, le Temple, qui était sa résidence de grand prieur de France, deviendra un foyer d'intrigues, sans jamais cesser d'être ce qu'en avait fait ce prince brillant et libertin, à savoir un haut lieu de l'art, de la musique, et de la littérature.

67. Une gravure populaire en couleurs illustre parfaitement les fonctions officielles de Beaumarchais, qui se déclarait condamné :

> « À juger les pâles lapins
> Et les maraudeurs de la plaine ».

Intitulée *Des suppôts de la chicane délivrez-nous, Seigneur*, elle représente un braconnier payant une amende (BNF, Est., Tf 5, t. I).

68. Article 3 du décret des 4, 6, 7, 8 et 11 août 1789 (sanctionné le 21 septembre, promulgué le 3 novembre 1789) portant abolition du régime féodal, des justices seigneuriales, des dîmes, de la vénalité des offices, des privilèges, etc. : « Le droit exclusif de la chasse et des garennes ouvertes est pareillement aboli ; et tout propriétaire a le droit de détruire et faire détruire, seulement sur ses possessions, toute espèce de gibier, sauf à se conformer aux lois de police qui pourront être faites relativement à la sûreté publique. Toutes capitaineries, même royales, et toutes réserves de chasse, sous quelque dénomination que ce soit, sont pareillement abolies, et il sera pourvu, par des moyens compatibles avec le respect dû aux propriétés et à la liberté, à la conservation des plaisirs du roi. M. le président sera chargé de demander au roi le rappel des galériens et des bannis pour simple fait de chasse, l'élargissement des prisonniers actuellement détenus, et l'abolition des procédures existant à cet égard. »

69. Loménie, *op. cit.*, t. I, p. 127-128.

CHAPITRE V – LA « *PÉTAUDIÈRE D'AMANTS* »

1. Il est piquant de noter que l'un des plus fervents admirateurs de Beaumarchais, je veux dire Paul Léautaud, avait son bureau au *Mercure de France*, à ce même étage. Celui d'Alfred Vallette se trouvait au deuxième, éclairé de deux fenêtres sur la rue. La pièce voisine servait de salon littéraire à Rachilde.

2. Contrairement à ce qu'affirment certains biographes, la maison de la rue de Condé ne fut pas vendue en 1786, mais mise en adjudication après la mort de Beaumarchais et adjugée le 15 messidor an IX (4 juillet 1801) à M. Faure, conseiller d'État, moyennant la somme de 24 000 livres. Le romancier et critique Robert de Bonnières l'habitait à la fin des années 1880. C'est aujourd'hui le siège du *Mercure de France*, et ce depuis 1887. L'immeuble n'a guère changé d'aspect depuis le XVIIIᵉ siècle, et l'on peut encore y voir les balcons ornés du monogramme (voir : Lintilhac, *op. cit.*, p. 414 et l'*Inventaire après décès de Beaumarchais*, éd. Donald Spinelli. Paris, Champion, 1997, p. 9, n. 1). En 1776, lorsqu'il partit s'installer à l'hôtel des Ambassadeurs de Hollande, Beaumarchais mit son hôtel de la rue de Condé en location. En 1796, il était loué à Mlle Devienne, sociétaire de la Comédie-Française (1763-1841), ainsi que nous l'indique ce billet de Beaumarchais au citoyen Nogaret du 8 frimaire an V (28 novembre 1796) : « La portière de la rue de Condé vient se plaindre que les locataires ne la paient point. Quelle autre justice puis-je lui faire que de la renvoyer vers vous, mon ami,

qui avez fait tout l'arrangement avec Mlle Devienne ? Voyez, je vous supplie, ce que vous voulez en écrire à mon aimable locataire ! Car ce n'est pas le tout d'être jolie et bonne actrice. Il faut être juste» (catalogue Thierry Bodin, vente du 22 mai 1997, n° 13).

3. On comprend par là que M. Caron père avait songé au suicide.

4.   « Je suis plus glorieux de vivre à ses dépens
          Que s'il vivait aux miens. Oui, ma vive tendresse
          Se complaît à le voir l'appui de ma vieillesse.»
(Philippe Néricault Destouches, *Le Philosophe marié*, acte III, sc. 12).

5. Elle était née Jeanne Guichon et veuve du sieur Pierre Henry.

6. Voir *supra*, p. 492, n. 5.

7. Allusion aux amours de son frère avec Pauline Le Breton, dont il sera bientôt question.

8. Julie recevait alors les soins empressés du chevalier de Séguiran.

9. Lettre de Julie à son amie Hélène Le Vaigneur [vers 1763], dans : Loménie, *op. cit.*, t. I, p. 173-174.

10. Lettre à son père du 28 octobre 1764, *ibid.*, p. 150-151.

11. Lettre de son père du 17 novembre 1764, *ibid.*, éd. citée, p. 165. Dans les lettres à son fils, Caron fait souvent alterner le *vous* et le *tu* (dans les moments d'effusion), tandis que Beaumarchais, devenu homme de cour, ne s'adresse jamais à l'ancien horloger sans débuter par la formule cérémonieuse : *Monsieur et très cher père*, et sans finir par le traditionnel : *J'ai l'honneur d'être, avec le plus respectueux attachement, Monsieur et très cher père, votre très humble et très obéissant serviteur et fils* ; ce qui n'empêche pas une très grande liberté de propos et de ton.

12. Lettre à son père, du 14 janvier 1765, *ibid.*, p. 183.

13. Lettre citée dans : Lintilhac, *op. cit.*, p. 13.

14. Par allusion au *Pédagogue des famille chrétiennes* de Cerné, publié pour la première fois en 1662 et maintes fois réimprimé depuis. C'est Beaumarchais qui l'affubla de ce sobriquet.

15. Lettre du père Caron à son fils du 18 décembre 1764, dans : *Correspondance*, éd. Morton, t. I, p. 122.

16. Le nom de *Janot* deviendra peu après celui d'un type comique personnifiant la bêtise grotesque et les mœurs poissardes. On doit son invention à Dorvigny, auteur de second ordre (également créateur de *Jocrisse*), qui le porta pour la première fois sur la scène dans une parade jouée aux Variétés, *Les battus payent l'amende* (1779). Interprété par Volange, farceur en renom, le personnage connut une vogue prodigieuse, et le théâtre en produisit d'innombrables imitations. Mercier s'indignait de voir le succès de Janot dépasser celui de Voltaire : «Janot fut le vrai successeur de Voltaire, écrivait-il. Janot tout seul eût apaisé la fermentation et rétabli l'équilibre dans tous les esprits. Trois mois après le triomphe de Voltaire, le Parisien, oubliant les trente-neuf autres académiciens qui restaient, accueillit ce Janot avec le même enthousiasme. Il jouait dans une farce qui, plus heureuse qu'*Irène*, eut depuis cinq cents représentations. L'idiome de la dernière classe du peuple s'y trouvait exprimé au naturel ; et le jeu naïf de l'acteur, son accent sûr formaient un tableau qui, dans sa bassesse, avait un mérite extrêmement rare sur la scène française : la parfaite vérité» (L.-S. Mercier, *Tableau de Paris*, éd. J.-Cl. Bonnet, t. II, p. 268).

17. Loménie, *op. cit.*, t. I, p. 58-59.

18. Lettre à Janot de Miron du 15 août 1764, dans : *Correspondance*, éd. Morton, t. I, p. 83-86.

19. Lettre à son père du 10 décembre 1764, *ibid.*, p. 121-122.

20. Lettre à son père du 14 janvier 1765, dans : *Lettres de jeunesse,* éd. citée, p. 181-183.

21. Le registre de Saint-Eustache porte la mention suivante : « 19 juin 1767. Permission accordée au curé de Boissy-Saint-Léger ou à un autre prêtre, de son consentement, de marier Jean-Baptiste Octave Janot de Miron, intendant de la Maison royale de Saint-Léger [*sic*, pour Saint-Cyr], de la paroisse de Saint-André-des-Arcs, avec Jeanne-Marguerite Caron, de cette paroisse » (Jal, *op. cit.*, p. 149).

22. Ce Le Vaigneur deviendra l'un des plus proches collaborateurs de Beaumarchais au moment des affaires d'Amérique.

23. Loménie, *op. cit.*, t. I, p. 38.

24. *Ibid.*, p. 38-39.

25. Lettre à Pauline Le Breton, [début juin 1764], dans : *Lettres de jeunesse,* éd. citée, p. 106.

26. Jean Étienne Bernard Clugny de Nuits (1729-1776) commença sa carrière comme conseiller au parlement de Dijon. En 1760, il reçut l'intendance de Saint-Domingue, dont il développa le commerce, et où il imposa l'autorité civile, en supprimant notamment les milices. Cette mesure mécontenta les planteurs qui voyaient dans ces troupes irrégulières un rempart contre d'éventuelles révoltes d'esclaves. Treize ans plus tard, Louis XVI le nommait au Contrôle général, en remplacement de Turgot. Bien que celui-ci lui fût favorable et que les autorités de Saint-Domingue eussent reconnu qu'il avait fait régner dans l'île « un ordre et une justice jusqu'alors inconnus », les jugements qui furent portés sur lui sont plutôt négatifs. L'abbé de Véri déclare qu'« il a la réputation d'un homme d'esprit et d'activité, mais il n'a point celle de la probité… et sa physionomie n'annonce pas la sincérité ». Condorcet se montre plus sévère encore ; il le qualifie de « fripon, dur, emporté, ivrogne et débauché ». De son côté, le comte de Ségur rappelle que, à Perpignan et à Bordeaux, « il s'était signalé pour sa vie dissolue, son immoralité publique, vivant avec trois sœurs dont il avait fait ses maîtresses, non moins que pour une âpreté au gain et un goût de l'argent qui confinait à l'indélicatesse ».

27. Il faut se souvenir qu'en raison des opérations de la guerre de Sept Ans, particulièrement intenses dans les Antilles, Saint-Domingue était isolée, et ne pouvait communiquer qu'avec des pays neutres ou des colons américains.

28. *Lettres de jeunesse,* éd. citée, p. 65-67.

29. Lettre à Pauline Le Breton, [23 novembre 1763], dans : *Lettres de jeunesse,* éd. citée, p. 84-87.

30. Beaumarchais avait déjà tenté sans succès une démarche auprès de l'oncle à héritage, dont il rendit compte à Pauline en ces termes : « Ma sensibilité m'expose, ma très chère Pauline, à être perpétuellement tourmenté par l'infortune de mes amis. En sortant hier de chez votre oncle où je plaidais votre cause – la plus juste et la plus touchante que je connaisse – pendant une heure, je trouvai chez moi la lettre de votre tante qui a achevé de me donner un chagrin dont je ne suis pas sorti depuis. Mais je n'y résiste pas. Je la tirerai d'embarras, heureux si les soins que je prends pour vous avaient le succès d'attendrir votre oncle. Mais j'ai l'âme percée de vous l'annoncer : à l'instant de se livrer à son bon cœur, je ne

sais quelle raison secrète le retient. On vous dessert probablement dans son esprit, car il n'est pas possible qu'il puisse tenir sans cela contre tout le bien que je lui ai dit en votre faveur. Mais l'éloquence des hommes est souvent dure et maladroite. Peut-être la chaleur m'a-t-elle fait avancer trop loin vis-à-vis d'un homme qui a le sens exquis et l'esprit délicat. Je vous conseille pour dernière ressource, ma chère Pauline, de le voir vous-même. Ne lui faites pas mystère, ni de l'état de votre tante, ni de ses résolutions. Je lui ai tout dit ; vous êtes plus propre que moi à ce message : il s'agit moins de convaincre sa tête que de persuader son cœur. Mais comme il faut nécessairement prendre un parti dans le cas où vous êtes, indiquez-moi l'heure à laquelle vous vous rendrez chez lui, je m'y trouverai, malgré le désagrément que j'éprouve d'aller tourmenter un homme âgé sur ses résolutions : l'humanité, l'amitié, la tendresse, la justice, tout me fait surmonter mes répugnances et je veux vous donner par le sacrifice que je vous fais aujourd'hui, la preuve la plus parfaite du sentiment qui m'attache à vous » (Lettre à Pauline Le Breton, [1763], dans : *Lettres de jeunesse*, éd. citée, p. 73-74).
31. De Pauline Le Breton, ce jeudi au soir, 24 novembre [1763], *ibid.*, p. 87-89.
32. Lettre citée dans : Pierre Richard, *op. cit.*, p. 51-52.
33. *Ibid.*, p. 51.
34. *Ibid.*, p. 52.

CHAPITRE VI – *L'AFFAIRE CLAVIJO*

1. Leur frère n'avait que quinze ans au moment de la séparation : « Elles ne m'avaient laissé d'elles qu'un souvenir faible et doux, quelquefois ranimé par leur correspondance », écrira-t-il plus tard (*Quatrième Mémoire*, dans : Beaumarchais, *Œuvres*, Pléiade, p. 898-899).
2. Voir : Jean Sarrailh, *L'Espagne éclairée de la seconde moitié du XVIIIᵉ siècle*, Paris, Klincksieck, 1964, p. 331.
3. Il s'agissait d'approvisionner pour dix ans d'esclaves noirs différentes provinces de l'Amérique.
4. M. Périer, de Bayonne.
5. *Quatrième Mémoire*, dans : *Œuvres*, Pléiade, p. 898-900.
6. « Année 1764. Fragment de mon voyage d'Espagne », dans : Beaumarchais, *Œuvres*, Pléiade, p. 898-927. Cette relation fut ajoutée par Beaumarchais à son quatrième mémoire, pour répondre à une lettre, ou prétendue lettre, produite par son adversaire, le gazetier Marin, sur son véritable rôle dans l'affaire Clavijo (voir : René Pomeau, *Beaumarchais ou la Bizarre Destinée*, p. 27-38).
7. Loménie, *op. cit.*, t. I, p. 134. Il est également question de ce journal dans trois lettres de Julie à son frère. La première est du 15 mai 1764, pendant le voyage de Pierre-Augustin :
« J'attends des lettres de Bayonne avec une impatience égale à celle que j'ai déjà pour avoir le *Journal*. Tu nous l'enverras de Madrid ? J'y compte » (*Lettres de jeunesse*, éd. citée, p. 97).
Elle y fait encore allusion dans une lettre du 5 juin 1764 :

«J'ajoute à tant de jolies choses que ces messieurs t'écrivent que tu es le plus malin diable que je connaisse, un gavatcho, un monstre. Sont-ce là les conventions que j'ai faites avec toi? Devais-tu n'écrire qu'en courant? À quoi sert ton *Journal*, si tu ne l'envoies pas? À ton retour, nous n'en aurons que faire. Honneur de ma famille, amour de tous les cœurs, donne-moi donc des détails: nous mourons d'impatience» (*ibid.*, p. 105).

Elle lui adresse le même reproche la semaine suivante (12 juin):

«Qu'ai-je donc eu de toi autre chose que des mots, et pour les autres les détails? en as-tu fait un, un seul? Vraiment, c'est très commode de remettre au *Journal* que tu dois rapporter [...]» (*ibid.*, p. 110).

8. Beaumarchais parle d'un «gros paquet», ce qui laisse penser que sa relation était déjà très riche. Voir: lettre à son père, du 16 juillet 1764, dans: *Lettres de jeunesse,* éd. citée, p. 118.

9. *Œuvres*, Pléiade, p. 895-899.

10. *Lettres de jeunesse,* éd. citée, p. 93.

11. *Ibid.*, p. 94.

12. James-Donatien Le Ray de Chaumont avait été grand maître des Eaux et Forêts de Bourges, Berry et Blois, de 1754 à 1763, puis intendant des Invalides. Marié avec une Américaine, cet économiste, grand «monopoleur», souffrait d'une réputation douteuse.

13. Arch. Affaires étrangères, correspondance politique: Espagne 540, f° 238.

14. *Ibid.*, f° 239.

15. Brevet signé de Louis XV et du comte de Saint-Florentin, exposition *Beaumarchais*, Bibliothèque nationale, cat. cité, n° 101, p. 23.

16. Voir la lettre du duc de La Vallière du 31 mai 1764: «Vous me ferez plaisir de me mander si vous comptez toujours pouvoir être ici à la fin de juin. Je pars comme vous savez pour aller à Pougues le 1ᵉʳ juillet et je serais fort aise de vous voir auparavant» (*Lettres de jeunesse,* éd. citée, p. 102).

17. Lettre de Julie, du 1ᵉʳ mai 1764, *ibid.*, p. 94-96.

18. Rappelons qu'elle avait alors trente-trois ans, soit deux ans de plus que Pierre-Augustin.

19. Marin accusait Beaumarchais d'avoir menacé Clavijo de son pistolet.

20. Allusion à son prochain mariage avec Jean Durand.

21. Lettre du 5 juin 1764, dans: *Lettres de jeunesse,* éd. citée, p. 103-104.

22. Située à une cinquantaine de kilomètres au sud de Madrid, sur la rive gauche du Tage, cette ville doit sa notoriété au magnifique palais construit par Philippe II, qui devint la résidence d'été de la cour d'Espagne au XVIIᵉ siècle.

23. À propos des relations entre Durand et Lisette, on peut lire dans une lettre de Beaumarchais, datée du 15 août 1764: «J'ai trouvé ma sœur d'Espagne presque mariée avec Durand, car dans le discrédit où la pauvre tête de fille croyait être tombée, le premier honnête homme qui s'en chargeait était un dieu pour elle. Mon arrivée ayant un peu rectifié ses idées et me trouvant, tant dans mes propres vues que par les conseils de mon ambassadeur, dans le cas de préférer Clavijo, que j'avais droit de croire bien revenu de ses égarements par tout ce qu'il faisait pour m'en persuader, il a fallu d'abord user de moyens doux pour rompre un lien que l'espérance et l'habitude avaient cimenté de l'une et l'autre part» (*Correspondance*, éd. Morton, t. I, p. 70, n. 5).

24. M. de Grimaldi, ministre des Affaires étrangères du royaume d'Espagne.

25. *Lettres de jeunesse,* éd. citée, p. 100-101.
26. Geronimo, marquis de Grimaldi, né à Gênes en 1720, mort en 1786, appartenait à l'une des plus anciennes familles génoises. D'abord ambassadeur d'Espagne à Paris, il remplaça Ricardo Wall au ministère d'État en 1763 et dirigea les Affaires étrangères jusqu'en 1776. C'était un grand seigneur aux manières aisées, élégantes et polies, parfois hautaines, aimant les plaisirs et les arts. Au cours de son ambassade à Paris, il avait négocié le Pacte de famille, qui unissait étroitement la France et l'Espagne, dans la rupture avec l'Angleterre et le Portugal.
27. *Lettres de jeunesse,* éd. citée, p. 101-102.
28. En 1746, ce M. de Robiou avait consulté le père Caron sur l'emploi de diverses machines destinées au dragage des ports et des rivières. L'horloger-ingénieur lui répondit le 13 juin de cette même année, d'un style ferme et précis (cf. Loménie, *op. cit.,* t. I, p. 24, et Lintilhac, *op. cit.,* p. 10, n. 5, et p. 14).
29. *Lettres de jeunesse,* éd. citée, p. 108-109.
30. Rappelons que les deux tiers des gardes du roi d'Espagne étaient des Wallons, comme ceux du roi de France étaient suisses.
31. Écrit *Whal* dans le *Mémoire* de Beaumarchais.
32. Beaumarchais rendra hommage à ce protecteur dans sa *Requête à MM. les représentants de la Commune de Paris* : «Grâce au ministre M. Whal, le roi d'Espagne me rendit la justice la plus éclatante, chassa mon ennemi de ses places et le fit traîner en prison, malgré mes efforts généreux pour faire modérer sa peine» (*Œuvres complètes,* éd. Saint-Marc Girardin, 1845, p. 512).
33. Beaumarchais, *Œuvres,* Pléiade, p. 921.
34. Lettre à Janot de Miron, du 15 août 1764, dans : *Correspondance,* éd. Morton, t. I, p. 84.
35. Johann Wolfgang Goethe, *Clavigo. Ein Trauerspiel* [...], Leipzig, in der Weygandschen Buchhandlung, 1774, 100 p. Cette édition ne connut pas moins de six réimpressions au cours de l'année 1774 et plusieurs traductions françaises (voir : Morton et Spinelli, *Beaumarchais : A Bibliography,* n° 886). Le *Journal encyclopédique* de décembre 1774 (vol. VIII, partie III, p. 495) donne le compte rendu suivant de la pièce de Goethe :

«Clavigo, jeune homme qui cultive avec succès les lettres, voit à Madrid, chez M. Guibert [*sic*] Marie [*sic*] de Beaumarchais qui lui inspire la plus vive passion. Elle accepte l'hommage de son cœur : il contracte des engagements avec elle ; l'hymen couronnera leur amour dès que le jeune homme aura obtenu quelque emploi.

«Plusieurs ouvrages qu'il publie le font connaître avantageusement à la cour ; le monarque le nomme garde de ses archives. Clavigo est sur le point de remplir sa promesse envers sa maîtresse ; mais Carlos, son ami, parvient à l'en détourner, en flattant son ambition de l'espoir d'un meilleur parti. Tels sont les faits qui précèdent l'action de cette tragédie.

«Marie est accablée de douleur. Son frère apprend à Paris sa situation ; il vole à Madrid, se fait instruire de toute l'affaire, reconnaît que sa sœur n'a rien à se reprocher, et lui promet de la rendre heureuse ou de la venger. Il se transporte chez Clavigo, lui raconte l'aventure de Marie, sans nommer personne, et termine ce récit intéressant par ce mot qui fait pâlir l'Espagnol : *Et ce traître, c'est vous.* Il propose à Clavigo ou de déclarer par écrit que sa sœur est une personne honnête, ou de se battre avec lui. L'Espagnol se détermine pour le premier parti ;

M. de Beaumarchais lui dicte une déclaration qu'il veut faire imprimer aussitôt. Cependant, il cède aux instances de Clavigo, qui lui demande un délai jusqu'à ce qu'il se soit réconcilié avec Marie. Tandis que M. de Beaumarchais va trouver l'ambassadeur de France à Aranjuez, l'Espagnol obtient son pardon de Marie ; il lui offre sa main, elle l'accepte et lui rend la déclaration qu'il a été forcé d'écrire. Cependant Carlos, dont la méchanceté n'a que trop d'empire sur le faible esprit de Clavigo, le porte à rompre une seconde fois avec Marie, et à poursuivre en justice M. de Beaumarchais comme l'ayant attaqué dans sa maison avec violence.

« Marie succombe à sa douleur ; elle expire dans le plus affreux désespoir ; le cercueil de cette infortunée traverse le théâtre. À ce spectacle, l'Espagnol est déchiré de remords ; il se précipite sur la cadavre de Marie et l'arrose de ses pleurs. M. de Beaumarchais arrive dans ce moment. Transporté d'une juste fureur, il provoque, l'épée à la main, Clavigo qui tombe blessé mortellement après un combat de quelques minutes. En rendant le dernier soupir, il demande pardon au frère de sa malheureuse maîtresse, et rejette sur les odieux conseils du méchant Carlos tout le blâme de sa conduite. »

La première traduction française du drame de Goethe fut publiée en 1782 dans le *Nouveau Théâtre Allemand* (t. I, p. 217-321), par Adrien Chrétien Friedel, « professeur en survivance des pages de la Grande Écurie du Roi ». Avant d'autoriser cette édition, le censeur Blin de Saint-More pria Beaumarchais de lui donner son consentement :

« À Paris, le 1er octobre 1781

« M. Friedel se propose, Monsieur, de faire entrer dans son *Théâtre allemand* la traduction de *Clavico* [*sic*], pièce dont vous faites le principal personnage. Je suis nommé censeur de ce recueil et je n'ai point voulu approuver la traduction qui vous concerne, sans savoir si vous consentez à ce que cette traduction soit publique. J'espère, Monsieur, que vous voudrez bien m'instruire de vos intentions à cet égard, et je vous prie de croire que je me ferai un plaisir de m'y conformer.

« Sans l'incertitude de vous rencontrer chez vous, j'aurais eu l'honneur d'aller vous demander votre consentement et de vous renouveler les assurances de l'inviolable attachement avec lequel je suis, Monsieur, votre très humble et très obéissant serviteur.

« Blin de Saint-More
« Rue des Francs-Bourgeois-Saint-Michel ».

Cette lettre étant restée sans réponse, M. Blin de Saint-More renouvela sa demande trois semaines plus tard :

« À Paris, le 24 octobre 1781

« C'est moi, Monsieur, qui suis chargé de censurer le *Théâtre allemand* de M. Friedel. Comme censeur, je me suis imposé la loi de refuser toute espèce de satire contre les gens de lettres, et même de n'approuver rien où l'un d'eux est nommé sans son consentement. Il peut se trouver des circonstances où l'on n'aime pas toujours à paraître sur la scène, même avec avantage. Je me suis aperçu que mes précautions n'ont pas toujours été inutiles ; plusieurs écrivains m'en ont su gré. En un mot, j'ai cru devoir à mes confrères ces sortes d'égards, parce que je serais charmé qu'on les eût pour moi, et la reconnaissance que je conserve pour tout ce que vous avez fait en faveur de la littérature me le prescrirait encore plus particulièrement pour vous.

« En conséquence, j'ai eu l'honneur de vous prévenir, le 2 [*sic*] de ce mois, que M. Friedel se proposait d'insérer dans son premier volume la traduction d'une pièce dont vous êtes, Monsieur, un des principaux personnages. Je vous ai prié en même temps de me mander si vous consentiez à la publicité de cette traduction. Vous n'avez point jugé à propos de m'honorer d'une réponse. J'en ignore les raisons ; je ne peux attribuer cet oubli qu'à la multiplicité de vos affaires. S'il n'eût été question que d'une chose qui me fût personnelle, je ne me rappellerais point à votre souvenir. Mais il s'agit des intérêts de M. Friedel et des vôtres, Monsieur, et j'ai hasardé de vous réitérer ma prière. Je crains moins d'être importun que de manquer de procédé.

« J'ai l'honneur d'être, avec les sentiments les plus distingués, Monsieur, votre très humble et très obéissant serviteur.

« Blin de Saint-More
« Rue des Francs-Bourgeois-Saint-Michel. »

(Lintilhac, *op. cit.*, p. 371-372).

Nous ne possédons pas la réponse de Beaumarchais, mais nous savons par Loménie (*op. cit.*, t. II, p. 343) qu'il demanda que son nom fût remplacé par l'anagramme de *Ronac* et celui de son beau-frère Guilbert changé en *Ilberto*, ce qui fut fait. Le censeur lui écrivit une dernière fois pour le remercier :

« Vous pouvez être assuré, Monsieur, que la traduction de la pièce allemande qui vous concerne ne paraîtra pas, du moins avec mon approbation, sans que j'aie votre consentement par écrit. Je viens d'en prévenir M. Friedel et je l'invite à vous communiquer son manuscrit avant votre départ pour l'Allemagne. Je m'applaudis de vous avoir écrit une seconde fois, car sur votre silence, j'aurais bien pu approuver la traduction. Il n'est rien de tel que de s'expliquer.

« Je n'ai jamais cessé de rendre justice à vos sentiments, et quelque chose qu'on ait pu débiter, j'ai toujours interprété vos démarches de la manière la plus favorable aux intérêts de la littérature.

« Je me félicite d'avoir trouvé l'occasion de vous donner une faible preuve de l'estime distinguée avec laquelle j'ai l'honneur d'être, Monsieur, votre très humble et très obéissant serviteur.

« Ce jeudi soir 26 octobre. »

« Blin de Saint-More
« Rue des Francs-Bourgeois-Saint-Michel. »

36. Schlegel avait déjà jugé sévèrement ce dernier acte : « Outre les défauts du genre, écrit-il, cette pièce en a un qui lui est particulier ; c'est que le cinquième acte ne s'accorde pas avec les autres. Il semble que Goethe s'en soit d'abord tenu simplement au récit de Beaumarchais, et qu'il y ait ensuite ajouté une catastrophe de son invention. Si l'on remarque à quel point cette catastrophe rappelle les funérailles d'Ophélie, et la rencontre d'Hamlet et de Laërte sur son tombeau, on sentira encore plus combien elle doit contraster, pour le ton et le coloris, avec le commencement de la pièce. »

Le drame de Goethe fut imité en France par Pierre-François Camus, dit Merville, et représentée à l'Odéon en 1825.

37. Lettre à une dame (peut-être cette Fabia à qui sont adressées deux autres lettres vers la même date, et qui n'est qu'un personnage fictif derrière lequel se dissimule M. de Sartine), de Londres, le 31 [*sic*] juin, 1774, publiée dans : E.J. Arnould, *La Genèse du « Barbier de Séville »*, p. 53.

38. *Mémoires secrets*, t. XXVII, p. 249-250. Le drame de Marsollier fut repris au théâtre de Lyon le 3 mars 1785 et imprimé la même année dans la même ville (Lyon, «Au profit des pauvres Mères-Nourrices», 1785, 74 p.). On en connaît une réédition légèrement remaniée, sous le titre *Beaumarchais à Madrid*, dans les *Œuvres choisies de Marsollier, précédées d'une notice sur sa vie et ses écrits, par Mme la comtesse d'Hautpoul, sa nièce*, Paris, Aubrée, 1825, t. III, p. 5-90.

39. Dans une lettre à Marsollier du 26 germinal an VII (15 avril 1799), où il rappelait à l'auteur de *Norac et Javolci* la représentation du Temple, Beaumarchais ajoutait ceci: «Je n'ai jamais revu ce premier essai de votre génie dramatique, quoique passant à Augsbourg, en Souabe, je me sois vu jouer une seconde fois, moi vivant, mais joué sous mon nom – ce qui n'était, je crois, arrivé à nul autre. Mais l'Allemand avait gâté l'anecdote de mon Mémoire en la surchargeant d'un combat et d'un enterrement, additions qui montraient plus de vide de tête que de talent. Et vous, vous l'aviez embellie» (Bettelheim, *Beaumarchais, eine Biographie*, Francfort-sur-le-Main, Rütter et Löning, 1886, 1886, in-8°, X-659 p., p. 335 et p. 60).

40. Paris, Antoine Béraud, [...] et chez tous les Marchands de Nouveautés, 1806, 64 p.

41. Paris, J.-N. Barba, 1831, 48 p.

42. Paris, Marchant, «Magasin théâtral» [1846], 24 p. On lit à la fin: «Les auteurs autorisent les directeurs de province à remplacer le titre de *Beaumarchais* par celui de *Marie de Beaumarchais*, toutes les fois que ce changement leur paraîtra convenable.»

43. On peut les lire dans: Beaumarchais, *Œuvres*, Pléiade, p. 922-925.

44. 1785-1790, 12 vol.

CHAPITRE VII – « EN CAPA Y SOMBRERO »

1. «La paresse, la gueuserie et la malpropreté plus que le libertinage et l'air de bonne fortune avaient, comme on sait, établi en Espagne, l'usage d'aller dans les rues *tapados*, c'est-à-dire la cape croisée jusque sur le bas du visage, le chapeau rabattu en rond et couvrant le haut, de manière qu'on pouvait à peine voir les yeux; et les plus *guapos*, c'est-à-dire les plus élégants à leur manière, étaient les moins reconnaissables. Mais si cet accoutrement cachait quelquefois un galant mystérieux et discret, si même par goût les grands seigneurs le préféraient à la parure, il faut avouer que le plus souvent il servait à couvrir des guenilles et du linge sale, et voilà tout» (*Mémoires sur la politique étrangère* par le comte de Broglie, dans: *Correspondance secrète inédite de Louis XV sur la politique étrangère*, éd. Boutaric, t. II, p. 218-219, n. 3).

2. Bartholomé et Lucile Bennassar l'ont publiée dans leur *Voyage en Espagne. Anthologie des voyageurs français et francophones du XVIᵉ au XIXᵉ siècle*, Paris, Robert Laffont, coll. «Bouquins», 1998, p. 46-52.

3. Beaumarchais prend ici le contre-pied de ce qu'écrivait Montesquieu sur la jalousie des Espagnols: «Ils sont premièrement dévots, et secondement jaloux. Ils se garderont bien d'exposer leurs femmes aux entreprises d'un soldat criblé de coups ou d'un magistrat décrépit; mais ils les enfermeront avec un novice fervent qui baisse les yeux, ou un robuste franciscain qui les élève» (*Lettres persanes*, LXXVIII).

4. Loménie, *op. cit.*, t. I, p. 152-153.

5. Lettre à son père du 19 août 1764, dans : *Lettres de jeunesse,* éd. citée, p. 125.

6. Ici encore, Beaumarchais contredit Montesquieu, selon qui le despotisme s'était installé à Madrid sur les ruines de l'Amérique et de la Péninsule.

7. Ce poète dramatique (1570 ?-1632 ?) d'une exceptionnelle fécondité, composa près de sept cents pièces de théâtre, dont trente-quatre seulement furent publiées. Auteur baroque s'il en fut, cultivant le romanesque à outrance, il ne possédait malheureusement pas les moyens de ses ambitions : ses vers médiocres, ses métaphores ridicules le condamnèrent très rapidement à l'oubli.

8. *Manolos* et *majos* se signalent par leur peu d'ardeur au travail. Les premiers descendent des *picaros* ; ils vivent au jour le jour et tirent de leur existence aventureuse une philosophie souriante appelée *conformidad.* Les seconds se recrutent parmi les artisans madrilènes ; ils se singularisent par leurs habits colorés qui seront ceux de Figaro : la résille, la culotte, la large ceinture. Leur désinvolture, leur indépendance d'esprit s'accommodent mal de l'influence étrangère. Leurs façons d'être gagnent la meilleure société, et l'on voit même des gentilshommes s'habiller en *majos* pour se rendre aux corridas. Les *saynetes* de don Ramón de la Cruz (*El Petimetre, El Sarao, Las Mujeres defendidas*), expriment ce souci de sauvegarder la spécificité culturelle espagnole, et plus particulièrement madrilène, en s'appuyant sur ses racines les plus populaires. On peut les lire dans la *Nueva Biblioteca de Autores españoles*, t. XXIII.

9. Au lever du rideau, un barbier attend le client devant sa porte, et chante en s'accompagnant de sa guitare (instrument traditionnellement attaché aux gens de sa profession). Surviennent cinq galants, amoureux chacun d'une des cinq filles d'Alonso Blas, bourgeois riche et remarié. Afin de conserver tout l'héritage pour son propre enfant, la marâtre veut leur faire épouser des cousins, paysans de Galice. On attend justement ceux-ci le lendemain, jour fixé pour le mariage. Le barbier imagine alors un stratagème et le met à exécution. Il se déguise en rimeur-chanteur italien et propose ses services pour la noce. Naturellement, il se fait mettre à la porte, mais réussit à glisser à la soubrette Manuela, dont il est épris, une lettre expliquant ce qui va se passer. Là-dessus arrive une troupe de cavaliers : ce sont les cinq galants, qui se font passer pour les rustres de Galice. Le barbier survient à son tour, travesti cette fois en muletier, et sort de sa poche un contrat pour les six mariages (celui des cinq sœurs avec leurs prétendants et le sien avec Manuela), supposé de la main du curé. Au moment de le faire signer au père, il lui substitue un autre contrat, identique au premier, mais où les déplacements de points et de virgules modifient le sens. La supercherie est découverte, mais trop tard.
   On aura reconnu, dans ce dernier subterfuge, celui de Figaro (*Le Mariage de Figaro,* acte III, sc. 15). Pour le reste, l'influence de Ramón de la Cruz sur Beaumarchais paraît si évidente qu'il n'est pas nécessaire d'y insister : ce barbier grattant sa guitare, ces billets galants subrepticement remis à la belle, ces mariages par surprise : on retrouve là, légèrement transformés, les principaux éléments du *Barbier de Séville.*

10. Gudin de La Brenellerie pense connaître la raison de ce mépris pour les paroles des airs chantés : « On l'assura que le bon sens, les traits fins, le sentiment gâteraient la musique. On ne lui disait pas ce qu'on pensait, et il n'était pas difficile de comprendre que dans une nation noble, généreuse, spirituelle, mais asservie à

toutes les gênes ministérielles et sacerdotales, c'est-à-dire à deux ou trois sortes
d'inquisition, on craignait les paroles, et que les gens d'esprit ne voulaient plus y
cultiver que la musique. Les notes ne sont jamais suspectes ; jamais on ne défère
la gamme à la police ou aux inquisiteurs, de quelque manière qu'on pose ou
transpose les sept notes et les trois clefs. Il n'en va pas de même des vingt-quatre
lettres de l'alphabet ; leur arrangement le plus innocent peut tout à coup devenir
criminel » (*op. cit.*, p. 37-38).

11. Lettre à son père du 28 janvier 1765, dans : *Correspondance*, éd. Morton, t. I,
p. 145.
12. *Ibid.*, p. 146-147.
13. Lettre au duc de La Vallière du 24 décembre 1764, dans : Loménie, *op. cit.*, t. I,
p. 506-507 (nous avons restitué à partir de l'original les mots censurés par le vertueux M. de Loménie).
14. Loménie, *op. cit.*, t. I, p. 136-137.
15. Lettre à son père du 31 décembre 1764, dans : *Correspondance*, éd. Morton, t. I,
p. 133. Miss Howe est un personnage de *Clarisse Harlowe*.
16. William-Henry Nassau de Zuylestein, comte de Rochford (1717-1781). Envoyé
d'Angleterre à la cour de Turin (1750-1754), ambassadeur à Madrid (1763-1766),
puis à Versailles (1766-1768), il fut nommé, le 21 octobre 1768, secrétaire d'État
au département du Nord et passa, le 19 décembre 1770, à celui du Sud, dont il se
démit en octobre 1775.
17. Le duc de Choiseul partageait cette opinion : «Le comte de Rochford est si incon-
sidéré, si indiscret et si borné, qu'il n'est guère possible de prendre quelque
confiance en lui. Cependant, comme il n'est pas moins incompétent, il se
conduira peut-être plus convenablement à notre égard dans la place qu'il occupe
qu'il n'a fait pendant qu'il a résidé en France» (lettre de Choiseul à Châtelet, du
29 novembre 1768).
18. Maria Romanovna, comtesse Woronzoff, puis Buturlin (ou Bouterline), était sœur
de la princesse Daschkoff, dame d'honneur de Catherine II et auteur de célèbres
Mémoires. Voltaire lui dédiera ses *Pensées philosophiques* en 1766.
19. Le comte Pyotr Jona Alexandrovitch Buturlin, ministre plénipotentiaire de Russie
en Espagne de 1762 à 1766.
20. Lettre à sa sœur Julie du 11 février 1765, dans : Loménie, *op. cit.*, t. I, p. 145.
21. Jeu de cartes et de hasard, fort à la mode au XVIIIᵉ siècle, et qui ressemble beaucoup au lansquenet.
22. *Annette et Lubin*, comédie en un acte en vers, mêlée d'ariettes et de vaudevilles,
par Mme Favart, Marmontel, Lourdet de Santerre et Favart, publiée en 1762.
Morton indique par erreur *Le Devin du village* (*Correspondance*, t. I, p. 153, n. 2).
23. *Quatrième Mémoire*, dans : *Œuvres*, Pléiade, p. 896.
24. Lettre du 11 février 1765, dans : *Correspondance*, éd. Morton, t. I, p. 149-153.
25. Lettre à son père du 28 janvier 1765, dans : *Correspondance*, éd. Morton, t. I,
p. 145-146.
26. Lettre de M. Caron père à son fils du 5 juin 1764, dans : *Lettres de jeunesse,* éd.
citée, p. 103-104.
27. Lettre de Julie à son frère du 5 juin 1764, dans : *ibid.* p. 105 et *Correspondance*,
éd. Morton, t. I, p. 71. Il s'agit, bien entendu de la comtesse de Fuen-Clara, et non
de la marquise de La Croix, comme le prétend par erreur Morton (n. 1), lequel
d'ailleurs orthographie ce nom tantôt *Fuon Clara*, tantôt *Fumclara*.

28. Louis Sextius de Jarente de La Bruyère (1706-1788), évêque de Digne depuis 1747, grâce à la protection de Mgr de Belzunce, avait obtenu en juin 1757 la feuille des bénéfices et sut ne pas s'oublier : il s'attribua l'année suivante plusieurs abbayes et l'évêché d'Orléans, où il succéda à Louis Joseph de Montmorency-Laval (transféré à Condom). Évêque mondain et intéressé, vivant dans le libertinage, il avait pour maîtresse en titre l'une de ses nièces et pour favorite la fameuse Guimard, canal par lequel s'écoulaient secrètement beaucoup de grâces ecclésiastiques. Il devra s'exiler en même temps que Choiseul, en 1771. Beaumarchais le juge comme un « indulgent prélat, dont le caractère est aussi doux que le cœur excellent et l'esprit éclairé » (lettre à Durand du 19 avril 1765, dans : *Lettres de jeunesse,* éd. citée, p. 206). Une autre nièce de Mgr de Jarente avait épousé Grimod de La Reynière, fermier général et beau-frère de Lamoignon de Malesherbes, fils du chancelier.

29. Il était également gouverneur de Galice, et s'était distingué pendant la guerre du Portugal en 1762, tandis qu'il commandait la place de Chaves. Il fut nommé peu après inspecteur de l'artillerie, poste dans lequel il fit preuve de compétence et d'une grande conscience professionnelle.

30. Charles-Henri, baron de Gleichen, *Mémoires*, chap. XV. Revenue en France, après la mort de son mari, la marquise de La Croix se tourna vers la dévotion. « C'est une personne honorée et estimée par tout le monde, écrit la baronne d'Oberkirch le 14 février 1786. Elle est pieuse et bienfaisante ; elle a des idées religieuses exaltées, bien que loin de toute intolérance. Remplie de l'esprit de Dieu, elle ne songe qu'à convertir et à soulager. Elle obtient même des riches et sans importunité, en faisant le bien plus qu'eux. Elle n'existe vraiment que pour les pauvres. Ce n'est pas ce qu'on appelle une dévote de profession. Quoiqu'elle ne soit plus très jeune, elle est cependant gaie ; elle aime le monde et parle de tout avec grâce et enjouement. Elle a été fort belle, d'une beauté noble et imposante. Son regard exprime une franchise et une loyauté à toute épreuve. Ses opinions religieuses ont une forme toute particulière ; elle n'est cependant ni martiniste, ni lavatériste, ni mesmériste » (*Mémoires*, chap. XXXI). Sur la fin de sa vie, elle se laissa néanmoins attirer dans la secte illuministe et usa sa vie dans la vaine attente du diable. Des pénitents « en grande robe de couleur de rose » venaient vers elle en procession. Sous la Révolution, elle attribua ses pouvoirs mystiques à Scévole de Cazotte, fils de l'auteur du *Diable amoureux*, au nom de la Sainte Milice du ciel.

31. Louis de Loménie a retrouvé, dans les archives de la famille, une miniature représentant la marquise de La Croix, enveloppée dans un papier portant ces mots d'une écriture fine et un peu griffonnée : « Je vous rends mon portrait » (*op. cit.*, t. I, p. 5).

32. Allusion à son âge.

33. Loménie, *op. cit.*, t. I, p. 31-32.

34. Beaumarchais, *Œuvres complètes*, éd. Fournier (1876), p. 745-749. Beaumarchais déclare ailleurs : « Une autre de mes folies, à laquelle j'ai encore été forcé de m'arracher, c'est l'étude de la politique, épineuse et rebutante pour tout autre, mais aussi attrayante qu'inutile pour moi. Je l'aimais à la folie : lectures, travaux, voyages, observations, j'ai tout fait pour elle : les droits respectifs des puissances, les prétentions de princes par qui la masse des hommes est toujours ébranlée, l'action et la réaction des gouvernements les uns sur les autres, étaient des intérêts faits pour mon âme. Il n'y a peut-être personne qui ait éprouvé autant que moi la

contrariété de ne pouvoir rien voir qu'en grand, lorsque je suis le plus petit des hommes. Quelquefois même j'ai été jusqu'à murmurer, dans mon humeur injuste, de ce que le sort ne m'avait pas placé plus avantageusement pour les choses auxquelles je me croyais propre, surtout lorsque je considérais que la mission que les rois et les ministres donnent à leurs agents ne saurait leur imprimer la grâce de l'ancien apostolat, qui faisait tout à coup des hommes éclairés et sublimes des plus chétifs cerveaux» (lettre au duc de Noailles, dans: Loménie, *op. cit.*, t. I, p. 206-207).

35. Beaumarchais, *Œuvres complètes*, éd. Fournier (1876), p. 745-749.
36. Il s'était rendu odieux par les impôts écrasants qu'il avait établis pour redresser les finances de l'État, ainsi que par diverses ordonnances rendues contre les coutumes nationales, notamment l'usage de se promener *«en capa y sombrero»*. Après la révolte populaire de mars 1766, il dut se réfugier à l'intérieur du palais royal, puis se rendit à Naples comme ambassadeur, fonction qu'il occupa quelques années plus tard à Venise, où il mourut après 1780.
37. Le marquis d'Ossun partage entièrement cet avis à propos d'Arriaga, «qui par ignorance et par nonchalance, écrit-il, est peut-être encore trop attaché à ses anciens préjugés contre toutes les nations étrangères» (arch. Affaires étrangères, correspondance politique: Espagne 540, 17 décembre 1764).
38. *Essai sur les manufactures d'Espagne* (arch. Comédie-Française, t. III, p. 69-81). C'est nous qui soulignons.
Au moment où s'engageaient les négociations, Beaumarchais envoyait à ses mandataires, Pâris-Duverney et Le Ray de Chaumont, un descriptif des domaines relevant de ces différents ministères.
«Le ministère de ce pays est composé de trois hommes dont l'un, qui est M. de Grimaldi, se trouve spécialement chargé du détail de la Louisiane, parce que c'est lui qui a présidé à l'échange, et que tous, tant qu'ils sont ici, ne savent ce qu'ils doivent en faire ni comment s'y prendre pour la mettre en valeur, ou seulement enforcer contre les usurpations anglaises, et qu'elle est cependant la porte de toutes les possessions de l'Est et du Sud. Suivez-moi tranquillement, car ceci a un rapport au reste.
«Le deuxième ministre est M. d'Arriaga, qui a le département de la Marine. Ainsi, c'est à son bureau que se jugera le mérite de ma proposition, et de lui cela ira en droiture au roi, parce qu'ici, il n'y a pas de Conseil comme en France, et que les ministres ne se communiquent point sur les affaires.
«Le troisième ministre est M. d'Esquilace [écrit *Esquilache*], chargé de la partie des finances et celui des trois qui a le plus de crédit personnel auprès du roi. La condition de fixer les droits du roi à 10, 20 ou 30 piastres doit s'agiter à son bureau, ainsi que les permissions de frêt en fer et d'expédition en France.
«Ainsi, on ne peut se dispenser de traiter avec deux au moins de ces trois hommes. Les différents intérêts de ces départements, leur peu de communication et la lenteur générale sont les raisons qui rendent les affaires si interminables en Espagne.
«Or, d'après ces premières notions, et surtout d'après mon étude des différents caractères à qui j'ai affaire, je vois que M. d'Arriaga, qui est un homme aussi simple que dévot et peu instruit, va nous abandonner à ses commis, dont la partie est sûrement liée avec les différents Espagnols qui ont été chargés partiellement des fournitures, et qu'on nous rongera par les difficultés et la lenteur, sans jamais

nous donner de solution. Je vois qu'Esquilace, qui ne connaît qu'une seule manière de faire de l'argent au roi et à lui-même, dont la maxime est «hors la douane point de salut», ne voudra diminuer en quoi que ce soit les droits une fois établis, quoiqu'ils paraissent justement exorbitants, car ils sont de 33 piastres par pièce d'Inde, parce qu'il ne voit d'autre avantage que ce revenu, dans notre affaire comme en toute autre. Il lui importe peu que la colonie soit bien ou mal servie, pourvu que le droit soit rigoureusement payé. Le roi est absolument distingué en tout de la nation : ce sont deux intérêts qui se croisent même partout, mais cette bizarre administration n'en est pas moins le fondement de toute la politique d'Esquilace.

«Le troisième ministre dont il y a le plus de parti à tirer est M. de Grimaldi, parce qu'il aime les Français, le bien général, et qu'il est fort accessible. Mais il n'y a qu'un moyen de l'enchaîner en quelque façon au succès de mon affaire, c'est d'y mettre la Louisiane pour quelque chose. Vous la regardez comme inutile, et moi je la vois comme la clef de ma prompte réussite. Mais ne vous faites point une fausse idée de cette assertion» (Beaumarchais, *Instructions secrètes sur le ministère d'Espagne relativement à l'affaire de la concession de la Louisiane*, arch. Comédie-Française, manuscrit autographe, t. III, p. 119-121).

39. *Mémoire sur l'Espagne* (arch. Comédie-Française, t. III, p. 35-42, et *Œuvres complètes*, éd. Édouard Fournier. Paris, Laplace, Sanchez et Cⁱᵉ, 1876, p. 745-749).

40. Guillaume-Claude d'Aubarède, comte de Laval, baron de Chamousset, dit le marquis d'Aubarède (1717-1795). Après une carrière militaire qui le conduit jusqu'au grade de colonel (1746) et à la place de lieutenant du roi à Belfort (1754-1762), il s'en détourne pour celle d'aventurier. Révoqué en 1762, emprisonné à la Bastille pour d'obscures affaires de chantage et injures contre la vicomtesse de Noé, il s'enfuit peu après en Espagne, où il gagne la confiance de Beaumarchais, dans l'espoir d'obtenir le gouvernement de la Louisiane. Déçu dans ses ambitions, d'Aubarède se lance alors dans une conspiration destinée à libérer le Mexique du joug espagnol, se rend en Angleterre pour intéresser ce pays à son entreprise, et cherche à rallier à sa cause le chevalier d'Éon, qui s'empresse de dénoncer le complot à l'ambassadeur d'Espagne. Il tente également de s'assurer la collaboration de Durand, l'ancien prétendant de Lisette. Homme faible et velléitaire, celui-ci hésite à s'engager dans l'aventure, finit par y renoncer, et juge plus prudent d'aller répéter tout ce qu'il sait au marquis d'Ossun, notre ambassadeur à Madrid. Après des mois de négociations sous de faux noms (*Bernard, Guiller, Caffaro*), d'Aubarède devra se résigner à rentrer en France (1772). La Révolution le fera maréchal de camp (1791), puis conseiller militaire du Comité de salut public (1793). Il est maintes fois question de ce personnage dans la correspondance de Beaumarchais.

41. En voici la liste complète :
   I. *Mémoire et Propositions à la cour d'Espagne* (seconde quinzaine de juin 1764), inspiré d'un mémoire fort apprécié de Grimaldi, qui avait pour auteur le chevalier de Kerlérec, gouverneur de la Louisiane de 1752 à 1764, et dont le ministre avait accusé réception le 4 juin 1764 (cf. Donvez, *op. cit.*, p. 41).
   II. *Instructions secrètes sur le ministère d'Espagne relativement à la concession de la Louisiane* (seconde moitié de juillet 1764). Elles sont adressées à Pâris-Duverney et Le Ray de Chaumont, qui étaient en désaccord avec ses propositions à la cour d'Espagne.

III. *Essai sur les manufactures d'Espagne* (août 1764). Adressé à la marquise de La Croix.

IV. *Essai sur le projet de population, défrichement et agriculture de la Sierra Morena, demandé par M. de Grimaldi* (août 1764).

V. *Réflexions patriotiques sur la Louisiane par un citoyen espagnol* (fin août et avant le 4 septembre 1764). Ces *Réflexions* furent traduites en espagnol sans nom d'auteur.

VI. *Essai sur les subsistances des troupes d'Espagne et autres objets qui en dépendent* (entre le 22 et le 28 octobre 1764).

VII. *Mémoire sur l'Espagne.* Rédigé à l'intention de Choiseul, vraisemblablement en juin 1765.

VIII. *Compléments au Mémoire sur l'Espagne* (juin 1765).

IX. *En continuant de réfléchir à Madrid…* (juin 1765).

X. *Disons un mot maintenant…* (juin 1765).

XI. *Les Anglais qui s'emparent de tout…* (juin 1765).

XII. *Mémoire particulier et justificatif pour Monseigneur le duc de Choiseul, ministre et secrétaire d'État* (fin 1765 ; après le 5 novembre).

Les manuscrits de ces mémoires, autographes ou de la main de copistes (notamment Durand), sont tous conservés aux archives de la Comédie-Française, à l'exception du premier, *Mémoire et Propositions à la cour d'Espagne,* qui se trouve dans les archives de la famille. Ces papiers de Beaumarchais reliés en sept volumes furent retrouvés à Londres en 1863 et acquis par la Comédie-Française. Le *Mémoire sur l'Espagne* (VII) a été publié par Édouard Fournier dans son édition des *Œuvres complètes* de Beaumarchais (Paris, Laplace, Sanchez et Cie, 1876), p. 745-749. Jacques Donvez les a tous retranscrits dans son ouvrage *La Politique de Beaumarchais.* Mais celui-ci n'a jamais été publié et n'est consultable que sous forme de microfiches à la Bibliothèque nationale de France (microfiche 15679).

42. « Le Pacte de famille ayant changé une partie du système de l'Europe, a semblé mettre beaucoup de poids dans la balance de la France, et l'union intime des deux puissances formidables n'a pas laissé que d'inquiéter les Anglais. Malgré leur air d'assurance, ils ont redoublé d'efforts pour se faire un appui certain de toutes les puissances du Nord. Ainsi, l'on peut diviser l'Europe en deux parties et regarder Vienne, Paris et Madrid comme étant en opposition avec Londres, Berlin et Pétersbourg. Mais les politiques éclairées voient facilement que l'union de la France avec l'Autriche ne peut avoir une véritable consistance, et ceux qui connaissent bien l'Espagne savent assez quel peu de fond on doit faire sur des secours réels de sa part. Ainsi, dans une occasion pressée, la France doit craindre de rester seule livrée à ses propres forces, pendant que l'Angleterre, la Prusse et la Russie feront des efforts combinés très réels contre elle. Voilà le tableau général. Mais dans cet état de choses, et en suivant le véritable esprit du Pacte de famille, il convient de tirer le meilleur parti possible de l'Espagne, notre alliée, soit en l'employant utilement, soit en en faisant un épouvantail » (*Mémoire sur l'Espagne*).

43. Le jeune prince avait été élevé par deux jésuites allemands choisis par sa mère, la reine Marie-Amélie de Saxe. D'après le marquis d'Ossun, son éducation aurait été sommaire : « Quoique doué des plus belles qualités, rapporte l'ambassadeur de France, il ne paraît pas jusqu'à présent avoir beaucoup de goût pour les occupa-

tions sérieuses. [...] Ce jeune prince a auprès de lui des valets de chambre et des garçons de la chambre napolitaine mal intentionnés pour la France, et qui ont cherché sans cesse à lui donner des impressions peu favorables à notre égard. On pourrait, je crois, sans témérité, présumer que ces deux jésuites allemands n'auront pas travaillé à nous servir » (arch. Affaires étrangères, correspondance politique : Espagne 543, 27 mai 1765). Ce préjugé n'empêchera pas le prince des Asturies d'épouser une petite fille de Louis XV, Marie-Louise de Parme, qui joint « à beaucoup d'esprit des sentiments décidés en faveur de la France et l'attachement le plus respectueux pour le roi, son grand-père » (*ibid.*) Précisons toutefois que ce mariage fut décidé sur les sollicitations de la reine mère Élisabeth Farnèse et que Choiseul contribua probablement à sa réalisation, afin de contrarier les projets d'union avec l'infante du Portugal.

44. *Mémoire sur l'Espagne.*

45. Lettre à Gossens, citée par J. Donvez, *op. cit.*, p. 159-161.

46. *Mémoire sur l'Espagne.*

47. D'après la rumeur, il éprouvait pourtant un tendre sentiment pour la femme de son ministre d'Esquilace, mais cela n'a jamais été confirmé. Casanova trace par ailleurs ce vivant portrait de Charles III d'après le témoignage de don Domingo Varnier, valet de chambre du roi :

« Si le surnom de chaste, me dit-il, doit être donné à un roi par la bouche de la vérité, et non par l'adulation, il n'a jamais convenu à aucun roi plus qu'à Charles III. Il n'a jamais de sa vie eu affaire à autre femme qu'à la reine défunte, et cela non pas tant parce que c'était le devoir de mari, mais parce que c'était le devoir de chrétien. Il ne veut pas commettre un péché parce qu'il ne veut pas souiller son âme, et parce qu'il ne veut pas avoir la honte d'avouer sa faiblesse à son confesseur. Très sain, fort, vigoureux, n'ayant jamais de sa vie eu la moindre maladie, pas une seule fièvre, il a un tempérament qui le décide très incliné à l'acte vénérien, car tant qu'elle a vécu, il n'a jamais manqué un seul jour de rendre les devoirs de mari à la reine. Dans les jours que cela lui était défendu, à cause de la propreté, il se fatiguait plus qu'à l'ordinaire à la chasse, pour calmer les impulsions de la concupiscence. Imaginez-vous son désespoir lorsqu'il se trouva veuf, et décidé à mourir plutôt qu'à avoir l'humiliation de prendre une maîtresse. Sa ressource fut la chasse, et une méthode pour s'occuper tellement dans toutes les heures du jour, que le temps de penser à une femme ne puisse pas lui rester. [...] Malheur à celui qui lui proposerait une maîtresse ! » (Casanova, *Histoire de ma vie*, Paris, Robert Laffont, coll. « Bouquins », t. III, p.638-639). Ailleurs, il le peint comme un homme « faible, matériel, têtu, fidèle à l'excès à la religion, et très déterminé à mourir cent fois plutôt que de souiller son âme avec le plus petit de tous les péchés mortels. Tout le monde voit qu'un homme pareil devait être entièrement l'esclave de son confesseur » (*ibid.*, p. 618).

48. *Mémoire sur l'Espagne.*

49. Avant même l'arrivée de Beaumarchais à Madrid, en février 1764, Mgr de Jarente avait vivement sollicité du duc de Choiseul une recommandation pour sa nièce auprès du roi d'Espagne. Nous reproduisons ci-après cette lettre au ministre des Affaires étrangères :

« L'évêque d'Orléans prie instamment M. le duc de Choiseul, qui s'est réservé le département d'Espagne, d'écrire très fortement trois lettres : une à M. le marquis de Grimaldi, une à M. le comte d'Esquilace, et une à M. le marquis d'Ossun, notre ambassadeur à Madrid, pour leur demander d'accorder leurs bons offices et une protection suivie à Mme la marquise de La Croix, femme de M. de La Croix, lieutenant général d'artillerie en Espagne, dans les affaires et les demandes de son mari, qu'ils sollicitent tous les deux auprès du roi et de la famille royale. Mme de La Croix est Jarente, comme l'évêque d'Orléans, son très proche parent ; ils ont prié instamment l'évêque d'Orléans d'obtenir ces trois lettres de M. le duc de Choiseul.

« L'évêque d'Orléans, de son côté, a déjà écrit et écrira de nouveau à ces Messieurs, attendu que le bonheur des jours présents et à venir de Mme de La Croix, sa parente, dépend du succès de ses demandes à la cour d'Espagne, que l'on assure d'ailleurs être très justes. L'évêque d'Orléans prie M. le duc de Choiseul de vouloir bien lui envoyer ces trois lettres qu'il se charge de faire tenir à Madrid. Il espère que M. le duc de Choiseul lui accordera cette marque d'amitié et écrira très fortement » (arch. Affaires étrangères, correspondance politique : Espagne 540, f° 153).

La lettre de Mgr de Jarente à Grimaldi, datée du 25 février 1764, précisait que la protection de Charles III porterait sur les affaires « qu'ils [M. et Mme de La Croix] sollicitent auprès du roi » (ibid., f° 156. La troisième lettre, adressée à d'Esquilace, porte la même date et se trouve au f° 157). L'abbé de La Ville, commis aux Affaires étrangères, chargé d'expédier au marquis d'Ossun le mémoire et les trois lettres de Jarente, les accompagna de ce mot rédigé sur l'ordre de Choiseul : « Je regarderai comme un service personnel pour moi tout ce que vous ferez en cette occasion en leur faveur » (ibid., f° 155).

L'évêque d'Orléans intervint une fois encore à la fin de l'année 1764, mais cette fois auprès de Louis XV :

« Sire,

« L'évêque d'Orléans, toujours plus zélé pour le bien de votre service et toujours plus pénétré de vos bontés pour lui, prend la liberté de supplier Votre Majesté, si elle a l'occasion d'écrire au roi d'Espagne, de lui recommander Mme la marquise de Jarente La Croix, femme d'un lieutenant général d'artillerie très estimé en Espagne, proche parente et de même nom et famille que l'évêque d'Orléans, votre ministre pour les bénéfices et les affaires ecclésiastiques, et de prier Sa Majesté Catholique d'accorder sa protection, ses bontés et ses grâces à ladite dame de La Croix, établie en Espagne » (arch. Affaires étrangères, correspondance politique : Espagne 541, f° 247).

Choiseul joignit ce mémoire à une lettre au marquis d'Ossun, du 14 décembre 1764, avec ce post-scriptum :

« P. S. Je joins ici, Monsieur, la copie d'un mémoire que Monseigneur l'évêque d'Orléans a présenté au roi et que Sa Majesté m'a autorisé à vous envoyer, en vous marquant de sa part qu'elle prend un véritable intérêt au succès de la demande de ce prélat en faveur de Mme de La Croix » (ibid., f° 150).

Le 17 décembre, Ossun accusait réception de l'envoi et promettait de « rendre à cette dame tous les services qui dépendent de moi pour lui faire obtenir des grâces à cette cour » (ibid., f° 296, 7). Le lendemain, il expédiait à Grimaldi la lettre de Choiseul et le mémoire de Jarente, en justifiant ainsi cette recommandation en faveur de Mme de La Croix : « Issue d'une ancienne et très noble maison de Provence, [elle] a sacrifié sa dot pour le soutien de M. de La Croix, son époux, et malgré les emplois distingués que cet officier remplit avec zèle, et les grâces dont Sa Majesté Catholique l'a honoré, il est certain que si Mme de

La Croix avait le malheur de le perdre, elle ne trouverait pas sa dot qui a été dissipée, et serait par conséquent hors d'état de se maintenir avec la pension dont jouissent les veuves des lieutenants généraux selon le dernier règlement. C'est dans ces circonstances, Monsieur, que le roi mon maître, ayant égard aux vives instances de Monseigneur l'évêque d'Orléans, m'a ordonné de faire connaître à Sa Majesté Catholique qu'il sera sensible aux marques particulières de bonté qu'elle daignera accorder à Mme de La Croix. Il ne me reste, Monsieur, qu'à prier Votre Excellence de vouloir bien mettre le tout sous les yeux de ce monarque et l'appuyer par les insinuations les plus favorables» (lettre citée par J. Donvez, *op. cit.*, p. 189).

La réponse de Grimaldi à Ossun marquait que Charles III avait pris connaissance du mémoire de Mgr de Jarente et de la lettre de Choiseul, et qu'il les «aurait en considération chaque fois qu'une occasion opportune se présenterait de rendre service à cette dame et d'ajouter des grâces à celles qu'il avait témoignées à son époux comme à l'un des plus dignes officiers de l'armée» (*ibid.*).

Il ressort de tout cela que, bien avant la machination imaginée par Beaumarchais, la marquise de La Croix avait bénéficié de recommandations auprès du roi Charles III. Non pour nouer une idylle avec lui, comme le prétendra plus tard l'auteur du *Barbier de Séville*, mais pour en obtenir des aides.

50. *Mémoire sur l'Espagne.*
51. *Ibid.*
52. Beaumarchais et ses sœurs étaient présents, le mercredi 24 octobre 1764, à la cérémonie au cours de laquelle M. de La Croix reçut sa commanderie. «J'assistai ainsi que mes sœurs mercredi passé à l'inauguration de M. le marquis de La Croix, qui vient d'être fait commandeur de l'ordre de Saint-Jacques. L'infant lui a donné une croix qui vaut dix-sept mille livres, et le roi douze mille livres de rente. C'est le mari de la dame à qui vous avez fait des compliments. Je vous porte les siens, car j'écris au coin de son feu et j'ai les pieds chauds à une cheminée à la française» (lettre à son père, du 28 octobre 1764, dans: *Correspondance*, éd. Morton, t. I, p. 104).
53. Lettre du 28 janvier 1765, dans: *Correspondance*, éd. Morton, t. I, p. 143-147.
54. On les trouve exposées tout au long dans: J. Donvez, *op. cit.*, p. 151-165.
55. Sur toutes les questions relatives à la Louisiane, voir l'excellente synthèse de J. Donvez, *op. cit.*, p. 1435-1439.
56. L'abbé Béliardi, consul de France à Madrid, et Kerlérec, le dernier gouverneur français de la Louisiane, lui en avaient cependant inspiré les grandes lignes.
57. *Essai sur le projet de population, défrichement et agriculture de la Sierra Morena* (arch. Comédie-Française, t. III, p. 166).
58. Montesquieu, *Considérations sur les richesses de l'Espagne* (v. 1728); *De l'Esprit des lois* (1748).
    Mirabeau (Victor de Riqueti, marquis de), *L'Ami des hommes ou traité de la population* (1757).
    Hume (David), *Essais moraux et politiques* (1741-1742, 2 vol.); *Discours politiques* (1752).
    Quesnay (François), *Tableau économique* [...] (1758); *Essai sur l'administration des terres* (1759); *Philosophie rurale, ou Économie générale et politique de l'agriculture* [en collaboration avec Mirabeau] (1763).
    Letrosne (Guillaume-François), *La Liberté du commerce des grains* (1764).

Dupont de Nemours (Pierre-Samuel), *De l'exportation et de l'importation des grains* (1764), etc.

Clicquot de Blervache (Simon), auteurs de maints ouvrages sur le commerce, l'agriculture et l'industrie, dont les *Considérations sur le commerce, et en particulier sur les compagnies, sociétés et maîtrises* (1758), largement inspirées des idées de l'économiste Vincent de Gournay (1712-1759).

Abeille (Louis-Paul), *Lettres d'un négociant sur la nature du commerce des grains* (1763); *Réflexions sur la police des grains en France et en Angleterre* (1764).

Cantillon (Richard), *Essai sur la nature du commerce en général* (1755).

Rousseau (Jean-Jacques), art. «Économie politique» dans l'*Encyclopédie*; *Du contrat social* (1762).

Melon (Jean-François), *Essai politique sur le commerce* (1734).

Dutot, *Réflexions politiques sur les finances et le commerce* (1738, 2 vol.).

Véron de Forbonnais (François), *Considérations sur les finances d'Espagne, relativement à celles de la France* (1753); *Le Négociant anglais* (1753, 2 vol.); *Éléments du commerce* (1754); *Mémoires sur le commerce* (1756). Auteur des articles «Commerce», «Concurrence», «Assurance» et «Change» dans l'*Encyclopédie*.

Ustariz (Jeronimo de), *Théorie et Pratique du commerce et de la marine* (1724), traduit en français par Véron de Forbonnais en 1753.

Ulloa (Bernardo de), *Rétablissement des manufactures et du commerce d'Espagne*, traduit en français par Louis-Joseph Plumard (1753); *Remarques sur les avantages et les désavantages de la France et de la Grande-Bretagne par rapport au commerce et aux autres sources de la puissance des États*. Même traducteur (1754).

59. Attaché à la fixité dans la valeur de la monnaie, il reprochait à Law de n'avoir pas prévu les opérations des «réalisateurs» qui entraînèrent la faillite du Système. Il fut d'ailleurs l'un de ses liquidateurs.

60. *Essai sur le projet de population, défrichement et agriculture de la Sierra Morena* (arch. Comédie-Française, t. III, p. 166-173). Ces idées entièrement empruntées à Law, ont été reprises par Cantillon et par Quesnay. En Espagne, Ustariz et Ulloa se laissèrent également gagner par elles, tout en demeurant cependant attachés à la valeur-or. Law comparait la circulation de l'argent dans la société à celle du sang dans le corps humain: «La circulation du papier-monnaie, disait-il, étant trois fois plus rapide que celle de l'or ou de l'argent, c'est comme s'il y avait en réalité trois fois plus de moyens d'échange.»

61. Beaumarchais prévoyait un établissement financier sur le même modèle pour les subsistances des troupes d'Espagne.

62. C'est en février 1767 que le Conseil de Castille accepta l'étude présentée l'année précédente par Thürriegel.

63. Allusion à la coutume du *Kiltgang*, suivant laquelle les jeunes filles accordaient à leur fiancé une nuit d'épreuve avant de s'unir définitivement avec lui par les liens du mariage.

64. Voir: Casanova, *op. cit.*, t. III, p. 620-621, 630, 637-638.

CHAPITRE VIII – « UN TOURBILLON QUI M'ENIVRE... »

1. Lettre à son père du 31 décembre 1764, dans : *Correspondance*, éd. Morton, t. I, p. 133-134.
2. Lettre à la comtesse de Benavente, 24 novembre 1764, *ibid.*, p. 113. Voir aussi la lettre suivante à la duchesse de Bournonville.
3. Lettre de son père du 8 janvier 1765, *ibid.*, p. 133-135.
4. Prenant naturellement le parti de son ami, Gudin de La Brenellerie attribue son échec en Espagne aux vices inhérents à l'absolutisme monarchique : « On ne saurait croire, écrit-il, combien les gouvernements absolus trouvent de difficultés insurmontables. Jamais ils n'ont pu faire fleurir le commerce qui fleurit si aisément dans les républiques ; jamais ils n'ont pu avoir autant de crédit que de simples villes hanséatiques. Or, quand les habitants d'un pays n'ont aucune influence dans l'État, ils tombent dans l'apathie des peuples orientaux ou ils cherchent à se dissiper en cultivant des arts frivoles » (*op. cit.*, p. 37).
5. Loménie, *op. cit.*, t. I, p. 136
6. Lettre à son père du 18 février 1765, dans : *Correspondance*, éd. Morton, t. I, p. 153-154.
7. Lettre à son père du 28 février 1764, *ibid.*, p. 155.
8. Lettre de Julie, 12 juin 1764, *ibid.*, p. 74.
9. Lettre à Julie du 27 août 1764, *ibid.*, p. 89-90.
10. Lettre de Pauline Le Breton, [25 mai 1764], *ibid.*, p. 66.
11. Lettre à Pauline Le Breton, [début juin 1764], *ibid.*, p. 71-73.
12. Lintilhac, *op. cit.*, p. 12-13.
13. Lettre du 14 mars 1765, dans : *Correspondance*, éd. Morton, t. I, p. 156.
14. En Espagne, on appelait « chocolat de santé » le chocolat préparé sans vanille.
15. Cuisinier chez Mme Guilbert à Madrid, il servit Beaumarchais pendant son voyage. « Il est à tout : à l'écurie, à la cuisine, à la chambre, et surtout à la bouteille », disait de lui son nouveau maître.
16. Lettre à Durand du 25 mars 1765, dans : *Correspondance*, éd. Morton, t. I, p. 157-158.
17. Lettre à Durand du 19 avril 1765, *ibid,*. p. 166.
18. Lettre à Julie du 2 avril 1765, *ibid.*, p. 158.
19. Lettre à Pauline Le Breton, [janvier ou février 1766], *ibid.*, p. 184-185.
20. Lettre à Pauline Le Breton, [janvier ou février 1766], *ibid.*, p. 185-186.
21. Lettre de Pauline Le Breton, [janvier ou février 1766], *ibid.*, p. 186-187.
22. Pierre Richard, *La Vie privée de Beaumarchais* (Paris, Hachette, 1951), p. 78, et Loménie, *op. cit.*, t. I, p. 176-177.
23. Lettre du 11 février 1766, dans : *Correspondance*, éd. Morton, t. I, p. 187.
24. Reproduit dans : Pierre Richard, *op. cit.*, p. 81.
25. Loménie, *op. cit.*, t. I, p. 186-187.
26. Antoine Raymond Jean Galbert Gabriel de Sartine, comte d'Alby, né à Barcelone le 12 juillet 1729, fut d'abord conseiller (1752), puis lieutenant criminel au Châtelet (1755), avant d'être nommé lieutenant général criminel de Paris en remplacement de Bertin (22 novembre 1759), où il se fit une belle réputation. Il s'attacha particulièrement aux problèmes de l'approvisionnement et de l'hygiène de la capitale, organisa le marché des grains, fit élever la nouvelle halle au Blé, créa le marché aux chevaux, introduisit les lanternes à réverbères, etc. Chef supposé d'un

«cabinet noir», on le soupçonna d'adresser à Louis XV les rapports dressés par ses espions sur les maisons closes. En 1774, Louis XVI l'appela au ministère de la Marine, où il s'illustra par une série de mesures destinées à moderniser cette administration. La Révolution le fit émigrer en Espagne, où il mourut, le 7 septembre 1801, dans la ville de Tarragone.

27. Pierre Richard, *op. cit.*, p. 92-93.

28. Constance-Simone-Flore-Gabrielle Rouault de Gamaches, née le 2 mars 1725, avait épousé en 1746 Charles Yves Le Vicomte, chevalier, comte du Rumain, gouverneur de Morlaix. Elle devint veuve en 1770. La chronique scandaleuse ne l'a pas épargnée. On lui reprochait notamment une liaison très intime avec M. de Roquelaure, évêque de Senlis. Elle fut la fidèle protectrice de Casanova, comme il ressort de quelques-unes de ses lettres qui ont été conservées (A. Ravà, *Lettres de femmes*, édition française, p. 119 *sq.*), et l'aida très effectivement dans nombre de circonstances délicates où il courait de sérieux dangers et où il s'était rendu coupable de graves entorses à la morale ; entre autres, dans l'affaire de Mlle de Wynne, et dans une ténébreuse histoire de lettre de change. De son côté, le Vénitien flatta sa curiosité pour les oracles et la kabbale. Il prétendit même avoir contribué à marier sa fille, Mlle Coëtanfao, par ses opérations kabbalistiques. En 1771, un an à peine après la mort de son premier mari, Mme du Rumain épousa le marquis Jacques Gilbert de Fraigne, et mourut à Paris le 15 avril 1781. Sa crédulité la désignait comme une proie facile aux chevaliers d'industrie.

29. Lettre citée par Pierre Richard, *op. cit.*, p. 93-94.

30. Rappelons que Leibniz (1646-1716) affirmait la nécessité de la souffrance humaine pour justifier Dieu. C'est contre sa doctrine optimiste que Voltaire avait composé *Candide* (1759).

31. Ces vers sont tirés du poème *L'Optimisme*, dont nous avons cité quelques extraits *supra*, chap. III, p. 78-79.

32. *Lettres de jeunesse,* éd. citée, p. 240-243. Le document original porte en tête cette mention manuscrite : «Copie de ma lettre à M. Dubucq, chef des bureaux de la marine, en faveur du pauvre Lucas, *mulâtre.*»

33. Lettre à Durand du 12 avril 1765, dans : *Correspondance*, éd. Morton, t. I, p. 164.

34. Choiseul avait quitté les Affaires étrangères pour la Marine en 1761, tout en conservant le département de l'Espagne. Il revint aux Affaires étrangères en 1766.

35. Il s'agit du *Mémoire sur l'Espagne* que nous avons largement cité dans le chapitre précédent.

36. *Mémoire particulier et justificatif pour Monseigneur le duc de Choiseul, ministre et secrétaire d'État* [après le 5 novembre 1765], (arch. Comédie-Française. Ms. autographe).

37. *Ibid.*

38. *Ibid.*

39. *Ibid.*

CHAPITRE IX – « MONSIEUR L'AUTEUR TOMBÉ »

1. La cérémonie fut célébrée le 15 janvier 1766.
2. Lettre à Geneviève-Madeleine Wattebled, du 15 juillet 1769, dans: *Correspondance*, éd. Morton, t. I, p. 214-215.
3. Lettre du duc de La Vallière à Maupeou du 9 novembre 1767, *ibid.*, p. 210-211.
4. Par prononciation approximative de l'anglais *author*. «Qui dit *auteur* dit *oseur*»: le mot est cité par Gudin de La Brenellerie dans son édition des *Œuvres* de Beaumarchais (Paris, Colin, 1809, t. VII, p. 253) et dans son *Histoire de Beaumarchais*, p. 333.
5. *Le Barbier de Séville*, acte I, sc. 2.
6. *Mémoires secrets*, 28 décembre 1766, t. III, p. 120-121.
7. Voir: *Romanciers du XVIII⁰ siècle*, «Bibliothèque de la Pléiade», t. I, p. 291-324. L'idée de son drame lui est donc venue cinq années avant son voyage en Espagne, ce qui exclut toutes les allusions à l'affaire Clavijo que l'on a souvent voulu y voir. Même l'intervention du frère, surgissant à l'acte III pour tenir tête au séducteur, et en qui certains ont cru voir Pierre-Augustin lui-même volant au secours de sa sœur Lisette, n'est que le simple fait du hasard. D'autres sources d'*Eugénie* nous sont fournies par Charles Collé: «Tout le fond est pris dans *Clarisse* et dans quelques autres romans, note celui-ci, dans l'aventure du comte de Belfort, racontée dans *Le Diable boiteux*, dans la comédie des *Généreux Amis* de Scarron, dans la comédie du *Point d'honneur* de M. Lesage» (*Journal et Mémoires*, t. III, p. 125). Grimm, de son côté, soulignera la ressemblance entre *Eugénie* et le roman de Mme Riccoboni intitulé *Miss Jenny* (*Correspondance littéraire*, t. VII, p. 230). D'autres encore pensent à «Fanni, histoire anglaise», dans les *Épreuves du sentiment* de Baculard d'Arnaud.
8. Selon le témoignage de Lintilhac (*op. cit.*, p. 37-40, 376-381, 420-421), il n'existe pas moins de cinq manuscrits divers dans les papiers de famille. La Comédie-Française en possède deux (voir: P. Larthomas, éd. des *Œuvres*, Pléiade, p. 1242).
9. C'est à don Cléophas que le démon Asmodée raconte cette histoire dans *Le Diable boiteux*.
10. La pièce fut jouée pour la première fois à Toulouse au printemps de 1759, avant de remporter un vif succès à Bordeaux, puis à Marseille et Lyon. La Comédie-Française l'accueillit enfin le 18 février 1761 pour sept représentations. Elle avait été publiée dès 1758 avec le *Discours sur la poésie dramatique* (Amsterdam [Paris], in-8°, XXIV, 220 p., et XII, 195 p.).
11. Selon Gudin, c'est le drame de Diderot qui éveilla sa vocation d'auteur: «En voyant représenter cette pièce [*Le Père de famille*], Beaumarchais sentit son cœur remuer plus fortement; il connut que son génie l'appelait au théâtre et, cédant à l'impulsion qu'il éprouvait, il composa, presque malgré lui, sa touchante *Eugénie*» (*op. cit.*, p. 45-46).
12. «L'oie cacarde au milieu des cygnes.» Citation librement empruntée à Virgile (*IX⁰ Églogue*, vers 36). Beaumarchais a remplacé *strepere* par *strepit*. L'ensemble de ce texte est un fragment de brouillon de l'*Essai sur le genre dramatique sérieux*, publié pour la première fois par Lintilhac (*op. cit.*, p. 37-38) et reproduit par P. Larthomas dans son édition des *Œuvres* de Beaumarchais (Pléiade, p. 1243-1244).

13. Lettre du 21 mars 1774, dans: Voltaire, *Correspondance*, éd. Pléiade, t. XI, p. 643.
14. Charles Collé combattit avec vigueur l'engouement du public, et notamment des femmes, pour le drame larmoyant: «La jeunesse actuelle ne connaît plus d'autre espèce de comédie que le genre larmoyant; il lui faut ce qu'on appelle *de l'intérêt*. Le comique véritable, la comédie proprement dite, est absolument passée de mode; la nation est devenue triste. Les femmes, d'ailleurs, ont tellement pris le dessus chez les Français, elles les ont tellement subjugués, qu'ils ne pensent plus et ne sentent plus que d'après elles. Les femmes veulent un spectacle qui les attendrisse, qui les fasse *pleurnicher*; elles ont, d'ailleurs, un éloignement naturel pour la critique et la satire de leurs ridicules et de leurs vices, même la plus permise et la plus mesurée, telle qu'elle peut et doit se trouver dans la véritable comédie. Elles aiment, au contraire, des drames où l'on ne cesse de dire des fadeurs à leur sexe, où l'amour tient toutes les places, où l'on élève la vertu, l'honneur, le désintéressement, la grandeur d'âme, les sentiments, la délicatesse de leur sexe d'une manière incroyable et romanesque; elles permettent qu'on accable des mêmes perfections les amants de ces pièces insipides; il leur faut des passions, je ne dis pas tendres, mais violentes, mais forcenées, où tout leur soit sacrifié; elles veulent occuper elles seules dans ces drames; elles ne sont intéressées à ces sujets qu'autant que l'intérêt roule sur elles absolument. Elles exigent que la comédie ne présente plus que des caractères nobles, généreux, vertueux, magnanimes, incroyables, romanesques, impossibles; rien ne leur paraît outré à cet égard. La vertu la moins vraisemblable, la plus gigantesque, celle qui est le moins dans la nature, est précisément celle qui les surprend et qui les frappe davantage: elles ne rebuteraient cependant pas dans ces drames un très joli scélérat, pourvu qu'il ne commît ses crimes abominables que par un amour bien forcené, bien enragé, bien endiablé. Elles viennent au théâtre pour voir leur triomphe sur les hommes, et leur prodigieux ascendant sur notre sexe. Voilà l'intérêt qu'elles exigent dans les nouvelles pièces; plus de salut pour une comédie sans intérêt, et peut-être sans ce genre d'intérêt. *Le Misanthrope*, *L'École des maris*, *Le Tartuffe* manquent d'intérêt; ce ne sont pas là des pièces! Parlez-leur d'*Eugénie*! Elles ont fait passer leur goût à toute notre belle jeunesse; quelques gens de lettres même ont été séduits, et semblent concourir à accréditer cette erreur. Dans le théâtre espagnol, nouvellement traduit par M. Linguet, homme d'ailleurs de beaucoup d'esprit, on voit avec quelque surprise que cet auteur préfère en quelque sorte la pièce d'intrigue aux *Femmes savantes* de Molière, dans lesquelles il ne se trouve pas l'intérêt qu'il prétend être dans la comédie qu'il traduit. Il faut à M. Linguet de l'intérêt dans *Les Femmes savantes*! Il en doit dire autant de toutes les pièces du haut comique de Molière; cet auteur-là ne doit pas lui convenir autant que La Chaussée: il doit mettre ce dernier au-dessus de ce grand homme. Il est malheureusement vrai pourtant que le petit homme avec son petit intérêt, ses petits incidents impossibles, ses petits personnages romanesques, son petit style assez correct et sa perfection de médiocrité, est venu à bout de ressusciter un genre de drame que les véritables comédies de Molière avaient fait mourir de leur belle mort.
«On sait, et je l'ai souvent répété à ceux qui l'ignoraient, qu'avant Scarron et Molière nos comédies n'étaient autre chose que des romans mis en action. Molière vint: la vérité prit la place du roman. Souvenons-nous qu'à une représentation d'une des pièces de cet homme divin, un bourgeois inspiré s'écria au

milieu du parterre : *Poursuis, Molière, voilà de la bonne comédie !* Toute l'Europe a confirmé les sentiments de ce bourgeois : c'était le cri de la nature. Mais notre postérité dédaigne ce qui est naturel : malheur à elle et à son goût !

« Ne désespérons pas cependant tout à fait des Français. Tout est mode dans notre pays ; on la saisit et on la suit avec fureur, on l'abandonne avec la même légèreté, et on méprise avec excès celle dont on s'était engoué avec transport. Flattons-nous que la métaphysique, qui attriste notre nation depuis vingt-cinq ans, passera comme la mode des rhingraves, que nous n'avons pas vue réapparaître depuis qu'on l'a quittée. Croyons aussi pour notre bien et pour notre honneur, que l'anglomanie ne nous tiendra pas toujours » (*Journal et Mémoires,* t. III, p. 241-244).

15. Le tyran du Péloponnèse est Polyphonte, dans *Mérope* de Voltaire ; la jeune princesse, l'héroïne d'*Iphigénie* de Racine (*Essai sur le genre dramatique sérieux,* dans : *Œuvres,* Pléiade, p. 125-126).

16. *Ibid.,* p. 133.

17. *Ibid.,* p. 124.

18. *Petite pièce :* le spectacle s'achevait généralement par une pièce comique en un acte. *Essai sur le genre dramatique sérieux,* dans : *Œuvres,* Pléiade, p. 127-128.

19. *Correspondance,* éd. Morton, t. I, p. 198-199.

20. *Ibid.,* p. 200.

21. Cette date est confirmée par les registres de la Comédie-Française. Plusieurs éditions des *Œuvres* de Beaumarchais situent fautivement cette première le 25 juin.

22. Selon Gudin de La Brenellerie, il s'agirait d'une *petite maison.* Quoique rien ne le précise (Beaumarchais parle simplement d'une « maison écartée »), il y voit une intention moralisatrice : « Beaumarchais, que rien n'intimidait, écrit-il, osa, dès son premier ouvrage, attaquer un usage très indécent, réservé autrefois aux plus grands seigneurs, car il n'était pas nouveau ; mais il s'était singulièrement propagé en France sous Louis XV : c'était celui d'avoir une *petite maison,* lieu de plaisir où les uns entretenaient des courtisanes, où les autres conduisaient les femmes et les filles de leurs amis pour les séduire et les corrompre. Il mit la scène de son drame dans la petite maison d'un grand seigneur, et le peignit comme un homme très coupable » (*op. cit.,* p. 47).

23. *L'Année littéraire,* 1767, t. VIII, lettre XIII, p. 328.

24. Louise Adélaïde Berton-Maisonneuve, dite Mlle d'Oligny ou Doligny, née à Paris le 30 octobre 1746, reçue à la Comédie-Française à l'âge de quinze ans, pour jouer les rôles tendres et ingénus, devint sociétaire en 1764 et se retira en 1783. Ses débuts, le 3 mai 1763, donnèrent lieu à un plaisant incident que rapporte l'auteur des *Mémoires secrets* (t. I, p. 213) : « Mlle de Maisonneuve, petite-fille de la femme de chambre de Mlle Gaussin, celle dont on a déjà parlé et dont l'abbé Voisenon a décelé les talents, vient de débuter. Elle a de la naïveté, de l'intelligence, et promet beaucoup ; elle a été très bien accueillie aujourd'hui. Elle a joué dans *La Gouvernante* et dans *Zénéide.* Dans la première pièce, comme elle est tête à tête avec son amant, on vient l'avertir de se retirer ; en fuyant, elle est tombée dans la coulisse et a laissé voir son derrière. Madame Bellecour, dite *Gogo,* soubrette, est venue très modestement lui remettre ses jupes. Le tout s'est passé au contentement du public, qui a fort fêté le cul de l'actrice et la modeste *Gogo.* La jeune personne n'a point été déconcertée, elle est rentrée peu après sur le théâtre. »

En dépit de cette anecdote, on rend généralement hommage aux mœurs irréprochables de Mlle Doligny, si éloignées du libertinage des femmes de son état.

Selon Grimm, sa vertu n'avait «pas été obligée de payer à messieurs les gentils-hommes de la Chambre aucun des droits d'usage». Il ajoute ailleurs : «Son talent, sans être très distingué, avait une physionomie qui lui était propre. Elle n'a jamais été fort jolie, mais elle a eu longtemps, sur la scène du moins, l'air aimable, inté-ressant et doux. Sans élégance, sans coquetterie, sans maintien, on lui trouvait cependant une sorte de grâce, celle de la décence et de l'ingénuité. Le son de sa voix n'était pas toujours assez pur ; elle ne paraissait pas même l'avoir cultivée avec soin, mais les accents de cette voix allaient souvent au cœur ; elle avait des inflexions d'un naturel charmant, d'une sensibilité pénétrante» (*Correspondance littéraire*, t. XIII, p. 418). Beaumarchais, en tout cas, la tenait en grande estime et lui témoignait beaucoup d'affection ; il lui confia, huit ans plus tard, le rôle de Rosine dans *Le Barbier de Séville*, et lui réservait celui de la comtesse dans *Le Mariage de Figaro*, lorsqu'elle se retira du théâtre, en 1783. Il parle d'elle avec beaucoup de tendresse dans une lettre à la Société des Comédiens-Français du 22 novembre 1779 : «Pour ma petite Doligny, c'est toujours ma Pauline, ma Rosine, mon Eugénie, et quoique je sois, dit-elle, un vilain monstre qui n'aime point la Comédie-Française, et mille autres lamentables faussetés du même genre,

«Entre elle et moi, Messieurs, c'est dit.
Nous ne formons qu'une famille.
Je suis son père, elle est ma fille,
Et cela va jusqu'au dédit.»

À quoi la comédienne s'empressa de répondre : «Je ne saurais trop vous remer-cier de tout ce que vous avez dit de moi dans la lettre que vous avez écrite à la Comédie au sujet des *Deux Amis*. Tous mes camarades ont été enchantés de la gaieté et de l'esprit qui brillent dans votre lettre. J'ai été plus enchantée qu'eux tous, mais c'est de votre amitié et de vos bontés pour moi.»

(Loménie, *op. cit.*, t. I, p. 509 et 510).

25. L'homme s'acquitta d'ailleurs parfaitement de sa tâche, car deux jours après la générale, il écrivait à l'auteur :

«Monsieur,

«Comme votre intention est sûrement de retoucher à votre pièce, je crois devoir vous faire part des opinions que j'ai pu recueillir parmi ceux qui m'environnaient au parterre, et ce faisant remplir les motifs qui vous ont engagé à donner des billets à ceux qui vous sont dévoués. Comme les moments doivent vous être pré-cieux, je fais trêve de compliments, ainsi que de ma façon de penser, et vais vous parler comme le public du côté où j'étais.

«Les trois premiers actes se sont soutenus à l'aide de quelques belles pensées que les uns nomment heureuses et d'autres uniques.

«On a trouvé que le quatrième acte languissait. Encore plus le cinquième qui tient beaucoup trop longtemps Eugénie dans une position gênante qui fait intéresser le parterre plus pour elle que pour la pièce. [...] Comme la critique ne roule que sur les deux derniers actes, on a trouvé que le père faisait trop longtemps un rôle muet, sans savoir quelle contenance tenir sur la scène. En outre, ce qui a aug-menté le murmure ou la cabale, sont le terme de "*vous pleurez, mes amis*", qui quoique placé a fait rire, et celui que dit le père : "*Est-ce de bon cœur que tu lui pardonnes ?*" qui vraisemblablement leur a paru trop ordinaire.

«Par la courte critique que je vous expose, j'ose espérer que vous ne doutiez pas du suffrage que je donne à un juge que vous avez si bien traité, puisqu'il n'y a que quelques longueurs à supprimer et quelques expressions à changer pour décider un tas de sots, quasi payés pour anéantir les talents. Pour moi, je me renferme à dire que je n'ai pas trouvé, excepté Eugénie, que les acteurs se soient surpassés, et qu'en général on a parlé trop bas.

« J'ai l'honneur d'être, etc. » (*Correspondance*, éd. Morton, t. I, p. 204-205).

26. *Mémoires secrets*, t. III, p. 136. La recette s'éleva pourtant à 3 616 livres, somme assez importante à l'époque.

27. Charles Collé, *op. cit.*, t. III, p. 122-124. Relisant ses notes en 1780, Charles Collé reconnaîtra loyalement son erreur de jugement : « Je suis bien revenu de l'opinion que j'avais de Beaumarchais. C'est moi qui suis une bête de l'avoir jugé sans esprit. Ce n'est pas que je sois revenu sur *Eugénie*, que je trouve toujours très mauvaise. [...] Ce n'est point que je ne pense encore que Beaumarchais est le plus vain, le plus présomptueux des hommes ; mais il est des fats qui ont beaucoup d'esprit. Il a plus même : il a du génie ; on en trouve dans son *Barbier de Séville*. C'est une des plus excellentes farces que je connaisse. Et qu'on n'imagine pas que mon intention soit de rabaisser son ouvrage en lui donnant le nom de farce. *Le Médecin malgré lui*, *Les Fourberies de Scapin*, *Le Cocu imaginaire* et *Pourceaugnac* sont des farces qui ont mille fois plus de génie que toutes les comédies de La Chaussée. Rien n'est plus difficile que de faire rire, et rien de plus aisé que de faire pleurnicher ! » (*ibid.*, p. 124, n. 1).

28. *Correspondance littéraire*, t. VII, p. 227 et 230.

29. *Essai sur le genre dramatique sérieux*, dans : *Œuvres*, Pléiade, p. 120-121.

30. Selon Charles Collé, ce n'est pas Beaumarchais qui aurait fait ce travail, mais les Comédiens-Français, sous la conduite de l'auteur Poinsinet. « J'y ai retourné à la cinquième, note-t-il dans son *Journal*. On avait tant élagué que la pièce n'était plus qu'un *trognon*. Les retranchements et changements qui y ont été faits par Préville, Bellecour, et deux autres comédiens, commandés par le général Poinsinet, l'ont rendue moins exécrable, mais elle est encore bien détestable » (*op. cit.*, t. III, p. 125-126).

31. Charles Collé, *op. cit.*, t. III, p. 130.

32. Cela tend à prouver que les critiques de l'époque avaient l'habitude de payer leur place au théâtre.

33. Loménie, *op. cit.*, t. I, p. 218-219.

34. La reprise du mois d'août 1863 par les Comédiens-Français ne connut pas plus de quatre représentations. Une suite d'*Eugénie* fut créée sous la Restauration ; elle avait pour auteurs MM. Merle, Daubigny et Maurice Alhoy, et s'intitulait *L'Agent de change ou Une fin de mois*. Elle fut représentée pour la première fois au Théâtre de la Porte-Saint-Martin le 22 février 1825.

35. Loménie, *op. cit.*, t. I, p. 221-222. Le 30 janvier 1767, Mme Riccoboni annonçait à son ami David Garrick : « Hier tomba une pièce au Français. L'auteur [en est] M. de Beaumarchais ; Préville y joua comme un ange. Ce sont des personnages anglais, mais ni connaissance des usages du pays, ni connaissance du monde poli, ni connaissance du cœur » (*Studies on Voltaire and the Eighteenth Century*, vol. CXLIX, Oxford, The Voltaire Foundation, 1976, p. 107). L'acteur a donc passé outre cet avertissement. À moins que la dame dont il parle (et qui n'est autre qu'Elizabeth Griffith), ait librement adapté l'original français, ce qui expliquerait le mot « imitation » plutôt que « traduction ». *The School of Rakes* fut éditée à Londres en 1769 (in-8°, x-94 p.). On peut lire, dans l'Avertissement qui

précède la pièce : « *The hint of this comedy was taken from a much admired performance of Monsieur de Beaumarchais, stiled* Eugénie*, which Mr Garrick was so kind to put into my hands, some time ago.* »

36. Comédie en trois actes en vers libres de Collé, représentée pour la première fois et avec un très vif succès à la Comédie-Française le 17 janvier 1767, soit douze jours seulement avant *Eugénie*.

37. Charles Collé, *op. cit.*, t. III, p. 137-138.

38. Chez Merlin, in-8°, XLIV-118 p.

39. *Correspondance littéraire*, VII, p. 412.

40. Isabelle de Charrière, *Une liaison dangereuse. Correspondance avec Constant d'Hermanches 1760-1776*, édition établie, présentée et annotée par Isabelle et Jean-Louis Vissière, Paris, Éditions de la Différence, 1991, p. 427-428.

41. *Svartsjö* : résidence du roi et de la reine de Suède, dans le voisinage immédiat de Stockholm (*Gustave III par ses lettres*, éd. Gunnar von Proschwitz, Stockholm, Norstedts / Paris, Jean Touzot, 1986, p. 49).

42. *Ibid.*, lettre du vendredi 6 novembre 1767, p. 54-55.

43. *Ibid.*, p. 55, n. 5.

44. *Correspondance*, éd. Morton, t. I, p. 205-206.

45. Cette curieuse affirmation, qu'aucun document ne vient étayer, est reprise par Gudin de La Brenellerie : « Les amis se turent ; les propriétaires des petites maisons crièrent à l'indécence ; leurs flatteurs crièrent encore plus haut à l'indécence ; les femmes qui fréquentaient en secret ces maisons de joie crièrent comme eux à l'indécence ; les journalistes, les envieux, les auteurs sifflés, imprimèrent que la pièce était détestable, mal conçue, scandaleuse, immorale. Parmi cette foule de prétendus critiques, aucun n'eut le bon sens ou la bonne volonté d'applaudir à l'énergique audace de l'auteur qui osait s'élever contre un luxe vicieux, autorisé alors par le monarque, les plus grands seigneurs, et même par des magistrats » (*op. cit.*, p. 47-48).

46. Beaumarchais, *Œuvres*, Pléiade, p. 1159.

47. Il s'agit de Mme Buffault, femme d'un marchand de soieries établi rue de la Monnaie, à l'enseigne des *Traits galants*, qui fut un moment codirecteur de l'Opéra. Lorsqu'elle mourut de la petite vérole, en octobre 1777, les *Mémoires secrets* lui firent cette oraison funèbre : « C'était une des plus belles créatures de la capitale, et elle faisait bruit par cette raison. Son plus grand chagrin était d'être fille d'une cuisinière et femme d'un marchand. Elle avait fait s'évertuer celui-ci qui, par la protection de Mme du Barry, était devenu écuyer, receveur général des domaines, dons, octrois et fortifications de la ville de Paris, et conseiller du roi en ladite ville. Elle délicatait son corps avec une recherche singulière. Pour se décrasser, elle s'était formée une espèce de société d'artistes, de gens à talents et de lettres, et tâchait, par des airs de petite-maîtresse, de faire oublier son extraction » (*op. cit.*, t. X, p. 255-256).
Buffault ne resta pas veuf très longtemps ; il se remaria en 1779 : « M. Buffault, ancien marchand d'étoffes, puis trésorier de la ville de Paris, célèbre par la protection de la comtesse du Barry, par la singulière fortune qu'il a faite et par l'extrême beauté de sa femme qu'il vient de perdre, s'est remarié ces jours-ci. Il a épousé l'ancienne maîtresse de M. de La Ferté, intendant des Menus Plaisirs, qu'il avait enlevée il y a quelque temps... à cet autre financier, son ami et son bienfaiteur. »
Cette fille s'appelait La Plaine dans le monde de la galanterie. Il est question

d'elle dans la parodie des *Annonces, Affiches et Avis divers, ou Journal général de Paris*, du vendredi 31 décembre 1779 :

« Biens en roture à vendre ou à louer. »

« Maison très spacieuse, dite *la Plaine*, vu son immensité, charges et offices d'intendants des Menus, rapportant l'impossible, outre les droits casuels à vendre : la maison comme on voudra. S'adresser pour la maison à Mme Buffault, et pour les intendances à son mari, ancien marchand de soie, et aux sieurs Papillon de La Ferté, Mareschaux Desentelles et Bourboulon, sur le pavé de Paris. »

48. Dans l'*Émile* de Rousseau, livre V.

49. On aura reconnu Julie, la sœur de Pierre-Augustin.

50. Gudin de La Brenellerie, *op. cit.*, p. 50-53.

51. C'est à l'instigation et sous le nom du sieur Lévêque (né en 1709) que le duc d'Aumont, intendant royal des Menus Plaisirs, fit l'acquisition en 1762 d'un terrain situé rue Bergère, afin d'y faire bâtir un hôtel et des magasins pour les Menus (futur Conservatoire de musique et d'art dramatique). La munificence de ce haut fonctionnaire éblouissait alors la Cour et la Ville. Le dauphin avait tenu à le féliciter personnellement pour sa décoration du palais de Vénus dans l'opéra de *Psyché*, où le trône, le dais, les colonnes intérieures et extérieures, ainsi que la coupole, étaient recouverts de pierreries de différentes couleurs et disposées avec art. Les rideaux du baldaquin or et vert étaient noués de gros nœuds de diamants. « Ce coup d'œil a surpris tout le monde, et surtout l'ambassadeur d'Angleterre (le comte d'Hertford) que j'avais prié qu'on plaçât en face. Il est convenu, ainsi que les autres étrangers, qu'il n'avait jamais rien vu de si beau dans ce genre. Les princes, les évêques et toute la ville sont accourus jusqu'à deux heures du matin pour jouir de ce spectacle, le roi ayant ordonné qu'on laissât entrer tout le monde après la représentation » (*Journal de Papillon de La Ferté*, 1887, p. 91-92). Ce Lévêque était en relations d'affaires avec le marchand de soie Buffault, fournisseur de l'Opéra ; leurs épouses étaient également fort liées, ce qui explique que Mme Buffault présenta son amie à Beaumarchais.

52. Les témoins de cette union furent : « André-Charles Caron, Jean-Baptiste Octave Janot de Miron, intendant de la Royale maison de Saint-Louis à Saint-Cyr, demeurant rue des Grands-Augustins à Paris, Jean-Antoine Lépine, horloger du roi, demeurant place Dauphine, et Pierre Gary, avocat au Parlement et conseiller du roi en l'élection de Paris, demeurant rue Bertin-Poirée. » Dans cet acte, Pierre-Augustin porte le titre d'« Écuyer, conseiller, secrétaire du roi, et lieutenant général de la varenne du Louvre » (A. Jal, *Dictionnaire critique de biographie et d'histoire*, p. 150).

53. *Mémoires secrets*, t. IV, 19 avril 1768, p. 13.

54. Il fut tenu sur les fonts baptismaux le lendemain à Saint-Sulpice, par son grand-père André-Charles Caron et sa tante Marie-Julie Caron de Beaumarchais.

55. Le père de Sophie Arnould n'a jamais été cabaretier. L'acte de baptême de sa fille (1740) le désigne comme « officier d'office ». Plus tard, en 1760, il tint l'hôtel de Lisieux, rue des Fossés-Saint-Germain-l'Auxerrois. L'illustre cantatrice entretint une longue liaison avec le comte de Lauraguais, dont elle eut trois enfants.

56. Gudin de La Brenellerie, *op. cit.*, p. 53-57. Lintilhac a retrouvé le manuscrit de ce récit dans les archives de la famille ; il est intitulé : *Anecdote légère dont la suite a empoisonné plus de dix années de ma vie*. On peut y lire en outre : « C'est de la chaleur de ces heures envenimées que, quinze années après, j'ai pris la légère

vengeance au théâtre de faire dire à Figaro, définissant les courtisans : *Recevoir, prendre et demander : voilà le secret en trois mots.* »

Gudin fait justement remarquer que Beaumarchais n'était pas l'inventeur de cette fatale comptabilité. Dans une lettre du 1ᵉʳ novembre 1762 à Bernard Louis Chauvelin, Voltaire écrivait en effet : « Je supputais hier avec des Anglais qu'ils doivent plus de livres tournois qu'il n'y a de minutes depuis la création du monde, et je crois que nous autres, Français, nous ne nous éloignons pas trop de ce compte » (Voltaire, *Correspondance*, éd. Pléiade, t. VI, p. 1105).

« Sans doute quelque bruit d'un si étrange calcul se répandit et ne parut digne d'être relevé ni d'être combattu. Soit donc que Beaumarchais en eût eu quelque notion, soit qu'il n'en ait jamais entendu parler, il parut une idée neuve quand il le refit à sa manière et le borna modestement à la mort du Christ. Voltaire avait été plus hardi et plus exact dans le sien ; personne ne lui en avait su mauvais gré et ne l'avait fait connaître à des rois.

« Mais quand Beaumarchais l'eut communiqué à un duc qui se hâta d'en faire part au roi, les courtisans se fâchèrent, le calcul fit grand bruit, et tout le monde en parla. Le duc eut d'autant plus de tort que les circonstances n'étaient pas favorables pour en parler, et qu'il ne devait pas ignorer cette grande maxime des courtisans, de choisir le moment propre à se faire écouter » (Gudin de La Brenellerie, *op. cit.*, p. 59-60).

57. Lettre aux sociétaires de la Comédie-Française du 27 novembre 1769, dans : *Théâtre complet de Beaumarchais*, éd. G. d'Heylli et F. de Marescot (Paris, 1869-1871), t. I, p. 202, n. 1.

58. La distribution était complétée par MM. Bellecour (*Saint-Alban*, fermier général en tournée) et Feulie (*André*, domestique de la maison). Un certain M. Pin jouait le rôle de Dabins, caissier d'Aurelly. On ne sait s'il s'agit de ce M. Le Pin que Beaumarchais avait chargé de glaner les commentaires du public sur *Eugénie* (*supra*, p. 280, n. 25). Ce qui est sûr, c'est que l'acteur lui déplut fort ; il lui reprocha notamment d'arborer une perruque « si intolérablement ridicule que le public aheurté crut ne voir qu'un commis d'usurier dans le rôle sensible d'un très honnête homme » (lettre du 22 novembre 1779 aux Comédiens-Français, reproduite dans : *Œuvres*, Pléiade, p. 1274-1276).

59. Ce n'était pas d'une folle originalité, car la même année (1770) paraissaient *Les Deux Amis, conte iroquois* de Saint-Lambert et *Les Deux Amis, ou le comte de Méralbi* de Sellier de Moranville. Cette coïncidence fit plaisamment écrire au baron de Grimm : « L'année qui va finir a été fatale aux *Deux Amis* ; ils se sont montrés sur la scène comme deux financiers et deux commerçants de Lyon, en conte comme deux Iroquois, en roman comme deux je-ne-sais-quoi et, Dieu merci, ils ont été sifflés partout » (*Correspondance littéraire*, t. IX, 15 décembre 1770, p. 185-186). Toujours selon Grimm, c'est afin de réhabiliter *Les Deux Amis*, et de les venger « de toutes les injures que leurs historiens leur ont attirées cette année », que Diderot à son tour aborda le même thème dans *Les Deux Amis de Bourbonne*, dont la simplicité contraste singulièrement avec la prétention du conte de Saint-Lambert (*ibid.*). Rappelons enfin, pour compléter la série, *Les Deux Amis*, comédie-bouffe en 3 actes de Dancourt, représentée pour la première fois sur la scène du Théâtre-Français le 9 août 1762, et *Les Deux Amis*, proverbe en un acte de Carmontelle, publié en 1768-1769 dans les *Amusements de société*.

60. Une note nous fournit ce détail : « Pendant que les acteurs sont censés faire de la musique, les premiers violons de l'orchestre jouent, avec des sourdines, un andante que les seconds dessus et les basses accompagnent en pinçant, ce qui complète l'illusion du petit concert que le spectacle représente. » Beaumarchais a fait imprimer avec la pièce cet andante qu'il avait composé tout exprès pour elle.

61. Acte III, sc. 5, dans : *Œuvres*, Pléiade, p. 239.

62. De *Cleveland* à *Candide*, sans oublier bien sûr *Le Fils naturel* de Diderot, le thème de la naissance illégitime traverse toute la littérature du XVIIIᵉ siècle. Mais chez aucun auteur il n'apparaît de façon aussi explicite et aussi obsessionnelle que chez Beaumarchais. (Sur cette question, voir : Jean-Pierre de Beaumarchais, « Enfant naturel, enfant de la nature », dans *Europe*, avril 1973, p. 50-56.)

63. Acte IV, sc. 9, Pléiade, p. 250.

64. Beaumarchais, *Œuvres*, Pléiade, p. 1269.

65. Acte II, sc. 10, dans : *Œuvres*, Pléiade, p. 223.

66. Lettre à M. *** du 17 octobre 1770, dans : Beaumarchais, *Œuvres*, Pléiade, p. 1273. D'après Maurice Tourneux qui la publia pour la première fois dans *L'Amateur d'autographes* (1902), le destinataire de cette lettre pourrait être M. Bordeaux, dit Belmont, concessionnaire de spectacles à Bordeaux.

67. L'idée de l'égalité entre nobles et roturiers apparaît au théâtre en même temps que dans les *Lettres philosophiques*. En 1734, dans *L'École des mères*, comédie de La Chaussée, un personnage défend une fille sacrifiée à son frère aîné en invoquant « l'égalité » comme une « loi de nature ». Quelques années plus tard, en 1747, dans *La Gouvernante*, du même auteur, un jeune M. de Stainville prétend épouser une roturière sans fortune et soulève les applaudissements en déclarant qu'entre les hommes :

> « la naissance
> Ne doit pas faire un grain de plus dans la balance ».

Deux ans plus tard, Voltaire lui-même, dans *Nanine*, soutiendra qu'on peut avoir de nobles sentiments sans être noble, et qu'en naissant tous les hommes sont égaux. En 1750, avec *La Force du naturel*, Philippe Néricault Destouches essaie bien de présenter les gens de condition comme de nature supérieure. Mais à en croire Collé, le public réagit aussitôt négativement : « Les gens de qualité, écrit-il, ne sont que trop portés à croire qu'ils sont d'un autre limon que le reste des hommes, à se flatter qu'ils sont de la porcelaine de Saxe, et à ne considérer les bourgeois que comme de la faïence et de la terre la plus vile, sans les aller encore affermir dans une créance aussi fausse qu'inhumaine et ridicule » (*Journal et Mémoires*, t. I, p. 131).

Toujours en 1750, le même Collé fait représenter *La Veuve*, dans laquelle une riche roturière se croit au-dessus d'une alliance avec un homme de cour qui n'en veut qu'à sa fortune, et finit par l'éconduire. La rivalité entre nobles et roturiers devient un thème à la mode, et les auteurs dramatiques ne se gênent plus guère pour humilier les premiers en donnant l'avantage aux seconds. En 1763, dans *Le Bienfait rendu ou le Négociant*, Dampierre de La Salle prête ces mots au chevalier de Bruyancourt, jeune gentilhomme en contestation avec un riche bourgeois bordelais :

> « Et comment voulez-vous [dit-il] que fasse la noblesse ?
> Tout l'or est dans les mains des gens de votre espèce.
> Pour avoir notre part, nous n'avons qu'un moyen :
> C'est d'emprunter beaucoup et de ne rendre rien. »

D'ailleurs, le négociant est à la mode, et chacun s'emploie à faire son apologie. Dans *Le Philosophe sans le savoir* (1765), Sedaine en trace un portrait flatteur (voir *supra*, chap. IV, n. 36). Treize jours seulement après *Les Deux Amis*, le 26 janvier 1770, Chamfort fait représenter à la Comédie-Française une comédie en un acte intitulée *Le Marchand de Smyrne*, qui met en scène un gentilhomme espagnol réduit en esclavage et un marchand d'esclaves musulman. Le gentilhomme, qui n'a jamais travaillé de sa vie et ne sait rien faire, n'a pas même de valeur vénale sur le marché.

68. *Mémoires secrets*, 15 janvier 1770, t. V, p. 44.
69. *Ibid.*, p. 63. L'anecdote est reprise dans la *Correspondance littéraire*, t. VIII, p. 453.
70. *Correspondance littéraire*, t. VIII, p. 441-442.
71. *Ibid.*, p. 452-453.
72. Charles Collé, *op. cit.*, t. III, p. 244-245.
73. *Chansonnier historique du XVIIIᵉ siècle. Recueil Clairambault-Maurepas*, éd. E. Raunié, Paris, 1879-1884, t. VIII, p. 155.
74. *La Dunciade*, chant VII.
75. Diderot, *Œuvres : Esthétique – Théâtre*, éd. Laurent Versini, Paris, Robert Laffont, coll. « Bouquins », t. IV, p. 1177.
76. Duclos fut l'un des premiers à souligner cette évolution :
     « La finance, écrit-il, n'est point du tout aujourd'hui ce qu'elle était autrefois. Il y a eu un temps où un homme de quelque espèce qu'il fût, se jetait dans les affaires avec une ferme résolution d'y faire fortune, sans avoir d'autres dispositions qu'un fond de cupidité et d'avarice ; nulle délicatesse sur la bassesse des premiers emplois, le cœur dégagé de tout scrupule sur les moyens, et inaccessible aux remords après le succès. Avec ces qualités, on ne manquait pas de réussir. Le nouveau riche, en conservant ses premières mœurs, y ajoutait un orgueil féroce dont ses trésoriers étaient la mesure ; il était humble ou insolent suivant ses pertes ou ses gains, et son mérite était à ses propres yeux, comme l'argent dont il était idolâtre, sujet à l'augmentation et au décri.
     « Les financiers de ce temps-là étaient peu communicatifs ; la défiance leur rendait tous les hommes suspects, et la haine publique mettait encore une barrière entre eux et la société.
     « Ceux d'aujourd'hui sont très différents. La plupart, qui sont entrés dans la finance avec une fortune faite ou avancée, ont eu une éducation soignée, qui en France se proportionne plus aux moyens de se la procurer qu'à la naissance. Il n'est donc pas étonnant qu'il se trouve parmi eux des gens fort aimables. Il y en a plusieurs qui aiment et cultivent les lettres, qui sont recherchés par la meilleure compagnie, et qui ne reçoivent chez eux que ceux qu'ils choisissent.
     « Le préjugé n'est plus le même à l'égard des financiers ; on en fait encore des plaisanteries d'habitudes, mais ce ne sont plus de ces traits qui partaient autrefois de l'indignation que les traités et les affaires odieuses répandaient sur toute la finance. Je sais que personne n'a encore osé en parler avantageusement ; pour moi, qui rapporte librement les choses comme elles m'ont frappé, je ne crains point de choquer les préjugés de ceux qui déclament stupidement contre la finance, à qui ils doivent peut-être leur existence sans le savoir » (*Les Confessions du comte de ****, éd. Laurent Versini, Paris, Desjonquères, 1992, p. 108-109).
     Grimm, de son côté, critique ainsi les portraits de financiers tracés par le chevalier d'Arcq dans ses *Lettres d'Osman* (1753) : « Le financier grossier et ridicule

qu'Osman nous peint, d'après tant de copies dont on nous fatigue depuis long-temps, n'existe plus à Paris. Ce portrait pouvait être ressemblant il y a cinquante ans, lorsque Lesage fit sa comédie *Turcaret*; aujourd'hui que nos financiers sont, en général, très aimables, qu'ils ont de très bonnes et très agréables maisons, et qu'ils ne ressemblent pas plus à ces anciens financiers que nos marquis ne ressemblent à ces anciens marquis du *Joueur* de Regnard, il est très ridicule de nous peindre des originaux peu intéressants qui n'existent plus» (*Correspondance littéraire*, t. II, p. 246).

77. Lettre aux Comédiens-Français du 22 novembre 1779, dans: *Œuvres*, Pléiade, p. 1274.
78. Lettre à Mme d'Épinay, du 27 février 1773, dans: Ferdinando Galiani-Louise d'Épinay, *Correspondance*, Paris, Desjonquères, 1992-1997, t. III, p. 210.
79. Cet abbé Grizel était le complice de Billard. Cf. la lettre aux Comédiens-Français du 22 novembre 1779, dans: *Œuvres*, Pléiade, p. 1274-1275.
80. Voir: Balzac, *Théâtre*, éd. Guise, Paris, Éditions du Delta, 1971, t. III, p. 475. *Le Faiseur* fut imprimé en 1848 et créé en 1851.
81. Voir notamment ses lettres aux Comédiens-Français des 21 décembre 1771, 24 avril 1775, 22 novembre 1779, juin et 24 août 1781 (*Œuvres*, Pléiade, p. 1271, n. 4, 5, 6, 7).

CHAPITRE X – POUR UN BOUQUET DE FLEURS JAUNES

1. D'après Jal (*op. cit.*, p. 150), il mourut sans doute en nourrice à la campagne, car l'acte de son décès n'est point inscrit sur les registres de Saint-Sulpice.
2. *Mémoires secrets*, t. XVIII, p. 335. Papillon de La Ferté rapporte, de son côté, à la date du 30 avril 1768: «M. le duc d'Aumont s'est plaint du bruit que faisait dans le public le mariage annoncé de la dame Lévêque avec le sieur Beaumarchais et de la vente considérable de son mobilier. Au premier article, j'ai répondu que la dame Lévêque ne m'avait pas mis dans sa confidence, parce que je l'aurais détournée de faire une pareille sottise. Sur le second point, j'ai répondu que la vente paraissait beaucoup plus considérable qu'elle ne le serait en effet, la dame Lévêque ayant consenti que plusieurs personnes y missent des meubles et effets précieux, dans l'espérance d'en tirer un meilleur parti, la vente se faisant dans un local aussi vaste que celui des Menus, où il pouvait venir plus de monde. J'ai ajouté que la dame Lévêque ayant pris pour ses affaires M^e Le Pot d'Auteuil, notaire, que M. le duc d'Aumont avait lui-même chargé, conjointement avec M. Hébert, des affaires des Menus, il serait en état de lui rendre un compte plus particulier de la fortune laissée par le sieur Lévêque» (*Journal de Papillon de La Ferté*, éd. Ernest Boysse, 1887, p. 218).
3. Le duc d'Aumont avait fait appel à M^e Le Pot d'Auteuil, notaire, pour mettre la main sur la succession du sieur Lévêque, «voulant absolument que la dame Lévêque abandonnât au roi toutes les pierreries des habits et décorations, soit comme appartenant aux Menus, soit comme dédommagement de ce qu'il en avait coûté de trop pour les bâtiments; qu'au reste il était convaincu que ces pierreries appartenaient au roi; qu'il me priait de faire des recherches nécessaires pour en

avoir la preuve, et que ce n'était qu'à cette condition qu'il me continuerait sa confiance» (*ibid.*, p. 218-219).

4. Tout le détail de cette affaire peut se lire dans le *Journal de Papillon de La Ferté*, 1887, p. 215, 218, 220-225.

5. Armand-Alexandre, comte de Duretal ou Durtal, marquis de La Rochefoucauld-Liancourt, né le 19 octobre 1748, fils de Louis-François-Armand de La Rochefoucauld, duc d'Estissac, et de Marie de La Rochefoucauld, appelée Mlle de La Roche-Guyon.

6. Sur toute cette affaire, se reporter à l'article de Jean-Pierre de Beaumarchais, «Une histoire de diamants» dans: *Europe*, n° 528, avril 1973, p. 6-13.

7. *Réponse ingénue de Pierre-Augustin Caron de Beaumarchais à la consultation injurieuse que le comte Joseph-Alexandre Falcoz de La Blache a répandue dans Aix*, dans: *Œuvres complètes*, éd. Girardin, p. 397.

8. *Ibid.*, p. 414.

9. Nous devons ces renseignements à l'introduction du *Tartare à la légion,* par Marc Cheynet de Beaupré (Le Castor astral, 1998), p. 33-40.

10. Baptisé à Paris (Saint-Paul) le 17 mai 1718, mort le 6 septembre 1778 en l'hôtel de Joyeuse, rue Saint-Louis-au-Marais, Pâris de Meyzieu était fils de Claude Pâris La Montagne, lequel avait épousé en 1708 la belle-sœur de son frère Antoine, Élisabeth de La Roche. Conseiller au parlement de Paris le 28 juillet 1739, charge qu'il résilia en 1742, directeur des études puis intendant de l'École militaire, bibliophile averti, il est l'auteur de diverses publications, dont le code de l'École militaire, une *Lettre* sur l'École militaire (Londres, 1755, in-8°), et la notice de l'*Encyclopédie* sur cet établissement. On lui attribue encore *Le Tremblement de terre de Lisbonne*, pièce qu'il aurait écrite en collaboration avec Ducoin, son secrétaire, ancien caissier de son oncle Pâris-Duverney. Il avait épousé le 26 août 1754 Françoise Anne Bottet, veuve de Jean-Baptiste Gayot de La Milette (*ibid.*, p. 152).

11. Joseph-Alexandre Falcoz descendait de Marthe, sœur des frères Pâris, selon la généalogie simplifiée ci-dessous:

Marthe, sœur de Pâris-Duverney ∞ Joseph Hugues, seigneur de Perratière

|

Justine ∞ Charles Michel, seigneur de Roissy

|

Josèphe-Marguerite Michel de Roissy ∞ Alexandre-Laurent-François Falcoz, comte et futur marquis de La Blache

|

Joseph-Alexandre Falcoz, comte puis marquis de La Blache

Né au château d'Anjou, près de Vienne en Dauphiné, le 11 avril 1739, Joseph-Alexandre Falcoz devait toute sa carrière militaire à son arrière-grand-oncle, Pâris-Duverney. C'est lui qui le fit nommer à l'âge de douze ans «lieutenant réformé sans appointements, à la suite du régiment royal des Dragons», dans lequel son père, le marquis de La Blache, était mestre de camp, c'est-à-dire colonel. En 1755, c'est encore lui qui le fit passer capitaine, puis colonel du régiment, le 10 juin 1757 (à dix-huit ans !), en remplacement de son père, démissionnaire en sa faveur. C'est toujours lui qui le fit décorer de la croix de Saint-Louis le 1ᵉʳ février 1763, après les campagnes d'Allemagne. Le 3 janvier 1770, il était nommé maréchal de camp et quittait le service pour se marier avec Charlotte-Marie Gaillard de Beaumanoir, née à Paris le 7 août 1754, présentée à la Cour le 17 février 1771, fille aînée de Jean-Baptiste Gaillard, seigneur de Beaumanoir, fils et frère de fermiers généraux, et de Marie-Eugénie Préaudeau. Élu député de la noblesse du Dauphiné aux états généraux de 1789, il fut l'un des premiers de son ordre à se joindre au tiers état. À l'Assemblée, il s'occupa à peu près exclusivement d'affaires de finances. Emprisonné en 1793, il ne fut libéré qu'à la chute de Robespierre, le 9 thermidor an II (27 juillet 1794), et se retira dans ses terres. Il mourut vers 1802 en son château de Gurcy (Seine-et-Marne). Voir : Marc Cheynet de Beaupré, Introduction du *Tartare à la légion*, p. 45-46 et 156-157.

12. Voir : Marc Cheynet de Beaupré, Introduction du *Tartare à la légion*, p. 38.

13. *Ibid.*, p. 40 et 144-148.

14. Duverney souhaitait résilier la société pour l'exploitation de la forêt de Chinon.

15. *Panse d'a* : la *panse* désigne ici la partie arrondie de certaines lettres (a, d, q). *Panse d'a* signifie donc une très petite chose. Ne pas faire une *panse d'a* : ne rien faire du tout, ne rien écrire.

Les corrections font référence au projet d'acte sous seing privé qui devait régler définitivement les comptes de Pâris-Duverney avec Beaumarchais.

Lettre publiée pour la première fois par Loménie, *op. cit.*, t. I, p. 234. Voir aussi : *Correspondance*, éd. Morton, t. I, p. 220-221.

16. *Mémoire à consulter et consultation pour P.-A. Caron de Beaumarchais*, dans : *Œuvres complètes*, éd. Girardin, p. 374.

17. De la petite Aimable-Eugénie, qui naîtra deux mois après cette lettre, le 7 mars 1770, mais ne vivra que quelques jours.

18. *Correspondance*, éd. Morton, t. I, p. 220.

19. *Compte définitif entre MM. Duverney et Caron de Beaumarchais*, dans : *Œuvres complètes*, éd. Girardin, p. 345-346. Beaumarchais a longuement commenté cet arrêté, article par article (*Œuvres complètes*, éd. Girardin, p. 367-382).

20. Le papier « à la Tellière » doit son nom au ministre Le Tellier, qui le fit fabriquer. C'est sur ce papier qu'on copiait les états (comme ici) ; d'où son autre nom de « papier d'état ».

21. *L'Astronomie, poème en trois chants, par le citoyen Gudin*. Auxerre, an IX [1801], in-8°, 68 p. Réédition augmentée d'un chant à Paris, 1810, in-8°, 223 p.

22. Édouard Fournier en avait donné cette version dans la première édition de *L'Esprit des autres*. Il l'a rectifié depuis, sur la réclamation d'Émile Deschamps qui, tout enfant, s'était fait reprendre par Gudin lui-même. Voir la note de Tamizey de Larroque dans l'*Intermédiaire des chercheurs et des curieux*, VII (1874), col. 487.

23. En 1763, sa veuve, Henriette Gudin, née Lenoir, avait vendu pour 16 000 livres un domaine situé à Céligny, sur les bords du lac de Genève, agissant tant en son nom qu'en celui de ses enfants : Jacques-Jérôme, domicilié à Paris, âgé de trente ans passés, qui reprit l'atelier paternel ; Paul-Philippe, physicien et poète, l'ami de Beaumarchais, dont il est question ici ; Philippe-Jean Gudin de La Ferlière, que l'on confond souvent avec le précédent, et qui deviendra le caissier de Beaumarchais ; Marie-Henriette Gudin. Les trois derniers étaient encore mineurs, mais

émancipés d'âge, suivant les lettres obtenues à la chancellerie du Palais, le 18 janvier 1755. La mère et les enfants habitaient alors quai des Orfèvres; et c'est à cette même adresse que nous retrouverons Gudin de La Brenellerie, quinze ans plus tard.

24. Voltaire, *Correspondance*, éd. Pléiade, t. IX, p. 511.
25. *Notice sur M. Gudin*, extrait du *Mercure de France*, du samedi 7 mars 1812., s.l.n.d., in-8°, 8 p.
26. «Je ne crois pas qu'il soit possible de tirer une tragédie entière d'un sujet qui n'a qu'une scène, et d'y mieux réussir.» Lettre de Voltaire à Gudin de La Brenellerie, de Ferney, 1er novembre [1776], dans *Correspondance*, éd. Pléiade, t. XII, p. 665-666.
27. *Correspondance littéraire*, t. XI, p. 311.
28. Première [-seconde] partie, Aux Deux-Ponts, À l'Imprimerie ducale, 1776, 2 parties en un vol. in-8°, XVI-248 et 186 p.
29. *Mémoires secrets*, t. X, p. 13-14.
30. *Correspondance littéraire*, t. XI, p. 393.
31. *La Napliade ou La Conquête de Naples par Charles VIII* ne sera publiée qu'en 1801 (3 vol.).
32. Gudin de La Brenellerie, *op. cit.*, p. 72-74.
33. Jamais à court de perfidies dès qu'il cite le nom de Beaumarchais, le rédacteur de *L'Espion anglais* affecte de compatir au sort du trop naïf Gudin, berné par cet «ami prétendu» dont il s'est voulu l'esclave: «Par conformité de naissance sans doute, plus que d'âge, de caractère ou de goûts, M. Gudin est fort lié avec le sieur de Beaumarchais, et l'on en est fâché pour le premier qui, avec de la capacité, des connaissances, et un mérite réel, n'ayant pas le brillant de l'autre, en est écrasé dans la société. Il a laissé prendre un tel ascendant sur lui par cet ami prétendu, qu'il est réduit au rôle de son protégé, qu'il est devenu son prôneur infatigable et même son espion. Sa simplicité, sa bonhomie, sa franchise contrastent singulièrement avec le manège, l'intrigue, la duplicité de son héros, et il en est tellement engoué, aveuglé, qu'il ne rougit pas de son rôle. C'est ainsi que la philosophie s'est trouvée complice du vice aimable et impudent» (*L'Espion anglais*, t. V, p. 35).
34. Le manuscrit original des *Mémoires sur Beaumarchais* appartient à la Bibliothèque nationale de France (cote: Nafr. 1908). Il porte le titre suivant: *Mémoires sur Pierre-Augustin Caron de Beaumarchais, pour servir à l'histoire littéraire, commerciale et politique de son temps*. C'est un in-quarto de 423 pages marquées *bis* et *ter*, comportant de nombreuses ratures, et d'une écriture souvent peu lisible. La mise au net, conservée par les descendants de Beaumarchais, porte le même titre, à une variante près: *Histoire de* au lieu de *Mémoires sur*. De plus, elle contient cette épigraphe:

> Calculus immittem demittitur ater in urnam
> Quæ simul effudit numerandos versa lapillos,
> Omnibus e nigro color est mutatus in album.
> (Ovide, *Métam.*, l, XV).

Gudin l'a traduite ainsi:

> Les juges s'assemblent, et l'urne étant placée,
> Les boules qu'on y met, toutes de marbre noir,
> De sauver l'accusé ne laissent plus d'espoir;
> Mais quand, pour les compter, on prend l'urne, on la penche,
> Elles roulent, tout change et leur couleur est blanche.

Demeurés longtemps inconnus, ces *Mémoires* furent d'abord révélés au public par de courts extraits de Louis de Loménie. Georges d'Heylli et F. de Marescot (*Théâtre complet de Beaumarchais*, réimpression des éditions princeps, avec les variantes des manuscrits originaux, publiées pour la première fois, Paris, Académie des bibliophiles, 1869-1875, 4 vol. in-8°) les ont totalement ignorés. D'autres, comme Édouard Fournier (*Œuvres complètes de Beaumarchais*, nouvelle édition augmentée de quatre pièces de théâtre et de documents divers inédits, avec une introduction, Paris, Laplace, Sanchez et Cie, 1876, gr. in-8°, LVII, 780 p.) ne les citent que de seconde main. Dix ans plus tard, l'érudit allemand Anton Bettelheim consulte une copie que lui a communiquée Maurice Tourneux, ainsi que le brouillon autographe de la Bibliothèque nationale de France, pour les besoins de son *Beaumarchais. Eine Biographie*, *op. cit.*

La mise au net, restée en possession de la veuve de Pierre-Augustin, fut retrouvée par Louis de Loménie en 1850. Cinq ans plus tard, un conservateur au département des Manuscrits de la Bibliothèque nationale, Émile Mabille, mettait la main sur la minute autographe que nous avons décrite plus haut. Il entreprit de la déchiffrer sous les surcharges et les ratures, tandis que Lorédan Larchey se proposait de l'annoter. Bien qu'annoncée pendant une dizaine d'années, la publication ne vit jamais le jour. Enfin, en 1877, Maurice Tourneux, à qui l'on doit les savantes éditions de Diderot et de la *Correspondance littéraire*, acquit du père d'Émile Mabille (mort en 1874) sa transcription du manuscrit de Gudin, et la fit paraître en 1888, avec une introduction et des notes, chez Plon, Nourrit et Cie (XXVIII-508 p.). Entre-temps, ce grand spécialiste du XVIIIe siècle avait pu prendre connaissance d'une autre transcription, qu'Eugène Lintilhac avait fait exécuter sur la copie conservée par la famille. En collationnant les deux textes, Tourneux put constater des suppressions et des additions qu'il prit soin de signaler dans ses notes.

Ces *Mémoires* étaient d'abord destinés à figurer en tête de l'édition des *Œuvres* de Beaumarchais par Gudin, commencée en 1801, et qui ne sera terminée qu'en 1809. Mais celle-ci parut sans eux, et sans même que le nom de Gudin fût mentionné. Pour quelle raison ? Selon Loménie, la veuve de Beaumarchais n'aurait pas apprécié que Gudin, « vieux philosophe du XVIIIe siècle, qui n'a rien appris et rien oublié, mêle à son récit une foule de déclamations antireligieuses de son cru qui ont perdu toute saveur en 1809 ; qu'il s'expose ainsi, sans le vouloir, non seulement à compromettre la mémoire de Beaumarchais, mais encore à troubler le repos de sa famille, que "les critiques voudront peut-être rendre responsable des opinions de la secte philosophique, secte si décriée aujourd'hui" ».

Cette explication ne saurait être mise en doute, puisqu'elle émane d'un document de Mme de Beaumarchais elle-même. Pourtant, son opinion était toute différente lorsqu'elle prit connaissance pour la première fois du travail de Gudin. Elle écrivit alors à sa vieille amie Thérèse Dujard : « J'ai entrepris un ouvrage de longue haleine : c'est la copie au net d'un manuscrit bien précieux de quatre à cinq cents pages *bien serrées* que nous ne voulons confier à personne. *Entre nous et pour vous seule*, c'est le mémoire historique de mon bon Pierre, composé à notre sollicitation par un ami de trente ans, qui a été le témoin de la majeure partie des faits qu'il cite, et qui en trouve la suite et le lien dans des pièces inédites. Ce mémoire sera placé à la tête des œuvres que nous ferons imprimer dès que nos affaires nous le permettront. »

Le revirement de Mme de Beaumarchais est certainement dû aux avis (trop) prudents que lui prodigua son entourage, et notamment Framery, gestionnaire des droits posthumes de l'écrivain, qui lui recommanda « beaucoup de circonspection et de modération pour ne pas ameuter contre l'édition les journalistes, dont la plupart paraissent disposés à oublier leur animosité d'autrefois ». Mais ce sacrifice ne servit à rien. À peine l'édition fut-elle livrée au public que les attaques reprirent de plus belle : « Les œuvres de Pierre paraissent, écrivait Mme de Beaumarchais à Mme Dujard, et déjà on s'acharne contre ses *Mémoires* avec une insolence et une persévérance qui n'ont d'exemple que contre Voltaire et deux ou trois littérateurs de première ligne. Il n'y a rien à répondre à ces feuillistes-là. Il faudrait les prendre à partie devant un tribunal ; mais par malheur, il n'y a pas de loi répressive contre les calomniateurs. Il faut tendre le dos et souffrir les nasardes. Ce n'est pas une légère affliction pour votre Thérèse et pour sa fille. Je vous porterai un exemplaire » (Louis Bonneville de Marsangy, *Madame de Beaumarchais d'après sa correspondance inédite*, Paris, Calmann Lévy, 1890, p. 215-218).

35. Né à La Française (Tarn-et-Garonne) en 1812, Jean-Bernard Lafon se rendit à Paris en 1830, après des études à Montauban, et se lança dans une carrière de journaliste polygraphe. Il débuta par des articles dans *La France littéraire* (1833) et dans le *Journal de l'Institut historique* (1834), fit paraître successivement des vers, des romans, des pièces de théâtre, des ouvrages d'histoire littéraire, et obtint quelques succès académiques. Parmi ses nombreux ouvrages en tout genre, citons : *Sylvie* ou *Le Boudoir*, recueil de vers (1835), *La Jolie Royaliste*, roman (1836, 2 vol.), *Bertrand de Born*, roman dans lequel l'auteur a donné une peinture militaire et chevaleresque du Moyen Âge dans le Languedoc (1838, 2 vol.), *Histoire politique, religieuse et littéraire du midi de la France* (1841-1844, 4 vol.), *Le Maréchal de Montluc*, drame en trois actes en vers (1842), *Le Chevalier de Pomponne*, comédie en trois actes en vers (1845), etc. Selon Quérard (*Supercheries littéraires*), son *Tableau historique et comparatif de la langue parlée dans le midi de la France, et connue sous le nom de langue romano-provençale* (1841), ne serait que la réimpression textuelle de la *Bibliographie des patois* de Pierquin de Gembloux.

36. *Journal de l'Institut historique*, t. I, 1834, p. 73-77 ; repris dans *L'Impartial, journal constitutionnel, politique, commercial et littéraire*, 14 octobre 1834, p. 1-2. Mary Lafon nous apprend que ses informations étaient tirées d'une liasse de papiers provenant de Jacques-Barthélemy Salgues et intitulée *Manuscrits de Collé*. On peut difficilement admettre que Salgues, tour à tour rédacteur du *Courrier des spectacles*, de *L'Oriflamme* et du *Drapeau blanc*, ait conservé par-devers lui, sans en faire usage, un document de cette importance. (Voir : Maurice Tourneux, Introduction à : Gudin de La Brenellerie, *op. cit.*, p. XIV-XV.)

37. T. I, 1834, p. 158-159.

38. Paris, chez Delaunay et chez les marchands de nouveautés, 1834, in-8°, 112 p. Le nom de l'auteur est resté inconnu de Quérard et des continuateurs de Barbier, ainsi que des rédacteurs du catalogue Soleinne. Maurice Tourneux signale que son exemplaire portait cet envoi : *À M. Monrose père, Th. Min.* (?) L'auteur nous apprend (p. 110) qu'il avait fait sa rhétorique en 1809 avec Scribe, au lycée Napoléon.

39. *Œuvres complètes*, éd. Girardin, p. 403.

40. *Réponse ingénue*, dans : *Œuvres complètes*, éd. Girardin, p. 400.

41. *Ibid.*, p. 406.

42. Loménie, *op. cit.*, t. I, p. 236.

43. Jusqu'alors, la gent philosophique, dans son ensemble, avait plutôt témoigné de la réserve à l'égard de Choiseul ; Duclos et d'Alembert le détestaient. Mais la campagne de Mme du Barry retourna leur opinion en sa faveur. Au point que les philosophes, qui étaient en nombre à l'Académie, lui offrirent de le recevoir, et de le dispenser même des visites d'usage. Choiseul accepta, mais son exil fit tomber le projet à l'eau.

44. Emmanuel Armand de Vignerot du Plessis de Richelieu, duc d'Aiguillon (1720-1788), petit-neveu du cardinal de Richelieu. Nommé maréchal de camp en 1748, il devint commandant en chef de la Bretagne en 1753. À ce poste, il s'opposa violemment au procureur général du parlement de Rennes, La Chalotais, et finit par soulever contre lui les états de Bretagne, irrités de son administration despotique. Le 2 juillet 1770, le parlement de Paris rendit un arrêt d'indignité contre lui, mais Louis XV le fit casser et interdit toute poursuite. Il joua un rôle essentiel dans le renvoi de Choiseul, et forma avec Maupeou et Terray le triumvirat réformateur de la révolution royale. Ministre des Affaires étrangères en 1771, puis de la Guerre en 1774, il sera disgracié par Louis XVI en juin 1774, et exilé en 1775.

45. Il n'est pas indifférent de connaître l'opinion du libraire Ruault, futur éditeur de Beaumarchais, appelé à devenir l'un de ses amis les plus proches et les plus fidèles. Il écrit, à la date du 2 février 1772 : « Le nouveau parlement, surnommé *Maupeou*, est sans cesse la fable de la ville. Il ne fait que des sottises au civil, mais encore des horreurs au criminel. Il a fait pendre l'autre jour un innocent à la place de Grève, et l'arrêt était conçu hors de toutes les formes de la justice ordinaire. Le chancelier et son roi sont vilipendés ; malgré les fréquents emprisonnements de toutes sortes de personnes dans la Bastille » (Nicolas Ruault, *Gazette d'un Parisien sous la Révolution. Lettres à son frère*. 1783-1796, Paris, Librairie académique Perrin, 1976, p. 402-403).

46. Mme du Deffand, ardente choiseuliste, raconte : « On a reçu ces jours-ci un nouveau conseiller. Le jour qu'il prit séance, on jugeait un procès. L'usage est que le dernier reçu donne son avis le premier ; mais comme il n'en savait rien, il gardait le silence. Le premier président lui dit : "Monsieur, qu'opinez-vous ? – Monsieur, répondit-il, je ne copine pas ; je ne copinerai qu'après que tous ces messieurs auront copiné" » (cité par Gaston Maugras, *La Disgrâce du duc et de la duchesse de Choiseul*, Paris, Plon, 1903, p. 40-41).

47. Son père, qui avait pris parti pour les parlements, entra dans une telle colère, qu'il rompit toute relation avec lui et refusa désormais de le reconnaître pour fils. L'attitude du prince de Conti déplut fortement au roi, qui ne l'appela plus dès lors que « mon cousin l'avocat ».

48. *Rescision* : « Cassation des actes, des contrats contre lesquels on se pourvoit par Lettres du Prince. Obtenir des Lettres de rescision. Faire entériner des Lettres de rescision. Il a demandé la rescision d'un tel acte » (*Dictionnaire de l'Académie*, 1798). Ces lettres sont adressées aux maîtres de l'hôtel des Requêtes, tribunal dépendant de la maison du roi, qui vérifient s'il y a nullité « absolue », acte évidemment faux, ou « de droit », acte authentique mais obtenu par dol, violence, etc. On fait appel de leur jugement devant le Parlement.

49. *Inscription de faux* : « Celui à qui on oppose le titre, le soutient faux, falsifié ou altéré, et offre de le prouver par comparaison d'écritures et témoins : procédure longue et difficultueuse que les lois ont sagement assujettie à nombre d'épreuves, afin que l'on ne pût renverser facilement les actes les plus certains, et troubler les

fortunes et le repos des familles. [...] Jusqu'à ce que le titre soit déclaré faux, il a toute sa force et doit être exécuté par provision. Autrement, un homme de mauvaise foi pourrait reculer le paiement et la délivrance de ce qu'il devrait, par une inscription de faux mal fondée, pour soustraire ses effets aux poursuites de ses créanciers. Il dépend surtout de la prudence du juge de surseoir à cette exécution suivant les circonstances, comme lorsqu'il y a de violents soupçons de fausseté. » Celui qui conteste l'authenticité d'un acte passé sous seing privé n'est pas obligé d'attaquer par l'inscription de faux : « la raison est que cet acte n'étant point passé devant un officier public, n'a pas le caractère de la vérité, et que tout demandeur devant prouver ce qu'il avance, c'est à celui qui se sert de ce titre, à démontrer qu'il est véritable » (Pigeau, *La Procédure civile du Châtelet de Paris et de toutes les juridictions du royaume*. Paris, Veuve Desaint, 1779, t. I, p. 217-219). Cette pratique de l'inscription de faux se trouve parfaitement détaillée dans *Le Style criminel* de Dumont (Paris, Veuve Desaint, 1778), p. 106-113 et 546-574.

50. Comme le comte de La Blache affectait la surprise en voyant cette clause relative au portrait dans l'arrêté de comptes, Beaumarchais lui répondit : « Rappelez-vous seulement que c'est la première chose que je vous ai demandée dans mes lettres. [...] Ce portrait si longtemps promis est celui d'un homme à qui je dois bien plus que de l'argent ; je lui dois le bien inestimable de savoir m'en passer, et d'être heureux. Il m'apprit à regarder l'argent comme un moyen, et jamais comme un but. C'était un grand mot qu'il disait là. Il n'est plus, cet ami généreux, cet homme d'État, ce philosophe aimable, ce père de la noblesse indigente, le bienfaiteur du comte de La Blache et mon maître ! Mais j'avoue que le plaisir d'avoir reconquis mon portrait, mesuré sur le chagrin de sa longue privation, sera l'un des plus vifs que je puisse éprouver. Telle est l'inscription que je veux mettre au bas :

« *Portrait de M. Duverney promis* longtemps par lui-même ; *exigé* par écrit de son vivant ; *disputé* par son légataire après sa mort ; *obtenu* par sentence des requêtes de l'hôtel ; *rayé* de mes possessions par jugement d'un autre tribunal ; *rendu* à mon espoir par arrêt du Conseil du roi ; définitivement *adjugé* par arrêt du parlement de... *à son disciple Beaumarchais*, etc.

« C'est ainsi que, depuis la satisfaction des besoins les plus matériels jusqu'aux plus délicates voluptés d'une âme sensible, tout me paraît fondé sur le sublime et consolant principe de la compensation des maux par les biens.

« Ce portrait de M. Duverney renouvelle en moi le souvenir vif et pressant de ce grand citoyen ; et le cabinet d'un particulier me paraît un lieu trop obscur pour qu'il y soit placé dignement. Il a trop mérité de la patrie en fondant une éducation convenable à tous les fils de nos défenseurs, il a trop mérité de son siècle en le rendant rival de celui qui assura la retraite à ces mêmes défenseurs, pour qu'on ne lui assigne pas une place très honorable.

« Il manque à l'École militaire un mausolée de ce grand homme. On l'avait forcé de laisser prendre en marbre un buste de lui pour ce digne emploi. Le comte de La Blache, à sa mort, a refusé ce buste à l'École militaire.

« Puisse-t-il, arraché à l'avarice, y être placé par mes mains, avec cette inscription : *Élevé par la reconnaissance à l'ami de la patrie*. Et c'est à quoi seront employés tous les dommages et intérêts auxquels une poursuite injurieuse me donne un droit incontestable. J'en indique exprès l'usage, afin qu'on ne les épargne pas. Hors cet emploi de prédilection, ils appartenaient aux pauvres. Mais la charité

n'est qu'une vertu ; la reconnaissance est un devoir, elle aura la préférence »
(*Œuvres complètes*, éd. Girardin, p. 381).

51. *Ibid.*, p. 386.
52. Loménie, *op. cit.*, t. I, p. 241-242.
53. *Œuvres complètes*, éd. Girardin, p. 389 *sq.*
54. *Réponse ingénue*, dans : *Œuvres complètes*, éd. Girardin, p. 417.
55. *Ibid.*
56. Tout en maintenant les plus expresses réserves à l'égard de ces allégations, on ne peut qu'être troublé, cependant, de retrouver cette même expression de « style oriental » dans la correspondance amoureuse de Beaumarchais avec Mme de Godeville. Il écrit à cette dernière, le 23 mars 1777 : « Si vous me demandez pourquoi *l'on vous fourre partout*, je vous réponds en style oriental, que je vous vois excellente à *fourrer* et même *partout* » (*Lettres à une amoureuse*, Paris, Seuil, « L'École des lettres », 1996, p. 9). Dans le même ordre d'idées, l'on peut aussi s'interroger sur le sens qu'il convient d'attribuer à l'article 15 de l'arrêté de comptes définitif entre Pierre-Augustin et son protecteur : « J'exige de son amitié qu'il brûle toute notre correspondance secrète, comme je viens de le faire de mon côté, afin qu'il ne reste aucun vestige du passé, et j'exige de son honneur qu'il garde toute sa vie le plus profond secret sur ce qui me regarde, dont il a connaissance. »
57. *Addition au Supplément du Mémoire à consulter pour Pierre-Augustin Caron de Beaumarchais*, dans : *Œuvres*, Pléiade, p. 818-819.
58. *Ibid.* p. 819. Marie Françoise Marguerite de Talleyrand, fille de Louis de Talleyrand, prince de Chalais, née en 1727, avait épousé en 1743 son cousin Gabriel Marie de Talleyrand, comte de Périgord, auquel elle apporta tous les grands biens de sa branche. (Sur la famille de Talleyrand-Périgord, voir les intéressants détails fournis par Jacob-Nicolas Moreau dans ses *Souvenirs* publiés par Hermelin, Plon, 1898.)
Dès 1747 (elle n'avait que vingt ans), on mettait Mme de Talleyrand-Périgord en avant pour remplacer la marquise de Pompadour dans le cœur de Louis XV. « Elle était aussi belle que vertueuse, écrit Mme Campan. Elle s'aperçut, pendant la durée de quelques petits voyages de Choisy où elle avait été invitée, que Louis XV était fort occupé d'elle. Les formes d'un glacial respect, le soin d'éviter le moindre entretien suivi avec le monarque, ne parvint pas à détruire cette flamme naissante ; le roi finit par adresser à la comtesse une lettre des plus passionnées. À l'instant, le parti de cette femme estimable fut pris ; son honneur l'empêchant de répondre à la passion du roi, son profond respect pour son souverain lui prescrivant de ne pas troubler son repos, elle s'exila volontairement dans une terre nommée Chalais qu'elle avait auprès de Barbezieux, et qui depuis près d'un demi-siècle n'avait pas été habitée. Le logement du concierge fut le seul qui put la recevoir. De là, elle écrivit au roi les motifs de son départ, et y resta plusieurs années sans revenir à Paris. De nouveaux goûts rendirent promptement à Louis XV un repos auquel Mme de Périgord avait cru devoir faire un si grand sacrifice » (*Mémoires de Madame Campan*, Paris, Mercure de France, coll. « Le temps retrouvé », 1988, p. 364-365).
Quelques années plus tard, la dame d'honneur de Mesdames vint à mourir. Beaucoup de grandes familles sollicitèrent cette place. Le roi ne répondit à aucune, mais écrivit à la comtesse de Périgord : « Mes filles viennent de perdre leur dame

d'honneur. Cette place, Madame, vous appartient autant pour vos hautes vertus que pour le nom de votre maison» (*ibid.*).

59. *Addition au Supplément du Mémoire à consulter pour Pierre-Augustin Caron de Beaumarchais*, dans: *Œuvres*, Pléiade, p. 815, n. 2 (p. 1561-1562).

60. *Ibid.*, p. 822.

61. *Ibid.*, p. 822-823.

62. *Ibid.*, p. 823.

CHAPITRE XI – LA FOLLE JOURNÉE

1. D'après Gudin de La Brenellerie, c'est une jeune et noble dame, «protectrice des arts», dont on ignore l'identité, qui l'aurait encouragé à se remettre au théâtre, après son double échec à la Comédie-Française. Il lui répondit, le 11 juin 1771: «J'aime le théâtre à la folie, et j'adore votre beau zèle, Madame la duchesse. Après vous avoir attentivement écoutée, après avoir bien réfléchi, je vois tous les secours qu'un homme aimant sincèrement le bien peut espérer de votre génie, de vos lumières et de votre influence naturelle sur les chefs-d'œuvre nés du théâtre» (*Œuvres complètes*, éd. Gudin, t. VI, p. 248).

2. *Lettre modérée sur la chute et la critique du «Barbier de Séville»*, dans: *Œuvres*, Pléiade, p. 274.

3. *Mémoires secrets*, 27 août 1776, t. IX, p. 200.

4. *Ibid.*, t. VI, p. 277.

5. Cet opéra-comique fut joué pour la première fois à la foire Saint-Laurent en 1761. On y voit un médecin séquestrer sa pupille qu'il veut épouser. Un jeune amant, Dorval, parvient à l'évincer. Au dire de Beaumarchais, on l'aurait accusé d'avoir plagié cette pièce dans *Le Barbier de Séville* (*Lettre modérée* […], *op. cit.*, p. 282).

6. Ce drame en trois actes en prose de Sedaine, musique de Monsigny, fut créé à la Comédie-Italienne le 6 mars 1769. C'est dans une réplique supprimée du *Barbier de Séville* qu'on trouve l'allusion à ce personnage:
   «FIGARO: Mais vous ne pourrez peut-être pas soutenir ce personnage difficile?
   «LE COMTE: Tu te moques de moi! J'ai joué Monte-au-ciel à Madrid en société» (E. J. Arnould, *La Genèse du «Barbier de Séville»*, p. 177).

7. Chef des eunuques noirs du sérail.

8. *Gaupe*, s.f. «Terme d'injure et de mépris, qui se dit d'une femme malpropre et désagréable. *Ô la vilaine gaupe, la sale gaupe!* Il est du style familier» (*Dictionnaire de l'Académie*, 1798).

9. D'abord professeur au collège Louis-le-Grand, puis avocat au parlement de Paris, Pierre Restaut (1696-1764) a collaboré au *Dictionnaire de Trévoux*. Il est surtout connu grâce à ses *Principes généraux et raisonnés de la grammaire française*, publiés pour la première fois en 1730, et qui connurent de très nombreuses rééditions.

10. Marie-Louis-Joseph d'Albert d'Ailly, vidame d'Amiens, duc de Picquigny, puis de Chaulnes, né le 24 novembre 1741, mort en 1793, fils unique de Michel-Ferdinand d'Albert d'Ailly et de Anne-Josèphe Bonnier de La Mosson.

11. Ce portrait nous est inconnu, si tant est qu'il ait jamais existé.

12. *Correspondance littéraire*, t. IX, p. 57-58.

13. *Mémoires de Madame la comtesse du Barry*, Paris, 1829, t. III, p. 382. Quoique l'authenticité de ces *Mémoires* soit plus que douteuse, on ne saurait pourtant les tenir pour négligeables, tant ils renferment d'informations exactes, avérées par ailleurs.

14. Les *Mémoires secrets* le décrivent comme « un des plus gros, grands et vigoureux personnages de France » (17 février 1771, t. VI, p. 289). Il avait de qui tenir : son aïeul, Charles d'Albert d'Ailly, avec une grande finesse d'esprit, avait « la corpulence, l'épaisseur, la pesanteur, la physionomie d'un bœuf » (Saint-Simon, XI : année 1694).

15. Gudin de La Brenellerie, *op. cit.*, p. 81-82.

16. *Mémoires secrets*, 19 janvier 1772, t. VI, p. 96.

17. On trouvera le récit détaillé de la cérémonie dans les *Mémoires* du duc de Luynes, grand-père de la jeune mariée (t. XVI, p. 448-450).

18. Voir : *Journal des inspecteurs de M. de Sartine*, Bruxelles/Paris, 1863, p. 79, et Pierre Manuel, *La Police de Paris dévoilée*, t. II, p. 135.

19. Gudin de La Brenellerie, *op. cit.*, p. 80.

20. E. J. Arnould, *La Genèse du «Barbier de Séville»*, p. 18. Contrairement à ce que laisse entendre Arnould (*ibid.*), ces billets de Mlle Ménard sont bien destinés à Sartine, et non à Beaumarchais. Nous avons cru devoir les expurger de leurs innombrables fautes d'orthographe. Comme le fait observer E. J. Arnould, l'aimable comédienne avait dû manquer de loisirs pour potasser sa grammaire de Restaut !

21. Allusion à l'argent qu'il lui avait avancé.

22. Le duc de Chaulnes tenait des propos injurieux sur sa mère, avec laquelle il était en procès.

23. Sur ce récit, voir : Gudin de La Brenellerie, *Compte rendu à M. le lieutenant de police de ce qui m'est arrivé jeudi 11 février*, dans : Loménie, *op. cit.*, t. I, p. 258-261, et Gudin de La Brenellerie, *op. cit.*, p. 82-84.

24. Loménie (t. I, p. 263) a cru lire *Turpin*. Dans le récit de Gudin, on lit : « Passons chez le comte de F*** ». Cette initiale fait l'objet d'une note de M. Tourneux : « M. Lintilhac croit lire sous une rature très surchargée : *La Tour du Pin*. Le nom et la rature sont de la main de M. de Loménie » (Gudin de La Brenellerie, *op. cit.*, p. 86). Dans les *Mémoires secrets* (t. VI, p. 289), on lit également *La Tour du Pin*. La leçon *Turpin* résulte d'une lecture fautive, Beaumarchais ayant abrégé La Tour du Pin en *Trpin*.

25. Marchepied.

26. Loménie, *op. cit.*, t. I, p. 261-267.

27. Gudin de La Brenellerie, *op. cit.*, p. 88-89.

28. *Cordon rouge* : chevalier de Saint-Louis. Il s'agit probablement du comte de La Tour du Pin.

29. Loménie, *op. cit.*, t. I, p. 268-269.

30. *Qualifiée* : de qualité.

31. Voir *supra*, p. 364, n. 24.

32. *Au Petit Dunkerque* était l'enseigne d'un magasin de curiosités. Comprendre donc ici : une épée de vitrine, de collection.

33. Louis Phélypeaux, comte de Saint-Florentin, puis (1770) duc de La Vrillière (1705-1777), était à cette époque ministre de la Maison du roi, et à ce titre chargé des lettres de cachet, mission dont il s'acquittait avec un zèle redoutable.

34. Allégation inexacte : le nom de Beaumarchais figure bien, avec sa qualité, dans l'*Almanach royal* de 1773.

35. Voir : *Lettres de la marquise du Deffand à Horace Walpole*, éd. Paget Toynbee (Londres, Methuen, 1912), t. I, p. 443.

36. Voir : *Lettres d'Horace Walpole*, éd. Paget Toynbee, t. V, p. 444-445 et 449-450.

37. Siméon-Prosper Hardy, *Mes Loisirs*, éd. M. Tourneux et M. Vitrac, 1912, p. 353-354. Après le procès avec son fils, Mme de Chaulnes épousa en secondes noces M. de Giac, perdant de ce fait son siège à la Cour. La disproportion de ce mariage inspira cette épigramme :

> « Si je quitte le rang de duchesse de Chaulnes
> Et le siège pompeux qu'on accorde à ce nom,
> C'est que de Giac a le v… d'une aune,
> Et qu'à mon c…, je préfère mon c… »

(*Mémoires secrets*, 27 octobre 1773, t. VII, p. 75-76).

38. La *Correspondance littéraire* rapporte ainsi les faits, en février 1773 : « On devait donner pendant les jours gras *Le Barbier de Séville*, pièce très gaie à ce qu'on prétend, de M. de Beaumarchais. Mais sa querelle avec M. le duc de Chaulnes au sujet de Mlle Ménard, que le duc accusait le poète de lui avoir débauchée, l'éclat que cette querelle a fait dans Paris, l'emprisonnement du poète et de son ennemi qui s'est ensuivi, ont fait renvoyer la représentation de cette pièce à un autre temps. Si l'on s'en rapporte à des mémoires assez sûrs, M. le duc de Chaulnes a joué dans cette affaire un rôle aussi lâche qu'insensé, et tout l'honneur de la bravoure et de la modération est resté au poète.

« Il y a deux faits à mettre sur la scène. Le premier, c'est que M. de Chaulnes, après avoir eu la lâcheté de fondre sur M. de Beaumarchais désarmé, avec sa propre épée et dans sa maison, et après avoir été désarmé par ses gens, passe tranquillement dans la salle à manger, demande qu'on lui serve le dîner de Beaumarchais et le mange. Après cette expédition, la fureur le reprend, il se rue de nouveau sur son adversaire et sur tous ses gens ; il en blesse quelques-uns, il est à son tour maltraité. Cette scène de crocheteurs finie, il demande un peignoir, et se fait raccommoder sa frisure par un des valets de Beaumarchais qu'il avait presque estropié, et puis il monte dans sa voiture et retourne chez lui » (*op. cit.*, t. X, p. 186-187).

Voici à présent la relation du même événement par les *Mémoires secrets* : « 17 février 1773 – *Le Barbier de Séville*, comédie de M. Caron de Beaumarchais qu'on avait annoncée, est différée par une aventure très singulière arrivée à l'auteur. Il est fort lié avec M. le duc de Chaulnes (ci-devant Pecquigny). Celui-ci l'a introduit chez sa maîtresse, nommée Ménard. M. de Beaumarchais est aimable et insinuant auprès des femmes ; en sorte qu'il avait acquis une grande intimité auprès de celle-ci, chez laquelle il allait beaucoup depuis un an. Depuis quelques jours, le duc de Chaulnes en a conçu une telle jalousie qu'il a voulu le tuer. Il était d'abord convenu de se battre avec le sieur Caron, en présence de M. de La Tour du Pin, pris pour juge du combat. Mais ce seigneur n'ayant pu sur-le-champ se rendre à l'invitation, la tête du duc de Chaulnes s'est exaltée à un tel point, chez son rival même, qu'il l'a voulu tuer dans sa propre maison, et qu'il a été obligé de se défendre contre lui à coups de pied et de poing, mais à son détriment, son adversaire étant un des plus gros, grands et vigoureux personnages de France. Les domestiques ont été obligés de s'en mêler ; la garde, les commissaires sont arrivés, et l'on a dressé procès-verbal de cette scène tragi-comique. Il a fallu donner un garde à M. de Beaumarchais pour le garantir des fureurs de son adversaire, dont on cherche à guérir la tête » (*op. cit.*, t. VI, p. 288-289).

39. Gudin adressa ce billet à Mlle Le Vaigneur, amie de Beaumarchais, qui habitait chez lui, en l'accompagnant de ce mot :

    « Mlle LE VAIGNEUR

    « Chez M. de BEAUMARCHAIS,

    « Rue de Condé.

    « Vis-à-vis les murs de l'hôtel de Condé.

    « Je vous adresse cette lettre, Mademoiselle, pour qu'elle soit remise à Beaumarchais partout où il sera, et le plus tôt possible. Le duc vient de me dire qu'il cherche. J'aurais été vous le dire moi-même, mais peut-être me suit-on et m'en empêcherait-on. Pour que cette lettre vous soit infaillliblement remise, je n'ai point payé le porteur. Je vous écris d'une maison étrangère, près de la Comédie-Française.

    « Je vous salue, et suis votre très obéissant serviteur. »

    (E. J. Arnould, *op. cit.*, p. 21).

40. Au cours du XVIIIe siècle, ces lettres de cachet d'exil ont perdu de leur rigueur et la police met beaucoup de tolérance dans leur application. Combien d'exilés à 50 lieues de Paris continuent de vivre dans la capitale, au su et au vu de tout le monde, même des inspecteurs. Ceux-ci estiment d'ailleurs, dans leurs rapports, qu'il ne serait pas à propos de les inquiéter, tant que leur conduite ne donne pas lieu à d'autres reproches.

41. En 1773, les douze maréchaux de France étaient, par rang d'ancienneté, MM. de Clermont-Tonnerre, de Richelieu, de Biron, d'Estrées, de Bercheny, de Conflans, de Contades, de Soubise, de Broglie, de Lorges, d'Armentières et de Brissac. En procédant par élimination et en recherchant la descendance de chacun d'eux, on conclut que Gudin n'a pu désigner que M. de Richelieu ou M. de Broglie. Le premier avait eu de son mariage avec Élisabeth-Sophie de Lorraine-Guise une fille née le 1er mars 1740, mariée en 1756 à Casimir Pignatelli, comte d'Egmont, morte au château de Braine en Picardie, le 14 octobre 1773. Voulut-elle, avant de mourir, retirer des mains de Beaumarchais les gages de leur liaison ? Ou faut-il voir ici une allusion à Charlotte-Amélie Salbigoton, princesse de Broglie, née le 12 juin 1754 et mariée le 15 mai 1774 au comte d'Helmstadt, mestre de camp en second du régiment d'Esterházy-Hussards ? Mais celle-ci méritait-elle le qualificatif de « très grande dame » avant son mariage ?

42. Gudin de La Brenellerie, *op. cit.*, p. 92-93.

43. Lettre aux Maréchaux de France (vers le 20 février 1773), dans : *Correspondance*, éd. Morton, t. II, p. 9-12.

44. *Lettres persanes*, LXXXIX.

45. *Mémoires secrets*, 1er mars 1773, t. VI, p. 291.

CHAPITRE XII – LE FOR-L'ÉVÊQUE

1. *Correspondance*, éd. Morton, t. II, p. 13-14.
2. *Nouvelles à la main d'Albertas*, 3 mars 1773, BNF, Ms. Nafr. 4388, p. 1503.
3. Pour saisir le jeu de mots, il faut savoir que les lettres de cachet, appelées aussi lettres closes, se distinguaient des autres missives royales en ce qu'elles étaient seulement signées de la main du roi, et point scellées du grand sceau de l'État.
4. Ce fonctionnaire de police avait été chargé de conduire le prisonnier au For-l'Évêque.
5. Montant de la pension annuelle que le prisonnier devait payer au concierge.
6. Gudin de La Brenellerie, *op. cit.*, p. 96.
7. *Correspondance*, éd. Morton, t. II, p. 14.
8. E. J. Arnould, *op. cit.*, p. 23.
9. Nommé à ce poste le 1er juin 1768, il conserva ses fonctions jusqu'à sa mort, en décembre 1779. On lui doit cette profession de foi, dans laquelle il attire l'attention des pouvoirs publics sur les droits du prisonnier : « Rien n'est plus sacré que la liberté de chaque citoyen, déclare-t-il. Tout ce qui tend à y donner quelque atteinte est un abus qui doit être proscrit. La loi, qui vient au secours de chaque prisonnier, doit être toujours active, par cette raison qu'il n'est pas permis de mettre un obstacle à ses ressorts, qui en éloignerait l'effet » (Funck-Brentano, *La Bastille des comédiens : Le For-l'Évêque*, Paris, 1903, p. 74).
10. La préparation de sa comparution en appel.
11. *Mémoires secrets*, t. II, p. 186-187.
12. Beaumarchais, *Œuvres*, Pléiade, p. 825.
13. *Correspondance*, éd. Morton, t. II, p. 16.
14. Il s'agit sans doute du couvent de bénédictines « mitigées » des Filles de la Présentation Notre-Dame-au-Temple, fondé en 1649 par Marie Courtin, veuve de Nicolas Billard de Carouges, dans la rue d'Orléans-Saint-Marcel (aujourd'hui rue Daubenton), puis transféré en 1671 rue des Postes (aujourd'hui rue Lhomond, à la hauteur du n° 36). Ce couvent prenait des dames pensionnaires et assurait l'éducation des jeunes filles.
15. Loménie, *op. cit.*, t. I, p. 279.
16. On ne donnait jamais du « monseigneur » à un lieutenant de police, mais le cher abbé ignorait les usages de ce monde-là.
17. Cette abbaye se trouvait à l'emplacement de l'actuel hôpital Broca, 111, rue Léon-Maurice-Nordmann (détachée de la rue Broca en 1944, anciennement rue de l'Oursine ou de Lourcine). Fondée dans un faubourg de Troyes en 1270, sous la règle de saint François, par Thibaud VII, roi de Navarre, comte de Champagne, époux d'Isabelle, seconde fille de Saint Louis, cette communauté fut transférée à Paris, faubourg Saint-Marcel, en 1289. Agrandi à la fin du XIIIe siècle, le monastère connut une longue période de prospérité. En 1632, Louis XIII autorisa l'abbesse à fonder une filiale dans Paris, qu'on appela le couvent des Petites-Cordelières, situé successivement rue Payenne, dans le Marais, puis rue de Grenelle. Les bâtiments du faubourg Saint-Marcel furent inondés par la Bièvre en 1579, et pillés en 1590 par les troupes d'Henri IV, qui y cantonnèrent quelque temps. Le couvent fut supprimé en 1790 et vendu en octobre 1796. Au début du XVIIIe siècle, les cordelières de la rue de l'Oursine étaient au nombre de soixante.

18. Loménie suppose (et nous aussi) que Sartine dut bien rire de ces « soupirs mésédifiants ».
19. Loménie, *op. cit.*, t. I, p. 260-262.
20. *Ibid.*, p. 282-284.
21. On se souvient des vers du *Misanthrope* (acte I, sc. 1) :
    « PHILINTE : Mais qui voulez-vous donc qui pour vous sollicite ?
    ALCESTE : Qui je veux ? La raison, mon bon droit, l'équité.
    PHILINTE : Aucun juge par vous ne sera visité ?
    ALCESTE : Non. Est-ce que ma cause est injuste ou douteuse ?
    PHILINTE : J'en demeure d'accord, mais la brigue est fâcheuse,
       Et…
    ALCESTE : Non ; j'ai résolu de ne pas faire un pas.
    J'ai tort ou j'ai raison. »
22. Didier-François-René Mesnard de Chouzy avait été contrôleur général de bouche de la Maison du roi. En 1774, il sera nommé ministre plénipotentiaire près le cercle de Franconie.
23. Lettre à M. Mesnard de Chouzy du 1er mars 1773, dans : *Correspondance*, éd. Morton, t. II, p. 17-18.
24. Lettre de M. de Sartine à Beaumarchais du 10 mars 1773, dans : *Correspondance*, éd. Morton, t. II, p. 22.
25. Lettre à Sartine du 11 mars 1773, dans : *Correspondance*, éd. Morton, t. II, p. 22-23.
26. *Je reconnais des marques de son ancienne passion.*
27. *Les ressentiments ne sont jamais autre chose que du dépit amoureux.*
28. Lettre à Sartine du 20 mars 1773, dans : *Correspondance*, éd. Morton, t. II, p. 24-25.
29. Lettre au duc de La Vrillière du 21 mars 1773, dans : *Correspondance*, éd. Morton, t. II, p. 26.
30. Lettre du duc de La Vrillière à M. de Sartine du 22 mars 1773, dans : Loménie, *op. cit.*, t. I, p. 513.
31. Lettre à Sartine du 23 mars 1773, dans : *Correspondance*, éd. Morton, t. II, p. 28
32. C'est Le Normant d'Étiolles qui l'avait pourvue de cette nouvelle identité, en la faisant passer pour orpheline et en la dotant d'un tuteur à sa dévotion. Un peu plus tard, il lui offrit le château de Baillon, près de l'abbaye de Royaumont. Cependant, la supercherie ne dura pas longtemps, et tout le monde apprit bientôt que l'ancien époux de Mme de Pompadour avait épousé en secondes noces la demoiselle Raime, qu'on appelait méchamment (et injustement) *Rem publicam*. Voir là-dessus l'ouvrage de Jean Nicolle, *Madame de Pompadour et la société de son temps* (Paris, Albatros, 1980), notamment chap. X et XI.
33. Son petit Augustin était mort cinq mois plus tôt, en octobre 1772.
34. Lettre à Mme Le Normant d'Étiolles du 4 mars 1773, dans : *Correspondance*, éd. Morton, t. II, p. 20-21.
35. Lettre à Constant Le Normant d'Étiolles du 4 mars 1773, *ibid.*, p. 21.

CHAPITRE XIII – QUINZE LOUIS CONTRE LOUIS XV

1. Le registre des visiteurs de la maison Goëzman, pour la période allant du 11 mai 1772 au 9 septembre 1773, est conservé aux Archives nationales avec les pièces relatives au procès (X 2B 1338). Il contient le jour et parfois le motif de la visite, de la main du portier ou du visiteur lui-même. Dès le 24 février 1773, et encore le 30 mars, on y voit mention de « M. le comte de La Blache ».

2. Il s'agit du numéro 31 du vendredi 12 mars 1773, où l'on évoque sa détention au For-l'Évêque, ses deux affaires avec le duc de Chaulnes et le comte de La Blache, enfin son « triple » veuvage ; le tout truffé d'insinuations malveillantes.

3. Juriste et magistrat, Louis Valentin Goetzmann de Thurn (francisé en *Goëzman*), né à Landser (Alsace), le 16 septembre 1729, originaire d'une très ancienne famille noble et équestre d'Allemagne, était fils de Georges-Adam Goetzmann et de Marie-Anne-Françoise Poirot d'Ensisheim. D'abord substitut, puis conseiller au Conseil supérieur de Colmar (22 novembre 1757), il devint veuf d'un premier mariage avec Marie-Anne-Françoise d'Amman, résigna sa charge en 1766, et quitta Colmar pour venir chercher fortune à Paris. Jurisconsulte érudit, il tenta de se faire connaître par des ouvrages de droit historique, notamment un *Traité du droit commun des fiefs*, publié en 1768 chez le libraire Le Jay, qui obtint un succès d'estime. Remarié le 6 août 1764 avec Gabrielle-Julie Jamart, une Parisienne de trente ans plus jeune que lui, fille de Jean Jamart, fermier général des domaines et apanages du duc d'Orléans, et de Marie-Jeanne-Élisabeth Dreux de Marolles, il s'engage comme agent plus ou moins secret aux côtés du duc d'Aiguillon contre Choiseul, dans la dispute entre les parlements de province et l'autorité royale. Le 13 avril 1771, Maupeou le fait nommer conseiller dans la juridiction qu'il vient de créer à la place du parlement de Paris. Le 29 novembre, il devient commissaire à la caisse d'amortissement. Mais son procès avec Beaumarchais brise sa carrière. Démis de sa charge le 26 février 1774, il est envoyé à Londres pour le service du roi dans le département de la Marine (novembre 1780 et novembre 1781). Reçu à l'académie de Metz en 1788, il vivra dans l'obscurité jusqu'à la Révolution, et périra sur l'échafaud en 1794.

   On le décrit comme un Alsacien râblé, taillé à coups de hache, barbu, affligé d'un fort strabisme et d'une épaule déjetée. Il avait de plus un tic ridicule : une espèce de ricanement nerveux que Beaumarchais a transposé chez Brid'oison (d'ailleurs prénommé Gusman). Dans *Le Barbier de Séville*, il l'a caricaturé sous le traits de Bazile, d'abord appelé Guzman, puis Colmaro.

   Goëzman a laissé plusieurs ouvrages de jurisprudence, parmi lesquels : *Traité du droit commun des fiefs* (1768, 2 vol. in-12) ; les *Quatre Âges de la pairie en France* (Maastricht, 1775, 2 vol. in-8°), ouvrage signé de l'anagramme L.-V. Zemganno ; *La Jurisprudence du Grand Conseil examinée dans les maximes du royaume* (Avignon, 1775, 2 vol. in-8°) ; *Essai politique sur l'autorité et les richesses que le clergé séculier et régulier ont acquises depuis leur établissement* (1776, in-8°) ; *Histoire politique des grandes querelles entre Charles Quint et François Ier* (1777, 2 vol. in-8°), *Les Fastes de la nation française* (8 vol. in-8°), réédités sous le titre d'*Histoire politique du gouvernement français, ou les Différents âges de la monarchie française* (1778, in-4°), sous le nom de M. de Thurne. « C'est une compilation qui paraît assez exacte, mais dont le style est barbare et plat » (*Correspondance littéraire*, t. XII, p. 48). Il est également auteur de quelques libelles pour le compte du duc d'Aiguillon, publiés sous pseudonymes.

4. *Addition au Supplément*, dans : *Œuvres*, Pléiade, p. 775.

5. Voir : *Mémoires secrets*, 27 novembre 1773, t. VII, p. 90-91. Beaumarchais le dépeint comme « un homme sans caractère », « un cerveau fumeux, [...] girouette à tous les vents de la cupidité ». Il se faisait appeler tantôt Bertrand d'Airolles, tantôt d'Airolles Bertrand. Nous lui donnerons indifféremment l'un ou l'autre nom.

6. Outre son implication dans l'affaire Goëzman, le libraire Le Jay est connu comme éditeur de pamphlets et d'ouvrages clandestins. Lors du rappel des parlements (novembre 1774), il publiera en association avec son confrère Valade, deux brochures satiriques intitulées *Lettres du sieur Sorhouet au sieur de Maupeou* (in-12, 27 p.), sur la disgrâce de Maupeou et Terray, et *Mes Réflexions sur les idées d'un inamovible* (in-12, 20 p.), dirigé contre Pierre-Louis-Charles Gin (1726-1807), ancien avocat au Parlement, devenu l'un des soi-disant inamovibles du « tripot Maupeou et compagnie ». En 1777, il sera destitué et condamné à une amende, avec un autre libraire et un imprimeur, pour avoir vendu un ouvrage intitulé *L'Esprit de l'abbé Raynal*, attribué à un fou nommé Héduin, au château de Ham, où il était enfermé. Embastillé en janvier 1788 pour une brochure intitulée *Arrêté des Provençaux*, il récidivera l'année suivante, en publiant l'*Histoire secrète de la cour de Berlin* de Mirabeau, qui sera brûlée par le bourreau. Mirabeau était alors l'amant de la belle Mme Le Jay, femme redoutable, qui dirigeait complètement son mari, et qui acheva sa carrière aventureuse en épousant en secondes noces le conventionnel Doulcet de Pontécoulant, futur pair de France à la Restauration.

7. *Mémoire à consulter*, dans : *Œuvres*, Pléiade, p. 679.

8. *Supplément au Mémoire*, dans : *Œuvres*, Pléiade, p. 711.

9. Voir *supra*, chap. IV, p. 125, n. 49, chap. V, p. 138, et chap. VIII, p. 242.

10. Dans l'*État de l'actif et du passif du sieur Caron de Beaumarchais*, établi en avril 1773, il est précisément fait état de cet emprunt : « Plus au même Monsieur de La Châtaigneraie, la somme de cent quinze louis qu'il m'a prêtés pendant le délibéré de mon procès » (*Catalogue de la Bibliothèque nationale*, n° 182). Les quinze louis supplémentaires sont probablement ceux que réclamait Mme Goëzman pour le secrétaire.

11. Nous avons le texte de ces objections et des réponses de Beaumarchais dans les pièces justificatives jointes à l'*Addition au Mémoire de Mme de Goëzman* : c'est la pièce n° IV (p. 3-5) ; la pièce n° V (p. 5-10) contient les *Nouvelles Objections faites à M. de La Châtaigneraie*.

12. « M. Lépine, horloger, m'a fourni le 2 avril 1773 une répétition et chaîne de diamants qu'il n'a pas voulu reprendre depuis » (*État de l'actif et du passif du sieur Caron de Beaumarchais*, dans : *Catalogue de la Bibliothèque nationale*, n° 182).

13. On la trouve substantiellement résumée par Beaumarchais lui-même dans une note de son *Mémoire à consulter* (*Œuvres*, Pléiade, p. 684).

14. Voir *supra*, chap. IV, p. 132.

15. *L'Espion anglais*, t. IV, p. 76 et 177.

16. Le 18 mai 1773, ce Broutier porta plainte à la police contre les mauvais traitements que lui avait fait subir Beaumarchais, lors d'une visite intempestive, et dénonça son attitude « inhumaine ». Ne lui avait-il pas enjoint de « coucher sous

une remise sur une botte de paille, comme un chien»? Et cela précisément en compagnie d'un chien «d'une grosseur énorme qu'on ne lâche que la nuit pour la sûreté de la maison» (AN Y 11089).

17. *Addition au Supplément*, dans: *Œuvres*, Pléiade, p. 824-825.
18. *Correspondance*, éd. Morton, t. II, p. 34-35.
19. Arnould, *op. cit.*, p. 26-27.
20. Au procès, elle se contentera de déclarer: «À l'égard des quinze louis, c'est une affaire entre M. Le Jay et moi» (*Supplément au mémoire*, dans: *Œuvres*, Pléiade, p. 712).
21. Par surcroît.
22. *Mémoire à consulter*, dans: *Œuvres*, Pléiade, p. 687-688.
23. *Supplément au Mémoire, ibid.*, p. 738-739.
24. *Mémoire à consulter, ibid.*, p. 689-690.
25. C'est sur ordre du roi que Louis-Jean Bertier de Sauvigny (1709-1788) avait accepté la charge de premier président du parlement Maupeou, par lettres du 13 avril 1771.
26. *Mémoire à consulter*, dans: *Œuvres*, Pléiade, p. 690-691.
27. *Ibid.*, p. 692.
28. «C'est le premier décret et le plus doux que puissent rendre les juges en matière criminelle; mais si l'assigné ne comparaît dans le délai prescrit, le décret d'*Assigné pour être ouï* est converti en décret d'ajournement personnel» (*Dictionnaire de l'Académie*).
29. BNF Ms., fonds Joly de Fleury, 2082, f° 15 et 16.
30. *Supplément au Mémoire*, dans: *Œuvres*, Pléiade, p. 729, note.
31. Il faut dire que le patriarche de Ferney avait pour une fois manqué de sagacité, en se mêlant de la vilaine affaire du comte de Morangiès contre la famille Véron. Il avait publié en août 1772 un factum en faveur du premier, intitulé *Essai sur les probabilités en fait de justice*, dans lequel il prenait fait et cause contre les adversaires de M. de Morangiès, sans motif, sans qualité et sans connaître le fond de l'affaire. Plaidant pour Morangiès, le jeune Ambroise Falconet lui remontra ses torts vertement, en lui opposant des *Preuves démonstratives en fait de justice dans l'affaire des héritiers de la dame Véron contre le comte de Morangiès, avec les pièces justificatives, au nom du sieur Liégeard-Dujonquay, petit-fils de la dame Véron, docteur ès lois, pour servir de réponse aux nouvelles Probabilités de M. de Voltaire* (février 1773, in-8°, 126 p.). «M. Falconet fait parler librement, dans ce Mémoire, le docteur ès lois Dujonquay, dont M. de Voltaire a parlé si légèrement dans ses *Probabilités*. Ma foi, le docteur ès lois le rend bien à M. de Voltaire; il lui fait même quelquefois d'assez bonnes plaisanteries. Pour ses raisonnements, il les plie et les brise comme des roseaux sur lesquels un enfant élève ses moulins à vent. Il se trouvera, au bout du compte, que M. de Voltaire aura rendu un très méchant service à son client Morangiès avec ses *Probabilités*. Tout homme qui lira le Mémoire de M. Falconet sans prévention trouvera, dans les *Preuves* qu'il oppose aux *Probabilités*, presque autant de démonstrations contre les assertions du comte de Morangiès; car c'est toujours sur le propre rapport de M. de Morangiès que M. Falconet juge ce procès; et j'avoue qu'il établit ses preuves si victorieusement que je doute que le Cicéron de Ferney y réponde jamais de manière satisfaisante» (*Correspondance littéraire*, t. X, p. 188-189).

Cependant, Voltaire ne se tint pas pour battu ; il répliqua par une *Réponse à l'écrit d'un avocat, intitulé Preuves démonstratives*, etc., et fit encore paraître, pour M. de Morangiès, d'autres pamphlets recueillis dans ses *Œuvres*.

De ce même Falconet, on connaît encore *Le Début, ou les Premières Aventures du chevalier de **** (Paris, 1770, in-12), *Mémoires du chevalier de Saint-Vincent* (Londres-Paris, 1770, in-12), *Essai sur le barreau grec, romain et français et sur les moyens de donner du lustre à ce dernier* (Paris, 1773, in-8°), *Le Barreau français, partie moderne, contenant les plaidoyers, mémoires et consultations des plus célèbres avocats* (Paris, 1806-1808, 2 vol. in-4°), *Lettre à Sa Majesté Louis XVIII, sur la vente des biens nationaux* (Paris, 1814, in-8°), etc. Il est mort en 1817.

32. Sa seconde femme, Mme Henry, était morte en 1768.
33. Loménie, *op. cit.*, t. I, p. 354.
34. *Ibid.*, p. 355.
35. *Ibid.*, p. 355.
36. *Ibid.*, p. 356., et *Addition au Supplément*, dans : *Œuvres*, Pléiade, p. 768.
37. Voir : *Mémoires secrets*, 9 mars 1774, t. VII, p. 141.
38. *Publiciste* : « Celui qui écrit ou qui donne des leçons sur le droit public. *Il y a de grand publicistes en Allemagne* » (*Dictionnaire de l'Académie*). Cet exemple laisse penser que Goëzman revendiquait lui-même ce titre de « publiciste allemand ».
39. Loménie, *op. cit.*, t. I, p. 328.
40. *Quatrième Mémoire*, dans : *Œuvres*, Pléiade, p. 856.
41. *Supplément au Mémoire, ibid.*, p. 718.
42. *Quatrième Mémoire, ibid.*, p. 854-855.
43. *Ibid.*, p. 856.
44. Albertas, *Nouvelles à la main*. BNF Ms. N.a.fr. 4389, p. 1699, et Hardy, *Mes Loisirs*. BNF Ms. N.a.fr. 6681, p. 259 : 18 décembre 1773.
45. *Addition au Supplément*, et *Quatrième Mémoire*, dans : *Œuvres*, Pléiade, p. 826-828, et 861.
46. Siméon-Prosper Hardy, *Mes Loisirs, ou Journal d'événements tels qu'ils parviennent à ma connaissance*, texte annoté de l'année 1774, édition critique par Christophe Bosquillon, DEA d'histoire, université Paris-I, 1993-1994 (texte dactyl.), t. II, p. 6-7.
47. Loménie, *op. cit.*, t. I, p. 331.
48. *Addition au Supplément*, dans : *Œuvres*, Pléiade, p. 800.
49. Cette lettre, datée du 9 juin 1773, est conservée aux Archives nationales. On peut la lire intégralement dans : *Œuvres*, Pléiade, p. 1529.
50. *Addition au Supplément, ibid.*, p. 788-789.
51. D'après Collé, il l'aurait conquise par des moyens douteux : « Ce M. Marin a obtenu, par son intrigue et son manège, la place de censeur de la police dont il ne jouira, utilement, pourtant, qu'après la mort de Crébillon le père. Ce M. Marin n'est point un homme à procédés délicats, puisqu'il a brigué et emporté cette place, sachant que Crébillon le fils la demandait, et ayant par là ôté à ce dernier l'unique héritage qu'il pouvait attendre de son père, et devant être instruit, qui plus est, que Crébillon le fils était presque sans pain. Quelque indulgence que l'on obtienne dans ce siècle de cupidité, bien des gens cependant ne la lui ont pas accordée ; et son avidité n'a pas eu un bon coup d'œil dans le monde » (Charles Collé, *Journal historique inédit pour les années 1761 et 1762*, éd. Ad. Van Bever, Paris, Mercure de France, 1911, p. 245-246).

52. Suard et l'abbé François d'Arnaud (à ne pas confondre avec Baculard d'Arnaud) avaient perdu le privilège de la *Gazette* à cette date, à la suite d'un article qui avait fortement déplu au chancelier de Maupeou.
53. Voltaire, *Correspondance*, Pléiade, t. X, p. 538.
54. *Mémoire pour le sieur Marin, addition, extraits de lettres, plainte contre le sieur Caron de Beaumarchais*, Impr. D. C. Couturier, 1774, 24 p.
55. *Addition au Supplément*, dans : *Œuvres*, Pléiade, p. 795.
56. *Quatrième Mémoire, ibid.*, p. 849.
57. Ce qui signifie « qu'est-ce que c'est ? » en provençal. C'était, à ce qu'il paraît, l'expression favorite de Marin. On la trouve aussi dans une variante du *Barbier de Séville* (acte I, sc. 6, dans : *Œuvres*, Pléiade, p. 302, var. a ct p. 1321-1322) et dans *Le Mariage de Figaro* (acte V, sc. 8, *ibid.*, p. 478).
58. Les écrits de Beaumarchais ont fourni d'autres dénominations à des coiffures à la mode. Après *Le Barbier de Séville*, il y aura des chapeaux « à la Basile », et, après *Le Mariage de Figaro*, des toques « à la Suzanne. »
59. Parmi quantités d'autres, citons ces vers tirés des *Mémoires secrets* du 3 février 1774 (t. XXVII, p. 162-163), et précédés d'une note explicative :
« Dans la *Gazette de France* du lundi 24 janvier, n° 8, le sieur *Marin* fait mention d'un supplice qu'il prétend usité à la Chine, aussi atroce que dégoûtant. Il est question d'une culotte de cuir extrêmement forte, dont on revêt les fesses du criminel ; elle est fabriquée de façon qu'on ne peut plus la défaire, et qu'obligé de prendre des aliments à l'ordinaire, il expire lentement dans un tourment dont on ne peut calculer la longueur et les angoisses. Ce détail a révolté les femmes et les lecteurs délicats de cette capitale. C'est sans doute un de ces derniers qui, dans sa mauvaise humeur, a exhalé ses plaintes contre le gazetier de la manière suivante :

LA CULOTTE CHINOISE

« Que ne chausse-t-on à *Marin*   Mais que j'abrégerais bien vite
Cette culotte vengeresse,   Ce sale tourment qu'il mérite,
Dont en Chine le mandarin   À ses trousses si je lâchais *Beaumarchais* :
Punit les gens de son espèce ?   À l'aspect de son écritoire,
Du coupable que l'on nourrit,   Du gazetier en désarroi,
L'avant-train lentement pourrit,   Tremblant et pâlissant d'effroi,
Corrodé par sa propre ordure.   Tout le sang tournerait en foire. »
Puis, infecté de ses parfums
Qu'il faut que sa narine endure,
Il descend parmi les défunts.

CHAPITRE XIV – « *JE PRENDS LA NATION À TÉMOIN* »

1. *Mémoire à consulter pour Pierre-Augustin Caron de Beaumarchais, écuyer, conseiller-secrétaire du roi, et lieutenant général des chasses au bailliage et capitainerie de la varenne du Louvre, Grande Vénerie et Fauconnerie de France, accusé.* s. l. n. d., in-4°, 42 p. À la fin : De l'imprimerie de C. Simon […], rue des Mathurins, 1773.

2. *Mémoires secrets*, 16 septembre 1773, t. VII, p. 55.
3. *Ibid.*, 8 septembre 1773, t. VII, p. 50-51.
4. *Supplément au Mémoire à consulter pour Pierre-Augustin Caron de Beaumarchais, écuyer, conseiller-secrétaire du roi, et lieutenant général des chasses au bailliage et capitainerie de la varenne du Louvre, Grande Vénerie et Fauconnerie de France, accusé en corruption de juge et calomnie*, s.l.n.d., in-4°, 64 p. À la fin : De l'imprimerie de Quillau […], rue du Fouare, 1773.
5. *Mémoires secrets*, 22 novembre 1773, t. XXIV (*supplément*), p. 313.
6. *Mes Loisirs*, BNF, Ms. N.a.fr. 6681 : 21 novembre 1773.
7. *Addition au Supplément du Mémoire à consulter pour Pierre-Augustin Caron de Beaumarchais, écuyer, conseiller-secrétaire du roi, et lieutenant général des chasses au bailliage et capitainerie de la varenne du Louvre, Grande Vénerie et Fauconnerie de France, accusé. Servant de réponse à Madame Goëzman, accusée, au sieur Bertrand d'Airolles, accusé, aux sieurs Marin, Gazetier de France, et d'Arnaud-Baculard, conseiller d'ambassade, assignés comme témoins*, s.l.n.d., in-4°, 78 p. À la fin : De l'imprimerie de J.-G. Clousier, rue Saint-Jacques, vis-à-vis celle des Mathurins [1773].
8. *Mes Loisirs*, BNF, Ms. N.a.fr. 6681, p. 251.
9. *Addition au Supplément* […], dans : *Œuvres*, Pléiade, p. 765. Gudin de La Brenellerie, de son côté, a tracé ce parallèle entre *Les Provinciales* et les *Mémoires* de Beaumarchais : « Ce fut alors que M. de Beaumarchais publia ses *Mémoires*, dont le succès prodigieux l'étonna lui-même. On les compara aux *Lettres provinciales*, parce qu'ils étaient d'un style original, qu'ils versaient le ridicule sur ses adversaires, et qu'ils attaquaient, quoique indirectement, une grande société d'hommes qui prétendaient par leur état à la considération publique. Mais les *Lettres provinciales*, avec autant d'esprit et un style plus égal et plus pur, peut-être, ont moins d'énergie, moins de chaleur, et sont d'un intérêt moins général. Pascal, tranquille, méditait ses lettres à loisir, et se cachait en les écrivant. M. de Beaumarchais composait dans le tumulte des affaires, au milieu des cris d'une famille désolée, et il combattait à découvert contre ses propres juges » (*Aux mânes de Louis XV et des grands hommes qui ont vécu sous son règne*, Aux Deux-Ponts, à l'Imprimerie ducale, 1776, p. 147).
10. Gudin de La Brenellerie, *op. cit.*, p. 102.
11. Hardy, *Mes Loisirs*, BNF, Ms. N.a.fr. 6681, p. 265 : 28 décembre 1773. Voir également : Desnoiresterres, *La Comédie satirique au XVIIIe siècle*, Paris, 1885, p. 188, et *Revue nouvelle encyclopédique*, Paris, 1867, t. IV, p. 644.
L'idée de porter les *Mémoires* à la scène sera souvent reprise, notamment par Voltaire, écrivant à d'Argental, le 8 mars 1775 : « Je conseille à Beaumarchais de faire jouer ses factums si son *Barbier* ne réussit pas » (*Correspondance*, Pléiade, t. XII, p. 58). Un contemporain dira de même : « Caron de Beaumarchais fait des comédies pour faire pleurer, des factums pour faire rire » (*Histoire des troubles et démêlés littéraires*. Amsterdam [Paris], 1779), p. 230. Cousin d'Avallon, de son côté, rapporte ce mot : « Beaumarchais aurait dû donner ses factums au théâtre et ses drames aux tribunaux » (*Vie privée, politique et littéraire de Beaumarchais*, Paris, Michel, an X – 1802, p. 18).
12. Hardy, *Mes Loisirs*, éd. Bosquillon, t. II, p. 25.
13. *Mémoires secrets*, 9 et 12 janvier 1774 : t. VII, p. 106-107 ; t. XXVII, p. 151 et 162.
14. Loménie, *op. cit.*, t. I, p. 346, n. 1.

15. Hardy, *Mes Loisirs*, éd. Bosquillon, t. II, p. 21.

16. Ce portrait figure en frontispice de la première édition collective in-4° des *Mémoires* parue chez Ruault en 1774. La planche était annoncée dans *Le Mercure de France* de septembre 1774, pour le prix d'une livre quatre sols. Il est actuellement conservé à la Bibliothèque nationale de France (Est., N 2). Dix ans plus tard, Beaumarchais se souviendra : «Lorsque M. Cochin vint m'enlever de profil en 1773 [*sic* pour 1774], ce fut à titre d'homme malheureux, injustement persécuté, dont le courage pourrait servir de leçon, et je lui serrai la main en m'enfuyant à Londres. Il y avait alors une espèce de moralité dans son crayon» (Lettre à Pujos du 11 juin 1784, dans *Œuvres*, éd. Fournier, p. 661).

17. Hardy, *Mes Loisirs*, éd. Bosquillon, t. II, p. 20-21.

18. Voir : *Mémoires secrets*, 9 février 1774 : t. VII, p. 126-127.

19. Hardy signale une pièce en prose intitulée *Requête du Barbier de Paris*, «composée à l'occasion des défenses de représenter *Le Barbier de Séville*», mais qu'il n'a pu se procurer (Hardy, *Mes Loisirs*, éd. Bosquillon, t. II, p. 50).

20. *Correspondance littéraire*, t. X, p. 360-361.

21. Dans ses *Mémoires*, généralement bien renseignés, quoique apocryphes, Mme du Barry reconnaît avoir agi contre Beaumarchais, en partie par opposition à la dauphine : «M. de Beaumarchais, fort empressé de se faire valoir près des gens qui pouvaient lui être utiles, s'était fait présenter chez moi. Je le voyais peu, et jamais le soir, à son grand déplaisir. Il aurait voulu rencontrer le roi, ce qui était impossible, à cause de l'étiquette d'une part, et de certaines répugnances de l'autre, car Sa Majesté n'aimait pas plus cet homme de lettres que les autres. Il se permit des mots piquants qui me furent répétés ; je n'y attachai d'abord aucune importance, et je ne fis pas attention à ce que mes affidés me dirent là-dessus. Mais M. de Beaumarchais discontinua de me voir, et passa sous les drapeaux de Madame la dauphine. Sa défection me dépita ; et lorsqu'il voulut faire jouer son *Barbier de Séville*, sachant qu'il comptait sur la protection de Son Altesse Royale, je ne manquai pas de la contrecarrer, et d'empêcher la représentation de la pièce.

«Ce ne fut pas moi qui me mis en avant ; je fus entraînée par le duc d'Aiguillon. Il n'aimait pas M. de Beaumarchais ; il lui reprochait des chansons, des épigrammes, des bons mots lancés contre lui, et il me témoigna son mécontentement de ce que j'avais fait jouer chez moi, devant Sa Majesté, un proverbe intitulé *Le meilleur ne vaut rien*, et dont le sujet était pris dans le procès Goëzman.

«Me voilà donc en opposition réglée avec Madame la dauphine. Elle s'intéressait au *Barbier de Séville*, et elle s'adressa aux gentilshommes de la Chambre pour qu'on le mît en scène. Je fis intervenir la police à l'effet de l'empêcher ; j'eus le malheur de remporter une insolente victoire : la comédie de Beaumarchais fut ajournée, et ne put être jouée que sous le règne suivant» (*Mémoires secrets et inédits de la cour de France* [...], 1829, t. IV, p. 241).

22. *Quatrième Mémoire à consulter pour Pierre-Augustin Caron de Beaumarchais, écuyer, conseiller-secrétaire du roi, lieutenant général des chasses, etc. Accusé de corruption de juge. Contre M. Goëzman, juge accusé de subornation et de faux ; Madame Goëzman et le sieur Bertrand, accusés ; les sieurs Marin, gazetier ; d'Arnaud-Baculard, conseiller d'ambassade ; et consorts. Et réponse ingénue à leurs mémoires, gazettes, lettres courantes, cartels, injures et mille et une diffamations*, s.l.n.d., in-4°, 108 p. À la fin : De l'imprimerie de J.-G. Clousier, rue Saint-Jacques, vis-à-vis celle des Mathurins, 10 février 1774.

Dès la fin de décembre, un particulier avait réservé chez l'imprimeur cent exemplaires de ce *Mémoire*, «sur le papier le plus superbe», sans doute afin de le distribuer à la cour (Hardy, *Mes Loisirs*, BNF, Ms. N.a.fr. 6681, p. 266: 29 décembre 1773).

23. Ami et conseiller de Goëzman, Nicolaï était notoirement hostile à Beaumarchais, qui l'accusait de solliciter «ouvertement et journellement» contre lui, et avait déposé le 16 décembre 1773 une demande en récusation (*Troisième Mémoire*). En troquant le mortier du champ de bataille contre celui du magistrat, il avait excité la verve des chansonniers et libellistes: «M. de Nicolaï, préférant les mortiers fourrés de petit-gris à ceux que l'on charge avec de la poudre, a été nommé par le roi président à mortier du parlement de Paris; on compte beaucoup sur son courage pour cette nouvelle place. [En note:] «M. de Nicolaï, colonel dans la dernière guerre, s'étant dégoûté du bruit des armes et de l'odeur de la poudre, se fit recevoir avocat en 1762, pour ne pas entrer en campagne, sous prétexte qu'étant l'aîné de sa maison, il devait posséder la paisible charge de premier président de la chambre des Comptes, que son père a cédée de préférence à son cadet» (Théveneau de Morande, *Le Gazetier cuirassé*, 1785, p. 40).

Une chanson de l'année 1774 raille son incompétence dans un domaine comme dans l'autre, et lui suggère d'entrer dans les ordres:

«Tonsurez le dragon,
Qu'en l'église on le place,
Il porte mal, dit-on,
La robe et la cuirasse.»

24. Voir *Quatrième Mémoire*, dans: *Œuvres*, Pléiade, p. 883-887.

25. Il s'agit naturellement de Nicolaï, qui était chevalier de Saint-Louis.

26. Clairambault-Maurepas, *Chansonnier historique du XVIIIe siècle*, éd. E. Raunié (Paris, Quantin, 1879-1884), t. VIII, p. 299-300.

«Du 19 janvier. Ce jour, il me tombe entre les mains copie d'une petite pièce de vers adressée au sieur Caron de Beaumarchais, qu'on pourrait regarder dans le moment comme la coqueluche de tout Paris, et qui avait été composée relativement à l'insulte qu'il avait reçue au Palais, du sieur de Nicolaï, président à mortier, sur laquelle Messieurs du Parlement avaient refusé contre toutes les règles d'admettre sa plainte et de lui rendre justice» (Hardy, *Mes Loisirs*, éd. Bosquillon, t. II, p. 19).

27. *Quatrième Mémoire*, dans: *Œuvres*, Pléiade, p. 888.

28. *Mémoires secrets*, 15 février 1774, t. VII, p. 130-132.

29. *Correspondance littéraire*, décembre 1773, t. X, p. 328-331.

30. *Ibid.*, février 1774, t. X, p. 359-361.

31. Charles Collé, *Correspondance faisant suite à son Journal*, éd. Honoré Bonhomme, Plon, 1864, lettre IX, du 21 octobre 1775, p. 79-80.

32. Lettre X, du 29 novembre 1775, *ibid.*, p. 84.

33. Lettre de Bernardin de Saint-Pierre, du 12 décembre 1773, dans: *Correspondance*, éd. Morton, t. II, p. 40.

34. Lettre à Jean-Antoine Lépine, du 9 décembre 1774, dans: Voltaire, *Correspondance*, Pléiade, t. XI, p. 871.

35. Lettres à François-Louis-Claude Marin, des 1er et 2 octobre 1773, *ibid.*, p. 476-477.

36. En 1770, Voltaire avait fondé à Ferney une manufacture de montres qui employait une quarantaine d'ouvriers. Elle avait produit près de quatre mille pièces en 1773.

Deux ans plus tard, Voltaire avouait un chiffre d'affaires annuel de 400 000 à 500 000 livres. Pour développer ses affaires, il prêta des fonds aux artisans et se fit lui-même le promoteur de sa propre entreprise à travers l'Europe. À l'occasion du mariage du dauphin avec Marie-Antoinette, il fit parvenir à Versailles de fort belles montres, enrichies de diamants. Catherine II et Frédéric II lui en commandèrent, et les ambassadeurs de France reçurent une lettre circulaire du patriarche de Ferney en personne, vantant « le talent de ses artistes ».

37. Lettre au même, du 25 octobre 1773, *ibid.*, p. 492-493.

38. *Maringouin*: sorte de cousin ou moustique fort commun dans les pays chauds et au Canada.

39. Lettre à François-Louis-Claude Marin, du 17 janvier 1774, dans: Voltaire, *Correspondance*, Pléiade, t. XI, p. 591-592.

40. Lettre de Condorcet à Voltaire, du 7 mars 1774. L.a.s., 4 p. in-4°, cat. Thierry Bodin (vente Drouot, 19 juin 1996, coll. Robert Gérard).

41. Lettre à Jean Le Rond d'Alembert, du 25 février 1774, dans: Voltaire, *Correspondance*, Pléiade, t. XI, p. 616.

42. Lettre à Charles-Augustin Ferriol, comte d'Argental, du 25 février 1774, *ibid.*, p. 618.

La réponse du comte d'Argental, datée du 11 mars et pieusement conservée par Voltaire, contient des conseils fort sages en ce qui concerne Marin, et de sévères jugements à l'encontre de Beaumarchais. Nous croyons utile d'en citer de larges extraits, car elle reflète assez fidèlement l'opinion du roi, de la Cour et des ministres en place sur l'auteur du *Barbier*, et permet par là de mesurer l'ampleur des ravages causés par la calomnie dans une partie de l'opinion, la plus restreinte, il est vrai, mais non la moins influente :

« À Paris, ce 11 mars 1774.

« Vous avez très bien fait, mon cher ami, de ne pas confier à la poste les détails que contient votre lettre du 25. Je me sers aussi, pour y répondre, d'une voie détournée, et que je crois sûre parce qu'elle m'a déjà réussi. Croyez-moi, mon cher ami, abandonnez Beaumarchais et ne vous brouillez point avec Marin. Vous m'avez ouvert votre cœur. Je vais, en vous ouvrant le mien, tâcher de justifier mon double conseil. Je n'aime ni n'estime Marin. J'ignore s'il est coupable ou non des horreurs dont on l'accuse, mais le tour qu'il vous a joué me suffit cependant pour ne le pas regarder comme un honnête homme*. Cependant, il peut servir dans bien des occasions et il peut beaucoup nuire dans mille autres. Il a l'oreille du ministre le plus accrédité [le duc d'Aiguillon] qui le protège ouvertement, il est admis avec une sorte de distinction chez le premier président [M. Bertier de Sauvigny], M. de Sartine, qui en fait intérieurement peu de cas, le soutient et le favorise par politique. Je pense donc que vous devez dissimuler les sujets de plaintes qu'il vous a donnés, agir avec lui comme par le passé, entretenir ou renouveler votre correspondance, avec le ménagement et la défiance que vos découvertes doivent vous inspirer, mais sans lui faire apercevoir trop clairement du changement dans votre conduite.

« Quant à Beaumarchais, il est certain qu'avant son affaire il avait la plus mauvaise réputation. Je n'insiste point sur les excès de fatuité qui l'avaient fait chasser de la cour, sur son insolence dans la société, ni sur la manière dont il a vécu avec le duc de Chaulnes, liaison qui a fini, de sa part, par la trahison et la lâcheté, mais comptez que mes soupçons sur sa scélératesse n'ont pas été avancés légèrement. Les preuves, ou du moins les présomptions les plus fortes à cet égard, me sont venues sans qu'assurément je les cherchasse. Qu'opposez-vous donc, mon cher ami, à une opinion aussi bien fondée ? L'impossibilité qu'un homme gai ait commis de grands crimes ? Cette maxime est un peu dramatique : mise en beaux ou jolis vers, elle produirait son effet dans une pièce tragique ou comique. Mais convenez que ce n'est pas là une justification qu'on puisse donner comme sérieuse. Je connais le père ; c'est un bon horloger, son témoignage serait d'un grand poids. En fait de montres et de pendules, c'est tout ce que je peux lui accorder. Qu'est-ce que l'affaire de Beaumarchais dans son origine ? Un compte avec M. Duverney, dont il résulte une créance considérable en sa faveur. Je tiens d'un des premiers juges du tribunal où il a d'abord gagné son procès, que l'acte lui a paru infiniment suspect, qu'il était persuadé comme homme de sa fausseté, mais que comme juge il n'avait pas osé le prononcer, et que ses confrères avaient pensé de même. Le Parlement, plus hardi, l'a annulé. Il avait essayé de corrompre son rapporteur en gagnant sa femme, démarche qui n'est pas fort honnête. Il est impossible de penser qu'il eût donné 200 louis pour le seul plaisir d'envisager M. Goëzman et d'obtenir une audience. C'était donc un vrai projet de corruption. N'ayant rien dit de bon à ce sujet, il a pris le parti de se concilier le public en l'amusant, moyen qui n'est que trop sûr auprès de la plus frivole des nations. Pour y parvenir, il a abandonné le fond de sa cause et s'est livré à des discussions étrangères. Il a introduit sur la scène les personnages qu'il a crus les plus susceptibles de ridicules. Il a joint à la malignité des épigrammes les injures les plus atroces.

« Sa gaieté a réjoui, sa méchanceté a fait impression, elle a donné à son style une chaleur et une sorte d'éloquence inséparables d'une licence effrénée, ce qui prouve que c'est à elle qu'il doit le succès de ses mémoires. C'est qu'avant ce temps, il passait pour un très mauvais écrivain. Il avait fait deux comédies qui ne méritent pas seulement ce nom et qui sont détestables. La préface qu'il a mise à la tête de celle qu'il a fait imprimer n'est pas lisible. On parle d'un certain *Barbier de Séville* qu'on dit plaisant. Cela me rappelle une anecdote que je ne dois pas vous laisser ignorer. Dans le temps qu'on répétait *Les Lois de Minos*, il osa prendre des mesures pour passer avant vous. Elles lui avaient réussi, la plupart des comédiens avait adopté ce projet, et il a été en partie cause du funeste délai de la représentation de votre tragédie, et de ce qu'elle a été prévenue par cette maudite impression qui a tout perdu. Vous m'avouerez que ce manège était, de la part de l'auteur du *Barbier*, un manque des égards qui vous sont dus à tant de titres. Revenons à quelque chose de plus sérieux. L'arrêt qui vient d'être rendu [le 26 février] a noté Beaumarchais d'infamie, jugé ses mémoires libelles, puisqu'il les a condamnés à être brûlés par la main du bourreau, ce qui est rarement d'usage à l'égard de ceux qui ne sont faits que contre des particuliers. Il faut, mon cher ami, que vous accusiez un tribunal, que vous avez loué, de la plus grande injustice, ou que vous renonciez à la bonne opinion que vous voulez conserver de Beaumarchais. Je n'ajouterai qu'un mot, c'est qu'il est en horreur à la cour, du moins auprès du maître et du ministre dont j'ai parlé au commencement de ma lettre [le duc d'Aiguillon]. En voilà assez et trop sur cette vilaine affaire [...] » (Voltaire, *Correspondance*, Pléiade, t. XI, p. 1227-1229).

* Marin avait vendu clandestinement un manuscrit des *Lois de Minos*, tragédie en cinq actes en vers de Voltaire, au libraire Valade.

43. Comprenons : *les écrits de Beaumarchais justifient bien les défiances que vous aviez à l'égard de Marin.*
44. Lettre à Condorcet, du 25 février 1774, Voltaire, *Correspondance*, Pléiade, t. XI, p. 620.
45. Lettre à d'Argental, du 30 décembre 1773, *ibid.*, p. 563.
46. Lettre au marquis de Florian, du 3 janvier 1774, *ibid.*, p. 573.
47. Lettre à Alexandre-Marie-François de Paule de Dompierre d'Hornoy, du 6 janvier 1774, *ibid.*, p. 578.
48. Lettre à Jean Le Rond d'Alembert, du 25 février 1774, *ibid.*, p. 617.
49. Lettre au marquis de Florian, du 26 février 1774, *ibid.*, p. 621.
50. Lettre à Charles-Augustin Ferriol, comte d'Argental, du 17 janvier 1774, *ibid.*, p. 590.
51. Voir : Voltaire, *Correspondance*, Pléiade, t. XI, p. 1203 et 1227-1229.
52. Arnould, *op. cit.*, p. 30.
53. Loménie, *op. cit.*, t. I, p. 362.
54. *Lettres de la marquise du Deffand à Horace Walpole (1766-1780)*, éd. Paget Toynbee, Londres, Methuen et Cⁱᵉ, 1912, t. II, p. 593, n. 1.
55. Son nom s'écrit indifféremment *Willermaula*, *Willermawla* ou *Willermaulaz*. Nous avons opté pour cette dernière orthographe, qui est celle du père de Marie-Thérèse, sur son acte de baptême. Sur l'histoire de cette famille, qui remonte à 1512, voir : Louis Bonneville de Marsangy, *Madame de Beaumarchais d'après sa correspondance inédite*, Paris, Calmann Lévy, 1890, chap. II, p. 26 *sq.*
56. Gudin de La Brenellerie, *op. cit.*, p. 108. Louis de Loménie a retrouvé, dans les notes manuscrites de Julie de Beaumarchais, un portrait de femme, où il crut reconnaître Marie-Thérèse de Willermaulaz. Une allusion au « piédestal de la dignité suisse » semblait confirmer son hypothèse (Loménie, *op. cit.*, t. I, p. 44-45). Mais Bonneville de Marsangy nous paraît plus près de la vérité en suggérant que ce portrait représenterait plutôt Eugénie, la fille de Beaumarchais. On y retrouve, en effet, beaucoup plus de traits de caractère de celle-ci que de sa mère (*Madame de Beaumarchais d'après sa correspondance inédite*, p. 223-230).
57. Lettre non datée à Mme Dujard, dans : Bonneville de Marsangy, *op. cit.*, p. 124.
58. À la même, du 2 décembre 1807, *ibid.*, p. 131-132.
59. À la même, Paris, 1ᵉʳ avril, *ibid.*, p. 135-136.
60. À la même, 15 décembre 1807, *ibid.*, p. 138.
61. À la même, 19 mars 1808, *ibid.*, p. 140.
62. À la même, 30 novembre 1811, *ibid.*, p. 154.
63. À la même, 31 juillet (sans millésime), *ibid.*, p. 170-171.

CHAPITRE XV — « CE N'EST PAS TOUT QUE D'ÊTRE BLÂMÉ »

1. Loménie, *op. cit.*, t. I, p. 366. Ce même jour, Mme du Deffand écrit à Horace Walpole :

   « Paris, ce samedi 26 février 1774,

   « Nous attendons aujourd'hui un grand événement : le jugement du procès de ce Beaumarchais dont je vous ai parlé, et dont je suis résolue à vous envoyer les

Mémoires. Je serais surprise s'ils ne vous amusent pas, surtout le quatrième. Cet homme a certainement beaucoup d'esprit ; M. de Monaco l'a invité ce soir à souper pour nous faire la lecture d'une comédie de sa façon, qui a pour titre *Le Barbier de Séville*. On la devait jouer il y a huit jours : elle aurait eu certainement un grand succès, quand même elle aurait été détestable. Le public s'est affolé de l'auteur. On le juge tandis que je vous écris. On prévoit que le jugement sera rigoureux, et il pourrait arriver qu'au lieu de souper ce soir avec nous, il fût condamné au bannissement, ou même au pilori ; c'est ce que je vous dirai demain.

« Ce dimanche

« Hier, samedi 26, M. de Beaumarchais et ses consorts furent jugés. Mme Goëzman et lui sont condamnés à être blâmés. Mais comme vous n'êtes pas au fait de l'affaire, il faut que vous lisiez les mémoires avant d'apprendre le jugement ; vous aurez le tout ensemble. Ledit Beaumarchais ne vint point souper chez M. de Monaco ; le Parlement resta assemblé depuis cinq heures du matin jusqu'à près de neuf heures du soir » (*op. cit.*, t. II, p. 585-586).

2. Régnaud, *Histoire des événements arrivés en France depuis le mois de septembre 1770, concernant les parlements et les changements dans l'administration de la justice et dans les lois du royaume*, BNF, Ms. F. fr. 13734.

3. BNF, Ms., fonds Joly de Fleury, 2082, ff. 82-93. Les membres du Parlement n'avaient eu « aucun égard à la modération de gens du roi qui ne voulaient que l'admonition et la suppression des *Mémoires* ». Avant de parvenir à cette majorité de 30 voix pour le blâme et 25 voix contre, il y avait eu d'abord 22 voix pour condamner Beaumarchais à « tout sauf la mort (*omnia citra mortem*) » (Hardy, *Mes Loisirs*, éd. Bosquillon, t. II, p. 76).

4. Quelques jours plus tard, le bruit se répandit que la dame Goëzman était tombée si gravement malade que le médecin Bouvard, qui la traitait, désespérait de la sauver. Elle ne décolérait pas contre son mari, l'accusant de l'avoir chargée de tous les crimes pour se tirer d'affaire. Selon d'autres rumeurs, elle n'était point malade, mais avait dû quitter les Filles du Saint-Sacrement, toutes les pensionnaires ayant menacé la supérieure d'en sortir, si elle s'obstinait à y demeurer après sa condamnation (Hardy, *Mes Loisirs*, éd. Bosquillon, t. II, p. 84).

5. « Vous vous imaginiez donc que *hors de cour* signifiait justifié, déclaré innocent, et parce que vous écrivez mieux que nos académiciens, vous pensiez savoir la langue du barreau. Je vous crois actuellement détrompé. Vous savez sans doute que *hors de cour* signifie : hors d'ici vilain, vous êtes violemment soupçonné d'avoir reçu de l'argent des deux parties ; il n'y a pas assez de preuves pour vous convaincre, mais vous restez *entaché*, comme disait l'autre, et vous ne pouvez plus posséder aucune charge de judicature » (Voltaire, lettre à Jean-Baptiste-Nicolas de Lisle, du 7 mars 1774, dans : Voltaire, *Correspondance*, Pléiade, t. XI, p. 630).

6. Hardy, *Mes Loisirs*, éd. Bosquillon, t. II, p. 97-98.

7. Lettre de Condorcet à Voltaire, du 7 mars 1774. L.a.s., 4 p. in-4°, cat. Thierry Bodin (vente Drouot, 19 juin 1996, coll. Robert Gérard).

8. Hardy, *Mes Loisirs*, éd. Bosquillon, t. II, p. 98.
   Révoqué, déchu, presque ruiné, Goëzman tenta de reprendre son premier métier d'auteur, en publiant sous pseudonyme les *Quatre Âges de la pairie en France* (Maastricht, 1775, 2 vol. in-8°), ouvrage signé de l'anagramme L.-V. Zemgano. Trois ans plus tard, il fit paraître en Suisse *Les Fastes de la nation française, contenant l'histoire politique de son établissement dans les Gaules, et son droit*

public depuis la fondation de la monarchie, dont les lois et la police ont été pen-
dant plusieurs siècles communes à une grande partie de l'Europe (8 grand
volumes in-8°). Ce vaste ouvrage fut vendu par souscription, sous le nom de
«M. de Thurne, de la Société de Metz». Il s'agit, bien entendu du même Goëzman, «nom sur lequel les naïvetés d'une épouse trop fragile et les *Mémoires* de
M. de Beaumarchais ont jeté un éclat dont il n'est pas étonnant que sa modestie
se trouve embarrassée», commente ironiquement la *Correspondance littéraire*
(t. XII, p. 48).
Sans doute ses droits d'auteur ne suffirent-ils pas à le faire vivre, car, une dizaine
d'années plus tard, au début 1783, on n'est pas peu surpris de voir son nom figurer dans les registres des Affaires étrangères, en qualité d'«agent secret». On l'est
davantage encore, en apprenant, par un mémoire autographe de Goëzman de
Thurn, conservé aux Archives nationales, que ce poste lui fut confié sur la recommandation de Sartine: «À la fin de l'année 1780, peut-on lire dans ce mémoire,
M. de Sartine, alors ministre de la Marine, proposa au roi d'envoyer à Londres un
homme sûr, qui portât un nom étranger, sût l'anglais, et eût l'air d'avoir été fort
maltraité, mais qui eût en même temps l'expérience des affaires et des connaissances acquises dans la politique de l'Europe. Il jeta les yeux sur moi et fit
approuver par le roi un traitement annoncé par un *Bon* signé de sa main, dont il
me délivra une ampliation contresignée par lui-même, qu'on trouvera pour copie
à la fin de ce mémoire.» Après avoir exposé l'objet de sa mission, qui consiste en
fait à espionner tout le monde, y compris M. de La Motte qui l'a précédé en
Angleterre, Goëzman reproduit la copie certifiée conforme du *Bon* de Sartine:
«J'ai jeté les yeux sur le sieur Goëzman de Thurn, dont je connais le zèle, l'application et les études. [...] Il demande que le gouvernement lui accorde pour
récompense de ses services deux cents louis pour le paiement de ses dettes, la
continuation de son traitement, et une indemnité convenable pour une créance
qu'il a à la charge de l'État, et dont il a établi la légitimité. [...]» Ce mémoire est
daté du 14 janvier 1793. Goëzman y faisait valoir ses services passés aux yeux du
nouveau régime. Vaine démarche, car l'année suivante, le 7 thermidor 1794, on le
conduisait à l'échafaud, dans la même charrette qu'André Chénier et le baron de
Trenck. L'acte d'accusation signé de Fouquier-Tinville portait la mention suivante: «Koesman [*sic*]; agent et esclave du despotisme sous lequel la nation
paraissait anéantie pour jamais en 1792; dont les prévarications et la sordide
vénalité ont été un objet de scandale, et où le corrupteur et le corrompu ont fait
preuve d'une égale immoralité; n'a, pendant toute la Révolution, été que l'instrument du tyran et de la tyrannie, qui le soudoyait par une pension pour les
ouvrages qu'il avait composés pour elle, et que son dévouement aux volontés du
tyran lui avait méritée» (P. Huot, *Goëzman et sa famille*, 1863, p. 19, cité par
E.-J. Arnould, *op. cit.*, p. 38, n. 1).
9. Cette exécution était d'abord prévue pour le lundi 28 février, mais on préféra la
    reporter, par crainte de désordres.
10. Lettre au marquis de Florian, du 16 mars 1774, dans: Voltaire, *Correspondance*,
    Pléiade, t. XI, p. 640.
11. Donvez, *op. cit.*, p. 1533.
12. Gudin de La Brenellerie, *op. cit.*, p. 104-105.
13. *Ibid.*, p. 106. De même, peut-on lire dans les *Mémoires secrets*, à la date du
    9 mars 1774 (t. VII, p. 141): «Le prince de Conti couvre le sieur de Beaumar-

chais de la protection la plus éclatante ; et malgré l'arrêt qui déclare ce particulier infâme, il l'a fait souper chez lui avec quarante personnes très qualifiées. » De son côté, la *Correspondance littéraire* du 12 mars annonce : « Monseigneur le prince de Conti et monseigneur le duc de Chartres, sensibles au malheur de M. de Beaumarchais, l'ont reçu plusieurs fois chez eux avec beaucoup de bonté ; et depuis l'arrêt prononcé, il a même eu l'honneur de leur faire la lecture du *Barbier de Séville*, en présence de toute leur cour » (t. X, p. 399).

14. Gudin de La Brenellerie, *op. cit.*, p. 106.

15. Arnould, *op. cit.*, p. 47.

16. Mars 1774, t. X, p. 398.

17. Jean-Benjamin, marquis de Laborde, né à Paris le 5 septembre 1734, mort sur l'échafaud le 22 juillet 1794, fermier général et premier valet de chambre du roi, était familier de Le Normant d'Étiolles et ami de Beaumarchais ; leur intimité allait jusqu'au tutoiement. Grand amateur de musique, il composa les airs de plusieurs opéras-comiques. Le rédacteur de la *Correspondance littéraire* le disait en 1772 « infatigable à nous excéder de sa musique plate et barbare » (t. X, p. 93). Laborde a composé notamment la musique de *L'Anneau perdu et retrouvé*, paroles de Sedaine, joué sans succès le 20 août 1764. Avec la collaboration de Chamfort, il fit jouer le 8 mai 1765 *Les Amours de Gonesse*, autre insuccès, et avec Saint-Marc *Adèle de Ponthieu* (décembre 1773), qui ne connut pas un meilleur sort que les deux précédentes. Il ne faut pas le confondre, comme on le fait souvent, avec Jean-Joseph de Laborde, né à Jacca (Aragon) en 1724, mort également sur l'échafaud, le 18 avril 1794, créateur des somptueux domaines de la Ferté-Vidame et de Laborde-Méréville.

18. *Correspondance*, éd. Morton, t. II, p. 47.

19. *Mémoires de Madame du Barry*, t. IV, p. 243.

20. Lettre au marquis de Florian, du 7 mars 1774, dans : *Correspondance*, Pléiade, t. XI, p. 629.

21. Lettre à Jean-Baptiste-Nicolas de Lisle, du 7 mars 1774, dans : Voltaire, *Correspondance*, Pléiade, t. XI, p. 630.

22. Gudin de La Brenellerie, *op. cit.*, p. 109-110.

23. Né à Londres le 17 octobre 1727, John Wilkes s'engagea dans la carrière politique comme membre des Communes en 1757. En 1762, il fonde l'hebdomadaire *The North Briton*, où il mène une vigoureuse opposition au roi George III et au gouvernement. En avril 1763, dans le numéro 45 de son périodique, il ose attaquer le discours du trône. On l'arrête dans des conditions irrégulières, ce qui oblige les autorités à le relâcher peu après. Wilkes, qui ne recherchait que sa publicité personnelle, exploite aussitôt son succès en publiant un obscène *Essay on Woman*, qui le fait expulser des Communes (1764). Réfugié sur le continent (1764-1768), il fait bientôt figure de martyr et devient l'homme le plus populaire d'Angleterre. Triomphalement réélu dans le Middlesex en 1768, il est cependant reconnu hors la loi, se constitue prisonnier, est arrêté dans les formes et envoyé par lord Mansfield à la prison de *King's Bench* pendant un an. Deux fois réélu en 1769, il est deux fois expulsé des Communes, avant de pouvoir enfin siéger. Wilkes incarne désormais la défense des libertés traditionnelles des Anglais contre l'autoritarisme royal. Élu lord-maire de Londres en 1774, il oblige les Communes à reconnaître à la presse le droit de publier les comptes rendus de leurs débats. Il siégera aux Communes jusqu'en 1790, et s'y fera le champion de

la cause des *Insurgents* d'Amérique. John Wilkes mourut à Londres le 26 décembre 1797.

24. *Votre vaillance m'enflamme et votre esprit me charme.*
25. Voir : Hardy, *Mes Loisirs*, éd. Bosquillon, t. II, p. 101-102.
26. Prince de Ligne, *Mémoires, Lettres et Pensées*, Paris, François Bourin, 1989, p. 213.
27. « Mémoire de Beaumarchais au roi Louis XVI [juin 1774] », archives de la famille, cité dans : Donvez, *op. cit.*, p. 241. De son côté, Gudin résume cette lettre en ces termes :

 « Il mandait au roi qu'il garderait le silence puisqu'il le désirait, mais qu'afin de montrer à Sa Majesté qu'il le garderait volontairement et non par crainte, il allait sortir des lieux soumis à son pouvoir, se retirer chez un peuple où il serait indépendant, qu'il y demeurerait sous un nom supposé dont il l'informerait, qu'il y resterait tout le temps que la loi lui accordait pour en appeler, et qu'après lui avoir témoigné une obéissance libre, il viendrait lui demander la justice qu'il lui devait. La justice est la dette des rois, poursuivait Beaumarchais, ils ne peuvent la refuser à personne ; ils la doivent spécialement à ceux que les tribunaux ont mal jugé. Ils la doivent même à ceux que des circonstances imprévues ont forcé de se mettre au-dessus de la loi, et c'est là ce qui fonde le privilège qu'ils ont de faire grâce » (Gudin de La Brenellerie, *op. cit.*, p. 111-112).

28. Plusieurs autres écrits séditieux fleurissaient à la même époque dans ce paradis du libelle qu'était la Grande-Bretagne. Citons, entre autres, *Mémoires pour servir à l'histoire de Louis quinze*, *La France vengée de ses tyrans*, *Avis à la branche espagnole sur ses droits à la couronne de France, au défaut d'héritier*, *Réponse au tocsin des rois*, etc.
29. Né à Arnay-le-Duc, en Bourgogne, le 9 novembre 1741, Charles Théveneau, dit le chevalier de Morande, eut une jeunesse mouvementée. À la suite d'une longue série de débauches et d'escroqueries, il fut enfermé au For-l'Évêque (juillet 1768), puis de là transféré à la maison des Bons-Fils d'Armentières (juillet 1768-juillet 1769). Mis en liberté, il passa aux Pays-Bas, puis en Angleterre, où il vécut essentiellement de libelles diffamatoires, faisant payer fort cher les secrets qu'il menaçait de dévoiler. On lui doit, entre autres écrits : *Le Philosophe cynique* et *Mélanges confus sur des matières fort claires* (Londres 1771), *Le Gazetier cuirassé, ou Anecdotes scandaleuses de la cour de France* (1771). Peu après, il voulut s'attaquer au comte de Lauraguais, alors à Londres. Mais il dut reculer devant l'attitude résolue de ce personnage, qui n'hésita pas à le traduire devant les tribunaux anglais. Morande en revint à des sujets moins dangereux avec les *Mémoires secrets d'une femme publique*. Après maintes tractations, il renonça, moyennant finance, à publier ce libelle. À la mort de Louis XV, il entra, semble-t-il, au service de la police française, comme agent secret à Londres. À partir de 1776, il rédigea *Le Courrier de l'Europe*. De retour en France, en mai 1791, il dirigea *L'Argus patriote* (juin 1791-août 1792), dans lequel il soutenait la monarchie. Arrêté après le 10 août, il échappa aux massacres de septembre et se retira dans sa ville natale d'Arnay-le-Duc, où il mourut le 6 juillet 1805. Un de ses deux frères, Lazare-Jean, connu sous le nom de Théveneau de Francy, secrétaire du roi et capitaine de marine, devint le secrétaire et le représentant de Beaumarchais. Marié à Philiberte Guichot, dame de Vergoncey, il mourut sans postérité en 1783.

30. *La Police de Paris dévoilée* (Paris, Strasbourg, Londres, an II [1795], 2 vol.), t. I, p. 266.

31. On ne s'étendra pas ici sur la personnalité du chevalier d'Éon, dont il sera longuement question dans le tome II.

32. « Campagnes du sieur Caron de Beaumarchais en Angleterre pendant les années 1774-1775 » du 27 mai 1776, publié par F. Gaillardet, *Mémoires sur la chevalière d'Éon*, Paris, Dentu, s. d. [1866], p. 219.

33. Tous deux sont originaires de Bourgogne : le chevalier d'Éon est né à Tonnerre et Morande à Arnay-le-Duc.

34. *Prends garde, Romain, il est enragé.*

35. Arch. Aff. étrangères, correspondance politique : Angleterre, 502, f° 182-183, déchiffré par Dubois-Martin, partiellement édité dans : Gaillardet, *op. cit.*, p. 220-221, et Boutaric, *Correspondance secrète inédite de Louis XV sur la politique étrangère avec le comte de Broglie, Tercier, etc.*, t. II, p. 356, n° CCCLXVII.

36. « M. de Lormois [*sic*], qui était en Angleterre à cette époque, avait été chargé aussi de travailler à cette suppression. Je refusai ses offres, et je lui fis même l'injustice de croire qu'il avait des liaisons avec un certain Bérenger [*sic*] qui fut envoyé exprès pour me faire tomber dans un piège. Il était accompagné par des suppôts de police que je fis repartir, en prenant des *warrants* (ordre d'arrêter) contre toute la bande » (Théveneau de Morande, *Réplique à Brissot*, Paris, 1791, cité par Paul Robiquet, *Théveneau de Morande*, Paris, Quantin, 1882, p. 46-47, n. 1).

37. « Ancien gendarme, blessé à Meinden et pensionnaire des Invalides comme bas officier. On l'appelle à Londres le chevalier de Champreux, ou le capitaine Champreux. Il a fait cession de biens en France, il y a douze ans, pour sortir de prison. Quelques années après, il parut un moment à Fontainebleau avec des chevaux de course, y fit des paris contre MM. de Conflans et de Fénelon, les perdit, ne les paya pas, et s'enfuit de France pour revenir à Londres, où il a fait banqueroute depuis son retour. Il a aujourd'hui son certificat de banqueroutier en bonne forme à la main, et huit chevaux de course dans son écurie. Son état, qui est tout uniment celui de joueur, lui donne une certaine consistance. Ce Laroche de Champreux a été décrété, sous le nom de Roquebrune, par un arrêt du parlement de Paris du 10 janvier 1763, comme complice du nommé Pernet, aussi gendarme, lequel a été pendu pour assassinat d'un clerc de notaire, rue Saint-Honoré, conjointement avec deux autres militaires » (Pierre Manuel, *La Police de Paris dévoilée*, t. II, p. 268-269).

38. *Mémoires secrets*, 5 février 1774, t. VII, p. 122-123. Voir aussi : Hardy, *Mes Loisirs*, éd. Bosquillon, t. II, p. 90-91.

39. En octobre 1774, Mme de Godeville publia des Mémoires sous ce titre piquant : *Voyage d'une Française à Londres, ou la Calomnie détruite par la vérité des faits*. « On les attendait avec impatience, comptant y rencontrer des anecdotes curieuses, et du moins beaucoup d'esprit. On est tout surpris, quand on a lu cette rhapsodie, de se trouver la tête, le cœur et la mémoire également vides. Tout ce qui en résulte, c'est que l'héroïne est sortie de France pour se soustraire aux poursuites de ses créanciers, et qu'en ayant fait de nouveaux à Londres, elle quitte ce pays-là pour la même raison. Du reste, aucun détail sur les libelles qu'on l'accusait d'avoir composés, sur les liaisons avec les libellistes, sur les exempts envoyés, etc. Il y a quelque facilité dans le style, quelque tournure heureuse ; du

reste, rien, mais rien du tout : c'est une véritable attrape » (*Mémoires secrets*, 1ᵉʳ octobre 1774, t. XXVII, p. 299-300).

40. D'après Hardy, deux autres membres de l'expédition eurent un sort plus malheureux ; n'ayant pas réussi à s'esquiver à temps, ils furent lynchés à mort par leurs poursuivants. Quant à Receveur, il demeura dans l'incapacité de reprendre son service et fut remplacé par le fameux inspecteur Marais (*Mes Loisirs*, éd. Bosquillon, t. II, p. 91).

41. « Mémoire de Beaumarchais au roi Louis XVI [juin 1774] », archives de la famille, cité dans : Donvez, *op. cit.*, p. 242-243.

42. Les *Mémoires* apocryphes de Madame du Barry offrent un récit détaillé (et passablement différent) de la manière dont Beaumarchais fut recruté comme agent secret. Quoique fort sujet à caution, nous le reproduisons intégralement ci-après, pour l'information du lecteur. La scène qu'on va lire se situe aussitôt après l'échec de l'expédition contre Théveneau de Morande :

« [...] La maréchale de Mirepoix vint me voir et je lui contai mon chagrin.

— Mon Dieu ! me dit-elle, que ces gens sont bêtes ! Ils cherchent à faire de la diplomatie et ils marchent de sottises en sottises. Il fallait envoyer là non des aigrefins, des escrocs, des gens de sac et de corde, mais un seul homme habile, rusé, et sachant prendre le ton convenable dans ces sortes d'affaires. Il faudra que je me mêle de vous trouver le négociateur dont vous avez besoin, ma chère comtesse ; j'aurai la main plus heureuse. Je connais le phénix de ces diplomates du second ordre, qui vous rendra compte de Morande et de son libelle.

— Quel est-il ? demandai-je avec curiosité.

— Augustin Caron de Beaumarchais en personne.

— Lui ! madame la maréchale, un homme que je n'aime pas et qui me déteste ?

— Lui, vous détester ? Vous êtes trop jolie femme pour cela, et votre crédit est trop grand pour qu'il ne cherche pas à se rapprocher de vous, si réellement vous ne l'aimez point... Et pourquoi, s'il vous plaît, lui en voulez-vous ? Quel est son tort ? d'être aimable, de turlupiner avec esprit de fort sottes gens ? Il vous a décoché une maligne épigramme peut-être, vous avez fait arrêter sa pièce, cela s'appelle quitte. Il a besoin de votre appui ; son adresse ne vous est pas moins nécessaire ; servez-vous réciproquement, et tout ira pour le mieux.

— Je crois que vous avez raison, dis-je à la maréchale. Il vaut mieux être en paix qu'en guerre avec les gens d'esprit ; et au fond, je ne sais pas pourquoi nous nous garderions rancune.

— Voilà justement ce qu'il m'a dit ; votre pensée est la sienne. Dès que je lui ai parlé de vous, il s'est jeté à mes pieds pour me supplier de vous l'amener ; il ne se souvient plus du passé ; il ne voit que l'avenir, et cela pour votre avantage. Il m'a dit que pourvu que son *blâme* ne vous épouvante pas trop...

— Son *blâme* ? eh ! qui y songe ? on est blâmé, on ne l'est pas ; c'est, au fond, la même chose, par le temps qui court, et avec les hommes de l'époque.

— Ainsi, dit la maréchale, tout est convenu, je vous le présenterai demain.

« Le lieutenant de police [M. de Sartine] arriva sur ces entrefaites ; je lui parlai du médiateur qu'on me proposait :

— Ah ! madame la comtesse, acceptez-le ! me dit-il ; c'est un bonheur pour vous que vos intérêts lui soient confiés ; il réussirait, comme Scapin, à marier le Grand Turc avec la république de Venise. Il a autant d'audace que d'esprit.

— Allons ! dis-je, qu'on me l'amène.

«Je me trouvai donc liée, par les soins de la maréchale de Mirepoix, avec un homme que la veille encore je comptais au nombre de mes ennemis… Il restait à savoir comment je ferais agréer au duc d'Aiguillon et au roi ce nouvel auxiliaire. Le premier fut étrangement surpris lorsque, le prenant à part, je lui confiai l'affaire. Il avait contre Beaumarchais des préventions. Cependant, entraîné par la voix publique, il sentit l'avantage de rallier à notre cause un homme d'esprit qui consentait lui-même à faire le premier pas. Le roi vint ensuite. Nous étions en très petit comité ; les ducs de Richelieu, d'Aiguillon, le lieutenant de police qui n'était pas encore parti, le comte Jean [Jean-Baptiste du Barry, surnommé le Roué], mademoiselle Claire du Barry, la maréchale et moi. Je brusquai l'explication en embrassant Sa Majesté sans façon.

– Savez-vous, Sire, lui dis-je, qui je vais charger dorénavant de mes affaire à Londres ?

– Que sais-je ? répliqua le roi. Il y a tant d'hommes d'État dans mon royaume ! Tout le monde s'en mêle.

– Vous avez raison, repris-je. Mais que direz-vous de Beaumarchais ?

– De Beaumarchais ? répéta le roi ; mais ma belle amie, c'est par trop déraisonnable : un drôle que la justice a déclaré infâme !

– Est-ce que cela l'empêcherait d'avoir carrosse ? demanda le duc de Richelieu.*

«Le roi répondit avec gaieté :

– Oh ! je ne dis pas cela ; d'ailleurs, la Correspondance** dira qu'ayant été jugé par ses pairs… Au reste, messieurs, je me permets une simple plaisanterie, je ne doute pas de la vertu de mon parlement. Mais, comtesse, n'allez pas amener Beaumarchais à Versailles, car attendu qu'il est *blâmé*…

«J'interrompis Sa Majesté en disant :

– Le beau sujet de blâme que deux cents louis et une montre offerte à quelqu'un qui les acceptait, et quinze louis égarés en route ! Il fallait blâmer votre *conseiller*, et plaindre Beaumarchais d'avoir perdu son argent et son procès.

– Au fait, dit le roi, je ne vois pas pourquoi je prendrais parti dans cette querelle.

– D'ailleurs, Sire, ajouta la maréchale, des lettres de grâce répareront tout.

– Il est vrai, dit aussi M. de Sartine, qu'on chercherait en vain un compère plus délié.

– Je crois même, remarqua le duc d'Aiguillon à son tour, qu'il est de votre politique, Sire, d'employer Beaumarchais.

– Oui, s'écria le comte Jean, il a tout ce qui fait un excellent diplomate ; c'est un intrigant par excellence.

– Grand merci pour mes ambassadeurs, comte Jean, répliqua le roi en saluant mon beau-frère qui, sans être honteux de son incartade, repartit :

– Intrigue, diplomatie, c'est tout comme. J'entendis l'autre jour Beaumarchais qui, sous prétexte de les définir, s'amusait à les confondre ensemble***.

«Le roi rit lui-même et se montra bon prince, même avec Beaumarchais. La conversation en resta là, mais je ne fus pas *blâmée* davantage, et c'était ce que je voulais. J'avais hâte d'expédier un émissaire à Londres ; je m'en expliquai naïvement avec la maréchale de Mirepoix, en la pressant de m'amener Beaumarchais. La maréchale, qui s'était entendue à cet effet avec M. de Sartine, me promit que je ne tarderais pas à être contente ; et au lieu de retourner à Paris ce soir-là, elle coucha à Versailles, afin de ne pas passer tout son temps sur le grand chemin.

«Je n'étais pas sans quelque embarras le jour suivant, à l'heure où Beaumarchais parut chez moi ; mais ce maître diplomate se présenta de si bonne grâce, me parla du passé en termes si choisis, qu'il fut reconnu que tout ce qui avait eu lieu de part et d'autre provenait d'un malentendu, qu'il fallait faire oublier par une franchise réciproque. Après ce préambule, nous passâmes à l'affaire importante. Je montrai la lettre de Morande et prévins mon agent futur que je ratifierais tout ce qu'il tenterait dans mon intérêt****.

– Je ferai en sorte, me dit-il, de donner le moins d'argent possible ; il vaut mieux une pension : on tient à la conserver, et on se conduit en conséquence. D'ailleurs, madame, je fais mon affaire de la vôtre, et j'ai prouvé que je savais conduire une intrigue ailleurs qu'au théâtre.

«J'espérais beaucoup d'un agent si actif. Mais je m'aperçus que Beaumarchais tenait surtout à recevoir au moins un sourire du roi. J'obtins que Sa Majesté le verrait, et il eut lieu d'être content de l'accueil qu'il en reçut. Le chancelier [Maupeou] que je voyais toujours secrètement, me parut fâché de mes rapports avec Beaumarchais ; il n'eût point voulu du moins que je l'eusse introduit dans la familiarité du roi, prétendant que c'était déconsidérer la magistrature nouvelle. Je fis la sourde oreille : j'avais besoin de mon argent, et je n'étais pas bien convaincue de l'opportunité des plaintes du chancelier.

«Beaumarchais, flatté de ses rapports avec le roi et le duc d'Aiguillon, voulut me prouver qu'il était digne de ma confiance, et peu de jours après, il traversa le détroit. Morande le vit venir avec une sorte de terreur superstitieuse. *À fripon, fripon et demi*, dit le proverbe» (*Mémoires de Madame du Barry*, t. IV, p. 250).

* Allusion à la réflexion de Baculard d'Arnaud, dans le *Troisième Mémoire* (*supra*, p. 425).

** On donnait ce nom à un recueil de pamphlets contre le parlement Maupeou.

*** «Intrigue et diplomatie sont un peu germaines», écrit Beaumarchais dans son *Mémoire sur l'Espagne* (arch. Comédie-Française).

**** Il s'agit de la lettre par laquelle Morande avertissait lui-même la favorite qu'il allait publier un ouvrage en quatre volumes, sous le titre de *Mémoires secrets d'une femme publique*, avec gravures (P. Robiquet, *Théveneau de Morande*, p. 37). D'après *L'Espion anglais*, Mme du Barry aurait d'abord refusé de céder au chantage : «Je me suis toujours mise au-dessus du *qu'en dira-t-on*, aurait-elle déclaré, et je me f… de tout ce qu'on peut écrire de moi. Il a fallu que l'enjôleur Beaumarchais vînt employer toute son éloquence pour me déterminer à acheter un manuscrit, que j'avais refusé à meilleur compte par l'entremise de Benaven. Il a prétendu que c'était par zèle pour la gloire du roi que je devais empêcher cet ouvrage de paraître, si ce n'était pas pour moi. D'ailleurs, le duc d'Aiguillon avait aussi intérêt d'étouffer ce libelle. Et voilà comme je me suis laissée aller à choisir pareil négociateur, bien digne au surplus de cette mission, et qui s'en est acquitté à merveille» (*L'Espion anglais*, t. II, p. 316).

43. «Campagnes du sieur Caron de Beaumarchais en Angleterre pendant les années 1774-1775» du 27 mai 1776, publié par F. Gaillardet, *Mémoires sur la chevalière d'Éon*, Paris, Dentu, s. d. [1866], p. 222.

Index des noms de personnes [1]

ABEILLE (Louis Paul), économiste français : 227.

ACQUAVIVA (cardinal), vice-légat d'Avignon : 210.

ADÉLAÏDE DE FRANCE, fille de Louis XV : 82, 83, 85-87, 94, 100, 221, 345, *492.*

AIGUILLON (Emmanuel Armand de Vignerot du Plessis de Richelieu, duc d'), ministre des Affaires étrangères : 334, 335, 398, 408, 423, 426, 432, 438, 451, 472, 474, 475, *537, 554.*

AILLY (Charles d'Albert d'), aïeul du duc de Chaulnes : *541.*

AILLY (Michel-Ferdinand d'Albert d'), père du duc de Chaulnes : *540.*

AIROLLES (Antoine Bertrand d'), négociant à Marseille : 399-402, 407, 412, 415, 423, 424, 431, 433, 439, 461.

ALBERT (prince), frère de la dauphine, Marie-Josèphe de Saxe : 82.

ALCIBIADE : 202, 343.

ALEMBERT (Jean-Baptiste Le Rond d') : 55, 78, 336, *537, 554, 556.*

ALHOY (Philadelphe Maurice), auteur dramatique : *525.*

AMBLIMONT (Mme d'), née Mlle de Quitry, parente de Charles Le Normant d'Étiolles : 108.

AMMAN (Marie Anne Françoise d'), première épouse de Louis Valentin Goëzman : *546.*

ARBONNES (M. d'), grand maître des Eaux et Forêts d'Orléans : 127, 128.

ARCHIMÈDE : 56, *487.*

ARCOS (duc d') : 195.

Arcq (chevalier d') : *530.*

ARGENSON (Marc Pierre Voyer de Paulmy, comte d') : 27, 70, 115, *489, 491, 495.*

ARGENTAL (Charles Augustin Ferriol, comte d') : 271, 448-451, *551, 554, 556.*

ARISSA (marquise d') : 196.

ARISTOPHANE : 29.

ARISTOTE : 272.

ARMENTIÈRES (Louis de Conflans, marquis d'), maréchal de France : *543.*

ARNAUD (abbé François d') : 447.

ARNOULD (Madeleine Sophie), chanteuse à l'Opéra : 293, 300, 340, 352, *527, 541.*

ARRIAGA (M. d'), ministre de la Marine du roi d'Espagne : 215, 218, *512.*

ARTAUD (Jean-Baptiste), censeur, secrétaire du duc de Duras : 437.

ARTOIS (Charles Philippe, comte d') : *497.*

ASTURIES (prince des), futur Charles IV : *514, 515.*

AUBARÈDE (Guillaume Claude d'Aubarède, comte de Laval, baron de Chamousset, dit marquis d') : 216, *513.*

AUBERTIN (Mme), voir : FRION (Catherine).

AUGÉ, conseiller au Parlement : 135.

---

1. Les chiffres en italique renvoient aux noms cités dans les notes.

Table des matières

Tome premier

L'irrésistible ascension

Cahier hors-texte : josseline rivière

Impression réalisée sur CAMERON par
BRODARD ET TAUPIN
La Flèche

pour le compte des Éditions Fayard
en février 2005

Imprimé en France
Dépôt légal : mars 2005
N° d'édition : 62577 – N° d'impression : 28579
ISBN : 2-213-59561-5
35-68-9561-8/02